U0556694

邓子滨 著

刑事诉讼原理

（修订版）

北京大学出版社
PEKING UNIVERSITY PRESS

图书在版编目(CIP)数据

刑事诉讼原理 / 邓子滨著. —2 版(修订版). —北京:北京大学出版社,2023.4
ISBN 978-7-301-33653-3

Ⅰ.①刑… Ⅱ.①邓… Ⅲ.①刑事诉讼法—研究—中国 Ⅳ.①D925.204

中国国家版本馆 CIP 数据核字(2023)第 004340 号

书　　　名	刑事诉讼原理(修订版) XINGSHI SUSONG YUANLI(XIUDINGBAN)
著作责任者	邓子滨　著
责 任 编 辑	林婉婷　方尔埼
标 准 书 号	ISBN 978-7-301-33653-3
出 版 发 行	北京大学出版社
地　　　址	北京市海淀区成府路 205 号　100871
网　　　址	http://www.pup.cn　http://www.yandayuanzhao.com
电 子 信 箱	yandayuanzhao@163.com
新 浪 微 博	@北京大学出版社　@北大出版社燕大元照法律图书
电　　　话	邮购部 010-62752015　发行部 010-62750672 编辑部 010-62117788
印 刷 者	三河市北燕印装有限公司
经 销 者	新华书店
	965 毫米×1300 毫米　16 开本　33.5 印张　527 千字 2023 年 4 月第 2 版　2023 年 4 月第 1 次印刷
定　　　价	98.00 元

未经许可,不得以任何方式复制或抄袭本书之部分或全部内容。
版权所有,侵权必究
举报电话:010-62752024　电子信箱:fd@pup.pku.edu.cn
图书如有印装质量问题,请与出版部联系,电话:010-62756370

凡 例

一、引用法律的条、款、项序号及刑期等,用阿拉伯数字。

二、《中华人民共和国刑事诉讼法》,简称我国刑诉法。

三、著作或译作中往往使用讯问证人、强制处分、搜索、声请等,除引文外,直接改为询问证人、强制措施、搜查、申请。

四、交互询问、交叉询问、交互盘问、交叉盘问、交叉诘问,统一为交互诘问。

五、被告人视语境简称被告。

六、引文中显见的校对、印刷错误,直接予以改正,不再标明。

七、涉台司法解释及文书,只注明其学术著作出处。

八、许多条文内容并未修改,但序号有变,故尽量删除条文序号。

九、最高人民法院,简称最高院;最高人民检察院,简称最高检;其他各级人民法院、人民检察院亦用简称。

目 录

陈兴良先生序 /001

自序 /005

前言

如果没有刑诉法——从《创世记》到《五帝本纪》/ 001

第一章 目的要旨 / 011

第一节 发现犯罪真相并将罪犯绳之以法 / 014

第二节 最大限度减少错案并维护人性尊严 / 027

第二章 诉讼模式 / 050

第一节 决疑模式 / 053

第二节 纠问模式 / 063

第三节 对抗模式 / 068

第三章 正当程序 / 084

第一节 正当程序的公式 / 085

第二节 正当程序的要素 / 094

第三节 正当程序的价值 / 112

第四章　基本原则 / 123

　　第一节　国家追诉 / 126
　　第二节　不告不理 / 130
　　第三节　直接言词 / 135
　　第四节　自由心证 / 139
　　第五节　罪疑唯轻 / 145

第五章　居中裁判 / 156

　　第一节　法官　法庭　法院 / 158
　　第二节　管辖与审级 / 164
　　第三节　陪审团 / 170
　　第四节　判决书及庭审笔录 / 180

第六章　平等对抗 / 186

　　第一节　检察官的角色定位 / 187
　　第二节　被告人及其获得律师帮助的权利 / 199
　　第三节　辩护人的职业伦理 / 215

第七章　证据证明 / 232

　　第一节　证据能力及证明力 / 233
　　第二节　证据排除与禁止 / 245
　　第三节　证明责任 / 256
　　第四节　证明标准 / 265
　　第五节　经审理查明 / 273

第八章　诉审同一 / 285

　　第一节　诉讼要件与诉讼行为 / 288
　　第二节　诉讼标的及其同一性 / 293
　　第三节　一事不再理 / 300

第九章　强制措施 / 315

第一节　性质定位与原则制约 / 316
第二节　拘捕羁押及其替代 / 321
第三节　路检盘查 / 329
第四节　通讯监察 / 339
第五节　搜查扣押 / 345
第六节　人身检查 / 353

第十章　侦查公诉 / 361

第一节　开启侦查与米兰达规则 / 362
第二节　讯问手册与侦查攻略 / 370
第三节　侦查终结与公诉提起 / 391
第四节　卷证不并送与证据开示 / 398

第十一章　法庭审判 / 406

第一节　庭审原则 / 407
第二节　庭审顺序 / 413
第三节　法庭调查 / 424
第四节　"科学审判" / 438

第十二章　法律救济 / 445

第一节　上诉途径 / 446
第二节　再审理由 / 455
第三节　再审实践 / 463

参考文献 / 475

关键词索引 / 507

后记：如果没有那阵风

——《罗生门》"庭审笔录"评议 / 509

修订版后记 / 519

陈兴良先生序

邓子滨一直想写一本关于刑事诉讼的书，对此，我是十分支持的。虽然他以刑法研究为主业，但对刑事诉讼法也颇为关注，并有一定的知识积累。其实，在其他国家和地区，同时从事刑法和刑事诉讼法研究的学者，为数不少。例如，德国罗克辛教授不仅是刑法大家，在刑事诉讼法领域亦造诣颇深。当然，因为时间与精力所限，大多数学者在刑法与刑事诉讼法两个领域只能选择其一而为其志业。我在《刑事法治论》一书中，除了刑法内容以外，也涉及刑事司法体制、警察权、检察权、审判权和辩护权等内容。因此，我对刑事诉讼问题亦有一定的兴趣，但谈不上对刑事诉讼法的专门研究。

本书作者是一位观察型和思考型学者，对社会现实问题具有敏锐的捕捉能力。本书前言"如果没有刑诉法——从《创世记》到《五帝本纪》"，集中反映了作者对刑事诉讼法的理解，可以窥见其对刑事诉讼与刑事诉讼法的基本观念。作者指出：刑事诉讼旨在发现真相并将罪犯绳之以法，刑事诉讼法则旨在减少错案并维护人性尊严。简言之，如果刑事诉讼是奔马，刑事诉讼法则是道路。没有道路，马照样可以狂奔；有了道路，马奔跑起来更加安全。奔马和道路的比喻意在说明，法治文明国家，必然珍重刑事诉讼法。也因此，刑事诉讼法反映着大众安全利益与个人自由利益之间的重大冲突。[1] 在此,作者论述了刑事诉讼和刑事诉讼法之间的关系:刑事诉讼是一种发现真相的活动,而刑事诉讼法则是对刑事诉讼活动进行规范的法律。两者显然是不同的。对刑事诉讼法进行研究,是一种法教义学的研究,它以刑事诉讼的法律规范为对象,采取规范分析和语义阐释的方法,揭示刑事诉讼法律规范的内容,从而为刑事诉讼法的适用提供理论指引。

作者将本书的研究限制在刑事诉讼而不是刑事诉讼法,是别有深意的。因为刑事诉讼是刑事诉讼法规范的对象,避开刑事诉讼法的规范内容而直接面对刑事诉讼的基本规律,对于作者来说,正好可以扬其长而避其短。作者曾经有志于撰写一部《刑事自然法论纲》,也就是超越刑法规范的刑法原理,然而至今"壮志未酬"。而这部《刑事诉讼原理》,则可以说是刑事诉讼的自然法,即刑事诉讼的应然之法。正如作者在自序中所言:"这是一本关于刑事诉讼的书。我在书中努力描绘的是自己心目中理想的刑事诉讼,这意味着本书不仅不以现行法条为依归,而且立法的某些体系结构将是本书批评的对象。"换言之,这是对刑事诉讼法的立法论思考,而不是司法论研究。这也正是本书不同于其他刑事诉讼法著作的鲜明特征。

作者虽然长期从事学术研究,但也是兼职律师,办理过不少刑事辩护案件,对于我国刑事诉讼的实际运作具有切身感受。正是在与司法实务的密切接触中,培养了作者对于程序问题和证据问题的敏感性。在自序中,作者提及十多年前亲历的纽扣案,可谓指控事实与定罪证据严重脱节的典型事例,是极好的反思素材。案情大致是,几个妇女,因为自己一方有人在前日的冲突中意外死亡,跑到对方的住宅兼纽扣厂哭闹。她们不仅打碎了一些门窗玻璃,还将装在袋中、摆在庭院周围的大量不同型号的纽扣倒在地上,掺杂在一起。这些纽扣有成品,也有半成品;有合格品,也有不合格品。[2] 本案涉及的首先当然是刑法问题,即被告将各种铜制纽扣"掺杂在一起"的行为,是否属于刑法意义上的"毁坏"行为,进而是否构成"故意毁坏财物罪"?因为这篇论文而使纽扣案得以闻名,成为讨论故意毁坏财物罪中"毁坏行为"含义的绝佳案例,我亦多次引用。

在纽扣案中,不仅涉及对毁坏行为的定性问题,还涉及作者所说的指

---

〔1〕 参见邓子滨:《斑马线上的中国》,法律出版社2016年版,第310—311页。
〔2〕 参见邓子滨:《就一起故意毁坏财物案向虚拟陪审团所作的辩护》,载陈泽宪主编:《刑事法前沿》(第4卷),中国人民公安大学出版社2008年版,第187—192页。

控事实与定罪证据严重脱节的问题。对于这个问题,我也多次见到。在一起合同诈骗案中,法官认定的犯罪事实与证据呈现的案件事实居然完全相悖,由此得出的判决结果当然是缺乏事实根据的。对于这样的案件,甚至不用翻阅案卷,只要将判决书引用的证言与认定的事实相对照,就可以发现问题。更有甚者,我还在一份行贿罪的判决书中发现法官为了认定被告谋取不正当利益,而对已经查明的客观事实进行裁剪,这实际上已经是篡改或者歪曲事实,建立在这一基础之上的判决结果当然也是不能成立的。我国司法实践中出现如此严重的事实认定错误问题,当然是与刑事诉讼程序相关的,这就是没有严格遵守刑事诉讼中的直接言词原则。中国民间解决纠纷时,为获得真相往往采取"三头六面"的对质方法,而这一任务在现代法庭只有通过证人出庭作证才能实现。因此,证人出庭作证,通过控辩双方的交互诘问,尽可能地还原案件真实,这是法庭审理的基本要素。然而,目前在我国刑事审判中,证人基本上不出庭,辩护人也没有途径对证人询问质证。法官不是根据法庭审理情况下判,而是根据案卷材料下判。我国目前的法庭审理,即使开庭也不具有实质意义,基本上都是书面审理。在这种情况下,案件真相如何查清,可能是刑事诉讼中存在的最大问题。

在本书第十一章"法庭审判"中,作者指出:"庭审是指控辩双方在法庭上各自提出主张和证据,并且展开质证和辩论,法官进行主动程度不一的证据调查,并最终作出有罪或无罪判决的过程。"作者提出了庭审需要解决的控辩审三方在场以及如何在场的问题。可以说,控辩审三方在场,对于庭审当然是不可或缺的,然而,证人在场也是十分重要的,而且,证人在场在一定意义上可以从属于控辩双方的在场。即便如此,我仍然认为证人在场对于刑事审判具有独立存在的价值。关于证人出庭作证问题,在本书第四章"基本原则"第三节"直接言词"部分有所涉及,作者指出:"直接言词原则是与书面审理主义相反的一套理念和规则,它要求法官直接面对被告及证人,不得以侦查、起诉阶段形成的笔录文本或者以宣读笔录代替审中从被告、证据及质证中获得的印象,应以真实感受来完成一项判决。"而我国目前的刑事诉讼显然没有实现直接言词原则,正如作者所言,我国刑事诉讼法事实上认可证人以书面证言为原则、出庭作证为例外。证人即使不出庭作证,其证言仍然可以作为定案根据。这使得我国的刑事庭审流于形式,其后果是通过刑事诉讼获得真相的能力大为降低。

当然，我并不是说所有证人一定都要出庭，至少重大案件或者重要证人，以及凡是辩方申请出庭的证人应当到场作证。证人作证制度是刑事诉讼原理的重要内容，在本书中，对证人没有单列一章进行论述，这是存在缺憾的。

如前所述，本书并不是刑事诉讼法的教科书，因此，本书没有按照通常的刑事诉讼法教科书的体系进行编排，而是根据作者对刑事诉讼原理的个人理解，对刑事诉讼中的重大专题进行论述。其中，前四章，即目的要旨、诉讼模式、正当程序和基本原则，具有导论的性质。这些章节的内容较为宏观，涉及刑事诉讼的性质和价值，对于全书具有引导意义，因而列之于前。第五章到第六章分别从法官居中裁判、控辩平等对抗的角度对法院、检察官、被告人和辩护律师进行论述。第七章至第九章分别对证据证明、诉审同一和强制措施进行了论述，这些程序法中的实体内容，大多与证据和证明相关，集中论述是合适的。最后三章，即侦查公诉、法庭审判和法律救济，相当于刑事程序的内容，也是本书的落脚点，作者对此作了较大篇幅的分析和论证，由此而突出了重点。在我看来，这些内容基本上涵盖了刑事诉讼中的重大问题，因而是极为全面的。这些完整论述呈现了作者对刑事诉讼的系统思考，因而是具有理论意义和现实价值的。

我在多年前曾经提出"专业槽"的概念，主张各个专业都应当建立严密的"专业槽"，避免非专业人士随便伸进头来吃上一口。这一思想十分容易被误解为各专业之间应当扎紧篱笆，防止他人进入。其实，我之所以提出"专业槽"，是鉴于当时法学的专业水平低，缺乏自身独立的话语体系的现实状态，并不是要紧闭专业的门户，不容他人进入。对于本书的写作，在作者有这个想法之初，我就非常支持和鼓励。这与我的"专业槽"的思想并不矛盾，不仅因为刑法和刑事诉讼法同属于刑事法这一学术领域，而且因为具有刑法学术背景的学者研究刑事诉讼法具有其优越性。正如具有刑事诉讼法背景的学者研究刑法问题，例如构成要件的程序机能、主观要素的司法证明等，同样具有独特的学术贡献。

是为序。

陈兴良

2019年6月6日于北京锦秋知春公寓

自　序

这是一本关于刑事诉讼的书。我在书中努力描绘的是自己心目中理想的刑事诉讼,这意味着本书不仅不以现行法条为依归,而且立法的某些体系结构将是本书批评的对象,比如那些对人的基本权利干预极强的手段,不应归入侦查措施,而应纳入强制措施,并转由法院签发令状。这也是国际通行的做法,先要达到国际通行标准,然后再谈现实合理性,而不是相反。一味热衷并沉浸于所谓本土特色,隐晦地否认了我们是国际社会的一员。在刑事诉讼领域,不应承认现实就是合理的,更不要误以为我们有什么本土资源,而是应当不折不扣地向世界先进的诉讼文明看齐,不屈不挠地相信"自由的历史在很大程度上就是程序的历史"[1]。

当然,理想与现实的冲突,往往折射为理论原理与司法实践的差距,"但这种不一致本身,并不构成一种对理论的批判。……对人类实践活动的规范性理论研究,并不旨在为现状提供令人满意的正当性论证。它所提供的是一种批判性的标准,让我们据以对现行的实践作出评判;提供的是一种关于某种实践应当是什么的理想性思考,激发我们追求,并且必须依据这样的标准,认识到我们现行实践所存在的(或许是巨大的)不足。理论与现实的差距,

---

[1]　*Malinski v. New York*, 324 U. S. 401, 414 (1945) (separate opinion).

(对于那些相信理论是具有说服力的人来说)不是理论的不足,而是现实的缺陷"[1]。

程序是自由的最后堡垒,没有程序,法治什么都不是。这一判断可从反面加以印证:凡对自由与法治颇有微词者,并不在意实体刑法之繁简轻重,但他们对某些重要程序规则,比如沉默权、非法证据排除、一事不再理,莫不冷嘲热讽,甚至大加挞伐。"程序构成了一道安全屏障;省略程序就是削弱或撤除这道安全屏障。"[2]人们对这道安全屏障有时极为敏锐,比如警方使用热敏成像仪探测他人在家中的活动,或者在他人机动车里安放 GPS 定位装置跟踪嫌疑人,被认为构成对他人隐私的侵犯,也被认为构成违法搜查。[3] 但有时又似乎表现迟钝,比如对大数据轨迹定位就刻意保持距离,对于手机定位功能的普及,或者无处不在的摄像头,也始终没有意识到它们透视个人隐私的风险。

只有经过多年的法治历练,一个社会才会对权利 v.权力的此消彼长高度关注,因而也就特别注意为权利留出一条救济通道,更不允许权力随意绕过决策程序而为所欲为。权力的恣意任性是相当可怕的,不仅因为某些举措突如其来,而且因为无需给出理由。"理由的本质特性在于能被解释与论证。这一点在生活世界中十分重要。"[4]生活在不同诉讼制度环境下的人民,对什么是好的刑事诉讼没有基本共识,而努力达成共识需要时间,不过,敢于承认自己的"刑事司法体制应当为社会的诸多失败负责",[5]才是有自省力的表现。

对程序法治的某些批评是贯彻法治百年后的回顾反省,而如果不注意批评的语境并借此拒绝程序法治,好比一群面有菜色的人艳羡饫甘餍

---

[1] [英]安东尼·达夫:《刑罚·沟通与社群》,王志远等译,中国政法大学出版社 2018 年版,第 248—249 页。

[2] [法]邦雅曼·贡斯当:《古代人的自由与现代人的自由》,阎克文、刘满贵译,商务印书馆 1999 年版,第 213 页。

[3] *Kyllo v. United States*, 533 U. S. 27 (2001); *United States v. Jones*, 132 S. Ct. 945 (2012).

[4] [德]尤利安·尼达-鲁莫林:《哲学与生活形式》,沈国琴、王鸯嘉译,商务印书馆 2019 年版,第 95—96 页。

[5] Cliff Roberson, *Introduction to Criminal Justice*, Copperhouse Publishing Company, (1994), p. 500.

肥的人搞节食运动,有一种角色错乱的荒诞。因此,维持健康肌体,需要缺啥补啥。只有引鉴世所公认的程序理念及其规则,并真诚践行,才是走向诉讼文明的必由之路。

诉讼文明是整个制度文明的标尺,而标尺的意义在于比较,没有比较就没有进步,没有极致比较就没有反思。也就是,程序正义即使推到极致,也比极端的实体正义更少铸成大错,具体到刑事程序,罪及无辜者相比开释有罪人,是一种代价更高的错误。对某一诉讼制度,无论是维护还是批评,虽说都应允许和尊重,但也要承认批评比维护更加困难,尤其对不完善的刑事诉讼的批评,势必牵连对制度背景的谈论。"如果一种社会制度只允许人们沉醉于自己的优点,而不让人们研究和公开谈论其缺点和问题,久而久之,这个制度就会僵化,就可能导致解体;反之,才能进步,才有生命力"。[1]

作为兼职律师,28年中我辩护过50多起案件,成功的无罪辩护仅有2.5次,一次是不起诉,另一次是二审改判被告无罪,半次是一审判决被告无罪后又被检察院抗诉,二审改判有罪。有人说这个成绩不错了,可我认为至少还有7个案件的被告应当是无罪的。我为自己的无能为力而沮丧,一直在假设如果我是公诉人会有怎样的斩获。

作为刑事法学者,我发现法学教育对犯罪事实缺乏关注,课堂和教科书中充满"给我真相,我就告诉你什么是正义"的自信,但却忽视了谁来发现真相以及如何"经审理查明"。"法律系的学生若想钻研事实认定的逻辑研究,必须要到国外去,因为德国大学几乎都没有研究这个主题的师资……传统的法学教授只讨论与事实无关的法律,只是在履行解释法律的高贵任务。"[2]德国尚且如此,其他大陆法系国家和地区概莫能外。

因此,在钻研事实细节方面,我们要多向英美法学院学习,学会按照法律的逻辑来思考问题,并且对证据运用及判决结果的导向作出准确预见,比如,排除以避孕套作为嫖娼证据,排除以补救措施作为过失或产品缺陷的证据,是不让人们因符合社会期待的行为而遭受惩罚。刑诉法中讨论的犯罪事实,在刑法中对应着犯罪成立条件的设定与描述,认定有罪或无罪实际就

---

[1] [美]柯特勒:《美国八大冤假错案》,刘末译,商务印书馆1997年版,校者前言第2页。
[2] [德]汤玛斯·达恩史戴特:《法官的被害人》,郑惠芬译,卫城出版2016年版,第78页。

是将事实和法条相互拉近的过程,最终着落于证据及其证明。

十多年前亲历的"纽扣案",可谓指控事实与定罪证据严重脱节的典型事例,可以作为反思素材。就刑法研究趋势而言,越来越从客观转向主观,但这一趋势从刑事诉讼的角度看是极其危险的,因为刑法中所设定的主观构成要件要素,应有其他证据加以佐证,而不应单独附丽于口供,使定罪成为对人内心世界的拷问,进而刺激对口供的强取,最终损害人的尊严与自治。

近年来,法律人士关注甚至忧虑的是,人工智能等高科技将会改变刑事诉讼。许多人相信,高科技有助于破案,而且证据确凿,不再需要抗辩式庭审,审判将交由人工智能。总之,机器可以搞定一切。但是且慢,这要看人类是否情愿把一切罪与非罪的判断交予人工智能。所谓搞定一切,不仅要由人工智能判断人类行为是否违反了法律,而且必然最终由它来为人类制定行为规范和罪刑标准。然后,解散陪审团,辞掉法官和检察官,撤销法院和检察院,只保留警察和监狱。这一切都不是不可能的。少数人会先行掌握高科技,并利用高科技控制社会。表面看是人工智能在裁决,实际背后仍然是人的意旨。"即使怀抱着建立人间天堂的最美好的愿望,但它只是成功地制造了人间地狱——人以其自身的力量为自己的同胞们准备的地狱。"[1]

三载仰屋著书,两年补苴罅漏,既是向导师陈兴良先生呈正的致敬之作,也是为了完成个人的一次思想实验。写作过程中,我也经历了一次再教育,更加坚信,法律的正当程序是通向自由之路。我希望这是一本好看的书,不让思想淹没在晦涩的语言里,而是用清丽的语言整理出前辈的思想,全不在意它够不够学术。[2] 这是一次不自量力的远征,"书中横躺着整个过去的灵魂"[3]。

---

〔1〕 [英]卡尔·波普尔:《开放社会及其敌人》,陆衡等译,中国社会科学出版社1999年版,第326页。

〔2〕 "这本书充满了渊博的知识,却没有表示博学的一般附属物;究竟是由于政策,或是由于厌恶,还是由于无能,无论如何,梅因坚决拒绝采用似乎常常需要的旁注和详细证据,以为其明白直率的主文的累赘。虽然其结果有时使经过专门训练的读者感到不便,但免除学术上的累赘,无疑地大大增加了'古代法'和梅因的其他一切著作的声望。我们享受着文字的乳汁,而不被迫目击挤乳的这种繁重的、有时候很辛苦的劳动。"[英]梅因:《古代法》,沈景一译,商务印书馆1959年版,导言第12页。

〔3〕 陈素、唐德全编:《读书名言大观》,中国广播电视出版社1990年版,第15页。

前言：如果没有刑诉法
——从《创世记》到《五帝本纪》

> 对一个国家民族而言，专制和蛊惑无论如何都不是政府的必然选择，自由和秩序也决非不可融会，敬畏应当服从知识，自由讨论是真理和国家真正统一的生命。
>
> ——托马斯·赫胥黎

> 西方学术思想传递下来的永恒学识，即那些不因时代变迁而有所减损其价值的古代经典及现代名著，乃是真正的文化菁华所在。
>
> ——罗伯特·赫钦斯

没有刑事诉讼，自然无所谓刑事诉讼法；而没有刑事诉讼法，却并不妨碍刑事诉讼，甚或使诉讼过程更加顺畅。从这个意义上，将刑事诉讼与刑事诉讼法加以区分，作为互有关联但又截然不同者，是有意义的。刑事诉讼的产生需要一些基本条件，比如已有善恶观念及尺度，出现恶人恶行需要惩治，不过首要条件是存在权威；而刑事诉讼法的产生也需要一些条件，比如社会共同体认识到需要履行一定手续或通过一定程序来惩治恶人恶行，不过首要条件是权威愿意遵从这些手续和程序。权威可以是人，也可以是神。人的权威如帝尧命舜殛鲧于羽山，神的权威如耶和华将亚当、夏娃逐出伊甸园。在追究惩处某种罪错过程中,无论权威来自人还是神,其作用和职能都无甚差别,差别只在于是否愿意遵守某些自然形成的或者他自己制定的典章程式。鲧之被杀是因为治洪无功,亚当、夏娃被逐是因为偷吃禁果,受罚原因在此也不重要,重要的是权威施罚于罪错之人,是否遵循了对施罚过程的约束。从《五帝本纪》与《创世记》中,可以看到东西方刑事诉讼风格自古即有重大而微妙差异,可谓其来有自,各有宗本。

《五帝本纪》中,鲧受命抗洪,其轰轰烈烈可想而知。可太史公却避而不谈,对何以治洪失败也言之不详,言说重点只是帝尧用人失当,从而为鲧之被杀埋下伏笔。彼时"汤汤洪水滔天,浩浩怀山襄陵,下民其忧",尧问众官谁能治洪。众官"皆曰鲧可",尧认为"鲧负命毁族,不可",但众官强谏保举,于是尧勉强听从,用鲧治洪,"九岁,功用不成"。原本具有史诗意义的九年抗洪不仅被淡化,而且鲧作为故事主角竟然始终不在场。历朝历代,高官被诛事关重大,可在殛鲧这一场景中,没听到鲧的申辩,也没人为他说话,包括那些强力举荐他的人。再者,鲧并非解回"京师"受审,而是在抗洪前线羽山被就地正法。正的什么法也不甚清楚,无功不受禄而已,何至被杀?既然庸碌无为,也可及早换人,为何令其治水九年?比较合理的历史想象是,治水需要汇聚大量人力物力,[1]鲧一旦治洪功成,民心归附,则功高盖主,成为舜继尧位的有力竞争者。因此,鲧不是死于治水无功,而是死于权力斗争。

《五帝本纪》着力运笔记述舜如何从民间底层脱颖而出。舜父名瞽叟,盲人,舜母早亡,另娶一悍妇,给舜生异母弟象。瞽叟惧新妇而爱次子,爱到"常欲杀舜"的程度;舜不仅每次都能成功躲过,而且不计前嫌,

---

[1] 黑格尔在柏林大学1822—1823年冬季学期第一次讲授世界史哲学,其中说到:"早在尧的时代,政府同造成洪水泛滥的各条江河展开抗争就已经是一桩大事,抗洪抢险是这个帝国规模最大、最重要的事务之一,而且今天依旧如此,正如埃及同尼罗河的斗争一样。中国人的物质生活是由种植业、尤其是水稻种植所决定的。堤坝能阻挡河流的泛滥,维护堤坝是最重要的事务;[因为]决堤会造成极为严重的后果,会使数百万人丧失生命,而活下来的人则面临饥荒。为此,人们也十分重视开凿水渠。从远古时代起,人们就精心修建和维护运河水道。"[德]黑格尔:《世界史哲学讲演录(1822—1823)》,刘立群等译,商务印书馆2015年版,第119页。

"顺事父及后母与弟,日以笃谨"。所谓"父顽,母嚣,弟傲,能和以孝,烝烝治,不至奸",可见舜能够做到"父不慈而子孝,弟不恭而兄友",终以孝闻于"其仁如天,其知如神"的帝尧。或许尧自始便不喜欢鲧,又或许鲧疏于沟通亲近,反正尧最终对身边起于微末的舜青睐有加,以至将两个女儿嫁给舜,"视其为德行于二女,以理家而观国也"。也就是,通过考察理家能力来评估治国本领。而远方的鲧,则渐渐被尧疏远。如此说来,尧于舜早有传国之意。太史公不乏批判精神,但于五帝却推崇备至,对尧禅位于舜亦持好评,所谓"尧知子丹朱之不肖,不足授天下,于是乃权授舜。授舜,则天下得其利而丹朱病;授丹朱,则天下病而丹朱得其利。尧曰'终不以天下之病而利一人',而卒授舜以天下"。

然而,盛赞之余必须意识到,"禅让者,私相授受之意也。凡人必其己所自有之物,然后能举以授人。"[1]授天下意味着家天下,天下原本就是尧的,且并非让与旁人,而是让给二女共事之婿,这与让给亲子丹朱差不太多。舜得尧器重,不仅因为能使两个媳妇和平共处,而且因为持之以恒"事父弟以孝友"。甚至在舜成为尧婿之后,盲父及异母弟仍然执意谋害舜。一次是让舜到房顶干活,盲父纵火,想连人带房一起烧掉。舜凭借两把雨伞安全落地。另一次是让舜挖井,瞽叟及象合力向井中填土,要活埋舜。而舜事先挖好逃生井,偷偷跑掉。瞽叟和象误以为谋杀成功,竟然共同瓜分舜的"遗产"。牛羊粮仓归父母,"遗孀"当然兄终弟及。当舜"亡者归来",象已入住舜的居室,弹着舜的琴。弹舜琴只是占舜妻的委婉说法。再看舜的反应,既不理会杀害之仇,也不在意夺妻之恨,"复事瞽叟爱弟弥谨",对他们还越来越好。太史公这段魔幻描述让人充满了历史想象。舜与其父其弟之间究竟怎么回事?不足为外人道也的家事,何以传扬出去,令舜以孝闻达于尧,进而铺就其政治成长之路?

也许古民居不甚高,房顶跳下逃生是可能的。不过,为杀人而烧掉房子似乎代价太大,且盲人纵火,古今少见。落井下石杀人简单些,但舜在井旁同时挖了逃生井,瞽叟和象竟未发现,或者发现了却忘记一并堵

---

[1] 梁启超:《尧舜为中国中央君权滥觞考》,载《饮冰室合集》,中华书局1989年版,"文集之六"第23页。

塞，其所作所为，常人看来匪夷所思。更令人不解的是尧的反应：整个过程，甚至两个女儿的遭际，尧既未察觉，也未干预，唯独对舜的孝谨感兴趣。于是尧委舜以国政，"使舜慎和五典，五典能从。乃遍入百官，百官时序。宾于四门，四门穆穆，诸侯远方宾客皆敬"。既已确认舜之"能"，距首领天下只一步之遥。为了在百姓中为舜树立神明威望，于是"尧使舜入山林川泽，暴风雷雨，舜行不迷。尧以为圣"，最终成为钦定承袭的理由。禅位之初，舜便以摄政王身份巡狩四方，其间得知鲧"治水无功，百姓不便"，特意归来向帝尧汇报请示之后，"殛鲧于羽山"。[1] 凭一纸手谕即令鲧伏诛，恰恰说明鲧毫无异心。鲧之蒙冤令人唏嘘，可令人困惑的是，舜竟用鲧之子禹接替治水，并最终禅位于禹，而禹则从未想过要报杀父之仇。难道舜不仅和家人下了一盘大棋，而且趁鲧长年在外，与鲧妻发生一段纠缠，致禹实为舜子？这段历史公案，令人联想到大卫王、拔示巴与乌利亚，一个出征将军的留守妻子与王之间经常发生的故事。[2]

一日，太阳平西，大卫从床上起来，在王宫平顶上看见一个妇人沐浴，容貌甚美。大卫打听那妇人是谁，有人告诉他是乌利亚的妻子拔示巴。大卫差人将妇人接来，与她同房。后来，拔示巴打发人去告诉大卫说"我怀了孕"。大卫差人到前线告诉指挥作战的约押"打发乌利亚到我这里来"。大卫见到乌利亚，再三让他回家去，但乌利亚始终与大卫的仆人同住。大卫写信与约押，交乌利亚随手带回前线。信内写着："要派乌利亚前进，到阵势极险之处，你们便退后，使他被杀。"约押围城时，知道敌人那里有勇士，便将乌利亚派在那里。城里的人出来交战，乌利亚战死了。

---

〔1〕据《韩非子·外储说》，鲧死于谏言，而孔子竟然赞赏尧杀谏臣，理由是，知贤不难，难在克服一切障碍传天下于贤，甚至不惜杀死、流放提出反对意见的重臣。"尧欲传天下于舜，鲧谏曰：'不祥哉！孰以天下而传之于匹夫乎？'尧不听，举兵而诛杀鲧于羽山之郊。共工又谏曰：'孰以天下而传之于匹夫乎？'尧不听，又举兵而流共工于幽州之都。于是天下莫敢言无传天下于舜。仲尼闻之曰：'尧之知舜之贤，非其难者也。夫至乎诛谏者，必传之舜，乃其难也。'"韩非子对尧舜颇有微词："尧为人君而君其臣，舜为人臣而臣其君"；舜"妻帝二女而取天下，不可谓义"。

〔2〕这类故事史上真的不少，都以在外征战的丈夫被杀为悲剧高潮。许多人只知道，特洛伊王子帕里斯诱拐人妻引发持续10年的特洛伊战争，却不太知道，正当迈锡尼国王阿伽门农率军围困特洛伊之际，王后克吕泰涅斯特拉正与他的堂弟埃癸斯托斯欢情交集，"我心则降，我心则说"，待阿伽门农凯旋，二人共谋杀夫弑君，僭居王位多年。

约押差人将战事告诉大卫，又嘱咐使者说："你把战事说完，王若发怒，问你打仗为什么挨近城墙？岂不知敌人必从城上射箭吗？你就说王的仆人乌利亚也死了。"使者来见大卫，照约押吩咐的话奏告，又补充说："敌人强过我们，出到郊野与我们打仗，我们追杀他们，直到城门口。射箭的从城上射死几个王的仆人，乌利亚也死了。"王向使者说："你可以用这话勉励约押：'不要因这事愁闷，刀剑吞灭谁，没有一定的，你只管竭力攻城，将城倾覆。'"拔示巴听见丈夫死了，就为他哀哭。哀哭的日子过了，大卫差人将她接到宫里，作大卫的妻，给大卫生了儿子。[1]

这段故事中经常被遗忘的是乌利亚，就像人们经常忘记鲧一样。而为了让人们遗忘得更彻底，各种正史遂将艳史尤其是伟人的艳史一并抹去，决不授人以柄，或者讲成符合礼仪程式的伟大爱情。乌利亚是幸运的，他战死沙场，被承认为王的勇士，又因成全拔示巴与大卫王的后续结合，生育一代贤王所罗门，而被载入圣经典籍；相比之下，鲧就没那么幸运，他被拖入无尽的历史黑暗之中。因看不到对鲧的治罪过程，就怪不得我们对舜及其超常行为生起莫大疑心，而若要消除疑惑，就应公开其过程。没有公开审判，就不可能有真相。《史记》对这次诛杀重臣事件的叙述，只是帝尧听受另一重臣的汇报，至于重臣伏诛，罪名不重要，申辩不重要，甚至有无审判也不重要。中国古籍记述要案决断过程，多见君臣讨论定谳，从不闻被追究者申辩；而记述圣贤可疑甚至愚蠢的行径时，则大抵强作解人，避重就轻，或者干脆为贤者讳。

反观《创世记》，制裁过程一清二楚，尤为重要者，几乎每次都能听到被处罚者申辩，至少允许被处罚者与他的指控者当场对质。最初，耶和华将亚当安置在伊甸园，吩咐他"不可吃园中那棵分别善恶树上的果子"。看到亚当工作勤快，又很听话，耶和华就造了个夏娃给他做老婆说话解闷。可这个女人被蛇诱惑，又经不住那果子"悦人的眼目"，就摘下来吃了，又给丈夫亚当吃了。耶和华发现他们夫妻忽然有了羞耻心，便责问亚

---

[1] 参见圣经《撒母耳记下》。大卫和约押是否构成故意杀人罪，可以成为刑法学一个有趣的话题。依此兵规则，约押是否有权指派乌利亚去最危险的地方？尚有某些事实不太清楚，比如约押是否撤回了后援，或者乌利亚本人认为战死沙场是最好的结局，以至攻城时能求生也不后退？参见邓子滨：《真相拼图》，载《读书》2020年第12期。

当:"莫非你吃了我吩咐你不可吃的那树上的果子吗?"于是我们听到人类的"第一次申辩"。亚当说:"你所赐给我的、与我同居的女人,她把那树上的果子给我,我就吃了。"耶和华又问夏娃:"你作的是什么事呢?"女人说:"那蛇引诱我,我就吃了。"耶和华没再多问,就径直对蛇作出处罚:"你既作了这事,就必受咒诅,比一切的牲畜野兽更甚。你必用肚子行走,终身吃土。我又叫你和女人彼此为仇;你的后裔和女人的后裔也彼此为仇。女人的后裔要伤你的头,你要伤他的脚跟。"随后打发夏娃和亚当出伊甸园去。

相比于尧舜商量了一下就"殛鲧于羽山",耶和华在"审判"时,"被告"们至少是在场的。在场才有真正的审判,真正的审判都遵循直接言词原则。从耶和华同亚当、夏娃的问答中,从耶和华对蛇的直接判罚中,或许能够得到一些启发。其一,"不可吃分别善恶树上的果子"这个禁令是耶和华直接下达给亚当的,而当时夏娃还没被造出来,所以耶和华向亚当和夏娃的发问是不同的:对亚当是一种责问,话中包含禁令本身;对夏娃只是问"你作的是什么事呢",似乎惋惜多于责备。其二,蛇与亚当、夏娃同时在场,它没有做声解释,似乎被理解为自认。其三,耶和华没有对蛇发问就直接判罚,是在暗示"坏人没有辩解权"吗?许多人相信,坏人一旦开口就只有诡辩,因而主张,在必须让坏人说点儿什么的时候,一定要确保让他们说真话。而历史经验在在处处证明,一定让坏人开口说话,说好人想让他说的话,一定需要某种获取"真相"的手段,其间蕴藏着人折磨同类的穷极想象的邪恶能量与潜在风险。

不妨追问耶和华是如何得出"蛇是坏人"这个结论的。有了《创世记》这一段文本,相当于看到一份庭审记录。可以有根有据地说,耶和华对蛇起初并无偏见,因为伊甸园里允许它的存在。后来蛇引诱女人吃了禁果,的确招耶和华不开心,因为它"钻了法律的空子"。分别善恶树上的果子,对亚当、夏娃是禁果,对蛇则不是。耶和华既未命令蛇不许吃,也未命令它不得让人去吃。但是,以蛇当时的智慧,一定能够预见到,夏娃一旦吃了果子,耶和华一定不高兴,而且一定知道是谁让夏娃吃的。蛇是摆明了让耶和华不高兴,所谓明知故犯。而耶和华对蛇也是无话可说,说也说不赢,耶和华既不提问,也不给蛇答辩机会,实际是不让蛇有机会跟自己辩论。[1] 不过,生活在罗马帝国建国初期的犹太思想家斐洛有另外的解释:"神为什么咒诅蛇而不给它辩护的机会,尽管在别的地方他似乎合理地给出戒令,'两个争讼的人应该站在审判官面前',在未听取一方的证词之前,不应轻信另一方……但是那条蛇,快乐,本身是恶的",是理智的对立物,无需听取非理性的辩解。[2]

而从亚当的申辩内容和方式看,亚当这个男人有很多弱点:在主的禁令和女人的示好之间,他选择了后者不说,可气的是他没有男人的担当,把自己择得一干二净。不仅把责任推给女人,而且直接推给耶和华,因为他说果子是女人给我的,女人是你给我的。以今天的观点看,耶和华最可爱之处是肯于倾听别人的申辩,并没有呵斥打断。这是诉讼得以进行的基本条件。只要将亚当的申辩适当展开,就会推出许多合理结论,比如在吃禁果前,亚当尚处不辨善恶的蒙昧状态,而对蒙昧者下达禁令是无意义的,因为他不理解违禁的后果。同理,夏娃先吃禁果,先有智慧,她让蒙昧的亚当做任何事,错都不在亚当。这样说来,让亚当受罚实属不教而诛,或者用程序性术语叫作没有公平告知,缺乏正当程序。而这个错误能够被发现,前提是亚当必须在场且允其申辩。

《史记》有关尧舜殛鲧的记载,由于没有申辩,没有庭审,我们无从判断鲧是否罪有应得,也无从判断尧舜是否公正。渐渐地,我们不仅丧失了说理的习惯,而且认为辩解是某种恶劣品质的表现。孔子诛杀少正卯,一个重要理由是"言伪而辩"。值得警醒的是,没有申辩,没有庭审,效率一定很高,但无辜蒙戮者也会剧增,并且被黑幕所遮蔽。无论是治洪无功还是偷吃禁果,判罚过程虽然简单,但都具备了刑事诉讼的基本要素,有权威,有被追究者及其违禁行为,总之有了司法过程,这些司法过程又塑造了中西方不同的司法习惯。"司法习惯在很多方面变成了民族习惯。人们从法庭普遍接受了这一思想,即一切事务均可提交辩论,一切决定均可复议,利用公开性,讲究形式——这些都与奴役性格格不入;这就是

---

[1] 参见[美]艾伦·德肖维茨:《法律创世记:从圣经故事寻找法律的起源》,林为正译,法律出版社2011年版,第35—36页。
[2] [古罗马]斐洛:《论〈创世记〉》,王晓朝、戴伟清译,商务印书馆2012年版,第158—159页。

旧制度留给我们的自由人民教育的唯一部分。政府自己也从司法用语中借取了很多语言。国王认为在发敕令时必须说明缘由,在下结论时必须阐明原因;御前会议在下达的判决中冠以长篇前言……人们对各类事务进行公开讨论,经辩论之后才作决定。所有这些习惯,所有这些形式,都是君主专横跋扈的障碍。"[1]

因此,刑事诉讼的灵魂在于庭审,庭审的灵魂在于质证。经过庭审质证,侦查、起诉环节的问题可以一目了然。也因此,凡是弱化庭审、强化侦讯的刑事诉讼,都是法治不彰的表现。庭审本身的仪轨程式渐趋固定,证据的收集和采信也因反复实践而形成规则。这些难以记数的程式和规则,最终汇成一套称为"刑事诉讼法"的制度体系。刑事诉讼旨在发现真相并将罪犯绳之以法,刑事诉讼法则旨在减少错案并维护人性尊严。简言之,如果刑事诉讼是奔马,刑事诉讼法则是道路。没有道路,马照样可以狂奔;有了道路,马奔跑起来更加安全。路人车马对如何行走皆有稳定期待,终会实现整体路面安全。因为有道路,前车后辙,平稳省力,不易迷路,形成一种路径安全。这就难怪,凡交通文明国家必是法治文明国家,而且两种文明在程度上成正比。奔马与道路的比喻意在说明,法治文明国家必然珍重刑事诉讼法。刑事诉讼法反映着大众安全利益与个人自由利益之间的重大冲突,"成了国家基本法的测震器。该项政治现实同时亦表示着,每一项政治结构上的重大变动都将带动刑事诉讼法的修订"[2]。

为什么刑法修正案的出台比刑事诉讼法的修订阻力小得多,因为不涉及权力的重新配置。"刑事诉讼程序规则更近地触及一个国家的政治组织。制度上的改变,尤其是文明发生的重大变动,对刑事司法的形式的影响,要比对具体规定哪些行为是危害社会利益的行为以及如何惩罚这些行为的影响,更加迅速、更加深刻。"[3]因此,在刑事领域,程序比实体

---

[1] [法]托克维尔:《旧制度与大革命》,冯棠译,商务印书馆1992年版,第154页。
[2] [德]克劳斯·罗克辛:《德国刑事诉讼法》,吴丽琪译,三民书局1998年版,第14页。
[3] [法]贝尔纳·布洛克:《法国刑事诉讼法》,罗结珍译,中国政法大学出版社2009年版,第33页。

重要,对取得真相的手段限制比获得真相本身重要。用程序加以限制,比给出实体标准,更能够有效约束权力。权力需要约束,权力越大越需要约束。"各种规则和程序就像是一套起防护作用的甲胄,它们限制诉讼资格,捍卫那些狭窄的'可交法院裁判'观念,维护司法的超然态度,强调诉讼当事人的主动性和责任,实施严格的法律相关性准则,限定法官权威于手头案件,最为重要的是使其保持法律推理的抽象和中立,不受实体结果的影响。"[1]

有个比喻不妨一听:某人拥有杀人特权,这一特权已无法收回,但有两个办法可以设限:一是规定"只准杀坏人,不可杀好人";二是规定每杀一个人之前,必须先在标准运动场跑一圈。选择哪种办法才能有效限制杀人数量呢?第一种属实体标准,"看上去很美",但难以落实,因为好坏的标准全由杀人者掌控。即使杀错了,也有办法将被杀的好人描述成一个坏人,以结果的"正确"来证明杀人的"合理"。第二种属程序限制,乍听起来荒唐,但仔细想来,便于落实且容易监督。除非超人,跑几圈就累了,杀人数量也就少了。可以换位思考,如果你是那个拥有杀人特权的人,却不得不接受一种制约,那你一定知道怎样让自己运用权力时感觉舒服,一定是选择一个高大上的实体标准而不愿接受程序限制。"因为合法程序似乎是区分无辜和有罪的唯一途径,所以一切自由和人道的人们都会要求合法的程序。无论程序多么不完善,它都是一种保护性力量,破坏了这个程序,保护性力量也就丧失了。无论是多数人的暴政还是其他暴政,程序都是它的天敌和永不屈服的对手。"[2]

程序是老实人的游戏规则。试想,一个老老实实按照规则要求,每次在运动场跑完 400 米再杀人的人,很难想象他会不按其他规则去行事,比如不许滥杀无辜。相反,那个不必守程序规则,只服从自己内心好人坏人标准的杀人者,不太可能是个老实人,或者说不太可能通过检验被杀者是好是坏来检验他是否老实。说程序是老实人的规则,还意味着对程序规

---

[1] [美]诺内特:《转变中的法律与社会》,张志铭译,中国政法大学出版社 1994 年版,第 75 页。
[2] [法]邦雅曼·贡斯当:《古代人的自由与现代人的自由》,阎克文、刘满贵译,商务印书馆 1999 年版,第 216 页。

则的一贯遵守可以不断培养出老实人。老实人就是好人,好人的第一标准是守规则。[1] 一辈子随地吐痰、乱扔烟头、排队加塞、满口脏话、随处躺卧、闯红灯、开车强并线的人,很难想象他会是一个好人。不守规则的行为被长期放任而得不到纠正,无异于认可反规则的行为,形成一种坏规则。长期奉行坏规则的,就很难不变成坏人。规则的功能是让我们可以读懂且据以预测他人的行为。而对于那些将规则当作行动指针的人们来说,违反规则的行为会带来不确定性、不安全感或者恐惧。[2]

---

[1] 周详教授为本书写了书评《如果没有"美人赋"》,借《水浒传》中张青、孙二娘夫妻在十字坡开黑店杀人卖肉的故事,解说了"只杀坏人"这一规矩之虚假。夫妻二人表面卖酒为生,"实是只等客商过往,有那些入眼的,便把些蒙汗药与他吃了便死,将大块好肉切做黄牛肉卖,零碎小肉做馅子包馒头"。可见"入眼"才是杀人标准,凡外地过往客商都是待杀行货,好人还是坏人,只能任凭夫妻二人的欲望、喜好、胃口、心情、情绪、印象而定。凡已杀的,夫妻二人一定声称又成功识破并严厉打击了一个死有余辜的坏人,事实清楚,证据确凿。之后杀起人来,肯定越杀越顺手,越杀越有理。而如果定下"单日不杀"的限制,那么夫妻二人就一定感觉很难受,因为这一限制过于僵硬,过于一目了然。再假定随机出现在十字坡的好坏人各半,那么"双日杀人"最坏的累积效果只是杀掉一半人,而"只杀坏人"最坏的累积效果则是杀掉所有人。参见江溯主编:《刑事法评论:刑法与刑诉法的交错》(第45卷),北京大学出版社2022年版,第91—94页。

[2] 参见[英]安东尼·达夫等编:《审判的试炼Ⅱ:裁判与到场说明权责》,颜华歆译,新学林出版公司2015年版,第27页。

第一章　目的要旨

> 如果法老的女儿没有抓住那只载有小摩西婴儿逃离杀戮与波浪的筐子,世界就不会有旧约圣经,就不会有我们今天所知的文明。多少古老的神话都始于营救一个弃儿的故事。
>
> ——米兰·昆德拉

> 每个人都可以合法地要求他人给予尊重,并相对地要求自己尊重他人。人性本身就是一种尊严;因为人不能被他人仅仅当成手段来使用,而必须同时被当成目的来对待。
>
> ——康德

刑事诉讼旨在发现犯罪真相并将犯罪人绳之以法;刑事诉讼法旨在减少错案并维护人性尊严。毋庸讳言,这是少数人见解。多数人意见认为,刑事诉讼与刑事诉讼法没有目的上的差异,不必单独讨论刑事诉讼的目的。不过,对目的之个人理解差异,可以透露某一法律人到底对哪种刑事诉讼模式更加认可,或者更加抵触。卡多佐等人分别从社会学、经济学、法现实主义和实用主义哲学角度对法学提出批评,这些批评搅乱了法学院学生对法治的信心。[1] 法

---

[1] 历史习俗、社会效用或不可抗拒的正义感,必须出面拯救焦虑不安的法官,告诉他何去何从;社会学方法以规则对社会的价值作为最高检验标准。参见[美]安德(转下页)

学是独立的学科,有自己独特的逻辑,而诉讼法最能体现法学逻辑的纯正。这种纯正并非奠基于真相与真实之上,而是单纯要为发现真相的手段设限。没有这种限制,就没有自由与法治。反向言之,权力任性与法治不彰的突出表现,往往是祭出发现真相与反形式主义两面大旗,以此化解妨碍事实发现的所有形式规则。所谓形式规则,通常都是程序规则;而所谓发现真相,其检验标准无非是诉诸结果正确。认为黑格尔推崇内容决定形式,是一种根本误解。"因为只有伴随着形式的塑造过程,各个差别才可以被确切地规定下来,并被安置到它们的稳定关系里面"[1],所以内容必须借助形式才得以存在,没有形式就没有内容。

就法律领域而言,程序优于实体的思想是晚近形成的,早前多为体用之说,如沈家本所言,"查诸律中以刑事诉讼律尤为切要,西人有言曰:刑律不善不足以害良民,刑事诉讼律不备即良民亦罹其害。盖刑律为体,而刑诉为用,两者相为维系,故不容偏废也";又如夏勤所言,"实体法犹车也,程序法犹轮也。轮无车则无依,车无轮则不行。故国家贵有实体法,尤其贵有程序法"[2]。体用之说,无论怎样强调程序法重要,都是以实体法为前提的重要,最后沦为不得不服于实体目的的工具和手段:"刑事诉讼法者……其目的在发挥刑罚权之效能,与刑事实体法规,相辅相成,以达国家用刑之旨,并无异致。"[3]不过也有例外之论:"尝考各国法律发达之迹,程序法常先实体法而发生,故民事诉讼法之发生先于民

(接上页)鲁·考夫曼:《卡多佐》,张守东译,法律出版社2001年版,第215—216页、第225—226页。"权利应依环境而调整,我们必须在个人自由与社区安全之间找到一种实用主义的平衡。这种平衡不可能轻易转换成一些固定的规则,甚至不可能成为制定法。"[美]理查德·波斯纳:《并非自杀契约》,苏力译,北京大学出版社2010年版,编者按语第2页。

[1] [德]黑格尔:《精神现象学》,先刚译,人民出版社2013年版,第8页。"形式与内容是成对的规定,为反思的理智所最常运用。理智最习于认内容为重要的独立的一面,而认形式为不重要的无独立性的一面。为了纠正此点必须指出,事实上,两者都同等重要,因为没有无形式的内容,正如没有无形式的质料一样……我们可以说荷马史诗《伊利亚特》的内容就是特洛伊战争,或确切些说,就是阿基里斯的忿怒;我们或许以为这就很足够了,但其实却很空疏,因为《伊利亚特》之所以成为有名的诗,是由于它的诗的形式,而它的内容是遵照这形式塑造或陶铸出来的。"[德]黑格尔:《小逻辑》,贺麟译,商务印书馆1997年重印版,第279—280页。

[2] 黄源盛:《民国初期近代刑事诉讼的生成与开展——大理院关于刑事诉讼程序判决笺释(1912至1914年)》,《政大法学评论》1999年6月第61期,第47页、第36页。

[3] 刁荣华:《刑事诉讼法释论》(上册),汉苑出版社1977年版,第1页。

法,而刑事诉讼法之发生亦先于刑法。盖国家组织既经成立,虽文化幼稚,法制未备,国家依其公力匡正之,是则诉讼之所由起焉。因诉讼审理及裁判之惯行,形成程序法;因裁判之结果,处分之惯行,则形成实体法。是法律发达之自然途径,程序法常先实体法而发生。"[1]

作为社会法学派代表,罗斯科·庞德认为,法律程序是一种手段,不是目的,它必须从属于实体法,以作为该法有效实施的手段。不仅程序法是实现实体法的手段,而且法律本身即是社会控制工具。"一个在规则与自由裁量权之间进行调适的问题,变成了一个在根据确定的规则执行法律与根据多少受过训练的、有经验的司法人员的直觉进行司法之间调适的问题。"[2]直觉、正义感以及规则对社会的价值,成为机会主义法官贬斥规则本身的温良借口,他们甚至声称"法律只不过是法官早餐吃下去的东西"[3]。具体到刑事程序,就是借此让政府更方便地对违法者实施无需令状的搜查扣押、超期限乃至无期限的羁押、没有律师帮助且证人多不出庭的起诉和审判。实际情况可能更糟,没有程序规则也一样给人定罪量刑,而且效率肯定会更高,这样的司法在许多法域可谓常态。刑事程序过程体现为不同模式。而某种制度之所以有别于另一制度,基本取决于一个问题:什么是达成目的的最佳方法,或者说某种诉讼模式会不会主动倾斜资源配置以便更有效地达到某种目的? 这便需要考虑优先维护什么以及必要时牺牲什么。

"下述目的有助于兼顾效率与公平:(1)发现真相;(2)利用对抗制审判;(3)利用证据证明制度;(4)使错误定罪减至最少;(5)尽力减少起诉和审判;(6)让非专业人士参与;(7)尊重人性尊严;(8)让公平看得见;(9)实现平等;(10)认真对待被害人的关切。"[4]其中,只有(1)(4)(7)是贯穿刑事诉讼全过程的核心目的。作为核心的目的不宜过多,否则就等于没有核心,且不宜将刑事诉讼与刑事诉讼法混为一谈,应有各自的

---

〔1〕 徐朝阳著、王云五编:《中国诉讼法溯源》,商务印书馆1933年版,第1页。
〔2〕 [美]庞德:《法律史解释》,邓正来译,商务印书馆2017年版,第4—5页。
〔3〕 "请容我提醒读者,这句名言巧妙地隐喻了'下午拉出来'。"[美]朗诺·德沃金:《认真对待权利》,孙健智译,五南图书出版公司2019年版,第16页、第25页注4。
〔4〕 LaFave & Israel, *Criminal Procedure*, Thomson Reuters, (2009), pp.40-41.

目的。理由在于,与其让不同的价值目标相互竞争,不如让它们各有所本,各行其是。相互竞争中,"既怎样怎样又如何如何"的辩证、统一、兼顾,很容易让垄断权力者有机可乘,根据需要游走于不同目的之间,不仅阻碍理论研究,而且戕害司法运作,因为刑事诉讼的结果是要么有罪,要么无罪,二者必择其一。辩证论是被当作工具论的普遍逻辑,它是一种给自己的无知乃至蓄意的假象涂上真理的色彩的诡辩艺术,即人们模仿一般逻辑所规定的缜密方法,并利用它的用词技巧来美化每一种空洞的行为,在任何时候,它都是一种幻相的逻辑,根本不告诉我们任何知识。所以,如果人们视其为普遍的、无限制的应用工具,并且仅凭纯粹知性就敢于对一般对象做综合判断、断定和裁决,它就被误用了。[1]

第一节　发现犯罪真相并将罪犯绳之以法

　　追寻真相具有本质上的重要性。真相固有一种首要而超拔的美德,任何事物首须为真,其他品格才有意义。[2] 所追寻的真相不只于事实上的被告行为符合犯罪定义,而是关乎罪恶感等多重规范性真相,不只是真相,还有知识,也就是从认识论角度看,只有在事实调查者知道被告有罪的情况下,定被告的罪才是恰当的。肯定一件事,意味着了解这件事。[3] 反驳某种肯定,用语通常是"你并不了解"。这一反驳意味着肯定须以知道为前提。由于对买彩票的结果无知,也就不能说肯定不中奖。如果事先知道不会中奖,就不会有人买彩票了。再比如,下雨了,而有人并不知道正在下雨,也就无从肯定外面是阴是晴。[4] 刑事审判并非纯粹程序正义之所在,审判结果的公正性全赖公平的判决过程,而审判结果的

---

〔1〕　参见[德]康德:《康德认识论文集(注释版)》,李秋零译注,中国人民大学出版社2016年版,第94—95页。

〔2〕　Ernest Gellner, *Legitimation of Belief*, Cambridge University Press, (1974), p. 27.

〔3〕　Peter Unger, *Ignorance—A Case For Scepticism*, Clarendon Press, (1975) ch Ⅵ.

〔4〕　G E Moore, *Commonplace Book 1919–1953*, Allen & Unwin, (1962), p. 277.

公正性是有标准的,这个标准就是真相,也就是确定究竟指控是不是真的。[1]当然,对于犯罪真相的追寻应当有所节制,不能认为凡出现犯罪,尤其是引发公愤的犯罪,就必欲穷追完胜而后快。穷追完胜可能出现两种恶果:一是侦查过于严酷,侵害被追诉者权利;二是审判追随侦查结果,或者法官过于积极作为,反倒产生误判。[2]

德国前法官费舍尔指出:"今天,我们以定义、证立、正当化和刑罚实践作为真相的基础,这种真相决不是永恒且抽象的。相反,真相是对社会现状的整体阐释,而这在很大程度上,又是从每一种先前的阐释及其在身体、暴力、权力和利益的表现中推导出来的。刑罚自始就是一种社会制度,发生在一个无边无际、变化多端和难以估量的领域里,不可胜数的参与者、主体和影响因素在其中互通有无,相互影响,其结果又被简化、浓缩和解释为社会现实。只有这样,才能将'现实的'复杂精简到这样一种程度,即能够对有意义和无意义进行理性的、有助于社会的理解。简化是人类能够在智识情感方面过上类似于过去、现在和未来'三维'生活的基本条件。这是因为,每一时间点都有无穷无尽的结果、影响、进程和感知,只有从中过滤出简单的意义结构,才能找到方向。这种简化不是单纯的缩减,而是富有高度创造性和高度个人化的成果。……被告人做还是没做,即所谓刑法的核心问题。这里有一个很大的误区:关于谁是罪犯这个看似永恒的问题,其实在很大程度上受制于预判、设想和接受可能性。每一种可接受的答案选择,同样是可变且与时间相关的。"[3]

刑事诉讼中的真相,即所谓犯罪事实。宗教意义之外,犯罪主要有三种含义:一是存在于人们观念中或口头上的罪,比如"浪费是对人民的犯罪","你色迷迷看她的眼神简直是犯罪";二是实体法规定的罪,这种罪看似法定,但在与生活事实比对过程中,罪与非罪的争议属家常便

---

[1] 参见[英]安东尼·达夫等编:《审判的试炼 III,刑事审判的新规范理论》,李姿仪译,新学林出版公司 2015 年版,第 67 页、第 96 页。

[2] 参见[日]松尾浩也:《日本刑事诉讼法》,丁相顺译,中国人民大学出版社 2005 年版,第 14 页。

[3] Thomas Fischer, *Über das Strafen: Recht und Sicherheit in der demokratischen Gesellschaft*, Droemer, 2018, S. 114ff.

饭,比如公然谩骂某人是穷鬼或者高铁霸座,是否属于寻衅滋事罪中的辱骂他人情节恶劣,或者任意占用公私财物情节严重,意见分歧很大;三是经由刑事诉讼程序最终确定的罪,这种罪一旦确定便有执行力。总之,第一种含义多属比喻,与刑事诉讼无关。第二种含义是将行为事实与刑法规定相互拉近、匹配,判断该行为事实是否符合构成要件、违法且有责。当然,不是所有犯罪都会被发现,有些犯罪因手段高超、被害人怠于报案而成为黑数,又因警方侦讯不力,未能破案而悬置。第三种含义是在发现、侦破、起诉后由法院审判确定,这种罪由实体法与诉讼法共同决定。偶然会有实体与程序双重缺失造成的恐怖,也就是不仅秘密逮捕,而且不告知指控罪名,不宣布所定何罪。

在卡夫卡的《审判》中,约瑟夫·K莫名其妙地被捕了,困在法律规则的迷宫里。这些规则分布在实体和程序两大范畴之间。实体规则明确规定哪些行为是犯罪,意义在于让K知道自己犯了什么罪。如果规则是秘密的,过于复杂含糊,以至人们无法理解,那么这种实体规则就使K陷入手足无措的境地,是不人道的。K是否被认定为某一特定罪行承担责任,还取决于程序规则,也就是国家如何证明犯罪确已发生并应由K负责。实体法确立原则上有罪,程序法决定事实上有罪。对K的巨大折磨不仅来自不可解的实体规则,而且来自不确定的程序规则。[1] 实体规则不可解与程序规则不确定,是卡夫卡浸透于《审判》中的两大恐惧,而实体规则与程序规则两大范畴的界限并不清晰,可能是法律的又一重大弊害。假定有企业往海里排放有害物质,为害甚剧,但已迫近公诉时效期限。这时能否制定新的法律以延长时效,要看公诉时效是属于实体法还是属于诉讼法。如果属于诉讼法,就要实行新法主义,可以新法决定公害罪的时效期间延长,让检察官从容侦查和起诉;如果属于实体法,作为宪法问题,就不能抵触不得溯及既往的原则。[2]

罪刑法定原则的内涵之一是禁止事后法,法律须事先公平告知国民,每个人都有权知道被指控违反了哪条法律。法条有对国民行为的指

---

[1] George P. Fletcher, *Basic Concepts of Criminal Law*, Oxford University Press, (1998), pp.7-8.
[2] 参见[日]松尾浩也:《刑事诉讼の原理》,东京大学出版会1974年版,第284页。

引功能,也有对法官裁判的限制功能,广而告知需要简明文字,裁判指南需要法言术语,二者差异很大。再者,法律所公布的内容,是否包含实体和程序的所有方面?比如排污者有权知道国家规定了何种行为属于公害犯罪,但他们是否有权知道国家将在多长时间内加以追诉,或者有无权力修改法律以延展追诉时效?[1] 有学者认为纯粹程序性规则不属于个人有权知道的事项,因为程序规则与行为的道德性无关,溯及既往的规则修改并不干扰行为人选择实施或不实施某一行为的自我道德审查。[2] 追诉时效并不具有行为规制功能,不能鼓励行为人信赖罪行在特定年限内不被发现。证据湮灭或误判风险可以借助疑罪从无原则加以调整。[3] 换言之,法律总不能保护犯罪人"掰着指头计算时效而等待时效届满的"期待权,但是,公诉时效这一制度的旨趣在于,随着时间的推移,因证据遗失,难以发现实质性真实,也难以对犯罪进行举证,并且社会的报应情感也会一定程度上得到缓和。为此,公诉时效的期限是根据针对该犯罪的刑罚的轻重来规定,还具有对国家刑罚权在时间上予以制约的法律性质。从发现客观真实、正当处罚的角度看,公诉时效期限的溯及性变更有违宪法保障适正程序这一规定。[4]

犯罪真相有别于普通意义的真相。上古中国,《尚书·大禹谟》有"与其杀不辜,宁失不经",《吕刑》有"五刑之疑有赦",后世亦有"疑罪各从其实以赎论",[5] 凡此种种,都是处置两可疑难案件的方针。疑罪的出

---

[1] "时效云者,乃泰西旧语,惟本案则新采用也。凡既经过律例所豫定之时限,则生取得权利或免除义务之效力,此制度谓之时效,而前者谓之得权时效(或谓之取得时效),后者谓之免责时效。按:权利义务若因人之地位,而于法律上永无确定者,必于国家、社会多有不便。例如家藏珍宝,历传数世,忽有人称此物数世前属于伊祖,所持有证据,攫之以去,此岂人情所能甘心?故于一定之时限内,有持其珍宝之事实者,在法律不可不确定其取得之方法。亦因此故,凡负有义务者,若既过履行期限,权利人已抛弃遗忘,阅时既久,则亦不可无免除之法。"高汉成主编:《〈大清新刑律〉立法资料汇编》,社会科学文献出版社2013年版,第64页。

[2] George P. Fletcher, *Basic Concepts of Criminal Law*, Oxford University Press, (1998), p.13.

[3] 参见袁国何:《论追诉时效的溯及力及其限制》,载《清华法学》2020年第2期。

[4] 参见[日]西田典之:《日本刑法总论》(第2版),王昭武、刘明祥译,法律出版社2013年版,第40页。

[5] [清]沈家本:《历代刑法考》,邓经元、骈宇骞点校,中华书局1985年版,第523页。

现,说明真相并不容易被发现,或者有时根本不可能被发现。也因此,刑事诉讼法对"发现犯罪真相"的态度,会反映在如何分配错误责任的制度安排上,是倾向于避免给无辜者定罪,还是致力于不放过可能有罪的人?"一个简单明了的答案是,裁判乃对于被告被指控的犯行是否为真实的一种判断——也就是判断被告有没有基于可非难于他的原因,而犯了检察官所起诉的罪行。在践行无罪推定原则的刑事审判制度之下,这样的答案应该是马上可以被接受的。在此种审判中,认定事实者必须要决定的问题是,检察官是否已经就被告的罪行提出符合标准的证据?因此我们必须依据判决书来说明这个问题的答案是有还是没有——换言之,所谓的'有罪'是指'被证明的有罪',无罪是指'没有被证明的犯罪'。无罪开释的决定,不应该理解为宣告被告是无辜的,而应该视为有限地宣告检察官未能证明被告的犯罪。"[1]

换言之,只有在确定有罪时才需要查明真相,如果缺乏足够推翻无罪推定的证据,不得不宣布无罪时,可以说无关乎真相。[2] 应否给予被追究者可能有碍真相发现的权利?可否为了顺利发现犯罪真相而剥夺那些法律上已经写明的权利?或者换一种提问方式,我们愿意在多大程度上排除那些使用恶劣手段获取的证明真相的证据?"解决争端者必须泯灭其回复历史真相的冲动:他们不可能在成为独立的、精力充沛的真相追求者的同时,还能不危害对解决争端而言最为基本的中立地位。倘若解决争端者已注意到当事人的主张、自认及约定限制他们的调查,那么他们对真相专心致志的探求只会使证据的发现变得愈加糟糕,这与其说是解决基础性的难题,毋宁说是制造更新的麻烦。"[3] 因此,如果未能证明有罪,对真相的寻找即被中断。疑义有利被告,其含义就在于,到底无罪是不是真相,已经不再重要了,只要有罪不能确凿成立,就应论以无罪。同理,某些法定不起诉的情形,比如犯罪嫌疑人、被告人死亡的,对于犯罪真

---

[1] [英]安东尼·达夫等编:《审判的试炼Ⅱ,裁判与到场说明权责》,颜华歆译,新学林出版公司2015年版,第14页。

[2] Randy E Barnett, *The Structure of Liberty—Justice and the Rule of Law*, Clarendon Press, (1998), p. 206.

[3] [美]米尔建·R. 达马斯卡:《漂移的证据法》,李学军等译,中国政法大学出版社2003年版,第170页。

相就可以不再深究。不过,即便是法定不起诉的情形,有时也需要查清犯罪真相,比如犯罪已过追诉时效期限的,如果搞不清犯罪事实,就无法确定不同犯罪法定刑所对应的不同追诉时效期限。

再以少年犯罪为例,在犯罪嫌疑人未达法定刑事责任年龄时,是否需要查清事实真相?运用要件论缺一不可的思维,主体不合格就没必要再追究下去。但若采纳阶层论体系,责任年龄是在有责性阶段的出罪事由,构成要件及违法性的真相还是要努力查清的。当然,刑事诉讼只对特定的、与涵摄于实体刑法之下的情况感兴趣,所涉及的不是全部真相,而是被严格过滤的、与法律有关的事实片断。即使是能够涵摄于实体法的事实,也不能任意进入程序,要具备尽可能充分的证据。寻找真相与法律保护的其他价值不时发生冲突,当其他价值处于优势地位时,真相就必须让位。国家的司法资源总是有限的,警方不可能对每个案件平均用力,"所以要权衡:对于严重犯罪,比如杀人犯罪,要极力寻找真实;对于大量的轻微犯罪,只是泛泛地,比如以简单扼要的程序寻找真实,或者根本不去寻找真实,就如对偷窃自行车的行为"。[1] 当然,对这种趋势也不乏批评,比如德国检察官原本有义务强制起诉,有义务全面调查收集有罪无罪、罪重罪轻的事实和证据,但由于办案压力,日渐追求轻罪的便捷结案,不再顾及犯罪真相,不再是司法工作,而是行政工作,在案卷上签个名而已。[2]

以真实为根据解决案件被称为实体真实主义,但这一主义在诉讼法与实体法中有不同体现。诉讼上的真实是法律学的概念,而不是自然科学所探求的绝对的真实。对于过去发生的事件,只有依据证据法所认定的诉讼事实才是真实。至于实体上的真实,刑民有别。在以当事人的私人权益为对象的民事诉讼法中,可以采取形式的真实主义,只要有当事人承诺,该事实就被认为是真实。但刑事诉讼法却只能采用实体的真实主义,其中,积极的真实主义力图追求凡是犯罪必然被发现,难逃法网;消极

---

〔1〕[德]施图肯贝格:《在刑事诉讼中探寻实体真实》,宗玉琨译,载赵秉志等主编:《当代德国刑事法研究》(第2卷),法律出版社2017年版,第235页。
〔2〕参见[美]肖恩·玛丽·博伊恩:《德国检察机关职能研究:一个法律守护人的角色定位》,但伟译,中国检察出版社2021年版,第15页。

的真实主义力图做到无罪者不予处罚。如果采取有罪必罚的方针,贯彻积极的真实主义,就必须承认违法侦查获得的证据具有证据能力,如果重视无罪者不予处罚的观点,则要求适用尊重人权的程序,避免无罪者错误地受到惩罚。也就是说,积极的真实主义重视的是被发现的"真实",而消极的真实主义重视的是发现真实的"方法"。如果考虑到作为人权保障的宪法规范的重要性,消极的真实主义的观念是妥当的。[1] 即使方法上没错,仍然可能出现罕见意外,比如在入室杀人现场的一听可乐罐上提取的指纹,属一个有暴力犯罪记录者,而锁定嫌疑人后才确认这个人一直在狱中服刑,指纹是他在监狱工厂生产可乐罐时留下的。[2]

有学者认为,发现犯罪真相是通过证据还原案发过程,这意味着所谓真相是通过事后收集的证据拼凑出来的人造事实,因此,真相如何呈现与取证手段及获取的证据范围紧密关联。实体真实主义的过程是将案件事实与刑法所规定的具体犯罪构成要件的每个要素逐一匹配的过程,在这个意义上,刑法的每个实体概念在解释过程中都应纳入可操作的程序规则。要证明犯罪嫌疑人存在杀人故意,应有相应的证据表明他认识到自己当时实施的具体行为对于他人生命的高度危险性,例如,手里拿的是一把匕首而不是塑料刀,捅刺部位是对方的心脏而不是手臂,认识到被侵犯的对象是一个自然人而不是一头野猪。[3] 通过发现真实、真相来获得正义,是司法的古典理念。过去人们还普遍相信,确定的、不容怀疑的真实是可欲可求的,然而,发现绝对真实的可能性在今天已经动摇。原因在于,人一般很难观察到过去事件的全过程及其细节,即使有幸目睹,感官记忆也可能出错。人的主观立场和偏见也会阻碍客观事实的重现,各种观点会添加进来,因果链条中哪一环节更为重要,也是由认知者筛选的。经过筛选的历史素材,再依人的经验法则拼接串联,建构合理的说明,实

---

[1] 参见[日]田口守一:《刑事诉讼法》(第五版),张凌、于秀峰译,中国政法大学出版社2010年版,第14—15页。
[2] 黄荣坚:《灵魂不归法律管:给现代公民的第一堂法律思辨课》,商周出版2017年版,第104页。
[3] 参见李世阳:《构建刑事诉讼法解释学的基础》,载江溯主编:《刑事法评论:刑法与刑诉法的交错》(第45卷),北京大学出版社2022年版,第68页。

在无法确保绝对正确。"罗生门"告诉我们,确定过去并不比预测未来容易。[1]

古典自由主义思想家指出,有人说历史的任务就是要陈述一些事件实际上是如何发生的,不要有所假想,也不容有价值判断。历史家的报告必须俨如一件逼真的过去影像,一件心智的摄影,给予所有的事实以完全不偏不倚的描述,把过去再现于我们眼前,毫不遗漏。让过去真正再现,为人力所不及。历史不是一件心智的复制品,而是将过去加以浓缩,按照历史家已有的理念安排过去的事件。历史家所报告的并非所有发生过的事实,而只是一些相关的事实,他接近历史文献的前提假定是他所处时代的全部逻辑、数学、行为学等全部科学知识储备。由于事实的选择,历史家所享有的自由裁量权无疑会被滥用。历史家的选择囿于党派偏见,这种事会发生且确已发生。说完过去,再说未来。可以假设"一切事象和变动的结果,是决定于一些支配整个宇宙的形成与发展的永恒不变的法则",也可以把一切现象的必然关联和相互依赖看作根本的和终极的事实。但是,不管在一个全知的心灵看来究竟是怎样,在行为人看来,未来总是一个谜。[2]

将罪犯绳之以法也是刑事诉讼的目的。"在初民社会的大部分时期,惩罚的实施多半是出于受害者及其亲属本能而未加反思的情感的产物,或者,在足以引起全社会关注的案件中,是对暴行和危险的情感反应。当惩罚的过程被注入了平静的反思,人们开始用客观的政策理由来证成惩罚的正当性时,这意味着一个意义深远的行进。柏拉图是记录西方思想上的这一阶段的第一人,他认为惩罚有两方面:矫正的一面,即强迫做了错事的人修正他的行为;威慑的一面,即警示他人不要仿效行恶之人。"[3]刑罚的意义在于,不让犯罪人获益,杜绝其再犯可能,并且恢复和重建法秩序,向世人昭示,不能漠视和违背刑法规范,否则刑罚会随之而

---

[1] 参见林立:《哈伯玛斯的法律哲学》,新学林出版公司2016年版,第478—480页。
[2] 参见[奥]路德维希·冯·米塞斯:《人的行为》,夏道平译,上海社会科学院出版社2015年版,第48—49页、第103—104页。
[3] [爱]凯利:《西方法律思想简史》,王笑红译,法律出版社2002年版,第30—31页。

至。但是,刑罚威慑力可谓有限,每发生一起罪案,都说明刑罚威慑失败一次,都说明犯罪无论如何都会发生。"请相信,一个刑罚偏于严酷的国家,并不会使人们因此更加守法。"[1]对秩序与安全的需要是无止境的,还会形成某种嗜好,并且将刑罚作为其嗜好的安慰剂。人们逐渐迷恋刑罚,不断渴望更严厉的刑罚,使刑罚不断趋重,威慑感触则日渐麻木,如重度失眠者,需要不断加大安眠药剂量,终至失效。"大抵法太重则势难行,定律转同虚设;法稍轻则人可受,遇事尚可示惩。"[2]

过分强调刑罚威慑,还会导致以命案必破为目标,力图建立罪与罚的绝对联想,以至大要案发生后,不惜棰楚刑讯,构陷无辜。冤情具体落在谁头上看似偶然,但冤案中有人横遭刑辟却势所必然。而冤案一旦形成,就极难纠错。警察职业被意识形态塑造为道义化身,不容出错,即便真凶出现或者亡者归来,平反仍然举步维艰。某些人在谈到呼格案时,不是谴责制造冤案者,而是戏谑他们与办理真凶案件的警察没有沟通好。自我道德神化的逻辑演绎是对手的去道德化,即对律师及犯罪嫌疑人的道德矮化。道德矮人若不低头认罪,便罪加一等,死有余辜。[3]侦查机关没有战略对手,导致诉讼结构整体偏向侦查中心主义,不仅被追究者及其辩护人无法有效对抗侦查结论,而且起诉阶段也难以申说意见,直至走上法庭也无缘与不利被告的证人当庭对质,庭审不过是继续审讯被告,延续侦查行为,以及对控方提供书证的有限核对而已。因此,侦查结论就是最后结论,通常还必须是有罪结论。如果主导权不在审判环节,那么法官对侦检机器便无法有效制动,甚至不得不助力迎合。

"惩罚是实现国家的最终目的——公共安全——的手段;这里的唯一意图在于,用惩罚的威慑作用防范犯法行为的发生。刑法的目的在于,根本不要出现应用刑法的情况。邪恶意志应当依靠威慑性的惩罚受到压抑,而原来缺少的善良意志则应当依靠这种惩罚得到昭彰;这样,就

---

[1] [法]孟德斯鸠:《波斯人信札》,梁守锵译,商务印书馆2010年版,第152页。
[2] 沈家本:《沈大臣酌拟办法说帖》,载高汉成主编:《〈大清新刑律〉立法资料汇编》,社会科学文献出版社2013年版,第787页。
[3] 参见邓子滨:《冤案的偶然与必然》,载《中外法学》2015年第3期。

决不需要惩罚了。为了达到这个目的,每个公民都必须极其肯定地认识到,一旦他犯法,法律的威慑作用就会不可避免地在他身上兑现。……因此,刑法的执行是一种公开的行动。每个听到一种犯法行为的人,也都必定会听到对这种行为作出的惩罚。对于一切在今后还试图干违法勾当的人来说,如果大家不让他知道对以前的犯罪行为所给予的真实惩罚,这可以说是一种明显的不公正的做法。他们会因而抱有不受惩罚的希望。"[1]这种类似中国古人"以刑去刑,以杀去杀"的威慑论,历来不乏反对者,更不乏信奉者。反对者说,"每有一次新的谋杀,就证明死刑威慑失败一次",但支持死刑的人会说,"死刑没能遏制的我们看到了,死刑成功遏制的你们却看不到"。

凡事只能证其有,不能证其无。不过近年犯罪学、监狱学的实证研究基本上否定了威慑论。实际的和预期的惩罚概率与犯罪意图之间,虽然存在某种负相关,但突然增加惩罚,初期效果不大,长期效果更小。[2] 既然如此,与其追求通过刑事诉讼惩罚犯罪这一目的,不如将精力更多投放到以刑事诉讼法规范国家司法力量上去。如果政府尊重法治,社会福利优厚,犯罪自然减少。因此,发现犯罪真相并将犯罪人绳之以法,有时必须让位于其他目标,必须服从其他价值追求,而这些目标或价值追求多半与维护人的尊严和个人自治有关,也正是各文明国家刑事诉讼法与文明国家共同拟定的国际公约之价值所在。"宣称适用刑法时'目的可以使手段正当化',宣称政府为了确保给人定罪就可以违法,这样的宣称必将招致可怕的报应。"[3]不能以目的高尚来为手段邪恶开脱,因为在目的达成之前,手段已经作恶多端了。目的再怎么高尚,也不能不择手段。

某些冠冕堂皇的口号极具迷惑性,比如"既打击犯罪,又保护人权"。这种双重目标看上去很美,但在实践中却很难辩证统一,矛盾冲突才是常态。号称"全面、兼顾",只会使实际的目的偏好被掩饰遮蔽,操盘者得以

---

[1] [德]费希特:《自然法权基础》,谢地坤、程志民译,商务印书馆2004年版,第262—263页。

[2] 参见[挪]托马斯·马蒂森:《受审判的监狱》,胡菱如译,北京大学出版社2014年版,第170页。

[3] Justice Louis D. Brandeis, *Olmstead v. United States*, 277 U.S. 438 (1928).

上下其手而又不露圭角。所以,应当真诚、勇敢、单纯地承认,刑事诉讼的目的就只是发现、追究并最终确认犯罪,而维护人的尊严与个人自治的目标和价值追求,应当由刑事诉讼法来设定和完成。然而,利弊权衡是无处不在的,天平两端可以放置各种真相与公平、公益与私利、秩序与自由之类的砝码。现今世界,如果坦率承认不可能没有犯罪,也不可能不追究犯罪,那么,与其以兼美自欺欺人,不如坦然面对枉纵之在所难免。然而,在或枉或纵之间作出抉择时,应否考量枉纵的比例?怎样确定这个比例,倾向于错杀还是倾向于错放?抑或变换一种提问:是否存在一个度数,超过这个度数就会因过分保护被追究者而使定罪极其艰难,导致混乱无序,而不足这个度数就会因刑罚权太过强势而使人民动辄得咎,使国家和社会成为一潭死水?

在《创世记》中,耶和华要毁灭罪恶甚重的所多玛城,亚伯拉罕为所多玛祈求:"假若那城里有五十个义人,你还剿灭那地方吗?将义人与恶人同杀,这断不是你所行的。"耶和华说:"我若在所多玛城里见有五十个义人,我就为他们的缘故饶恕那地方的众人。"亚伯拉罕说:"假若这五十个义人短了五个,你就因为短了五个毁灭全城吗?"耶和华说:"我在那里若见有四十五个,也不毁灭那城。"于是,亚伯拉罕与耶和华讨价还价,将数字逐步递减到十,"迫使"耶和华说:"为这十个的缘故,我也不毁灭那城。"美国学者归纳出史上伟人对纵与枉的不同权衡:马修·黑尔1678年曾说:"宁愿让五个有罪的人逃脱刑罚,也不能让一个清白的人去死。"威廉·布莱克斯通将这个比率提高到10∶1,约翰·福蒂斯丘是20∶1,本杰明·富兰克林是100∶1,而12世纪的摩西·迈蒙尼德是1000∶1。[1]"宁可错杀一千也不放过一个,还是宁可放纵一千也不冤枉一个?"这看似一个好的提问,但遗憾的是,始终没人质疑这一提问本身,没人认真想过,人类史上只发生过为了不放过一个而错杀一千,而从未发生过为了不

---

[1] 参见[美]拉里·劳丹:《错案的哲学》,李昌盛译,北京大学出版社2015年版,第68—69页。

冤枉一个而放纵一千。如此说来,危险只有一个:错杀一千。[1]

无需审判,更无需辩护,这种做法曾多次出现于战乱、戡乱时期,不过和平年代也会出现从指控至定罪的直通车,甚至迫使律师当庭反对委托人。其间贯穿始终而阴魂不散的指导思想,就是所有刑事诉讼参与人都应当攥成一个拳头,只服务于唯一目标:打击敌人,惩罚犯罪。1974年列宁格勒的一次审判中,"律师的发言首先是向法庭致歉,因为他正在为'人民的敌人'辩护"[2],"案件的事实不仅有被告人的供词为依据,而且我们所掌握的证明材料之多已经成了我们的负担。被告人所犯罪行之严重简直无法予以量刑"[3]。根据古巴哈瓦那大学教授的描述,革命律师的首要任务不是主张当事人无辜,而是判定当事人是否有罪,以及寻求最有利于其改造的制裁方式。在保加利亚,一名律师在辩护时这样开场:法官、公诉人和辩护人不存在职责分工,辩护人必须协助公诉人发现案件的客观真相,并当庭嘲笑当事人的自行辩护。索尔仁尼琴总结说:在无阶级社会的开端,我们就已经见识到没有矛盾冲突的审判。不仅是法官和公诉人,甚至连同辩护律师和当事人自己,也在同心协力地达到他们的共同目标。[4]

纳粹德国时期,律师被整体打压,但仍有人坚持为法律而战,甚至出现了一位不朽的律师,汉斯·利滕。利滕1903年6月19日出生于萨尔河畔,27岁时不畏强权,代理埃登舞蹈宫案,申请传唤纳粹党首希特勒出庭作证,并且通过交互诘问使希特勒被动难堪。这也足以说明"只要程序存

---

[1] "把这个比率设为多少,这还远不明确。如果说,与其惩罚一个无辜者,不如放走无论多少罪犯,这就会导致根本不再需要任何惩罚制度。因为我们能够发明的任何制度,当它确实惩罚某些人的时候,都会包含某种程度的惩罚无辜者的风险,而当它的应用对象人数众多时,它几乎肯定会发生这样的风险。"[美]罗伯特·诺奇克:《无政府、国家和乌托邦》,姚大志译,中国社会科学出版社2008年版,第115页。

[2] Cliff Roberson, *Introduction to Criminal Justice*, Copperhouse Publishing Company, (1994), p 285.

[3] [苏]亚历山大·奥尔洛夫:《震惊世界的莫斯科三次大审判》,彭卓吾译,红旗出版社1993年版,第54—55页。

[4] 参见[美]虞平、郭志媛编译:《争鸣与思辨:刑事诉讼模式经典论文选译》,北京大学出版社2013年版,第355—356页。

在,法庭就会或多或少地尽力抵制专横权力,并足以对它进行限制"[1]。作为报复,利滕后来被关进集中营折磨至死。为纪念利滕反抗暴政的职业精神,德国律师协会自称汉斯·利滕协会,在柏林高等法院内设利滕半身像供后人缅怀凭吊。[2] 纳粹控制的德国律协一再强调,律师要执行国家职能,与国家利益步调一致,宣誓效忠德国人民的领袖,要从抗辩式审判的自由主义立场解放出来,用一种新秩序取而代之,法官、检察官和辩护律师应当是法律战线上的战友,是步调一致的合作与同志关系。律师在法庭上只能表达对被告的憎恶,在辩护词中甚至要求判处被告死刑。律师的义务是忠于元首,那些没有与政府密切靠拢的律师遭到各种恐吓与惩处,直至以"共产主义活动积极分子"的罪名取消律师资格。最后的政治高潮是,1943 年 3 月将律师彻底等同于公务员,律师自己的惩戒机构被取缔,转由惩戒法庭来监控律师的各种行为。[3]

1949 年至 1952 年,美国麦卡锡主义猖獗,发生多起因为共产党人辩护而遭迫害的律师冤案。"在使政府摧毁国内有组织的共产党活动的政策合法化方面,律师协会是一个自觉的、有时是热切的同谋。这个角色,是与律师界珍爱的准则相抵触的,这些准则包括代理权和律师热情为委托人利益辩护的职责。这样的政治共谋,违犯了律师协会自身的行为准则,并在某种程度上损害了它所服务和崇敬的法律体制完整与活力"。[4] 联邦最高法院向来以保护言论和表达自由为己任,只是例外地"不保护为制造恐慌而在剧院里大喊'着火了'"[5],不保护那些明确而即时可引发暴力的武斗言辞,以及煽动暴乱、叛乱、仇恨的言论。[6] 但在麦卡锡主义的蛊惑之下,在"明确而即时危险"标准之外,增加了"极其严

---

〔1〕 [法]邦雅曼·贡斯当:《古代人的自由与现代人的自由》,阎克文、刘满贵译,商务印书馆 1999 年版,第 216 页。

〔2〕 参见[美]本杰明·卡特·黑特:《质问希特勒》,何远译,北京大学出版社 2014 年版,译者导言第 1—2 页。

〔3〕 参见[德]英戈·穆勒:《恐怖的法官》,王勇译,中国政法大学出版社 2000 年版,第 235—236 页。

〔4〕 [美]柯特勒:《美国八大冤假错案》,刘末译,商务印书馆 1997 年版,校者前言第 2 页。

〔5〕 Schenk v. United States, 249 U.S. 47 (1919).

〔6〕 Chaplinsky v. New Hampshire, 315 U.S. 568 (1942).

重的威胁"或者"实质邪恶的充分危急"标准,给共产党人量身定制了组织、鼓动、教唆暴力推翻政府的罪名。[1] 而美国许多政客和学者都曾声言,只要一个政府恶贯满盈、倒行逆施,人民就有推翻政府的权利。

为避免一切都唯政治马首是瞻,必须置程序正当性于优先指导地位,而发现真相这一古老的刑事诉讼目的,也不应再作为唯一诉求。即使刑事诉讼法试图兼顾打击与保障,也不得不直言承认,"在查明事实真相和保障人权的平衡关系上,不可避免地从一开始就倾向于真实主义"[2],而政治干预往往披着倾向真实主义的外衣,非常热切地要将嫌疑人入罪,有时不惜隐匿有利被告的证据,同时对非常薄弱的不利被告的证据加以粉饰,[3]甚至干脆制造不利被告的证据。在这方面,警方和公诉方具有天然的优势,而法律对伪证类犯罪的惩处却往往落在律师和证人头上。还必须时刻注意到,最新科技往往被政府先行掌握,并迅即用于打击犯罪的目标,或者不受程序制约、不做任何解释就用于社会控制,将紧急状态常态化。"一旦政府当局认定了一个嫌疑人,那么各种猜想、怀疑和偏见就会相互助长,形成一种可怕的动能。在这种不稳定的情况下,科学本来应该成为我们权利的一种保障,一座保护我们免受情绪化和偏执这两种危险的坚强堡垒,但是在很多情况下它却反而将仇恨的火焰越扇越旺"。[4] 如此说来,刑事诉讼法的目的,决不是有效打击犯罪,也不是实现刑事实体法,而是约束握有司法权力者,力避他们合力打压惩治不受欢迎的人。

第二节 最大限度减少错案并维护人性尊严

通常说的"冤假错案",其实很难界定。不过可以首先排除假案,即为

---

[1] *Dennis v. United States*, 341 U.S. 494 (1951).
[2] [日]田口守一:《刑事诉讼的目的》,张凌、于秀峰译,中国政法大学出版社2011年版,第28页。
[3] 参见[德]汤玛斯·达恩史戴特:《法官的被害人》,郑惠芬译,卫城出版2016年版,第63页。
[4] [美]科林·埃文斯:《证据:历史上最具争议的法医学案例》,毕小青译,生活·读书·新知三联书店2007年版,第267页。

了报复陷害或某种政治目的而陷无辜于有罪,它不是司法造成的,而是肇始于司法之外的势力,也就不是学术研究能够解决的问题,所以这里只谈冤错案件。刑事追诉不外乎四种结局:无罪者判无罪;有罪者判有罪;有罪者判无罪;无罪者判有罪。"者"字之前的"罪"指事实上是否实施过犯罪;"者"字之后的"罪"指经司法程序认定的无罪或有罪。其中,无罪者判无罪如果发生在一审,是不幸中之大幸;一审被判有罪而上诉后得以平反,也属万幸。有罪者判有罪也可能量刑畸轻畸重,过重的量刑或者罪不至死而被处死的,也可划入错案之列。有罪者判无罪不能说冤,只能说是错,不过如果是指控证据没有达到诉讼规则所要求的证明标准,那也不能称之为错,或者可将错案限定为"事实上有罪而被错判无罪"。这种说法在哲学和社会学意义上甚至在公众观念中都成立,唯独在刑事诉讼领域是一种循环论证的吊诡逻辑,因为"事实上有罪"之事实从何而来,恰恰没有事实根据。

陈兴良先生有言,"无冤:司法的最高境界"[1]。冤,在此仅指无辜者被定罪;而无冤之所以是一种最高境界,是因为要避免给无辜者定罪,有时必须放掉真正有罪的人,这个选择非常艰难,是难以到达的境界。根据这一判断,唯有无罪者判有罪的情况属于既冤且错,不过既然"错案"可以覆盖"冤案",所以刑事诉讼中只关注"错判有罪"和"错判无罪"两种错案即可。减少错案只针对发现真相而言,也就是,刑事诉讼法为了克制刑事诉讼的治罪本能,需要一套规则来框定发现真相的手段甚至减缓其效率,而这一切所要防范的首先是错判有罪。正如卡夫卡在《审判》中诉说的:"正是尾随在很多人身后的一种原始恐惧:他们也都可能会有同样的遭遇,成为错误甚至是罗织罪名下的受害者,没有人,没有一个人会听到他们的怒吼:'不是我!'"[2]不妨换位思考,追究者感觉哪些规则最掣肘,这些规则就一定是最有效的。强化抑或淡化对被追究者的保护规则,是区分不同治国理念及法治阶段的重要标识。

---

[1] 陈兴良先生在《中国法律评论》2014年第6期上对赵作海案、于英生案、佘祥林案和张高平、张辉叔侄案的点评。

[2] [德]汤玛斯·达恩史戴特:《法官的被害人》,郑惠芬译,卫城出版2016年版,第29页。

1946年，梅汝璈先生曾出任远东国际军事法庭法官，参与东京审判。梅先生作为受害国派出审判侵略者的法官，当然难免控方立场，因而他所一再提到的审判之艰难，恰恰说明彼时所遵循的庭审规则，是以牺牲效率甚至真相为代价的。法庭规章中密布着复杂繁琐的程序要求：一是严格采用证据主义，凡未被法庭正式接受的文件或未在审判记录中登载的证言，都不得援用于双方辩论、总结陈词及最后判决中，也就是许多有罪证据因不合规则而被事先排除；二是对辩护方过分宽容，辩护人多，声势浩大，作为受害国的控诉方反而处于劣势；三是被告享有沉默权，使控方讯问乏力，并且屡被辩护人打断；四是法官对证人出庭不加限制和筛选，证人作证不能书面替代，必须当庭接受双方交互诘问，作证往往以失败告终，且法官从不打断辩护，控方经常处于守势；五是没有充分利用法官庭外讯问权，只在庭上被动听审，且几乎不向被告主动发问。总之，"一方面，宪章授权给法庭便宜行事，以达到迅速审判的目的；另一方面，法庭所采用的许多规章制度，以及英美法官们对程序问题的习惯偏见，又在达成这个目的的道路上设置了许多障碍物和绊脚石"[1]。

可见，梅先生所谓"障碍物和绊脚石"，都是英美刑事程序的要素，就是为了不让指控者一路冲刺直达定罪终点，不让审判成为走过场，避免出现非常状态的审判方式。这些非常状态的审判"服从于某个团体、阶层或某个人的政治或宗教的强烈意愿。在这里，任何审判程序即形式要素都没有独立的意义和价值，它只是一个奴仆，服务于一个目的：清除任何政治的异己和宗教的异端"[2]。审判是刑事诉讼的核心，但不是全部。审判前有侦查和起诉，尤其侦查权最易滥用，成为政客对付不合作者的利器。因此，刑事诉讼法赋予被告的权利，只有构成发现真相的障碍，才称得上是真正的权利。那些为了真相可以牺牲一切的人，将真正的权利，即"那些为获得真实判决带来严重障碍甚至巨大障碍的权利，包括沉默权，律师、医师等委托关系特权，不得针对无罪判决进行上诉的权利，要求侵犯搜查、扣押权利所得证据予以排除的权利以及证人拒绝提供自我归

---

〔1〕 梅汝璈：《远东国际军事法庭》，法律出版社、人民法院出版社2005年版，第270页。

〔2〕 龙宗智：《刑事庭审制度研究》，中国政法大学出版社2001年版，第84页。

罪证词的权利",通通贬斥为"棘手的权利"。[1] 可见,寻求真相与保护权利,在刑事领域经常是对立的,互不兼容,顾此失彼,必须作出取舍。

"刑事程序法是通过赋予被告辩护权来践行宪法理想、捍卫人的权利的。周遭环境可能使任何人成为被告,因而刑事程序法保护我们每个人的方式是规制执法者调查和指控犯罪的那些手段,规定由执法者确保被调查或被指控犯罪者得到公平对待且享有各项权利。法律为追诉犯罪所允许使用的方式方法和程序过程,决定了我们这个社会的性质和品位,决定了我们是生活在一个自由国度中还是处在一个压制政体下。"[2] 因此,刑事诉讼法的目的,不是助推诉讼,而是限制诉讼,为发现犯罪真相的手段设置程序障碍。在特定的历史时点上,刑事法治的制度建设应当缺啥补啥;在制度弊端积重难返时还需要矫枉过正。打击犯罪与保障人权若能兼顾当然是好,但这种兼顾只能是一种不切实际的幻想。在个案中,两者的对立才是常态,只能择一,不应假辩证、全面之名而行偷梁换柱、解脱约束之实,让权力游走于两个目的之间。

各种制度产生冤案有其共性。法治即使再完善,也有如下原因可能造成冤案:(1)不当的辨认,比如嫌疑人是秃头,但被辨认的九人中有八人是有头发的;(2)嫌疑人为了推诿或独揽责任而虚假供述;(3)目击证人因偏见、虚荣,抑或教唆、胁迫、利诱而盲目指认甚至嫁祸于人;(4)警察、检察官热切希望尽快将嫌疑人绳之以法,在最初的侦查、起诉方向上形成时间成本和荣誉利益,很难转向,以至漠视、隐藏无罪证据,甚至伪造有罪证据;(5)律师懈怠失职;(6)勘查、鉴定失误;(7)在辩诉交易中,事实上无罪的嫌疑人因惧怕重罪指控被认定而选择承认轻罪。[3] 的确,任何诉讼制度之下都会有冤案,但如果制度好,案件审判质量能够得到基本保障,冤案虽也在所难免,但它只是偶然的;制度不好,也会形成某些个案的实体公正,但难以保障案件整体质量,冤案会由于非法证据的大量运用而

---

[1] [美]拉里·劳丹:《错案的哲学》,李昌盛译,北京大学出版社2015年版,第238页。

[2] Walter P. Signorelli, *Criminal Law, Procedure, and Evidence*, CRC Press, Taylor & Francis Group, (2011), p.4.

[3] 参见邓子滨:《冤案的偶然与必然》,载《中外法学》2015年第3期。

势成必然,并且绝对数量可能超乎善意想象。[1] 如果冤案是一种疾病,采用坏制度就像跳大神,可能碰巧病也好了,但只能是机缘巧合,"反误了卿卿性命"才是常态;采取好制度则是现代医疗,可能也治不好某些病症,但基于丰富的临床实践,能够保证多数病患得到医治。偶遇沉疴宿疾、绝症非典,至少能让患者感觉医者尽力了。

劳东燕教授也认为,即便是理想的刑事诉讼,也并无能力彻底杜绝冤案的发生。就像影片《肖申克的救赎》中对安迪的谋杀罪审判,法官与陪审团其实在履职过程中并无不当,这样的冤案因具有反常识的一面,其实具有不可避免性,超出诉讼制度本身的纠错能力。《窦娥冤》也与此类似,凭借常规技术力量,根本不可能予以纠正。然而,冤狱无可避免,决不意味着理想的刑事诉讼不值得追求。晚近以来纠正的佘祥林案、赵作海案、杜培武案、呼格案、聂树斌案与张玉环案,充斥着诸多违反刑事诉讼规定的问题,刑讯逼供、证人不出庭、司法不够中立等,但凡任一环节严格遵守法律规定都不至于让酿生冤案的流水线在运作上畅通无阻。每个环节都不期然地失守,冤案一再发生,且纠正耗时日久,极其困难,恐怕就不单是个案的问题,而是体制性弊端,如果不对现有刑事诉讼体制进行反思与重构,终究是隔靴搔痒。由于没有消解与切断酿成冤案的内生机制,冤案最终还是会被源源不断地制造出来。就冤案防止而言,不改变命案必破立场,不调整内部考核机制,不痛下决心治理刑讯逼供顽疾,不保障审判中立,不严格遵守入罪的证明标准,便不可能有真正的改观。[2]

---

[1] 有学者以 2006 年为时间节点,对 30 起震惊全国的冤案作出分析:都是重罪重刑,被误判者大多处于社会中下层,又大多因与被害人有某种牵连而被怀疑,冤案纠正极其偶然。直接原因有刑讯逼供,主观臆断,阻碍有利被告的证人作证,无视无罪证据,轻视辩护,司法鉴定错误,证据不足仍然坚持定罪。深层原因是片面追求命案必破,检法两家难以独立办案,过分迁就社会舆论,屈从被害人压力,司法经费不足。参见陈永生:《刑事冤案研究》,北京大学出版社 2018 年版,第 9—43 页。

[2] 遵循人权保障优先的价值,根据相应的基本原则与制度设置来构建刑事诉讼结构,便能够大幅降低冤案发生率。只有跳脱个案,才能从整体上审视体制应然发展方向。在政治的巨轮滚滚而来之时,任何具有对抗意蕴的个人努力都显得像螳臂挡车,不可避免地具有悲剧性色彩。就刑事诉讼而言,将追求所谓的客观真相放在人权保障之上,既损害了真相,又践踏了人权。最终的结局只有一个:以法律秩序的名义,个人被彻底压制在政府权力之下。没有居中的裁判,缺乏平等的对抗,拒绝保障沉默的权利,允许使用非法获取(转下页)

历史告诉世人,在任何国家和地区,刑讯逼供和非法羁押都是制造冤案的两大黑手,两者共生共存,互为表里。在斩断这两大黑手之前,在落实《联合国禁止酷刑公约》之前,其他问题都显次要。酷刑可以出于多种目的,但主要用于刑讯逼供。虽遭各界一致声讨,也被各国归入犯罪,但在某些国家的实际操作上却屡禁不止。刑讯者以国家机关为权力背景,瞄准嫌疑人后,精心设计刑讯手段,精准把握伤愈时间,使被刑讯者很难固定刑讯证据。为了不留痕迹,刑讯者往往采用冻饿、强光照射、不让睡觉等手段,甚至将被刑讯者妻儿带至囚室隔壁加以折磨,从精神上摧垮对手。一旦从刑讯中获得有罪证据并成功定罪,不仅使刑讯者尝到甜头,鼓励其不断诉诸刑讯,而且会以结果正确来论证手段合理,[1]从而为刑讯找到真正的慰藉,以至于消除了折磨他人时最后的一点心理不安。其实,刑讯中施加的痛苦,究竟是为了口供还是为了取乐,几乎不可能区分,或者说总是兼而有之。

"严刑拷打,折磨致死,是一种野蛮行为。如果这样,国家就变为一个野蛮无理、幸灾乐祸和愤怒复仇的敌人;它为了使它的敌人感受死亡,在他们死亡以前还要凶狠地折磨他们。"[2]折磨他人,肯定不是一件痛苦的事情,否则就不会有那么多人乐此不疲。刑讯也不是私人恩怨,刑讯者与被刑讯者之间甚至可能是同事关系,1998年的杜培武案就是实例。杜培武夫妻都是警察,其妻与副局长私情约会时遭枪杀,杜培武成为嫌疑人。

(接上页)的证据,随意降低入罪的证明标准,终究不可能有真正的刑事诉讼,有的只是国家挥舞大棒的压制。参见劳东燕:《关于理想的刑事诉讼》,载江溯主编:《刑法评论:刑法与刑诉法的交错》(第45卷),北京大学出版社2022年版,第4—5页。

[1] "因为群氓总是被外表和事物的结果所吸引,而这个世界里尽是群氓。"[意]尼科洛·马基雅维里:《君主论》,潘汉典译,商务印书馆1985年版,第86页。艾特克金森在《君主论》英文注释本中说,这一句常被解释为"结果使手段正当"(The end justifies the means),以及"行为指控,结果宽宥"(The act accuses, the result excuses)。不过,从用语及语境看,马基雅维里似乎也认为,只有目的或结果显为善好时,才能赋予手段正当性。实际上,"结果赋予手段正当性"与俗话说的"为达目的可以不择手段"还是有所区别的。"如果结果正确,手段原本就是必须的",虽然有此一说,但古人也强调,"只以结果评判事物,有欠谨慎"。Niccolò Machiavelli, *The Prince*, translated, with Introduction and Notes, by James B. Atkinson, Hackett Publishing Company, Inc. (2008), p. 284, 407.

[2] [德]费希特:《自然法权基础》,谢地坤、程志民译,商务印书馆2004年版,第280页。

办案人员都是杜培武的同事,他们用两副手铐将他双手呈"大"字悬吊在铁门上,吊一段时间后在脚下塞一个板凳,以换取他老实交代。杜培武不断哀求喊冤,却被斥为负隅顽抗,之后抽掉板凳,令他突然悬空,如此反复数次,其间还用高压电棍逐一电击脚趾和手指。因与杜培武相熟,用刑前先说一声对不起,随后下手狠毒。在整整20天里,杜培武被折磨得面目全非,腕踝均被吊烂化脓,可以想见他当时只求速死,认罪后果已不重要。[1] 从刑讯杜培武的过程中不难发现,刑讯不是突发的、措手不及的、方法稚嫩的,而是惯常的、有备而来的、手段娴熟的。"专业刑讯者并不是非理性的虐待狂,而是有经验、受过训练并且有休假权利的特殊专业人士。他们清楚,几乎所有人在刑讯之下会说出几乎所有的事。他们也知道,该如何看待、查验以及评估这些事。"[2]

那么,面对酷刑,人到底能忍受多久?不妨阅读一段故事:"1589年4月22日,德意志特里尔大学校长迪特里希·弗莱德因巫师罪名而被捕,他被控施用巫术、与魔鬼缔约、制造雷雨、驱使蜗牛消灭农作等犯行。这类案件在中古时期的欧洲,本来不足为奇,因为短短三个世纪内,数以十万计的人(绝大多数是女性)历经巫师审判的煎熬。被告典型的诉讼历程是被控巫师罪名、否认犯行、刑求自白、招认共犯,最后被公开行刑、活活烧死。然而,弗莱德可不是一般的被告,他在被捕时身兼特里尔参审法院的审判长,更讽刺的是,他曾经审判过八位女巫——当然,所有的被告都历经以上的典型煎熬。没有人比弗莱德更了解被控巫师罪名的被告将会受到什么待遇,弗莱德因而一度脱逃,后来,脱逃成为犯巫师罪的证据;应该也没有人比他更了解当时没有自白不能定罪的证据法则以及一旦自白后必将宣判的死刑,尽管如此,弗莱德最后还是不堪当时取得自白合法手段——刑求——的凌虐,巨细靡遗自白施巫经过并招出其他共犯。最后,虽然历经对质与诘问,但在被捕后不到半年的时间,弗莱德仍然被判死刑,只能留待历

---

[1] 参见张建伟:《刑事诉讼法通义》(第二版),北京大学出版社2016年版,第437页注1及第438页。

[2] Thomas Fischer, *Über das Strafen: Recht und Sicherheit in der demokratischen Gesellschaft*, Droemer, 2018, S. 118.

史学家来翻案了。"[1]

　　再来看刑讯者,他们往往轻车熟路,工具和手段都是现成的,招供内容也是设定好的。而且,刑讯向来不是私人恩怨,不是几个刑警立功心切的私设刑堂,而是得到默许以及各方通力配合。杜培武受刑后,曾经请求驻看守所的检察官将其伤情拍照,固定刑讯证据,还写了控告书交给检察院起诉处和批捕处。但到庭审时,杜培武当庭展示身上各处伤痕并申请公诉人出具照片作证,公诉人竟然撒谎说"没有照过"。二次开庭时,杜培武偷偷将刑讯留下的血衣缠于腰间,试图带入法庭,却被法警强行取走。杜培武再次要求公诉人出示伤情照片,公诉人这次声称"找不着了"。审判长责令杜培武"不要再纠缠这些问题",并要求其"出示没有杀人的证据"。而在庭审之前,法院即已提前介入侦查阶段,接受警方委托对杜培武进行测谎,参与测谎的法院的一个小姑娘对回答不满意,上来就扇了杜培武两个耳光。直到所有回答都被测谎仪判为撒谎,才算帮助警方顺利完成任务。而法院的这次测谎,却成为侦查阶段一个重要转折点。测谎结束当天,杜培武第一次被带铐讯问,拉开了20天残酷刑讯的序幕。[2]

　　杜培武案真凶落网后开启再审,人们得知"参与测谎的小姑娘对回答不满意"这个细节,才恍然大悟所谓测谎不过是僭越了科学之名。是不是谎言,结论并非测谎仪给出的,而是测谎者预设的。几乎与杜培武案一审同时,测谎开始悄无声息地运用于侦讯,大有蔓延之势,测谎仪也随之成为一门产业,各种变相广告也逐渐引人注目。《南方周末》2001年4月12日第8版上赫然出现了硕大的标题:"测谎仪在启动",配以略加技术处理的照片,营造了一种神秘,制造了一种崇拜。测谎技术的推广者正在说服人们相信,测谎仪是一件利器,能够卓有成效地破案,还可以在不计其数的其他领域确定某人是否忠诚。从该篇报道上具有推介、暗示作用的信息中,可以看到某教授参与并侦破过350多起重大和疑难案件,作出"绝对没有问题"的结论,宣称"用测谎技术对无辜者测试,当时就能确定;而

---

〔1〕　[美]亚瑟·拜斯特:《证据法入门:美国证据法评释及实例解说》,蔡秋明、蔡兆诚译,元照出版公司2002年版,林钰雄序《如何以他山之石攻错》。
〔2〕　参见中国刑事诉讼法修订及人权保护项目课题组编:《刑事诉讼中若干权利问题立法建议与论证》,中国民主法制出版社2007年版,第212页。

真正的犯罪嫌疑人经测试,最快 5 分钟就能交代问题"。我日以继夜奋笔疾书一篇报刊评论《测谎仪:对精神的刑讯逼供》,刊登在 2001 年 5 月 1 日《南方周末》上。[1]

人们对刑讯总是讳莫如深,即使在刑讯合法的时代,也是只做不说。公元前 67 年,终于有人直言刑求之弊。廷尉史路温舒《尚德缓刑书》载:"臣闻秦有十失,其一尚存,治狱之吏是也。夫狱者,天下之大命也,死者不可复生,绝者不可复属。《书》曰'与其杀不辜,宁失不经',今治狱吏则不然,上下相驱,以刻为明,深者获公名,平者多后患。故治狱之吏皆欲人死,非憎人也,自安之道在人之死。是以死人之血流离于市,被刑之徒比肩而立,大辟之计岁以万数。此仁圣之所以伤也。太平之未洽,凡以此也。夫人情,安则乐生,痛则思死,棰楚之下,何求而不得?故因人不胜痛,则饰辞以视之;吏治者利其然,则指道以明之;上奏畏却,则锻练而周内之。盖奏当之成,虽皋陶听之,犹以为死有余辜。何则?成练者众,文致之罪明也。是以狱吏专为深刻,残贼而亡极,媮为一切,不顾国患,此世之大贼也。故俗语曰'画地为狱,议不入;刻木为吏,期不对',此皆疾吏之风,悲痛之辞也。"[2]刑狱刻毒,已成国患,此弊不除,何谈太平!"这个

---

[1] 现在回想,说这篇文章有效阻滞了测谎仪的滥用应不为过。"测谎仪的热衷者在努力倡导、推介、改进他们的仪器,终有一天,这门技术会改变自己目前尚显窘迫的多舛命运,取得合法、有效而直接的证据地位,因为它与被称为'证据之王'的口供联姻,便可直逼垂帘听'证'的宝座。到那时,我们不得不把专家奉为领袖兼法官,让他们用他们的技术来保护我们,给我们安全、秩序与祥和。在今天尚未赋予犯罪嫌疑人沉默权的情况下,测谎仪的潜在危险会随着它的不断改进而渐露狰狞:我让你选择测与不测,但当嫌疑人选择不测时,只能证明他的心虚,只能加重他在司法眼中的嫌疑,只能增加自己的'不测',因为专家已经告诉你,我的测谎仪对于无辜者是百分之百准确的,如果你真是无辜的,又有什么好怕的?不过,准确率不是测谎仪存在的理由,因为刑讯逼供也可能准确地抓出坏人。我所关注的是,一旦我们被诱导去相信、去迷恋某些技术和专家时,就已经与现代的司法理念格格不入了。必须记住,技术不是天生造福人类的,它也可以用来统治和压迫那些没有执掌该种技术的人,控制他们,支配他们,事先知道他们要干什么,事后知道他们干了什么,最终做到让他们干什么他们就干什么。"也正是这最后一句,让我 20 年来不断受到一批人的滋扰,他们声称自己被脑控,认定我是研究脑控的。我告诉他们我不是,可他们认为我的否认是帮助掩盖或者不自知,不自知正是被脑控的表现。

[2] 《资治通鉴》卷二十五,汉纪十七,宣帝地节三年(前六七年)。酷吏严刑之弊政,盛行本朝。刑事案件,事关生死。《尚书》教诲,罪状不实,不可妄杀,宁可放掉。而当朝官吏,却竞相以严苛为清明。用刑越重,就越能获得公正名声,用刑偏轻,则有碍仕途进步。执掌刑罚权柄者不惜置人于死地而后快,并非缘于什么深仇大恨,而是只有这样才 (转下页)

疾病缠身的躯体不是用温和适度的摄生之道来维持,而是靠不断削弱和损坏躯体的烈性药物强撑着。"[1]

司法官员一定为善,这种单向宣传妨碍了制度改良。实际上,掌握生杀大权者极易堕入腐败陷阱,为逐名利升迁而依违两可,甚至"成了犯人的敌人,成了那个陷于囹圄、桎梏加身、忍受折磨、前途莫测的人的敌人。法官不去寻求事实的真相,而是在囚徒中寻找罪犯,并为此而设置圈套。他认为:如果不能以此而取得成就的话,那就是失败,就有损于他那称霸一切的一贯正确"[2]。于是,完胜对手的心态支配了司法。即便有对法官的追责,但比率极低,无法抵消当下的判决利益。"至于罪犯受到的痛苦是否与罪行所造成的痛苦或与罪犯的罪过相当,国家却既毫无所知也无从获知。它无法估计痛苦或道德罪过有多大。惩罚的轻重程度几乎完全依据对它的威慑作用的经验而定"[3] 这基本符合米尔格拉姆实验的结论:在没有亲身体验的前提下,权威意志的执行者会心安理得地对他人施加痛苦。对于给别人施加痛苦的人而言,痛苦和恐惧是遥远的、非现实的、未经体验的,并且是与己无关的,因而他们就毫无顾忌地刑讯,并不断提高刑讯力度。[4]

几乎所有人在表态时都反对刑讯,但实务中很难根绝,是一种人所共知的"秘密"。也正因为刑讯都是在秘密环境中进行的,所以很难事先发现,更难以事后证实。从各国经验看,只有律师在场,才能真正有效克制刑讯。[5] 反对律师在场的人,目前在人力、物力等各方面都很强势。他

(接上页)能确保官运亨通。被告在严刑逼供下,痛苦无法承受,只得屈打成招。既然对前程有益,官吏便不惜指供、诱供;为防止案件被上级驳回,还千方百计使口供严丝合缝,不出纰漏,即使贤明圣人听了案情,也会觉得死有余辜。民间俗语说,在地上画个圈就可作监狱,削个木人就可作官吏,反正辩解是徒劳的,不必劳动真人听审。

[1] [法]孟德斯鸠:《波斯人信札》,梁守锵译,商务印书馆2010年版,第33页。

[2] [意]贝卡里亚:《论犯罪与刑罚》,黄风译,中国大百科全书出版社1993年版,第103页。

[3] [英]鲍桑葵:《关于国家的哲学理论》,汪淑钧译,商务印书馆1995年版,第225页。

[4] 参见[德]汉斯·约阿希姆·施奈德:《犯罪学》,吴鑫涛、马君玉译,中国人民公安大学出版社1990年版,第597—600页。

[5] "从先验的普遍的真理以推出结论来,普通需要长的系列的验证,而且需要慎审、锐敏和克己。这些长处是不常见的。所以人喜欢用经验来说明,而不愿用几个公理以逻辑推理方式演绎出结论来。"[荷兰]斯宾诺莎:《神学政治论》,温锡增译,商务印书馆1963年版,第85页。

们也反对刑讯,也提出一些替代律师在场权的手段,比如讯问时全程录像,总体上无异于担雪塞井,炊沙作饭。可疑之处在于,录像者就是审讯者,不会提供于己不利的内容,摄像头的磁盘损坏或者内存太小,"顶出去了",执法记录仪突然失灵,都是我个人经历过或者听说过的理由。而且,对录像可做技术处理,是否覆盖全程也是由负责录像者说了算。因此,真正能够有效遏制刑讯的制度,就只有确保讯问时律师在场。有人担心,律师在场会干扰审讯,这个担心并不成立。放眼世界,那些采用律师在场讯问制度的法域,警察一样可以破案。律师干扰的是不法讯问,而非讯问本身。

就舆论氛围而言,对于刑讯,民众的观点则大多抽象否定,具体肯定。如果笼统问刑讯好不好,多数人一定说不好;而如果说坏蛋绑架了孩子或者某人是恐怖分子,在某处安放了炸弹,相信多数人就会认为应该打。其中,既有多年来媒体对于打击犯罪重要性的偏颇教育,也不乏法律人士的推波助澜。赞成"必要时可以刑讯"的人甚至幸灾乐祸而又语带嘲讽地宣称:"当刑讯会防止一个巨大邪恶,且没有其他手段足以快速生效乃至有效之际,许多良知都不会因用了刑讯而震撼。"[1]人们痛骂某个冤案中的刑讯,仅仅因为在那个案件中打错了,如果打对了就不会有异议。社会公众的这种心态往往为野心家所利用,并以成功定罪反证刑讯正当,从而为自己的仕途鸿运铺设一条终南捷径。也因此,"国民自由权之危险,总存在于刑事司法之中,盖有心于竞逐权力者,将滥用刑事追诉,以谋取其政治上之蹿升"[2]。刑讯总有高尚的理由,不彻底否定那些"最高尚"的理由,其他"次高尚"的理由就会借尸还魂。1945年日军侵华时期,一份标有"极秘"的参谋本部军事调查部秘密战勤务工作指南附录《俘虏讯问要领》,或许能够说明刑讯从来不乏高尚的理由。

"本大纲上所定审讯系以收集情报为目的,但审讯罪犯一事不包含在内。对敌方受俘军人、投诚兵、被获敌方间谍、非法越境者、被迫着陆敌机

---

[1] [美]理查德·波斯纳:《并非自杀契约》,苏力译,北京大学出版社2010年版,第86—87页。

[2] 米特迈尔语,转引自林朝荣编著:《检察制度民主化之研究》,文笙书局2007年版,第23页。

或被迫停泊我方海岸敌舰人员、先前系我方军人而在被敌方俘虏后逃出者、新被我军占领区中居民以及从敌人势力范围内逃来的居民等,除特殊问题外,均用预审及审讯俘虏方法实行审讯。有时因情况需要利于采取拷打办法,但拷打常常能引起有害的后果,所以在拷打之前,必须周详考虑是否宜于这样去做。同时,拷打办法必须使用得不致造成对我们不利的后果……必须用得持续经久,务使该犯痛得难忍时,只好照实招供。从速率方面来看,拷打办法是有利的……能比较容易地迫使那些意志薄弱的人供出实情,但同时拷打办法又含有一种危险,即受审者也许会为了免除痛苦,或力求迎合审讯人意旨而歪曲真情。对于意志坚强的人,拷打办法可能增强其反抗意志,并使其在受讯后痛恨我帝国。必须使拷打办法容易实施,务使受刑人所受痛苦不致引起怜悯心,使在拷打后不会留下任何伤害痕迹。

"但在必须使受审者焦虑到丧失生命危险的场合,也可不去顾及被审讯者可能受到伤害,不过要做得不致失去继续审讯的可能性。可以举出下列各种拷打办法:(一)强使受审者挺直坐着,不能丝毫转动;(二)在各手指间离手指根不远处,各放上一支铅笔,然后用细索把各手指头尖合缠起来,摇动这些手指;(三)把受审者放得脸面朝天(双脚稍为垫高一些),然后把水同时灌到他的鼻子和口里去;(四)把受审者侧倒在地板上,然后用脚去踩他的踝骨;(五)把受审者放在一个很低的顶板下,使他站着时不能伸直腰杆。当受审者偶然受伤时,务必估计到一般情况和邦国利益,亲自负起责任来断然处置之。在使用拷打办法之后,务必说服受拷打的人,说对他施行拷刑是一种完全合理的手段,或者设法使他因受自尊心和名誉心等等所驱策,事后不致说出这件事来。对于那些不可希望能做到这点的人,就要用上述那种对偶然受伤者采取的断然手段去处理。实行拷打办法一事,除当事者外,其他任何人都不应当知道。"[1]

刑讯逼供一旦开始,就不可能止步,从而为酷刑的全面统治打开大门,并最终瓦解公民社会的结构,带来极权主义的统治形式。"人们也许

---

[1] 孙家红编校:《伯力城审判——沉默半个世纪的证言》,九州出版社2015年版,第167页、第173—175页。

喜欢在某一天里放弃正义,摆脱它的限制去对付某种障碍,然后再去恢复秩序。他们既喜欢有保障的统治,也喜欢例外的成功。大自然与此格格不入:它的体系是完整而规则的,个别偏差就能使它毁于一旦,就像数学计算一样,一个错误和一千个错误同样会导致错误的结果。"[1]但波斯纳们总是这样提问:如果对恐怖分子施行酷刑就可以拯救多人性命,你会怎么做?如果有人绑架了儿童,你又会怎么做?2002年9月17日盖夫根在德国法兰克福绑架了一名银行家11岁的儿子,勒索100万欧元。警方立即行动,于9月30日成功诱捕了盖夫根,但审讯很不顺利,盖夫根拒绝供出孩子的藏匿地点。警察局副局长达史纳认为孩子有极度的生命危险,10月1日下令先以口头威胁盖夫根,必要时就动手施加肉刑。最终,迫于肉刑威慑,盖夫根交代出藏匿地点,同时承认27日晚已将孩子杀害。法兰克福地方法院以诱使下属实施职务强制为由认定达施纳有罪,却又选择了最温和的惩罚方式,仅仅是给予保留刑罚的警告。也有学者主张应当认定为正当防卫、紧急避险,或者阻却违法的义务冲突、超法规的责任阻却事由,等等。[2]

应否承认营救酷刑?对于反对营救酷刑的立场应当嘲笑还是敬畏?尤其是,给营救酷刑的定罪理由竟然是损害人性尊严,你能接受吗?对这个世界上的许多人来说,"尊严"只是一个抽象的概念,而且尊严与营救并不能构成一种简明的相互反对的关系,需要一番以人类进化史为根基的推理。而这种推理在所谓"本土资源"中是寻找不到的,需要从域外文献中探赜索隐,钩深致远。对人性尊严的保障,被规定在德国《基本法》第1条,处于优先性的位置,表明一种在特别意义上着重强调的立场,即人性尊严应当是基本权利的集合。对于法兰克福刑讯案,德国学者给出两种解决方案:一是"给予人质的尊严维护以高于绑架者相关权利的价值,因为后者不仅有责地制造了相关的情境,而且可以通过说出人质所在地轻松地结束这一情境。根据这种解决方案,其结果是,罪犯的尊严评价将被

---

〔1〕 [法]邦雅曼·贡斯当:《古代人的自由与现代人的自由》,阎克文、刘满贵译,商务印书馆1999年版,第331页。
〔2〕 参见王钢:《出于营救目的的酷刑与正当防卫——战后德国最具争议之刑法问题评析》,载《清华法学》2010年第2期。

打折扣,具体而言:对罪犯适用强制手段刑讯被正当化了"。二是"对刑讯的正当化毫无例外地被排除","它将问题解决转移至个人出于道德上的原则救助被害人并在同时明目张胆地实施违法行为"[1]。

　　根据康德的见解,人性尊严是指每个人都有权被当作主体对待,而非仅仅是为了达到某些目的的客体。由这一见解发展出尊严的当代范式,即固存于人类存在者身上的要求敬重的价值,最终成为联合国核心文件及许多国家宪法规则中最高的价值。尊严也成为人权的证成,并被设想为所有人类具有的一种内在价值。[2] 对人性尊严的绝对保护意味着,即便为了非常重要的社会或个人利益,比如为了侦查非常严重的犯罪,也不允许侵犯人性尊严。"虽然在'法治国'中,个人的一些权利可能会受到一定的比例性审查,但人格尊严是一项不受司法平衡约束的绝对权利。"[3]在2005年德国的一个判决中,法院认为2001年"9·11"事件之后关于航空安全的法律违宪,因为该法规定,如果民航客机被劫持,情况显示该飞机将被用于恐怖袭击,且击落该机是规避袭击的唯一可行方法,将允许国防部长下令击落之。法院认为,国家不能为了保护一部分人的生命而主动干预作为无辜者的另一部分人的生命,这将侵犯那些被牺牲生命的个人主体性。[4]

---

〔1〕 [德]埃里克·希尔根多夫:《德国刑法学:从传统到现代》,江溯、黄笑岩等译,北京大学出版社2015年版,第119页。

〔2〕 参见[德]奥利弗·森森:《康德论人类尊严》,李科政、王福玲译,商务印书馆2022年版,第7页、第220页、第260页。

〔3〕 [美]肖恩·玛丽·博伊恩:《德国检察机关职能研究:一个法律守护人的角色定位》,但伟译,中国检察出版社2021年版,第4页。

〔4〕 参见[德]托马斯·魏根特:《德国刑事诉讼程序原理》,江溯等译,中国法制出版社2021年版,第149—151页。2006年2月18日,我在《新京报》上发表一篇题为《人本政府的艰难选择》的文章,讨论该不该击落被劫持飞机的问题。各种人质事件在让我们恐惧与痛恨之余,也让我们心存一丝安慰:也许人之所以为质,正反映了社会、政府对生命的尊重。如果社会和政府视人命如草芥,断然发布并坚守劫持者与被劫持者一体格杀的律令,那就一定能从根本上消灭劫持事件,因为在这种律令之下,劫持人质已然毫无意义。不过,这一最有效或许也是成本最低的防范之道,本身比它要惩治的犯罪更加野蛮和残酷。曾经有过一种观念左右着人质问题的解决,那就是必须同犯罪分子进行坚决的、不妥协的斗争。这种观念支配下的斗争,在一系列人质事件中最终取得了胜利,并且涌现出一些智勇双全的英雄。王玉荣同志一枪击毙身绑炸药的歹徒,成功解救郑州国棉五厂幼儿园近30名儿童的 (转下页)

2011年7月22日,一个叫布雷维克的右翼极端分子在挪威首都奥斯陆制造汽车爆炸案,造成8人死亡,随后又化装成警察,以爆炸案为掩护,在于特岛上追逐射杀夏令营中的学生们,造成69人死亡。警察赶到后,布雷维克狡猾地缴械投降,并声称采取的是有政治目的的战争行为,后续行动即将开始。面对如此邪恶凶残之人,挪威警方没有采取刑讯,也没有以任何不人道方式对待他,容许他像普通刑事犯一样有获得律师帮助的权利,不给律师会见设置任何障碍。必须承认,在举国悲愤之际,挪威政府想要对布雷维克采取任何法外惩罚,给他吃些苦头,都是轻而易举的。但挪威政府没有那样做,而是表现出一个成熟法治国家应有的冷静、克制、守法。事后多年,世界对布雷维克的所谓政治主张已经淡忘,但人们对挪威政府的应对举措却有更多的理性赞许。特别是以被害人及其家属为核心的民众,显示出高度的文明素养以及对法治生活方式的热爱与坚守。面对恢复死刑甚至酷刑处死布雷维克的呼声,挪威多数民众能够意识到,抛弃过去若干年的程序法治,陷入激愤复仇的狂热,甚至动用酷刑对付国家和国民的敌人,正是布雷维克这样的人所希望的。

在支持营救酷刑者所假设的场景中,很难坚持禁止酷刑取供,需要我们冷静思考和应对。首先,提倡营救酷刑的用意无非是找出一些极端的犯罪事例,将禁止酷刑的绝对命令打开一个缺口、撕开一条裂缝,然后将缺口和裂缝逐渐扩大,最终迫使反酷刑者承认自己的虚伪和不彻底。其次,世上没有任何一次极端犯罪,包括布雷维克袭击在内,是因为"愚昧地坚持"禁止刑讯而未能成功阻止的,恰恰相反,所见所闻的是,在不禁止刑讯或不真诚禁止刑讯的国度,各种酷刑和变相酷刑在泛滥,人性尊严在那

(接上页)事迹,就是这种解决方式的成功典型。但我们在讴歌英雄的同时,仍然可以思考:在涉及生命的危机事件中,有没有对人质来说风险更小的选择,即使这意味着暂时的妥协退让,尤其是当劫持者要求的只是物质利益的时候。对于那些原本可以通过巧妙周旋和真诚交流化解的危机,轻率地动用武力解决,完全漠视人质生命的做法,在其他国家发生过。不妨看看罗马尼亚电影《橡树》,影片中的人质危机处置者竟然摧毁了被劫持的校车。参见邓子滨:《斑马线上的中国》,法律出版社2016年版,第61—62页。德国的法院之所以不能认可政府击落被劫持飞机的命令,还因为一旦承认这种命令的合法性,就会得出一系列荒谬的结论:飞机乘客的亲属即使正好在政府大楼里,也不能通过击杀命令执行者来实施紧急防卫,而政府大楼的保镖却可以击杀乘客亲属。

里一败涂地。最后,对主张营救酷刑者的有力回击是,你要刑讯吗? 好吧,给你一个更为触痛良知的场景:把极端犯罪者的妻女抓来,用枪抵住她们的脑袋,然后逼问炸弹在哪里。如果还是无效怎么办?[1] 一旦例外地允许刑讯,无法遏制的就不仅是范围的逐步扩大化,而且是手段的不断恶劣化。因此,禁止酷刑必须是无条件且无例外的,即使处于非常状态,也不应允许酷刑、非人道或侮辱处遇,绝对没有使之正当化的任何余地。纵然在对抗恐怖主义的时代,《联合国禁止酷刑公约》也是重要且令人赞同的。[2]

当然,关于营救酷刑的正当化问题,争论从未停歇,尤其在德国,判例和大部分文献都给出否定答案。主流观点认为,酷刑是禁忌,且永远是禁忌。不过,有学者主张区分公职人员实施的紧急救援与私人紧急防卫。《联合国禁止酷刑公约》的定义只将可归责于国家的行为方式称为酷刑,而不包含私人的自救行为。比如 G 要除掉竞争对手 K,于是给 K 下了毒。如果 K 不及时服下解药,半小时内就会毒发身亡。为了享受报复的快感,G 竟然告诉 K 解药就在近旁,就是不给你。K 哀求得到解药无果,便凭借体力优势,折断 G 的手臂,并威胁继续折断其另一只手臂,迫使 G 拿出解药,K 最终获救。有人主张,单纯对解药藏匿处保持沉默不是侵害,而随着下毒结束,接下来只是违法行为持续产生影响。这种主张不正确。如果 G 不曾提及解药,当然算不得额外侵害,但他说解药就在近旁,在寻求快感的同时,是对 K 的精神折磨与损害。K 有权解除这种凌虐,他的暴力也有了逼取解药的明确指向,从而更具正当性。并且,这种主张还忽视了侵害结果尚未发生,侵害行为仍具现时性。[3]

---

[1] 美国影片《战略特勤组》(*Unthinkable*)就设定了这样的场景:恐怖分子以核弹要挟政府,军方成立秘密小组,对恐怖分子实施酷刑,寻求核弹下落。在对恐怖分子本人刑讯失败后,便将其妻、其子、其女带到刑讯现场……

[2] 参见[德]赫尔穆特·扎兹格:《国际刑法与欧洲刑法》,元照出版公司 2014 年版,第 302 页。

[3] Armin Engländer, Kann die sog. Rettungsfolter als Notwehr gerechtfertigt sein?, in: Gunnar Duttge/Yener Ünver (Hrsg.), Aktuelle Grundlagenprobleme des materiellen Strafrechts, 2012, S. 175-194. 再者,被害人对自救行为的具体方式具有因势临机的决断权,不以寻求警方救助为前置条件和一般义务。一味等待国家救援介入,可能贻误营救时机,使被侵害人处境恶化,不能期待被侵害人忍受这一危险。当然,如果某一公民的所谓紧急防卫行 (转下页)

关于刑讯的揭露与补救,有人提出一种看似无奈的解决方案,以降低既有刑讯的纠正难度。也就是,惩罚刑讯者将会威胁司法职业的独立性,进而危及刑事司法系统的良性运转。[1] 一旦认定非法证据乃刑讯得来,侦讯者的身家性命就危险了,因而应当形成一种制度,承认即使排除非法证据也不意味着审讯人员当然构成刑讯。有利被告原则在认定是否构成刑讯时也应遵循,以期缓解矛盾。实践中大部分被告只是为了使自己解脱,不是要纠缠对方,但若无明确规定,办案人员就有顾虑。[2] 参与刑讯调查的学者发现,看守所、劳教所的工作人员无力阻止违法提讯,也无力对刑讯证据进行保全,能够保持中立而不助纣为虐已然难能可贵。"在我们调查的所有案件中,均存在提讯和收押过程中不符合法律规定程序的现象,而被告人自述的刑讯逼供也多发生在看守所外的羁押场所。一些当事人被打后,看守所在收押时,或者对其视而不见,或者听从公安机关领导的统一安排,使每起刑讯逼供的最有力证据——嫌疑人的伤情记录归于消失和隐匿。"[3]

非法羁押是产生错案的另一温床。羁押分合法与非法,对没有现实暴力危险的犯罪嫌疑人,良性法治之下莫不以取保为原则,以羁押为例外;而法治疲弱之时则一概以羁押为原则,以取保为例外。只有在正规场所、有合规手续的才算合法羁押。合法羁押场所不太容易出现刑讯,刑讯主要发生在非法羁押过程中。非法羁押主要有三种:一是私设监管场所秘密羁押,私设是指不在法定监管场所,秘密是说不及时告知家属或单位;二是超期羁押,不断变换和增加罪名,以便多次重新计算侦查期限,而超期羁押又可出现在任何诉讼阶段,反复申请延期,多次发回重审;三是

(接上页) 为乃是与公职人员共谋的结果,以规避国家禁止刑讯对官员行为的"导正机能",那么,这个公民就不再是以私人身份行事,而是官方延伸出去的"手臂"。如果营救酷刑不是由被侵害人亲自实施,而是由其他私人实施,比如为了得知解药藏匿处,折断 G 手臂的不是 K,而是意外出现的 K 的朋友 F "为第三人实施防卫",属紧急救援,其限度与自我防卫同。

〔1〕 参见[德]托马斯·杜斐、[德]斯特凡·鲁珀特、李富鹏编:《柏林共和时代的德国法学》,郭逸豪等译,商务印书馆2021年版,第371—372页。

〔2〕 参见张军、姜伟、田文昌:《新控辩审三人谈》(增补本),北京大学出版社2020年版,第180—182页。

〔3〕 中国刑事诉讼法修订及人权保护项目课题组编:《刑事诉讼中若干权利问题立法建议与论证》,中国民主法制出版社2007年版,第204页,并参见第214页。

不履行拘捕手续就长时间剥夺他人自由,不按规定交由看守所羁押,不履行提讯手续便将嫌疑人带离看守所,也不按规定时间带回。比如杜培武案,先是在没有任何手续情况下将杜培武羁押在刑侦支队十天十夜,之后补开一张传唤证。办案人员对杜培武说:"我们想扣你就扣你,要什么法律手续!"警方创造性地使用所谓"侦查控制",又将杜培武非法羁押了两个多月。两个月中做的只有一件事:刑讯。

"任何一个可以对其公民随意羁押的权力必然是一个暴虐的权力,因为任意羁押权是这种暴虐性最显著的特征。"[1]目前,许多法律的硬性规定形同虚设,比如非法使用监视居住,不是依法在其固定住所,而是定点羁押甚至在办案场所羁押;有时先于刑事拘留适用监视居住,从而巧妙规避提请批捕的期限。在热衷羁押的法域,赋予检察机关羁押审查权当然是一种进步,但当侦查权比较强势,以至主导司法全程,羁押审查权之于非法羁押,类似录像之于刑讯逼供,作用微乎其微。"即便是迈入21世纪以来,我们仍然震惊地发现,在重庆'打黑'中,许多涉黑人员逮捕前被关押在临时设立的专案组的'外讯基地';刑讯逼供、超期羁押大量存在;以代号代替涉黑人员的姓名,让律师无法行使会见权;当地某政法委人士坚称,只要庭审是公开进行的,前面诉讼程序的瑕疵不可能影响案件质量……令人揪心的是,当前普通民众的心理仍然封闭于安全至上的铁屋之中,对犯罪现象缺乏正确的认识和理性的判断,将打击犯罪视为当然的正确与刑事诉讼唯一的目标,而忽视了过分限制公民权利可能带来的诸多弊端。"[2]

在多年严格奉行法治的国度,人们似乎"需要担心的是阻碍、推延和挫败打击犯罪的陈旧的形式主义和多愁善感"[3]。关键是对非法证据的不同态度:加以排除,有罪者逍遥法外的可能性增大;加以采纳,无辜者横遭刑辟的可能性增大,一切端赖立法机关与司法官员如何判断和抉择。如果认为危险来自国家的强横,就会克制国家刑罚权;如果认为犯罪才是国民的敌人,就会强化国家追诉力。强化国家追诉权者,无不以所谓实事

---

[1] 龙宗智:《刑事庭审制度研究》,中国政法大学出版社2001年版,第90页。

[2] 左卫民、周长军:《刑事诉讼的理念》(第三版),北京大学出版社2022年版,第202—203页。

[3] United. States. v. Garsson, 291 F. 646, 649 (S.D.N.Y. 1923).

求是来反对无罪推定原则,进而反对"真相是审判中的证据所证明的事实"这一判断,他们立论于"事实上有罪还是清白这个基础之上"。不仅如此,这些批评家渐渐将自己提升到全知全能的地位,将"真相只限于证据证明"视为具有迷惑性的障碍,认为自己可以是不醉的饮者,仿佛时时在说,真相就在那里,就看你们要不要,而你们竟然视而不见。然而,否定以证定罪和罪疑唯轻,不会是任何意义的历史进步,只能是向纠问制的历史倒退。[1]

在对抗非法羁押的艰难历程中,人身保护令(Habeas Corpus)是一座里程碑。早在1670年,判例已经肯定"如果一个人的自由被非法剥夺,人身保护令是最通常的让他恢复自由的救济手段"[2],它有力度、有德性,[3]"最初的目的是保证那些被拘禁的个人能够出现在法庭上,随后逐渐发展成了一种对抗独裁的有力工具"[4]。人身保护令是历史上最伟大的自由令状,也是最灵验的程序救济,只在战争或非常状态时才可暂停。[5] 1963年,布伦南大法官曾说:"我们必须铭记伟大的人身保护令在英美司法史上享有的特殊尊崇。殖民时期引入,经联邦宪法明确确认,纳入联邦法院管辖,被马歇尔大法官称为伟大的宪法性特权。从人身保护令中,分明可以看到个人自由与政府压迫之间从未止歇的斗争。虽然这一伟大令状只以一种程序面目出现,但它的历史同个人自由的基本权利增长,一直形影不离,水乳交融。它为社会无法容忍的剥夺人身自由的行为提供了即时而有效的救济。它的根本原则是,在文明社会,政府必须一直为羁押他人的公正性负责,一旦羁押不符合法律的基本要求,就应

---

[1] "纠问这个词不禁让人联想到中世纪的末世预言,那种在愤怒下追求神圣真相,用火、用严刑拷打的方式将人毁灭的年代。纠问,这种对真相无所不用其极的猎求,即使在今天,在时代的尖端,也仍然能够毁灭人的一生。如果有一个人待在家里,突然被一群持有武器、准备完全的真相探问者强行搜索,他他可千万要好好回答所有的问题,要很有说服力,要让人信服。如果做不到,那他就大祸临头了。"[德]汤玛斯·达恩史戴特:《法官的被害人》,郑惠芬译,卫城出版2016年版,第33页。

[2] *Bushell's Case* (1670) Vaughan 135, 136.

[3] Tom Bingham, *The Rule of Law*, Penguin Books, (2011), p. 14.

[4] [英]哈利·波特:《普通法简史》,武卓韵译,北京大学出版社2022年版,第132页。

[5] Ronald Bacigal, *Criminal Law and Procedure: An Overview*, Delmar, Cengage Learning, (2009), pp. 314-415.

当立即将被羁押者释放。这其间并无任何新意,联邦法院使用人身保护令,只是对违背正当程序的一种补救。确证正当程序,正是人身保护令的历史使命。"[1]

杜绝刑讯逼供,遏制超期羁押,其道义基础和法律依据都是保护人性尊严。"尊严"一词在中国传统文化中通常用于长官的排场与威仪,草民下属只能有顺服与谦卑,而没有内在自我。"内在自我是人类尊严的基础,但尊严的性质可变,事实上也因时而变。在许多早期文化中,尊严只是少数人的属性,通常属于自愿出征赴死的战士。有的社会认为尊严是所有人的属性,基于的是人作为行为主体的固有价值。还有一些社会认为,尊严的存在是因为一个人属于一个拥有共同经历和记忆的更大群体。最后,内在的尊严感渴望承认。"[2]尤其在刑案中,尊严是陌生的,对许多人来说,属于尚需启蒙的领域。比如被告在法庭上的穿着即是保护人性尊严程度的测试剂。一些诉讼模式的庭审中,被告出庭时发型规整、穿西装、系领带;而另一些诉讼模式的庭审中,被告剃光头、着囚衣、戴手铐,站在特制的可以锁闭的被告席上。学者也都是迂回寻找提高被告庭上待遇的理由,比如"被告到庭之目的,乃在使其行使防御权。如在庭时,施以枷锁等刑具,或缚其手足,拘束其身体,则其思想必受系累,心神难免不宁,而不能自由陈述辩论,以行使其防御权,故在法庭时,严禁拘束被告之身体"[3]。

侵犯人性尊严的做法发生在任何诉讼阶段,比如在派出所让人蹲下;以站不直坐不下的姿势把人铐在暖气管上;给在押人剃光头;将已决犯甚至未决犯五花大绑游街示众。因此,嫌疑人的尊严被剥夺、贬损,只是欺压、侵犯和归罪的热身活动。当然,尊重人性尊严的法庭,会给个别调皮捣蛋的被告可乘之机,比如在美国有被告甚至要求穿着像一只公鸡的奇装异服出庭受审,法官命其更换衣服,竟遭被告断然拒绝。法官裁定其藐视法庭,被告竟以宪法第一修正案确立的表达自由权利为由提出上诉,并获得成功。上诉法院援引大法官杰克逊的醒世恒言:"信仰自由、言论自

---

[1] *Fay v. Noia*, 372 U.S. 391 (1963).
[2] [美]弗朗西斯·福山:《身份政治:对尊严与认同的渴求》,刘芳译,中译出版社2021年版,第15页。
[3] 褚剑鸿:《刑事诉讼法论》(下册),台北商务印书馆1987年版,第401页。

由或出版自由是有代价的,我们必须忍受某些垃圾,甚至为这些垃圾付费。"[1]即便施暴者、恶霸或色狼恶贯满盈,政治社群仍然不能允许将自己的道德水准沦落到匪帮一般。在这里,负负不会得正。

因此,德沃金告诉我们,平等关怀与尊重,作为国家证立其统治正当性的整全性政治道德美德的核心权利,最终须立基于人性尊严的两个伦理原则上:一是肯认每个人的生命都有其同等且客观之重要性的内存价值原则;二是强调每个人都负有实现自己美好人生愿景的个人责任原则。换言之,国家对于每个人应予认真对待的根本性权利,不外乎是以平等为核心、以追求政治整全为理想的人性尊严权利。[2]"人性尊严原则激发了几个重要的思想资产,强化了它不证自明的人性诉求。第一,它是一个世俗的人性化原则,就我所知,能够与全世界主要的宗教相容,然而又不预设任何的宗教主张。也因此,这个原则容易成为相对安定的交集共识……另一个重要的思想资产,则是人性尊严原则具有普世性……让人性尊严原则免为流于将特定团体或个人排除于道德考量或法律保障的范围之外……就刑事审判制度而言,人性尊严原则要求肯认与尊重每个出现在法庭上的人的主体地位,而不是把人当成客体以遂行刑罚目的。人性尊严原则在刑事制度的具体化可以被淬炼成所谓的'人道待遇原则',这是一个关于刑事程序执行面的规范标准。"[3]

有时,我们的确说不清何谓尊严,但却都知道什么是没有尊严。保护人性尊严的手段有限,而践踏人性尊严的行为却层出不穷,且只会酷烈升级,以至惨无人道。2012年8月11日,凤凰卫视中文台播出《我的中国心》,讲述了张志新的故事。张志新在辽宁省委机关工作,36岁时"文革"爆发,她被送进盘锦"五七干校"。1969年年初因反对革命路线等罪名被捕,严禁家人探视,没有律师。1970年5月被判处死刑立即执行,改判无期徒刑后关押在本溪监狱。她先是被单独关在一米见方、不能躺、不能站

---

[1] *State v. Hodges*, 695 S.W. 2d 171 (Tenn. 1985).

[2] 参见[美]朗诺·德沃金:《认真对待权利》,孙健智译,五南图书出版公司2019年版,第11页。

[3] [英]安东尼·达夫等编:《审判的试炼II,裁判与到场说明权责》,颜华歆译,新学林出版公司2015年版,第58—59页。

的阴暗囚室长达一年七个月,其间多次惨遭毒打和虐待。1973年11月因"顽固坚持反动立场"而被提请加刑。1975年2月辽宁省委常委召开扩大会议,随后辽宁省高院给沈阳市中院发文:"你院报省审批的张志新现行反革命一案,于1975年2月经省委批准处张犯死刑,立即执行。"临刑前,为了不让张志新呼喊口号,几个大汉将她按在地上,割开喉管。粉碎"四人帮"后,开始平反冤假错案。1978年10月辽宁省营口市中院宣布张志新案撤销原判,平反无罪。1979年6月5日,《光明日报》刊出《一份血写的报告》,张志新被授予革命烈士称号。

"确保刑事司法运作能够尊重人性尊严,可以说是压倒一切的基础目标。人性尊严这一概念很可能不够精确,但它大致涵盖了隐私、自治及免于被侮辱与损害的自由等人格上的基本需要。要求刑事司法实践尊重人性尊严是有正当理由的:首先,包括罪犯在内的所有人,其尊严都有资格受到政府尊重,这是为民主社会提供基础的社会契约的内在要素;其次,鉴于刑罚的严厉性、刑事诉讼减损身份地位的可能性,以及诱使官员不惜一切代价对付犯罪的社会公愤,在刑法实施过程中维护人性尊严,被认为是维持一个尊重个人自由的社会所不可或缺的条件;最后,维护人性尊严的程序,更容易获得公众认可,也有助于提升对法律的尊重。刑事司法过程中的许多要素都能反映出尊重人性尊严的不懈努力。许多法律标准虽有自己的目的,但它们同样服务于维护人性尊严的目标。比如对抗制审判,给予辩护权,使其人性尊严得到体认;反对自我归罪的特权,被联邦最高法院描述为是以人性不可侵犯为基础的;禁止残酷而非常的刑罚,使犯罪人免受那些贬低荣誉和尊严的惩罚;禁止双重危险,除了保护可能的无辜者外,还旨在给予被定罪者最终的安宁感。"[1]

有学者记叙一次游历,其所见所闻所感颇合本章题旨,抄录如下:"南非宪法法院,一座建于2004年的崭新建筑物,不见衙门之威严,也无高耸华丽的气势,外观并无任何独特之处。然而,了解了宪法法院院址选设之缘由以及法庭设计的理念,不得不敬佩其人民对司法的高度期许与宏伟愿景。南非宪法法院的建筑基地,前身为恶名昭彰的黑狱,过去该监狱实

---

[1] LaFave & Israel, *Criminal Procedure*, Thomson Reuters, (2009), pp.48-49.

施种族隔离,差别待遇。白人囚犯二人共居一宽敞明亮的房间,日日沐浴,餐餐丰饱。黑人或有色人种数十人囚居斗室,食不果腹,一个月只能淋水数十秒钟,弱者甚至遭受囚友、狱卒之凌虐。许多黑人政治领袖,包括曼德拉先生,都曾因为反抗种族隔离措施而被拘禁在此。南非在1994年成立新政府后,即为新宪法法院应设何处而苦恼,在激烈争辩、百般思量后,此一污秽的黑狱成为众人的首选。不但如此,他们也决定以拆除的监狱砖瓦,作为新宪法法院的建筑材料。对于人权的残暴记录,人民可能因为时间而淡忘,执政者也可能故意忽视,但宪法法院不可一日或忘。在此出入的宪法法院法官、政府官员、律师,俯仰所见皆是无法抹灭的历史,呼吸之气息皆是先烈先贤的人权理念,念兹在兹,不再重蹈覆辙。伟哉!"[1]

本书2019年初版后,劳东燕教授写了书评《关于理想的刑事诉讼》。文中所言于我心有戚戚焉:"二十年过去,年龄渐长,却分明发现,我国的刑事司法,其实并未向理想中刑事诉讼的方向行进多少。理想中的刑事诉讼仍是可望而不可及的彼岸,整体距离并未缩短;至少是缩短的距离,没有达到让人觉得有质的改观的程度。当年刑讯逼供现象构成侦查环节的顽疾,如今仍是顽疾;当年证人出庭属于老大难题,如今仍是难题;当年控辩双方之间的不平等武装形势严峻,如今仍未缓解多少;当年庭审走形式,裁判者不够中立,如今还是差强人意。……过程中间有曲折,于历史而言也属常态。问题是,一个人的有生之年,能有多少个二十年?每一次的曲折,在历史的书写中只一笔带过,但又有多少人为此付出血泪、自由甚至是生命的代价?于国家而言,只要民族的血脉得以保存与延续,便足以告慰,即便道路曲折,终归一切皆有可能;然而,对个体来说,每个人的人生都只有一次,失落的人生,失去的岁月,被摧毁的生活,一切都无法重头再来。唯因如此,内心里我总是祈愿,期望社会的进步能快些,再快些,而其间的曲折能少些,再少些。……当下的刑事司法与理想中刑事诉讼似有渐行渐远的趋势。不仅没有越来越近,反而背向而行一路狂奔,怎不让人觉得黯然神伤?"[2]

---

[1] 王兆鹏:《辩护权与诘问权》,元照出版公司2007年版,序第1—2页。
[2] 江溯主编:《刑事法评论:刑法与刑诉法的交错》(第45卷),北京大学出版社2022年版,第2—3页。

第二章　诉讼模式

　　那幅突出利维坦的铜版画封面极其清楚地再现了国家所持有的无限权力：在群山、村庄和一个城市的背后，出现一位头戴皇冠、手持权力象征物的统治者。仔细一看，这个人造的巨人，即国家，是由无数的小人组成的，这正是霍布斯代表性观念的反映，同时也是每个公民融合在绝对权力国家中这一论调的反映；此外，这位头戴皇冠的统治者，一手握利剑，一手执牧羊鞭，表示霍布斯无论在世俗问题上还是在宗教问题上都赋予这位君主以最终裁决权。

——奥特弗利德·赫费

　　在政治宽和的国度，最卑微的性命也受到珍重。只有经过长期审理，才能剥夺荣誉和财产；只有提起国家控诉，才能剥夺性命。即使是国家控诉，也要给被告一切可能自我辩护。而当个人握有绝对权力时，他想干的第一件事便是简化法律，他首先注意的是个别的不便，而不是公民的自由，公民的自由是不受关怀的。对公民的荣誉、财富、生命与自由越重视，诉讼程序也就越多。

——孟德斯鸠

据后汉许慎撰《说文解字》,"诉,告也;讼,争也",诉讼,即告而争之。关于诉讼模式,主要是可以彰显对立的两分法:一造审理与两造审理;公开审理与秘密审理;干涉与不干涉;言词审理与书状审理;自由心证与法定证据;纠问与弹劾;数级审理与单级审理。[1] 上述划分与对立,实则分别贯穿为两条线索,近似纠问制与对抗制的模式分类。详言之,一造审理通常秘密进行,以书状审理为主,法定证据优先,主动纠问,单级审理即判决生效;而两造审理通常公开进行,以言词审理为主,自由心证优先,中立听审,判决允许上诉。有学者认为,人类次第经历了弹劾制、纠问制与对抗制三种刑事诉讼模式。其中,弹劾制诉讼模式的特征是,控方发动,公开进行,言词辩论,控辩平等,裁判者中立、消极,当且仅当遇到疑难案件时,才诉诸神明裁判。[2] 从政治层面看,它与民主制比较协调,并以私人意愿为主导,能够有效保障被追诉人利益。从法律层面看,它比较依赖民众情感,酝酿出后来的大陪审团;同时将技术减到最低限度,限制领主及各种专业霸权。至于历史上存在过的决疑式审判,有法国学者认为并不构成一种独立的诉讼模式,只不过是弹劾制中为弥补证人证言不足而采取的便宜举措,功能与司法决斗差不多。[3]

然而,这种看法只是一家之言。有至少三个理由将决疑审判作为独立的诉讼模式而与纠问式、对抗式并列:其一,人类最初的政治形式多是神权政治,无论雅利安人、巴比伦人还是犹太人,他们的律法最初都由祭司掌握,神意裁判必然经常运用;其二,几乎没有史料证明中国古代存在长期而稳定的弹劾制诉讼,相反,证明纠问制自古盛行的资料却比比皆是,尤其在家族祖先崇拜基础上的宗法制度,刑案处置更是纠问制痕迹浓重;而证明神意裁判的可见文字也很多见,比如甲骨文中有关祭司占卜的内容就颇占比重,不过甲骨上的占卜似乎不是为了定分止争;其三,弹劾制在相当长的历史时期被纠问制取代,但它最终又完

---

[1] 参见徐朝阳著、王云五编:《中国诉讼法溯源》,商务印书馆1933年版,第4—12页。
[2] 参见汪海燕:《刑事诉讼模式的演进》,中国人民公安大学出版社2004年版,第12—13页。
[3] 参见[法]贝尔纳·布洛克:《法国刑事诉讼法》,罗结珍译,中国政法大学出版社2009年版,第34—35页,第38页。

成了自己的历史回归,成为对抗制,或者说对抗制就是重新披挂上阵的弹劾制,没必要重复叙述,不如将篇幅让给决疑模式。决疑模式现已基本绝迹,现存的主要是纠问模式与对抗模式。典型的纠问模式已被唾弃,但在某些大陆法域残喘不息,有时还沉渣泛起;而对抗制在英美法系表现充分并得以认真坚持。将当今的诉讼模式统称"混合制"有欠妥当。

我国学者认为,弹劾式、纠问式、混合式诉讼三分法才是对西方刑事诉讼历史发展的正确描述。[1] 韩国学者也认为,两种诉讼模式本来存在相当大的差异,但在立法实体内容的发展过程中存在持续发生靠近与融合的趋势。说韩国刑事诉讼法是其代表性立法例也不为过,其现行公诉案件审判程序可以说是以当事人主义为基础,并在此加入了职权主义要素,这些要素仅具有规制、补充当事人主义的机能。具体而言,规制机能包括:限制辩论权、证人询问介入权、证据决定权、对当事人同意作为证据的材料之真实性进行调查、对变更起诉书的许可等。补充性机能则包括:依据职权的证据调查、对被告的补充讯问、对控辩双方各自申请的证人进行补充询问、要求变更起诉书内容等。那么,我们能否清除这种混合形态中残存的权威主义要素,并建立民主、平等的诉讼程序模式呢?[2] 问题在于,究竟是谁与谁的混合?混合比例是多少?说纠问制与对抗制相互借鉴并不准确,事实是纠问制在不断刮骨疗毒,而学习的榜样则是对抗制。既然是榜样,怎可不为其单独树碑立传以供效法参照?葡萄牙学者承认,可以说在欧洲大陆的一切刑事诉讼程序中,检察院与被告人都没有被赋予相同的可能性,更不要说他们各自追求的利益价值殊为不同,欠缺成立真正当事人诉讼程序所应必备的条件。[3]

---

[1] 参见魏晓娜:《刑事诉讼模式的历史叙事》,载江溯主编:《刑事法评论:刑法与刑诉法的交错》(第45卷),北京大学出版社2022年版,第7页、第22页。

[2] 参见[韩]金日秀:《刑法秩序中爱的含义》,李颖峰译,元照出版公司2021年版,第75页。

[3] 参见[葡]乔治·德·菲格雷多·迪亚士:《刑事诉讼法》,马哲、缴洁译,社会科学文献出版社2019年版,第150—151页。

第一节　决疑模式

决疑式刑事诉讼,顾名思义,一般用于解决"事实不明"的问题。在指控事实无望澄清,又希望裁判具备公信力时,便乞灵于某种超验力量,主要诉诸神明裁判、心理威慑和抽签抓阄三种手段。神明裁判以对神的信任为基础,以神的指引确定有罪抑或无辜,从而解脱法官和他人作出决定的责任。更为重要者,神裁表达了一种信念:生活中发生的或者世界上存在的每一件事,都是神意的直接表达。比如火与热的审判,被指控者将手探入一锅沸水,从中取出几块小石子后,立即用干净的布将手包扎起来,由法官加以封印。审判仪式须由神职人员主持,三天后去掉包扎,当场宣布这只手是化脓了,还是痊愈了。化脓了就是有罪,是神的判决,而在场的神职人员和法官肯定又增加了这一结论的合法性。[1] 今人已经很难还原化脓还是痊愈的真相,可以构思丰富的小说情节,满足各种想象,也可以表达暧昧的怀疑和清晰的讽刺。八百年前的史诗《特里斯坦》讲述康沃尔国王马克怀疑妻子伊索尔德与侄儿特里斯坦有染,王后表示愿意接受任何法律程序以自证清白。马克王立即表示希望王后接受"灼铁审判",六周后在卡尔隆镇进行。伊索尔德内心对自证清白不抱幻想,但也并不甘心就范。她写信给特里斯坦,相约乘船前往卡尔隆,并特别嘱咐让他乔装成朝圣者。

在约定地点相遇后,船离岸尚有数尺,王后声称自己的尊贵身份不允许与男性侍卫有身体接触,所以恳求一位朝圣者负其登岸。待特里斯坦背起她时,王后便耳语告知如此这般。特里斯坦依言,一上岸就假摔在地,顺势倒在王后臂弯里。随行人等见证了这个不幸的场景。通过这番神操作,王后解脱了对神说谎的畏惧。审判来临时她坦然发誓说,除了马克王,她的臂弯里再没躺过别的男人。噢,对了,有一次意外,让她摔倒在一个流浪的朝圣者身边。马克王对这个誓言很满意,紧接着要求王后呼

---

[1] 参见[美]彼得·德恩里科、邓子滨编著:《法的门前》,北京大学出版社2012年版,第307—308页。

唤着上帝之名拿起灼铁，王后不得不照做，手竟然未被灼伤，于是当场认定其无辜。史诗作者顺势加入一段近乎渎神的讽刺：全能的上帝就像风中飘动的斗篷，只要人们亲切地请求，就会按照人们的需求作出回应。13世纪另有一位德语游吟诗人创作了一部轶事录，说有个女人要求丈夫以灼铁神裁的方式证明自己没爱过别的女人。丈夫同意了，他在袖间藏好一块木板，隔着木板绰起灼铁，高举着走了"六步以上"，用完好的手向妻子证明了忠诚。趁铁尚热，他要求妻子以同样的方式表一下忠心。女人犹豫了，请求丈夫先忽略掉一个男人，发誓说除了他再没人了。丈夫表示原谅，但还是要求妻子拿起灼铁。妻子于是承认还有两次失身于人，平时还藏了一笔私房钱。[1]

行文优美而见解深刻的《法律的故事》讲道，早在公元前 2500 年的巴比伦，遭遇闲言碎语的妻子有权通过神裁证明自己的清白，方法是被扔进河里能够浮起来。这样说来，打算醉浴爱河的巴比伦女人只要学会游泳就可以了，以至 11 世纪诺曼王朝威廉二世取笑说，如果浮起来表明有罪就好了，这些女人不是有罪，就是淹死，看她们谁还敢！[2] 威廉二世的调侃竟然成为现实，过了 300 年，"对于女巫的检验乃是将嫌疑人绑住并置放于水面上，如果嫌疑人没沉下去，即可作为她具有法术之证据"[3]。《民数记》第 5 章有"疑妻不贞的试验条例"。妻若遭夫疑恨，又无证人，可将妻送到祭司那里。祭司要妇人站在耶和华面前，把圣水盛在瓦器里，又从地上取点尘土放在水中。祭司手里拿着致咒诅的苦水，叫妇人起誓，对她说：若没有与人行淫，就免受这致咒诅苦水的灾。若背着丈夫行了污秽的事，耶和华会叫你大腿消瘦，肚腹发胀，使你在民众中被人咒诅。这一试验条例能够写入《圣经》，说明它的结论令人信服。一个女人被丈夫怀疑并被置于祭司面前，已经是一种羞辱和惩罚，又经神的判断，即便妻子不幸被证明不贞而遭逐戮，女方家人也无话可说。而一旦被证明没

---

〔1〕参见[美]西奥多·齐奥科斯基：《正义之镜：法律危机的文学省思》，李晟译，北京大学出版社 2011 年版，第 121—122 页、第 123 页、第 124 页。

〔2〕John Maxcy Zane, *The Story of Law*, Indianapolis: Liberty Fund,1998, p. 75.

〔3〕[德]弗里乔夫·哈弗特：《正义女神的天平：2000 年来的法历史教科书》，蔡震荣等译，元照出版公司 2009 年版，第 39 页。

有淫行,妻子从此得以解脱,丈夫不得疑忌不休,否则就是对神的不敬。

对神裁虽有诸多讽刺,神裁也确曾被滥用,但它毕竟在史上存活了很多世纪,值得认真考察。神裁跟当代审判不同,它在裁决前并不直接调查既往事实,也不以证物为要,而是径直给出结论。神裁通常有四个阶段:一是私人指控,持有表面充足的证据或凭一群证人宣誓投诉起因的真实性;二是有个明显的审前协调阶段,由被指控者为自己辩护,或是与指控者和解;三是考验阶段,即必须承受心理及体能挑战,结果据信会反映神的裁示;四是裁决,也就是对神的裁示的解释,这种解释端赖使用神裁的社会环境,有时施行神裁者会制造一个必要的正确结果。[1] 无论真相是什么,不确定状态是最不妙的,而神裁有助于形成某种确定性。因此,对神裁不宜贸然否定,它植根于人们的共同信仰,让判决结果为人接受,就何谓真相达成共识,使纷争尘埃落定。其实,神裁并不愚昧,在古人对精神存在的明确赞赏中,触及了某种重要的、为理性和科学年代所忽视的东西。至少,正是共同信仰导致共同体接受神裁,正如另一种共同信仰导致另一个共同体拒绝神裁一样。[2]

简言之,神裁比我们想象的更为合理,因为神裁过程也有理性参与其中。在许多案件中,诉诸神裁仅是为了确认事先已通过理性方式决定的结果。"神明裁判是混淆敬神者和渎神者、模糊人的经历中客观和主观之间界线的一个典型的例子。它依靠一种神圣而又富有戏剧性的仪式去确定上帝的判断……拘泥于证明的程式及其戏剧性特征,与法律几乎完全是口头的这一事实相联系。梅特兰说:'只要法律是不成文的,它就必定被戏剧化和表演。正义必须呈现出生动形象的外表,否则人们就看不见她。'"[3]可见,神裁的正当性基础由神启、证人、宣誓人共同形成。然而,人们逐渐发现,许多神职人员假借神明之名而行苟且之事。12世纪,神裁制度在欧洲多地遭受毁灭性打击,其实效性和正当性受到广泛质

---

〔1〕 参见[英]安东尼·达夫等编:《审判的试炼Ⅲ,刑事审判的新规范理论》,李姿仪译,新学林出版公司2015年版,第26—27页。
〔2〕 参见[美]博西格诺等:《法律之门》,邓子滨译,华夏出版社2017年版,第575页。
〔3〕 [美]哈罗德·J. 伯尔曼:《法律与革命——西方法律传统的形成》,贺卫方等译,中国大百科全书出版社1993年版,第67—68页、第69页。

疑。神学家们也公然揭批神裁是一种极端邪恶的做法。批评者说,要求不断显灵,实际是在试探上帝,这是不允许的。[1]

至于古代中国,虽称"天秩有礼,天讨有罪",但却找不到神裁的信史痕迹。据称是"法"字起源"灋",乃法平如水与"古者决讼,令触不直"的独角兽獬豸的组合,现在看来不过是毫无征信的神话渲染而已。[2] 甲骨文中的占卜毕竟不同于神裁,对一个供奉祖宗而不信仰上帝的民族而言,不易形成有公信力的神裁,因为祖宗是自家的,不管别家的事。世俗政权强大的历代王朝不愿让神权分庭抗礼,佛庙道观皆不设法庭,不裁断红尘是非。总之,古中国"不认祷审为法律上之审判法"[3],但却比较娴熟地运用心理威慑。心理威慑是营造神秘氛围和震慑场面,使人心神悸动,然后设置询问、威吓或诅咒,透过察言观色,验证某些事实是否真的发生。前述"疑妻不贞的试验"也包含了心理威慑成分。《周礼·秋官·小司寇》记载:"以五声听狱讼,求民情,一曰辞听;二曰色听;三曰气听;四曰耳听;五曰目听。"根据郑玄注释,辞听为"观其出言,不直则烦";色听为"察其颜色,不直则赧然";气听为"观其气息,不直则喘";耳听为"观其聆听,不直则惑";目听为"观其眸子视,不直则眊然"。

心理威慑作为一种决疑方式,与神裁相比有更多的人的决断成分。《列王纪上》第3章记载所罗门王审断疑案:"一日,有两个妓女来,站在王面前。一个说:'我主啊,我和这妇人同住一房,她在房中的时候,我生了一个男孩。我生孩子后第三日,这妇人也生了孩子。我们是同住的,除了我们二人之外,房中再没有别人。夜间,这妇人睡着的时候,压死了她的孩子。她半夜起来,趁我睡着,从我旁边把我的孩子抱去,放在她怀里,将她的死孩子放在我怀里。天要亮的时候,我起来要给我的孩子吃奶,不料,孩子死了。及至天亮,我细细地察看,不是我所生的孩子。'那妇人说:'不然,活孩子是我的,死孩子是你的。'这妇人说:'不然,死孩子是你

---

[1] 参见[比]范·卡内冈:《英国普通法的诞生》,李红海译,商务印书馆2017年版,第112—113页。

[2] 参见瞿同祖:《中国法律与中国社会》,商务印书馆2010年版,第288—289页。

[3] [日]穗积陈重:《法律进化论》,黄尊三等译,中国政法大学出版社1997年版,第25页。

的,活孩子是我的。'她们在王面前如此争论。王……就吩咐说:'拿刀来',人就拿刀来。王说:'将活孩子劈成两半,一半给那妇人,一半给这妇人。'活孩子的母亲为自己的孩子心里急痛,就说:'求我主将活孩子给那妇人吧!万不可杀他。'那妇人说:'这孩子也不归我,也不归你,把他劈了吧!'王说:'将活孩子给这妇人,万不可杀他,这妇人实在是他的母亲。'以色列众人听见王这样判断,就敬畏他,因为见他有神的智慧,能以断案。"

"敬畏他,因为见他有神的智慧"。这一句提示我们,所罗门王的判断表达了某种令人信服的神意,这种神意可以让争议平息,但又全然与真相无关。换言之,在所罗门王及在场臣民看来,真相已然逝去,需要某种神谕才能作出判断。而真假母亲各自不同的本能反应,恰好就是神意的显现与启示。所罗门王此番断案可谓高明,但不能说无懈可击,因为这种方式无法复制,更无法成为判例,只可偶一为之。今天的审判者或许另辟蹊径:从真母亲控诉可以得知,两个孩子出生相差三天,她一发现孩子被偷换就来王宫投诉,若时间连贯,则两个孩子虽出生时隔不久,但对新生儿而言,还是肉眼可辨的,经过仔细勘验检查,或许可以发现活孩子比死孩子大一些。当然,之所以说或许,是因为所罗门王没有这么做。如果有人指出娘胎里的孩子可是有大有小,那么就补充一个文本细节,投诉的妇人特意强调:"天要亮的时候,我起来要给我的孩子吃奶,不料,孩子死了。及至天亮,我细细地察看,不是我所生的孩子。"这说明两个孩子外观上、重量上的差别没有引起两个母亲的注意,否则就不必非要等到天亮细细察看后才发现不是自己的孩子。再者,生孩子是大事,不会不惊动邻里,只要找到邻里或接生婆,就可知哪个妇人生孩子在先。如果先生孩子的与发起投诉的是同一个妇人,难道不可以说她就是活孩子的母亲吗?[1]

---

〔1〕 以今天的眼光,可以进行一些有趣的联想和演绎。那个死孩子的母亲应该构成偷盗婴儿罪,可如果两个妇人当时都相信所罗门真的会将活孩子一劈为二,那个说"把他劈了吧"的妇人似也应该成立故意杀人罪(预备)。所罗门王没有深究冒充别人孩子母亲,自己得不到也不让别人得到的行为,可能是有道理的,毕竟不告不理。假如冒名的母亲被刑事追诉,我们可以为她设想出哪些辩护理由呢?

七八十年前,澳大利亚上演一部真实的《换子疑云》。莫丽森夫妇起诉詹金森夫妇,称他们两家的女儿于1945年6月22日五分钟内出生在同一家妇产医院, 由同一位医 (转下页)

中国古人不乏类似智慧。《风俗通》记载，汉代临淮太守薛宣任内，一人携匹缣往市场出售，途中遇雨，一路人求共披戴避雨。雨霁当分别，两人各执匹缣一端不舍，皆曰缣为我有，共诣府求判决。薛宣道："缣值不过数百钱，何足纷纷？"令吏断缣各给一半遣出，使吏追听二人作何语，归报一喜一怒，因捕喜者，责偿其缣。《宋史》本传载有"割牛舌"一事：包拯"知天长县，有盗割人牛舌者，主来诉。拯曰：'第归，杀而鬻之。'寻复有来告私杀牛者，拯曰：'何为割牛舌而又告之？'盗惊服"。而《包公案》亦有《割牛舌》一篇，写包公推测乃牛主仇家所为，于是让原告回去杀牛，具榜张挂"倘有私宰耕牛，有人捕捉者，官给赏钱三百贯"，果然引出伤牛者。明清公案小说还流行鬼断、梦断。如《卖皂靴》一段：包公正决事

(接上页) 师接生，由同一组护士负责产后护理，出院时被互换了，主张换回来，为此还向法院申请了人身保护令。而被告不承认原告主张。初审法官认定，被告正在抚养的孩子确实是原告的，判令变更监护权。被告不服上诉。官司一打就是四年，一直打到维多利亚最高法院，五位法官以三比二多数撤销了监护权变更令，理由是证据疑点太多，不足以支持初审法官的结论。

有利原告的证据：(1)两位擅长血液检验的病理学家的证词，其中一位出庭接受了交叉诘问，检验结论是原告正在抚养的孩子不是他们夫妇亲生的；(2)莫丽森太太作证说，她看见护士当时一手一个抱着两个婴儿走出保育房。

有利被告的证据：(1)两位接生护士的证词证明两个初生婴儿襁褓上标有她们母亲的名字，不会搞错；(2)接生医师的未经交叉诘问的证词称，根据回忆，他给詹金森一家也做了血液检验，结论是他们正在抚养的女孩可能是他们亲生的。

由原告提供但被采为有利被告的证据：(1)原告声称被错误交予被告的女孩，经血液鉴定，只是莫丽森太太的孩子，不是莫丽森先生的孩子，而莫丽森太太说自己从未与丈夫之外的男人发生性关系，但没有就此接受交叉诘问；(2)莫丽森太太母亲的证词证明，护士给她看过"她女儿的女儿"，很白，但现在这个外孙女很黑。法官有的认为这个说法无关紧要，有的认为与她女儿所说"孩子们是在出生后半小时内搞错的"有矛盾。

由被告提交的或答辩的被采为有利原告的证据：(1)没有其他证据支持第一次血液检验结论；(2)詹金森夫妇拒绝"再"为他们全家做一次血液检验；(3)护士曾把两个女婴同时抱去洁洗，其间会脱掉襁褓再次穿上，这个过程可能出错。

初审法官归纳了四个问题及回答：(1)产院交给詹金森太太的女婴是不是莫丽森夫妇的？是。(2)莫丽森太太出院时接受的女婴是不是她半小时前生的那个？不是。(3)如果不是，那么当时是不是有机会与另一女婴混淆？有。(4)如果有这种机会，那么被错交给莫丽森太太的女婴是谁？是詹金森夫妇亲生的那一个。

上诉审法官还关注了一个问题：早于原、被告，同一产院另有两位女士分别于19日和20日各自产下一个女婴。不过法官们采信了护士们的说法，刚落地的婴孩不可能与降生24小时以上的搞混，何况是大两三天。这个结论支持了原告"不可能与别的孩子搞混"的主张，但也无法支持被告的孩子因而就是原告的。基于同一理由，詹金森夫妇也不可能与她们错换。*Morrison v. Jenkins* 80 C.L.R. 626 (Aust. 1949).

间,忽阶前起阵旋风,尘埃荡起,日色苍黄,一时间开不得眼。怪风过后,了无动静,惟包公案上吹落一树叶,大如手掌。包公拾起,遍示左右,问此叶亦有名否。内有公人近前道,离城二十五里有白鹤寺,山门里有此树二株,此叶乃白鹤寺吹来。包公来到白鹤寺,又由一阵怪风引导至其树下,掘地而得女尸。包公转归府中,夜近二更,困倦而卧。忽梦一少妇哭诉,如何被二僧诱拐欲行污辱,如何自杀全节。包公醒来,残烛犹明,起行徘徊,见窗前遗下新皂靴一只。包公差人假扮皮匠往白鹤寺各僧房叫卖,引出靴主即是元凶。[1]

现代版的心理威慑是测谎仪的考验。测谎仪的基本原理是,欺骗的人会紧张,以致呼吸、脉搏和血压都会增加。测谎专家声称,只要操作、解析得当,这种仪器能够有效地发现说谎者,结果是精确的。反对者则认为,机器不重要,提问者才重要,说白了,不是人与机器的较量,而是测谎者与被测者的较量。随着科技进步,测谎仪会越来越精准,以至超过人的判断。因此,反对测谎仪的理由,不应当是它容易出错,而恰恰是它的所谓准确性才最值得警惕。这是因为,既然测谎技术是准确的,对嫌疑人来说,不同意测试,就是心里有鬼,就会加重嫌疑;对法官而言,等于将司法权交由机器及其操纵者掌控,法官再无发言权。技术总是和权力捆绑在一起,两者都有专断的危险和趋势,而且,最先掌握高新技术的人也往往是那些最有权力的人,他们运用高科技为权力的绝对安全服务。[2] 一个可以更严格地进行社会控制,一个可以更有效地完成资源垄断,各得其所。1978年巴兹·费伊在托莱多被捕,罪名是抢劫杀人,被害人认识费伊,临终前指称歹徒蒙面看起来像巴兹,"费伊"二字都没来得及说出。在费伊受拘押的两个月间,警方找不到任何证据。最后,检察官同意不起诉,但条件是费伊必须先通过测谎,如果测试结果是说谎,这一结果将作

---

〔1〕 参见[明]无名氏编撰、顾宏义校注:《包公案》,三民书局2008年版,第125—126页。

〔2〕 "知识就是力量"的另一种译法"知识就是权力"或许更真实。"我们应该承认,权力制造知识(而且,不仅仅是因为知识为权力服务,权力才鼓励知识,也不仅仅是因为知识有用,权力才使用知识);权力和知识是直接相互连带的;不相应地建构一种知识领域就不可能有权力关系,不同时预设和建构权力关系就不会有任何知识。"[法]米歇尔·福柯:《规训与惩罚》,刘北成、杨远婴译,生活·读书·新知三联书店1999年版,第29页。

为呈堂证据。费伊接受了两次测谎,但都失败了,于是他受到起诉,以谋杀罪判处终身监禁。两年后真凶落网,费伊被无罪释放。[1] 1998年美国最高法院甚至禁止使用测谎仪,即使这一次取得的测谎结果有利被告。[2]

抽签抓阄属于一种特殊的神裁,亦称签审。"以二枚树叶,一以黑色,描表正之达摩神像。一以白色,描表不正亚达摩神像。祈祷后,包以土球,投入壶中,使被判者取出其一,若取出达摩,为无罪;取出亚达摩,则为有罪。中世欧洲,有采投骰之祷审法者,以二枚骰子,投入壶中,使被判者取之,若取出附有十字架之骰子者为无罪。"[3]拉伯雷创作于16世纪30年代的名著《巨人传》中有许多喜剧素材,"对于法律最为无礼的戏谑"是关于法官布瑞多伊的一幕。这位法官的"简单头脑并非愚笨,而是在一定程度上赤子般的天真淳朴",他做法官40年,判了4000个案子,全部被上级法院维持。不过刚刚出了点儿意外,有个税务官指控他枉法裁判,他需要就诉讼程序问题进行答辩。布瑞多伊首先承认自己以掷骰子的方法决定如何判决,由于老眼昏花,把4点看成了5点,导致错判。听审的大法官们非常惊愕,询问为什么采用这种方法?布瑞多伊解释说,他一直按照"正义是不确定的"这句法谚行事,正如在座诸公,我把判决拖延、推迟、耽搁下来,经过翻阅、考察和争论,日子一久结论自然会成熟,被判者也更容易接受骰子掷出来的命运。听审的法官私下议论道,许多案件真相扑朔迷离,掷骰子裁判也不一定错,但不可思议的是,正确判决居然保持了40年,而且避免了其他法官那些沾满血腥的手和包藏祸心的判断。[4]

1784年,大清乾隆盛世,英国帆船"赫弗斯小姐号"停靠在黄埔港内,向首次来华的美国帆船"中国皇后号"鸣放礼炮,不幸造成岸上一位大

---

[1] 参见[美]保罗·埃克曼:《说谎》,邓伯宸译,生活·读书·新知三联书店2008年版,第158页。

[2] United States v. Scheffer, 523 U.S. 303 (1998).

[3] [日]穗积陈重:《法律进化论》,黄尊三等译,中国政法大学出版社1997年版,第20—21页。

[4] 参见[美]西奥多·齐奥科斯基:《正义之镜:法律危机的文学省思》,李晟译,北京大学出版社2011年版,第208—210页。

清子民死亡。由于几门礼炮齐鸣,实难辨清哪位炮手才是真凶。广州官府威胁说,若三日内交不出凶手,就绞死大班。几度交涉无望后,炮手们掣签决定看谁倒霉,而北京紫禁城也不出所料地核准了死刑。[1] 以抽签抓阄进行决疑式诉讼,虽不多用,但其变种异形却贻害深远,迄今不绝。曾经流行的"命案必破",导致侦查机关无论如何都要找出罪犯。1996年内蒙古自治区18岁青年呼格吉勒图作为强奸杀人案嫌疑人,横遭榻楚,屈打成招,终至无辜蒙戮。呼格父母椎心泣血,戴盆望天。2005年真凶落网,直到2014年才为儿子平反昭雪。真凶落网并及时招认,或者被害人亡者归来,无疑都是小概率事件,极其偶然,并非制度性纠错。但呼格等案遂成冤结,却是必然的,因为依当时当地的制度情势,"命案必破"就是一种抽签抓阄,必有人被抓出来作为替罪羊。因此,法治的努力方向,就是使司法从抓阄决疑向规则逻辑靠近。

纠纷的解决未必需要对事实加以证明与澄清,像足球比赛裁判掷硬币决定开球,解决方式纯粹是程序性的。不止于硬币、骰子,也可以猜拳行令、斗鸡走狗,比如影片《刘三姐》和爱斯基摩人就都以赛歌方式进行某种决斗。[2] 决斗也是一种决疑,"使原被两造,互为决斗,依其胜败,而决曲直,以腕力为最终之裁判官"[3]。决斗的出现首先与消极证言有关,而所谓消极证言,是指单凭誓言就可以否认指控。原本说来,提出诉讼或控告者有积极立证的责任,不过莱茵河畔的法兰克部族法却满足于消极证言。[4] 这样,法律被破坏了,流弊产生了,应该用什么办法加以纠正呢?必须把誓言从有意滥用它的人手中拯救出来,于是决斗开始了。"决斗开始于日出时分,可能持续至夜幕降临。死亡、投降或平局都可终结决斗。

---

〔1〕 参见余定宇:《寻找法律的印迹——从独角神兽到六法全书》,北京大学出版社2010年版,第178页。

〔2〕 Max Gluckman, Politics, *Law and Ritual in Tribal Society*, Aldine, (1965), pp. 303-313.

〔3〕 [日]穗积陈重:《法律进化论》,黄尊三等译,中国政法大学出版社1997年版,第30页。

〔4〕 消极誓言在泰晤士河畔被称为宣誓无辜,其根据是被告和他人的保证。他人的宣誓保证,不是针对案件事实本身,而是宣誓确信被告所言是实。如果被告能得到足够多的助誓人支持,就无罪开释。如果得不到足够支持,法官还有另一选择,让被告经受水与火的神裁。这一制度流行于征服者威廉到来之前的英格兰。Cliff Roberson, *Introduction to Criminal Justice*, Copperhouse Publishing Company, (1994), p. 56.

平局则导致被告胜诉,因为证明责任由主张被侵犯的原告所承担。"[1]塔西佗说,两个日耳曼国家要进行战争时,就想法子俘虏一个对方的人来和本国的一个人决斗,认为从决斗结果可以预断战争胜负。这些民族既然认为个人决斗能够决定公共命运,当然更相信个人决斗能够解决个人纠纷。

在一个尚武国家,人们尊重武力、勇敢和刚毅,所以真正丑恶可恶的,就是那些从欺诈、狡猾、奸计、懦怯产生出来的犯罪。当一个民族选择了决斗立证时,它就不仅遵守了尚武精神,而且把决斗作为上帝的判决。决斗立证甚至成为撒利克法、罗马法和敕令的权威消失的主要原因。人们所殚精竭虑的只是如何制定决斗裁判的法律,并建立一种优良的决斗裁判的法学。一切民事、刑事的诉讼,都被缩减成为单纯的事实,人们就是为着这些事实而决斗。当然,决斗是按一定规则进行的。一旦宣布说要决斗,就不能反悔;如果反悔,就要判处刑罚,因为荣誉,约言一经说出,就不许收回。在决斗前,裁判官要发布三条命令:双方亲戚同时退场;在场大众保持安静;禁止援助任何一方。许多人没有能力提出或接受决斗,在查明原因后准许找人代行决斗。为使代行决斗者尽其所能,规定如果打输了就要砍掉代行决斗者的手。妇女或不满15岁者,不得决斗。决斗的裁判结果会一劳永逸地解决争讼,不容重审或重启追诉。以当时的荣誉观,上诉既不忠又不义。[2]

依罗尔斯之见,公平的赌博也是纯粹的程序正义,因为没有为正确结果设定独立标准,却借助一个正确或公平的程序来确保结果的正确或公平。只要适当地遵循了程序,结果如何在所不论。而刑事审判反而是典型的不完美的程序正义,因为在此已有为所欲结果设定的独立标准,却无确保这一结果的适宜方法。[3] "随着经济发展,以法律问题为冲突目标的案件数量直线上升。因此,私力救济和决斗逐渐变得不合时宜了。为

---

[1] [美]杰弗瑞·西格尔等:《美国司法体系中的最高法院》,刘哲玮、杨微波译,北京大学出版社2011年版,第75页。

[2] 参见[法]孟德斯鸠:《论法的精神》(下册),张雁深译,商务印书馆1963年版,第229—230页、第233页、第245页、第250页。

[3] John Rawls, *A Theory of Justice*, OUP, (1999), p. 75.

了促进对法律冲突的持续评议,出现了对于程序制度化的需要,在实体法中,出现了对于民法和刑法作出区分的需要——而在私力救济的水平上,这些都是不可能的。这意味着,随着分化的增加,对于建立一种生活方式而言,出现了越来越多的可能性,并因此出现了越来越多的冲突当事人——这些当事人之间不必在未来一起生活。和解或决斗的古代形式只能被一种新的具有约束力的法庭审判所代替。"[1]作为决疑诉讼主要模式的神裁法在1215年被废止,刑事司法体系陷入空白期,英格兰与欧洲大陆以不同的方式加以填充。英格兰将陪审团发展为庭审模式,"从此走上了一条与欧洲其他国家截然不同的道路,它们之间的区别深刻而广泛。这里没有强力的审讯,不依赖酷刑,没有强迫自证其罪,国家不控制案件的结果;相反,它依靠从证人处获得的证据,由同侪对问题作出判决"[2]。而大部分欧陆地区则采用重新发现的罗马教会法的庭审模式,证人被强迫作证,原告被强迫提告,被告会被强迫供述。[3] 于是,纠问制粉墨登场。

第二节 纠问模式

纠问(inquisitio)意味着法官主动调查犯罪、搜集证据并发现真相,被告基本丧失防御辩护能力。其特色是,被诉罪名不确定,程序秘密进行且容许刑求。纠问式刑事诉讼的前提是国家收回并垄断刑事追诉权以及使用暴力权,不再放任私力救济,只将极少罪名留给被害人自行告诉。"在大陆法系国家中,过分强调采用纠问式的审判模式,是受罗马法复兴的推动以及教会程序法的影响,而重要的原因则是国家主义的兴起。这种刑事诉讼是国家对被告人提起的诉讼,其程序是书面的和秘密的,被告人没有权利聘请律师,而且通常被要求宣誓作证,刑讯是逼供取证的常用方

---

[1] [德]尼克拉斯·卢曼:《法社会学》,宾凯、赵春燕译,上海人民出版社2013年版,第209页。
[2] [英]哈利·波特:《普通法简史》,武卓韵译,北京大学出版社2022年版,第89页。
[3] 参见[美]詹姆士·Q.惠特曼:《合理怀疑的起源——刑事审判的神学根基》(修订版),侣化强、李伟译,中国政法大学出版社2016年版,第118页。

法。法官不只限于扮演公正仲裁者的角色,还是诉讼活动的积极参加者,他可以决定诉讼活动的范围和性质。国王作为国家的化身有权实行惩罚和赦免。禁止事后法的原则、法律面前人人平等的原则,以及我们现在经常普遍提倡的人道和正义的主张等,都不能约束国王。"[1]如果国王不喜欢某个判决,他可以干预甚至改变判决结果。纠问制有两种具体形态:一是控审不分,原告与法官合一;二是控审分离,但侦查主导审判。控审不分当然深受诟病,因为一来法官独揽追诉审判大权;二来法官自行侦查追诉,心理上早已先入为主,遑论公正客观;三来被告只是追诉客体,毫无防御权可言。[2]

《古今小说》第二卷《陈御史巧勘金钗钿》的故事发生在江西赣州府石城县,讲鲁顾两家累世交游,鲁家一子,双名学曾,顾家一女,小名阿秀,两下面约为婚。后学曾父母双亡,一贫如洗。阿秀不愿悔婚,其母遂私召学曾,意图暗助银两,从速行聘。不料为学曾表兄梁尚宾乘隙冒充,不仅骗得银两、钗钿,而且骗奸阿秀得手。三日后学曾应约来见,阿秀母女方知受骗。阿秀羞愤自缢,学曾则被知县屈打成招,依威逼律问绞。幸得御史陈廉巡按江西,审录学曾一案,发现冤情。陈御史次日称病,暂停审案,乔装贩布商人,假称货物急于出手,以低价诱使梁尚宾拿出当日所骗顾家银子、首饰,从而人赃俱获。次日,御史继续复审,昭雪冤案,问斩真凶。陈御史审案,直接充当侦查员,以诱惑侦查所得赃物作为犯罪证据。而其庭审方式,首先是讯,听取供述;然后是诘,提问直至被告理屈词穷;再后是鞫,列举事实,对照罪名,加以判决;最后是奏谳上报。当然,对犯人要掠治,也就是笞打逼供。[3]

同样是纠问制,实际运行有很大差异。有宋一代,法制健全,执行严格,其诉讼文明程度远超之前的秦、汉、唐,之后的元、明、清。宋代将执法机关分成缉捕机关、审讯机关和判决机关三部分。尉司只能抓,不能审,要交给作为审讯机关的推司。审讯机关又分为一审推勘和二审录

---

[1] [美]约翰·亨利·梅利曼、[委]罗格里奥·佩雷斯·佩尔多莫:《大陆法系》(第三版),顾培东、吴荻枫译,法律出版社2021年版,第147页。
[2] 林钰雄:《刑事诉讼法》(上册),元照出版公司2015年版,第50页。
[3] 参见张建国:《中国法系的形成与发达》,北京大学出版社1997年版,第94页。

问,如果是州府二审,还必须到邻州借调法官。要判死刑的,必须集体审讯。重要的是,二审法官必须告知权利,必须告诉犯罪嫌疑人有权喊冤。推司审完后不能判,要交给作为判决机关的法司。判决分检法、拟判、审核、签署四道程序,也就是找出适用的法律,写出判词,由同级官员组成合议庭会审,最后交给长官认可签署。在整个审讯过程中,推勘、录问、检法不得见面。更重要的是,被告可以上诉,尤其是死刑犯,只要临刑喊冤,立即停止执行,另换法官将所有程序再走一遍。死刑重审,北宋可以三回,南宋可以五次。可见宋代统治者非常重视司法公正,所以才有文化繁荣和科技进步。[1]

即便是控审分离的纠问制,也有三大弊病:一则使审判者审前即有不利被告的偏见;二则对审判者的行为没有限制,有滥用司法之虞;三则辩护虚置,被告陷于危境而毫无自救可能。[2] 虽称控审分离,但实际是由侦查主导,审判只是对侦查结论的确认,判决结果早已由侦查结论决定,也因此,审判成了侦查的继续,"大部分事实真相是由警察在大街上或者警察局里查清,而不是由律师和法官在法庭上查清"[3]。由此,侦查不仅主导审判,也主导公诉。一方面,负责审查起诉的检察机关原本应当对侦查过程及其结论加以制约,却由于侦查机关的强势而沦为二传手,移送审查起诉变成移送起诉,不批捕和不起诉的比率极低。另一方面,公诉人在庭审时一旦遭遇辩护人抵抗,便不能保持平等心态,必欲挟侦查余威全胜辩护人,以起诉成功鸣锣收兵。侦查主导起诉和审判的力度,与起诉成功率、定罪率成正比,其特征在于全体司法官员都有义务积极作为,且须相互配合,以确保实体刑法的高效实行。

到了审判阶段,原本应以中立且被动姿态听审的法官,却在庭审中按照控诉事实的方向主导对被告的讯问,主动出击调取不利被告的证据,又对辩护人发言的时长、次数、内容甚至风格加以限制,并与公诉人结盟,共

---

[1] 参见易中天教授在厦门大学百年校庆演讲(五)《两宋文明之谜》。
[2] 参见[日]丰岛直通:《刑事诉讼法新论》,东京日本大学出版会1910年版,第49—54页。
[3] 参见[美]虞平、郭志媛编译:《争鸣与思辨:刑事诉讼模式经典论文选译》,北京大学出版社2013年版,第222页。

同阻击辩护方对证据的质疑,唯独对辩方提出的"证人出庭、排除非法证据"等要求,通常消极地不作为。由于法官的积极助攻,庭辩中控方没有太多说服责任,无需跟律师太过认真,因为早就知道判决结果不以庭审效果为转移,辩方即使胜庭也不会胜诉。庭审不过是对侦查案卷的公开重述,法官始终引导并促成公诉词转换为判决书。"纠问程序中之本案审理,几完全以预审程序所建立之卷宗为基础,采秘密、书面、间接之审理方式,既不须职司诉追之国王代理人出庭,而无有原告、被告辩论之程序,且根本忽视预断排除之原则。盖当预审法官将卷证移送于负责本案审理之合议庭后,合议庭之第一项工作即指定受命法官进行阅卷,并报告案情之要领于合议庭,然后始提讯被告,畀予最后陈述之机会,迨被告陈述完毕,审判程序即告完成。"[1]

纠问式诉讼追求的仅仅是结果,而结果正确始终可以反证手段正当。为了效率,采取秘密封闭程序,受控诉者悉听摆布,一般采取书面诉讼,过程细节皆须作成文书,直至作出书面判决。"从政治层面上看,中央集权国家的领导者很热衷于纠问式诉讼,尤其是在政治制度具有专制倾向时,以及把社会利益放在个人利益之上的情况下,更是如此。因为,纠问式诉讼所要竭力做到的,正是阻止'由于过分尊重个人权利而不能确保对做坏事的人进行追究',况且坏人也不值得受到'一个公民的全部保障'。"[2]被告被用作主要证据来源,侦查阶段尽量禁止律师介入,以确保极高的定罪率,被告命运基本已由第一次认罪笔录决定了。自我辩解只说明认罪态度不好,当庭翻供成功比登天还难。即使被刑讯,也因为难以证明而不了了之。法庭所见讯问笔录基本都是供认有罪的,认罪之前的无罪辩解,或者不记录,或者不入卷。律师辩护也是走过场,基本不被判决书引用,辩护词能够在法庭上宣读完毕,就已经算是法官恩典了。这倒不是法官对律师有什么个人成见,而是因为纠问模式注定了辩护的虚无。可一旦形式上轻忽辩护,久而久之,便从实质上否定了整个辩护者的人格。

---

[1] 林朝荣编著:《检察制度民主化之研究》,文笙书局2007年版,第46页。

[2] [法]贝尔纳·布洛克:《法国刑事诉讼法》,罗结珍译,中国政法大学出版社2009年版,第39页。

职权主义法官过度介入审判,难免受个人情绪影响,在许多时候又不免声誉与晋级方面的考虑。当法官认为被告狡辩、说谎、不合作时,难免失去耐心,以至不专心听取辩护意见及被告陈述。不专心听审的法官,却对庭审之外的许多事项倍加关注,尤其在意庭审气氛的高度可控。略为重要案件的庭审,连什么人可以旁听都会受到限制,并且一般不会当庭宣判,另行择日宣判很多时候就是为了避开参加此次庭审的人。被筛选旁听宣判的人们,除家属外,通常会以掌声表达对侦查结论的敬意,[1]因为所有参加者都知道,"他们都不是按照自己的意志行事的,而是严格按照事先准备好的出场次序表被迫扮演给自己规定的角色。他们每一个人都面临决定自己命运非此即彼的选择"[2]。从审判文献中可以看到,国家公诉人慷慨激昂的结语以及柏洛夫律师辩护做小伏低的开头,共同标志一种特定的历史。公诉人说:"这乃是雄强的能于战胜一切的力量,这一力量能遏止新战争的任何挑拨者,并能予以严厉的惩罚。审判员同志们,请诸位所下的判词成为关于这点的森严警告吧!"辩护人说:"审判员同志们!在本审判案中,所有我们这些作辩护的人……都曾很少向各被告发出问题。这本来是很自然的现象,因为他们的罪状已经由各被告和各证人的供词以及本案所有各种文件所完全证实了。"[3]

日本学者对他们经历过的纠问式诉讼有深刻反思。1947 年以前的日本旧宪法也曾采用职权主义审判,裁判官预先阅读检察官送来的卷宗材料,并在对被告持有偏见的基础上开庭。无罪辩护相当困难,据年长的律师介绍,审判开始时裁判所的心证是一团漆黑,辩护工作就是要一点一点地加以冲洗,先冲洗成灰色,再洗成浅灰色,直至最后获得无罪。[4] 在往昔专制国家中,所有的刑罚权均掌握于专制者手中,全凭其喜好,利用权

---

[1] 在斯皮尔伯格执导的影片《间谍之桥》中,美国法官对苏联间谍宣判后,不满的旁听者立刻鼓噪耸动甚至大声抗议;而苏联法庭对美国飞行员宣判后,旁听席爆发出一致而热烈的掌声。

[2] [苏]亚历山大·奥尔洛夫:《震惊世界的莫斯科三次大审判》,彭卓吾译,红旗出版社 1993 年版,第 55 页。

[3] 参见孙家红编校:《伯力城审判——沉默半个世纪的证言》,九州出版社 2015 年版,第 380—381 页。

[4] 参见[日]松尾浩也:《刑事诉讼の原理》,东京大学出版会 1974 年版,第 296—297 页。

势干涉司法。在今日的独裁国家中,司法审判又受政党及军方独裁者的命令控制。原告及法官是同一人,警察往往实际掌握了影响深远的政治裁判,而这个小小的缩影正是权力集中的写照。德国第三帝国时期,人民法院专审政治性的刑事案件,审判法官则直接由希特勒指派;法院完全不受法律约束,不过是清除政权反对者的工具,审判结果早在审判之前已被定案。人民法院仅对元首一人负责,受元首一人指导,一个人被判决有罪还是无辜,取决于他对帝国安全是否造成威胁。[1] 当年盛行纠问的国家还有意大利,有学者对其诉讼与独裁的关联做了精准描述:"回顾墨索里尼于取得政权之后,为达其独裁目的,其首要工作,即法西斯刑事诉讼法之制订,盖若不透过法西斯刑事诉讼法以掌握刑事诉追,虽欲独裁,亦必心有余而力不足。"[2]

第三节 对抗模式

"自法兰西革命以后,大陆法系国家改采英吉利法之诉讼主义,建立国家(或地区)诉追主义之诉讼形式,亦认法院不得就未经起诉之犯罪加以审判,但因受纠问程序传统观念之影响,仍本职权主义之理论,对于程序之进行与证据之调查,均属法院之职权,与英美法所采彻底的当事人主义,对于诉讼之主张与举证,系属当事人之责任,而法院则居于公平第三者之立场,听取当事人之辩论而为裁判,并不积极地参与诉讼之进行不同。因之,大陆法系之刑事程序,虽由纠问程序,改采诉讼程序,但其裁判程序,仍本职权主义之理论,当事人之诉讼行为,在程序上并不足以左右裁判之结果。论者因认大陆法系之诉讼程序,与纠问程序所不同者,仅审判之范围有无限制而已,对于诉讼之进行与处理仍无大异。"[3]目前许多学者不断强调两种模式的混合融通,比如以梅利曼为代表的学者认为,近两个世纪以来大陆法系已经脱离了极端纠问制及其滥用,而同一时期普

---

[1] 参见[德]克劳斯·罗克辛:《德国刑事诉讼法》,吴丽琪译,三民书局1998年版,第14页。
[2] 林朝荣编著:《检察制度民主化之研究》,文笙书局2007年版,第121页。
[3] 陈朴生:《刑事证据法》,三民书局1979年版,第18页。

通法系也已不再过分迷信控诉式,抛弃了它的某些陈规,两种制度正在从不同方向融汇成为一种大体相当的混合型刑事诉讼程序。不过,梅利曼并不否认两种制度的差异性,区别简单而具深刻内涵:无罪者宁愿在大陆法系法院受审,而有罪者更希望在普通法系法院受审。[1]

国人自清末民初以来,早已认同两造平权、法官居中式审判。所谓"夫一造审理,当事者一方之陈述,各执偏见,掩饰其非,人情之常,无足为怪。若两造具备,狱有两辞,则弃虚从实,中鹄不难","适于保裁判之公平"[2]。"事实上,远在光绪三十二年(1906年),当事人进行主义与职权主义之战即已开启。沈家本及伍廷芳等当时所拟之《刑事民事诉讼法草案》为中国第一个单行诉讼法,所采用的审判方式即为英美之当事人进行主义和交互诘问。但因为以张之洞为首的礼教派人士反对,未予公布即宣告作废。四年后之《大清刑事诉讼律草案》为中国第一部刑事诉讼法草案,转而改采大陆法系之职权主义,法官就有罪与否,应调查一切必要事证,奠定了之后法律与大陆法系密不可分的关系,影响后世百年。"[3]我国后来受苏联模式影响甚深,由纠问制向对抗制的转变并不一帆风顺,经常出现阶段性停滞甚至历史性倒退。除根深蒂固的纠问传统外,不情愿被对抗制限制权力也许是现实考虑。[4] 如果将惩治犯罪喻为某种战争,那么纠问制是一套属于战胜者的规则,战胜者既是规则制定者,又是规则执行人,审判可能只是一次声罪致讨的展示;而对抗制却是一套为战败者考虑较多的规则,审判者至少在形式上不再以战胜者自居,而是比较真实而充分地给予战败者申辩机会。

1947年至1948年,倪徵𣋒先生在远东国际军事法庭对土肥原贤二、板垣征四郎等侵华主要战犯进行指控。基于被害国角色,倪先生对东京审判颇有微词:"英美法采取告诉制或称对质制,审讯提问主要由双方律师担任……证据的提出是否合法,以及证据本身有无凭信力,由双方进行

---

[1] 参见[美]约翰·亨利·梅利曼、[委]罗格里奥·佩雷斯·佩尔多莫:《大陆法系》(第三版),顾培东、吴获枫译,法律出版社2021年版,第145页、第151页。
[2] 徐朝阳著、王云五编:《中国诉讼法溯源》,商务印书馆1933年版,第4页。
[3] 王兆鹏:《当事人进行主义之刑事诉讼》,元照出版公司2004年版,第5页。
[4] 参见劳东燕:《罪刑法定本土化的法治叙事》,北京大学出版社2010年版,第97页。

辩论,法官如认为提出不合法或证据本身无可凭信,可以当庭拒收。……美国方面从政治和军事需要考虑,已不拟对日本军国主义严加惩处,遂以日本律师不谙法庭所运用的审判程序为理由,给每一被告'配备'一名甚至两名美国辩护律师。他们置日本辩护律师于一旁,喧宾夺主,态度嚣张,使审判进程受到重大影响。……中国方面本来就没有估计到战犯审判会如此复杂,而满以为是战胜者惩罚战败者,审判不过是个形式而已,哪里还需要什么犯罪证据,更没有料到证据法的运用如此严格。因此,在东京审判的最初几个月里,正当中国提出主要的控诉事实时,美国辩护律师利用英美法诉讼程序的前述特点,多方面进行阻挠留难,使中国检察方面的工作处于很不利地位。例如,当时国民党政府军政部次长秦德纯到庭作证时说日军'到处杀人放火,无所不为',被斥为空言无据,几乎被轰下证人台。"[1]

有不良感受的不只倪先生,查诸相关历史文献及著作,对东京审判中律师辩护的质疑与诟病可谓自始至终。"美国籍辩护律师和日本籍各辩护律师群起诘问。凡是一切与中国有关的问题,不管天南地北,也不论古今中外,问个没完没了,企图找一些岔子或者使审判时间延长。直至最后庭长韦伯不得不宣布休庭,议定出一条规则,即诘问证人不得超出作证范围,不得提出空泛的问题,才稍微制止了辩护人的嚣张气焰。……由于法庭拘泥于英美法的程序,又不愿给人以偏袒原告、压制被告的印象,极大地容忍了辩护方胡搅蛮缠,最终使审判像马拉松一般,长达两年半之久。"[2]针对战争罪行的一系列审判,提供了相当好的机会和场合,妥适解决了案件中的历史和方法问题。在历史争论中,通常可以逃避对手的

---

[1] 倪徵𣋉:《淡泊从容莅海牙》,北京大学出版社 2015 年版,第 131—132 页。
[2] 余先予、何勤华、蔡东丽:《东京审判:正义与邪恶之法律较量》,商务印书馆 2015 年版,第 108—109 页、第 110 页。可资比较的是,苏联于 1949 年 12 月 25 日至 30 日在哈巴罗夫斯克进行的伯力城审判,历时 6 天,被告 12 人;东京审判自 1946 年 5 月 3 日至 1948 年 11 月 12 日,历时两年半,被告 28 人。当然,伯力城审判不仅被告人数少,而且针对的只是日军开发及使用细菌武器并进行活体实验,而不是全面战争罪行。参见孙家红校:《伯力城审判——沉默半个世纪的证言》,九州出版社 2015 年版,第 1—2 页;[日]户谷由麻:《东京审判:第二次世界大战后对法与正义的追求》,赵玉蕙译,上海交通大学出版社 2016 年版,第 283—284 页。

提问,或者给出无关紧要的答案。但在法庭上,则必须针对提问作出回答。〔1〕毫不奇怪,当大陆法系律师与其英美同行共事时,会很难接受那些与普通法规则和惯例结合在一起的事实调查方式,会抱怨那些规则和惯例不可思议。然而,即使心存遗憾,人们对普通法的奇特魅力还是表现出略带不安的尊敬。〔2〕

美国学者赫伯特·帕克认为,大陆法与英美法存在差异,可以概括出犯罪控制和正当程序两种模式。〔3〕犯罪控制模式接近纠问模式,以效率为至高无上的目标,警察和检察官可以运用有罪推定,甄别无辜或者有罪。经初步调查,一旦未发现无辜的可能,或者说一旦发现有罪的可能,就采取进一步行动,为获得有罪结论而努力,无罪的可能被置于次要位置。所有司法力量尽最大努力第一时间抓获犯罪人,并以最快速度搞定口供。一旦取得有罪供述,定罪的大方向已经不可扭转。各司法机关以配合为主,制约为辅,使整个程序如同一条流水线,罪犯就是这条流水线的终极产品,〔4〕且不容对产品质量有太多质疑,尤其不能容忍辩护人的有效阻击,甚至不容许法官以非法证据排除规则为由拒绝认定有罪。主张这一模式的人深信,国家有超验的目标,能够准确地扬善抑恶,因而鼓励尽可能扩大公权力,并使之尽可能有效运作。手段的正当性与必要性,可以由结果正确或者目的高尚加以证明,并被事后合法化。〔5〕

---

〔1〕 参见[英]安东尼·达夫等编:《审判的试炼 I,真相与正当法律程序》,万象译,新学林出版公司 2015 年版,第 144 页。

〔2〕 [美]米尔建·R. 达马斯卡:《漂移的证据法》,李学军等译,中国政法大学出版社 2003 年版,第 1—2 页。

〔3〕 Herbert Packer, Two models of the Criminal Process, 113 U. PA. L. REV. 1 (1964).

〔4〕 "侦查、起诉和审判这三个完全独立而互不隶属的诉讼阶段,如同工厂生产车间的三道工序。公安、检察和裁判机构在这三个环节上分别进行流水作业式的操作,它们可以被看作刑事诉讼这一流水线上的三个主要的操作员,通过前后接力、互相配合和互相补充的活动,共同致力于实现刑事诉讼法的任务。"陈瑞华:《从"流水作业"走向"以裁判为中心"——对中国刑事司法改革的一种思考》,载《法学》2000 年第 3 期。

〔5〕 [德]弗里德里希·包尔生:《伦理学体系》,何怀宏、廖申白译,商务印书馆 2021 年版,第 243 页。以赛亚·伯林 1922 年写有一篇《目的证明手段合理》的小故事,在儿童杂志竞赛中赢得一篮食品,那一年他 12 岁。这是一篇关于彼得格勒契卡主席乌里茨基的虚构故事。"目的证明手段合理"是乌里茨基以处决方式清除不服从者时的座右铭和精 (转下页)

正当程序模式,实际是对抗模式,以公平正义为主要目标,强调发现真相非常困难,有时甚至无法找到,需要采取各种措施防止误判。刑事诉讼中每一后续流程都是对前一流程的检验和挑剔,合格才能放行,不合格则应返回原点。诉讼进程好比一场障碍赛,要想将人投入监狱,必须跨越一道又一道障碍,而非法证据排除规则是所有障碍中的最高壁垒。这一模式对权力疑心重重,不仅防止权力滥用,而且防止权力高效运作。最低效率不一定意味着最小暴政,但正当程序模式的支持者会相当平静地接受对刑事诉讼程序运作效率的实质性削弱。[1] 对抗制中双方都以赢得争讼为目标,时常运用某些诉讼技巧,扭曲或者压制真相,比如隐匿相关证人,掩盖有利对方的信息,培训证人如何出庭应对交互诘问。[2] 总之,纠问模式以国家为中心,集中权力探寻真相,重点放在审前调查程序,尤其是侦查程序;对抗模式以审判为核心,两造搜集、呈递证据,平等辩论,重点放在法庭审理,重大案件还要求陪审团审理。[3] "正当程序模式决不容忍给无辜者定罪;而犯罪控制模式坚决拒绝让犯罪人漏网。"[4]

纠问制传统预设存在一个无条件的客观事实真相,审判不过是确认先前调查的真相成果,而对抗制则认为过往事实真相的发现是有条件的,是法庭经过辩论并消除疑虑后确认的某种最合理的状态。犯罪控制模式的缺点在于,审判前法官已受卷宗影响,难持中立,以致判决结果不再取决于庭审,而是取决于最初的侦查;与之相对,正当程序模式的优点在于,法官地位超然,当事人有充分的申辩机会,较能接受诉讼结果。[5]

(接上页) 神支撑。"这篇故事清楚地指向伯林后来一再坚持的东西:现在的苦难不能作为通向未来的、想象的至福状态的途径,而被证明是合理的。"[英]以赛亚·伯林:《自由论》(修订版),胡传胜译,译林出版社2020年重印版,"编者絮语"第20页。

[1] 参见[美]赫伯特·帕克:《刑事制裁的界限》,梁根林等译,法律出版社2008年版,第164页。

[2] John H Langbein, *The Origins of Adversary Criminal Trial*, OUP, (2003), p. 1.

[3] 参见[英]安东尼·达夫等编:《审判的试炼 II,裁判与到场说明权责》,颜华歆译,新学林出版公司2015年版,第295页。

[4] Daniel E. Hall, *Criminal Law and Procedure*, Delmar Cengage Learning, (2011), p. 316.

[5] 参见王兆鹏:《搜索扣押与刑事被告的宪法权利》,翰芦图书出版有限公司2000年版,第344—347页。

有人问一位律师怎样打赢一场官司,回答是如果法律在你这边,你就敲法律;如果事实在你这边,你就敲事实;如果都不在你这边,你就敲桌子。[1] 显然,说这话的人生活在对抗制诉讼模式的国家,纠问式审判中只有法官可以敲桌子。"对抗性程序的中心含义是:双方当事者在一种高度制度化的辩论过程中通过证据和主张的正面对决,能够最大限度地提供关于纠纷事实的信息,从而使处于中立和超然性地位的审判者有可能据此作出为社会和当事者都接受的决定来解决该纠纷。对抗式辩论原则包含三个要素。首先是中立和尽量不介入辩论内容的审判者,其次是当事者的主张和举证,最后则是高度制度化的对决性辩论程序。"[2]

英美法系中原告和被告是对立对等的,各方都有自己的利益。公诉方是政府,要尽量重刑处罚;被告方是嫌疑犯,要尽量开脱罪责。双方都有权调查事实,采访证人,搜集物证,请教专家,并决定在审判中出示哪些证据,传唤哪些证人,以及如何解释法律,使之于己有利。对辩护人比较宽容,只要不是主动制造伪证,就是符合辩护伦理的。对抗制反对一方当事人将对方作为证据来源,因而破坏两造间的利益平衡及平等地位。[3] 因此,令对抗制名副其实的,并不是给被告方的赋权,而是对追究者的压制。这种压制从警方得知或发现犯罪或犯罪人时即已开始,警察必须尽可能不触犯任何取证规则,"必须意识到,稍不谨慎,一个最普通的警务举措便会升级为严重的程序瑕疵和证据排除问题。而站在辩护律师角度看,在对抗制审判中,除了要争辩罪与非罪,对警察行为的适当性与合法性的质疑才是经常有效的辩护手段。法官会对这些质疑作出评判,一旦肯定了辩护律师的质疑,再对是否排除警方取得的证据进行评判,有时还会就此举行听证,案件的最终结果基本取决于法官听证后所做的决定。法官之所以被称为守门人,可能正是因为他们决定了何种证据可以进入

---

[1] Cliff Roberson, *Introduction to Criminal Justice*, Copperhouse Publishing Company, (1994), p. 255.

[2] [日]谷口安平:《程序的正义与诉讼》,王亚新、刘荣军译,中国政法大学出版社2002年版,第26页。

[3] 参见[英]安东尼·达夫等编:《审判的试炼 I,真相与正当法律程序》,万象译,新学林出版公司2015年版,第71页。

法的大门"[1]。

德国学者认为他们的刑事诉讼混合了纠问主义和对抗制诉讼。与对抗制诉讼一致者在于,追诉权及审判权分属检察官和法官,由此法官才能在准备诉讼程序时避开每一项调查行为,避免主动追究,即使进行调查,也以起诉内容为限。当然,德国刑事诉讼也保存了部分纠问诉讼的特性,例如在提起公诉后由法官负责指挥,法官不仅可以讯问被告,而且有责任提出对被告全部有利或不利的证据,在庭审时奉行主动调查原则且边界不清。德国检察官不是当事人,他们并不单纯扮演负举证责任的原告角色,基于法律规定,他们更有义务保持中立,也须对有利被告的情况加以调查。[2] 不过,德国刑事诉讼中的纠问成分与东方式的纠问差异巨大,最大差异在于判决书有比较认真的说理,从事实陈述、双方争点、证据相关性及合法性,以及法律何以适用,都一清二楚,从而有利于上诉审法官作出判断。而判决书是否说理,可以判别一国所处的法治状态。德国法院动辄万言的刑事判决书,曾给我国司法界极大震撼。

而在英美学者看来,欧陆刑事诉讼仍属纠问式,其根本特征在于法官主动调查证据,名义上是为了确定案情真相,实际上是与检察官合力追诉被指控者。英美的对抗式程序则大不相同,它不让参与庭审的任何一方成为主角。法官只是没有切身利益的案件管理人和仲裁者,有点像足球裁判,不会采取主动确保"强队获胜"的正义,而只关心和负责那些分配正义的程序规则,让审判公正进行。学者指出,与对抗制假定的"真相"来自控辩双方的对抗相反,德国刑事司法制度采用了纠问制的传统定罪模式,即中立的事实调查者才能客观地查明事实真相。与德国同行不同,美国刑事法学家在20世纪初就抛弃了实证主义理论前提,对刑事司法除了产生"程序真实"以外的所谓"真实"持高度怀疑态度。换言之,德国刑事法学家坚信客观真实的存在,并且相信可以通过建构刑事司法程序来发现客观真实。德国刑事诉讼法的一个主要目的就是为检察官查明真相作

---

[1] Walter P. Signorelli, *Criminal Law, Procedure, and Evidence*, CRC Press, Taylor & Francis Group, (2011), p.6, 9.

[2] 参见[德]克劳斯·罗克辛:《德国刑事诉讼法》,吴丽琪译,三民书局1998年版,第154—155页。

出解释和规定方法,检察官的角色是"法律科学家"。而在美国,以控辩双方为基础的对抗制中,检察官的职能可能像个角斗士,以赢得"战斗"为目标。[1]

欧美学者一定程度上都主张,检察官不仅同时关心发现真相与落实正义,而且恪尽客观义务。而何谓客观义务,在德国与在英美略有差别。德国检察官的客观义务特指公正全面地搜集并向法庭提交有利被告的证据,做法律的公正守门人;英美检察官的客观义务主要体现在及时向被告方开示有利被告的证据[2],而被告方没有义务提供任何证据,却可以从指控证据不足中获益,而辩护人的职责就是在不违法的前提下赢得案件。对抗制基于这样一种确信:控辩双方对撞所产生的信息,能够最有效地帮助中立的裁判者解决案件。对撞发生在法庭上,让在场者看到一场公平竞赛,规则中立,平等执法,机会均等。虽然有人批评体育比赛式的对抗制不利于达成公正的结果,但拥护者说,对抗制庭审同时维护了作为执法者的国家与作为"国家敌人"的被告的尊严。而且,对抗制的一个客观效果是,极其尊重程序规则。[3]

日本于1947年开始施行"和平宪法",既已引入英美宪制理念,自然引入与之配套的当事人主义刑事诉讼,在此过程中慢慢形成了日本独有的切身体会:当初有人认为,刑事程序中有关当事人诉讼的构造,仅是技术性的有关当事人的内容,即保护被告人,后来人们逐渐普遍认识到,当事人主义给刑事诉讼法带来了构造性变革:(1)现行法采用了起诉书一本主义,法院不再自动接收检察官手中的证据,切断了侦查与审判的连续性,法院开庭前没有预先接收任何资料。由检察官、被告人或者辩护人请求调取证据。尽管存在刑事诉讼法的规定,由法官询问证人,但原则上由当事人交互诘问。(2)现行刑事诉讼法中采用了起诉裁量主义,检察官决定起诉或不起诉,起诉时由检察官设定或变更起诉诉因。一般认为,由于

---

[1] 参见[美]肖恩·玛丽·博伊恩:《德国检察机关职能研究:一个法律守护人的角色定位》,但伟译,中国检察出版社2021年版,第42—43页。
[2] Cliff Roberson, *Introduction to Criminal Justice*, Copperhouse Publishing Company, (1994), p. 279.
[3] Ronald Bacigal, *Criminal Law and Procedure: An Overview*, Delmar, Cengage Learning, (2009), p. 279.

在证据与诉因这两个审判最重要的部分中承认了当事人主导权,现行刑事诉讼法的基础是当事人主义。(3)现行法规定的法院依照职权调查证据或者诉因变更命令是例外的制度。[1] 可见,法院原则上没有义务依照职权调查证据、催促检察官提出证据或履行诉因变更程序,诉讼推进的主动权原则上赋予了当事人。

即使从观念上已经认同对抗制优于纠问制,也有一个重新选择并逐步转型的过程。日本就是成功转型的实例,但许多人会立刻指出,这不是自发的转型,而是美国占领的结果。这个看法不对。不是每个被美国战胜占领的国家都选择美国模式,对抗制在日本扎根主要还是学者和司法工作者的自觉选择。当初确有日本学者以国民性为由,担心引入美国当事人主义诉讼会水土不服。青柳文雄教授就认为,一切历史传统以及地理的、社会的生活环境形成的一个国家的精神文明,成为刑事程序的基础,在进行刑事诉讼法学教学时,不要忽视国民性。不过自明治维新以来,日本已经习惯了积极吸纳先进制度,似乎不存在国民性的障碍。松尾浩也教授说:"我深深地爱恋着日本的风土人情,但这与古老过时的国粹主义没有任何关系。"[2]即便有所谓国民性,也不宜过分强调。其一,日本已经长时间处在外国法的强烈影响下;其二,精神文明与刑事程序的关系,很有只可意会不可言传的地方,使用"国民性"这种不确切的用词,逻辑上容易产生各种各样的弱点和矛盾。[3] 结论相当明确,国民性是可以培养、改变的,根本不是什么趋同先进文明的障碍,更不应成为拒绝先进制度的托辞。

"在诉讼程序问题上也有一些准则,对它们的正义几乎没有人怀疑。在案例辩论中,人们考虑的只是在法庭辩论中必须倾听另一方陈述,在涉及自己的事情中不准充当法官,这样的程序准则之所以被认为是合理的,是因为它们有利于一个更高级的、同样很少有争议的正义原则,即公正。"[4]许多律师坚持认为,法庭发现案件事实的最佳方式就是让每一方

---

[1] 参见[日]田口守一:《刑事诉讼法》,刘迪等译,法律出版社2000年版,第17—18页。
[2] [日]松尾浩也:《刑事诉讼法讲演集》,有斐阁2004年版,第379页。
[3] [日]松尾浩也:《刑事诉讼の原理》,东京大学出版会1974年版,第264页。
[4] [德]奥特弗利德·赫费:《政治的正义性:法和国家的批判哲学之基础》,庞学铨、李张林译,商务印书馆2021年版,第31页。

尽可能努力奋战,以一种强烈的派系观念让法庭注意那些有利于本方的证据。当两个立场对立的人尽可能偏颇地争辩时,中立者更容易作出最公平的判决,因为这种情况下不会有任何重要的因素被忽视。对抗制审判的初始形成可能只是基于人们最朴素的公平观念,不过,经过历久弥新的实践,其内涵逐渐清晰起来:(1)在讼争中陈明双方各自立场的主要责任最好留给那些最受该讼争影响者;(2)讼争者的对话必然产生自利偏见,而将对话置于不偏不倚的中立法庭面前能够最大限度地抵消这一自利偏见;(3)冲突和对话能够受普适的程序和实体规则体系的制约,这一规则体系阐明了讼争结果中的国家利益。对抗制过程的终极目的不是胜诉,而是克制国家加入一方、反对另一方的冲动。[1]

在当事人主义被推崇和模仿的同时,基于情势变化及法官个性差异,法官的中立角色偶尔也会调整甚至转变。尤其所谓"司法的作用转型"值得关注和警觉。许多法官已经背离了他们先前的态度,放下了相对中立的姿态,采取了更积极、更具管理性的立场。不仅裁判当事人提出的事实要点,而且在会见室与当事人面谈,鼓励和解,监督案件准备,在庭审前后对塑造诉讼和影响结果都起着关键作用。作为管理者,法官比以前更多地了解案件,拥有更大的权力。先前制约司法权威的诸多限制不存在了,管理型法官经常在公众视野之外工作,不做记录,没有提供判决理由的义务,也不在意被告如何上诉。这种混合模式无疑是退回到先贤们力避的歧途,引起广泛的警觉和批评。英国的格林勋爵曾经警告说:"假如一名法官亲自检验证人的证词,那就是说,他自甘介入争论,从而有可能被甚嚣尘上的争吵遮住明断的视线。"[2]不过,法官的管理倾向总体上并不明显,基本没有让英美法系的先贤们失望。

如今的对抗制要肩负起一种新的历史使命,那就是充分展示自己的优势,让人们从纠问制与对抗制的比较中作出制度选择。当然,许多因素

---

[1] 参见[美]彼得·德恩里科、邓子滨编著:《法的门前》,北京大学出版社2012年版,第261—262页。
[2] [英]丹宁勋爵:《法律的正当程序》,李克强等译,群众出版社1984年版,第52页。

干扰着人们作出正确选择。[1] 比如"几乎所有人都认为,判决无辜的人有罪,比判决有罪的人无罪,是一个代价更高的错误"本来是一种正确认识,但是现在却招致反直觉的批评。[2] 之所以反直觉,是因为我们对司法制度的直观感受是定罪容易且无政治风险,判无罪则要经过更多的门槛,并且承受更多的质疑眼光。不要说无罪开释,就连批准一个取保申请也要冲破重重难关。对普通法原则、惯例的批评,在中国的现实语境下,不仅是反直觉的,而且是因果颠倒的。不是因为意识到"冤枉一个人比放纵一个人更容易"才生成了一系列普通法原则、惯例,可能恰恰相反,由于普通法幸运地酝酿出一套独特的程序规则,才使它渐渐形成了一种独特机能,在为疑难两可的案件分配错误风险时勇于作出一种抉择:以放纵有罪人为代价而决不冤枉无辜者,并且让程序本身使结果合法化,或者说让结果在程序中合法产生。

如果人类能够承认,真相需要时间检验,而检验结果出来之前真相很有可能反转,那么,就应当将力量用于一种制度建设,不盲目自信发现真相的能力,承认在个案中已无法获得真相,从而最大限度地尽量减少错误。"能有什么测试来判断一个决定是正确的呢?只有通过作出这种决定的程序,此外别无他法。让我们回忆一下两个孩子之间分蛋糕的例子……若要求只切一刀、不多不少,那么正好将其一分为二是极其困难的。所以……我们依赖程序来获得可接受的结果。一个孩子将蛋糕一分为二,另一个孩子拿一块,两个孩子都接受这个结果,因为他们同意划分的方法是程序或方法赋予了结果以合理性。……程序的公平性和稳定性是自由的不可或缺的要素。只要程序适用公平,不偏不倚,严厉的实体法也可以接受。事实上,如果要选择的话,人们宁愿生活在忠实适用我们英美法程序的苏联实体法制度下,而不是由苏联程序所实施的我们的实体

---

[1] 有书评者支持"任何一种诉讼模式都会有缺点和优点,在法律的世界里,没有最好甚至也没有更好,只有更适合本国历史、传统、文化和国家权力结构"的观点。参见江溯主编:《刑事法评论:刑法与刑诉法的交错》(第45卷),北京大学出版社2022年版,第28页。诉讼模式无所谓好坏的观点,显然与本书立场薰莸异器、南辕北辙。

[2] 参见[美]拉里·劳丹:《错案的哲学》,李昌盛译,北京大学出版社2015年版,第2页。

法制度下。"[1]

案件风险分配背后,其实是举证责任分配,这种分配直接影响着定罪率。而控辩双方举证责任的分配背后,又蕴含着权力分配。[2] 权力分配首先体现于起诉权与审判权的分割,其次体现于罪证调查权与羁押、取证令状审批权的分离,最后体现于根据公诉的攻击力赋予辩方同等力度的防御权。这三种权力分配在法典里几乎都有,但真正的差别却在于司法实践中的落实,从这个角度说对抗制是目前最不坏的诉讼制度,它的司法权力是"被分割的,权势的基础是分散的,因此,权力在某种程度上既是独立的,又是互相抵消的。这个制度虽然无疑可以滥用权力,但没有斯大林式体制的恐怖,在那种体制下,限制权力的唯一方式是独裁者的自我约束。简言之,美国有'法治',无论它怎么间发性地失效。无疑,美国制度中权力分散的方式不是完全不出问题的。这个制度要求某种持续不断的冲突和紧张关系,以保证正常运转,阻止和制衡无法无天的权力"[3]。

如此说来,充满冲突和紧张关系的对抗制即使有问题,也不会是灾难性、塌方式的。一种庭审模式如果有权力制衡、有权势分散,就有助于克制国家加入的冲动,就有可能使审判走出司法乌托邦。司法乌托邦的典型是,绘制一幅完美的没有违法犯罪的理想社会的蓝图,并且相信有权审判别人的人完全具备消灭违法犯罪的能力。在实现这一目标的过程中,将会尽量省略对手段的限制和审查,不能容忍任何阻力、批评和抱怨,不断出台更为激进的治罪方案。而对抗制审判将生成何种结果的责任推卸给控辩双方,法官也就从实现完美蓝图的重压下彻底解脱出来。通俗说来,庭审模式其实并不必然决定庭审结果,被告有罪还是无罪,不

---

[1] 宋冰编:《程序、正义与现代化——外国法学家在华演讲录》,中国政法大学出版社1998年版,第374页;*Shauqhnessy v. United States*, 345 U.S. 206 (1953).
[2] 如果准许提出质疑而又没有限制要求,就会让任何言谈者钻牛角尖,像孩子一样机械不停地追问为什么,而且将别人讲过的废话当作有价值的东西重新提出,自己却不必提出理由。提出问题或表示怀疑对讲话者而言都再简单不过了。这就引出了论证负担分配规则:如果有谁想在论辩中就其态度、愿望或需求提出主张或陈述,就必须应他人的请求证明其理由。参见[德]罗伯特·阿列克西:《法律论证理论》,舒国滢译,商务印书馆2020年版,第248页及页下译注、第251页。
[3] [美]柯特勒:《美国八大冤假错案》,刘未译,商务印书馆1997年版,序言第3—4页。

同的庭审模式多数情况下会得出大致相同的结论。但在一小部分案件审判中,不同庭审模式的确会得到罪与非罪的不同结论。而正是这一小部分案件的不同审判结果,才反映了面对"枉与纵"必择其一时的不同理念支撑。庭审模式的调整和改变,无疑是一个艰巨的历程。

  作为大陆法系之表率,德国汲取英美法模式营养的过程长达数十年,而庭审中的焦点是审判长的角色问题。传统上,审判长单独指挥审判程序的进行、讯问被告及举证,而讯问大纲主要依据侦查卷宗,极易以公诉机关的眼光看待案件,从而丧失应与检察官保持的必要距离。不仅如此,法官一旦有义务证明被告罪责,便会积极向被告发问,以便发现被告辩解的矛盾之处,也因此在精神上、心理上成为被告的对手;而从被告角度看,既然审判长是他的敌人,对他的审判就不会是公正的。这是最需要改变的。只要转变庭审模式,法官就不再有义务澄清案件事实,也就没有必要庭前了解案情卷宗。法官需要做的,只是通过听取、察看控辩双方庭上言词交锋,于庭审结束后作出判决。当然,反对庭审模式改革的理由也很强大:如果法官不先知悉全部的卷宗资料,便无法看清案件中必要的详细情形,因此,一位对卷宗不熟,并且在审判程序中并不主动参与的法官所造成的司法错误,恐将大于迄今已发生者。

  我国1979年刑诉法确立的审判模式实属职权主义,而形成因素包括古代纠问程序、马锡五审判方式与苏联审判模式。此外,尚有一种实效模式,其第一特征是法官庭前对证据调查和案件裁判拥有控制权,特别强调法官进行深入细致的庭外调查,公诉人、辩护人、被告人等均不得参与,实际相当于在没有庭审及控辩攻防情况下,法院即已作出终局裁判。第二个特征是被告方的辩护职能严重萎缩,法官在庭审中的审问才是法庭调查的中心环节,被告无法与控方抗衡。法官对控方证据很少进行直接言词调查,而是大量采取书面和间接审查,很少传唤证人出庭作证,往往是摘录式宣读侦查中作成的证言笔录,被告没有机会对不利于己的证人进行质证、诘问与反诘问。实效模式的第三个特征是控辩对抗完全让位于法官对被告的追究,庭审很大程度上已流于形式。[1] 我国1996年刑

---

  [1] 参见陈瑞华:《刑事审判原理论》,北京大学出版社1997年版,第338—345页。

诉法颁行后,创制了新的庭审方式的基本架构,表现在重新配置控辩审职能,改变过去由法官直接调查证据的方式,确立了控辩双方向法庭举证,同时不排除法官调查权的庭审方式。

新的庭审模式的特殊性在于:其一,庭前程序未贯彻排除预断原则,既非原来的庭前实体审查,又不是作为对抗制必要组成部分的程序审查,而是以程序审为主,实体审为辅的审查方式。其二,庭审阶段的设置,既不同于大陆法系的法庭调查与法庭辩论的两阶段式,也不同于英美的控方举证、控辩交互诘问与控辩各自总结的三阶段式,而是由公诉人宣读起诉书开始,直接进行证据调查,调查过程中可以对证据和案件情况发表意见并可以相互辩论。随后还有一个独立的辩论阶段,待审判长宣布辩论结束后,被告有最后陈述权。其三,引入类似对抗制的证据调查方式,以控辩举证为主代替法官包办证据调查,但又保留了主动讯问被告、询问证人等调查证据的权力。从实践效果看,法官仍能一定程度上包揽举证,尤其是代替控辩双方对证人进行询问,同时还有庭外补充性调查核实证据的权力,不受控辩双方制约,也无控辩双方在场。其四,审决机制上,审判长及合议庭的裁决权仍然受到未参与庭审的审委会及法院行政首长的制约。[1]

当然,对抗制不是没有历史污点,也生成过萨科与万泽蒂案那样所谓永不消散的历史疑云。尼古拉·萨科和巴托洛梅奥·万泽蒂20世纪初从意大利移居美国,一个做鞋匠,一个做鱼贩。不过,他们都是坚定的无政府主义者,而"一战"后的许多恐怖主义行动都有无政府主义者的身影,因而在许多人心目中,这两种主义可以划等号。1920年4月15日,马萨诸塞州一家鞋厂两名保安押运装有15,776.51美元零散现金的箱子回厂给工人发薪。突然有人走上前来拔枪射击,两名保安先后中枪倒地。与此同时,一辆黑色轿车开近,凶手将钱箱丢进车里,跳上车后还不忘向保安补枪,然后疾驰而去。两名保安倒在血泊中,一人身中四弹,当场死亡;另一人身中两枪,次日去世。目击证人说,案发前有两人在厂门口徘

---

〔1〕参见龙宗智:《刑事庭审制度研究》,中国政法大学出版社2001年版,第113—119页。

徊,明显是在等什么机会,但又都无法辨认出谁是凶手。警察发现一辆送修的车与作案轿车相似,于此着手调查。案发三周后,萨科和万泽蒂因与车主同去修理厂取车而被捕,没有被当场告知涉嫌罪名,他们又不太懂英语,更不晓得什么宪法上的权利。两人被捕时都携有枪支。当年9月11日萨科和万泽蒂被控一级谋杀罪,次年5月31日开庭审理。辩护人弗雷德·摩尔也是一位政治激进分子,与主审法官韦伯斯特·塞耶政治观点对立,两人从庭审之初就相互敌视。法院外是荷枪实弹的保安,两被告始终戴着手铐。

控方的第一位目击证人叫玛丽·斯普莱恩,她"认出"萨科就是开枪射击的男人,但在辩护律师的诘问之下,她承认是从70英尺以外看到的,目击过程不超过5秒。交互诘问揭露出,就是这位玛丽,一年前曾在警局错误指认过另一人开枪。其他证人最初都无法指认萨科和万泽蒂,但在面对二人后,逐渐"清楚地忆起"他们就是凶手。控方出示了据称是萨科掉在现场的一顶帽子,而萨科的妻子说没见过这顶帽子,大小也不合适。庭审质证发现,警察从万泽蒂身上搜出的枪,实际上是被枪击的鞋厂保安的。控方解释是,万泽蒂在实施谋杀过程中顺手牵羊偷了保安的枪,可案发现场似乎没有捡枪的时间。再后来,法医作证说,从第一位中枪保安身上提取了四颗子弹,分别被标记为一、二、三、四号。其中三号子弹是致命的一颗。庭审中控方花了相当长的时间极力证明,三号子弹是从萨科携带的自动手枪射出的。法官准许控辩双方对萨科手枪射出的子弹做膛线检验,看是否与三号子弹相符,而控辩双方各自延请的弹道专家却始终各执一词。所有目击证人都作证说,第一位保安是被同一支手枪连续射出的四颗子弹击中倒地的,可当四颗子弹被一并检验后,却发现三号子弹的膛线与一、二、四号子弹明显不符,是另外一支枪射出的。不过,辩护律师当庭漏未质疑这一证据。

整个审判过程中控方不遗余力地强调两被告无政府主义观点的非正统性,以及他们在"一战"期间曾经逃避兵役。辩护人则提供了被告不在现场的证人,但却不能让陪审团信服。万泽蒂提出带枪的理由是保护贩鱼本金安全,也没有被法庭采信。针对控方不断就政治倾向质疑被告,辩护律师多次提出反对,而法官一再宣布反对无效。在陪审团评议前,法官塞耶给出的指导词竟然是:"以至高无上的对美国的忠诚,作为真正的士兵行动起来。"陪审团经过 5 个小时评议,不负众望地认定两被告一级谋杀罪成立。为争取再审,辩方找到了关键证人古尔德,他作证说枪击发生时正好身处两个保安身后,他发誓萨科和万泽蒂绝对不是枪击者,也绝对不在那辆车里。然而,根据马萨诸塞州当时的法律,申请再审的请求必先提交给初审法官,塞耶不出所料地拒绝了再审申请。辩护律师又提交证据证明陪审团主持人曾经说过,无论两被告是否有罪,作为激进分子,就应该上绞架;而弹道专家则保证说,一旦案件再审,他将作证说致命一枪的子弹绝对不可能来自萨科的手枪。时至 1925 年,有罪犯声称自己是鞋厂抢劫案真凶,好不容易才开启了再审,但马萨诸塞州最高法院却最终维持原判。1927 年 8 月 23 日,在服刑 7 年后,萨科和万泽蒂被处死在电椅上。1959 年 4 月,马萨诸塞州一名议员提出议案,州长可以宣布一种有溯及力的赦免。议案指出,对萨科和万泽蒂的审判,违背了正当程序。[1]

---

[1] 参见[美]公民教育中心:《民主的基础·正义》,刘小小译,金城出版社 2011 年版,第 239 页、第 241 页、第 243 页、第 245 页;Terence Anderson, David Schum, William Twining, *Analysis of Evidence*, Second edition, Cambridge University Press, (2005), pp. 21-22.

第三章　正当程序

  《权利法案》的大多数条款都是程序性的,这一事实决非毫无意义,相反,只有程序才能决定法治与人治的根本区别。

——威廉·道格拉斯

  米兰达宣言的角色与信奉天主教家庭的餐前祷告相当类似。我们假设,家庭成员并不相信如果不进行餐前祷告,食物就会坏掉,而且他们也可能不太在意祷告的内容是什么。然而,他们所做的事情是一个象征家庭生活的核心的重要时刻,也就是暂时放下手边所有事情,提醒他们身处或希望身处什么样的家庭里。在国家公共领域的生活中,一个特别令人害怕的时刻就是刑事逮捕,也就是当国家介入剥夺一个公民的人身自由,且正式主张它有此等权力,准备对之加以审判的时刻。在这些场合,米兰达原则要求必须要有一个暂停,一个重申或一个呼唤的动作,以彰显这个国家主张它所追求的某些价值,以及主张它希望自身是一个怎样的社群。

——谢尔曼·克拉克

"正当程序"是约定俗成的译法,Due Process 直译应为"应有的、必经的、适当的过程"。过程(process)主要指自然的历时与演进;程序(procedure)主要指人为的顺序和步骤。两者的区别从"程序性的正当过程"(procedural due process)和"正当过程的形式性程序"(formalistic procedures of due process)等词组中可见一斑。正当程序要求立法者和政府公平对待人民,若某一法律或政府行为有失公允,便可视为一个正当程序事件,可以通过诉讼迫使立法者或政府出来说明理由。可以将正当程序比作一张安全网,在其他法律保护条款失效后仍能起到保护个人的作用。对,没看错,就是保护个人。正当程序只帮助个人面对国家或共同体及其代表。它不在意结果,而只在乎过程。正当程序首先表现为公平告知并禁止事后法,即某一行为遭到处罚前,必须有公布的成文法作为依据。如果某一行为在该法颁布前实施,那么宣布该行为非法或加重其处罚,就是不公平的。处罚本身并不重要,重要的是必须展示理由,并且认真听取被处罚者申辩。其次,正当程序意味着裁判必须合乎理性。大法官哈伦说,正当程序无法浓缩为任何简单的公式,它的内容无法依照任何法典加以确定,只能通过法院的各种决定,维持个人自由与社会秩序的平衡。[1]

第一节 正当程序的公式

什么是正当程序,三言两语很难说清,而没有正当程序,人们很快会有切肤之痛。正如人们很难说清什么是幸福,但每个人都知道什么是不幸。在古希腊,若一个人未经审判而被处死,就被认为是一种暴行。塞内加陈述的原则是:在任何情况下,像野蛮人或无所忌惮的暴君那样不经审理而处罚某人,都不应在和平时期成为可怕的先例。无论是谁作出的判决,如果他没有让其中一方当事人陈述自己的意见,哪怕判决事实上正确,也并非正当。[2] 中世纪的教会法学家也曾警告,判处他人死刑时,如

---

[1] Daniel E. Hall, *Criminal Law and Procedure*, Delmar Cengage Learning, (2011), pp. 283-284.
[2] 参见[爱]凯利:《西方法律思想简史》,王笑红译,法律出版社 2002 年版,第 29—30 页、第 72—73 页。

若没有遵循正确的刑事程序,法官就犯下谋杀的致死罪孽,而法官的救赎只能建立在法律程序之中。[1] 因此,哈伦大法官只说对了一半,正当程序的确无法依照法典加以确定,不过抽象、概括出一个表达公式还是可能的。简单说来,正当程序的表达公式是"未经……不得剥夺……",这一公式符合古老的自然正义的显著特征,即判决前必须听取当事人双方的意见,必须给予被告辩护的机会,且不得对一项指控进行两次审判。

正当程序符合现代的公平竞赛的基本精神,它体现为一系列适当而公正的准则,表达了讲英语的人民关于正义的观念。[2] 将产生某些重要观念归功于英语,进而归功于莎士比亚,并不是一种罕见的主张,而是具有深广的学术舆论基础。英语不仅为政治事务提供特别指引,也为政治生活最终服务于人之目的提供特别指引。不管在哪里,如果一个民族的政治和人性意识不曾为莎士比亚的语言、思想所塑造,那么现代世界的大规模宪制就不可能持久。换句话说,暴政要用英语讲出来而又想使人信服,真是困难。有些人可能会认为,要把严肃的哲学论述翻译成英语,也很困难。弥尔顿在其《论出版自由》一书中反复指出,热爱自由的英国人的语言,与压制手段不相合宜。托克维尔也曾提到,"大不列颠的自由灵感将其光芒投射到新世界的森林深处。几乎没有哪个先行者的小木屋中没有放着零散的几卷莎士比亚",北美拓荒时期"英国人总是把莎士比亚带在身边,这是体面的事情。当某人在大声朗读的时候,就会有一群牛仔坐在自己的马鞍上非常安静而专心地听着"[3]。

莎翁的《威尼斯商人》是史上著名的庭审戏剧,涉及许多正当程序问题。既让人看到此番庭审的不公,也让人感谢暴露这一不公的庭审。这是一次差点出了人命的民事审判,审判的后半程才出现刑事指控,可以看

---

〔1〕 参见[美]詹姆士·Q. 惠特曼:《合理怀疑的起源——刑事审判的神学根基》(修订版),佀化强、李伟译,中国政法大学出版社2016年版,第42页、第68页。

〔2〕 参见[美]霍华德·鲍:《宪政与自由:铁面大法官胡果·L. 布莱克》,王保军译,法律出版社2004年版,第281—282页。

〔3〕 [美]阿纳斯塔普罗:《美国1787年〈宪法〉讲疏》,赵雪纲译,华夏出版社2012年版,第2页正文及注1、第86页。"当然,莎士比亚的悲剧《麦克白》除去其他方面,也是一本真正的犯罪小说。"[美]扎克·邓达斯:《大侦探:福尔摩斯的惊人崛起和不朽生命》,肖洁茹译,生活·读书·新知三联书店2020年版,第34页。

到较多的当事人主义的审判模式,较宜展现双方攻防进退的争斗技巧。莎翁乃英伦作家,《威尼斯商人》却以欧陆为背景,不过又很符合莎翁时代英格兰的法律实践。而剧中的审判亦庄亦谐,摇摆于公正与偏袒之间,反映出法律框架与人为因素的杂糅博弈。耶林将夏洛克的诉求升华为一篇为权利而斗争的宣言。权利必须仍然是权利,长久有效,信不可破;这是一个男人意识到的活力和激情:在他掌管的事情方面,不仅关涉人格,还关涉理念。对于一磅肉,莎士比亚让夏洛克说:"是我的,我想得到它。如果你们拒绝,我要诉诸法律!威尼斯的法律没有效力吗?我要求法律,我有证据在手。"事情突然从夏洛克的权利请求变成了威尼斯的法律问题。当他说出这个字眼之时,一个弱不禁风的男子的形象变得高大、伟岸,他不再是要求属于自己的一磅肉的犹太人,而是叩开法院大门的威尼斯的法律本身。[1]

《威尼斯商人》出现在中学语文课本里,却没有只言片语的法律讲解,而如果不是为了让中学生接触一点公平审判的知识,那么《威尼斯商人》并不是莎翁戏剧中的文学经典,至少汉语文本不是。有目共睹的是,法学家比文学家更喜欢《威尼斯商人》。这个作品不仅在权利与法律间转换,在法律与正义中纠缠,而且为英语世界标识了法律与正义的界限。不能以正义之名肢解法律,必须循法律途径达至正义。仔细品味剧中"正义"与"法律"的运用,才豁然开朗,如果没有庭审,就无法暴露真正的问题:预设的立场左右了心中的正义,心中的正义扭曲了法律。莎翁让夏洛克在整个诉讼期间6次使用"法律",7次提到"严格执行契约",但却一次都没谈到"正义",暗示剧中人物演绎了法律与正义的交错与离散。剧中的法官竟然也不谈法律,却不断引用"正义",总计出现15次。这在英式庭审中并不常见,通常情况下,"即使是最小的诉讼,如果没有引证一整套法学思想就无法进行,为了从法庭判决那里赢得一小块土地,不惜讨论法律的基本原则"[2]。

---

[1] [德]鲁道夫·冯·耶林:《为权利而斗争》,郑永流译,法律出版社2007年版,第32页。另可参见刘权译本,法律出版社2019年版,第40页。
[2] [美]彼得·德恩里科、邓子滨编著:《法的门前》,北京大学出版社2012年版,第226页。

总体而言,不还钱就割肉的合同,能否因违背公序良俗而被宣布为非法和无效,在当时并无定论。[1] 戏剧中从未讨论合同的合法性,安东尼奥作为合同一方并不质疑合同的有效性,他甚至主张,即使作为审判者的公爵,也不能变更法律的规定,因为剥夺任何人享有的权利,不仅导致人们对威尼斯的法治产生重大怀疑,而且损害契约精神。不过,公爵内心的正义却被预设立场导致的偏私给毁了。从"安东尼奥来了吗"的问话显示出,被告是公爵偏爱的基督教同胞。相反,公爵给犹太人原告贴上的标签是"心如铁石,不懂怜悯,没有一丝慈悲心的不近人情的恶汉"。[2] 安东尼奥甚至从别处已经听说公爵在审判前用尽一切力量来减轻夏洛克凶恶的威胁。当夏洛克进入法庭,公爵不是听取他的陈述,而是直接责备他的恶意,明确表示希望他改变态度,免除对安东尼奥的惩罚。当公爵听到夏洛克当庭主张合同的有效性,并发誓说必须获得合同规定的赔偿时,公爵没有驳回原告诉求,而是早有准备,之前已派人去帕多瓦征求法学博士培拉里奥的意见。不过这一次,法庭之友派来的却是安东尼奥的"律师"鲍西娅。

公平不能靠智力安排操纵,可由于婚姻的缘故,鲍西娅不可能是中立的,而是有意捍卫新婚丈夫密友的利益。她当庭发假誓、作伪证,实际上她从未去过帕多瓦,也没见过培拉里奥,却当庭宣读一封谎称自己是罗马法博士的信。她化装出现并不是为了隐瞒性别,而是隐瞒身份。因为如此之多的伪证,严格来说整个程序是无效的。鲍西娅如果真为安东尼奥着想,就应为他聘请一位优秀的律师,而不是轻率地铤而走险亲自上阵。

---

[1] "不还钱就割一磅肉"并非空穴来风。《十二铜表法》第三表中就"有这样恶毒的法律,它规定债权人在逾期以后有权杀死债务人或把他当奴隶出卖,甚至当债权人为多人时,有权把债务人切成若干块,在债权人之间进行分配,而且尽管如此,如果某人切得太多或太少,都不会因此受到法律上应有的惩罚(这种条款正是有利于莎士比亚《威尼斯商人》中的夏洛克,并且对此他是最为感激而乐于接受的)"。[德]黑格尔:《法哲学原理》,邓安庆译,人民出版社2016年版,第27页。

[2] 夏洛克的形象设计暗埋伏笔,他"一只手握着锋利的匕首,另一只手高举着精致的天平,目光犀利,面容坚定,于法庭之上义正辞严、侃侃而谈,渴望通过法律来获取公平与正义——这恰好勾勒出活脱脱的'正义女神'的形象,其对法律的忠贞、恪守之情与鲍西娅将玩弄律法之态形成鲜明对比。"刘春园:《法学与文学公开课:来自原欲的呼唤》,北京大学出版社2021年版,第111页。

鲍西娅已经了解夏洛克放高利贷者的性格,还知道他对公爵说"如果不给他主持公道,威尼斯就根本不配成为一个自由邦"。鲍西娅早就确定了庭审策略。她首先阻止用刀割肉,依据的是一条不知出处的威尼斯法律:"如果流下一滴基督徒的血,土地与财产将全部充公。"接下来依据另一条莫名其妙的威尼斯法律提出所谓反诉,使安东尼奥作为威尼斯公民成为原告,起诉没有公民权的犹太人夏洛克,以外邦人企图危害威尼斯公民生命为由,将民事官司变成刑事诉讼。

夏洛克相信法律,但他不傻,一个年轻人的把戏他看得出来,知道自己正在被玩弄,只是他还信任法律和审判,以至因这种笃信而受害。这不是夏洛克的耻辱,而是法律的悲哀。法律是严格且成文的,不易改动,但正义或公平却对法律进行解释或矫正。审判伊始,鲍西娅满嘴"正义",因为这个阶段只涉及合同纠纷,她可以用"正义"对抗作为民事原告的夏洛克所引用的法律;而到了夏洛克成为刑事被告的反诉阶段,"正义"就从鲍西娅的词汇中消失了。[1] 她告诉夏洛克,关于外邦人的法律使安东尼奥可以获得他的一半财产,而城邦没收另一半,她现在希望严格执行法律。夏洛克来到法庭只是为了民事诉讼,获得合同权利,但在半小时后,不仅成了刑事被告,而且失去了财产。所有的非正义都落到一个没有违反任何法律的人头上。夏洛克没有请律师,始终孤军奋战,而对手是一个假冒的法庭之友,通过诡计和伪证获得权力,玩弄彻头彻尾的讼棍手段,借助公爵的偏见和纵容,对原告施加一系列不合法、不正义的惩罚。[2]

Due Process 本义是应有的、必经的、适当的过程,也与索福克勒斯的古老戏剧《安提戈涅》中表达的观念高度契合。一场内战使两兄弟遭遇了不同命运,一个在攻城中阵亡,另一个在守城时战殁。新王禁止埋葬叛国者,希望野兽撕烂他的尸体。但在希腊人的观念中,只有埋葬,哪怕只是

---

[1] 有个段子:一位律师刚刚打赢一场官司,立刻打电报给委托人,告诉他"正义已经获胜"。委托人十万火急地回电:"立即上诉。"这个段子告诉我们一个现实:没有人当真需要正义,胜诉才是大部分刑事诉讼当事人的唯一目的。参见[美]艾伦·德肖维茨:《最好的辩护》,唐交东译,法律出版社 1994 年版,导言第 5 页。

[2] 参见[美]西奥多·齐奥科斯基:《正义之镜:法律危机的文学省思》,李晟译,北京大学出版社 2011 年版,第 262 页、第 266—267 页。

一抔泥土,就能保证亡灵找到安息之所。死者妹妹安提戈涅违抗王命,将泥土撒在被曝于野的兄长尸体上。王审问她是否明知故犯?安提戈涅回答,你的这条法令不是出自宙斯,享有尘世荣光的正义也没有颁布这种法律。我并不认为你的法令是如此强大有力,以至于你,一个凡人,竟敢僭越诸神不成文的且永恒不衰的法。它们的诞生不在今天,也非昨天。它们是不死的,没人知道它们的起源。[1] 死者入土为安乃是天道,也是诸神赋予的权利,不可剥夺,这个适当的过程不能被一纸临时法令取消或更改。换言之,安提戈涅故意违反的"法",在她看来是未经事先公布的、临时起意的、有违尘世正义的。[2] 按照黑格尔的看法,安提戈涅所言乃"未成文的和确实可靠的神律",我们对它的"伦理态度恰恰在于毫不动摇地坚持正当事物,放弃任何对于正当事物的改动、折腾和追究"[3]。

在真相确定之前,"未经……不得剥夺……"还有种很强的说服功能,是阻止作恶的有效理由。《约翰福音》第7章写道,犹太人的官尼哥底母在犹太公会有表决权,他为了保护耶稣,劝阻祭司长和法利赛人不要再为难耶稣,理由便是"不先听本人的口供,不知道他所做的事,难道我们的律法还定他的罪吗"。马太·亨利评论道:"不先听本人的口供不能定人的罪,这是他们自己律法的原则和无可争辩的公义准则,尼哥底母机智地运用这一原则来阻止他们。假如他用基督之教义的卓越性来劝说他们,用基督所行的神迹作为证据替基督辩护,或者重复基督与他之间的神圣谈话,那只不过是把珍珠丢给猪,猪会把珍珠踩在脚下,然后转过来咬他,所以他没有提及那些。人必须先经过公正的审判,在详细审查之后才能被定罪,这才是合宜的做法。法官接到对被告的控诉之后,头脑里必须保留一些空间来听被告的申诉,因为他们有两只耳朵,提醒他们要听来自双方的声音。我们可以认为尼哥底母在这里提出的请求是:'耶稣应当被请来为他本人和他的教义作出

---

[1] 参见[爱]凯利:《西方法律思想简史》,王笑红译,法律出版社2002年版,第19—20页。

[2] "索福克勒斯与莎士比亚所处的时代,则都是他们所属的民族对于现行的晚期法中还保留的部分中期法规则提出了质疑的时代。因此,我们可以把《安提戈涅》与《威尼斯商人》看作相对共时性的作品。"[美]西奥多·齐奥科斯基:《正义之镜:法律危机的文学省思》,李晟译,北京大学出版社2011年版,第25页。

[3] [德]黑格尔:《精神现象学》,先刚译,人民出版社2013年版,第264—265页。

说明,他们应当公正、无偏见地听他说话。'"〔1〕

在我国,以违背正当程序为判决理由的案例不多,2017年的于艳茹诉北京大学案便显得难能可贵。北京市的两级法院先后作出行政判决书,将正当程序理论运用于审判实践。一审法院经审理查明,2013年1月于艳茹向《国际新闻界》投稿一篇,5月31日将该文作为科研成果列入博士学位论文答辩申请书、研究生科研统计表,皆注明"《国际新闻界》接收待发"。于艳茹2013年7月5日取得北京大学历史学博士学位,7月23日该文刊登。2014年8月17日杂志社发布公告,认为于文构成严重抄袭。随后北京大学成立专家调查小组,9月9日通知于艳茹参加专家组第二次会议,就论文是否存在抄袭进行陈述。10月8日专家组作出调查报告,认为该文构成严重抄袭,应予严肃处理。2015年1月9日,北京大学学位评定委员会全票作出《关于撤销于艳茹博士学位的决定》,并在1月14日送达于艳茹。于艳茹在向北京大学、北京市教委申诉失利后,2015年7月17日向法院提起行政诉讼,请求撤销北京大学作出的决定,并判令恢复其博士学位证书的法律效力。

2017年1月17日一审法院判决认为,于艳茹所提诉讼属行政诉讼受案范围,且撤销学位涉及相对人重大切身利益,在作出撤销决定前应遵循正当程序,在查清事实基础上应充分听取相对人陈述和申辩。北京大学虽在调查初期有过约谈,让于艳茹就论文是否抄袭陈述意见,但并未告知可能因此取消其博士学位,在作出决定前并未充分听取陈述和申辩,有违正当程序,法院判决撤销该决定。二审法院维持原判,判决书特别指出,正当程序的要义在于,作出任何使他人遭受不利影响的行政决定前,应当听取当事人意见。正当程序是裁决争端的基本原则及最低公正标准,作为最基本的公正程序规则,行政机关必须遵守。如果没有给予这些公正的机会,即便利益剥夺是正确的,也必须否定。于艳茹案一、二审法院根本没有触及是否抄袭,而径直关注北京大学在作出学位撤销决定前没有给于艳茹陈述和申辩机会。其实,虽然论文发表在取得学位

---

〔1〕 [英]马太·亨利:《四福音注释》(下册),陈风译,华夏出版社2012年版,第379—380页。作出这番评论的解经家马太·亨利,生活在1662年至1714年间的英国。

后,但抄袭行为却形成于取得学位前,且论文答辩申请书和科研统计表列入了待发论文,不能说对取得学位没有帮助。即便当时有过陈述与申辩,仍然不可能扭转局面。

可正当程序并不考虑这些,它只关注一点:于艳茹被剥夺博士学位前,没有被告知,没有进行充分陈述和申辩。因此,"应有的、必经的、正当的过程"要求的不是实体结果正确,而是通过正当途径达至正确结果。未经这一途径,正确结果必须被舍弃,否则,不正当手段将随之泛滥,不正确结果将蜂拥而至。而且,不正确的结果会被事后改写、美化为正确的结果,以维持既得利益或者逃避责任。法治国家的行为应按规则进行,其正当性并不在于实质性的正义标准,而是取决于作出决定的程序。也就是,所有利害关系人都应有参与程序并陈述事实及表达法律观点的平等机会,并且程序必须以公开的方式进行。一个古老的分配规则,即一方分配,另一方选择。"通过这一程序,负责分配的一方即便是为自己的利益也有动机进行尽可能平均和公正的分配。"[1]正当程序是自由的基石或法律的心脏,是一个国家的自由程度、对人性尊严和其他基本人权的尊重程度的精准指标。我们将事关生命和财产的巨大权力赋予政府官员,就应有一套规则来限制并界定其行使方式。其中之一是"未经正当程序,禁止剥夺人的生命、自由或财产"。[2]

虽说有学者认为1215年《大宪章》(Magna Carta)第39条是正当程序与罪刑法定的共同渊源,但是鉴于英伦乃判例法鼻祖,认为它"是在程序上对自由人的权利的保障,而非实体刑法规定"可能更为准确。[3]《大宪章》要解决的是君王与贵族的分权,同后世确定国家与人民之间自由边界的罪刑法定,不是一回事。今人对《大宪章》做了新的解读,认为它以法律术语对政府与人民之间基本关系型构的宪政渊源,让英国人长期相信

---

[1] [德]齐佩利乌斯:《法哲学》(第六版),金振豹译,北京大学出版社2013年版,第275页。

[2] 参见[美]公民教育中心:《民主的基础·正义》,刘小小译,金城出版社2011年版,第185页、第187页。

[3] 参见[德]汉斯·海因里希·耶赛克、托马斯·魏根特:《德国刑法教科书》(上),徐久生译,中国法制出版社2016年版,第180页。

一个神话:有一部以习惯法与习惯看法为基础的古老不成文宪法。[1] 而第 39 条所规定的"任何自由人,如未经其同等地位之人依据这块土地上的法律作出合法裁判,皆不得被逮捕、监禁、剥夺权利、没收财产、流放或以任何其他形式剥夺其身份,亦不得暴力相向"[2],被认为承载了以自由保障、法律主治为核心的宪政发展史。《大宪章》是法治上第一块里程碑,其历史意义在于改变了英格兰的宪法风景,避免了 350 年后法兰西革命的腥风血雨。"它只要矗立在那里,就是对蛮横统治的谴责。"[3]《大宪章》及人身保护令将免于任意逮捕的保障看作法律赋予每个英格兰公民独立感的主要支撑[4],将免于罪刑擅断之恐惧的自由看作任一国民的宪法性权利,同时,让有权力者做不到绕开审判径行剥夺。《大宪章》以书面形式确立了人权的基本原则,激励 500 多年后美国宪法的制定,是现代民主的奠基之作。可以说,欧洲历史上没有哪个年份像 1215 年那样对欧洲司法影响深远,彪炳千秋。

丹宁勋爵认为,正当程序最早出现在 1354 年爱德华三世第 28 号法令中:"未经法律的正当程序进行答辩,对任何财产和身份的拥有者一律不得剥夺其土地或住所,不得逮捕或监禁,不得剥夺其继承权和生命。"通俗的说法是:"国王不能就这么监禁你,你有权获得听审。"正当程序决不是枯燥的诉讼规则和条例,它成长于诉讼实践中。所谓"经法律的正当程序",系指促使审判和调查公正地进行,逮捕和搜查适当地采用,法律救济顺利地获得,以及消除不必要的延误。托马斯·杰斐逊在《独立宣言》中所表达的"造物者赋予的生命、自由与追求幸福等不可转让的权利",由詹姆斯·麦迪逊在《权利法案》中转译为"未经法律的正当程序,任何人的

---

[1] 参见[美]布雷恩·Z. 塔玛纳哈:《论法治——历史、政治和理论》,李桂林译,武汉大学出版社 2010 年版,第 34 页。

[2] 关于第 39 条的争论还体现在何谓自由人、同等地位之人、这块土地上的法律,等等。参见齐延平:《自由大宪章研究》,中国政法大学出版社 2007 年版,第 180 页。

[3] [英]哈利·波特:《普通法简史》,武卓韵译,北京大学出版社 2022 年版,第 83 页。

[4] 参见[德]齐佩利乌斯:《法哲学》(第六版),金振豹译,北京大学出版社 2013 年版,第 238 页。

生命、自由或财产,皆不可被剥夺"[1]。美国1791年宪法第五修正案是最早的关于正当程序的法律条款,即"未经法律的正当程序,不得剥夺任何人的生命、自由和财产"。而丹宁勋爵承认,他所说的"经正当程序"和麦迪逊提出美国宪法修正案时所说的"未经正当程序",实际是正反表达的同一个意思。[2] 这同一个意思在联合国《公民权利和政治权利国际公约》第9条第1项中得到发挥:"除非依照法律所确定的根据和程序,任何人不得被剥夺自由。"故此,可以将"未经……不得剥夺……"这一公式所表达的内容称为正当程序。[3]

第二节 正当程序的要素

18世纪末,歌德曾关注过一只叫列那的狐狸,有关它的故事被称为"君主之鉴"和"不神圣的世俗圣经",到歌德时代已经流传了至少5个世纪。在古法语版的《列那狐的故事》里,灰狼伊森格向狮王法庭起诉列那狐侮辱了他的妻子,列那狐矢口否认。接下来的法庭缠斗,可让人窥见13世纪的一些审判要素。比如对审判要点的确定,是强奸还是"一个被爱情冲昏头脑的人"犯了男人都会犯的错误?再如"应当按照惯例听取来自第三人的证词",又如损害财产行为"与当前的案子无关",以及"应当获得机会为自己辩护","当犯罪不能得到毫无疑义的证明时,审判就不应该继续"而只能和解,一个"案件不应该再次被提讼","法庭组成人员中不应有被告的私敌",等等。[4] 以今天的观点看,这些都是正当程序的组成部分。以要言之,正当程序的基本框架是庭审的公开性、被告的申辩权和法

---

[1] Walter P. Signorelli, *Criminal Law, Procedure, and Evidence*, CRC Press, Taylor & Francis Group, (2011), pp.3-4.

[2] 参见[英]丹宁勋爵:《法律的正当程序》,李克强等译,龚祥瑞校,群众出版社1984年版,第1页。

[3] 刑法中的罪刑法定的经典表述也是"否定式",即"没有法律明文规定,就不得定罪处罚"。美国宪法修正案第1条"国会不得制定……"也以"Make No Law"形式出现。若想真正约束权力,法律必须明确告知权力"不得"做什么。如果用肯定的方式列举什么可以做,那么永远有未被列举的权力蓄势待发。所谓"列举越多,遗漏越多"。

[4] 参见[美]西奥多·齐奥科斯基:《正义之镜:法律危机的文学省思》,李晟译,北京大学出版社2011年版,第132页、第134—135页。

官的公正性,它由法官中立、平等参与和程序公开三大要素组成,缺少任何一个,就不再是正当程序。[1]

就公开性而言,获得公开庭审是被告的基本权利,虽名之曰"公开",但它属于被告而不总是属于公众,因为有时某些案件并不公开审理。[2] 公开庭审涵盖一个完整过程,庭前听证、遴选陪审员、宣读起诉书、证人出庭、结辩陈词、法官给予陪审团指导、达成有罪认定以及量刑。这一过程意在"防范利用法庭作为迫害工具的任何企图。当人们知道每一刑事案件皆同步接受公众意见审查时,就能有效制约司法权力滥用"[3]。公开庭审还可能激励潜在证人走上法庭,同时因被置于众目睽睽之下而令伪证者心虚胆寒,也能够督促法官、检察官公正地恪尽职守。当然,获得公开审判的权利并不是绝对的,法庭会权衡各种利益,比如在庭前听证时保守便衣警察的身份秘密,在庭审作证中保护性犯罪被害人的尊严。[4] 不过,务必将公开审判与过去不时出现的公捕公判大会区分开来,后者是一种未审先判的展示游行。

就申辩权而言,首先意味着被告的在场权,只有在场才能行使辩护权,才能与指控者当面对质,充分利用任何防御指控的机会。[5] 与不利于己的证人对质,是刑事司法至关重要的进步,它撑起了对抗式庭审,改变了纠问式审判。在美洲殖民时期,开拓者们不断遭受宗主国基于事后法的刑事追诉,不给受审者与指控者对质机会,著名的沃尔特·雷利案促使新大陆的人民下决心获得并捍卫对质的权利。雷利是16世纪末17世纪初英国著名诗人、军人和政客,最为特别的身份是美洲探险者。1603年因叛国罪受审,全部指控来自一封告密信,告密者叫科巴姆,声称是雷利的同谋。科巴姆的供述显然是纠问式审讯的结果,他从未露面,所谓告密信最多只算传闻证据,却被法庭采信。雷利强烈要求"让科巴姆来,让他开口说话,让指控我的人面对我",却遭法庭拒绝。雷利被定罪,判处并执

---

[1] 参见[英]阿蒂亚:《法律与现代社会》,范悦等译,辽宁教育出版社、牛津大学出版社1998年版,第59页、第61—64页。
[2] LaFave & Israel, *Criminal Procedure*, Thomson Reuters, (2009), p.1133.
[3] *In re Oliver*, 333 U.S. 257 (1948).
[4] *Latimore v. Sielaff*, 561 F.2d 691 (7th Cir. 1977).
[5] *Snyder v. Massachusetts*, 291 U.S. 97 (1934).

行绞刑。更令人震惊的是,参与庭审的一位法官还是雷利不共戴天的仇家。[1]

当然,法官有权判断在某些庭前程序中或者庭外裁决中,不让被告在场是否剥夺了被告辩护的机会。某次庭审中,被告边受审边创作一幅素描画,画的是整个陪审团。一位陪审员表示很在意,法官便指示让被告停止作画,并且宣布进行一次简短的查询,以确定素描画没有丑化陪审团成员。查询过程中,律师在场,他没有请求让被告也在场。在评议室里,法官告知那位表达关切的陪审员,被告是个画家,这幅素描画没有不利于陪审团的地方。这位陪审员向法官表示愿意继续参与陪审并保持公正。联邦最高法院认为庭审有效,像该案这种偶发事件中,被告即使在场也做不了什么。[2] 在另一判例中,法官主持一次闭门的庭前听审,以确定两名儿童是不是被控性犯罪的被害人,以及他们是否有足够的理解力,明白自己有义务说实话,并且有足够的智力胜任出庭作证。联邦最高法院指出,即便某一程序被冠以"庭前程序"之名,就被告与不利证人的对质条款的目的而言,它仍然属于庭审的一个阶段,是一种资格能力听审,不过问罪行。在此情形中,被告不参与并不妨碍他在庭审时与证人对质。[3]

就公正性而言,不偏不倚是司法程序中最实质的内容,它要求法官不能涉入当事人或证人的任何利益。不过,除非当庭明显打压一方,法官是否中立,是否暗自助推一方,其实很难判断。还是运用反向的思考,如果很难说清什么是不偏不倚,那么就去发现不公与偏私。某些法官不满足于控方证据,干脆自己主动调查搜集不利被告的证据,对被告要求控方证人出庭对质却充耳不闻。尤其隐蔽的是,采用某些偏颇的证据,比如对被告过去不良言行的过分重视,可能导致对证据的忽视或者对其证明力的误判。一位药剂师被控毒杀妻子,但没有直接证据。妻子中毒后的症状非常奇特,死前大喊"别碰我的脚"。控方提供了间接证据,英美称情况证

---

[1] Walter P. Signorelli, *Criminal Law, Procedure, and Evidence*, CRC Press, Taylor & Francis Group, (2011), pp. 37-38.

[2] *United States v. Gagnon*, 470 U.S. 522 (1985).

[3] *Kentucky v. Stincer*, 482 U.S. 730 (1987).

据,以证明药剂师有杀妻的动机和机会,也具备获取和使用毒药的专业知识。这还不够,于是控方找来被害人的姐姐出庭作证,说她的母亲曾与妹妹、妹夫同住,也以同样方式死去,死前也是大喊"别碰我的脚"。姐姐曾要求对妹妹的尸体解剖,遭药剂师拒绝。这一拒绝被理解为对罪行的掩饰,药剂师被定罪。好在上诉审法院推翻了定罪。[1]

由于司法实践不断迎来全新的疑难问题,"作为一项活的原则,正当程序不会被限制在一个恒固的框架内"[2]。尽管如此,现有的正当程序权利还是以美国《权利法案》为蓝本的,这些权利包括但不限于:不受无理搜查和扣押、非法证据排除规则,以及搜查、扣押或逮捕必须具备相当理由[3];得知被控告的内容、性质和理由;获得公正陪审团迅速而公开审判;同原告证人对质和强制对其有利的证人出庭作证;不得要求自证有罪与不得因同一罪行而两次遭受危险;法官对陪审团的指导不得偏向某一方,等等。甚至到了量刑阶段也有正当程序问题,比如采信的被告品格证据并未在庭审时出现。[4] 其中,不得强迫自证有罪与禁止双重危险,被学者视为正当程序的两块基石。[5] 不过,被告强制有利证人出庭的权利,需要法官的准许甚至帮助才能真正落实。被告方必须令人信服地表明,某一证人的出庭既有实质重要性又对被告有利,法官有权审查并限制传召只有重复作证意义的证人出庭。因此,在"传证人到庭"问题上,法官最容易作弊。[6]

从诉讼过程看,正当程序首先要求公平告知,也称合理谕知,让被告

---

[1] *People v. Feldman*, 296 N.Y. 127 (1947).

[2] *Wolf v. Colorado*, 338 U.S. 25 (1949).

[3] 相当理由(probable cause)有法律上和实践中两种定义。"法律上的定义是,存在相当理由,意味着警察根据事实和情境,了解并掌握值得合理信任的信息,足令有合理谨慎者相信,犯罪已经发生或正在发生。实践中的定义是,存在相当理由,意味着嫌疑人犯罪或者在某处搜出某物,可能性超过了没有犯罪或者搜不出的可能性,即超过50%。一旦缺乏相当理由,搜查和拘捕就都是违法的,所得的证据必被法庭排除,且不能依搜查所得事后证明存在相当理由。" Rolando V. Del. Carmen, *Criminal Procedure Law and Practice*, Wadsworth, Cengage Learning, (2010), p.88.

[4] 参见江溯主编:《美国判例刑法》,北京大学出版社2021年版,第11页。

[5] Walter P. Signorelli, *Criminal Law, Procedure, and Evidence*, CRC Press, Taylor & Francis Group, (2011), p. 35.

[6] *United States v. Valenzuela-Bernal*, 458 U.S. 858 (1982).

清晰得知被指控的罪名,与之相对应,也可以理解为控方有告知义务。罪刑法定主义时代,犯罪与刑罚必须广而告之,让国民知晓自由的边界,并且知道这个边界不会朝令夕改。这是"自由主义原理"的应有之义。[1]英美法系也承认罪刑法定主义,称其为"合法性原则",并将其视为"自由社会的核心价值"。[2] 这个原则的执行是为了防止专制和恶意的使用法律,为实现基本正义服务,同时提高个人自知,将追求自我目的和利益的机会最大化。也因此,如果一项法律溯及既往,就不合乎正当程序。[3]英美的合法性原则有三个引申:一是对于理性的守法人来说刑事法律应该是可以理解的;二是应该制定刑事法律以保证避免用刑事政策解决定罪量刑问题;三是模棱两可的法律应体现宽大原则,做有利被告的解释。当然,前提是公平告知,如果国民因实施了行为时尚属合法的行为而受罚,就丧失了调整自身行为的足够机会,就没有道义谴责的根基,对其他人也失去了一般预防的价值。[4]

中国古代重视法律的预先公布,并能合理推断其指引功能。"自从李悝著法经以来,对于律学已有相当的学术理论,尤其重视民众知法以求自制守法的道理。秦汉以来,约法而治,将法律明白立木告示,征信于民,是为'三尺法'名称的由来。秦补订会要,有一段可用以说明古代刑法重视'民众知性准则'的话,特别引为佐证:'圣人为法,必使之明白易知。名正,愚知遍能知之。为置法官,置主法之吏,以为天下师,令万民无陷于险危。故圣人立天下而无刑死者,非不刑杀也,行法令明白易知。为置法官吏,为之师道之,知万民皆知所避就,避祸就福,而皆以自治也。'明会要法令篇,也有一段重视法律明确性的指示,谓:'法贵简,当使人易晓。若条绪繁多,或一事两端,可轻可重,吏得因缘为奸,非法意也。'"[5]具体

---

[1] 参见[日]大谷实:《刑法讲义总论》(新版第 2 版),黎宏译,中国人民大学出版社 2008 年版,第 47 页。

[2] Francis A. Allen, *The Habits of Legality: Criminal Justice and the Rule of Law*, Oxford University Press, (1996), p. 15.

[3] 参见[美]富勒:《法律的道德性》,郑戈译,商务印书馆 2005 年版,第 61—62 页。

[4] 参见[美]约书亚·德雷斯勒:《美国刑法精解》(第四版),王秀梅等译,北京大学出版社 2009 年版,第 34—35 页。

[5] 杨家骆主编:《中国法制史料》,鼎文书局 1979 年版,第 1 辑第 1 册,第 297 页;第 1 辑第 3 册,第 1812 页以下。

实例有:"殷之法,刑弃灰于街者。子贡以为重,问之仲尼。仲尼曰:'知治之道也。夫弃灰于街必掩人,掩人,人必怒,怒则斗,斗必三族相残也。此残三族之道也,虽刑之可也。且夫重罚者,人之所恶也;而无弃灰,人之所易也。使人行之所易而无罹所恶,此治之道。'"[1]

其实,仲尼"使人行之所易而无罹所恶"的主张是有道理的,关键是,殷法对弃灰于街者之刑到底有多重,以至于引起子贡的不满?可惜已不可考。[2] 法律必须公布,意味着"不知者不罪"。不过对某些疑难案件而言,争议的恰恰是法条文义到底能否覆盖、涵摄案件事实,刑事法律不应该模糊,应该使"具有一般智商的人能够猜测到它的含义及其在适用中的变化"[3]。"以前,普通法的作用是限制政府的权力。无论在时间上多么久远,空间上多么遥远,都应严格坚持较早前的决定,通过限制专制统治者的权力来保护自由。尊崇先例的传统很快就让位于一种更具弹性的观点,法律规则只有在它们允许人们理性地计划他们的事务的时候才是有价值的。法律的确定性是必要的……法官们经常严格地解释用于提出指控、撤销或者使不符合规定形式的指控归于无效的技术性语言。……按照严格坚持的要件作出判决。法院对如此的严格给出了两个理由:犯人需要对指控有适当的了解,以便准备他的辩护;指控的严谨可以防止对同一犯罪行为进行第二次审判。"[4]

换言之,案件能否适用某一法条,牵涉出法律的明确性问题,"法律不明确即无效",实际是要解决法律有无事先规定、有无公平告知的难题。[5] 即使依不成文法审判,人们受审时也要问个为什么,甚至更应该

---

[1] [清]王先慎集解:《韩非子》,姜俊俊校点,上海古籍出版社2015年版,第270页。
[2] 《出埃及记》第31章有守安息日的诫命:"凡干犯这日的,必要把他治死;凡在这日作工的,必从民中剪除。"《民数记》第15章中有个违反安息日的人,他在安息日捡柴。"遇见他捡柴的人,就把他带到摩西、亚伦并全会众那里,将他收在监内,因为当怎样办他,还没有指明。耶和华吩咐摩西说:'总要把那人治死,全会众要在营外用石头把他打死。'于是全会众将他带到营外,用石头打死他,是照耶和华所吩咐摩西的。"
[3] *Connally v. Gen. Constr. Co.*,269 U.S. 385, 391 (1926).
[4] [美]戴维·J.博登海默:《公正的审判:美国历史上刑事被告的权利》,杨明成、赖静译,商务印书馆2009年版,第56—57页。
[5] 参见[美]约书亚·德雷斯勒:《美国刑法精解》(第四版),王秀梅等译,北京大学出版社2009年版,第39页。

问个为什么。史上著名的一段庭审对话发生在威廉·佩恩与一位英国法官之间：

佩恩：我急于知道，根据什么法律指控、起诉我？

法官：根据普通法。

佩恩：普通法在哪里？

法官：不要指望我为了满足你的好奇心，能够在这么短的时间讲清楚经过这么多年、这么多案件才形成的普通法。

佩恩：你回答的不是我提的问题。既然是普通法，就应该不难讲清楚。

法官：问题只在于，你是否构成指控之罪？

佩恩：问题不在于我是否构成指控之罪，而在于指控是否合法。说这是普通法，太笼统，太不准确，除非我们知道它在哪里，长什么样。没有法，就没有违法。法既然不在那里，就不是普通不普通，而是根本没有法。

法官：你这人很无礼。你想教训本庭什么是法吗？告诉你，这是一种不成文法。许多人用三四十年学习它。你想让我片刻时间就教会你吗？

佩恩：当然，但如果普通如此难于理解，就一点儿都不普通。[1]

正当程序条款生成两条原理：其一，法律不明确即无效；其二，法律含义不得过分宽泛。这两条原理也是罪刑法定主义所关心的问题，它们在刑事实体法中衍生出各种"法律解释"的难题。一条法律，如果具备普通智力的人要猜测其含义，对其运用场合众说纷纭，那么这条法律就应该是无效的。就一条法律的含义，各庭审法院理解不一，认识各异，本身即是该法条模糊不清的证据。不确定的法律无法提供何种行为已被禁止的告知，却允许专断与歧视性执法的法律，也就是，能够赋予警察、法庭毫无约束的权力去决定谁将被追诉、定罪的法律，应该是无效的。如果没有法律模糊即无效原理，几乎每个人都有可能莫名其妙地走入犯罪境地，警察和检察官将有无限的自由裁量权决定逮捕谁、起诉谁。早在1891年，美国联邦最高法院即已主张："规定犯罪的法律必须足够明确，以使所有个人

---

[1] *Trial of William Penn*, 6 How. St. Trials 951 (1670).

都能了解什么行为是必须避免的。"[1]

禁止模糊条款，旨在提供三重保护：一是允许人们安排自己的行为，避免违法；二是预防警察、法官武断、歧视性地实施法律；三是避免对言论和表达自由的限制。联邦最高法院认定加利福尼亚州一条法律属于模糊条款，该条法律规定，当治安警察提出要求时，在大街上闲逛或者徘徊的人必须表明可信、可靠的身份，解释并证明自己闲逛或徘徊的原因。[2]"美国法学中的'法律条文明确性理论'（因不明确而无效的理论），即，关于适正地告诉国民什么是犯罪以及作为法官适用法的指针，刑法缺乏明确性时，应该拒绝它；'实体的正当程序理论'，即，宪法的适正程序条款各项要求刑事程序具有适正性和刑事立法的实体内容具有合理性，反之，就是违宪，这些都与上述罪刑法定主义的派生原则密切相连。"[3]不过，大陆法系则不倾向于不明确即无效，而是主张通过解释使不明确的条文变得明确。实践中，这一愿望很难达成，经常适得其反。更糟糕的是，解释者实际充当了立法者，不仅跨越了民主表决，而且在非判例法国家形成法院各自为政的局面。

1992年芝加哥市议会颁布禁止帮派人员游荡的法令，以防这类人员对公共场所的人员和财产构成实在威胁。警方有必要主动干预，确保公众的街区安全感。法令将游荡界定为"无明确目的地滞留在某个地方"，警察下了驱逐令，但这些人拒不离开。联邦最高法院认为这一法令因模糊而违宪，应当认定无效。理由在于，一是无法告知普通人法律禁止什么；二是授权甚至鼓励专断而带有歧视性的执法。"游荡"一词原本具备普通的可接受的含义，但被法令界定为"无明确目的地滞留在某个地方"，就不再有普通的可接受的含义。这一法令给予公众太少的告知指引，却授权警察对"游荡"有绝对主观的裁量权，且无需对目的先行调查，便可径行驱赶。是否"明确"，实在只有警察才知道。很难想象，芝加哥市民会知道站在街头还需要明确的目的，与人交谈，低头看手表，或者

---

[1] *United States v. Brewer*, 139 U.S. 278 (1891).
[2] *Kolender v. Lawson*, 461 U.S. 352 (1983).
[3] [日]大塚仁：《刑法概说（总论）》（第3版），冯军译，中国人民大学出版社2003年版，第71页。

向路的尽头殷勤张望,算不算有某种明确目的?无独有偶,2004年哥伦布市初审法庭认定丽贝卡·金的宠物狗异常扰民,罚款100美元。官司一直打到俄亥俄州最高法院,最后维持原判。该案争议的是,城市法令中"禁止不合理的吵闹"是否具备法律明确性?[1]

既然市议会并不想给每个出现在街头的人治罪,问题也就不在于"游荡"一词是否模糊,而在于该词的涵盖范围过于宽泛,违背了立法所要求的"最少限制"准则。[2] 至于含义过宽的法律,主要是指那种既包括了应予禁止的行为,同时覆盖了应受保护的行为,因而也应该是无效的。比如"辛辛那提市曾经制定一条法令,禁止一人或多人在人行道上聚集并且实施令人厌恶的行为。这显然是一条过于宽泛的规定,联邦最高法院宣布这一法律违宪,因为它既禁止了寻衅滋事,也干涉了集会自由"[3]。"制定法律的目的是避免含糊不清,以便使一切的人可以知道根据法律他能得到什么结果。但是对于这个任务完成得怎么样呢?我们不妨以财产问题为例来看一看。两个人为某一项地产而诉诸法律。这两个人如果不是都认为自己能够胜诉,他们也就不会诉诸法律。"[4]再看大陆法系,"对于立法者的错误描述,只有立法者自己才有权校正;如果德国联邦最高法院对其所宣称的历史立法者之意志不是那样的热心服从,立法者可能很快就会被迫地自己改正他的法条文字,如此一来我们就会有更好的实定法了";而实务中"把实定法直接适用到那些无法被涵摄到其构成要件下的案件,一般都被看作是抵触了法条的文义"[5]。

2000年的黑哨事件,足球裁判收黑钱、吹黑哨,社会影响恶劣,但裁判员不是刑法规定的国家工作人员,不符合《刑法》第93条第2款规定的委派从事公务的人员以国家工作人员论;裁判行为不属于从事公务,而足协也并不属于公司、企业,不构成当时刑法规定的公司、企业人员受贿罪。

---

[1] 参见江溯主编:《美国判例刑法》,北京大学出版社2021年版,第56—57页;Columbus v. Kim, 886 N.E.2d 217 (Ohio 2008).

[2] City of Chicago v. Morales, 527 U.S. 41 (1999).

[3] Coates v. Cincinnati, 402 U.S. 611 (1971).

[4] [英]威廉·葛德文:《政治正义论》(第二、三卷),何慕李译,商务印书馆1997年版,第574—575页。

[5] [德]普珀:《法学思维小学堂》,蔡圣伟译,北京大学出版社2011年版,第82页。

但因受舆情压力,最高检以"答复"的方式,认可企业人员受贿罪的起诉。2006年的《刑法修正案(六)》将该罪的犯罪主体扩大到"其他单位的工作人员",从而将足协囊括其中。可这恰好说明,法律修改前给黑哨定罪,是对罪刑法定与正当程序的双重违背。"首先,它败坏了罪刑法定在民众中的信誉,让民众确信那是一条袒护坏人的原则;其次,它给了某些不懂罪刑法定为何物的所谓学者滥竽充数的舞台,让民众相信,所谓罪刑法定是可以玩弄于学者股掌之间的,想怎么解释就怎么解释,没有标准,实不可信;最后,它迫使司法机关无原则地贴近民意,作出有悖法理的诸多举动,其中最重要的是最高检的答复。"[1]

正当程序禁止适用事后法,不过,如果制定新的法律回溯性地将过去的犯罪合法化,或者事后减轻处罚、免除处罚,或者增加控方证明责任,却都不违背正当程序。[2]法律必须公布,衍生或提升了"不能依不为人知的法律给人定罪"的观念,也就是,反对秘密法,不允许法律被"内部掌握"。2007年11月14日《京华时报》曾经报道,影片《色·戒》公映后,有人在北京市西城区法院起诉,请求判令被告影院和广电总局,退票或者更换完整版,因审查电影标准过严及未确定电影分级制度,造成原告精神损害,赔偿精神抚慰金1000元。法院拒绝受理此案,但不妨设想一下为何拒绝。首先,原告称观看的是删节版,可问题是原告怎么知道是删节版?从何得知还有个完整版?一旦原告自认得到并看过未删节版,是否涉嫌违法并已自证其罪?其次,法官若向广电总局调取证据,广电总局可否以不适合观看为由拒绝提供?就算成功调取,法官可否对删节的适当性作出判断?最后,原告状告电影审查标准过严,可是连标准是啥都不知道,怎么知道严不严?标准如果号称由内部掌握,那么究竟存在不存在标准外界也无从知晓。比如海关依据未经公布的规定没收某类图书,又不对被没收的财产加以赎买,就可能有违正当程序。[3]

---

[1] 邓子滨:《中国实质刑法观批判》(第二版),法律出版社2017年版,第152页。
[2] Daniel E. Hall, C*riminal Law and Procedure*, Delmar Cengage Learning, (2011), pp. 284-285.
[3] "像暴君狄奥尼修斯那样的做法,把法律挂得老高,以至没有一个公民能够读得到,或者把法律埋藏在浩繁精深的学术书卷中,在载有不同判决和不同意见的判例汇编中,以及在习惯辑录中等等,再加以生僻难懂的文字,结果只有那些致力于这门学 (转下页)

事先公平告知与推定国民知法之间存在一个政府与国民的责任分配问题,这个分配责任的天平向何处倾斜,国民获罪可能性的差别会非常之大。对于杀人、抢劫、强奸等传统的自然犯罪,不得以不知法为由主张无罪或免罚,但对于临时因地制宜的法律,尤其是突然宣布的管控措施,应当以提示和疏导为主要执法方式,不应对违法者动辄处罚。而一旦启动法律责任追究,即应给予充分的抗辩权,允许国民用适当的证据反驳知法的推定。1957年,洛杉矶一个叫兰伯特的人,因没有按照居住地一项法规到警察局登记而被定罪,不知法的辩护理由遭庭审法院驳回。案件上诉至联邦最高法院,大法官们认为,正当程序限制了古已有之的"法律错误不免责"的规则,对登记义务的现实了解可能性,是适用普通法规则与制定法规范的宪法性前提。当然,这样的前提可能"被坏人利用",引发欺骗性辩护,也必将涣散国民了解身边法律的积极性。为此,联邦最高法院对因不知某项制定法而免责又作出限定:必须是完全消极的不作为,既不是某种作为,也不是某种已被警告的不作为。[1]

在侦查阶段,正当程序体现为不得无令状搜查人身和处所,不得无令状查封、扣押财产,不得无令状拘留、逮捕。紧急的搜查、扣押或逮捕必须具备相当理由。"作为长期奉行的标准,相当理由是为了保护公民不受任性无理的隐私干扰和无端指控,同时也为保护共同体的公正执法提供方便。警察日常面对的警情错综复杂,必须预留失误的空间,不过这些失误应当是理性人在同一情境中都可能作出的判断。相当理由是一种实务性而非技术性规则,它是相互竞逐利益之间的妥协。要求更多会不当妨害执法,允许更少会助长警察恣意。"[2]对于无理羁押,普通法系还可诉诸人身保护令加以补救。人身保护令被认为与正当程序高度契合,它要求

(接上页)问的人才能获得对现行法的知识;无论是前一种或后一种情形,都同样是不公正的。如果统治者能给予他们的人民即便像查士丁尼那样一种无固定格式的汇编,或者给予更多一些,即采取井井有条、用语精确的法典形式的国内法,那么,这善举不仅极大造福于人民,他们为此也将受到人民的感戴,而且他们因此确实做了一件伟大的正义之事。"[德]黑格尔:《法哲学原理》,邓安庆译,人民出版社2016年版,第355页。

[1] *Lambert v. California*, 335 U.S. 225 (1957).
[2] *Brinegar v. United States*, 338 U.S. 160 (1949).

要么依法审判,要么立即放人。[1] 可见,正当程序不是虚妄的屠龙之技,而是一套完整的法庭规则。对法治至关重要的具体规则,几乎全部体现在正当程序的具体规范之中。许多所谓疑难案件,其实不是事实的疑难,而是如何解释规范的疑难,所以人们宁愿让法律规范"最紧密地关联于形式要件、仪式和庄严的正当程序"[2],有仪式就可以使执法动作看得见。

传统与良知,不仅要求禁止震撼良知的手段,同时也要禁止不动声色的智取。这是因为,"正当程序是对尊重个人隐私的宪法保证,这些隐私深植于我们人民的传统与良知之中,被视为最基本的权利,是有序自由这一概念的内核,因此禁止警方使用极端的震撼良知的取证手段"[3],比如毁坏或有意不去保存应予排除的证据,制造困难不让被告找到有利于己的证人,再比如故意安排无法区别的相似性列队辨认、指认以及其他身份识别手段。[4] 当然也不排除某些紧急情况,证人、被害人病危,警方无法做列队指认,而只能到医院急诊室进行单人指认,其合法性一直争议到最高法院,才终被肯认没有违背正当程序。[5] 而如果有下列事实,即属侵犯嫌疑人的正当程序权利:被警察暴力殴打;连续 36 个小时被警方讯问;曾遭多人轮番的长时间讯问;警察局长说,你就把这事认了吧,我保证不会让三四十个烂仔故意犯事进到监所来找你的麻烦;或者警方的内线假扮狱友进行暴力威胁。[6]

"在文明国家中,正是在刑事案件里,我们最急切地要求保证法律忠实于自己。"[7]任何时候,如果基本公平遭到质疑,人们就会想到正当程序问题,比如检察官不得以深思熟虑的伪证欺骗法官和陪审团,他不仅有

---

[1] Donald A. Dripps, *About Guilt and Innocence*, Greenwood Publishing Group, (2003), p.21.
[2] [美]富勒:《法律的道德性》,郑戈译,商务印书馆 2005 年版,第 128 页。
[3] *Rochin v. California*, 342 U.S. 165 (1952).
[4] LaFave & Israel, *Criminal Procedure*, Thomson Reuters, (2009), p.78.
[5] *Stovall v. Denno*, 388 U.S. 293 (1967)
[6] Carlton Bailey, *Criminal Procedure: Model Problems and Outstanding Answers*, Oxford University Press, (2015), p. 111.
[7] [美]富勒:《法律的道德性》,郑戈译,商务印书馆 2005 年版,第 128 页。

义务阻止虚假证据和证人作伪,而且要纠正那些主动作伪的人。[1] 近30年后,联邦最高法院经重审,认定检察官隐瞒同案犯承认自己杀人,因而有利被告的证据,导致有罪判决,侵犯了被告的正当程序权利,由此确立了布莱迪规则。[2] 再后来,又对布莱迪规则做了限缩解释,只有定罪与隐瞒具备实质关联,即如果不隐瞒,这些证据足以还被告清白,才可以推翻定罪。[3] 正当程序要求政府必须交出其掌握的有利被告且对定罪量刑有重大意义的证据。[4] 在一宗情杀案中,被告声称杀妻是因为看到她与情人热吻。这位情人当然成了目击证人,这个家伙在作证时否认案发前的拥吻,声称他们只是一般的朋友。检察官从与证人之前的谈话中得知他与死者保持了长时间的性关系,但却没有纠正这一证词。最高法院强调这一证词让陪审团拒绝被告激情杀人的辩护,违背正当程序。[5]

　　虚假证据之所以违背正当程序,是因为它破坏了决策信息的完整性和公正使用。发生在法国的一宗造成4人死亡的罪案中,在地下室发现的尸体旁,留有可疑的脚印,勘验现场的警察将脚印拍摄下来。案发前嫌疑人在鞋店买了一双新鞋,旧鞋丢给了女店员,她作证说新旧鞋底纹不同。法官指定一位专家弄清这双鞋中是否有一只与勘验照片中的鞋印相同。第一位鉴定人给出肯定回答,遭质疑后得以二次鉴定,结果是照片实在可疑,因为底纹痕迹太过清晰,不可能是鞋子踩在地面上通常的效果。负责拍照的警察随后不得不承认,为留下底样,他用那只旧鞋紧压一张明胶纸,再将痕迹拍摄下来,但只是"错误地"将这个照片放入卷宗,代替了在地下室拍摄的照片。这位警察随即声称找到了在地下室拍摄的"真实"照片,再次交给第二位鉴定人。鉴定人要求警察把在地下室拍摄的其他照片一并交出。经过放大,鉴定人指出,所谓"其他照片"都有一个不易发

---

[1] Mooney v. Holohan, 294 U.S. 103 (1935).
[2] Brady v. Maryland, 373 U.S. 83 (1963).
[3] United States v. Agurs, 427 U.S. 97 (1976); United States v. Bagley, 473 U.S. 667 (1985); Kyles v. Whitley, 514 U.S. 419 (1995); Strickler v. Greene, 527 U.S. 263 (1999).
[4] LaFave & Israel, Criminal Procedure, Thomson Reuters, (2009), pp.1141-1142.
[5] Alcota v. Texas, 355 U.S. 28 (1957).

现的斑点,但所谓"真实"照片上却没有任何斑点。显然,现场勘验时,相机镜头上有一处灰尘,而最新的鞋印是在擦掉灰尘后的另一场合拍摄的。[1] 鉴定人没有问题,是检材提供者一骗再骗。

1983年1月25日下午5时左右,与干沟村相邻的西南岭村发生一起拦路强奸、抢劫案,案发一个多月后的3月5日,干沟村通知所有年轻人去开会,实际是为了让被害人辨认作案者,魏清安被指认出来。魏清安强奸、抢劫一案,由河南省巩县检察院提起公诉,巩县法院以强奸、抢劫罪一审判处死刑立即执行,郑州市中院二审维持原判。1984年5月3日,经河南省高院核准死刑,魏清安当日被执行枪决。行刑时,魏清安大声喊冤。其父魏有捞被通知去收尸时,才知道时年23岁的儿子已被处决。家人从看守所取回他盖的被子,拆洗时发现里面缝了一张纸条:"爸、妈,我对不起你们,我没有作案,他们非让我交代,打得受不了,我只好按照他们的要求说。"当初,案件到了法院,家人从邻近的偃师县请了律师,但法院不让参加辩护。魏清安到底是怎么判决的,家人不仅没有得到任何消息,而且从未看到判决书。而真凶在一个多月后就落网了。1984年6月洛阳市公安局抓获盗窃犯田玉修,在被判处死刑后,眼看要拉去刑场,田玉修主动供述他才是西南岭村强奸、抢劫案元凶。[2]

该案中也有一个鞋印证据。案发现场是庄稼地,遗留的足迹表明作案者脚穿皮鞋,且鞋底钉有铁掌。魏清安曾供称作案时穿一双三接头皮鞋,鞋底钉了四个铁掌,还准确画出鞋底花纹图,与案发现场提取的足迹花纹一模一样。但在平反冤案时经过认真调查,魏家从来没有三接头皮鞋。负责冤案平反的赵文隆检察长解释说:"这实际上是逼、诱、骗的结果,根本不可信。据我们调查,魏清安被关押期间,办案人员在审讯过程中,对他进行罚跪、捆打、电警棍捅、车轮战、不让他睡觉等手段。更令人气愤的是,趁家人给魏清安送饭之际,在馒头内夹纸条,以魏清安爱人的

---

[1] 参见[法]勒内·弗洛里奥:《错案》,赵淑美、张洪竹译,法律出版社2013年版,第82—83页。

[2] 在重重阻力下,魏清安冤案的再审程序拖延至1987年1月2日,最高检和最高法终于联合批复,魏清安实属冤案,应予平反。据此,河南省检察院提出抗诉,河南省高院依照审判监督程序作出再审判决,撤销巩县法院(83)刑一字第98号判决和郑州市中院(83)刑二字第177号判决,宣告魏清安无罪。

口气说:'局长叫你承认,你就按他们的意思说,承认就没事了。'至于作案现场鞋底花纹的痕迹,巩县公安局派了一个'耳目'叫杨某,将皮鞋痕画好后交杨某诱使魏清安照画,甚至在审讯时魏清安画不圆,还是办案民警刘某提笔代画的。"试问,谁能准确画出自己的鞋痕花纹?可以说画得越准确,可信度就越低。根据田玉修交代,那双鞋是他在作案时穿的,后将皮鞋与哥哥对换。冤案调查组找到田玉修的哥哥,证实田玉修交代属实。

诉讼文明的进步标志是将注意力和兴奋点从罪名转向证据,罪名是否成立以证据为基础。"问题的核心并不在于控诉的开始,而在于其证据,在于能否有证人证明案件的事实。……如羊不知为何而失踪,可汤姆却无端暴富。……乡邻当然无人知晓确切的事实真相。只有汤姆才知道他自己有罪还是没罪,所以他否认自己有罪的誓言必须得到检验。"[1]进入审判阶段后,法官给陪审团的指导词也涉及正当程序问题,大法官鲍威尔说,如果法官只说控方超越合理怀疑的证明责任,不谈无罪推定这个公平审判的基本要素,就会遇到正当程序的质疑,而陪审团有权得到全面的、公正的法官意见。[2] 违背正当程序的指导词可以导致一审的有罪判决被上诉审撤销,比如,"合理怀疑并不是一种基于同情、任性、偏见、贪婪、情绪化、没骨气、意志薄弱导致的不情愿,进而寻求不履行认定有罪的陪审义务",纽约州上诉法院认为这个指导词有失公平公正,我们的社会信守超越合理怀疑的证明标准,是为了减少错误地惩罚无辜。简言之,我们的价值观体系不允许在仅具备合理怀疑时就认定某人有罪,定罪必须被推翻。[3]

大陆法系一般没有正当程序的直接表述,而是代之以公平审判的概念。公平被视为"整个刑事诉讼法的最终要求"。公平原则的内涵包括:(1)强调平等武装,给予被告尽可能多的权利,使其能与公诉机关分庭抗礼;(2)辩护人出庭迟到,法庭必须等候或延期开庭;(3)强调对被告的信任保护,即履行通知或告知义务;(4)明知违法而取得的证据,无证据效

---

[1] [英]密尔松:《普通法的历史基础》,李显冬等译,中国大百科全书出版社1999年版,第465—466页。

[2] *Taylor v. Kentucky*, 436 U.S. 478 (1978).

[3] *People v. Feldman*, 296 N.Y. 127 (1947).

力;(5)将违法获取的犯罪线索及证据区分为构成或不构成诉讼程序障碍两种情况;(6)若审判长对辩护人保证说,不处以高于起诉书所要求的刑度,而辩护人基于信任不再提出其他证据调查申请,此后审判长若改意判处更高刑度,须在判决前告知辩护人,并使其仍有时间提出证据调查申请,未为告知者,视为违反诉讼公平原则,可成立撤销该项判决之理由。[1]可见,德国的这些做法和要求,旨在确保庭审程序本身的完美,而不是为了获得某种确定的实体结果,基本等同于英美的正当程序。

庭审中的质证过程真正确定的不只是证据有效性,还要确保证据合法性,必须合法而有效。一方面公民需要国家的保护,另一方面刑事程序有种内在道德,用通俗的语言表达,国家之于国民,恃强凌弱、仗势欺人就是不道德的。只有基于证据的定罪,才能巩固程序的内在道德。"公平审判的概念有六个核心元素,如同《欧洲人权公约》上面所记载的一样:(1)法官是公正独立的;(2)审判公开;(3)被告若是没有法律罪证,依据无罪推定,便不应该受到惩罚;(4)起诉和辩护比重相同;(5)审判应基于呈堂证据,即时处理原则与偏好口头证词有关;(6)法庭程序应立基于真实的对质。"[2]将程序法理解为理论法学的一个重要组成部分,是因为它是确保公平的关键。"在法庭前,法所获得的规定就是它必须是某种可以证明的东西。法律程序保障当事人有机会提供他们的有效证据和法律依据,并使法官有机会熟悉案情。这些程序本身就是法,因此其进程必须由法律来规定,同时它们也就构成理论法学的一个本质的部分。"[3]

英国法官对公平审判的归纳是:"获得公平的刑事审判的权利,一向被描述为大不列颠每一位公民与生俱来的权利。'一个被指控犯罪的人应当接受公平审判,而如果不能给他公平审判,就根本不要进行审判',这已经是一项不言自明的公理。并且,获得公平审判的权利被认为是基本的和绝对的。为了保障审判公正,几世纪以来发展出一系列规则:其

---

〔1〕 参见[德]克劳斯·罗克辛:《德国刑事诉讼法》,吴丽琪译,三民书局1998年版,第102页、第131页。

〔2〕 [英]安东尼·达夫等编:《审判的试炼Ⅲ,刑事审判的新规范理论》,李姿仪译,新学林出版公司2015年版,第56页。

〔3〕 [德]黑格尔:《法哲学原理》,邓安庆译,人民出版社2016年版,第361—362页。

一,法官独立;其二,审判中立;其三,公开而非秘密审判;其四,在证明被告有罪之前应推定其无辜。《欧洲人权公约》附加的一些权利,在大英帝国久已公认:被告必须清晰、明白、准确地被告知控诉的犯罪是什么;他必须有充分的时间和所需的资源准备辩护;必须允许他自我辩护或者请律师辩护,而如果他负担不起律师费,必须为他免费提供公正审判所要求的律师代理;他必须有机会同不利的证人对质,并有机会让有利的证人出庭;如果庭审以他不懂的语言进行,必须提供翻译;他有权了解任何有利于他的文件资料,以便弱化指控,强化辩护。"[1]

定罪后的量刑阶段也涉及正当程序。1949 年,美国出现一宗事关量刑正当程序的具有里程碑意义的威廉姆斯案。[2] 威廉姆斯被庭审法官判处死刑,而陪审团建议的刑罚是终身监禁。定罪后,缓刑部门写出了量刑前调查报告,该报告呈交法官后却没有向被告方披露。法官组织了一次简短的量刑听证会,对于法官应否采纳陪审团的量刑意见,被告及其律师先后发表了看法。法官解释了为什么要适用死刑,既提到庭审证据所呈现的令人发指的犯罪细节,也提到量刑前调查报告中的信息。法官说,调查报告揭示了许多反映被告背景经历的重要事实,而陪审团不知道这些事实。调查报告特别指出被告还有另外 30 多起夜盗行为没有被定罪,被告曾经自认,还指认过同案犯。报告还揭露出被告有病态的性生活,对社会构成威胁。上诉理由称,量刑过程中法官提到的报告所描述的一切,未经庭审调查,未经交互诘问,也未给予被告方任何申辩、反驳的机会,因此违反正当程序。大法官布莱克否定了上诉理由,认为量刑毕竟不同于定罪,法官考虑未经庭审的与被告生活和品行相关的内容,并不违反正当程序。[3]

定罪量刑后还涉及一项重要的正当程序权利,即一事不再理或称禁止双重危险。20 世纪 30 年代,美国有些州并不认可禁止双重危险原则。在帕尔科案中,地区检察官试图将被告供述的邪恶而血腥的谋杀细节提供给陪审团,但却被法官阻止了,陪审团在不了解这份供述的情况下,以

---

[1] Tom Bingham, *The Rule of Law*, Penguin Books, (2011), pp. 96-97.
[2] *Williams v. New York*, 337 U.S. 241 (1949).
[3] LaFave & Israel, *Criminal Procedure*, Thomson Reuters, (2009), pp. 1253-1254.

二级谋杀罪判处帕尔科终身监禁。依康涅狄格州当时的法律,控辩双方在庭审过程中都有权就证据问题单独上诉。地区检察官据此上诉请求上级法院撤销庭审法官对被告供述的压制,上诉法院接受了控方请求,裁定被告供述应被采纳为定罪证据,命令重新审理。二次审判过程中陪审团听到了这一供述,认定帕尔科构成一级谋杀罪,判处死刑。而依据当时美国联邦法律,不允许再次开启审判。联邦最高法院之所以没有介入该案,是因为它认为该案尚未达到触及自由与正义的基本原则的程度。如果第一次判决不是二级谋杀罪,而是无罪开释,那就不太可能重启追究。不论个案如何终了,毕竟时至20世纪60年代以后,美国各州已经开始遵从联邦宪法,将禁止双重危险视为正当程序问题。[1]

违背正当程序作出的实体裁判必须被否定,同时要一并否定实体裁判再现的可能性。就前述于艳茹案而言,北京大学在一、二审败诉后,可否重新启动学位撤销程序,以一个"正当了"的程序重新作出撤销学位的决定? 可以假设,如果任由权力机关在败诉后重启剥夺程序,那么判决书将形同具文,给予被剥夺者司法救济将成为一句空话,只要权力机构愿意,就随时可以另辟蹊径,不达目的誓不罢休。一个总是让原告无利可图的诉讼制度,将使人失去寻求法律救济的动力,最终使该制度本身失去意义。简言之,一旦第一审法院有不利被告的重大程序违法,原则上在第二审中必须判决无罪,并且不得重启追究。坚持这样一种程序观念,其核心关切是,不应使被告再次受到诉讼程序的折磨。"不受二次处罚之原则在罗马法上已经存在,……不受一次以上之危险乃举世普遍之法则。"[2]这一法则被列入宪法、法律及公约。

综上所述,"正当程序意味着,所有的人都应当依照《权利法案》中的程序保证和'根据宪法权力所通过的法律来接受审判,以保障审判是在这个国家普遍性的法律之下的审判'。所有的人必须能够按照'诉称有违法行为时,既已存在的法律'得到政府的平等对待。这种对政府权力的限制,也是宪法所要求的,在法律程序中平等对待所有人,不论财富、年龄及

---

[1] *Palko v. Connecticut*, 302 U.S. 319 (1937).
[2] 王兆鹏:《一事不再理》,元照出版公司2008年版,第2页注3。

种族"[1]。正当程序贯穿整个刑事诉讼过程,尤其集中于庭审阶段,它基本体现为宪法权利。在对抗制模式中,宪法权利是否得到有效保护,在庭审阶段才看得最为清楚。政府方面由检察官代表,被告由律师辅助,法官则居中主持庭审,为控辩双方设定规则。在这种争斗模式中,人们假定真相会自然导出,正义会公平实现。当然,并不是每一起案件的结果都尽如人意,但至少值得期待。美国宪法所保障的被告在庭审过程中的基本权利,各州的宪法和法律不能克减,但可以增加。[2]

第三节 正当程序的价值

正当程序,"要求刑事立法、司法规定或行政规范的定义,必须符合明确原则,否则将因规范定义之模糊不清而罹于无效,亦即'不明确无效之理论'。综合相关的英美法判例与学说,刑罚处罚规范的概念是否明确,大致包括三项问题:(一)法律对于可能犯罪而受处罚者,是否曾为合理之公布?(二)法律对于恣意擅断与歧视执行之情形,是否已经尽到相当之保障措施?(三)对于宪法保障的基本人权,必保留相当的'喘息空间',因此,对于限制基本人权的处罚规定,应尽量采严格界定原则"[3]。正当程序的具体内容可以有不同列举,但它的价值诉求是稳定一致的。只有对人权保障予以优越价值认定的刑事程序,才可称其为法律的正当程序。[4]优先保障个人权利,说起来容易做起来难,难就难在必须约束权力,权力不加约束,有时竟至公然用于肆无忌惮的骚扰与恐吓。这也是为什么正当程序要求搜查必须有相当理由,不得无理、无证搜查。

2018年11月21日《人民日报》公众号关注女记者采访福建泉州碳九泄露事故时被"精准查房"的遭遇,可为镜鉴。周辰以环科记者身份于

---

〔1〕 [美]霍华德·鲍:《宪政与自由:铁面大法官胡果·L. 布莱克》,王保军译,法律出版社2004年版,第147页。

〔2〕 Rolando V. Del. Carmen, *Criminal Procedure Law and Practice*, Wadsworth, Cengage Learning, (2010), p. 382.

〔3〕 苏俊雄:《刑法总论 I》,1998年自版,第182页。

〔4〕 参见黄朝义:《刑事诉讼法——制度篇》,元照出版公司2002年版,第3—4页。

11月4日赶到泉州事故现场,但在11日采访时,先是被腰挂执法记录仪的人员跟踪,当晚又有泉港区宣传部的官员邀其见面,她委拒后,令她恐怖的事情发生了。当晚11时许,周辰已上床就寝,突然听到房门被人用房卡打开,四名穿着警察制服的男子进入房内,自称是派出所的,勒令她拿出身份证查验,随后一名光头警察又让身旁两个协警搜查卫生间和窗台。搜查期间,未出示任何证件或证明文件。警察离开后,酒店打来致歉电话,说那些警察直接命令前台把她房间的房卡给他们,并没有例行检查其他房间。泉州市公安局党委高度重视,立即派出调查组进行核查。"经核查,周辰同志反映的情况基本属实。泉港区公安执法相关人员存在工作方法简单、执法不当的行为,造成了不良社会影响。对此,我们诚挚表示歉意!"市局党委责成泉港分局副局长、山腰派出所所长向市局党委作深刻检讨;责令派出所涉事民警停职检查。

当程序同"个人权利与法律秩序的对峙"联系在一起,它的意义就在于限缩政府权力,尤其要制约警察、法庭和监所的权力。反向言之,权力不加约束,势必膨胀滥用,且会无所不用其极。[1]"在一个自由社会的刑法中,对正当程序作适当的关注是至关重要的。没有正当程序,个人自由在专断的政府权力面前尤其不堪一击。政府掌握着巨大的权力,它不仅占有控制人们行为的资源,而且它还独享对个人控告、起诉和惩罚的合法权力。因此,任何发生在政府与公民个人之间的刑事审判本来就是不平等的。我们的公正观念要求纠正这种不平等。"[2]一个世纪以来,如果说有什么历史性的认识转变,那就是从对真相的执着转向对探究真相手段的关注,而承载这一历史转折的公器就是正当程序。正当程序反映了一种根深蒂固的理念:正义必须让人看得见。也许人们对法庭是否准确选择了法条或者是否对法条作出正确的解释还持有异议,但却已经知道必须在法律之内解决问题,这在很大程度上排除了政治的上下其手,使国民共同认可法庭不能根据政治考量作出判决,因为政治理由因人而异,因

---

[1] Cliff Roberson, *Introduction to Criminal Justice*, Copperhouse Publishing Company, (1994), pp. 13-14.

[2] [美]戴维·J. 博登海默:《公正的审判:美国历史上刑事被告的权利》,杨明成、赖静译,商务印书馆2009年版,第4页。

时而异。[1]

　　用政治考量决定刑事案件是非常可怕的。1966年,美国哥伦比亚影片公司出品了著名影片《公正的人》,讲述了托马斯·莫尔因与国王亨利八世的冲突而被判死刑的历史故事。托马斯·莫尔是《乌托邦》的作者,这本书被认为是第一部关于社会主义的著作。影片一开场,托马斯·莫尔就主张:"在这个国家的每一条海岸线以内,人类创造的法律构成这块土地最坚实的基础。如果你企图将人类的法律像除草一样清理干净,你就会被呼啸的狂风连根拔起。是的,即使出于个人安危的考虑,我也一定要赋予魔鬼法律上的正当程序权利。"而笃信正当程序的托马斯·莫尔,由一个被国王操纵的法庭审判,这个法庭竟然不允许被告传唤有利于自己的证人。历史犹如一个钟摆,在公众对犯罪的恐惧与个人权利之间摆来摆去。不过,兼顾只是慰人的谎言,[2]刑事实务通常必须在法律秩序与个人权利之间作出选择。如果以个人权利优先,那么退居次席的自然是政府权力。政府部门为了证明权力的必要性,需要寻找假想敌,需要制造恐惧。只有大敌当前,国民才会因恐惧而顾此失彼,让政府以秩序的名义将个人权利彻底压制在掌心之下。

　　公敌经常被渲染为即时危险,国民因恐惧而生痛恨,严惩呼声为政府实施严厉的社会控制提供了借口。无怪乎波斯纳会说,"这个国家的敌人现在是更多或更危险了,限制公民自由、赞成行政裁量和统一指挥,以便政府更有效地运用巨大权力的迫切性也更大了。传统的内部敌人是罪犯……传统的外部敌人则是外国。但眼下,由于美国的犯罪率远低于历史高点,也没有主要大国对美国构成重要军事威胁,美国人主要担心的外敌就是伊斯兰恐怖主义者。他们数量众多、狂热、深仇大恨、捉摸不定、资源充沛、抗打击力强、残酷无情、看起来无所畏惧、目的是同归于尽,渴望

---

　　[1]　*Dred Scott v. Sandford*, 60 U.S. 393 (1857). Benjamin R. Curtis (dissenting).
　　[2]　说谎是心存误导别人的有意行为,事先未透露其目的,且对方也没有明确要求被误导。说谎主要有隐瞒真相与捏造事实两种方式。隐瞒只是保留某些事实不说,而未说出任何不实之事;捏造则不仅保留某些事实不说,而且无中生有。欺骗想要得逞,通常必须结合隐瞒与捏造,但有时单是隐瞒也可以达到目的。参见[美]保罗·埃克曼:《说谎》,邓伯宸译,生活·读书·新知三联书店2008年版,第13页。

获得并针对我们使用大规模杀伤性武器。在反恐斗争中,甚至有时刑讯也有正当理由,尽管不应视为法律上的正当理由"[1]。正当程序对被告的一系列切实保护往往是从非法证据排除规则入手的。明知道就是这家伙干的,因为证据违法取得就让他逍遥法外。"正当程序不再局限于在审判中为被告保障一个'公平'程序,而且如果被告被带至法庭受审本身是由政府精心设计的、毫无必要的卑劣违法造成的,那么为了遏制警方的不法,就不能让政府从违法中直接摘取果实。"[2]证据排除规则是宪法固有的还是法官制造的,虽然有不同理解,法院的观点也有变化,但并不妨碍这一规则在审判实践中的具体落实。[3] 因为非法获取的证据将被排除,所以警方不再刑讯。即使面对大案要案,警方也不会因不刑讯而被民众指责谩骂,这是法治成熟的重要标志。

2017年6月9日,在美国伊利诺伊大学厄巴纳香槟分校就读的中国女孩章莹颖,从校园前往租房签约地点,途中坐上一个白人男子的汽车,随后失踪。警方通过街区摄像锁定了嫌疑车辆及车主克里斯滕森。6月15日,嫌疑人向联邦调查局承认事发当日曾邀一名亚裔女性上车,在一处住宅区让她下车了;同日,联邦调查局发现章莹颖坐过的副驾驶位置被格外清理过,同时发现嫌疑人曾于4月29日上网搜索过绑架教程;从6月16日起,联邦调查局开始对嫌疑人实施监视;6月29日,嫌疑人在一段音频记录上提到自己将章莹颖带回公寓并囚禁了她。6月30日,联邦调查局逮捕嫌疑人克里斯滕森,他拒绝认罪,坚称不知道章莹颖下车后去向何方,而联邦调查局始终没有找到被害人尸体,根据当时的证据,很难确定克里斯滕森构成绑架、谋杀等重罪。后来,克里斯滕森及其律师以交代尸体下落为条件谋求轻判,法官表示接受,并指示陪审团评议时不考虑抛尸情节。2019年6月24日,美国伊利诺伊中部地区法院陪审团认定克里斯滕森绑架和谋杀罪成立。7月18日,因陪审团无法就死刑达成一致,最

---

[1] [美]理查德·波斯纳:《并非自杀契约》,苏力译,北京大学出版社2010年版,第7页、第13页。
[2] United States v. Toscanino, 500 F. 2d 267 (2d Cir. 1974).
[3] Rolando V. Del. Carmen, Criminal Procedure Law and Practice, Wadsworth, Cengage Learning, (2010) p.94.

终判处克里斯滕森不得假释的终身监禁。

　　国内舆情普遍嘲笑美国警察无能,不少警方人士甚至直言,"这事儿搁我们那儿,分分钟搞定"。然而,许多国人似乎忘记了,类似情况下放任甚至鼓励强索口供曾经造成怎样的覆盆之冤。1999年,河南商丘农民赵作海被疑杀害同村赵振裳,刑讯之下做了有罪供述,但证据疑点颇多。商丘市检察院两次将案卷退回警方,甚至拒绝再次接卷,但最终还是屈从警方压力,于2002年提起公诉。商丘市中院不认可赵作海的当庭翻供及律师辩护,侦查阶段的9次认罪笔录被全部采信,但法官们心里也不踏实,于是留有余地判处死缓。河南省高院2003年裁定维持原判。7年之后,2010年赵振裳"亡者归来",此时赵作海已服刑11年。冤案追责启动后对刑讯者进行审判。经审理查明,审讯者不让赵作海睡觉,不给饭吃,木棍敲头,手枪砸头。从1999年5月8日至6月10日将赵作海非法羁押在派出所和刑警队,铐在椅子、桌腿或摩托车后轮上,轮番审讯33天。刑讯不止针对赵作海,判决书载有其妻证言:"公安局的拿个单子让我认,我说不是俺家的,他们就打我,轮班打我,打的我受不了了,他们让我说啥我就说啥了,不按照他们教的说就挨打。"[1]

　　在正当程序权利中,获得听证的权利最为引人注目。行使这一权利者,可以对不利于己的指控及其证据表达意见。听证过程为人所见,是一种看得见的正义,不是用来摆谱炫富的奢侈品,而是有求必应的必需品。一旦利益相关人提出要求,国家必须为国民提供听证机会,不仅为了澄清真相,而且为了让寻求真相的手段变得洁净。反之,暗箱操作的长期恶果是,即便给出的结论正确,也因无法验证而不断被质疑。如果一到关键时候就拿不出执法录像,不敢对外展示办案经过,正当执法也会被疑为不正当,代价比否定这次错误执法要大得多。"程序权利保证每个法权人

---

〔1〕 其妻后来带着两个孩子改嫁到外村。被刑讯的还有杜某某,她曾被怀疑与赵作海、赵振裳同时保持男女关系,判决书也引述她的证言:"公安局刑警队干警把我叫到老王集办案点,赵作海关西头,我关东头,公安干警一遍一遍问我,我说就知道这么多,他们说人不老实,就开始打我,让我跪劈柴棒子,熬了三天三夜,让我承认杀人的事,我被控制了29天。"学者以赵作海案为样本对冤案的成因作出归纳:刑讯逼供与暴力取证;当地政法委的不当协调;司法鉴定检材的选择错误;违背证据收集和运用的基本规则;有罪推定的观念;社会舆论压力。参见陈永生:《刑事冤案研究》,北京大学出版社2018年版,第50—72页。

对于公平程序的主张,而这种公平程序进一步保证的不是结果的确定性,而是对有关事实问题和法律问题的商谈式澄清。因此,有关各方可以确信,在产生司法判决的程序中,举足轻重的不是任意的理由,而只是相关的理由。如果我们把现行法律看作一个理想地融贯的规范体系的话,那么这种依赖于程序的法律确定性可以满足一个着意于自己的完整性、以原则作为取向的法律共同体的期待,从而确保每个人都拥有他理应拥有的那些权利。"[1]

美国影片《萨利机长》是根据2009年1月15日发生的真人真事拍摄的,讲述一架民航客机双引擎被鸟群撞毁后迫降哈德逊河,机上人员全部获救的紧张而感人的故事。在人们为萨利机长的英雄壮举亢奋不已时,一批头脑冷静的人没有忘记追问萨利机长能否飞至最近机场着陆？美国运输安全委员会为此成立专门调查委员会,先是进行计算机模拟,后又组织真人模拟飞行。一次以国家名义进行的、想像中原本应是中立的调查,却转化为调查者极力验证自己正确的过程,异化为一次热切的追诉。模拟试飞从不成功到成功,共进行了17次,就是为了证明萨利机长不必冒险迫降。如果没有"庭审"式听证会,而只是进行"书面审",那么给萨利机长"定罪"将是板上钉钉的事。如果萨利机长没有亲临听证会,没有当场观看模拟飞行过程,就不可能发现并指出,虽然模拟飞行员是一流的,模拟飞行仪也是精准的,但模拟飞行过程完全服从于一种假设,即鸟群撞毁发动机后,飞机仍然有足够时间飞至附近机场降落。

正是基于这一假设,实验者心中已有强烈意愿,极力证明萨利机长是故意逞英雄,最次也是判断失误。在这种心理作用下,势必不再考虑或者有意回避、掩饰一个事实:面对突如其来的撞击,真实事件中的飞行员不会立刻作出飞回机场的动作,因为他们需要一些时间对飞机受损情况作出评估判断,然后再根据飞机所处位置掂量飞向最近机场的可能性。萨利和副机长的经历正是如此。听证会主持人认可了萨利机长的异议,当场决定重新进行模拟飞行,不过这一次要求模拟飞行员延时35秒再开始

---

[1] [德]哈贝马斯:《在事实与规范之间:关于法律和民主法治国的商谈理论》,童世骏译,生活·读书·新知三联书店2014年版,第271页。

"飞回"的动作。其他人似乎没有理由不同意萨利机长的请求,这是公开、当场才能争取到的"一致同意"。结果,两次新的模拟飞行均以坠毁告终。无论调查委员会多么强势,但它必须臣服于程序:召开听证会,被调查者不仅有权参加,有权观看模拟过程,并且有权提出异议。听证会的主持人之所以接受萨利机长的异议,同意当场重新模拟,也同公开与当场有关。面对众多参与者或旁听者,无法拒绝一个合理的异议,暗箱操作更不可能。

如果没有公开听证或者庭审,即使给出的最终结论正确,也不能令人信服。2002年5月7日,中国民航北方航空一架客机在大连海域失事,机上103名乘客和9名机组人员全部罹难。"五·七空难处理小组"通过调查核实,认定空难是由乘客张丕林纵火造成的。对这一结论是否正确,空难处理小组以外的人几乎无从置辩,但对这一结论的形成过程及后续影响,却值得认真总结和反思。这不再是简单的空难原因认定,而是直接判定一个人有罪。对这样一个严重罪行,却只有宣判,没有庭审,没有质证,没有辩护。空难处理小组不仅集侦查、指控、审判职能于一身,而且对它的定罪结论,不能上诉,无法申诉。没有公开调查过程,据说有防止他人模仿作案的安全考虑。不过这个说法不能成立。不向全社会公开,也可以在有限范围内,请人大代表、律师等人士进行听证,这也是各国的通例。这是因为,任何决定人的自由、生命、财产的裁断,都不应当由单个人或单一机构作出,尤其不应由一个行政机构单独作出而又不经审查。

其实,空难处理小组作出结论后出现过极好的制度完善契机,却令人遗憾地错失了。锁定张丕林为嫌疑人的重要依据是,他登机前买了7份航空人身意外伤害险,起火点在他座位附近。如果正常理赔,家属可得140万元保险金,但因张丕林被认定为导致空难的纵火者,保险公司向张母送达了拒赔通知书。为了儿子的清白,张母将保险公司诉至法院,要求支付保险金。这原本是法院顺势介入,依法开庭审理,向社会展示真相和诚信的极好机会。起火点在张丕林座位附近,加上7份保险,虽在侦查学上有很强的指向力,但不足以给张丕林定罪,而且不能排除失火的可能,在放火还是失火难以澄清的情况下,事实不明应做有利被告的解释,也就是就低不就高以失火论。再继续追问,引火物是什么,技术上不难确定,但引火物如何上了飞机,却必须证据确实充分。安检了没有?如果安检时就发现了,为什么没有拦下?如果没有经过安检或者安检时没有发现,又如何确定是张丕林带上飞机的?如果没有庭审和质证,就无从知道证据是否确实充分,是否排除了合理怀疑。而空难处理小组的结论要进入法院接受法庭审查,在当时是不可能的。[1]

即使当时由法院介入,也不一定变更空难处理小组的结论,结论可能是对的,但正当程序关心的不是结论,而是结论形成的过程,法院介入的价值在于夯实结论的基础。五·七空难处理小组的结论可以继续存在,并将这一结论用于检省航空安全隐患,强化航空公司未来的责任感。但对张丕林纵火,应当依据刑诉法的规定,作出"证据不足,不能认定有罪"的结论,进而判决保险公司不得拒赔,以增强契约精神与合同诚信。其实,当时保险公司如果赔付,不失为最省钱、最令人信服的广告。将机长萨利与乘客张丕林同样放在程序正义的框架内,他们的区别不在于好人坏人、有罪无罪,而是通过何种方式得出结论。"理想司法状态是程序正义与实体正义同时获得实现,在大多数情况下,确实如此。一般地说,程序正义是实体正义的保障,但程序正义并不是实现实体正义的充分条件,即不能必然实现实体正义。不过,如果离开程序正义,往往使程序正义和实体正义两败俱伤。因此,在两者存在冲突时需要司法人员根据法律的强制性规范进行取舍,或者根据法律授予的自由裁量权并综合权衡后决定取舍。在刑事诉讼领域,为达目的不择手段的信条已遭摈弃,正当程序的理念产生了前所未有的影响力,手段的正当性得到极大尊重。"[2]

耶鲁大学法学院的约翰·格里菲斯评论说,正当程序是围绕"个人权利处于首要地位与官方权力必须受到限制"的观念构建起来的价值体系,不仅强调手段的正当性,而且拒绝用结果正确、目的正大来反证手段的合理性。刑事诉讼程序必须控制国家的强制力,以阻止其以最大的效

---

[1] 之后,名誉扫地的张丕林的妻子,带着幼子,改名换姓,远走他乡。更详尽而尖锐的批评意见,参见邓子滨:《刑事法中的推定》,中国人民公安大学出版社 2003 年版,第51—53页。

[2] 张建伟:《刑事诉讼法通义》(第二版),北京大学出版社 2016 年版,第16页。

率运转。开足马力的治罪机器的高效运转,往往意味着无辜者被轻易吞噬的可能性急剧上升。通过对国家压倒性刑事诉讼权力的限制,正当程序贯穿了反权力滥用与反权力独断的价值观。在这一重心之外,正当程序还对不受控制的行政性的事实调查持怀疑态度,对重大的程序错误零容忍,并以最直白的方式表现出来。不仅如此,正当程序否认效率在犯罪控制中占支配地位。限制权力并防止其滥用的核心议题是确保被告有效请求程序保护的权利,不会因缺乏这种请求能力而被剥夺任何权利。[1]"正当程序要求施加于个人的法律或规章不能是非理性、专横跋扈、恣意任性或事后溯及的,它还要求官方所选择的执法手段必须与法律的目的具有真切而实质的关联。"[2]

未经审判不得剥夺,是正当程序之要义。不过,法律批判主义者认为,这种要义过于死板,属典型的律法主义自闭症。"律法主义宁愿让我们将正当程序观念作为法律之下自由的关键,作为将公正性与规则性融入法律判决的手段。现实中,正当程序不过是该权力体系的一种企图:确保权利主张与抗辩、自由与苦难都只发生在现存法律领域内,并以其语言加以表述。每一正当程序所得之判决,因而只是对先行存在的律法主义迷津的雕饰。人们面对法律权利主张,是为了控制社会生活,而法律则作出回应;无论法律如何回应,法律首先关心的还是它自身。就律法主义而言,即使是当控制框架必须曲意逢迎那些受官员统治的民众的需要时,正当程序的基本难题仍然仅在于如何保护官方法律控制的设施。依批判的观点,正当程序是一种基本的吸纳社会变革力量的技巧,这种力量威胁着官方对社会的控制。"[3]

从法律怀疑主义和批判主义立场上说几句律法主义的"坏话"并不能让正当程序伤筋动骨。而真正使正当程序备感力不从心的,或者直白地说,正当程序的真正天敌是非常状态,也称"例外状态"。这里的"非常状

---

[1] 参见[美]虞平、郭志媛编译:《争鸣与思辨:刑事诉讼模式经典论文选译》,北京大学出版社 2013 年版,第 54—55 页。

[2] Walter P. Signorelli, *Criminal Law, Procedure, and Evidence*, CRC Press, Taylor & Francis Group, (2011), p.4.

[3] [美]彼得·德恩里科、邓子滨编著:《法的门前》,北京大学出版社 2012 年版,第 173 页。

态"有别于法律格言"紧急时无法律"中的紧急状态,后者是指面临来自天灾人祸的紧迫的现实危险时,所实施的正当防卫、紧急避险或义务冲突等场景。康德认为,之所以"事急无法",不仅因为人们面临危险时不可能从容应对,而且因为法律在此起不到威慑作用。"法律所威胁的惩罚毕竟不可能比这个人丧命的惩罚更大。于是,这样一种刑法根本不可能具有预期的作用;因为以一个尚不确定的灾祸(由法官判决而来的死亡)来威胁,不可能胜过对确定的灾难(亦即淹死)的恐惧。所以,暴力的自我保存的行为决不应当被评判为无可指摘的,而只能被评判为无法惩罚的……紧急法权的格言是:'事急无法。'尽管如此,却不可能存在任何紧急状态使得不正当的事情成为合法的。"[1]评判这种紧急状态时,恰恰须经实体法的判断,并且应当在正当程序中进行。

而所谓"非常状态"则大不相同,它特指统治者在国家或公众利益、公共安全与秩序面临某种极端危险时,依其主权作出的非常规决断。非常状态之决断一旦作出,其具体细节以及何时消除这种状态,便"置身于正式生效法律秩序之外",由主权者"决定是否完全搁置宪法","填补那些没有具体规定的条款","为那些尚无法预料的权力负责",所采取的任何措施皆不受制衡和时间限制。"非常状态的首要特征就是不受限制的权威,它意味着终止整个现有秩序。显然,在这种状态下,国家仍然存在,而法律则黯然隐退",统治者"垄断了最终的决定权"。在这种非常状态下,被搁置的既然是所有法律,正当程序对个人的保护功能自然也丧失殆尽。"非常状态打乱了理性方案的统一和秩序。我们经常会遇到实证主义国家理论的那种老生常谈的论证。如果没有法律,人们如何起诉呢?安许茨回答说,这根本就不是一个法学问题。"[2]

然而,法学家从未放弃对这个"非法学"问题的热切关注。一种值得称道的观点认为,必须堵上"宪法承认例外的非常状态"这一漏洞。"当国家或法秩序的安全、存续遭遇重大危机时,宪法体制易滑向'例外状

---

[1] [德]康德:《道德形而上学》(注释本),张荣、李秋零译注,中国人民大学出版社2013年版,第33页。
[2] [德]卡尔·施米特:《政治的神学》,刘宗坤、吴增定等译,世纪出版集团、上海人民出版社2015年版,第31页,一并参见第25页、第28—30页。

态',从而为公权力采取非常措施、中止基本权利、摆脱常态法律约束提供正当性。但这一范畴在概念上玄奥,不仅在法律上无约束,在政治上不可控,在理论上无节制,而且极易导致权力滥用、法治崩坏、民众愚昧和道德沦丧。在这一点上,德国《基本法》吸取了《魏玛宪法》的教训,以常态治安法为基础,以联邦制下的合作模式为框架,以基本权利和人性尊严保障为约束,建构了富有层次和弹性的国内非常状态体制,避免了单一概括条款及笼统授权。不成文的国家紧急权和在宪法上承认例外状态,都易造成宪法约束力的丧失。基本法并不承认例外状态,既有规范已足以应对危急情势。"[1]

---

[1] [德]延斯·克斯滕:《基本法无须例外状态》,段沁译,载《苏州大学学报(法学版)》2021年第1期,第146页。

第四章　基本原则

> 法治程序,可谓国家独占刑事司法的配套措施,因为独占地位意味着国家的权力随之扩张与膨胀,因而,在追诉的过程中,国家大权时时刻刻威胁着无辜的涉嫌者,乃至于政治上不讨好的人物。除非崇尚专制擅权的绝对主义,否则,在赋予国家追诉与刑罚权的同时,设定界限以防任何滥用与擅断的危险,殆属必要。
>
> ——林钰雄

> 我们之所以要排除法庭外所为的供述证据,原因不在于未经对质诘问的证词必然不可信,而在于这样的证词不高贵。在对质诘问权利发展的长久历史中,有个命题一直都存在:如果指控一个人而不愿意看着他的眼睛并正大光明地说出这一指控,是不对的,是彻头彻尾的懦弱行为,也不尊重我们的同侪。因此,假如我们要求国家对一个公民行使刑罚权,并拿我们的话当作证据,就必须接受并肯认我们的代理人在程序中跟被指控者相互对质。换言之,指控他人者不能躲在群众之中。他们必须走上前来,必须以声誉为誓,而且必须为这一指控及其后果负责。正如艾森豪威尔所说:"你必须直面与你持反对意见的人,不能从他背后偷偷攻击或伤害他。"
>
> ——谢尔曼·克拉克

"一个原则是一种用来进行法律论证的权威性出发点。"[1]不过,原则与实践之间难免脱节,严重的情况下,司法实务会直接抛弃原则,或者"经由周详的现实分析也可发现部分诉讼原则的瑕疵以及刑事判决中可能的错误根源"[2],或者对原则的内涵加以修正,逐步形成和确立新的原则。这里需要辨异析疑的是原则和规则。"所有的法规范不是规则就是原则,两者具有本质上的不同(而非量差)。对于一个规则而言,要透过包摄来运用,其适用前提不是'已被实现'就是'未被实现',没有其他的可能性。因此在遇到数个规则相互冲突时,解决途径只有两种,第一种解决可能性是在其中一个规则中加入例外条款以排除两者可能的冲突,另一种途径则是在具体案例中,使至少其中一个规则失效。与此相对地,原则便只要求尽可能的(而非绝对的)被实现,它只是一个能够被或多或少实现的'最佳化诫命',因此'原则间的冲突'是要透过'衡量'的途径来解决,换句话说,就是要在各种不同、相互对立的利益之间折衷、相互妥协。"[3]

早前,拉伦茨曾说,原则本身还不是可适用的规则,但可以被转化为规则。虽然它们已经显现出某种通往某个规整的思想内涵,是实质的原则,但仍缺乏法条的性质,也即缺乏进一步勾勒之构成要件与特定的法律结果之间的联结。毋宁说,它们只是陈述了有待发现之规则所趋向的方向,我们同样可以说,它们构成了有待发现之规则的第一步,但却是为所有后续的步骤指引方向的一步。[4]用德沃金的话说,规则与原则两种规范都在具体的情境中决定法律义务,但它们所给的指示性质不同。规则所规定的事实,要么有效,要么无效。原则不像规则那样在规定的条件出现时就自动出现结论。原则只是指出某个论证的方向,而不是指定特定的判决。但这并不表示原则不是法律规范,尤其对于下一个案件而言,只要不存在相反的重大考量,原则就会具有决定性。如果某项原则与下

---

[1] [美]庞德:《通过法律的社会控制》,沈宗灵译,商务印书馆2010年版,第27页。
[2] [德]克劳斯·罗克辛:《德国刑事诉讼法》,吴丽琪译,三民书局1998年版,第12页。
[3] 蔡圣伟:《刑法问题研究》(一),元照出版公司2008年版,第26页。
[4] 参见[德]卡尔·拉伦茨:《正确法——法伦理学基础》,雷磊译,法律出版社2022年版,第14页。

一个案件相关,公权力机关就必须加以考量。因此,"法律不允许任何人从自己的错误获利"是原则,"高速公路限速100公里"是规则。[1] 以此为标准,正当程序就是原则,罪刑法定就是规则,而本章所列"基本原则"中,国家追诉、不告不理、直接言词更靠近规则,而自由心证却更类似原则。

"没有哪个部门法的基本原则像刑事诉讼法这样几乎无法穷尽列举。过多的基本原则就等于没有原则,而且如何处理各个基本原则之间的关系也成为问题。此外,过多的基本原则也反映了该部门法的价值取向一开始就存在分裂,很难取得最基本的共识。当然也有一个客观原因,那就是刑事诉讼可以分为不同的诉讼阶段,而在不同的诉讼阶段受到不同原则的支配,能全局性照应整个刑事诉讼程序的基本原则可以说就是正当程序原则,但该原则显然是一个抽象性的宪法原则,需要在刑事诉讼中进一步具体化。"[2] 首先,国家追诉原则既在广义上涵盖整个刑诉过程,也从狭义上特指侦查、起诉活动;其次,在审查起诉阶段则采取不告不理原则;最后,在进入审判阶段后,应遵守直接言词原则、自由心证原则和罪疑唯轻原则。这些原则如何划分虽无定论,但仍可提取最大公约数,也就是,从应然角度出发,只论述那些对现代刑事诉讼具有普遍意义的原则,而不考虑它们是否为实定法所规定或承认。

有些原则虽然重要,但适用范围较窄,比如审理单元原则,乃谓审理程序应当独立完整而持续进行,法官必须持续在场,不单是身体在场,精神也要在场,不能当庭瞌睡,若有意外应更换法官,质证环节必须重新开始。再如密集与迅速原则,乃谓审理程序应一气呵成,务必摒弃一切不必要或不正当的延搁,但也决非草率从事,更不应违反程序规则。[3] 一事不再理也完全可以放在本章中,但本书将其置于"诉审同一"一章,意在强调这一原则的难点和细节在于何谓"一事"。国内较有影响的学术著作遴

---

[1] 参见[美]朗诺·德沃金:《认真对待权利》,孙健智译,五南图书出版公司2019年版,第69页、第71页、第72页、第73页。

[2] 李世阳:《构建刑事诉讼法解释学的基础》,载江溯主编:《刑事法评论:刑法与刑诉法的交错》(第45卷),北京大学出版社2022年版,第74页。

[3] 参见张建伟:《刑事诉讼法通义》(第二版),北京大学出版社2016年版,第487页。

选的国际通行的基本原则各有侧重,比如国家追诉、控审分离、无罪推定、公正审判、禁止强迫自证其罪和禁止双重危险。[1] 再如程序法定、司法独立、国家追诉、无罪推定、不受强迫自证其罪、程序参与、有效辩护、强制性措施限制适用与适度、程序公开、社会参与、诉讼及时、一事不再理、修复性正义。[2]

第一节 国家追诉

起初,只有被害者有权提起控诉,随后才扩大到他的亲属以及共同体的所有成员。人们推选"官员"来审查证据,作出并公布判决。但这个官员无权发起诉讼,无权决定需要提出哪些问题,引入哪些证据,也没有调查权。重点是审判过程,也就是在作为仲裁人的法官主持下原被两造之间进行的辩论,是公开的、口头的。中世纪大陆法系的刑事诉讼也是这种控诉式。[3] "现有的证据足以充分地证明,同一发展水平的社会,即使处于不同的历史时期,都会发展出相似的法制。在所有那些以采集和狩猎作为主要生产方式的初民社会,都将乱伦、巫术、对于圣礼的侵犯规定为侵害社会福利的犯罪行为。在这一时期,并不是像今天这样的法律,而是社会习俗在发挥着对于这些行为的制裁作用。相反,杀人、伤害、通奸与盗窃却并不被认为属于具有公共影响的侵害行为,而仅仅侵害了被害人,因而留给被害人个人或者他的家族实施私人的报复作为制裁。盗窃相对来说并不算严重的事情,因为个人财富基本上还没有积累到值得偷盗的程度。杀人则通常通过对于谋杀者或是其家族的血亲复仇来处理。被抓到现行通奸者,会遭到受到侵害的丈夫当场的报复。"[4]

可见,在古老的法律中,国家不愿多管闲事,因为彼时的国家可能只

---

[1] 参见陈光中主编:《刑事诉讼法》(第四版),北京大学出版社、高等教育出版社2012年版,第86—90页。

[2] 参见宋英辉等:《刑事诉讼原理》,北京大学出版社2014年版,第42—122页。

[3] 参见[美]约翰·亨利·梅利曼、[委]罗格里奥·佩雷斯·佩尔多莫:《大陆法系》(第三版),顾培东、吴荻枫译,法律出版社2021年版,第145页。

[4] [美]西奥多·齐奥科斯基:《正义之镜:法律危机的文学省思》,李晟译,北京大学出版社2011年版,第20页。

是个城邦,许多纠纷与仇怨难免归于民间自行了断。《出埃及记》第 21 章讲道:"人若彼此相争,这个用石头或是拳头打那个,尚且不至于死,不过躺卧在床,若再能起来扶杖而出,那打他的可算无罪;但要将他耽误的工夫用钱赔补,并要将他全然医好。"史料记载:"我们在习惯上认为专属于犯罪的罪行被完全认为是不法行为,并且不仅是窃盗,甚至凌辱和强盗,也被法学家把它们和扰害、文字诽谤及口头诽谤联系在一起。所有这一切都产生了'债'或是法锁,并都可以用金钱支付以为补偿"。[1] 11 世纪俄罗斯法规定:如果一人杀死另一人,被杀者的兄弟应为其复仇;儿子应为父亲复仇,或者父亲应为儿子复仇;亲侄应为叔伯复仇,亲甥应为舅父复仇。如果没有复仇者,杀人者应赔偿 40 格里芙纳的赎杀金。更早期,大约 7 世纪的西哥特法规定:"任何杀人者,无论其是否故意而为,皆交予死者父母或仅次于父母之亲族处置。"[2]

古希腊实行的全民告诉原则不同于国家追诉,因为彼时国家尚处萌芽状态,没有完整而强势的犯罪追诉机构,甚至犯罪定义也并不由国家垄断。无论刑事还是民事,告诉均须公民亲力亲为,"没有公共检察官。每个公民都有权利——和责任——在他认为法律遭到违反的时候提出诉讼。这有点像我们的'公民逮捕'的法律理论,允许任何公民在看到有人犯罪时逮捕他。在雅典,公民不仅能够逮捕,而且能够起诉。这是符合雅典的参与性民主政府的概念的"[3]。古罗马法虽有私罪与公罪之分,但私罪比公罪庞大而复杂,诉权基本上还是由公民提起,只有直接蒙受损害者才能获得赔偿。控诉既可向执政官、裁判官提出,也可向人民大会提出。[4] 以此推论,追究犯罪的责任也是全民的。日耳曼法也热衷自诉方式,即由被害人或其近亲属提起控告,它以允许金钱赔偿抵罪的民间私了为制度前提。

国家有专属的管理和实现刑事正义的义务,该义务的基础在于为社

---

〔1〕 [英]梅因:《古代法》,沈景一译,商务印书馆 1959 年版,第 208 页。
〔2〕 [美]博西格诺等:《法律之门》,邓子滨译,华夏出版社 2017 年版,第 328 页。
〔3〕 [美]斯东:《苏格拉底的审判》,董乐山译,生活·读书·新知三联书店 1998 年版,第 173 页。
〔4〕 参见[苏]科瓦略夫:《古代罗马史》,王以铸译,生活·读书·新知三联书店 1957 年版,第 105 页。

会成员道德人格的自由实现创造必要条件。[1] 而在当代,国家公诉成为主要形式,几乎包办了所有犯罪的处置,因为制裁越来越集权化,而且制裁的实施都被保留给了分工运作的法院和执行机构。自力救济原则被尽力限制,但不能完全排除。即便在现代国家,仍然留有最低限度的自力救济。[2] 自诉只限于少而轻微且不涉公益的犯罪。可一旦展开公诉,一般不承认被害人事后撤回报案的要求。自诉只涉个人,国家不主动介入,体现对被害人意思自治或家庭隐私的尊重,比如侵入住宅、侵犯通信自由和知识产权,民若不举,官亦不究。同一案件,既经自诉,应用自诉程序,不应允许再向检察官告诉,此所谓自诉不得并行公诉原则。[3] 当然,自诉案件的某些情形,国家亦可主动追诉,比如发生了影响极坏的虐待行为,公众希望追诉而被害人不愿或无力自行告诉;又如侮辱罪、诽谤罪,在德国若涉及纳粹主义或其他暴力、独裁的受害者,国家就有义务出面追诉。在我国,"严重危害社会秩序和国家利益的"可转为公诉。[4]

"国家追诉"一语应包含古代王朝对刑罚权的垄断行使。"在早期的刑法典中,即卡尔斯五世国王在1532年制定的《卡洛琳娜刑法典》,就已有国家主动追诉犯罪的规定,其同时也规定了私人的告诉,不过此种自诉规定事实上几近枯萎。"[5] 每个朝廷对刑罚的热衷程度大致相同,多是热衷于追诉,收敛克制的为数极少。明朝的东厂比汉文帝时期的廷尉更为人所知,是因为它抓了更多的人。国家对刑罚权的独占意味着,对犯罪行为进行的追诉程序不以私人请求为必要,也不受私人拘束。被害人或其

---

[1] 参见[葡]乔治·德·菲格雷多·迪亚士:《刑事诉讼法》,马哲、缴洁译,社会科学文献出版社2019年版,第66页。
[2] 参见[奥]汉斯·凯尔森著、[德]马蒂亚斯·耶施泰特编:《纯粹法学说》(第二版),雷磊译,法律出版社2021年版,第51页。
[3] 参见林俊益:《程序正义与诉讼经济》,元照出版公司2000年版,第51页。
[4] 自诉不同于告诉,告诉"系指犯罪被害人或其他告诉权人,向侦查机关申告犯罪事实并为请求追诉之意思表示。若非告诉权人,仅能告发犯罪,而不能提出告诉;若告诉权人非向侦查机关提出者,或仅申告犯罪事实(如报案)而未表示希望追诉者,皆非合法之告诉"。林钰雄:《刑事诉讼法》(下册),元照出版公司2015年版,第33页。
[5] [德]克劳斯·罗克辛:《德国刑事诉讼法》,吴丽琪译,三民书局1998年版,第105页。

他人只可控告、揭发犯罪,但已不是刑事追诉的发动者。只要是成文法国家,无一不在法律中规定国家追诉原则。这种为国家所独享的犯罪追诉权,以明文规定的方式赋予极其特定的追诉机关,并责成这些机关不得怠于行使侦查、起诉、审判犯罪的职权,与此同时,明文排斥其他机关和个人僭越这种犯罪追诉权,不应留有例外。

不过,即便是国家垄断追诉权后,被害人仍然以其独有方式影响着司法。第一,被害人有权参与对嫌疑人的首次聆讯,听取保释条件,有权拒绝同嫌疑人或其律师见面;第二,被害人有权向警官、检察官表达案件处理意见,如果被害人对追究加害人不感兴趣,警察就会倾向于不再拘捕或调查嫌疑人,即使已经拘捕嫌疑人,如果被害人愿意,检察官也可以不起诉或者撤回起诉;第三,进入审判阶段,可能要求被害人在庭前听审或者在庭审中出庭作证,或者被害人自己主动要求出庭作证;第四,量刑阶段,法官和陪审团可以专门考量被害人声明,声明中主要涉及被害人及其家庭因犯罪所受的影响;第五,被害人有权取得损害赔偿及其他补偿;第六,被害人有权得知罪犯假释的信息;第七,性犯罪被害人有权不出庭作证;第八,被害人有权要求改名换姓,并得到重新安置。[1] 一般而言,理性的司法制度应当承认性犯罪被害人撤回指控的权利,因为被害人一旦在法庭上不支持控诉,检察官将陷入被动。

"完全由国家独占追诉权,往往会造成在运用追诉权时出现官僚化倾向,导致行使追诉权时背离被害人和市民的法律感情。"[2]一意孤行的国家追诉,侦查、起诉、审判的流水线越完备高效,就越意味着监狱人满为患。动用国家资源,其范围和力度自然高于民间私自解决,但久而久之,国家会习惯于甚至仰仗于刑罚作为社会治理手段。民众也会迷信刑罚,而且越重越好。国家追诉的动力和热情都必须有所节制。数字对比或许可以说明一些问题:汉文帝时,"化行天下,告讦之俗易。吏安其官,民乐其业,畜积岁增,户口寖息。风流笃厚,禁网疏阔,罪疑者予民,是

---

[1] Daniel E. Hall, *Criminal Law and Procedure*, Delmar Cengage Learning, (2011), pp. 330-331.

[2] [日]田口守一:《刑事诉讼法》(第五版),张凌、于秀峰译,中国政法大学出版社2010年版,第122页。

以刑罚大省,至于断狱四百,有刑错之风焉"。[1] 也就是民不犯法,安居乐业,宽松自由,一派清平,疑罪从轻,以致刑罚多年无用武之地。"断狱四百"相当于一年审判了400件刑案,以汉初大约1500万人计算,人均定罪率约为万分之零点二七。

而根据2018年最高院工作报告,2013年至2017年,5年间全国一审审结刑案548.9万件,判处罪犯607万人,年均121.4万人,按14亿人口计算,年人均定罪率近万分之九,即使不考虑共同犯罪,人均定罪率也是文帝时期的30多倍。按照2023年最高院工作报告,2018年至2022年,5年间全国一审审结刑案590.6万件,判处罪犯776.1万人,年均155.2万人,仍按14亿人口计算,年人均定罪率增至万分之十一,已近文帝时期的42倍。或许有人会反驳说,汉文帝时期是农业社会,王朝管控臣民的方式相对松弛,人民之间的关系也相对简单,不好拿来与今天复杂的治理模式相比。但问题是,三四十倍的犯罪率仍然需要解释,需要刑罚权过度膨胀之外的合理解释。

第二节　不告不理

具体的刑事案件经起诉而系属于法院,也称诉讼系属,法院受其拘束,对已经起诉的案件必须加以审判,所谓"告即应理",其反面则是不告不理。不告不理意味着无控方起诉即无法官审判。这一原则反对控审合一,坚守控审分离,旨在捍卫两造平等、法官居中的诉讼模式。"告",主要指检察官起诉,因而也被称为控诉原则。其理念基础是法官被动中立,制度背景是诉审分立。有指控才有审判,即使在法官面前发生了杀人、伪证等犯罪,也需要先由检方提出指控,法官才能进行审理并作出判决。不仅如此,法官审理和判决的内容,应以检方起诉的内容为限。"控诉在法庭面前确定和固定了诉讼标的。……刑事诉讼标的的同一性原则、一致性

---

[1]《资治通鉴》卷十五,汉纪七,文帝前十三年(前一六七)。

或不可分性原则等融为一体。"[1]起诉后,如果发现有新的事实或有新的嫌疑人,应由检方追加起诉,方得扩大审理和判决内容。"起诉之追加,限于第一审辩论终结前为之,其于第一审辩论终结后,无适用余地,然其范围以得就本案相牵连之犯罪,或本罪之诬告罪而为追加,其追加次数并无限制。……然诉之追加,以旧诉存在为前提,若追加新诉,而撤回旧诉者,则为诉之变更,自为法院所不许。"[2]

而如果发现新证据显示被告无罪,由公诉人当庭主张被告无罪是不适当的,既然认为无罪,就应当撤回起诉。对检方撤回起诉的请求,法官应当准许,否则就回到包公时代的纠问模式,不仅负责裁判,还负责指控甚至侦查。换言之,"在起诉前既许检察官斟酌情节为不起诉处分,在起诉后自无不许其撤回之理"[3]。不过,公诉人撤回起诉后,依一事不再理原则,不允许检察官再杀个回马枪。"司法权之本质在于其具有正当性、独立性、被动性及拘束性,其中尤以营造其独立的审判环境及遵守程序上的被动性最为重要。从权力分立制衡的机制来看,司法机关唯严守不告不理之被动性,始能使司法权限缩于宪法所规范的界线之中,而不致于逾越之虞,否则分权制衡之机制,势必荡然无存。"[4]起诉书不同于告状信,不能递交一纸文书了事。控方须到庭口头宣读起诉书,并就起诉事实同被告及其辩护人当面质证和辩论。不告不理原则旨在遏制两种倾向:一是法官兼作公诉人和侦查员;二是检察官凌驾于被告之上,甚至凌驾于法官之上,成为法官之上的法官。即使法律规定检察院具有所谓监督权,也应理解为庭外或庭后监督,而决不是当庭争夺庭审主导权。

某些违背不告不理原则的情形,看似于法有据,其实与法律的基本理念、原则背道而驰。这方面的立法缺陷,以上级法院可以提审下级法院判决生效案件最为典型。根据我国刑诉法的规定,最高院有权依审判监督程序提审各级法院判决生效的案件,如果提审后判决重于原生效判决,其

---

[1] [葡]乔治·德·菲格雷多·迪亚士:《刑事诉讼法》,马哲、缴洁译,社会科学文献出版社2019年版,第82页。
[2] 刁荣华:《刑事诉讼法释论》(下册),汉苑出版社1977年版,第396—397页。
[3] 陈朴生:《刑事诉讼法论》,正中书局1970年版,第177页。
[4] 王兆鹏:《一事不再理》,元照出版公司2008年版,第169页。

至将死缓径直改为死刑立即执行,也是"合法的",但这相当于最高院主动出击,没有控诉却启动审判,既违背不告不理原则,又违背上诉不加刑原则,甚至剥夺了上诉权。比如刘涌案,辽宁省铁岭市检察院于2001年8月10日向铁岭市中院提起公诉,指控刘涌犯组织、领导黑社会性质组织罪、故意伤害罪等罪名。铁岭市中院于2002年4月17日判决认定刘涌犯故意伤害罪,判处死刑。刘涌提出上诉。辽宁省高院于2003年8月11日判决撤销故意伤害罪的量刑部分,判处死刑缓期2年执行。该判决发生法律效力后,最高院于2003年10月8日作出再审决定,以原二审判决不当为由,依照审判监督程序提审本案,最终判处刘涌死刑立即执行。[1]

这样的立法弊端迟迟无法纠正,与其说是技术问题,不如说是理念缺失。"正因如此,我们才经常强调:'法官的使命是裁断,而不是发现。'……法院不能主动对任何一项争端进行裁判活动,它不能主动干预社会生活,而只能在有人向其提出诉讼请求以后,才能实施司法裁判行为。同时,法院一旦受理当事者的控告或者起诉,其裁判范围就必须局限于起诉书所载明的被告人和被控告的事实,而决不能超出起诉的范围去主动审理未经指控的人或者事实。换句话说,法院或法庭的裁判所要解决的问题只能是控诉方起诉的事实和法律评价即被告人被指控的罪名是否成立。如果认为成立,就应按照控方主张的罪名作出有罪裁判;如果不成立,则应作出无罪判决。法院如果超出这一限制,而主动按照控方未曾指控的罪名给被告人定罪,就与司法程序的被动特征和'不告不理'原则直接发生冲突。"[2]从世界范围看,在坚守司法被动中立方面,英美法系做得更好,大陆法系由于法官主导庭审调查等因素,总不免过分主动之嫌。

大陆法系法官不受控辩双方举证、质证范围限制,可以主动调查核实证据,并有权在庭审时直接讯问被告。显然,这种调查是专门针对控辩双方举证范围之外的新证据、新证人的,很容易突破中立地位。而且,庭审时法官的发问也可能随时突破控辩举证、质证范围。不只是法官,公诉人

---

[1] 见最高院(2003)刑提字第5号刑事判决书。
[2] 陈瑞华:《看得见的正义》(第三版),法律出版社2019年版,第182页。

在庭审时对被告的讯问范围也应当受到限制,比如在李庄案庭审时,公诉人突然指斥被告曾有嫖娼行为,后来解释说,那是针对被告当庭一再说自己品行端正。这个解释进一步暴露了问题所在:无论公诉人的动机及语境如何,当庭提出起诉书中没有的不利被告的事实,都接近某种额外指控。而且,被告为了求得轻判,可以当庭为自己大吹法螺,但公诉人却不可在起诉内容之外大放厥词。法官不取证原则立足于法官中立听审之公平法院观点,以此区别于应负举证责任之检察官。其原因主要在于,避免法官在事实认知上藉由依职权取证而使用不利被告的证据。反之,"不仅抵触无罪推定原则,亦无疑使法官成为接续侦查之搜证者,将使被告实质上丧失对于证据取得合法性与关联性之抗辩"[1]。

如果法官加入取证,便再无中立可言,对弱势的被告尤为不利。"惟被告自侦查开始以迄终结之期间,均无如检察官拥有强大之公权力得以搜证,因此,当案件起诉后,为平衡两造悬殊之诉讼地位的差别,应使法官对被告主张有利于己之事实,有协助其取证之义务,使被告在诉讼上之攻击防御所得依循之证据或资讯,尽可能与检察官平等。简言之,法官不取证者,乃起诉后,法官应维持其中立之色彩,不应搜集对被告不利之证据以证明被告犯罪之谓。"[2]若法官肩负取证责任,当检察官"被攻击在法庭不尽职时,可将法官一并拉入,借口法官应共同发现真实。换言之,在诉讼程序中,检察官形式上虽有起诉及举证之义务,但却不负无法完成追诉(败诉)之责任或未尽举证时之责任,所有之责任最后全数沦为法院之负担,倒霉者却为被告"[3]。

由此看来,如何看待法官主动调查核实证据与不告不理原则的关系,是理顺整个控审制度安排的关键。这是因为,不告不理原则是控审关系的基石和框架,法官调查、核实证据的义务只是为了矫正某些具体偏差而进行的审慎校对,不应成为惯例,也不应扩展泛化,更不应理解为法官必为之事。而且,即使取消法官主动调查权,也能保障刑事诉讼基本格

---

〔1〕 黄翰义:《程序正义之理念》(三),元照出版公司2010年版,第11页。
〔2〕 黄翰义:《程序正义之理念》(一),元照出版公司2010年版,第385—386页。
〔3〕 黄朝义:《无罪推定:论刑事诉讼程序之运作》,五南图书出版公司2001年版,第21页。

局；而如果没有不告不理原则,则刑事诉讼极易退化为侦控审合一的纠问制。两相权衡,显然不告不理原则更为根本,这也是防止司法机车开足马力冲向定罪目标的制动器。从诉讼原理及司法实践看,只要法官主动出击,都可能因发现控方提出之外的证据而危及不告不理原则。因此,为发现真相和澄清证据的庭审发问,都应与本案事实有关,都应以起诉书为基础。法官澄清实体真实的冲动,应当受不告不理原则的程序限制。也就是,不能以扩大或加重被告刑事责任为目的而进行庭前搜证和庭上发问,更不能休庭去自行搜证,否则无异于法官自己充当了指控者。

法官不仅不能兼作检察官,而且还有诉讼照料义务,在被告措手不及失于防御时,应当调查核实对被告有利的证据。具体而言,"当案件进入法院由特定法官审理后,法官不得依职权传唤对被告不利之证人到庭接受询问,亦不得依职权取得对被告不利之证据"[1]。经申请而进行的被动调查应当基于关联性、必要性和可能性三个标准。典型的关联性是目击证人和不在现场的证据,必要性实际是对关联性的限制,某些证据虽与本案确有关联性,但出于诉讼经济的考虑,在法庭认为案情已然得到查清的情况下,无需调取新证据。若有人声称有可以证明被告不在现场的证据,因为有利被告,法庭也就不得拒绝调取。如果法官认为不必回应请求调取新证,那么,事后才证明未调取的新证有利被告的,可以成为上诉或再审的理由。如果事后证明未调取的新证不利被告的,不可成为抗诉或重审加刑的理由,因为不利被告的证据没有在庭审前呈于法庭,本身是公诉方的责任。至于可能性,主要为了对付"幽灵抗辩"。确实出现过一次成功的"海盗抗辩",当然成功只此一次:"我不是走私啦,是我在海上捕鱼的时候哦,有匪船靠过来,就拿着枪强迫我们哦,他就把我们的渔获全部都抢走,但是抢走之后啊,就丢了一百盒或是一千盒的那个走私的香烟给我们。"[2]

世间事无奇不有。曾有一案例题,张三骑摩托车因无牌照而被警察拦截,竟冒名李四应讯,且对车的来源支吾其词。经查,该车系他人失窃

---

[1] 黄翰义:《程序正义之理念》(三),元照出版公司2010年版,第10页。
[2] 林钰雄:《刑事诉讼法》(上册),元照出版公司2015年版,第6页注6。

物,遂以李四为嫌疑人姓名制作报告书。检察官因李四居无定所而决定羁押,且认李四有窃盗罪嫌,制作起诉书提起公诉。法院审理过程中,李四供出冒名经过并经查实。惟其始终否认行窃,辩称向不详姓名者低价购买而得。法院乃以窃盗罪证尚欠充分,改判张三故买赃物罪。题解曰:检察官提起公诉系以涉嫌窃车者为追诉对象,且一直在押,张三李四,皆不影响公诉效力。但有罪判决变更原起诉法条,以不妨害事实同一性为前提,窃盗与故买赃物,截然不同,法院显然是对未经起诉之罪加以审判,有违不告不理原则。[1]"据此,设若审判程序中发现超出起诉之犯罪事实同一性的其他犯罪事实,法院基于不告不理,非经另行起诉,不得就未经起诉之其他犯罪事实加以审判。"[2]

第三节 直接言词

诉讼行为效力取决于法律规定,比如自诉案件,文盲可以口头起诉,但在公诉案件中,提起公诉须以起诉书为之,言词提起不生效力,而审判期日的诉讼行为则应以直接言词为之。当然,为求确实起见,要旨仍应记载于审判笔录。[3] 直接言词原则,顾名思义由"直接"与"言词"两个要素构成。其中,"直接"是指在场和直接采证;"言词"则指庭审过程须以口头陈述方式进行,审理、攻击、防御、提出证据以及证据调查,都不可用文书往来的方式进行。直接言词原则具体包括:(1)公诉方提交的案卷笔录,对法院认定事实不具有预定效力;(2)所有提供言词证据的证人、被害人都应出庭作证;(3)证人、被害人所作的庭外证言、陈述,不具有证据能力。[4] 直接言词原则在审判环节体现为言词辩论主义,只有经口语、口头提及、陈述的事实和证据才能作为裁判依据。换言之,法官必须亲历庭审,当庭听取控辩双方的言词指控和辩护,以言词形式完成举证、质证、

---

[1] 参见蔡墩铭、朱石炎编著:《刑事诉讼法》,五南图书出版公司1984年版,第201页、第214页。
[2] 林钰雄:《刑事诉讼法》(下册),元照出版公司2015年版,第139—140页。
[3] 参见林钰雄:《刑事诉讼法》(上册),元照出版公司2015年版,第257页。
[4] 参见陈瑞华:《刑事证据法学》,北京大学出版社2012年版,第46页、第48—49页。

辩论。由此,法官不得将证据调查工作委由他人完成,必须对原始事实进行调查,不得假借证据替代品。

直接言词辩论是对古老的兼听则明和非经听证不得给任何人定罪原则的现代阐释。[1] 可见,直接言词原则是与书面审理主义相反的一套理念和规则,它要求法官直接面对被告及证人,不得以侦查、起诉阶段形成的笔录文本或者以宣读笔录代替庭审中从被告、证据及质证中获得的印象,应以真实感受来完成一项判决。不仅卷宗内容不得用作裁判依据,而且其他所有在审判程序外获得的资料均不得用为裁判基础,比如法官私下获知的信息,评议时要求鉴定人所作的进一步说明,或者法官在勘验现场时独自获得的感受,再或者证人若无理拒绝当庭陈述,其庭前所作笔录将不允许朗读。[2] 直接言词原则暗含着一条证据采信的排序规则:出庭作证优于宣读书证,直接证人优于传闻证据。[3] "凡未经言词说出者,均不得考虑之,其应被视为未发生过或是不存在——此异于书面审理主义:即未在文书中被记载者,即视为不存在。言词辩论原则有现场的、最新的及快速的优点,但也有漏听或遗忘的危险存在。"[4]

衡诸书面审理,直接言词优势在于:(1)使法官能够对陈述者的真实意思表示及其感情获得丰富而明晰的印象,以便形成判决所需要的心证,而书面陈述则是一种经过加工制作的单一言词材料,难以提供法官判断陈述真伪的依据。(2)避免经加工制作而造成事实的扭曲。在陈述人不直接出庭的情况下,用作证据的书面证言通常是诉讼一方提取的,这种提取虽有法定程序和法定手段的限制,但由于各种主、客观原因,可能造成陈述人真实意思的扭曲。(3)防止不同主体对同一证据来源提取的证据在内容上的相互矛盾。例如对证人的询问,刑事侦查人员的询问记录往往不同于辩护律师的询问记录。(4)为在刑事诉讼中贯穿质证原则创

---

[1] 参见[葡]乔治·德·菲格雷多·迪亚士:《刑事诉讼法》,马哲、缴洁译,社会科学文献出版社2019年版,第85页。

[2] 参见[德]克劳斯·罗克辛:《德国刑事诉讼法》,吴丽琪译,三民书局1998年版,第490—491页、第497页。

[3] 参见张明伟:《传闻例外》,元照出版公司2016年版,第91页。

[4] [德]克劳斯·罗克辛:《德国刑事诉讼法》,吴丽琪译,三民书局1998年版,第148页。

造了前提。作为判决依据的证据需经质证,但就人证质证,如果无直接到庭言词陈述,则这种质证难以进行,至少很不彻底。[1]

然而,书面审理主义并未远去。首先,在一审庭审环节中事实上认可证人以书面证言为原则、出庭作证为例外,"证人证言"也主要指庭审前形成的证言笔录。由于证人不出庭是常态,笔录只是宣读一下即可过关。在出庭作证与庭前笔录不一致时,庭审实践总体上倾向于认可庭前笔录,尤其侦查阶段被告的讯问笔录基本会优先得到法庭采信。这是因为,满足"证人作出合理解释并有相关证据印证的"要求并不容易,而被告则被要求"合理说明翻供原因"。可首先要问,法庭上翻供是不是被告的一种权利?如果是一种权利,就不需要说明原因,或者说翻供本身就意味着新的供述,判明当庭供述是否真实才是法庭的责任。不妨直言,到目前为止,直接言词原则在庭审中有名无实,当庭陈述无力对抗庭前讯问笔录,庭审结论仍然受侦查结论主导。问题还在于,我国刑诉法关于警察出庭作证的规定还不完善,只是规定"警察就其执行职务时目击的犯罪情况"作证。[2] 即便如此,警察出庭仍然少见。按说案件越重大,越应强化程序机制,证明程度应当与待证事项的分量相对应,[3]但实际情况可能相反。

凶杀案后,警察面临极大的破案压力,通常看来并不充分的证据也会导致羁押,强有力的审讯容易产生虚假供述,法官容易受公众或被害方情绪影响。加之证词中难免谎言、夸张或错误,以及糟糕的司法鉴定,都会导致错误的侦查和审判方向。而被害人与犯罪人的相遇一般是激动而带有创伤的,指认难免舛误。就被告方而言,程序对他的限制比给他提供的机会要多,比如死刑复核程序基本采取书面审,有时竟是被告人家属转告辩护律师"上面已经核准了",目瞪口呆的律师面对家属情绪复杂的表情和注视,不知该怎样解释自己做过的大量工作。法律并没有规定必须将

---

[1] 参见龙宗智:《刑事庭审制度研究》,中国政法大学出版社 2001 年版,第 54—55 页。

[2] 为此,司法解释作出补救规定,控辩双方对侦破经过、证据来源、证据真实性或者证据收集合法性等有异议,申请侦查人员或者有关人员出庭。

[3] Theodore Waldman, "Origing of the Legal Doctrine of Reasonable Doubt" (1959) 20 *Journal of the History of Ideas* 299, 306-307.

进度与结果告知律师,也没有对复核死刑案件过程中如何听取辩护律师意见加以规定。程序上最有意义的,不是从"提出要求"到"听取意见"的一次规定动作,而是要保障辩护律师对即将到来的不确定的实体结果及时得到公平告知。未得告知,何来辩护?直接言词原则在事关生死的程序中尚且贯彻不力,在其他环节势必大打折扣。

总之,不能只凭侦查卷宗就形成判决,检控方也不能将案卷向法院一推了事,检察官有义务传召所有在案证人。换言之,被告必须到庭,公诉人、辩护人必须到庭,证人原则上也都必须到庭,以接受法官亲眼审查。"亲眼审查,是指法官通过自己的理解对某一对象的特征亲自进行的研究。作为直接的认识,亲眼审查在地位上要优于其他所有证据,后者仅能提供间接的认识。"[1]只有在确实无法到场的极其例外情况下,才准予当庭宣读其证言,但须当场证明如下事项:证人不能到场非因胁迫;证人具备证据能力;已被告知作为证人的权利和义务;身处遥远他国者,其证言业经使领馆认证。因合理原因没有出庭作证的证人证言,应当格外审慎地采信。法官依职权主动出击或者应申请被动调查新证据形成的笔录,可当庭宣读而无需证人出庭。这一方面基于对法官的信赖,另一方面也因为是否同意传唤证人到庭,权力掌握在法官手中。对法官当庭表示不信任,是不明智的。

只要是法律规定需要法官本人亲自询问时,澄清事实义务即要求禁止以朗读代替询问。[2]这决不是诉讼成本问题,说到底还是观念问题,是愿不愿意给定罪流程安装制动装置的问题。因为只有面对面,才有真正意义的交流、商讨、停顿、思索、回应。何止庭审过程,法官对是否受理上诉、接受申诉或决定提审,其评议过程也有言词辩论的传统。1981年美国第一位联邦最高法院女性大法官奥康纳曾给八位同事写信建议,鉴于案件积压严重,为提高受案效率,对调阅书面的诉讼事实摘要后即可解决的争议,不再进行言词辩论。布伦南大法官言辞激烈地

---

〔1〕 [德]费尔巴哈:《德国刑法教科书》(第十四版),徐久生译,中国方正出版社2010年版,第456页。

〔2〕 参见[德]克劳斯·罗克辛:《德国刑事诉讼法》,吴丽琪译,三民书局1998年版,第494页。

反对说,过去在新泽西州最高法院,我们纯粹依靠诉讼事实摘要,不进行言词辩论就处理几乎全部案件,这种做法让我印象深刻。该州那些质量低劣的终审判决可以直接归因于这种司法实践,迫使该州最高法院改变做法。言词辩论的价值之一是"它向公众展示的象征意义"。这是一种非常值得珍视的价值,因为它巩固了我们的司法公正、公平的公众形象。[1]

直接言词原则还要求,那些未曾进入程序的资讯不能成为判决依据,比如法官在庭审中入睡或在被告陈述和辩解时外出打电话,都构成上诉或提出再审的理由;再如法官以私人身份从酒吧闲谈中获知的犯罪事实,即使是被告亲口所言,也不能作为定罪根据。但法官私下获知的有利被告的证据,应当允许进入庭审成为判决依据。坚持当庭陈词优先,可以有力而醒目地促使当庭所有人都关注到,为何被告、证人先前形成的笔录与现在的陈述很不一致甚至完全矛盾,从而有效制约侦检人员对证据的人为操纵,让偏私的法官无所遁形。直接言词原则可以让控辩双方在法官面前充分展开辩论,充分陈明各自立场。讼争者在对话中必然产生自利的偏见,正是通过这一偏见,居中的裁判者才能发现哪怕是最细微的事实,从而更加接近真相。尤其是热忱的、偏袒一方的辩护律师,能够提请法庭注意某个证据,而这个证据在一次不带偏见的询问中反倒可能被忽视。在交互诘问中,辩护律师可以咬住证人的失言不放,直至追问出有利本方的真相细节并且锁定证据。

第四节　自由心证

自由心证,一言以蔽之,就是对证据能力和证明力的自由评价。法官根据审理全程建立起来的自由内心确信来决定是否采信证据以及采信的结果。法官的相信是自由的,比如在虐待儿童、强奸等"一对一证言"情况下,不存在"唯一正确的"判决,因为犯罪真相不过是对历史的有限重构。

---

[1] 参见[美]琼·比斯丘皮克:《大法官奥康纳传》,方鹏、吕亚萍译,上海三联书店2011年版,第118—119页。

当然,有法理学者认真论证过"唯一正确答案"。[1] 这种自由有其边界,法官需要坚守理性论证的最低标准,所作"判断应立足于健全的社会通念,且与论理法则、经验法则不相矛盾"[2]。经验法则,"因其性质之不同,得分为一般经验法则与特别经验法则两种。前者,既系依吾人日常生活或法律生活所得知之事实,其形成之法则,自无证明之必要。故一般经验法则,并非证明之对象。后者,系具有特别知识或经验者所得知之事实,其形成之法则,仍有待证明,如付与鉴定"[3]。同时,也一定要避免对法官形成内心确信的过分、夸张的要求,"依生活经验达到充分可靠的程度"[4]就足够了。

自由心证原则是相对法定证据制度而言的。《申命记》第 17 章:"要凭两三个人的口作见证,将那当死的人治死;不可凭一个人的口作见证将他治死。"第 19 章:"人无论犯什么罪,作什么恶,不可凭一个人的口作见证,总要凭两三个人的口作见证才可定案。"这是法定证据制度的古老遗迹,一人作证不能给人定罪,孤证不能定案。[5] 法定证据制度会有一个技术难题:如果一方是两三个人,另一方有三四个人,如何裁决?总不能

---

[1] "当法律人衡量各种见解而认为不分伯仲、难以取舍,这就是通常所谓没有正确答案的情形。德沃金指出,'没有正确答案'也是一种正确答案,因为,这也是考量各种论据后得到的结论;只有在经过论证,并衡量、评价各方论据之后,'没有正确答案'才能成为答案,而且,谁要采取这个答案,谁就必须提出理由解释为什么没有正确答案,而不是一有争议就可以走上第三条路。争议的存在、甲说乙说的针锋相对,并不当然意味着正确答案不存在。"[美]朗诺·德沃金:《认真对待权利》,孙健智译,五南图书出版公司 2019 年版,第 19 页。

[2] [日]三井诚、酒卷匡:《日本刑事程序法入门》,陈运财、许家源译,元照出版公司 2021 年版,第 241 页。

[3] 陈朴生:《刑事证据法》,三民书局 1979 年版,第 176 页。

[4] Schroeder/Verrel, *Strafprozessrecht*, 7.Aufl., 2017, S. 192.

[5] 凯特·莱克布施就读莱比锡大学时成为伽达默尔的学生和情人,她生于 1921 年,有着自由的灵魂,从不隐瞒自己对纳粹的想法。1944 年,少壮派军官刺杀希特勒未遂,凯特和几个女同学在等公交车时说,这条狗如果被杀,将是我生命中最美好的一天。在那时普遍妄想和狂热举报气氛中,两个女孩告发了凯特,说她对纳粹充满了 150% 的怨恨。时年 23 岁的凯特很快被捕,由人民法庭审理其叛国罪,虽处纳粹政权下,诉讼仍按法定程序进行,须两人的证词才能判决,女孩格特鲁德当庭勇敢地撤回了指控,指出庭前证言是被强迫作出的。剩下一个指控成为孤证,"因为缺乏证据"而被驳回。参见[加]让·格朗丹:《伽达默尔传:理解的善良意志》,黄旺、胡成恩译,上海社会科学院出版社 2020 年版,第 268—269 页、第 271—272 页。

哪边人多哪边有理吧？可回答偏偏是肯定的，而且上演了今人视为喜剧的一幕幕："两个证人的证言推翻一个证人之指控，农夫证言的价值是一般人的一半，女人证言的价值是男人的一半。在最极端的案例，假设有位男商人指控甲犯罪，那么，纵使有七个农妇出来证明被告甲不在场，法官也'应'判决被告'有罪'，因为，这种情形，要有八个以上（含本数）农妇的证言，才能推翻一个男商人的证言。"[1]

中世纪，证据曾被机械运用，比如"经被告自白或经两位无异议的证人所得之证据，即应视为有完全的证据力"[2]。"甚至在18世纪，人们还会常常见到如下的区分：真实、直接或正当的证据（如由目击者提供的证据）与间接、推断和制造的证据（如通过论证获得的证据）；明显的证据、值得考虑的证据、不完善的证据或蛛丝马迹；使人们对行为事实无可置疑的'必不可少的'证据（这是'充足'证据，譬如由两名无可指责的目击者证实，他们看到被告持一把出鞘带血的剑离开了稍后发现因刀伤致死的尸体的地方）；接近或半充足的证据——只要被告不能提出相反的证据，这种证据就可被认为是真实的（如，一个目击者的作证，或在谋杀前被告所做的死亡恐吓）；最后还有间接的、完全由意见构成的'副证'（如传言、疑犯的逃逸、疑犯在审讯时的举止等等）。……不应忘记，这些对法律证据的正式限制乃是绝对性权力和垄断性知识所固有的管理方式。这种刑事案件调查……乃是一种无需被告出席便能产生事实真相的机制。……这种程序往往必然要求犯人招供。"[3]

根据法定证据制度，口供成为定罪必备之物，甚至誉为证据之王，历史上各王朝毫无例外地钟爱刑讯，而且花样迭出，穷极想象。不过，没有人否认痛苦可以成为真相的熔炼炉。[4] 伴随启蒙运动，刑讯渐被唾弃，自由心证原则得以取代法定证据制度，从而"排除极端欠缺具体妥当

---

[1] 林钰雄：《刑事诉讼法》（上册），元照出版公司2015年版，第489页。
[2] ［德］克劳斯·罗克辛：《德国刑事诉讼法》，吴丽琪译，三民书局1998年版，第133页。
[3] ［法］米歇尔·福柯：《规训与惩罚》，刘北成、杨远婴译，生活·读书·新知三联书店1999年版，第39—40页、第41页。
[4] 参见［意］贝卡里亚：《论犯罪与刑罚》，黄风译，中国大百科全书出版社1993年版，第32页。

性的判断,而且就可摆脱因采行法定证据主义所造成偏重自白之倾向的观点而言,是具有历史性的意义"[1]。就此,已被排除的证据不得进入心证视野,未经严格证明者亦不得作为心证基础。既采自由心证主义,法官自可斟酌一切情形以为取舍,不必以供述先后不同判定证据力强弱,仅应本于法院职权详为调查。可见,自由心证原则不再允许法律统一规定千差万别的证据的价值高低,而是让法律力所能及地限制证据本身的能力,尤其是强行排除刑讯所得非法证据,并且明确规定,法官获得证据的途径必须保持基本的中立和被动,而在采信证据之前必须经过直接言词审理。不过,在法定证据和自由心证之间有一个短暂的过渡。18世纪末法国大革命时期就曾得出结论:如果没有法定证据,法官不能够判罪;如果法官的个人信念与这种虚构的证据发生矛盾,他也不应当判罪。[2]

法官的主观确信需要客观基础,只能建立在事件经过的高度盖然性之上,否则无法谈及真相的确定,无法理解判决,判决只有被理解,才能在上诉中得到审查。也就是,法官的认定不可离开确定的事实基础,以至于成了纯粹推测。证据评价是一系列心智活动,包括确定证人证言的可信度,评估其他证据的证明价值,在相互冲突的表述中作出抉择,从据信为真的素材中作出推论,判断各方系列陈述的前后一致性。关于证据采信的结果,法院以自由相信为准,它可以相信一个证人,而不相信其他证人。对外行人而言,这条规则是难以理解的,经常将其视为法院恣意妄为的特权。但人们一定要牢记,只要承认心证,就要承认主观认知的可能性有别于客观可能性。虽已知道某一硬币有猫腻,比如正反两面一致,以便作弊;再如知道有一面更重,因而更易掷出某面示人,但若不知哪面更重,也就不知哪面先落地,在实际投掷前也只能依然假定正反面出现几率各半。[3] "确信"并不排除另一种甚至相反的可能,经常可能遭受怀疑正是"确信"的本质。在法官所要评价的事实领域,人永远被拒于绝对确切

---

[1] [日]三井诚、酒卷匡:《日本刑事程序法入门》,陈运财、许家源译,元照出版公司2021年版,第241页。

[2] 参见[法]罗伯斯比尔:《革命法制和审判》,赵涵舆译,商务印书馆1965年版,第32页。

[3] Ho Hock Lai, *A Philosophy of Evidence Law*, Oxford University Press, (2008). p. 35, 115.

认知的门外。[1]

必须强调,法官发现真实的职责必须借由证据证明来达成,尤其是当庭的举证、质证,"且证据之证明力,虽许法院本其自由心证而为判断,但证明力之判断,以有证据之存在为前提。苟本无证据,自无依其心证自由判断其证明力,而为认定犯罪事实之依据"[2]。法官对证据的评价还必须全面,要评价所有支持与反对被告供述要点的证据,要考虑所有从事实和证据中得出的结论。[3] 否则,判决书可能与庭审实况完全脱节,自由心证反而成为枉法裁判的遮掩。"法官必须运用所学以适用相关法律,然而,其首要职责仍在于发现真实究竟为何。因此,这些法学专业人士不能仅依靠刑事侦查人员及其侦查的卷证资料来办案。在发现真实的道路上,审判期日中所获取的印象是他们唯一能够依靠的部分。这些印象得自于证人在法庭前所作的证词、被大声朗读的文件资料,以及鉴定人协助其了解现场迹证的种种说明。然而,最关键的仍在于被告的答辩。被告是否认罪,态度是否配合?"[4]当然,即使不配合,也不能在判决理由中称"被告獐头鼠目,显非善类,故其所辩显不足采"[5]。

然而毋庸讳言,刑事判决的结果不会尽如人意,被害人、被告人或者辩护人总有一个会跳出来抗议。法官虽都受过正规教育,社会地位优越,受过学术训练,专注于程序,精研法律术语,但庭审过程中却经常向那些言语笨拙、时常受到惊吓的人提问,问他们在几个月甚至几年前的某一特定场景下想到什么,认识到什么,在细节上希望什么,听到或者说了什么。在作出裁决之后,列明裁判理由的判决书在证据评价中,往往包含庭审内容和法院为何相信"本院认为"的总结。在形成这些确信的过程中,会涌入有意甚至无意的解释、前理解和正式的缩略概括,那些不重要的事项会被过滤,根据适用于每一特定情况的个人和社会条件来决定什

---

[1] BGHSt 10, 209.
[2] 陈朴生:《刑事证据法》,三民书局1979年版,第14页。
[3] Vgl. Volk/Engländer, *Grundkurs StPO*, 9. Aufl., 2018, S. 277-278.
[4] [德]汤玛斯·达恩史戴特:《法官的被害人》,郑惠芬译,卫城出版2016年版,第49页。
[5] 林钰雄:《刑事诉讼法》(上册),元照出版公司2015年版,第491—493页。

么才是足够重要的事项。刑法的核心始终是面向过去的,与现在的天气无关,而与几个月前 A 先生想了什么 B 先生做了什么有关。因此,犯罪事件的真实经过与判决书的描述之间存在相当大的差异。证人或被告人常有这种感觉,某个实际上对他们很重要的事项甚至没有出现在判决书中,在诉讼中几乎没起任何作用。辩护律师也没少抱怨在阅读判决书时有一种感觉,好像写的是另一场诉讼。[1]

"自由"二字经常引起误解,有任意择取、超越证据之嫌。而实际上,"所谓自由判断,并非任意判断,或凭空臆想,而是就实质真实原则之调查结果以及公开与直接及言词方式之审理所得印象与结果,依据一般之经验法则及逻辑思维推论,并本其职责意识及良知,而作公正判断"[2]。如果认为法官自由心证原则过分强调了法官内心确信,有些难以捉摸,不可量化把握,那么,不得不说情况确实如此,但舍此又别无更好选择,只能在何种证据应当进入法庭视野方面多下功夫。这种功夫不仅要下在刑诉法上,还要下在刑法上。多年来,刑法、刑诉法学科割据严重,不甚顾忌彼此看法。比如刑法理论上研讨的特殊认知者问题,可能没有考虑到,果真有这样的案件,证明起来恐怕只能仰赖口供,而自我归罪的口供又怎样得来?刑法中设定的犯罪成立条件,如果落实到证据上过分指向对主观心态的自我描述,就等于鼓励刑讯逼供。

自由心证的优势在与法定证据的比较中得以彰显:(1)法治国家都不再奉口供为证据之王,尽管实践中还有所折扣,至少由法律作出宣示,在制度安排上减少了刑讯逼供的动力;(2)在口供禅位后,证人当庭证言的地位上升,其证明力取决于法庭印象,而非宣誓、身份地位、人数或行政层级;(3)承认间接证据的合理周密连接可以形成有罪心证,但也由此引入若干限制间接证据定罪的规则,比如证明无罪一个证据就已足够,无需形成证据链;(4)法官仍应遵从自然科学知识与经验法则,比如酒精测试或者 DNA 分析,其统计上的可靠程度足以作为裁判基础,而与此同理,自然

---

[1] Vgl. Thomas Fischer, *Über das Strafen: Recht und Sicherheit in der demokratischen Gesellschaft*, Droemer, 2018, S. 130ff.

[2] 林山田:《刑事诉讼程序之基本原则》,载陈朴生主编:《刑事诉讼法论文选辑》,五南图书出版公司 1984 年版,第 37 页。

科学无法认定的因果关系不可用法官自由心证加以弥补;(5)当今世界普遍赋予被告沉默权,虽有论证认为沉默属不利被告的间接证据,[1]但为了捍卫法治国家沉默权的有效落实,"沉默不利被告论"应被彻底摒弃;(6)有拒绝作证权的证人拒绝作证,不得解释为不利被告,而当其沉默有利被告时则应视为有证明力,例如,在杀害亲生婴儿罪轻于谋杀罪的国度,如果母亲主张自己出于无奈杀了私生子,而其配偶或孩子的生父皆拒绝作父子关系鉴定时,法庭应当相信母亲的自白。

自由心证的对象是过去某时点的历史、已发生某个犯罪行为的社会事实,以及该犯罪行为实施者与被告是否同一人。然而,从认识论的极限与制度制约来讲,历史事实不可能达到价值中立的绝对事实,亦称自然事实、唯神可知的事实。1808年《拿破仑刑事审理法典》对自由心证原则作出了近乎文学化的描绘:"法律对于陪审员通过何种方式而认定事实,并不计较,法律亦不为陪审员规定任何规则,使他们据以判断证据是否齐备及是否充分;法律仅要求陪审员深思细察,并本诸良心,诚实推求已经提出的对于被告不利和有利的证据,在他们的理智上产生了何种印象。法律未曾对陪审员说'经若干名证人证明的事实即为真实的事实',法律亦未曾说'未经某种记录、某种证件、若干证人、若干凭证证明的事实,即不得为已有充分证明';法律仅对陪审员提出这个问题:'你们已经形成内心的确信否?'"[2]自由心证有这样一种意涵:从相信文字神秘力量的立法,向信任法官心智能力的司法过渡。

第五节 罪疑唯轻

罪疑唯轻之核心要义是就有利被告方向处置疑罪,直至疑罪从无。与无罪推定不同,罪疑唯轻不仅解决举证责任分配问题,而且确立罪疑难

---

[1] 英国1994年《刑事司法与公共秩序法》曾有例外规定,允许法庭从被告人毫无理由的沉默中推出不利于他的结论。Peter Hungerford-Welch, *Criminal Litigation and Sentencing*, Cavendish Publishing Limited, (2004), p. 414.

[2] 王以真主编:《外国刑事诉讼法学》,北京大学出版社1994年版,第33页。

断时法律适用之裁判规则。[1] 简言之,罪疑唯轻原则是指导法官在对犯罪事实未能形成确信时应如何判决的裁判法则。而无罪推定原则要求将犯罪事实证明至毫无合理怀疑的确信程度,否则必须无罪开释被告。[2] 罪疑唯轻之"疑"与犯罪嫌疑之"疑"截然不同。后者指可能有罪,只待司法澄清与认定;前者指对"有罪"本身产生很大疑问。《唐律疏议》卷第三十"断狱"专有"疑罪"条,注云:"疑,谓虚实之证等,是非之理均;或事涉疑似,旁无证见;或旁有闻证,事非疑似之类。"[3] 罪疑唯轻之"疑"越多,就越趋于无罪,而犯罪嫌疑越多,就越可能有罪。故"嫌疑"是警察国惯用的对付、骚扰甚至栽赃它不喜欢的或者不与它合作公民的利器。因此,检察官、法官必须审慎对待警方侦查终结后的事实与证据,将"被告人即犯罪人"的假说证明到"无法产生合理质疑的程度"。在此过程中,罪疑唯轻不仅是无法证立有罪案件的最终解决方案,而且是起支配作用的刑事审判的铁则。

在司法与人民的关系当中不是只有对与错,也有介于对错之间者。有的主张可能有点真实,这种状态称为嫌疑。对法治国家来说,这听起来实在令人感到惊异。单凭这样的半真实的、不确定的情况就可以作出决定并采取行动吗?事实证明,即使在法治国家,这样的事也无法避免。"在大多数情形下,警方无法等到真相确证之后才行动。……这种半真实暂时被容许用来辅助建构真实,其效力仅维持到后续的认知有了改变为止。"[4] 半个证据会有半个嫌疑,每个证据片断都意味着嫌疑的递增。这说明"疑罪从有"才是司法本能,罪行的认定可谓迫不及待,证据汇总只不过是对片断证据的拼接,而拼接的方式是按照认定罪犯的要求进行的。"因此,在半个证据未得到补充而形成一个完整的证据之前,疑犯并不能得到解脱,而是被认定为有部分罪责。……刑事诉讼论证不是遵循非真

---

[1] 参见蔡圣伟:《刑法问题研究》(一),元照出版公司2008年版,第8页。
[2] 参见[日]秋山贤三:《法官因何错判》,曾玉婷译,法律出版社2019年版,第103—105页。
[3] [唐]长孙无忌等撰:《唐律疏议》,刘俊文点校,中华书局1983年版,第575页。
[4] [德]汤玛斯·达恩史戴特:《法官的被害人》,郑惠芬译,卫城出版2016年版,第72—73页。

即假的二元体系,而是遵循逐渐升级的原则。论证中的每一级都构成一定的罪责认定,从而涉及一定的惩罚。因此,疑犯总会受到一定的惩罚。人若成为怀疑的对象就不可能是完全无辜的。"[1]

当侦查进行到一定程度,已搜集的证据不断引导新证据的发现,但这种发现总不免在某个环节停下来,总有尚不清楚的真相无法澄清。可人们总是担心罪犯会逃脱法网,司法官员会有意无意忽略有利于他的材料。在半真实无法转化为真实的情况下,"检察官与法官从事采证时,对于此等迟疑难决之事,当应本其职权详为调查,并以自由心证原则而为其证明力之评价。但若仍旧事实不明,而有存疑之处时,则应就有利于被告之方向,从事证据之认定,此即是刑事诉讼法上之罪疑唯轻原则"[2]。必须基于法安全理由,在规定期限内结束刑事程序,即在不能确信的情况下,那些不能完全得到认证的事实不能转嫁到被告身上,而是应当作出有利被告的裁决。刑事法官在认为指控有疑点时,哪怕是小小的疑问,都应该让被告受益于那些疑问。在每个环节上一丝不苟地执行这个因疑虑而使被告受益的原则,才能尽量避免酿成错案。每一宗错案都证明,作出判决的人没有执行好罪疑唯轻这一神圣的刑事审判的铁则。[3] 刑事裁断不能辩证、统一、两可,最后必须作出为现代诉讼文明所接受的某种处置。

1950年代的相关讨论,以彻底否定有利被告论而告终。当时批判的有利被告论,比疑利被告宽泛得多,那些认为被告为了说明自己无罪而做虚伪陈述无需负责,认为为了防止被告地位恶化而不得超出指控判处更重的罪名,或者认为上诉不应加刑等观点,都会作为有利被告论而遭受批判。批判者所理解的有利被告论,"就是从被告利益出发,为被告想办法开脱罪责。从立场上看,有利被告论就是被告的立场……政法工作是向敌人专政的武器,他把这个武器用来为被告开脱罪责,就等于调转矛头向

---

[1] [法]米歇尔·福柯:《规训与惩罚》,刘北成、杨远婴译,生活·读书·新知三联书店1999年版,第46页。
[2] 林山田:《刑事诉讼程序之基本原则》,载陈朴生主编:《刑事诉讼法论文选辑》,五南图书出版公司1984年版,第39页。
[3] 参见[法]勒内·弗洛里奥:《错案》,赵淑美、张洪竹译,法律出版社2013年版,第3页。

人民来专政。问题的严重性就在这里。从方法论上来讲,刑事被告仅仅是刑事诉讼的一方,刑事诉讼的另一方,即公诉人或者自诉人,那就是国家机关和人民,有利被告仅是从被告一方出发,必然先入为主,主观片面,根本谈不上全面地实事求是地对待问题,更谈不上从国家和人民方面来考虑问题,这也显然是形而上学的反动的思想方法……要说有利,那就只有利于社会主义,有利于无产阶级专政,有利于打击敌人;要说不利,那只是不利于反动阶级反动派,不利于反革命分子,不利于刑事罪犯"[1]。

20世纪50年代末,有学者为曾主张有利被告论作出深刻检查,并登载于被批判文章的同一学术期刊上。"由于我的阶级觉悟不高,敌我界限不清,对阶级性和党性最强烈的法律科学尚认识不足,因而在我担任的刑事诉讼课程教学中,不但积极地主张和宣扬过有利被告的谬论,而且在1957年第2期《法学》上还写了一篇《试论刑事诉讼中的被告人》的文章。这篇文章的基本思想是错误的。它给社会上、实践工作和学生都造成了极坏的影响。在党的教育和同志们的帮助下,通过学习党的方针政策,现在我已初步认识到这种'理论'的反动性。……有利被告论是资产阶级由欺骗劳动人民而变成镇压劳动人民的一个政治手段。……已不是思想范畴问题,而是政治问题,它成了右派分子向党、向社会主义猖狂进攻的一支毒箭。"[2]形成对照的是,彼时苏联在观念上不同于我国,它的刑事诉讼理论并不否定有利被告论,还不止一次地支持宣告无罪推定的国际条约。苏联将无罪推定理解为一项宪法原则,认为它所反映的不是某个诉讼主体的个人意见,而是不容辩驳的和一无例外的客观法律原则,是绝对的,必须无条件遵守。由于事物的逻辑而认为刑事被告有罪的国家机关,也必须做到这一点。[3]

关于无罪推定,我国学界曾于20世纪70年代末80年代初进行过两次激烈争论,其中还牵连是否赋予被告沉默权的问题,都因未能理顺

---

[1] 张汝东:《批判在审判实践中的旧法观点与有利被告论》,载《政法研究》1958年第4期。

[2] 罗荣:《彻底批判"有利被告"的谬论》,载《法学》1958年第3期。

[3] 参见[苏]蒂里切夫等编著:《苏维埃刑事诉讼》,张仲麟等译,法律出版社1984年版,第77—78页。

与"实事求是"的关系而被否定,有些争论还被上升到阶级斗争的高度,以否定论的全面胜利而告终。[1] 无罪推定现今已是无需争议的思想、理念、主义,基本含义是"任何受指控犯罪的人,在没有依法确定其有罪之前,均推定其无罪"。既然是推定,就允许反驳。"如果能够提出相反证据并且确保了辩护权利",无罪推定并不妨碍已有的法律上的规定。不仅是构成要件事实方面适用无罪推定,"关于阻却违法事由或阻却责任事由亦陷于真伪不明时,其结论仍是无罪。之所以采取此项原则,是为了排除在中世纪曾存在之极不合理之嫌疑刑"[2]。无罪推定最早出自1789年《人权宣言》,法国学者比较钟爱这一概念。而德国学者认为:"无罪推定原则的实质内涵除了以罪疑唯轻原则为中心外,迄今尚未明了。只有在把宪法上逾越禁止的规定具体化时,方有其称道的价值:即只要事实上无法证明其为有罪,则犯罪嫌疑人在确定判决之前均不得为此受累。"[3]

可见,德国学者更愿意围绕罪疑唯轻讨论问题,因为只有罪疑唯轻才是无罪推定的实质内容。申言之,无罪推定只解决责任分配问题,也就是,指控犯罪、反驳无罪推定的责任在控方,如果指控不成立,无罪推定未被驳倒,自然成立无罪。但无罪推定并未给出事实悬疑、证据不足时的案件处置原则,"无法在具体个案中对于事实不明的问题直接发挥作用,针对事实不明的情形,永远都是透过裁判规则(罪疑唯轻原则)来解决"[4]。再者,罪疑唯轻所解决的问题有时与无罪推定无关,比如二人在并非共同正犯情况下同时向某甲射击,却只有一枪致命,又无从确定哪支枪射出的子弹致甲殒命。出于罪疑唯轻的考虑,二人只能都以未遂论。可以说,刑事诉讼程序中的有疑唯利被告原则比无罪推定原则更加具体而有效,它"可以保障被告免于被纠问,即法官在相反事证出现之前都应

---

[1] 参见樊崇义主编、肖胜喜副主编:《刑事诉讼法学研究综述与评价》,中国政法大学出版社1991年版,第229—230页及第251—252页所载"主要参考文献"。
[2] [日]三井诚、酒卷匡:《日本刑事程序法入门》,陈运财、许家源译,元照出版公司2021年版,第242页。
[3] [德]克劳斯·罗克辛:《德国刑事诉讼法》,吴丽琪译,三民书局1998年版,第100页。
[4] 蔡圣伟:《刑法问题研究》(一),元照出版公司2008年版,第23页。

相信被告。这个原则在法律史中是最重要的文化表现之一。而如果这个原则真的受到严格遵守,那么当刑事司法这个巨大的磨盘为了发现真实而转动,它的危险性就只剩下一半"[1]。

罪疑唯轻原则系指当法院证据评价结束后,心证上无法排除有利被告事实的合理怀疑时,应朝有利被告事实的认定方向作出裁判。据此,犯罪不能证明时,应谕知无罪判决,避免无辜者受罚。例如,当因果关系有无不明时,须对涉嫌过失致死罪的被告宣判无罪;对已证明有杀人故意及着手实行的被告宣判杀人未遂。再如,被告涉嫌相互攻击对方,如有具体根据认为系针对现时的不法侵害的必要防卫时,则须对被告宣判无罪。又如,有具体根据认为被告于杀人行为时处于无责任能力状态时,须对被告宣判无罪。罪疑唯轻原则不仅适用于有罪认定的事实,也适用于影响刑罚高低的事实。法院确信行为人必犯涉嫌数罪中的一罪,于此数罪具有或多或少的阶层关系时,须适用较轻的罪名宣告其罪。法院调查证据后认为有两个以上的犯罪历程系属可能,而只能证明行为人必定实施其中一个犯罪历程,却无法证明究竟是出现哪一历程,且也无前述阶层关系时,可作出一个择一有罪判决。[2] 比如,要么实施了盗窃,要么收买了赃物,择一认定也称选择确定。[3]

疑利被告在当代各法域都无异议,但所谓"疑"者仅指事实,还是包括事实与法律两方面,向来争议不断。占上风的观点是,"罪疑唯轻原则仅适用于事实真相之调查,而不适用于法律问题。由于法律见解之不同,故对被告之罪责及其应科之刑度迟疑不决时,法院并不一定要就被告有利而采证,或从轻处断,法院可就被告之不利益而采证或处断。至于诉讼要件,如时效之问题,模糊不清时,可否适用罪疑唯轻原则,在学术讨论上尚

---

[1] [德]汤玛斯·达恩史戴特:《法官的被害人》,郑惠芬译,卫城出版2016年版,第49页。

[2] 参见许泽天:《刑法总则》(二版),新学林出版公司2021年版,第585—586页、第587页。

[3] 参见[德]汉斯·海因里希·耶赛克、托马斯·魏根特:《德国刑法教科书》(上),徐久生译,中国法制出版社2016年版,第199—200页;[德]乌尔斯·金德霍伊泽尔:《刑法总论教科书》(第六版),蔡桂生译,北京大学出版社2015年版,第496页。

无一致之见解,部分学者采肯定说,认为……应可适用罪疑唯轻原则"〔1〕。不过,法律方面存在争议时,比如"昆山反杀案",有视频为证,但究竟是否成立正当防卫以及是否防卫过当,若不承认法律有疑时有利被告,疑利被告原则将大打折扣,至少应该部分承认。针对法律有疑,英国法院曾提出"宽大规则",即在仔细研判立法目的之后,仍无法确定法律用语含义的情况下,"法律的解释应倾向有利被告"。这一规则在美国人看来可能是不合宪的,但却可以防止法院以其解释权扩大刑事法律范围。"从本质上说,宽大规则是解开绳结的工具;但是它只有在确实有一个'绳结'——两个或更多对法律平等的合理解释存在时才发生作用。"〔2〕

在罪疑唯轻适用范围上,区别对待事实问题与法律问题,实际是立场先行的结果,比如有学者认为,"任何法律条文都可能有疑问;即便原本没有疑问,在遇到具体案件时,也会有人为了某一方的利益而制造疑问;如果一有疑问就必须作出有利于被告人的解释,刑法理论就不需要展开争论,只要善于提出疑问并知道何种解释有利于被告即可。此外,如果要求刑法解释有利于被告,必然导致定罪混乱,亦即,可以根据案件的具体情况分别适用完全不同甚至相反的学说。事实表明,在法律有疑问时,要一概作出有利于被告人的解释是不可能的"〔3〕。以上所论须加推敲:首先,力求结论有利被告者,无非律师而已,其他人不会为此费心,而我们怎可假定,律师不以法律通识及个人职业荣誉为念,而专一制造事端,提出显然是极为牵强的疑问?其次,何止律师,检察官、法官为符合观念预设而分别适用完全不同甚至相反学说者,所在多有,可谓常态,不能以此为据反对在法律解释上追求有利被告的结论。

罪疑唯轻之"疑"还与某一阶段的刑法理论发展有密切关系。以刑法

---

〔1〕 林山田:《刑事诉讼程序之基本原则》,载陈朴生主编:《刑事诉讼法论文选辑》,五南图书出版公司1984年版,第40页。

〔2〕 [美]约书亚·德雷斯勒:《美国刑法精解》(第四版),王秀梅等译,北京大学出版社2009年版,第42—43页。

〔3〕 张明楷:《刑法格言的展开》(第三版),北京大学出版社2013年版,第546—547页;批评意见参见邓子滨:《中国实质刑法观批判》(第二版),法律出版社2017年版,第209页以下。

客观归责中的风险升高理论为例,卡车司机于车道中超越脚踏车骑行者时,未保持法律要求的安全距离,骑行者倒向卡车,被卡车后轮碾轧死亡。但据事后勘验、鉴定,因骑行者醉酒,即使卡车保持安全距离,死亡结果也有可能发生。所涉及的问题是,"结果不可避免性的事实判定不明时应该如何裁判"。假设行为人合法遵守义务规范而结果仍然几近确定发生,则因结果不可避免而无法归责于行为人;反之,假设鉴定结果不是几近确定发生,而只是可能发生,就无法直接论断结果可避免还是不可避免。依德国传统见解,由于结论无法确定,诉讼法上的罪疑唯轻原则便有了适用余地。但风险升高理论在一种假设情况下对卡车超车案有不同看法,那就是假如卡车遵守超车规则,则骑行者即使不是几近确定,也是有可能保住性命。这时,风险升高论者认为,正因为没有遵守法定的安全超车距离,所以才明显提高了意外死亡的风险,而骑行者也的确死于轮下,归责于他理所当然,罪疑唯轻原则便不适用于未发生的假设事件。[1]

　　从法律规范角度看,风险升高理论系针对规范问题,并非争执事实认定,而罪疑唯轻原则正是以行为与结果间应具何种关系这个规范问题为适用前提,所以对于这个规范问题的解决根本无能为力。[2] 就卡车与脚踏车案而言,不能确定死亡结果会否发生时,应当适用罪疑唯轻原则。而如果假设卡车司机遵守规则,骑车人就可能不死,现在违规了、人死了就应归责,那么,这种思路的实际效果是,在理论结构设计上为归责放宽了要求。因此,普珀教授才批评德国主流学说借助一个"循环推论"来扩张因果关系范围的做法:"因为行为人的行为属于导向结果的具体流程,所以是一个原因,因为行为人的行为是一个结果的原因,所以属于导向结果的具体流程。"[3] 而且,风险升高理论本身就是某种实质判断的"疑罪从有"的理论,自然排斥罪疑唯轻的主张,让许多人误以为这是个法律解释问题,不适用罪疑唯轻。也因此应当强调:"如果某一段刑法条文

---

〔1〕 参见林钰雄:《新刑法总则》,元照出版公司2016年版,第174—175页。
〔2〕 参见蔡圣伟:《刑法问题研究》(一),元照出版公司2008年版,第29—30页。
〔3〕 [德]英格博格·普珀:《法律思维小学堂》,蔡圣伟译,北京大学出版社2011年版,第151页。

十分难懂,或者模棱两可,不能明确对于已起诉的案件是否适用,这种情况下,法官应宣告被告无罪。这样做才是不折不扣地履行了我们那条金科玉律般的原则:'怀疑应对被告有利。'"[1]

有疑,可能由于证据不足,也可能由于证据相互矛盾且无法排除,无论哪种情况,做有利被告的结论是不存争议的。[2] 当然,被告有权利证明自己无罪,比如不在现场的证据事实上多由被告提供,但无论如何判决书不能写"被告主张自己不在现场,但却无法证明到确实、充分、排除合理怀疑的程度,因此合议庭认为应当认定被告在犯罪现场",而应当写"本院就被告不在现场的主张进行了审理,因无法排除其不在现场的可能,应当判决被告无罪"。不过,"使用不在现场的证明应该非常谨慎……人们很难证明这一天、这个时间他不在这个地方。应该去证明的,只能是同一天、同一时刻他在别的地方。……千万不要力图给自己制造一个这样的证明。如果有人证明了您的不在现场的证明是假的,您就倒霉了"[3]。也就是辩方千万不要给自己增加证明负担,一旦无法负起责任,可能承受某种不利被告的推论。

一般而言,举证责任在控方,但正当防卫之主张则至少要证明自己正在遭受不法侵害。就辩护策略而言,也应考虑到正当防卫主张的证明难度。尤其在罪疑唯轻观念尚不稳固的时代,很容易形成"被告方无法证明正当防卫,因而是故意伤害"的判决逻辑。[4] 实际的判决结果

---

〔1〕 [法]勒内·弗洛里奥:《错案》,赵淑美、张洪竹译,法律出版社 2013 年版,第 46 页。

〔2〕 凡原则皆有例外。学者指出法律规定"对于所诽谤之事,能证明其为真实者,不罚。但涉于私德而与公共利益无关者,不在此限"。大法官解释认为,纵使法院无法确认诽谤内容的真实性,但只要认为行为人有相当理由确信其为真实者,行为人仍不构成诽谤罪。参见林山田:《刑法通论》(增订十版下册),北京大学出版社 2012 年版,第 254—255 页及页下注 187。

〔3〕 [法]勒内·弗洛里奥:《错案》,赵淑美、张洪竹译,法律出版社 2013 年版,第 120 页。

〔4〕 "1805 年《普鲁士刑法典》甚至确立了这样的一般规则:'掌握不利于己的行为证据者,应受刑法规定之处罚,除非他举证证明,在当时情境下,该行为不是一种犯罪。'这个一般原则得到欧陆的费尔巴哈、米特迈尔、邦尔和英格兰的福斯特、布莱克斯通的支持。欧陆法院毫不迟疑地得出结论:自卫和精神错乱的证明责任在被告方。"[美]乔治·弗莱彻:《反思刑法》,邓子滨译,华夏出版社 2008 年版,第 385 页。

往往如此。[1] 正当防卫的前提条件是存在且正在面临不法侵害,而这种举证是控方不愿完成、辩方无法完成的。正当防卫意味着,指控对方正在进行一定强度的不法侵害,如果指控证据不足,就可能陷入被动。质言之,就是承担正当防卫之主张失败的后果。"被告方面想要将这些争点成为问题时,是具有以某种形式将争点提出于审判庭的一种责任,称作'证据提出责任'、'争点形成之责任'或'主张责任'等。"[2]

在是否存在正当防卫这一争论展开之后,如何在实体规则上适用罪疑唯轻?正当防卫之于故意杀人,是在基本构成要件之后具备正当化事由,所谓事实有疑是仅涵盖构成要件,还是同时覆盖正当化事由?可资类比的是,故意杀人之后以受嘱托杀人进行辩护,是在基本构成要件之外备选一个减轻构成要件。如果承认受嘱托杀人不能排除,就理应适用罪疑唯轻以受嘱托杀人罪论,而不再回到已确定的故意杀人的基本构成要件,[3] 那么,举重以明轻,在正当化事由之存在与否无法查清时,更不应自动回到故意杀人的基本构成要件。正当防卫作为一种事实,只要依当时的场景可能存在,就应适用罪疑唯轻,依有利被告的方向作出司法结论,让被告因事实有疑而受益。也有理论认为,正当防卫作为"阻却违法事由乃是基于容许规范而来的容许构成要件"[4],因而都是构成要件事实的一部分,也就当然支持罪疑唯轻适用于正当防卫的情形。

比如刘涌案,刘涌被铁岭市中院判处死刑立即执行,判决宣告后刘涌提出上诉。辽宁省高院改判死刑缓期二年执行,理由是"不能从根本上排除公安机关在侦查过程中存在刑讯逼供"。该判决生效后,最高院作出再审决定,以原二审判决不当为由,依照审判监督程序提审。最高院

---

[1] 对于审判所针对的事实,存疑无罪原则的适用不受任何限制,不但适用于构成犯罪的事实及加重情节,亦适用于阻却违法和阻却责任,比如正当防卫和紧急避险,以及犯罪中止、未遂等免除、减轻刑罚的事由。另外,罪疑唯轻被识别为一个证据问题,也就是不属于法律问题,因而在欧陆法系国家,比如葡萄牙,不可以提起上诉。参见[葡]乔治·德·菲格雷多·迪亚士:《刑事诉讼法》,马哲、缴洁译,社会科学文献出版社 2019 年版,第 127—128 页。

[2] [日]三井诚、酒卷匡:《日本刑事程序法入门》,陈运财、许家源译,元照出版公司 2021 年版,第 242—243 页。

[3] 参见蔡圣伟:《刑法问题研究》(一),元照出版公司 2008 年版,第 17 页。

[4] 许泽天:《刑法总则》(二版),新学林出版公司 2021 年版,第 122 页。

（2003）刑提字第 5 号再审刘涌案刑事判决书认为："刘涌的辩护人在庭审中出示的证明公安人员存在刑讯逼供的证人证言，取证形式不符合有关法规，且证言之间相互矛盾，同一证人的证言前后矛盾，不予采信。据此，不能认定公安机关在侦查阶段存在刑讯逼供，刘涌及其辩护人的辩解和辩护意见，本院不予采纳"，进而撤销了原二审判决的死缓量刑，重又判处刘涌死刑立即执行。最高院判决理由的错误显而易见，用"不能认定"否定"不能排除"，违反了罪疑唯轻原则。

不能认定不意味能够排除，不能排除合理怀疑的，恰恰应当做有利被告的判决。[1] 最高院对刘涌案的提审及其判决，不仅违背罪疑唯轻、不告不理、被告上诉权等一系列原则、原理，而且颠倒了举证责任。原本应由检察院对证据收集的合法性加以证明，如未能尽其证明责任，则应对有关证据予以排除，而不应由法院以"不能认定"替代"不能排除"，让被告证明自己无罪。这样的判词还为数不少，比如杜培武案判决书载："本案控辩双方争执的焦点是指控证据取得是否有违反刑事诉讼法的有关规定。在诉讼中辩护人未能向法庭提供充分证据证明其观点的成立，仅就指控证据材料的部分内容加以分析评述，而否定相关证据的整体证明效力，并推出本案事实不清，证据不足，被告人杜培武无罪的结论，纯系主观……的推论，无充分证据加以支持，该辩护意见不予采纳。"[2]

---

[1] 对于再审刘涌案的全面批评，参见冯军：《评最高人民法院再审刘涌案刑事判决书——兼评从刘涌案中表现出的种种法治乱象》，载陈兴良主编：《刑事法评论》（第 14 卷），中国政法大学出版社 2004 年版。

[2] 云南省昆明市中院（1998）昆刑初字第 394 号刑事判决书。

第五章　居中裁判

你们的麻烦,和管理你们的重任,并你们的争讼,我独自一人怎能担当得起呢?你们要按着各支派选举有智慧、有见识、为众人所认识的,我立他们为你们的首领。你要在耶和华你神所赐的各城里,按着各支派设立审判官和官长。他们必按公义的审判判断百姓。不可屈枉正直,不可看人的外貌,也不可受贿赂,因为贿赂能叫智慧人的眼变瞎了,又能颠倒义人的话。你要追求至公、至义,好叫你存活,承受耶和华你神所赐你的地。

——《申命记》第 1 章、第 16 章

刑事审判部分是为了要追寻真相,但也是用来保护自由的系统,藉由确定没有人受到刑事惩罚,除非国家能先执行说服陪审团被告有罪的这个艰难任务。

——大法官布莱克

现代社会,法官隶属于法院。"法院"一词引入中国,借用了传统的院部制,并非庭院之"院"。回顾百年,清末即已完成法院布局,但至北洋政府才有效运行。此前断案,由县官民刑兼理,重案逐级上报,或由刺史巡回"录囚"复审,甚至由皇帝亲断大狱。[1] 而英文 Court 一词,乃庭院之"庭"也,"法庭"才是精当迻译。"一方面,它是指统治者的居所或庭院;另一方面,它也指分配正义的地方。"[2] 一方水土的头面人物在庭院里摆摊设点,讼争者各出一定费用前来寻求解决。"所采用的程序,主要是模仿私人生活中可能要做的一系列的行为,即人们在生活中发生了争执……高级官吏谨慎地模效着临时被召唤来的一个私人公断者的态度。"[3] 欧洲自法国加洛林王朝开始设置法院,形成了封建领主司法,此外还有教会法庭和国王法庭。[4]

不过,"以法官适用法律而为审判、作出个案判决来说,仅服从法律而独立审判的法官,绝非规范性的概念,而是秩序、制度性的概念,法官之所以得以为有权的审判,并不是凭空地、抽象地代表着规范,而是源自一个由机关与公务员所组成的制度体系"[5],即作为人格体的法院、法庭,它们有时与法官同义。"法律如果没有法院来详细说明和解释其真正意义和作用,就是一纸空文。"[6] 早在 15 世纪末,塞巴斯蒂安·布兰特就创作了一本配有木刻版画的故事集《愚人船》,其中讨论了法官所应坚持的一些品行,至今听来仍觉耳熟:牢记有更高的权威监督,力免不公正的判决;作出判决应迅速而严谨,务必经得起上诉检验;让邪恶及时得到惩罚,同时应迅速释放无辜者;始终追求正义,拒绝任何贿赂,同时监督审判庭其他成员。[7]

---

[1] 参见[清]沈家本:《历代刑法考》,邓经元、骈宇骞点校,中华书局 1985 年版,第 791—793 页。
[2] [美]博西格诺等:《法律之门》,邓子滨译,华夏出版社 2017 年版,第 331 页。
[3] [英]梅因:《古代法》,沈景一译,商务印书馆 1959 年版,第 211 页。
[4] 参见[法]贝尔纳·布洛克:《法国刑事诉讼法》,罗结珍译,中国政法大学出版社 2009 年版,第 36—37 页。
[5] [德]卡尔·施米特:《论法学思维的三种模式》,苏慧婕译,中国法制出版社 2012 年版,导读第 14—15 页。
[6] [美]汉密尔顿、杰伊、麦迪逊:《联邦党人文集》,程逢如、在汉、舒逊译,商务印书馆 2004 年重印版,第 111—112 页。
[7] 参见[美]西奥多·齐奥科斯基:《正义之镜:法律危机的文学省思》,李晟译,北京大学出版社 2011 年版,第 155 页。

第一节　法官　法庭　法院

　　法官与公诉人、被告人为庭审三大主角,构成一个等腰三角形,法官居中置顶,公诉人、被告人分别为底边两点。这一形象有利于理解控辩平等对抗、法官居中裁判的现代刑事诉讼。庭审是刑事诉讼的核心,而确保公平、有效、不偏不倚的最重要的人物是主审法官。法官因其学力、正直和同情而被遴选出来主持审判。他们的法袍象征着正义,[1]彰显出法官令人尊敬的地位,让法官有能力说"这不是我的决定,而是法律的决定"。如果法官不公正,那就是一种"司法谋杀(Justizmord),是德语中的一个形象称谓,是法律上十足的死罪。法律的守护者和看护人,却变成了法律的践踏者。他是毒死病人的医生,是绞死被监护人的监护人。在古罗马法中,腐败的法官是会被判死刑的,对于触犯法律的司法人员来说,没有比这更具有毁灭性、更应受到谴责的侵害法感的指控了。这是他自己的血腥阴影"[2]。"法官必须是独立的、公正的,而且不能判决他自己的案子。"[3]换个说法,任何人都不得做自己案件的法官。

　　刑事审判的合法性来自法官保留、法官独立和法官居中三项原则。法官保留原则亦称自然法官原则,其法源可以溯至罪刑法定,不仅要求订定罪状和处罚要事先明示,而且包括科处某一刑罚所适用的诉讼程序也要事前明示。为此,案件要由依之前公布的法律规定有管辖权的法院来审判,而不是专门或临时设立的机构。"这约束着对人的权利的必要保障,关系到司法的秩序、独立和公正审判的要求以及社会对司法的信任。为满足这些要求,有必要指出这一原则的三重含义。第一,该原则表明了其本意层面:只有法律能够制定和确定法官的管辖权。第二,该原则寻求明确一个时间上的参考点,并据此确认了不可追溯原则;法官及其管辖权

---

[1] John M. Scheb & John M. Scheb II, *Criminal Law and Procedure*, Wadsworth Cengage Learning (2011), p. 580.

[2] [德]鲁道夫·冯·耶林:《为权利而斗争》,刘权译,法律出版社2019年版,第43页。

[3] [美]约翰·罗尔斯:《正义论》,何怀宏等译,中国社会科学出版社1988年版,第237页。

的确定,依据的必须是在作为诉讼程序标的的犯罪事实作出之时已生效的法律。第三,该原则旨在对管辖权的限定秩序起到约束作用,从而排除任何随意地甚至任意地作出裁判的可能性。因此禁止例外的管辖,即专门为就某一或某些具体的案件创设管辖……",也就是"不得使任何人摆脱其自然法官"[1]。"保留"意味着将特定的事项权限仅留给法官行使,审判、遵循令状原则的羁押、搜查、检查、扣押与通讯监察权,须经法院审查,赋予法官独享。

"现实本身和生活的要求首先使人们必须相信,独立性是'审判'中最不可舍弃的特征。"[2]法官独立原则是现代法治国宪法一致的要求与保障,旨在防范司法职务受行政指令或其他外力干预。法官得以安稳中立而不被左推右搡,是因为制度认可且保障其独立。1891年5月11日,俄国皇太子尼古拉·亚历山大(尼古拉二世)乘人力车经过日本大津市小唐崎町,担任警备巡查的津田三藏突奔尼古拉,拔剑砍中其后脑,伤势很重。津田当场被捕。次日,明治天皇赶赴尼古拉下榻处致歉,一周后天皇登上俄国军舰为皇太子送行,足见事态严重。日本政府及元老们要求法院处死津田,以平息俄罗斯帝国的愤怒。问题是,皇太子只是重伤,无法以杀人罪判处津田死刑。日本政府要求将"加害或欲加害天皇、皇后、皇太子处以死刑"的刑法规定扩大解释到外国皇室,但大审院院长儿岛惟谦以"司法是独立的,不受政府支使"为由,多次拒绝。事发16天后,在大津地方法院开庭的大审院特别法庭以谋杀未遂罪判处津田无期徒刑。儿岛院长以勇气和睿智捍卫了法官独立,这个判决在日本司法史上犹如一盏明灯,闪闪发光,耀眼夺目。[3]

法官独立包括业务自主与职业终身两部分。前者易于感知和识别,行政外力干预可谓不少,偶尔还肆行恣意,但毕竟风险较大,成本较高;而后者却施力于无形,且借口繁多,机会频仍。人事权干预司法的实

―――――――

[1] [葡]乔治·德·菲格雷多·迪亚士:《刑事诉讼法》,马哲、缴洁译,社会科学文献出版社2019年版,第196页。

[2] [葡]乔治·德·菲格雷多·迪亚士:《刑事诉讼法》,马哲、缴洁译,社会科学文献出版社2019年版,第183页。

[3] 参见[日]山本祐司:《最高裁物语——日本司法50年》,孙占坤、祁玫译,北京大学出版社2005年版,第6—8页。

质威力不亚于指令权,操纵法官人事,才是遥控司法案件走向的上游技术,向来成为司法行政入侵刑事审判的险要关口。德国联邦检察总长居德曾语带讽刺地引述普鲁士司法部部长李翁纳德的名言:只要能保有任命及提拔法官的权力,我非常乐意维护法官其他的独立性保障。[1]"法官的职务收入,往往是法官的生活之资。假使国家可以任意地剥夺法官的收入,甚至可以撤销其职务的话,那么国家便可以为了自己的利益以及意欲,迫使法官为某种裁决及作出某种决定。所以,要防止法官受到国家权力喜好的左右而损害司法的独立,并且有效地保障法官的地位……假使法官能够拥有优渥的薪俸,便是维护一个健康的司法制度的首要因素。"[2]1990年苏联最高法院主席极为克制地提到:"法官独立性的缺失体现在,在法院实践中,几乎完全看不到无罪判决;在判决前,法官不是推定无罪,而偏好在发现规则恰好不适用于案件时,将案件返回控方要求补充调查……我们的法院改革,旨在保障司法权的独立性,并强化以法律为基础的国家的根基。"[3]

  法官居中原则是公正审判的核心,它要求审理者不偏袒,不在案件中嵌入个人利益。联合国大会1985年批准的《关于司法机关独立的基本原则》第2条规定:"司法机关应不偏不倚、以事实为根据并依法律规定来裁决其所受理的案件,而不应有任何约束,也不应为任何直接或间接不当的影响、怂恿、压力、威胁或干涉所左右,不论其来自何方或出于何种理由。""将被告的自由或财产置于法庭的裁判之下,而主审的法官却在针对被告的裁判结论中有着直接的、个人的、实际的金钱利益,这显然是违宪的,剥夺了被告的正当程序权利。利益对普通人是一种诱惑,而这个普通人一旦成为法官,将会忘记给被告定罪所需要的证明责任。利益还会驱使法官在国家和被告之间不能一碗水端平。"[4]法官是人民权利的最后一道防线,是人民对抗政府机关的最后仲裁者。庭审法官的提问,不应显

---

[1] 参见林钰雄:《刑事诉讼法》(上册),元照出版公司2015年版,第100页。
[2] 陈新民:《公法学札记》(修订二版),三民书局1995年版,第351—352页。
[3] [爱]凯利:《西方法律思想简史》,王笑红译,法律出版社2002年版,第381页。
[4] *Tumey v. Ohio*, 273 U.S. 510 (1927).

示出偏颇或者带有感情色彩,更不应问个没完没了。[1] 当检察官对被告穷追猛打时,制度设计使法官处于中立角色,以使公众信服。因此,法官中立必然体现在与检察官的起诉划清界限,不能成为侦查和起诉的接力者。

法官居中裁判有多种指标,但其基本尺度不外乎围绕庭审过程的独立、中立与照顾弱势一方。刑事法官要注意纠正检察官对警察违法行为的掩饰、包庇乃至纵容,并且要立刻加以纠正,不让控方的不正行为进入下一诉讼环节,成为既成事实。公正审判要求案件结局只受证据左右,不受外界环境影响,尤其不受媒体舆情干扰。法官可以采用一些措施保障被告获得公正审判的权利,比如提醒陪审员们不要收听收看媒体对在审案件的相关报道,向媒体发布不准报道本案的禁止令,适当延期审理等待公众怒气消散,或者干脆改变地域管辖。[2] 许多法官挥之不去的梦魇是发现真实,有时比检察官更加确信被告有罪,只是欠缺对虚伪矫饰的最后一击。许多法官说,检察官证据不足,我不帮他调查证据,案子如何了结? 其实正确提问应当是,这样的案件何以诉至我面前?[3]

判决理由不应是指控理由的简单复制,而应是辩护理由的充分展开。充分展开并不意味着必须支持辩护意见,但绝对应当说清为何"辩护意见不予采纳"。法官居中以"禁止法官动用他们对案件的独立知悉"这一古老原则为基础。早在13世纪,法学家们就被咨询过,如果一位法官正朝窗外观看,并且看到一名相识的贵族在博洛尼亚广场上杀了人,这位法官该怎么办? 主张禁止法官动用私人知悉给人定罪的评论家从《约翰福音》第8章找到文本源头:耶稣本人没有动用自己对被告妇人有罪的知悉,而是在地上随意画字,甚至懒得看一眼为难他的这群人,只是问有没有人愿意正式提出指控? 没有指控,就没有定罪。[4] 不过现在有这样的调侃:

---

〔1〕 *Commonwealth v. Hammer*, 494 A.2d 1054, 1060 (Pa. 1985).

〔2〕 Ronald Bacigal, *Criminal Law and Procedure: An Overview*, Delmar, Cengage Learning, (2009), p. 280.

〔3〕 参见王兆鹏:《辩护权与诘问权》,元照出版公司2007年版,序第3—4页。

〔4〕 参见[美]詹姆士·Q. 惠特曼:《合理怀疑的起源——刑事审判的神学根基》(修订版),佀化强、李伟译,中国政法大学出版社2016年版,第158页、第161—162页。

那帮法利赛人还是太笨,要在某些地方,人们会纷纷绰起石头砸向妇人,以证明自己的清白。

如果法官涉入个人喜怒好恶,不偏不倚也就不存在了。以藐视法庭罪为例,被告不停侮辱谩骂庭审法官,庭审结束时法官宣布被告成立藐视法庭罪,判处 11 年至 22 年监禁。美国联邦最高法院推翻了这一定罪,理由是被告的辱骂行为独立于指控罪名,庭审法官应当立即认定其行为性质并将被告暂时逐出法庭。正当程序要求另一位法官,没有被骂的法官,来主审藐视法庭罪。[1] 当然,法官对被告方的偏袒也偶有发生,这种偏袒也是有害的,但两害相权,公诉案件中偏袒被告为害较轻,因为公诉方背靠国家,扭转法官偏袒的能力较强。法官中立还应体现为对辩护律师的尊重,可以提醒、纠正、建议、劝告甚至批评辩护律师,但前提是不要以轻蔑的口吻,不要让其显得愚蠢,更不要促成陪审员心中的偏见以免导致重审。[2] 在某一庭审过程中,主审法官竟然背对着正在作证的被告。上诉法院认为,陪审团势必将这一举动理解为不相信被告的证词。[3]

为确保法官居中原则得以落实,法律赋予当事人申请法官回避的权利。申请回避不止出现在一审庭审实际开展之前,有时还出现在上诉审中,比如法官在一审案件审结后调至上级法院,恰逢该案上诉;再如前审法官不应再主审被发回重审的案件,但可否参与审理就有赖于如何理解"另组合议庭"。基于"裁判自缚性",法官应受自己前审时意思表示的拘束,不应与自己前审时意见相左,因此应当主动回避,应回避而不回避的,当事人有权申请回避。申请回避的时间,原则上是法官开始权利告知后。被申请回避的法官在是否回避的决定作出前,仅可也仅应实施不容拖延的处置紧急情况的行为,比如询问病危证人。关于回避的理由略有不同,但大致基于以下考虑:与被告人、被害人、证人、鉴定人、辩护人、诉讼代理人、翻译人的关系;是否曾以某种身份参与本案调查、侦查、起诉或二审法官参与过一审审判。

---

[1] Mayberry v. Pennsylvania, 400 U.S. 455 (1971).
[2] M.T. v. State, 677 So.2d 1223, 1229 (Ala. Crim. App. 1995); Earl v. State, 904 P. 2d 1029 (1995).
[3] State v. Jenkins, 445 S.E.2d 622 (N.C. App. 1994).

申请回避的理由,除法律规定者外,还有一些其他可资判断的事由,即"客观的具体事证,足以令一般人怀疑承审法官不能居于中立第三人之位置而公平审判"[1],比如像《威尼斯商人》中的公爵一样,在主持庭审时明显偏袒一方,压制另一方尤其是被告方,或者直接斥责被告。当然,肇始于被告及其辩护人的法庭冲突,不应成为申请回避的由头,以免被告方先行挑衅,意在陷法官于不义。但无论怎样,申请必须说明理由。认为有理,径行回避;认为无理,由其他法官合议裁定,或由院长决定,或由上级法院裁定。决定与裁定的不同制度安排,是着眼于可否就此上诉。一般而言,不宜就驳回裁定单独上诉,以免过分拖累诉讼进程,但可向原决定人申请复议一次,或者成为判决后上诉的理由。如果二审法院发现一审违反回避制度,应当裁定撤销原判发回重审。据此,回避决定作出后,必须回避者的审理活动应归于无效,之前所作的裁定、决定应当重新作出。

法官审理案件分独任制与合议制。1929年布加勒斯特第二届国际刑法大会上,将独任法官或合议庭作为专题,要求对有罪判决和对该判决的上诉应当绝对地以合议方式进行。特别强调的是,独任法官应在力所能及的范围内审理过失的、非自愿的或者不重要的故意犯罪,而最为严重的故意犯罪应当交由合议庭审理。"大陆法系国家的法学家也反感法官独任审判,有法谚为证:'独任法官就是不公正的法官。'"[2]法院还要遴选一些陪审员参与合议制审判,"要在刑事法院中代表全部国民行使国家的权力,其最好是经由一般的国民来实现,因其同时也将提供对抗来自官方的压力影响时的最佳保证"[3]。陪审员与法官有同等表决权,但不能主持独任制审判。从这个意义上看,法庭的元素是法官,法官的审理活动不是以个人名义而是以法庭的名义进行的。

冤案问题专家秋山贤三先生对法官提出十诫,也即避免错判的十大

---

[1] 林钰雄:《刑事诉讼法》(上册),元照出版公司2015年版,第106页。
[2] [美]约翰·亨利·梅利曼、[委]罗格里奥·佩雷斯·佩尔多莫:《大陆法系》(第三版),顾培东、禄荻枫译,法律出版社2021年版,第151页。
[3] [德]克劳斯·罗克辛:《德国刑事诉讼法》,吴丽琪译,三民书局1998年版,第45页。

实践原则：(1) 意识到审判席的高度会给人压迫感，也拉开了法官与被告的距离，虽说被告基本会被判有罪，但法官还是要力避不经意间的先入之见。(2) 不可忽略罪疑唯轻、疑利被告。(3) 不要将维持秩序的使命感带入事实认定中，否则很容易产生必罚思想，干扰冷静思考。通常认为案件越重大就越不可能错判，实际情况正好相反。(4) 意识到虽然书本知识渊博，但没有经受过社会磨练。(5) 不要轻信供述证据，有时无罪证据会被隐藏，唯独适合自白的证据才会被选出并被修正，甚至捏造以配合其他证据；证人多半经过检察官测试，共犯者会为自身利益而迎合检察官。因此法官要以"发现无罪才是法官的责任"的态度去洞察证据。(6) 不要轻视被告辩解。许多被告屈打成招，固然是为了尽快了结眼前痛苦，但也是指望"总有机会在法官面前陈述事实"，不能让这种指望落空。(7) 不要对鉴定坚信不疑。(8) 充实审理与合议，不可只顾着审理的速度。(9) 认真书写有罪的认定理由，尽可能让被告心悦诚服。(10) 保持百姓视角，让经验法则发挥作用。[1]

第二节　管辖与审级

法院管辖的规定，旨在达到现代法治国法定法官原则的基本要求。法定法官原则之下，先要区分审判权与管辖权。"刑事审判权之行使，其权限应分配于各法院，称之为法院之管辖。其规定划分法院间所得处理之诉讼案件之范围，曰管辖权，亦即划定各法院可得行使审判权之界限，与审判权之系指划归法院审判之范围者有别。故各法院对于案件必先有审判权，而后始生管辖权有无之问题。"[2] 英美也对 Jurisdiction 与 Venue 做了区分，前者是抽象的审判权与管辖权，后者指具体的地域管辖，即法院管辖权是以构成受理法院所在地为前提的。不过，警方以不法手段将被告诱拐至法院，法院审判权不受损害，重要的是，被告就在法院而不是如何来到法院。比如巴拿马独裁者诺列加被美军抓到佛罗里达州

---

[1]　参见[日]秋山贤三：《法官因何错判》，曾玉婷译，法律出版社2019年版，第132—137页。

[2]　陈朴生：《刑事诉讼法实务》，海天印刷有限公司1999年版，第29页。

接受贩毒指控,这位前总统抗议说,美国政府违反国际法入侵他国才使他失去自由,因而美国法院对他没有审判权。美国法院认为,审判权与拘捕合法性无关,最终判处诺列加 40 年监禁。当然,对诺列加的抓捕和审判,一直遭到学者批评。[1]

更早些时候,1961 年,耶路撒冷地方法院对纳粹战犯、"犹太问题最终解决方案"重要执行人阿道夫·艾希曼展开一场旷日持久的审判。其间,海德格尔的学生兼情人汉娜·阿伦特跟踪庭审并写作出版了研究报告,在美国引起轩然大波。1960 年 5 月 11 日,艾希曼在回家路上被三个男人抓起来塞进一辆轿车,带到布宜诺斯艾利斯郊区一所事先租好的房子里。没下迷药,没上手铐,不动粗,显然是专业人员所为。一周后等来以色列航班,艾希曼被带到耶路撒冷。辩护律师首先强调,将被告绑架到以色列,违反国际法,法庭认为审判合法,理由是违背国际法只涉及阿根廷与以色列两国,并未涉及辩方权利,而且这种违背已通过两国政府的联合声明得以修复。因此,不论带回艾希曼的人是政府特工还是一般公民,都无关紧要。艾希曼在阿根廷用的是假名,阿根廷政府也就解脱了保护责任。即使艾希曼申请过政治避难,难民身份也帮不了他,因为阿根廷虽然事实上成为纳粹战犯避难天堂,但这个国家却签署了一份国际公约,声明犯反人类罪的潜入者将不被视为政治犯。而所谓"假阿根廷国籍"又给了联邦德国一个拒绝保护的借口。[2]

基于审判权的法定管辖只由法律规定,带有强制性,不依被告约定而生成或改变,也不因警方违法而动摇或无效,"藉由预先所定之管辖,使各法院之间适当分配案件的同时,兼顾维护出庭或防御的便利等被告的利益"[3]。法定管辖概念之下是事物管辖与土地管辖。事物管辖也可写作"事务管辖",是指依照刑案性质或轻重决定第一审管辖分配。其一,若依案件性质,则不考虑处罚轻重,比如成立少年法院或在普通法院成立少年

---

[1] Rolando V. Del. Carmen, *Criminal Procedure Law and Practice*, Wadsworth, Cengage Learning, (2010) p.11, 13.
[2] 参见[美]汉娜·阿伦特:《艾希曼在耶路撒冷:一份关于平庸的恶的报告》,安尼译,译林出版社 2017 年版,第 255—256 页。
[3] [日]三井诚、酒卷匡:《日本刑事程序法入门》,陈运财、许家源译,元照出版公司 2021 年版,第 112 页。

法庭,专门审理少年犯罪。其二,可依法条规定的各罪最高刑度,也就是可预见的个案最高处罚来分配管辖,而不考虑案件性质,比如3年以下有期徒刑的皆由基层法院以简易程序审理。这种管辖分配方式的缺陷是过分依赖对预期刑罚的判断,如果全部交由法官判断,无异于未审先决。其三,案件性质或刑罚轻重兼顾考虑,比如作为基层法院的上级法院,原本只负责上诉案件审理,但也可以规定一定刑期以上的严重刑案,或危害国家安全的案件,由上级法院作为一审法院。其四,因案件相互牵连而产生诉讼系属案件的合并或分离,即一人被控数罪,或在一罪中数人被控为正犯、共犯或窝赃、包庇等,由此产生牵连管辖。

土地管辖是解决同级法院间案件分配问题,一般取决于犯罪地、被告住所、居所地的行政区划。被告所在地无需过问其所在原因,且一般以起诉时为准。"犯罪地即犯罪事实发生地、行为地或结果地均属之,犯罪地横跨数法院土地管辖区域之隔地犯,各该法院皆有土地管辖权,因此,继续犯、结合犯、常业犯、连续犯及牵连犯,各个行为地或结果地皆为犯罪地;不作为犯,应履行作为义务之地及因不作为而生结果之地皆属之;教唆犯或帮助犯,教唆或帮助行为地、正犯实行犯罪之行为地及结果地皆属之;间接正犯,利用人开始利用被利用人之行为地,及被利用人实施犯罪之行为地与结果地皆属之。"[1]主要管辖权授予行为地法院,是因为勘验工作需要在此进行,证人也多住在附近。同级法院间还会发生两个以上法院都有管辖权的竞合管辖,原则上应认可最先实际管辖,只是当管辖在后法院却判决在先时,应尊重既判力,由共同上级法院撤销后形成判决。

法院一旦管辖某案,会形成审判利益,如果中途放弃已管辖案件,会在本地造成被动甚至危及地区安全。比如当地民众希望将罪犯在当地绳之以法,担心其他法院判决畸轻畸重,或者侦查、起诉机关不愿将自己辛苦成果拱手交接给其他地区同仁,当然管不管、由谁来管,更多是出于方便、可控的考虑;又或者正好相反,由于案件背景复杂、人情棘手或者一旦开审可能危害公共安全,各法院都不愿管辖,相互推诿,此时应由直接上级法院将案件移转其他辖区的同级法院。但偶尔也有错得离谱的时

---

[1] 林钰雄:《刑事诉讼法》(上册),元照出版公司2015年版,第116页。

候,比如陕西省榆林市中院 2016 年 11 月竟然违背地域管辖对一起行为地在内蒙古自治区阿拉善盟右旗、被告居住地在内蒙古自治区乌海市的合同诈骗案作出了一审判决,陕西省高院裁定撤销原判发回重审。可裁定发回重审后接下来怎么办?根据德国的经验,对无管辖权法院的判决应予撤销,但移送管辖后,有管辖权法院新的裁判活动可采用无管辖权法院调查所获取的证据。为此,"无管辖权法院之个别调查行为,不因其无管辖权而无效。无管辖权之法院在延迟即有危险时,应实施须在其辖区内进行之调查行为"[1]。

法定管辖是相对于裁定管辖而言的,前者由法律规定案件管辖的事先分配;后者依法院裁定案件管辖的事后分配,管辖不明时指定管辖,管辖不便时移转管辖。[2] "本有法定管辖之标准,惟遇有必要,亦得以裁定指示管辖之谁属。所谓必要,乃认有管辖不明或争议时,由该管共同上级法院指定之,此即所谓指定管辖也。(1)数法院于管辖权有争议者:包含二以上同级法院皆认为无管辖权,或皆认为有管辖权两者而言。一经指定,即可确定其管辖法院。(2)有管辖权之法院经确定裁判为无管辖权而无他法院管辖该案件者:此指法院对于其独有管辖权之案件,误认为无管辖权而裁判管辖错误确定之情形言。指定有创设之效力,可指定原法院,亦可指定另一无管辖权之法院,并不生一事不再理及无权管辖之问题。(3)因管辖区域境界不明致不能辨别有管辖权之法院者:此指因刑事案件发生在两管辖区域边界处所,因疆界不明难以辨别为何法院管辖言,自宜由指定解决之。以上情形,均由其直接上级法院以裁定指定该案件之管辖法院。"[3]

"之所以要设置一繁简适中,而且详尽的法定的管辖权规定,是为了要使得每一犯罪行为有一特定的法定的裁判机关,而不致有恣意滥选为该案裁判之法官之可能性。"[4]哪一案件由哪个法院承办,应尽量由法律事先明文规定,不能具体情况具体分析,尽可能减少裁定管辖,减少行政

---

[1] 连孟琦译:《德国刑事诉讼法》,元照出版公司 2016 年版,第 9 页。
[2] 参见林俊益:《刑事诉讼法概论》(上),新学林出版公司 2011 年版,第 65 页。
[3] 参见刁荣华:《刑事诉讼法释论》(上册),汉苑出版社 1977 年版,第 48—49 页。
[4] [德]克劳斯·罗克辛:《德国刑事诉讼法》,吴丽琪译,三民书局 1998 年版,第 42 页。

力量上下其手。[1] 裁定管辖不像法定管辖那样受到理论重视,实际上它的问题更多,更隐蔽。某些法域的司法行政要员擅长调整地域管辖与级别管辖,进而将敏感案件纳入自己可控范围。即便已确定法院管辖,但在行政色彩浓厚的法院内部,主事者仍然可能从案件分配开始操控,目的在于让该案"消化"在本地势力范围,不因上诉而失控。有个别案件堪称指定管辖的恶例,除了恣意任性,以图掌控审判结果外,看不出任何理由。比如最高院经再审纠错的孙宝国案,利用职权肆意指定管辖,以至"严重违反法律规定,影响本案公正审判",触目惊心,教训深刻。如果不是最高院复盘,甚至很难想象其复杂与混乱。[2]

---

[1] 参见林钰雄:《刑事诉讼法》(上册),元照出版公司2015年版,第111—112页。

[2] 1997年8月27日辽宁省鞍山市铁东区法院以故意伤害罪判处孙宝国有期徒刑3年,缓刑3年;2005年3月24日吉林省长春市宽城区法院以非法拘禁罪判处孙宝国有期徒刑2年。2008年2月23日被刑事拘留,4月30日被逮捕。在被羁押5年半后,2013年9月4日由吉林省高院判处孙宝国死刑,缓期2年执行。程序过程可谓乱象丛生,几乎无法辨认梳理。针对铁东区法院1997年8月27日的判决,2009年12月21日执行完毕12年后,辽宁省高院依照最高院(2009)刑监字第97号函,要求鞍山市中院复查。鞍山市中院于2010年5月14日作出(2010)鞍立二刑监字第5号再审决定,提审该案,并于2010年6月17日作出(2010)鞍审刑终再字第5号刑事裁定,撤销(1997)东刑初字第94号刑事判决,发回铁东区法院重审。其间,2010年5月11日最高院作出(2010)刑立他字第18号指定管辖决定、移送管辖通知,指定吉林省吉林市昌邑区法院重新审判。在1997年至2013年孙宝国等故意伤害案改判之间,2005年至2009年还插入了分别由长春市宽城区、绿园法院审判,由长春市中院提审的孙宝国、孙宝民非法拘禁案,皆已作撤回起诉处理。而1997年的故意伤害案于2008年启动再审后演化为涉黑案件,各种裁定管辖纷至沓来。2008年4月29日吉林省公安厅刑侦局函告吉林市公安局刑警支队侦办孙宝国涉黑团伙犯罪案。2009年3月19日吉林省高院指定昌邑区法院审理该涉黑案件。2009年11月30日吉林市公安局将前述已被撤回起诉的宽城、绿园非法拘禁案并入涉黑案件一并侦查、移送吉林市检察院,吉林市检察院又将案件移交昌邑区检察院,2010年5月4日诉至昌邑区法院。2010年7月26日鞍山市铁东区法院将故意伤害案移送至吉林市昌邑区法院审理,同日昌邑区法院以移送函形式将此案移送昌邑区检察院。昌邑区检察院收案后经审查认为,该院2010年5月4日起诉的孙宝国等人涉黑团伙犯罪案事实证据发生重大变化,申请撤回起诉,昌邑区法院当日裁定准许撤诉。撤诉后,昌邑区检察院将鞍山故意伤害案并入涉黑案,建议吉林市检察院提级管辖,吉林市检察院就此请示吉林省检察院。2010年11月7日吉林省检察院作出吉检诉辖通字(2010)46号《关于对犯罪嫌疑人孙宝国等十八人涉嫌组织、领导、参加黑社会性质组织一案指定管辖的通知》,指定吉林市检察院审查起诉,另商吉林省高院指定吉林市中院审理,同日吉林省高院作出(2010)吉刑指管字第46号函,指定吉林市中院审理。吉林市检察院审查期间,将并案后的案件两次退回吉林市公安局补充侦查。2011年5月16日吉林市公安局侦查终结,移送吉林市检察院审查起诉。2011年6月30日吉林市检察院提起公诉后,吉林市中院2011年11月11日作出判决,被告人等向吉林省高院上诉,吉林省高院于2013 (转下页)

案件审级划分,不仅是管辖权分配问题,也是上诉权行使问题。就审级而言,各国差异较大,而且也受是否允许检察官抗诉等制度影响。欧陆国家多实行三审终审制,而英国法院组织法却很不明确。对轻微犯罪案件第一审乃属最低审级地方法院管辖,此类法院大多由数位名誉法官或称治安法官组成,只在一些大城市中为职业法官所组成。所有较高审级的第一审法院均为真正的陪审法院,由 12 位陪审员组成陪审团,就罪责问题加以裁判,并加上一位受过法律教育训练的法官就所有法律问题加以裁判;特别重大的案件则由一位王室法院法官在巡回法院担任审判法官。大约所有案件的 98% 均为最低审级地方法院以概括简要的诉讼程序裁判终结之。美国的情况复杂在于联邦和州之间的刑事司法权力分配,各州之间刑事程序的多样和差异,以及主要按照罪之轻重而设置了不同的法院管辖和审级。根据联邦制,各州保留固有的警察权,这种执法权扩及各州刑事司法领域,包括审判活动。

与此相反,联邦政府没有所谓固有的警察权,联邦执法权来自美国宪法赋予议会的立法权,而且对联邦执法权还加以"必要而适当"的实体限制,所以我们经常从影视作品里看到,州警察和联邦探员共同出现在犯罪现场。在 52 个司法区域内,各州的法律趋同,以利于货物、服务和人员的州际交往,唯独刑事领域各州差异明显。美国法院基本分为治安法院、庭审法院与上诉法院三级,但又互有交错。庭审法院在各州都是基本的司法配置,不同之处在于,只有部分州的庭审法院管辖刑期 6 个月以上的轻罪案件,而庭审法院的规模从两三个法官到十五六个法官不等,主要看管辖的行政区域大小以及人口多少。上诉法院也是各州都有,功能趋近而相似。联邦最高法院以调卷令形式,选择受理来自各州的具有判例指导意义的案件,所作判决为终审判决。[2]

实行三级三审的法域,一、二审为事实审;三审为法律审。"只有当法

(接上页) 年 9 月 4 日作出 (2012) 吉刑三终字第 48 号刑事判决。被告不服,向吉林省高院提出申诉。2014 年 3 月 4 日吉林省高院驳回申诉。1997 年一个普通刑事案件如此非同寻常,历经 2005 年、2010 年两个转折点,似成死结。被告遂向最高院提出申诉,2015 年 12 月 16 日最高院作出再审决定,提审本案。见最高院(2016)最高法刑再 2 号刑事判决书。

[2] LaFave & Israel, *Criminal Procedure*, Thomson Reuters, (2009), pp.31—32.

学家开始运用概念来操作法律,并具有评价法律的能力时,法律问题和事实问题才能在思想中被截然分开。在古罗马法庭的审理活动中,通过'法律审'和'事实审'之间的阶段性分割,使得这一区分成为了程序中的时间延续性的主导原则,并因此给纯法律问题的持续解答奠定了基础。"[1]"掌理法律审的法院固然原则上不得径行认定事实,但是,职司事实审的法院则当然要适用法律。"[2]需要特别提到的是,我国实行两审终审制,例外情况是当最高院作为一审法院时判决不能上诉,实为一审终审。死刑复核程序可算作一种三审制,但没有庭审,过于简陋,立法表述也不是"上诉",只称"报请核准"。它只要求"应当讯问被告人",其他事项实行书面审;听取辩护律师意见以辩护律师提出要求为前提,这便意味着辩护人需要自己找上门去,而不是被通知到场,可见现行规定无法满足公正审判的基本要素要求。

第三节 陪审团

公元前1250年,迈锡尼国王阿伽门农率军围困特洛伊之际,他的王后克吕泰涅斯特拉,正与他的堂弟埃癸斯托斯欢情交集。阿伽门农凯旋,王后用红地毯将他引向浴室,用渔网罩住他,与情人合力杀夫弑君并僭越王位。7年后,阿伽门农之子俄瑞斯忒斯为父复仇,杀死叔父后,阿波罗神又命其手刃亲母。但弑母行为却招来复仇女神索命追杀,阿波罗遂建议俄瑞斯忒斯前往雅典娜神庙听候审判。复仇女神向女神雅典娜提出对弑母者的指控,俄瑞斯忒斯则申辩自己的行为并不违背正义。经过这轮审前聆讯,雅典娜决定建立一种全新制度,让雅典市民中最高尚者来听取证词并作出裁决。阿波罗作为辩方证人,而她自任主审法官。复仇女神讯问被告犯罪详情,被告则声言是遵循阿波罗的神谕。阿波罗首先承认是他命令被告弑母;其次强调,对于阿伽门农这样一位英雄,在浴缸里被他信任的女人杀害,是一种极其屈辱的死亡,因而谋杀亲夫乃是不赦

---

[1] [德]尼克拉斯·卢曼:《法社会学》,宾凯、赵春燕译,上海人民出版社2013年版,第226页。

[2] 林钰雄:《刑事诉讼法》(上册),元照出版公司2015年版,第96页。

之罪,不再适用尊亲常理;最后提出一个在现代人听来极为刺耳的论点:根据毕达哥拉斯的遗传理论,男性才是子女的真正生育者,女性不过是培育容器,被告与王后并无血缘关系。

雅典娜给予陪审团的指导词是:只有心存敬畏才会秉持公正,他们正经历人类历史上对于谋杀的第一次审判,并因此建立"法官们的法庭",永久服务于雅典人民。对陪审员们来说,阿波罗和复仇女神都是得罪不起的厉害角色,因而表决结果是有罪与无罪票数持平。最后关键一票留给雅典娜,她投给了被告一方。[1] 偶数才能被二整除,现代陪审团是十二人,或许就是这次表决持平的遗存吧。帕特里克·德夫林有言:将某一臣民之自由与否,交由其十二位同胞决定,没有哪个暴君能够容忍。因此,陪审团不仅是一项司法制度,也不仅是一副宪法轮毂,它像一盏明灯,向人们昭示自由长存。[2] 陪审团总体上是一种政治机构,它将人民提升到法官的地位并确保以民主抑制专断,因为有权惩罚罪犯的人才是社会的真正主人。陪审团教导所有阶级都尊重判决,养成权利观念,做事公道,每个人审判邻人时,要像自己有朝一日受邻人审判一样。

从历史和经验中得知,有必要防止为铲除异己而无端提出的刑事指控,有必要提防对上级言听计从的法官。赋予被指控者受同阶陪审团(Jury of Peers)审判的权利,给予他一种无价的安全保障,以对抗腐败、过分热忱的检察官以及顺从、偏袒、古怪的法官。如果被告愿意诉诸陪审团的普通人的情感判断,而不愿交予更专业但少有同情心的法官,他便有这个权利。陪审团审判反映了如何运用官方权力的一个基本决定,即不将事关公民生命和自由的刑罚权只授予一个或一群法官。对无审查节制的政府权力的恐惧,使我们坚持让共同体参与对有罪抑或无辜的确定。[3] 在正式庭审前,作为一个庭前程序,还有一种大陪审团。大陪审团由来已久,它只负责审查控方证据是否充足,应否开启正式庭审,一般由 16 人至

---

〔1〕 参见[美]西奥多·齐奥科斯基:《正义之镜:法律危机的文学省思》,李晟译,北京大学出版社 2011 年版,第 57—58 页、第 61 页。

〔2〕 参见[美]威廉·德威尔:《美国的陪审团》,王凯译,华夏出版社 2009 年版,导言第 7 页。

〔3〕 Duncan v. Louisiana, 391 U.S. 145 (1968).

23 人组成,过半数即可决定提起指控,成员任期不超过一年。

　　大陪审团是一种古老的普通法制度,由当地居民负责监督对犯罪的追诉,被认为是斩断犯罪根蒂的利剑。至美国革命时期,大陪审团被赋予一种盾牌功能,让它保护公民不受恶意和无根据的刑事追诉。[1] 联邦最高法院指出:"历史上,大陪审团一向是防范无辜者被草率、恶意和压迫性追诉的主要屏障,其无价的社会作用在于,矗立于指控者与被控者之间,有权决定指控是否有理有据,是否被一种胁迫力量所主导。是否被恶意的个人所支配。"[2] 不过,最高法院并不要求各州必须采用大陪审团制。大陪审团审查是秘密进行的,不予公开的理由在于,防止未羁押、未起诉的被告逃跑,确保大陪审团成员能够自由思考,防止未来可能在正式庭审中出庭的证人在出庭前被干扰,鼓励知情者勇于指控,保护那些因证据不足而被否决继续追诉的无辜者的声誉。[3]

　　与大陪审团对应的是负责轻罪庭审的不少于六人的小陪审团。小陪审团也适用同阶陪审原则,即由种族、阶层、地位、经济实力甚至性别与被告相同的人或者邻居、同事组成陪审团。有人将英文"peer"译为"同侪",但这个词略显生僻,还是译为"同阶"较好。"法文'pair'一词不仅仅指在爵禄方面不相上下的领主贵卿,还始终指职业相同、地位相同、状况相同的人(同等人)。……受自己的同类审判的权利与人类的历史同样古老。"[4] 陪审团根据超越合理怀疑的证据裁决有罪,在某些州还负责量刑,但不能决定启动调查程序。[5] 陪审团被视为一个政治机构,它以独立的身份与资格为前提,有说"不"的权力。陪审团制度的一种基础理念是:保障第三方的独立性及裁决的真实性,"除非我们能够自由地挑战与反驳对我们的指控,而且这些挑战与反驳必须由独立于追诉机关的官员

---

　　[1] Ronald Bacigal, *Criminal Law and Procedure: An Overview*, Delmar, Cengage Learning, (2009), p. 244.
　　[2] *Wood v. Georgia*, 370 U.S. 82 (1962).
　　[3] *United States v. Procter & Gamble Co.*, 356 U.S. 677 (1958).
　　[4] [法]伏尔泰:《巴黎高等法院史》,吴模信译,商务印书馆 2015 年版,第 37 页。
　　[5] Rolando V. Del. Carmen, *Criminal Procedure Law and Practice*, Wadsworth, Cengage Learning, (2010), p. 52.

或个人来审理,否则我们不可能毫无后顾之忧地对抗恣意而为的政府。"[1]陪审团是不偏不倚、公正无私的,腐蚀一位法官容易,腐蚀陪审团全体成员就困难许多。

陪审团是真正的第三方,因为它的担当者是其中任何一个人。这种制度虽然防止了腐败,也排除了统治者的影响,让审判按照正义的利益而非统治者的利益进行,但陪审员也难免偏袒,也不可能没有利害关系。为保障陪审团的权威性,除非审判过程有重大错误,比如接受不可采信的证据,或者法官给予错误的法律指示,否则陪审团的裁决应受尊重,不应在上诉时被否决。不用说,如果可指摘个体陪审员的能力,或对集体裁决提出反对,公众对陪审团制度的信心将会受损。因此,上诉法院早已确立一个原则,不会调查陪审团评议室里发生了什么。"评议是发现并认定事实者的认识过程,其间对证据及纠纷事实争点进行评估,以便决定相信什么以及赞同什么。"[2]除非辩方尽其举证责任,证明该陪审员在审判前即已下定决心,不管证据如何都要给被告定罪。可以想见这有多么困难。曾有一名陪审员耳聋,而且只听了一半的证据,根本没有听到总结陈词。这名陪审员当时未被质疑,这相当于十一人听审。尽管如此,上诉法院还是维持了定罪。[3]

陪审团与神裁法很难说有什么不同,两种审判为不同社会制造真相的确定性和决定的可接受性,达到了该社会定分止争所必须的程度。陪审团的实际运用并不多,超过 85% 的刑案是以辩诉交易结案的。我们已经不再是一个审判的世界,而是一个认罪的世界。尽管如此,陪审团依然具有象征意义,并被认真用于最为著名和最具公共意义的案件审判,藉此将权威的核心从一人之治转为多人之治并最终转为法治。这是一种独特的权力转化方式,是法治不可分割的组成部分。人民相信法治与相信陪审团是相辅相成的。"陪审团审判具有特殊重要

---

〔1〕 N MacCormick, "Rhetoric and the Rule of Law" in D Dyzenhaus (ed), *Recrafting the Rule of Law*, Hart Publishing, (1999), p. 176.
〔2〕 Ho Hock Lai, *A Philosophy of Evidence Law*, Oxford University Press, (2008), p. 33.
〔3〕 参见[英]约翰·斯普莱克:《英国刑事诉讼程序》(第九版),徐美君、杨立涛译,中国人民大学出版社 2006 年版,第 383—384 页。

性……只有从刑事被告居住地临近地区或者邻居中选出陪审团,并由其自由作出判断,才能形成一个对抗专断政府的坚不可摧的盾牌。陪审团非专业性的裁决,即对一项犯罪行为的指控作出有罪或无罪的简单回答,是人民对抗暴政最有效的武器。陪审团成员的出席排除了秘密审判,从而保护公民免受腐败的法官、被收买的证人,以及威胁人民的政府官员的侵害,也保护公民免受由于政府对其人民的自由漠不关心的权力滥用之苦。简而言之,陪审团审判是人民可以利用的保障公正和保护自由的最好的方法。"[1]

所谓"陪审团负责定罪,法官负责量刑",不同的模式、不同的州,还会有不同的陪审团指导词。美国马里兰州陪审团指导词带有浓重古风:"陪审员们,这是一起刑事案件,依宪法和马里兰州法律,在刑事案件中,陪审团既判断事实,也判断法律。因此,关于法律,无论我怎样告诉你们,其目的只在于帮助你们达成公正而适当之裁决,但这不应束缚你们,你们尽可按照你们的理解,接受法律并适用于本案。"加利福尼亚州陪审团指导词则充满现代感:"陪审团的女士们、先生们,作为法官,本人有义务就本案适用的法律指导诸位;作为陪审员,诸位有义务依循我所陈明的法律。陪审团的职能是审判事实问题,这些事实通过向本庭提交的起诉书和答辩状呈于诸位面前。诸位在履行义务时,既不应受怜悯被告的情绪影响,也不应被反对被告的激情或偏见左右。你们仅应受制于向本庭的举证和我向诸位陈明的法律。法律禁止你们受制于情感、臆想、同情、激情、民意或公众情感。人民和被告都有权要求你们,他们也的确在要求和期盼你们,本诸诚实而平和之心,考量权衡本案证据并适用法律,以此达成公正裁决,而无论其结果如何。"[2]

陪审团拥有一种独特的权力,即陪审员不顾法律和法官指导,依其良心径自达成无罪裁决。在反对越战时,拒服兵役者被宣告无罪,而在堕胎斗争中,帮助他人实施堕胎的医生躲过了牢狱之灾。这一制度由来已

---

[1] [美]戴维·J.博登海默:《公正的审判:美国历史上刑事被告的权利》,杨明成、赖静译,商务印书馆2009年版,第34页。
[2] [美]彼得·德恩里科、邓子滨编著:《法的门前》,北京大学出版社2012年版,第331页。

久，据说是源自1735年的曾格案。曾格因出版一份披露政府腐败的报纸而受到指控，辩护人汉密尔顿在结案陈词中勉励陪审团："摆在法庭和你们各位陪审团先生们面前的，不是微不足道的私人利益，你们正在审理的，不是一个可怜的印刷商的案件，也不只是纽约的案件，不是！这个案件的后果影响着大英帝国政府统治下美洲大陆每个自由人的生活。这是一个最有价值的案件，一个事关自由的案件。我毫不怀疑，你们今天的正直行为，不仅使你们有资格受到同胞的热爱和尊敬，而且每个要自由而不要终身奴役的人都会祝福你们，给予你们尊荣，就像对待挫败暴政企图的英雄一样。通过一个不偏不倚、未被玷污的裁决，你们奠定了保护我们自身、我们后代和我们邻人的高贵基础。自然法和我们的法律已经赋予我们一项权利——人身自由——至少通过说出真相，写出真相，暴露并反对这块土地上的专横强权。"[1]

"人们在一定程度上都是尊重成文法的，只有非常强烈的动机才能战胜这种尊重。只要这样的动机存在，那就是法律的过错，假如陪审员认为刑罚过度，那是由于它们确实过度，因为——再说一遍——陪审员的兴趣并不在于发现它们过度。在极罕见的情况下，也就是说，当陪审员被夹在不可抗拒的正义和人性的情感与法律条文之间的时候，我敢说，如果他们与法律分道扬镳，那并不是一件罪恶。一部法律决不应当使共同的人性厌恶到如此程度，以致从国民当中选出的陪审员们拒绝实施这部法律。"[2]作为一种说"不"的权利，陪审团否决制的支持者将其视为民主遗产中不能让予的部分，而反对者认为它等同于混乱和无政府。绝大多数法院现在拒绝告诉陪审员，对于适用法律，你们有最终决定权。但是现在，生出了反向欺骗：陪审员向法官说谎，即在陪审团遴选中，不让法官和检察官知道自己知道陪审团否决权。有人集会示威，散发传单，煽动、要求陪审团行使否决权。这一思潮及其实际行动，在法官中激起了反对陪

---

[1] Alan Scheflin, "Jury Nullification: The Right to Say No," *Southern California Law Review*, Vol. 45, No. 167, 1972.
[2] [法]邦雅曼·贡斯当：《古代人的自由与现代人的自由》，阎克文、刘满贵译，商务印书馆1999年版，第213—214页。

审团否决权的情绪,认为陪审团要求自立是一种幼稚而有害的冲动。[1]

英美法系崇尚陪审团,一个重要因素是在公民与国家之间横亘着社群。刑事审判要求公民就其被指控的违反保障社群利益的法律作出答辩,而社群对发生在其内部的不正当行为非常关注。被害者和被告人都被视为社群成员。社群共同承担着被害者所遭受的侵害,而被告人也受到社群价值的约束,并受到多种刑事程序规则的保护。妥当的程序可以保证犯罪嫌疑人得到公平的审判,以抵制那些冲动的结论或有罪的推定。当代的刑事审判和定罪程序均具有强制性,因为被告人会被强制要求参加庭审,但不会被强迫答辩。强制出庭对作为政治社群成员的被告人是一种合理保护,无论其无罪或是有罪。这的确限制了他们的自由,但却符合他们作为公民应承担的、对其不利控诉给予回应的义务。这并未侵犯被告人的自治,因为对于控诉是否答辩,如何答辩以及如何回应定罪,决定权都留给了被告人自己。[2]

在为消除法律专业垄断而设立的法律机构中,陪审团是最有效的。人民参与审判可以制衡专业法官的负面专业习惯,尤其是那一套技术化的、艰深奥秘的语言。由于人民的参与,专业法官的说理对没有受过法律训练者而言必须是合理的、可理解的。因为冲突总是由人民自己制造的,所以冲突的处置权理应被广泛分配给人民,旨在表达赞同或者抗拒当前的社会信念和行为准则。不过,理想状态只在普世均质的国家和社会才能最大限度地实现,而这种国家和社会似乎尚未出现。[3]因此,选择同阶陪审团,在一个多种族、贫富不均、文化多元的国家和社会中,确定谁跟谁是"一路人"并不是一件容易的事。实际上,遴选过程中的真正标准

---

[1] "鼓励个人自行决定遵从何种法律,同时又允许他们凭良心不遵从法律,这将招致混乱。如果给予每个人选择权,让他可以不受惩罚地不遵守那些依个人标准被判断为道德上不可接受的法律,那么,任何这样的法律体系都不会长久存活。容忍这样的行为,不是上诉人所声称的民主,而是无可避免的无政府。" United States v. Moylan, 417 F.2d 1002, 1009 (4th Cir. 1969).

[2] 参见[英]安东尼·达夫:《刑罚·沟通与社群》,王志远等译,中国政法大学出版社2018年版,第111—112页。

[3] 参见[法]科耶夫:《法权现象学纲要》,邱立波译,华东师范大学出版社2011年版,第450—451页。

是,判断某人一旦成为陪审员对被告有利还是不利,也就是对评议过程的预先模拟,甚至鉴于"一致裁决才能定罪"的原则,刻意选择或者努力剔除某个极有可能特立独行的人。[1]

　　有罪决定是否需要一致裁决,是陪审团制度中又一重大问题,它牵涉证明标准问题。联邦最高法院曾说"十二人陪审团是一个历史偶然,对于陪审团的目的而言是不必要的"[2],"但低于六人将极大地损害陪审团的目的和功能"[3]。十二人一致同意的裁决,不是法律正当程序的必需品,理性人中的不一致,本身并不表示对排除合理怀疑标准的不忠。是否超过合理怀疑与陪审团的表决有关,但不一定是一致同意。达不到一致同意就解散陪审团,是承受不起的代价,由此使刑法及其运作陷于瘫痪,这种僵局,与其说深化了,不如说出卖了"民主是可行的"主张。[4] 然而,如果采用六人陪审团,就必须一致同意。[5] 英国的情况是,普通法传统上要求一致裁决才能定罪,一定条件下准许多数裁决。为了鼓励一致裁决,法官应当这样说:"你们知道,法律允许我在一定情况下接受不一致裁决,但这种情况尚未出现,出现的时候我会告诉大家。现在,还请各位继续评议,达成一致的定罪意见。"而且多数裁决要求必须有两个小时以上的评议时间。[6]

　　不过,许多人坚决主张,陪审团一致裁决,提供了简单而有效的方法,以对抗社会共同体激情和偏见给正义的公正落实带来的损害。只有一致裁决,才能使潜在的偏执与顽固减到最低程度。采用多数胜出制,一旦多数有了足够裁决的票数,评议中多数与少数的摩擦就变得微弱而

---

　　[1] 年龄在18岁至70岁的选民皆有资格,但由于剔除和免除,实际上很难让陪审团真正代表全社会。英国2003年以前,除心智不健全者外,法官、律师、警官、假释官和书记员等也不得为陪审员;65岁以上或两年内曾为陪审员的可免除陪审义务;议员、军人和医护人员也不被征召。2003年以后,候选人大大扩充了,只有心智不全者、正在服刑、假释、10年内被判监禁刑或正被强制戒毒者没有资格做陪审员。Peter Hungerford-Welch, *Criminal Litigation and Sentencing*, Cavendish Publishing Limited, (2004), p. 381.
　　[2] *Williams v. Florida*, 399 U.S. 78 (1970).
　　[3] *Ballew v. Georgia*, v. 435 U.S. 223 (1978).
　　[4] *Johnson v. Louisiana*, 406 U.S. 356 (1972).
　　[5] *Burch v. Louisiana*, 441 U.S. 130 (1979).
　　[6] Peter Hungerford-Welch, *Criminal Litigation and Sentencing*, Cavendish Publishing Limited, (2004), pp. 436—437.

平淡,[1]就不必像一致的陪审团那样充分地讨论和评议,裁决的可靠性就会减小。在大约 1/10 的情况下,少数最终成功说服了最初的多数,而这些案件具有特殊重要性。人类经验告诉我们,礼貌和学术交谈不能取代真诚而激烈的为达成一致所必需的争论。一致裁决,到 18 世纪变成陪审团合法性与准确性的柱石,表达了一种不同形式的民主理想:关键在于评议而不是表决,在于一致而不是分歧。投票者拉上帷幕私下表决,而陪审员则面对面地讨论。在选举中,数字决定一切,使弱小或边缘群体出局;在陪审团中,一致裁决代表一种理想,即个人见解不能被忽视或者被投票胜出。

有时,经过艰苦而睿智的说服,一个人改变了十一个人。1957 年上映,西德尼·鲁迈特执导、亨利·方达主演的经典影片《十二怒汉》,讲述的就是这样一个故事。一致裁决是以集体智慧为模式的陪审团的关键要素,亚里士多德将这种集体智慧独树为代表民主的最佳论点:一些人理解这一部分,一些人理解另一部分,这样,他们便理解了全部。一致性的要求使陪审员每个人都必须依次说服别人或者被说服。布莱克斯通两个半世纪前即已表达了对英格兰陪审团的强烈信心,同时又对陪审团可能遇到的诋毁和破坏发出预警:我深信不疑,陪审团审判一向是英格兰法律的光荣,它享有凌驾于其他事物最超然的权力,一个人的财产、自由、权利不应受他人影响,但这十二人的一致裁决能够改变一切。因此,虽有许多破坏和削弱的秘密阴谋,但只要作为法律守护神的陪审团能够抵御外界攻击,神圣永存,英格兰的自由也必将神圣永存。陪审团拥有神圣意涵,决非寻常,而是注入了灵性,以道德基础护体,能抵御任何堕落、损害和或破坏。[2]

当然,陪审团在受到言辞至极的赞颂的同时,也在法律体系中被无情诋毁,这种诋毁由来已久,被认为是英国爵爷对平民的歧视。加罗法洛的言辞锐利而苛刻:"陪审团所进行的审判,实际上绝大部分是愚昧无知

---

〔1〕 参见[美]博西格诺等:《法律之门》,邓子滨译,华夏出版社 2017 年版,第 685—686 页。

〔2〕 参见[英]安东尼·达夫等编:《审判的试炼 III,刑事审判的新规范理论》,李姿仪译,新学林出版公司 2015 年版,第 21 页。

的,这或者因为陪审团不能领会许多法律术语的含义和懂得提交给它的无数问题的真正意义、联系,或者是因为当有罪的证据不是一眼就能看出时,它缺乏必需的能力和经验去审查证据、评断反对和赞成的理由。陪审团有时宣布无罪的裁决,借以反对政府。这在意大利时常发生……在小城市的巡回法庭中,陪审员来自不同地区。他们下榻于同一旅馆,并且面临着多种影响。当一些在政治生活中赫赫有名和作为一名国民议会议员而享有盛名的雄辩家和辩护人为刑事被告人辩护时,甚至于最诚实和最理智的陪审员们也不能抵御对他雄辩术的羡慕。如果没有正确理解,或者没有时间去考虑,他们就会有争论;在这种情况下,就会屈从于一种尊敬才能的情感,而忘记所要审查的问题。而且,只要剧院的观众向演员鼓掌,他们也会以裁决的方式向雄辩家喝彩,审查事实和发现真相也就相应地显得不礼貌。"[1]

描述陪审团时所用的语言与贬低妇女的语言明显一致:易受情绪左右且不善逻辑思考。没人会让鞋匠修表,但却要求我们偶然碰到的杂货商、画家或领取抚恤金的人来从事刑事审判。[2] 杰罗姆·弗兰克认为,公众之所以垂青陪审团审判,原因就在于陪审团反知识、反逻辑的品质,很难想象一个比陪审团更容易达到不确定、反复无常、前后不一、不顾先例、全然不可预测的机构,无可救药地对事实发现无能为力。[3] 对陪审团的质疑还在于,它是富人的游戏,以财富效应扭曲审判结果,不仅不追求真相,而且将倾向损毁真相的程序合理化。毋庸讳言,对陪审团的攻评从未休止,但诋毁者的论据是可疑的,并未得到实证研究的支持。[4] 一如布莱克斯通提醒珍爱自由的人们,提防那些盘算着破坏陪审团的秘密阴谋,攻击陪审团就是破坏自由本身。托克维尔更是直言:凡是选择以

---

〔1〕 [意]加罗法洛:《犯罪学》,耿伟、王新译,中国大百科全书出版社1996年版,第317页。

〔2〕 参见[意]恩里科·菲利:《犯罪社会学》,郭建安译,商务印书馆2017年版,第148页。

〔3〕 参见[美]彼得·德恩里科、邓子滨编著:《法的门前》,北京大学出版社2012年版,第351—352页。

〔4〕 Richard F Rakos and Stephan Landsman, "Researching the Hearsay Rule: Emerging Findings, General Issues, and Future Directions" (1992) 76 *Minnesota L Rev*, p. 655.

自己的权威进行统治,指挥社会而不是遵从社会指导的人,都摧毁和削弱过陪审团。[1]

第四节　判决书及庭审笔录

裁判文书主要有判决、裁定及各种口头或书面的决定。其中,判决书用以结束某一审级的审判程序,须由审判法院书面公告,意义在于将裁判理由陈述清楚。"从具体的法律案件中总结出以最简洁的语言形式表达的一般规则,使这些词句成为经典,焕发活力,乃至像闪电一般照射出一道绚丽的风景。"[2]而作成公文格式,本身即是一种严肃的仪式,且备以上诉、申诉及遵照执行之用。可以说,判决书是法院的标准化产品,法官可以不同,但同案应当同判。"普遍化及规范化对于所有的科学而言都是必要的,因为离开它们人们就无法将质料组织起来,尤其是人们无法获得某个程序的可重复性了。离开了可重复性,就没有可资运用的理性、科学的程序。但即使是可重复性也不是件简单的事,反正在法律领域肯定不是。为了确保司法程序具有充分的可重复性,法官必须是可替代的,因此每个法官在每个程序中都得出相同的结论,可以在用每一个法官来替代每一个其他法官的同时不改变结论。"[3]

刑事判决书一般包括开头事项、判决主文和适用法条,须载明公诉机关、被告人、辩护人、判处罪名、具体刑罚、审判法院、庭审法官及审判日期,尤其需要写明判决理由。如果是一审判决,还要明确写明上诉期间和途径。判决书只需记载已证明事实,而无需叙明法官形成确信的过程。

---

[1]　参见[法]托克维尔:《论美国的民主》(上卷),商务印书馆1997年版,第314页。
[2]　[德]拉德布鲁赫:《法哲学》,王朴译,法律出版社2005年版,第110—111页。审判使用的语言很重要,用词有特定意涵,且要在程序流程的正确时刻说出才有法律效力。这些词语近乎神奇,像咒语一样产生效果。参见[英]安东尼·达夫等编:《审判的试炼II,裁判与到场说明权责》,颜华歆译,新学林出版公司2015年版。第301—302页。以至于拉德布鲁赫认定法律的美学主要体现于法律语言。法律语言的风格是冷酷精炼的,可令人费解的领域,旨在为权利而斗争的语言却使用了热烈的修辞。进而,法律素材进入艺术和美学的领域。参见[德]拉德布鲁赫:《法哲学》,王朴译,法律出版社2005年版,第109—110页。
[3]　[德]阿图尔·考夫曼:《法律获取的程序——一种理性分析》,雷磊译,中国政法大学出版社2015年版,第30—31页、第53页、第151页。

但在实务中,每一个判决均应包含证据评价即心证过程,否则上诉审法院无从判断初审法官心证历程,也不易把握法律运用上有无瑕疵。欧美等国的最高法院允许判决书中出现详尽的反对意见,以供比较评说。"所谓司法独立,并不能免除一个法官必须善尽其职责的义务。唯一能够合理证明法官的工作品质者,就是他的判决。而能够对判决作出令人信服的论理者,只有法官本人,唯有这种经历论理的判决,才是一个法治国家的判决。而唯有真正能够支持判决结果的论理,才是一个法治国家的论理。……法治国家还有一项成就,那就是法官必须要对他的判决作出合理的解释。论述的重点不仅在于法条中每一个字的适用,更关键的重点在于逻辑。法官唯有在判决中提出一个完整且令人能够理解的证据链,明确指出通往真实的道路,这个判决才能够成立。"〔1〕

"就判决文字而言,专业语言还是必要的,因为那毕竟是做法律判断时的法定标准。但是专业语言系统基本上停留在某程度的抽象模式,对具体个案而言的关照密度永远是不够的,换句话说,专业语言系统并未对眼前的人生故事进行完整密度的检视,因此法官把法律或判例文字简单套用在具体个案上的作法不见得就是客观。……司法机关多年来进行许多研究计划,希望透过判决意旨系统化整理,提供法官判决时一致性的依循和引用。"〔2〕我国自1999年才由最高法在《人民法院五年改革纲要》中提出判决书应当说理,要求加快"裁判文书的改革步伐,提高裁判文书的质量。改革的重点是加强对质证中有争议证据的分析、认证,增强判决书的说理性。"法官为判决理由提供论证,体现司法理性。相应理由与论证过程,必然要利用法官的推理能力与法律知识,是对法官所应具备的司法技艺能力的培训,使法官在实务中经受历练。不过时至今日,判决书仍然说理不够。

判决书的写作推理是否直接运用"司法三段论",是一个热门话题。许多人认为,法官都是先在内心形成了有罪还是无罪的结论,尔后在判决

---

〔1〕 [德]汤玛斯·达恩史戴特:《法官的被害人》,郑惠芬译,卫城出版2016年版,第50页。

〔2〕 黄荣坚:《灵魂不归法律管:给现代公民的第一堂法律思辨课》,商周出版2017年版,第176页。

书中"假装"这个结论是逐步推理出来的。杰罗姆·弗兰克认为,判断过程很少是从前提出发随后得出结论的;与此相反,判断始于一个粗略形成的结论。一个人通常是从结论开始,然后努力找到能够导出该结论的前提。如果他不能如愿以偿地找到适当的论点,以衔接他的结论与他认为可接受的前提,那么,除非是一个武断而疯狂的人,他将摈弃这一结论而去寻求另一结论。律师将案件的辩护意见提交法庭,在他的思想中,也是结论优于前提而占统治地位。他为委托人工作,因而有所偏袒。如果他想要取得成功,就必须从确保委托人胜诉的结论出发,从所渴求的结论倒推出他认为法庭乐于接受的某个大前提。他提请法庭注意的先例、规则、原则和标准构成了这一前提。[1] 法官同样不会仅因身披法袍就采用一种人工推理方法。教学实践证明,尽管书中的答案碰巧是错误的,但课堂上相当一部分学生却"成功"地得出这一答案。

法现实主义者相信,法官是通过预感而不是逻辑推理来判决的。判决者的关键冲动来自是非对错的直觉。精明的法官,在已有定论后,劳其筋骨,苦其心智,不仅为了向自己证明直觉是合理的,而且要使之经得起批评。法官检视所有有用的规则、原则、法律范畴和概念,从中直接或类比地选出相应内容,以证明他所期望的结果是正当合理的。法官的政治、经济和社会背景,以及道德的和习惯的偏好也影响着判决。[2] "刑事审判的实施取决于在一个社会里,公众的性情、大众所持的偏见和价值的性质、代人受过者的性格、社会经济状况、法官与律师的品质、教育制度以及相关的非法律因素。"[3] 法官也是一名证人,是法庭上所发生的一切的证

---

[1] 参见[美]彼得·德恩里科、邓子滨编著:《法的门前》,北京大学出版社2012年版,第25页。

[2] "因此,司法始终包含着个人因素。在所有时代,社会、政治和文化变迁都必然对其产生影响;但是,任何法官个体是更多还是更少地服务于这种影响,他是更倾向于'固守传承',还是更倾向于'以其天才和对学问的信心,革新诸事',当然更多地取决于他自己的个人性情,而不是任何法律方法的理论。问题的关键在于,这个事实不应该被当作不可避免的事情来忍受,而应该被高兴地夹道欢迎。因为一个重要的愿景是,他的人格必须足够伟大,来被适当地赋予这些职能。"[法]弗朗索瓦·惹尼等:《法律方法的科学》,雷磊等译,商务印书馆2022年版,第133页。

[3] [美]戴维·J.博登海默:《公正的审判:美国历史上刑事被告的权利》,杨明成、赖静译,商务印书馆2009年版,第7页。

人。如果证人不免记忆失误或者想象重构,那么法官同样不免对证词的理解缺陷。他对证人所言及其真实程度的确信,将决定什么是他所认为的案件事实。因而,法官不计其数的独特品格、禀性和习惯,经常在形成判决的整个过程中起着作用。一个人的政治或经济偏见,经常被他对某个人或组织的好恶所左右。

法官的同情和冷漠往往取决于证人、律师和诉讼当事人的形貌举止。法官过去的经历也能增减对各色人等的反应:金发碧眼的女人、有胡须的男人、南方人、管道工、大学毕业生,或者某种特定的口音、咳嗽或手势就能勾起其痛苦或愉快的记忆,这些记忆可以影响法官对证词及其分量或可信度的最初听取或随后回忆。证人作证也受其经验和性格的影响,人们倾向于看那些他们想看的东西。即使证人是率直而诚实的,他们的内心确信也因其对当事人的偏爱或偏见而多少受些歪曲。我们很容易通过推理说服自己相信所希望的事情确实存在。"通过施加有意无意的影响,很容易唤起人们对实际从未发生之事的生动回忆。相关者最终会将这些虚假的回忆视为真相,还会自发地不断扩充完善合适的回忆、反思、感受甚至虚构"。[1] 一个长时间认为一件事已经发生过的人,最终会确信那件事的确发生了。因此,证人陈述时的语调、音高、手势、眼神、呵欠,回答提问时是踌躇犹疑还是迫不及待,他的神色表情、惊讶的迹象、诡秘或意味深长的一瞥。这些情形只能呈现给确实听到和看到证人的人,因而上级法院一再提醒,推翻主审法官建立在直接言词上的判决,必须极为慎重,摆在面前的一份速记的或打印的作证报告,并不足以重现任何事情。[2]

"法现实主义者怀疑甚至否认法律的存在;它认为,法官其实没有依法审判,只不过是根据自己的偏好、道德确信、对个案的感觉,甚至依对当事人的好恶来形成判决,再援引法律加以合理化。……在法条留白、判决先例沉默之际,法官脑海里如福至心灵般地涌现,并能在法学的范围内寻

---

[1] Thomas Fischer, *Über das Strafen: Recht und Sicherheit in der demokratischen Gesellschaft*, Droemer, 2018, S. 120.
[2] 参见[美]彼得·德恩里科、邓子滨编著:《法的门前》,北京大学出版社2012年版,第25—29页。

得适切的语言加以表达的感觉,说穿了,就是法律原则——法实证主义称之为自由裁量权,现实主义者管它叫法官的早餐,德沃金则认为:'它们的来源,不是立法机关或法院的决定,而是在法律专业与公众之中,长期发展而来的适切感。'"[1]对法现实主义持批判态度的人当然不在少数,他们普遍认为法官会以某种规则或法律原则作为前提,将这一前提运用于事实并由此达成判决。而几乎每位法官都会断然拒绝这一点。假如对结果之预期的反思作为暂时的假定和诠释学上的前理解成功了,那将是多么糟糕的事啊。[2] 可以说,法官从结论倒推出原则的想法是如此的异端,以至于很少发现在司法文书有这样的表达。判决书都是按照由来已久的理论写成的,也就是,将某个规则或原则作为大前提,将案件事实作为小前提,然后通过纯粹的推理过程得出结论。

卢埃林认为,不应夸大法官的心理因素和法律的不确定性,贬低法律的可预测性。必须认识到,法律人的思想以及用法律术语权衡事实的方式,是如此别具一格,以至于从一个人的判断反应,就可以将法律人与外行人区别开来。[3] 罗伯特·博克则指出:"不是所有法官都倒置推理与结论。如果推论说所有司法结论背后都不过是个人倾向与个人权力,没有例外,这样的推论总体上都是不现实的。任何诚实的律师或法官都知道,确实经常会有直觉上的结论,随后再去努力检验这一结论是否得到法律推理的支持。然而,这一初始直觉通常来自他对法律过程与结构的长期谙熟。一位法官对案件结果即使毫无个人倾向也会有这类直觉,类似过程在所有知识领域都会发生。但就诚实的律师或法官而言,在看到与最初结论相悖的资料后,也是会改变主意的。法官在看了证据目录后形成某种看法,但在言辞辩论后改变了看法,或者在法官会议上赞成某种观点,但在阅卷、讨论和书写判决意见过程中转变了立场。我甚至有过更不愉快的体验,我的判决意见已经发表,但在读到上诉状或再审申请后发现

---

[1] [美]朗诺·德沃金:《认真对待权利》,孙健智译,五南图书出版公司2019年版,第16—17页。

[2] 参见[德]阿图尔·考夫曼:《法律获取的程序——一种理性分析》,雷磊译,中国政法大学出版社2015年版,第77页。

[3] Karl N. Llewellyn, *The Common Law Tradition* (Boston: Little, Brown, 1960).

自己错了,不得不改变判决结果。许多法官都有相同经历,如果这是真的,那么所有法官都倒置推理与结论就不是真的。"[1]

严肃的上诉审法官不仅要看一审判决书,而且一定会看一审庭审笔录,以确定庭上发生的一切吻合并支持判决的理由,防止专断恣意的"胜庭不胜诉"。庭审笔录是法院要式文件之一,须包涵所有与诉讼程序有重要关系的审判经过和结果,所有已提出的申请、被朗读或依刑事诉讼法必须通知的内容、已公布的裁定及判决主文。不能只写"内容见判决书"之类,而应将整个判决宣示的理由记载于庭审笔录中。如果判决书与审判笔录记载相反,以判决书内容为准。如果某一事件过程或陈述的某一字句对裁判有决定性影响,则应强制记入笔录。所有笔录中记载的,均视为已发生;凡未记载于笔录中的,视为未发生。如果审判笔录记载不明,不得类推适用侦查法官的笔录。[2] 否则,庭审质证的真实性会大打折扣,有意偏向控方的法官还可能故意不将某些内容事项记入,使辩护方在上诉审中说不清一审庭审中究竟发生了什么。可见,庭审笔录必须完整。1937年上海有判例曰:"受讯问人所为之陈述,纵经第一审判决书予以引用,而其陈述未经记入笔录者,则其陈述,仍非合法存在,第二审法院即不得资为裁判之根据。"[3] 然而,当今审判实践中对庭审笔录的完整性不够重视,辩护律师在庭审后并不仔细阅读庭审笔录,而是草草签名,匆匆离去。

---

[1] Robert H. Bork, *The Tempting of America*, A Touchstone Book Published by Simon & Schuster, 1990, p.71.
[2] 参见[德]克劳斯·罗克辛:《德国刑事诉讼法》,吴丽琪译,三民书局1998年版,第535—537页。
[3] 参见陈朴生:《刑事证据法》,三民书局1979年版,第14页。

第六章　平等对抗

倘若没有独立与公正的法官，被告无从期待自己在挑战检察官对其行为的指控与涉犯法条的解释时，能够被认真地对待。如果被告在法律上没有能够达成一定程度的平等武装，就无从提出质疑。赋予被告提出质疑的法律工具是有意义的，因为法院的判决会依据法庭上发生的事情而定，而为了让被告可以提出质疑，必须确保被告享有一个可以安全陈述意见的位置。这同时意味着，在宣判之前，不能对被告施以任何惩罚性措施。因此，审判提供了一个舞台，可以对抗国家的追诉，并挑战检察官对于被告行为的特定诠释。假若没有这样的辩论场合，判决的强制力会相对减弱，信服力与权威性也会相对较低。

——汉娜·阿伦特

律师比其他职业更直接而显著地恪尽伟大、艰巨而责无旁贷的为国家服务的义务。这使得律师不只是为了面包、名誉和社会地位，而是有了为共和奉献的崇高职责；不再是机敏的工巧、细致灵活的科学，不再是狡猾的逻辑、堂皇的雄辩和野心勃勃的学识，不再是身披紫袍、待价而沽的诡辩家，而是拥有了几乎所有政府部门的尊严，成为维护国家繁荣稳定、长治久安的工具。

——卢弗斯·乔特

理想中的诉讼模式,其结构是法官居中、控辩平等的等腰三角形。法官是顶角,控辩双方是底角。控辩平等强调的不应当是名义上对等,而必须是实力上相当。控方由检察官担当就足够了,辩方则须由辩护人协助被告。一定意义上说,检察官和被告都有自己的"帮诉人",即警察和律师。本章专设"辩护人"一节,在强制措施与侦查公诉等章节再谈论警察。

第一节 检察官的角色定位

1961年法国和意大利合拍了一部电影,改编自大仲马的小说《基督山伯爵》,由上海电影译制厂孙道临、毕克、邱岳峰、李梓等艺术家配音。1980年在国内上映时,许多人第一次听说"检察官"。人们喜欢这部影片,但不喜欢检察官,因为片中的检察官维尔弗在陷害主人公爱德蒙的阴谋中起了邪恶而关键的作用。维尔弗倾向国王,而他的父亲却支持拿破仑。维尔弗希望与其父撇清关系,保住官位。爱德蒙受反对国王的船长之托,转交一封信给巴黎一位先生,可他不知道这位先生正是维尔弗的父亲。信虽未送到,但维尔弗认为爱德蒙已经知道收信人的名字,对自己有潜在威胁,于是叫来一个人嘀咕了几句。当晚,爱德蒙就被宪兵投入伊夫堡,一座四面环海的岛礁监狱。未经审判,监禁了14年。把一个人长年关进伊夫堡,看来比雇凶杀人风险更小,这说明当时法国检察官有不可思议的权力,以至于逮捕令等同于判决书。无论是监狱长、法官还是其他检察官,都不再过问或者无权过问。这个权力相当于国王本人。这不奇怪,影片里也是这么说的,维尔弗是"国王的检察官"。

这一检察官的不良形象似乎影响了欧洲,意大利的警匪片、犯罪片比如《教授》和《警察局长的自白》,其中的情节模式都是一位勇斗恶势力的警官,要面对一个被黑社会收买的检察官。大仲马原著最初像金庸小说一样在报上连载,法国读者能够接受从水手爱德蒙到伯爵基督山的情节,说明这种事出在当时法国并非不可思议。法国大革命后,国民议会1791年推翻路易十四敕令所规定的秘密、书面及间接审理的纠问程序,全盘引进英国公开、言词及直接审理的诉讼制度,同时创设公诉人一职,其任务则重在监督法律确实得到遵守与适用。这一制度变革迅疾改变了庭审格局,使公诉人成为法庭上实行追诉活动的主角。[1] 然而彼时法国正处于历史动荡中,治安恶化,1801年又恢复了旧有的预审法官设置。[2] 孟德斯鸠在谈到"各种政体下的控诉方式"时说了法国检察官制不少好话:与共和精神相符的公民控告权,到了皇帝时代便鼓励了一大群凶顽狡黠、人格卑鄙、野心勃勃、通过陷人于罪以取悦君王的告密者。检察官制度遏制了告密,民众则获得安宁。[3] 萨维尼亦曾言,警察的行动自始蕴藏着侵害民权的危险,检察官的根本任务应为杜绝此等流弊,并在警察一行动时就赋予其法的基础。[4]

  主流意见认为,设置检察官的初始用意在于破除由预审法官行使公诉职能的纠问制度,是法国革命风潮与启蒙运动的产物。[5] 由检察官取代预审法官的公诉职能,顺势将法官的权力限制于主导庭审并作出判决。罗克辛甚至认为,建立检察机关是解放市民的一种手段,而非统治阶级的镇压工具。[6] 然而,历史地看,西方检察官制始于法国14世纪初菲利普四世的统治期间,是维护中央与地方王权利益的重要人事安排,未必是为了矫正纠问制法官的权力过大而进行的理性设计。[7] 德国的情况有所不同。法典的复杂性要求高度专业化的司法共同体,由这个共同体把持的司法权不仅日渐独立,而且屡拂君意。时间节点是1815年的司法独立,不仅威胁政府权威,而且令民众不安,随之而来的是对司法客观性的怀疑。德国检察官的立法草案早于1848年革命就完成了,很难说受了法国的影响,立法者也本不属于自由主义者,立法目的只是试图对冲政治上

---

[1] 参见[日]冈田朝太郎等:《检察制度》,蒋士宜编纂,中国政法大学出版社2002年版,第195—196页。陈颐先生前言曰:"本书乃京师法律学堂教习冈田朝太郎、松冈义正、小河滋次郎及志田钾太郎各以其所长费一月之光阴为法律学堂检察研究会诸京师地方以下各级推检官所作的讲演记录,'为研究检察制度者惟一无二之本',亦可视之为中国设立检察制度之'立法理由书'。"

[2] 参见林朝荣编著:《检察制度民主化之研究》,文笙书局2007年版,第72页。

[3] 参见[法]孟德斯鸠:《论法的精神》(上册),张雁深译,商务印书馆1961年版,第82页。

[4] 参见林钰雄:《检察官论》,学林文化事业有限公司1999年版,第17页。

[5] 参见林钰雄:《检察官论》,学林文化事业有限公司1999年版,第15页。

[6] 参见[德]汉斯-约格·阿尔布莱希特、魏武:《德国检察纵论》,中国检察出版社2021年版,第2—4页。

[7] 参见黎敏:《西方检察制度史研究》,清华大学出版社2010年版,第101页。

不可靠、行动中不听话的法院。后来的自由主义者不太了解立法初衷,却意外发现草案符合他们的改革设想,服从政府指令也有助于公共政策落实,于是形成政治联盟,推动了1847年检察机关的诞生。[1]

可见检察机关并非诞生于自由主义思想的"革命之子",所谓"法律守护人"本质上是国家政府机构。这样看来,上述争议的意义在于,强调其为法律保护人是为了赋权,指出其服从政府指令是为了限权。[2] 就赋权而言,人们期待"检察官不应该仅仅是代表国家利益的单纯控方,而应该是'第二法官',是决心以中立和客观的方式全面审查证据的站着的法官"[3],甚至赋予检察官"保持品位之义务"[4]。事实上,无论是"第二法官",还是"站着的法官",立意和期许过于高远。不难想象,被赋予权力的机构和个人,逐渐尝到权力的甜头,逐渐习惯并谙熟权力的运用,以致与赋权的初衷背道而驰。社会各界很快就发现,"从一开始就将检察机关设在各州司法部内的制度安排大大削弱了检察机关的独立性,并使其容易受到司法部行政权力的掣肘。事实上,没过多久,人们就看到检察机关更多的是忠诚于君主政权,而不是人民"[5]。从诞生那天起,检察官就拥有极大的能量,并且对社会生活及个人命运都有极强的渗透力和干预力。

"就在司法权力在启蒙思想与人权保障的启迪下缓和的同时,可以注意到的是司法权力更加地深入到庶民的日常生活中,因为间接证据之故,犯罪侦查不能只是局限在特定的时点针对特定的被告展开肉体的拷问,而必须贯穿到相关的日常生活中,虽然这种力道相对于拷问来说非常

---

[1] 参见[美]肖恩·玛丽·博伊恩:《德国检察机关职能研究:一个法律守护人的角色定位》,但伟译,中国检察出版社2021年版,第34页、第36页。

[2] 参见[德]汉斯-约格·阿尔布莱希特、魏武:《德国检察纵论》,中国检察出版社2021年版,第18—19页。

[3] [美]肖恩·玛丽·博伊恩:《德国检察机关职能研究:一个法律守护人的角色定位》,但伟译,中国检察出版社2021年版,第30页。

[4] "检察官的行为举措,要有合乎社会常理一定的道德品行水平,中规中矩足以正己,以维护官箴;又要有高尚的情操,足以为民众之表率,建固民众对执法者的信赖。"蔡碧玉等:《检察官伦理规范释论》,中国检察出版社2016年版,第45页。

[5] [美]肖恩·玛丽·博伊恩:《德国检察机关职能研究:一个法律守护人的角色定位》,但伟译,中国检察出版社2021年版,第37页。

缓和,但是实际上无论在时间的延续:'特定时点的拷问/长时间的监视',或空间的范畴:'被告的身体/被告、加害人、邻人、友人的一切生活关系',检察官具有极大的力量以无附加身体痛苦的方式扩大其影响力,虽然有法律的限制,但只要能通过法律的管控,则实际介入的合理性与广泛性,是拷问制度所完全不能相提并论的,透过检察官与侦查程序的建立,实体真实发现主义在此产生了强大的附加功能,基于对实体真实发现的要求,检察官得以在不造成任何肉体痛苦的状态下,将侦查程序所需要的管控延伸到任何有关的人际网络与社会领域中。"[1]于是,不得不对检察官的权力进行约束和调整,方法之一是确立强制起诉原则;方法之二是重新描述客观义务。

先要说明,在案多人少的压力下,各法域势必不同程度地将轻罪分离出去,适用简易程序、不起诉或者干脆实行认罪认罚等辩诉交易。[2] 因此,文献中往往使用"重罪强制起诉"一语。但必须强调,在德国刑诉法中一律强制起诉才是立法本意。这一原则的"法律规定不是拍脑袋想出来的。相关法律标准、限制措施和救济措施都经过精心设计,以契合检察工作的体制机制,并为更大范围的刑事司法政策服务。重罪强制起诉原则是为了实现德国法文化传统中极其重要的立法目的,即平等对待所有案件,严格遵守重罪构成要件的立法规定,以及防止政治或其他腐败行为对起诉的干预"[3]。至于恪守检察官的客观义务,一是强调应当对诉讼过程中所有违反刑事诉讼法的情形立即提出纠正意见;二是要求不得只是单方面汇集对被告不利的资料,尚须对有利被告的情况加以调查,亦得为

---

[1] 许恒达:《"实体真实发现主义"之知识形构与概念考古——以中世纪至现代初期之德国刑事程序发展史为中心》,载《政大法律评论》2008年总第101期。

[2] 近几十年来,自由裁量权越来越被认为是检察官角色的一个特征。检察官在法庭之外,因而往往在大众的视野之外,对是否向法院起诉和指控什么罪名行使裁量权、决定是否采取替代措施,甚至可以将案件完全排除在刑事司法体系之外。参见[澳]维多利亚·科尔文、菲利普·斯坦宁编:《检察官角色的演变:挑战和创新》,谢鹏程等译,中国检察出版社2021年版,第5页。另外,检察机关以不起诉加以了结的案件,使侦查结论无法在法庭上接受辩方及社会检验,相当于盖子没有揭开就不了了之,因而是不符合刑事诉讼原理的权力配置。

[3] [美]肖恩·玛丽·博伊恩:《德国检察机关职能研究:一个法律守护人的角色定位》,但伟译,中国检察出版社2021年版,第42页。

被告利益提起法律救济途径,即为受有罪判决者提起抗诉或再审声请。[1] 总之,德国检察官"应担当法律守护人之光荣使命,追诉犯法者,保护受压迫者,并援助一切受国家照料之人民"[2]。

"检察官不是、也不该是片面追求打击罪犯的追诉狂,而是依法言法,客观公正的守护人,有利不利一律注意……作为法律之守护人,检察官既要保护被告免于法官之擅断,亦要保护其免于警察之恣意"[3]。但在实务中,这一客观公正却难于真正贯彻落实。为被告着想的检察官不能说没有,但的确少之又少。只要检察官的主要职责是指控犯罪而不是开脱犯罪,那么只有其指控得到法庭认可,才算是完成了一件精彩作品。"检察官有时以法律不允许之方法取得犯罪嫌疑人有关之自白……以押取供乃至声色俱厉地训示犯罪嫌疑人或被告之情事,仍所在多有。"[4] 既然避免低劣行为已属不易,就不宜再拔高要求,因为树立榜样的最大弊端是,自认为达不到榜样高度者会自暴自弃,对榜样的起劲宣传掩饰了黑暗角落。因此,检察官的基本角色应当只是指控犯罪。检察官为完成控诉职能所进行的种种努力,也能从反面印证,成功地给被告定罪,其诱惑力大于履行客观义务。也许检察官一开始的确会客观评估证据,审慎评估获得有罪判决的概率,可一旦作出起诉决定,就定格于控诉者的角色,努力说服法庭给被告定罪,而不会以一种超然姿态去多方举证。[5]

追本溯源,英美法向以不干涉为法之精神。侵害权利违反义务之刑事案件,亦由被害者自诉于法庭以求救济。故考诸英国古法,总检察官之职专为国王利益而设。降及后世,完全依赖被害人自诉颇显乏力,立法者

---

[1] 参见[德]克劳斯·罗克辛:《德国刑事诉讼法》,吴丽琪译,三民书局1998年版,第76—77页。

[2] [德]汉斯-约格·阿尔布莱希特、魏武:《德国检察纵论》,中国检察出版社2021年版,第3页。

[3] 林钰雄:《检察官论》,学林文化事业有限公司1999年版,第17—18页、第33页。

[4] 王兆鹏:《一事不再理》,元照出版公司2008年版,序第5页。

[5] 参见[德]托马斯·魏根特:《德国刑事程序法原理》,江溯等译,中国法制出版社2021年版,第191—192页。

于1827年创设以提起刑事公诉为职务之检察官,又于1879年制定提起公诉法。[1] 英格兰的刑事检控始终是一种开放的、由私人主导的权力分配体制。至19世纪末,基本格局仍由私人控诉者、大陪审团和地方司法行政官员等多元主体分享,其核心特征是国家因素始终只占次要地位。布莱克斯通曾有评论,虽然所有的刑事起诉书在修辞上都要以国王名义提起,但真正掌握着刑事指控权力的却是受害人及其亲属。国王设立的总检察长,更像一位只为国王提供法律服务的特殊当事人,只负责叛国案件的审前调查,之后向大陪审团提起刑事起诉,开庭时有权对证人进行交互询问。英国刑事程序中并无公诉的概念,国民人人有权提起刑事追诉,但案件进入审判程序后,必须委任律师出庭。

"英国律师既独占法庭活动,遂使担负绝大部分犯罪诉追责任之警察机关,在打击犯罪之任务上,仅能挺进至于诉追之提起,至于嗣后在法庭上之实行诉追,则须假手律师。因此,大部分警察机关为适应实行诉追之需要,平时即约聘律师……由于负责实行诉追之律师系属自由业,相对于委任其实行诉追之政府机关而言,具有不羁性格。因此,在律师独占法庭活动之下,律师本于职业伦理就案件所提供之咨询意见,常对于其委任者过度热切之诉追欲望,产生冷却之效果。此对于无辜之被告而言,不失为一种利益。"[2] 这一切都仰赖英国的宪法体系传统,避免了大陆模式中央集权的司法管理模式。侦查犯罪、提起公诉和在法院审理案件的职责被数量众多的不同机构分担了。不过自1986年起,通过引入皇家检控署,使犯罪追诉体系发生重大变化,皇家检控署在犯罪起诉中扮演了支配性角色。[3]

美国独立后曾受法国影响建立公诉制度,各州均效法之。检察官职权虽涵盖实施侦查和提起公诉,但并不拥有采取强制措施权,必须向治安法官申请强制措施令状。总体而言,美国终究继承了英国的司法制度,各

---

[1] 参见[日]冈田朝太郎等:《检察制度》,蒋士宜编纂,中国政法大学出版社2002年版,第193—194页。
[2] 林朝荣编著:《检察制度民主化之研究》,文笙书局2007年版,第92—93页。
[3] 参见[英]约翰·斯普莱克:《英国刑事诉讼程序》(第九版),徐美君、杨立涛译,中国人民大学出版社2006年版,第76页。

州设立检察长一职,主要是州长和州政府的法律顾问,刑事检控权却很虚弱,检控职能几乎全由地区检察官执行。19世纪20年代起,多数州的检察长和地区检察官采用选举制。检察官不由上级任免,就不必唯上是从,自然表现出高度的自治与自主,享有不受行政干预的广泛的自由裁量权。普通法在长期的历史发展中形成了某种韧性,它的烦琐的和形式主义的技术,使它能够顽强抵制住来自上级的进攻。[1] 而选举制又保障了检察官对选民的忠诚。高度自主自治意味着极大的自由裁量权。"虽说警察是刑事司法机构的守门人,但检察官才是刑事司法运行的枢纽和关键。检察官有巨大的自由裁量权,不仅决定是否起诉嫌疑人,而且决定进行何种起诉。此外,检察官通常为辩诉交易定下基调,在量刑轻重问题上也有极大的话语权,尤其是他们手中的不起诉权。"[2]

美国各州的检察官制度与警察权高度分离,检警之间是一种制约甚至掣肘关系。因此,在州、县任何一级,虽然检察官对警察机关没有直接的法律上的控制权,但却有权拒绝将警方提交的案件进行到底,这一权力可以令警方相信,如果检察官认为继续侦查有违公共利益,就不要穷追猛打一意孤行了。"刑事司法整个过程的有效性与公正性,有赖于地区检察官选择一条最佳出路的智慧。"[3]对检察官热衷起诉的案件,警方也不总是感兴趣,因为警方知道一旦他们取得了充分的定罪证据,开启了庭审,就只好与检察官旅进旅退。[4] 这是有意造成一种态势,让检警难以成为一家,避免它们合谋对付嫌疑人。不过,不同于英国由律师独占法庭,美国是检察官作为公诉人独占公诉,负责将公诉进行到庭审完毕。这便造成一种态势:由于权限集中,利害一贯,"兼以在当事人主义之审判构造下,公诉官为竭尽其举证责任,须以交互询问之证据调查方式,而与被告之辩护人展开唇枪舌剑。从而,美国公诉官为维护自己所提起之公

---

[1] 参见[德]K·茨威格特、H·克茨:《比较法总论》,潘汉典等译,法律出版社2003年版,第291页。

[2] John M. Scheb & John M. Scheb II, *Criminal Law and Procedure*, Wadsworth Cengage Learning (2011), p.29.

[3] Orvill C. Snyder, "The District Attorney's Hardest Task," *Journal of Criminal Law and Criminology* (1931-1951), Vol. 30, No. 2 (Jul.-Agu., 1939), p. 171.

[4] LaFave & Israel, *Criminal Procedure*, Thomson Reuters, (2009), p.29.

诉,所展现之旺盛企图心,遂将权限集中之弊病彰显无遗"[1]。

有人说,美国的检察官有绝对不受限制的自由裁量权,想起诉谁就起诉谁,想不起诉谁就不起诉谁。[2] 这话恐怕不是空穴来风。一位地区检察官曾在演讲中说,起诉哪些人、哪些罪,责任重大,对正直的人来说非常艰难。言外之意,责任重大的前提是有责任、有权力。演讲中提到一个有趣案例:一个女人因行为不检而离婚,与年轻稚嫩的小伙子成为情人。她又以女人特有的方式激起了情人的嫉妒,暴怒之下,小伙子向她开枪,杀人意图几乎毋庸置疑。如果女人死了,小伙子将被控一级谋杀罪。这女人竟然活了,康复了,两人还结婚了。地区检察官等待着,心想倘若是缓兵之计,婚姻很快就会破裂,再起诉不迟。但这桩婚姻一直持续着,显得非常成功。妻子作为被害人一再请求终止起诉。当地区检察官确信这一婚姻不是欺骗,就提出终止起诉的动议,而这个动议被允许了。通常认为大陆法系检察官的权力更大,但像本案一样已经与构成要件合致的行为,即使被害人谅解,不起诉也是不太可能的。[3]

在美国,检察官拥有广泛的裁量权,首先是为了不使社会泛刑法化,也就是不能将人们反对的事情都认定为犯罪,不能将刑法典作为社会的垃圾箱;其次是因为"任何检察官都不可能随时随地得到足够的资源去起诉所有进入视野的犯罪。否定裁量权,就如同命令一位将军立即全线攻击敌人"[4]。各法域对于轻微犯罪不必过度反应,当轻微反应亦能达到相当的惩罚效果乃至预防功能时,无需以从头到尾不折不扣的刑事诉讼来追求有罪判决,以免追诉强度超过追诉目的。[5] 因此,当罪犯本人绝对不可能再犯时,就没有特殊预防的必要;而当其他人都没有机会或能

---

[1] 林朝荣编著:《检察制度民主化之研究》,文笙书局 2007 年版,第 109 页。
[2] Cliff Roberson, *Introduction to Criminal Justice*, Copperhouse Publishing Company, (1994), p. 275.
[3] 不过,自 2006 年起,法国的法定起诉有所松动,针对配偶或者同居伙伴实施的犯罪,检察官可以采取替代追诉的措施,要求加害人到其他地方居住并接受卫生、社会或心理检查,附条件的不予立案开始合法化。参见[法]贝尔纳·布洛克:《法国刑事诉讼法》,罗结珍译,中国政法大学出版社 2009 年版,第 330 页。
[4] LaFave & Israel, *Criminal Procedure*, Thomson Reuters (2009), p.710.
[5] 参见林钰雄:《刑事诉讼法》(上册),元照出版公司 2015 年版,第 57 页。

力犯同一种罪时,也没有一般预防的必要。女护士悉心照顾孤老富翁,感动之余,富翁手书遗嘱,赠以巨额财产。这一报恩举动反而使女护士萌生恶念,希望早得遗产,于是用药时增至致死剂量。可老富翁偏偏没死,事后查明当日其身体状况突变,恰好需要大幅增加药量。这一独特案件,即便起诉也无从实现任何预防目的,但从维护规范效力出发却可能得出不同结论。"虽然护士没有侵犯生命这一法益,但她却意图不去遵守禁止杀人的命令。尽管她的行为在客观上并未对生命这一法益造成损害,但她通过其行为已经表达出以下这个意思,即禁止杀人的命令对于她来说是无效的。"[1]

那么,英美与欧陆,谁的检察官制度更优越一些?日本是世界上唯一经历了法国、德国、美国三种检察官制的国家。在明治时期导入法国的检察制度,但1890年的法院组织法由于受德国法影响,原则上将检事局附设在法院之内,置于法务大臣的监督之下,其结果便是使检察官成了广义上的司法官。"二战"后受美国影响,明确规定检察官脱离司法部,归属行政部。是司法警察之后的第二顺位的调查机关,其主要任务是提起公诉。[2] 不妨回顾日本朝野学界是如何思考这个问题的。日本现行宪法是于1947年5月施行的和平宪法,1890年施行的是帝国宪法,那一时期检察官得到类似法官的待遇。但当时司法独立并不充分,检察官只是行政机构的一部分。战后,当局曾一度主张检察官就是司法官,但其错误立即受到指摘,于是检察官都属行政官的正确见解就居于统治地位。不过要强调,检察官是执法者,不是当事人。期望于检察官的,应该是警察侦查的批判者,以及正当程序的拥护者,以便适应裁判所的作用转变,从原来的发现实体真实,保证对犯罪的处罚,转向维护正当程序。[3]

日本在新宪法的强烈冲击下,关于检察官性质、地位的争论,必然牵涉办公地点、法庭座次等一系列变动,极具历史标本意义。"首先是眼睛

---

[1] [德]乌尔斯·金德霍伊泽尔:《法益保护与规范效力》,陈璇译,载《中外法学》2015年第2期,第556—557页。

[2] 参见[日]大谷实:《刑事政策学》,黎宏译,中国人民大学出版社2009年版,第181页。

[3] 参见[日]松尾浩也:《刑事诉讼的原理》,东京大学出版会1974年版,第262页。

所能见到的,就拿办公楼来说,战前在裁判所里也有称为检事局的,也就是这一边挂着裁判所牌子,另一边挂着检事局牌子。可在今天,无论在何处,大体上裁判所和检察厅的办公楼是分开的。再从法庭布置来看,战前裁判官和检察官坐得一样高,而被告人与辩护人坐在低一层的地方,这种法庭布置已经改变,如今的布置是辩护人、被告人、检察官坐得一样高,只有裁判官坐得稍高一点。这好像没有什么,可在联邦德国却是战后引起一大论战的问题,认为检察官坐在高处岂不奇怪,同'检察官是一种司法官,并非单纯的当事人,宣称当事人主义这种美国式的想法,是不符合刑事诉讼的、本质上是错误的理论'进行了正面交锋。最后在联邦德国竟然是反对当事人主义这一方获胜了。由于德国是分权制的,所以国内并不完全一样,大体上总的趋势是按战前的作法行事。但在日本并没有什么大不了的纠纷,检察官的位置就降下来了。也就是说,在这个限度内,顺利地接受了当事人主义"。[1]

如果将法国和德国的检察官制看作中间地带,那么英美和俄国分别走向两端。差异就在于,英美检察官制基本不受国家干涉,法德检察官曾被政府用以与法院争权,而在俄国则连同政府一并纳入监督之下,只听命于首脑一人。1722年,沙皇彼得一世命令设立俄罗斯帝国检察机关和总检察长。总检察长是"沙皇之眼",对整个国家和社会实施监督,各级检察长隶属于总检察长,总检察长则隶属于沙皇。1864年俄罗斯进行司法改革,检察机关变成刑事追诉机关,其职责是支持公诉并且领导预审机关,对法院适用法律的情况实施监督。十月革命后曾短暂撤销检察机关,但又随即恢复。苏俄检察机关以法律监督为专职专责,不执行任何行政职能,受中央垂直领导,行使中央检察权。诉讼监督权与一般监督权共同构成苏俄检察机关的权力内容,而一般监督权又是国家检察权力的核心和标志。

苏俄检察机关是一元化领导下统一的中央集权组织,官职等级分明,各级检察官只服从于总检察长,执行公务时必须身穿佩戴职衔的制服。苏俄检察院所体现的"普遍监督"可以说是"沙皇之眼"的再现,对它

---

[1] [日]松尾浩也:《刑事诉讼の原理》,东京大学出版会1974年版,第295页。

而言,没有监督对象和范围的限制,这显示了检察权力在政治生活中的崇高地位。1922年苏联成立后,组建苏联最高法院检察院,随后撤销设在法院中的检察院,建立独立的苏联检察院,负责领导各加盟共和国检察机关,对各加盟共和国司法机关适用法律实施监督,提起刑事追诉并支持公诉。1936年以后各级检察机关直接隶属于苏联检察长,进一步强化集中统一。总检察长由最高苏维埃任命,各加盟共和国检察长由总检察长任免,无须与加盟共和国最高苏维埃协商。1953年以后,苏共开始提倡社会主义民主,健全社会主义法制。由于执政理念和历史惯性,检察改革进展相当缓慢。

"在任何一个资本主义国家中,都没有类似我们这样的检察机关,它在苏维埃国家机构中处于独立自主的地位,维护着统一的、为全国制定的各种法令……犹如特别的国家全权的代表"。[1] 时至1977年10月通过苏联宪法,仍然没有改变检察机关是集中化的全苏性机关系统,并由苏联总检察长负责,总检察长由苏联最高苏维埃任命或批准,在集中统一原则下又制定并通过了《苏联检察机关法》。日本学者在当时就精准地评论说,1979年11月通过的《苏联检察院组织法》"在统一了有关检察制度方面的法律同时,又对于旧条例不明确的检察长职权、活动方式等,都作了明确规定。并且,从进一步加强社会主义法制的观点出发,扩大了检察长的职权……检察长实行的一般'监督制度',其渊源虽然可以追溯到18世纪初期的俄罗斯,但是,像今天这种制度却是社会主义各国所特有的。现在,除德意志民主共和国、波兰、匈牙利、捷克斯洛伐克外……也都采取了这种制度"。[2]

今天看来,俄式的垂直领导的检察体制有两大特征:其一,直接听命于上级的结果是,所有的决定都只有结论,而缺乏具体论证过程,也就看不到作出某项决定的真实理由。由于层级制的筛选任命,可以说上级的业务素质和思想觉悟还是比较高的,不过上级毕竟不是办案人员,没有亲

---

[1] [苏]帕弗里谢夫、拉金斯基:《论苏联检察机关法》,陈淼译,载《苏维埃国家与法》1980年第4期。

[2] [日]上田宽、小田博:《新开展的苏维埃司法制度——苏联检察院组织法》,沈重译,载《法律时报》1980年第7期。

历案情,难免更多考虑事实和法律以外的因素。而长期听命上级,使下级懈怠,缺乏责任心,也滋生下级虚构、瞒报等情形,从而误导上级作出错误决定。其二,不仅检察官在法律地位上高于被告及其律师,导致检察院的强势定罪要求压倒法院的独立判断,即"国家公诉人——检察长——并不与被告人进行权利的争论,在法庭审理中,他帮助法院根据在他领导下进行的侦查中所搜集的主要材料确定被告人的罪过问题"[1],而且检察官的政治地位高,导致政治审判代替法律审判。检察官既然有权对法官进行法律监督,庭审对证据的检视功能就已完全丧失,只是对被告声罪致讨的简单仪式。

由于控辩地位悬殊,力量严重失衡,甚至出现这样的审判场景:"虽然公诉人、苏联总检察长维辛斯基本人已经指出,侦查机关未能发现证据确凿的证明材料,因而对被告人的控告只能以他们自己的供认为依据,但是辩护律师布劳德仍然在法庭上声称:'审判官同志们,在本案中对事实是不可能有争论的。公诉人声明,从各方面来看,即无论从本案所收集的证据来看,或是从证人在法庭上所作的证言来看,所有事实都得到了证实——当公诉人同志作这种声明时,他是完全正确的。所以,在这方面,辩护一方不打算向公诉一方提出任何异议。'"[2]公诉人无需跟被告及其辩护人进行真正的对抗,就可以完成给被告定罪的目标。真正到开庭审判时,"绝大多数的检察官最多也仅将起诉书朗读一次或讲几句无甚意义的话而已……难怪有检察官讽刺,其实只要放一个检察官塑像及录音机在法院即可,何需劳动检察官到庭"[3]。

自20世纪70年代末80年代初,苏联对检察机关的角色逐步进行反省,承认检察长只对法庭的行为是否符合法律实行监督,但并不处于法庭之上的地位,不能管制操纵法院的活动,不能向法院发号施令,不能撤销法院的裁判。[4] 1991年苏联解体后,俄罗斯联邦沿用原刑事诉讼法典

---

〔1〕 [苏]切里佐夫:《苏维埃刑事诉讼》,中国人民大学刑法教研室译,法律出版社1956年版,第421页。
〔2〕 龙宗智:《刑事庭审制度研究》,中国政法大学出版社2001年版,第92页。
〔3〕 王兆鹏:《评检察官专责全程到庭计划》,载《月旦法学杂志》2000年第11期。
〔4〕 参见[苏]蒂里切夫等编著:《苏维埃刑事诉讼》,张仲麟等译,法律出版社1984年版,第89—90页。

并对之进行增删、修订,组建了由俄罗斯联邦总检察长领导的统一的检察机关体系,仍然坚持集中统一原则,规定其工作人员不得在政治性社会组织兼职,不得领取其他工作报酬,但教学、科研和创作活动除外。而且,俄罗斯联邦总统叶利钦全盘否定苏维埃体制,借鉴西方国家检察体制,司法权仅由法院行使,将检察机关列入司法部内,使之成为纯粹的刑事追诉机关,最终取消了对法院的监督职能。根据 2002 年生效的《俄罗斯联邦刑事诉讼法典》,检察机关的法律地位发生重大变化,引入司法审查原则,检察长失去了羁押、住宅搜查、提取邮件电报、监听等权力,而转由法院作出相关决定。[1]

第二节 被告人及其获得律师帮助的权利

"在任何刑罚制度下,无论是采取最严厉的,还是最宽容的方法,总要有一定种类的罪犯,由于其生理和道德的退化,改恶从善几乎是不可能的,或者说是暂时的。我们也不能忘记,由于犯罪的自然根源不仅存在于个人有机体中,而且在很大程度上存在于自然和社会环境之中,如果我们不尽最大努力改良社会环境,仅凭对罪犯的矫正不足以防止其再犯。"[2] 刑事诉讼过程中,将提起公诉以前的被告人称为嫌犯、犯罪嫌疑人,但总体上仍可统称被告人,简称被告。整个刑事诉讼都是围绕被告展开的,而被告的地位由追诉客体转为诉讼主体,被视为一种历史进步,被告在面对国家刑事侦查、公诉和审判时不再任凭摆布而"毫无防御能力"[3]。被

---

[1] 魏晓娜教授提供的资料显示,1993 年俄罗斯新《宪法》确立了无罪推定、禁止重复追诉、非法证据排除、证人作证豁免权、各方平等和诉讼辩论等原则和权利。现行刑事诉讼法强化了被追诉方审前阶段防御能力,重新调整了控辩双方力量对比:一是明确规定"保护个人免受非法的和没有根据的指控、判刑、权利和自由受到限制";二是明确规定被指控者没有义务证明自己无罪,证明指控或推翻辩护的理由的责任由控方承担,不能确定被告有罪的怀疑时均应作有利被告的解释;三是强化了被追诉人的辩护权,辩护人在侦查程序即可介入辩护,犯罪嫌疑人有权在第一次被讯问前单独会见辩护人,会见内容保密,次数、时间长短不受限制,并于讯问时在场,辩护人不在场的陈述不允许采信为证据。参见江溯主编:《刑事法评论:刑法与刑诉法的交错》(第 45 卷),北京大学出版社 2022 年版,第 20—21 页。
[2] [意]恩里科·菲利:《犯罪社会学》,郭建安译,商务印书馆 2017 年版,第 6 页。
[3] [德]克劳斯·罗克辛:《德国刑事诉讼法》,吴丽琪译,三民书局 1998 年版,第 158 页。

告的防御能力反映了一国人权水平的高低。人权的绝大部分体现于刑事被告的权利中,只有面临政府这一庞然大物时,个人才真正渺小,才需要人权保障。说人权包括生存权和发展权,是对人权内涵的稀释。活命、生养后代的权利,奴隶也有,奴隶主残害奴隶也是法律禁止的。刑事被告的权利是人权状况最好的试金石。[1]

"你只要告诉我你如何对待被告,我就知道你们采取的是什么样的刑事诉讼程序,以及建立这一程序的是什么样的国家。"被告在刑事诉讼中的法律地位,始终与国家理论的政治基础直接对应。以极权原则为基础建立的国家,其全部力量都服务于调查事实真相,无视被告的基本自由及人性尊严,使辩护权彻底沦为表象,被告则完全成为诉讼程序中的客体,而该程序的唯一的宗旨只是获得被告的自认,这便十足地印证了一份文档中的断言:"很明显,有如此多的人认罪,并不是罪过的现实,而是程序出现了罪过"。[2] 所以,被告需要正当程序,而正当程序首先要求审判时被告必须在场。[3] 这是自费尔巴哈以来的基本共识,即"司法权的行使以被告人到庭为前提"[4]。被告在场权包括:(1)请求资讯权,即有权了解被控罪名及法律依据,要求调取有利于己的证据并与不利于己的证人对质,以及律师阅卷权与核实证据权;(2)请求表达权,即要求法庭审判,判决前必须获得陈述意见的机会,且一经逮捕即有权要求法官聆讯;(3)请求注意权,即要求法官全程在场,判决书陈述判决理由。[5]

---

〔1〕 德沃金在《刺猬的正义》一书中说,人权可被浓缩为一种基本的、抽象的权利,一种被视为有起码尊严的人的权利。Ronald Dworkin, *Justice for Hedgehogs*, MA, Harvard UP, (2011), p.335.

〔2〕 参见[葡]乔治·德·菲格雷多·迪亚士:《刑事诉讼法》,马哲、缴洁译,社会科学文献出版社2019年版,第260—261页。

〔3〕 周详教授援引《登徒子好色赋》,以期证明,正如舜殛鲧于羽山时未见在场申辩,宋玉在楚王面前指责登徒子好色时,被指责者亦不在场。宋玉自述老家隔壁的绝代美人勾引他三年而未遂;登徒子的老婆奇丑无比,他居然喜欢,何况其他女人!登徒子却无法当面对质反驳。《登徒子好色赋》乃流传甚广的美文,但历代读者很少注意到,宋玉所说不仅无法证实,而且毫无逻辑关联。参见江溯主编:《刑事法评论:刑法与刑诉法的交错》(第45卷),北京大学出版社2022年版,第99—100页。

〔4〕 [德]费尔巴哈:《德国刑法教科书》(第十四版),徐久生译,中国方正出版社2010年版,第438页。

〔5〕 参见林钰雄:《刑事诉讼法》(上册),元照出版公司2015年版,第168—170页。

在美国,庭审前有一个由法官向被告正式告知指控罪名的程序,在告知罪名后,法官会询问被告对指控的态度,是认罪,还是不认罪,有些州还允许被告虽不认罪但也不争议,甚至允许所谓奥尔福德式认罪,即在坚持主张自己清白的情况下认罪。[1] 对处于保释状态的被告,法官会特别警示,如果他不出庭受审,将丧失相应的宪法权利。而一旦被告因某种原因果真不出庭,法官将考量重新确定庭审日期的难度;控方证人在重新确定的庭审日出庭的可能性;影响被告出庭的理由是什么。[2] 必须强调被告的在场权,可以缺席审判的只能是轻罪。在英国,被告出庭的权利虽可放弃,但也只针对轻罪,重罪被告有义务出庭受审。但略为不同的是,要求法官谨慎考虑的因素可能更多一些,比如不出庭是否为了给程序制造障碍,是否同时放弃了委托律师的权利,如果有律师出庭,就要询问律师对被告的相关告知与指导。当然,重罪被告在保释状态下也可能潜逃,此时法官需要考虑拖延审判对证人记忆力的影响,对公众与被害人利益的损害,以及对同案被告获得及时审判权利的干扰。[3]

被告有权要求有利于己的证人出庭作证,可被理解为强制取证权。既然国家负责追诉犯罪,可以动用强大的诉讼资源,就应将取证责任赋予国家,以免被告因无力提交某些证据而陷于不利。对于有利被告的证人或证物,若法官或检察官不予调查,被告又无强制处分权,可能产生证据流失的后果。在美国,被告接触、了解证据的权利有其宪法根据,而且最高法院给出了综合标准:(1)检察官有义务开示其占有或控制的对被告有辩解意义的重要证据;(2)禁止政府方面恶意湮灭毁损有利被告的证据;(3)各州应赋予被告权利,通过传票要求证人到庭,要求掌握物证的人向法庭出示;(4)各州有义务向被告提供证据线索或其他帮助,让被告运用传票取得这些证据;(5)禁止政府干预被告运用传票的权利。总之,只要是攸关被告辩护防御的场合,被告都应当在场。如果是重罪,无论出于何

---

[1] *North Carolina v. Alford*, 400 U.S. 25 (1970).
[2] Ronald Bacigal, *Criminal Law and Procedure: An Overview*, Delmar, Cengage Learning, (2009), p. 281.
[3] Peter Hungerford-Welch, *Criminal Litigation and Sentencing*, Cavendish Publishing Limited, (2004), pp. 377-378.

种目的,都应反对缺席审判。被告不在场,任何判决都无法令人信服。审判前在电视上公开认错,更是违背无罪推定原则。被告人格权在与审判相关的新闻、广播及电视中均受保护。[1]

而就司法现状而言,在被剥夺人身自由之后,毫不延迟地被迅速带见法官的权利,才是对被告最紧关紧要的。只要想象一下,家门深夜被敲开,几个人闯进来对房主说"你被捕了",随后开始翻遍每个房间的每个角落,有价值的东西未经登记即被拿走,然后下落不明。人被带走之后不知所踪,与世隔绝,除轮番而来的审讯者,别指望见到任何人,直到审讯者得到想要的口供。这不是想象,这都是真实的事件。"奇异的古拉格之邦的凶残极地",许多未经审判的囚犯为作家提供了口述、回忆和书信,成就了纪念碑式的巨著《古拉格群岛》。无需卒读,只内容提要已足够震撼。第一部第一章"逮捕":如何进入群岛——被捕的感觉——"为什么?"——传统的逮捕——如何进行搜查——夜间逮捕的优越性——"搞清楚了会放出去的"——被捕后的轻松感。喊吗?"宇宙中有多少生物,就有多少中心。我们每个人都是宇宙的中心,因此当一个沙哑的声音向你说'你被捕了',这个时候,天地就崩坏了。我们中间最聪颖和最愚拙的都一概不知所措。"[2]

正面列举被告权利清单并不容易,因为法系、国别及学术偏好不同,不可能有一致的权利版本。不过可以考虑拟就被告权利的负面清单。上海策划自由贸易试验区时,为尽量扩大自由贸易范围,提出一个"不得从事行业"的负面清单,罗列相当多的"禁止"。有人不解,这么多的禁止还能叫自由贸易吗?其实,只要相比一下刑法第225条非法经营罪就会明白,该罪所禁止的非法经营行为,除了三项列举之外有第四项"其他",使该罪的"其他禁止"成为无所不包的口袋。只有反向规定"除了……一切皆可",才是真正的赋予权利。从这个角度看,罪刑法定主义

---

〔1〕 媒体原则上不得指名道姓地报道、描绘,或对人别身份有辨识性地提示。倾向性明显的报道容易起到煽惑舆情、裹挟施压的作用。对许久前案件的报道,如果会对行为人造成新的额外伤害,以致妨碍其再社会化,则应禁止。参见[德]克劳斯·罗克辛:《德国刑事诉讼法》,吴丽琪译,三民书局1998年版,第162—163页。

〔2〕 [俄]亚历山大·索尔仁尼琴:《古拉格群岛》,田大畏、陈汉章译,群众出版社2010年版,第3—4页。

以"没有法律就没有犯罪,没有法律就没有刑罚"(*Nullum crimen sine lege, nulla poena sine lege*)标识出犯罪的负面清单,罪名罪状之外皆属自由领地。而"未经正当法律程序,不得剥夺任何人的生命、自由或财产",亦以某种负面清单式的否定性表述,真正约束限制了权力。虽说负面清单之外一定比之内更为广泛开阔,但也必须指出,所列举者皆至关重要。比如美国宪法第一修正案:"国会不得制定关于下列事项的法律:确立国教或禁止信教自由;剥夺言论自由或出版自由;剥夺人民和平集会和向政府请愿伸冤的权利。"

同理,被告权利的负面清单,其意义不在于列举有多么全面,而在于所列举者皆不可或缺,未列举者并不意味着排除。正如什么是正当程序可以人云亦云,但缺乏正当程序却人所共知。缺乏正当程序,主要表现在没有赋予或者剥夺被告的某些权利。这些权利主要包括:(1)及时获得中立法官公开公正的审判,逮捕应受司法审查,逮捕后应被迅速带见法官;(2)得到警方的权利告知,得知被指控的罪名、事实及法律根据;(3)同不利于己的控方证人进行对质;(4)强迫有利于己的证人出庭作证,并接触、了解其他证据;(5)作出裁判前必须得到充分辩护的机会;(6)与律师接触并获得律师帮助,被讯问时律师在场;(7)不得对一项指控进行两次审判;(8)不受无理或无令状搜查、检查、扣押和逮捕;(9)不得强迫自证有罪,非法获得的证据不得作为定罪的根据;(10)重大的程序违法将导致无罪判决。其中,不得强迫自证有罪与获得律师帮助被视为被告特权、权利的两个重要支点。

自英王查理一世时期承认不得自证其罪的权利伊始,是否承认沉默权,可以识别某一刑事诉讼制度是否认可国际上普遍承认的刑事诉讼原则。[1] 就美国而言,不得强迫自证有罪最初只适用于联邦,直至1964年才推行于各州;[2] 这一特权最初被理解为只在起诉期间才由被指控者享

---

[1] Otis H. Stephenes, *The Supreme Court and Confessions of Guilty*, The University of Tennessee Press Knoxville, Tennessee, 1973, p. 19.

[2] *Malloy v. Hogan*, 378 U.S. 1, (1964). 正当程序条款并不自动、全部被各州采用,而是有一个选择性吸纳、融汇的过程。

有,不包括审前取供阶段。[1] 直到1966年的米兰达案,不得强迫自证有罪才被确定下来。不得强迫自证有罪特权同非法证据排除规则紧密相关,也就是,为了遏制强迫自证有罪,不仅从实体刑法上宣示其违法,而且在程序上给予制裁,将强迫所得的非自愿的有罪供述排除出证据之外,从而打消警方刑讯的积极性。这一特权保护范围还可延伸至包括具备作证信息的书证,但却不包括下列事项:(1)指纹和照相;(2)列队辨认和身份确认;(3)抽血确定醉驾;(4)笔迹样本。这些证据的取得,即使动用了强制力,也没有侵犯不得自证有罪的特权。[2]

将"赋予被告不自证己罪的权利"视为公平审判的核心内涵,其前提是举证责任分配原则要求控方尽到证明有罪的责任。"对事实的证明责任在主张该事实的一方,而不在否认该事实的一方……例外事项应由被告方证明。"[3] "据此,任何人皆无义务以积极作为来协助对己的刑事追诉……被告可以从对己最为有利的防御角度自行决定是否保持缄默。"[4] 沉默权是不自证己罪的基本前提,没有沉默权就只能意味着被告有供述义务。"我们有一连串对于国家及同胞的义务,包括某些协助落实及执行刑法的义务,但不应该包括协助起诉的义务。因为假如这样的义务是为了帮助无罪的被告,藉由驳斥检察官的起诉案件,就成了需要审慎评估的问题,因为这人不是为了公民义务而陈述;而假如事实与他的说法相悖,检察官得以起诉,那么国家应该不需要公民来伤害他们自己的利益。"[5] 在实事求是名义下否定沉默权,必然为侦查机关强索口供提供道义基础。承认沉默权,否定供述义务,短期看可能增加破案难度,甚至不得不放过某些罪犯;长远看则会降低对口供的期待,促成其他破案手段和能力的提升。有权沉默还是必须供述,必择其一,没有第三条道路可走。

然而,常识告诉人们,无辜者在面对指控时不一定会大声反对。法庭

---

[1] *Counselman v. Hitchcock*, 142 U.S. 547 (1892).

[2] Klotter & Kanovitz, *Constitutional Law for Police*, The W. H. Anderson Company, 1968, pp.204-207.

[3] [美]乔治·弗莱彻:《反思刑法》,邓子滨译,华夏出版社2008年版,第381页。

[4] 林钰雄:《刑事诉讼法》(上册),元照出版公司2015年版,第162—163页。

[5] [英]安东尼·达夫等编:《审判的试炼Ⅲ,刑事审判的新规范理论》,李姿仪译,新学林出版公司2015年版,第128页。

通常会向陪审员们强调,不要因被告保持沉默就作出不利被告的推断,但是,如果被告本可以通过对自己的行为或去处作出解释来抵消控方证据,可他偏偏不这么做,那还怎么指望陪审团不理会他的沉默?"既然不是你做的,开口告诉我们实情,这对你有什么不好呢?"[1] 反对自我归罪的特权,相当于授权被告不回答某些特定问题,如果回答这些问题意味着自认有罪。法律不仅授权被告不被强迫回答某些导致入罪的问题,而且有权拒绝站到证人席上受必须讲真话的誓言约束。[2] 这是因为,不是每个无辜者都能扛得住证人席上的压力,即便再怎么诚实,面对他人并试图解释自己的可疑行止,也会产生过度的恐慌和紧张,语无伦次或者躲躲闪闪,使法庭加深对他的怀疑。不过,被告要么选择沉默,要么选择讲出自己的故事,如果他选择为自己作证,就不能豁免于交互诘问。[3]

"过去之时代里,专制者为图谋个人之私益,进行恐怖性镇压活动。其中,法律之执行,犯罪侦查活动以及刑事裁判等,皆很容易成为被利用之对象。因此,专制者为对付异己,刑事诉讼程序中所要求之严格的法律规范,非但未被遵守,反而惨遭破坏……其中'拒绝自我负罪特权之原理'与'缄默权法理'等规范侦查之原理原则最受重视。"[4] 讯问嫌疑人时禁止所有对生理、心理造成损害的方式,只要是对自由陈述权有碍的讯问方法,都视为法所不许,比如疲劳审讯与施加麻醉品,亦不得恐吓、欺罔、胁迫、指供、诱供、施以警察圈套或乔装潜入监所探听真相。[5] 历史的教训是,一定要避免形成或者放任某种制度,诱惑警方不断诉诸一个方便法门,从嫌疑人口中强取有罪证据。因此,关于警察讯问的激烈争议相对集中于两个基本问题:其一,口供在破案和定罪过程中究竟有多重要;其二,在从嫌疑人那里获取口供的过程中警察滥权的程度和性质。

---

[1] Walter P. Signorelli, *Criminal Law, Procedure, and Evidence*, CRC Press, Taylor & Francis Group, (2011), p. 58.

[2] *Hoffman v. United States*, 341 U.S. 479 (1951).

[3] *Wilson v. United States*, 149 U.S. 60 (1893); *Brown v. United States*, 356 U.S. 148 (1958).

[4] 黄朝义:《无罪推定:论刑事诉讼程序之运作》,五南图书出版公司 2001 年版,第 14 页。

[5] 参见[德]克劳斯·罗克辛:《德国刑事诉讼法》,吴丽琪译,三民书局 1998 年版,第 260—269 页。

口供亦称自白,从语义上说,"供"意味着"认","白"倾向于"辩"。口供不可或缺的观点得到大法官法兰克福特的支持,他的经典阐述经常被引用:"犯罪通常发生在不为人知的环境中,虽然侦查科技日新月异,许多犯罪还是找不到无辜的目击者,警官们所能做的就只有找出可能有罪的目击者,并且讯问他们,也就是,那些被怀疑知道案情的目击者恰恰被怀疑参与其中。"有三个理由支持"讯问是重要的侦查技术"这一立场:"其一,许多刑事案件,即使由最优秀的警察进行调查,也只有通过有罪者的供认,或者通过讯问嫌疑人而获得的信息才得以破案;其二,犯罪者通常不会承认其罪行,除非是在私密空间里加以持续几小时的讯问,当然,当场抓获的现行犯不在此列;其三,在与犯罪人打交道,或者与最后被证明无辜的嫌疑人的接触中,讯问者采用的办法,有必要不像与守法公民交谈时那样优雅。"[1]

被告获得律师帮助的权利,紧随1776年《独立宣言》在美国宪法中生根发芽,经历了由联邦向各州推行的过程,并且时至1942年的判例也只适用于重罪,直至1963年才由"吉迪恩案"确认适用于所有刑事案件,"没有辩护就没有公平审判,而辩护决不能沦为被告的孤军奋战"。这一年被称为司法史上的"吉迪恩年"。[2] 接下来,"你有权聘请律师","我要见我的律师","等我的律师来了再跟我说话",成了不言自明、不言而喻的事情。警方什么情况下可以没有律师在场而对嫌疑人采取行动,反倒成了争议的焦点。比如列队指认时可以没有律师在场,就是经柯比规则确认的。柯比是抢劫嫌疑人,在警察局的列队指认中被当场认出,而当时没有律师在场,也没有人提醒他可以要求律师在场,柯比被定罪后以此为上诉理由。最高法院认定,柯比当时没有资格获得律师帮助,因为那时还没有正式指控,只是警方例行的证据调查。[3] 柯比规则实际是将问题转化为所谓"正式指控"究竟从何时起算。

许多无辜者一旦被控犯罪,如果得不到律师帮助,就可能在证据没有证明力的情况下被定罪,被冤抑的车轮辗轧。在法国,曾有一位警长的15

---

[1] LaFave & Israel, *Criminal Procedure*, Thomson Reuters, (2009), p.341.
[2] *Betts v. Brady*, 316 U.S. 455(1942); *Gideon v. Wainwright*, 372 U.S. 335 (1963).
[3] *Kirby v. Illinois*, 406 U.S. 682 (1972).

岁女儿被奸杀,警察找到一个可疑的小伙子,只是一句简单的盘问"警长的女儿不是你杀的吗",就让小伙子立即崩溃,顺利作成三份充满大量犯罪细节的讯问笔录。小伙子的供认一直维持到重罪法庭判其死刑。这时一位有经验的律师出现了,他发现三份笔录的内容完全不同。第一份笔录中小伙子讲了一系列很不确切的情节,与物证不吻合。他说用锤子多次击打被害人,但尸检报告显示是一击致命。他说把锤子扔到河里,但警察是在离作案现场不远处发现的凶器。类似舛误共有十处,一个主动招认罪行的人不会这样说话。耐人寻味的是第二份笔录纠正了绝大多数错误,只有两处错误再现。而在预审法官所作的第三份笔录中,剩余两处错误也得以纠正,供述与调查已完全一致。小伙子向律师解释说,第一次审问虽无明显施压,但也的确审问他很长时间,面对"打了几下、凶器去向"的讯问,只好随便说个答案。几个讯问者对案情所知有限,就原原本本记录他的口供。

第二次讯问的警察已对案件细节有所了解,就不断提醒说"你肯定错了,你只打了一锤",小伙子说是这样。于是纠正了第一次笔录中的八处错误。另外两处错误是预审法官委托警察再行调查才发现的,并且不费什么力气就让小伙子按照新的调查细节调整自己的口供。律师又去自行取证,了解到小伙子在案发前50分钟还身处作案现场50公里以外,唯一可以利用的交通工具是一辆普通自行车。律师找来当时法国最佳自行车运动员做一场实验,这位运动员竭尽全力也未能在这段碎石路上完成实验。[1] 在魏清安冤案中,也有个被侦查机关"有意忽略"的作案时间问题。判决书认定,强奸发生的时间为下午5点5分。村里兽医魏玉民证实,他那时来魏家给猪打针,所提供的处方上记载的时间是5点21分,魏清安父子在场帮忙。从魏家到案发现场相距4公里,疾行至少需半小时,骑车至少需一刻钟。无论魏清安是急速赶到现场作案,还是作案后拼命赶回家中,都不可能。"刑事诉讼法必须保障被告有排除国家机关对其不利的指控并进而影响程序进行方向的机会,辩护制度便是这种法治

---

[1] 参见[法]勒内·弗洛里奥:《错案》,赵淑美、张洪竹译,法律出版社2013年版,第53—54页。

思想底下的产物,也是现今各国际人权公约之公平审判条款特别列举的基本要求。"[1]

律师辅助被告进行辩护非常必要,这种必要性毫无例外地为文明诉讼制度所承认。"因被告或不懂法律,或因案件系身,不能为详尽有利于己之考虑,或因智识过低,心情恐惧,不能答辩,或因拙于辞令,不能为完善之陈述,自非有他人辅助其为辩护,无法保护其利益。辩护人乃为具有法律常识者,其目的乃在保护被告之利益,故辩护人应就事实及法律上,有利被告之诸点,为被告辩护,以辅助被告之不足。"[2]辩护律师于讯问时在场,往往决定了被告的余生命运。典型例子是杀夫案中警察对嫌疑人的第一次讯问。侦查人员经常看似非正式地提议,倘若嫌疑人坦白或者至少说明其犯罪原因,那么在情感与法律方面就能获利与免责。在欧美的不少案件中,出于恶劣动机的谋杀,罪责明显重于普通杀人,嫌疑人在毫无相关知识储备情况下说明的一项原因,可能就向谋杀要件靠近一步。"我无法忍受丈夫在我们婚礼当天跟他的情人私会",嫌疑人相信自己说出的是人类社会可以理解的心情。然而什么叫"无法忍受",警方有自己的理解,从而认定杀夫是"出于卑劣的动机"。从这一刻开始,本来的现实和当事人的回忆都转化为案卷现实。警方的结案报告会移送到检察官的办公桌上,在起诉书中展现为指控的犯罪事实。[3]

为被告提供律师帮助,其力度和范围都有一个发展过程。20 世纪 30 年代初,美国阿拉巴马州杰克逊县一座小城斯科茨伯勒发生了著名的民权案件。一些黑人青少年被控强奸两名白人女孩,从拘捕到判处死刑只用了一周时间。最高法院推翻定罪的理由是,基于被告的无知和文盲状态,加之公众的敌意环境,以及被告是在军方的羁押和严密监视之下,他们的朋友和家人又都身处其他州,几乎没有对外联络的可能,所有这一切导致被告的生命处于危险之中。庭审法院没有为被告提供有效的律师帮

---

[1] 林钰雄:《刑事诉讼法》(上册),元照出版公司 2015 年版,第 209 页。
[2] 褚剑鸿:《刑事诉讼法论》(下册),台北商务印书馆 1987 年版,第 407 页。
[3] Thomas Fischer, *Über das Strafen: Recht und Sicherheit in der demokratischen Gesellschaft*, Droemer, 2018, S. 128ff.

助,没有遵循正当程序。[1] 几年之后,联邦最高法院要求为所有贫困的重罪被告指定辩护律师。[2] 获得律师帮助的权利,从无到有,从联邦延伸至各州。时至今日已然形成共识,对抗制审判的公平和有效离不开律师为被告提供的帮助。[3] 而如果是重罪尤其是可能判处无期徒刑、死刑的案件,必须有辩护人;如果被告是聋哑人,没有一两个懂哑语、懂法律又能开口说话的人为其辩护,就不能保障被告的辩护权。

这被称为强制辩护,要求强制辩护的,基本上是重罪、低收入、身心缺陷几个原因。强制辩护案件有时必须指定辩护,必须及时指出,作为一种"国家福利",指定辩护的质量不一定尽如人意,因为毕竟某种意义上只是"公事公办"。当然,无论何种刑事案件,皆应以被告自行委托辩护律师为优先,不得单纯以指定辩护为由而强令被告解除其委托。只有当被告放弃或无力自请律师时,才可为其指定辩护律师。即使被告拒绝指定辩护,也要查明拒绝理由。如果是因为被指定者确实与被告观点相左,那么国家必须再次为被告指定辩护人。如果是因为被告意在拖延时间干预庭审,那么可以不再更换指定辩护人而径行开庭审判。查明被告拒绝某一指定辩护人的理由,其过程必须符合正当程序,不能私下口头决定,甚至让外界无从判断到底是否真有一个查明过程。因此,应当与被拒绝的律师进行充分沟通,有至少一次专门听证,并将拒绝的后果告知被告。

被告更换辩护律师有个时间节点问题。在庭审已实质展开甚至质证结束后,虽也可以更换辩护人,但并不导致重新开庭,法庭可拒绝重新开庭,防止被告方以更换律师为由,要求甚至不断要求重新开庭。尤其在共同犯罪案件中,部分被告更换律师,不构成重新开庭审理的理由。现实生活中,在犯罪嫌疑人被限制人身自由后,第一个会见他的律师往往是他的近亲属委托的,因为只有近亲属才可能自由地与律师接触商谈、办理委托手续。不过,被告拒绝律师辩护,坚持自力辩护,如果不顺利、不充分甚至

---

[1] *Powell v. Alabama*, 287 U.S. 45 (1932).
[2] *Johnson v. Zerbst*, 304 U.S. 458 (1938).
[3] John M. Scheb & John M. Scheb II, *Criminal Law and Procedure*, Wadsworth Cengage Learning (2011), p. 516.

不成功,不能反过来以没有获得律师帮助为借口,上诉法院不能据此将案件发回重审或径行改判。在强制辩护中,指定辩护人必须像委托辩护人一样,只为被告利益而行使辩护权,不应服务服从于其他目的,更不应唯办案人员的马首是瞻。即便被告认罪,辩护人也可做无罪辩护,决不能以任何理由反其道而行之,在被告不认罪时作所谓罪轻辩护。为被告利益还意味着,法院应接受指定辩护人违背被告意愿代为上诉,以便为被告多寻一条救济途径。

一位辩护律师不得同时为同一犯罪行为中其他被告辩护,即使前一委托已经解除,既避串供之嫌,也免被告之间利益冲突,比如谁应负主要责任之类。这样的考虑有其合理性,因而应当在"承认利害相反时得禁止"共同辩护外,"就立法政策言,宜采禁止共同辩护之原则"[1]。不过,共同辩护也有其策略上的好处,可以化解共同被告之间的敌对和利益冲突。联邦最高法院就认为,"共同辩护是确保同案犯不去相互归罪的一种策略,共同的防御经常能够有力地对付共同的进攻"[2]。二审委托不存在禁止共同辩护的理由,一审过后,控方证据已经展示并质证,不再需要防止串供。经过一审庭审,各被告对辩护律师的表现会有重新认识和评价,应当尽量尊重被告重新选择的意愿。至于是否残留或再次形成被告之间的利益冲突,那是他们自己的事情。不同被告的辩护律师交换案情,可以在辩护策略方面集思广益,谋求共同犯罪各被告利益最大化,应当鼓励,至少不应禁止,也无法实际禁止。

公然违法地大范围限制和禁止律师介入,在一些国家的一定历史时段竟是一种常态,不仅限制和禁止,对不与官方合作的律师有时还严厉打压整饬。"以辩护权为例,一直到现在,辩护人会见羁押之被告,仍有警察在旁监视、监听,甚至有法官据辩护人与被告之会谈内容而判决被告有罪。被告在被拘提或逮捕后,要求先与律师会谈,侦查机关得完全不予理会。警察在讯问被告时,有时会要求辩护人到讯问室外观看,不准辩护人听闻讯问之内容。辩护人在审判前与证人会谈,法官动辄怀疑辩护人教

---

[1] 林钰雄:《刑事诉讼法》(上册),元照出版公司2015年版,第225页。
[2] LaFave & Israel, *Criminal Procedure*, Thomson Reuters (2009), p.648.

唆伪证。"[1]欧陆国家自始就对律师职业没有英美国家那么友好和信任,至今德国仍有不少针对律师的禁止规定和判例。曾有判例禁止滥用司法角色的辩护人继续进行辩护,这一判例直至1973年才被判定违反德国《基本法》。但在德国1978年反恐怖暴力主义法中,限制律师介入、监听监视会见以及通信等做法不仅卷土重来,而且限制的理由和场合一再增多并被合法化,比如认为律师有参与危害国家安全犯罪的风险,或者以紧急避险为由拒绝律师会见绑架案被告。[2]

以某类案件性质特殊为名排除律师介入,屡屡出现扩大趋势,许多都不是因为特别的法律规定,而是因为公然的权力干预。我国刑诉法曾经规定,危害国家安全犯罪、恐怖活动犯罪、特别重大贿赂犯罪案件在侦查期间辩护律师会见在押犯罪嫌疑人,应当经侦查机关许可。多年前,我曾在浙江省某县为一起受贿案被告辩护,被告因当地建筑物质量事故被追究,属大要案,承办单位在侦查阶段不允许律师会见。进入审查起诉阶段,我到当地看守所要求会见。一位年轻警官看过我的会见手续后,告知我不能会见,要先得到办案单位批准。我先是向他解释说明,现在案件已经过了侦查阶段,现阶段可以会见。得到的回应是摇头与沉默。我见警官不再理睬我,便拿出刑诉法及司法解释汇编,翻到相关条文递给他,告诉他本案在起诉阶段无需办案机关批准。他把汇编扔回给我,说"这个没用,上面要求的"。在一位警官眼里,一部国家基本法律竟然没用!我努力保持镇静,要求他,不,请求他给"上面"打电话请示一下。他同意了,"上面"也同意了,让我得以会见。

辩护律师与在押嫌疑人最快捷的交流就是会见,而会见的自由度是衡量辩护人地位的主要标准。对于限制较严的法域而言,有时是根据办案机关的需要,更多时候是为了索要各种好处,看守所会人为增加会见程序。从随意索要法定会见手续之外的证明文件,到只提供一间会见室,再到让律师压缩会见时间,不一而足,以致律师为了会见,居然要凌晨赶往

---

[1] 王兆鹏:《辩护权与诘问权》,元照出版公司2007年版,序第7—8页。
[2] 参见[德]克劳斯·罗克辛:《德国刑事诉讼法》,吴丽琪译,三民书局1998年版,第188页、第199—200页。

看守所排队。[1] 形成鲜明对照的是,办案单位的提审随时可以进行,审讯室要多少有多少。看来律师不是自己人。律师会见过程中可以交谈哪些内容也成为争论的焦点。如果法律将侦查案卷视为国家秘密,就不仅大大限制了会见交流内容,而且无异于对被告进行了一种秘密指控。如果律师不得提及案情,那么提供法律帮助就是一句空话。即使 20 世纪 70 年代末 80 年代初的苏联亦规定辩护人"经侦查员允许后,在讯问刑事被告人和根据刑事被告人和辩护人申请而进行其他侦查行为时在场"[2]。怎样有效遏止刑讯?讯问时有律师在场。对,就这么简单。

被告获得律师帮助应当解读为获得有实质好处的帮助。"对当事人而言,如果律师不能提供有效帮助,还不如干脆没有律师。"[3] 而说到有效辩护,不可能有普适的标准,争议是在所难免且时常出现的。导致分歧的根本因素是诉讼模式,不同的诉讼模式会有迥异的有效辩护标准。在极端纠问制模式下,刑事辩护的目的只在于验证并巩固国家公诉的正确性,不提反对意见,乃至表态支持控方立场,不存在所谓有效无效,服从乃唯一正确的表现。被告也不会因律师不为自己说话而有丝毫抱怨,因为被告也不敢为自己辩护。在纯粹对抗制模式下情况则迥然不同,刑事辩护的目的只在于实现公平审判,让律师发挥作用是对抗制产生公正结果的关键。"控辩双方各自的偏袒争讼将会极大地促进一个终极目标的实现:有罪者受刑,无辜者开释。因此,辩护是否有效必须以个案对抗中是否发挥作用为衡量尺度,也因此,获得有效辩护的权利就是被告要求被控犯罪事实能够经得起货真价实的对抗制标准检验的权利。一旦辩护律师出现显见的错误,这种检验就开始了。以要言之,辩护律师的表现是否如此之差,以至审判过程失去对抗的特征,并且使对抗制彻底崩溃,让人无法信赖这样的审判会产生公正的结果。"[4]

---

[1] 2019 年至 2020 年亲历一起案件,行为地和被告所在地都在吉林省公主岭市,指定通化市管辖,被告羁押地在中朝边境的集安市。通化至集安的高速路很晚才通车,百公里山路,加之疫情,可以想见从北京过去会见 22 次是怎样一番人生经历。

[2] [苏]蒂里切夫等编著:《苏维埃刑事诉讼》,张仲麟等译,法律出版社 1984 年版,第 104 页。

[3] *Evitts v. Lucey*, 469 U.S. 387 (1985).

[4] LaFave & Israel, *Criminal Procedure*, Thomson Reuters (2009), pp.636-637.

国内比较有力的观点认为,"有效辩护是指律师接受委托或者指定担任辩护人以后,忠实于委托人的合法权益,尽职尽责地行使各项诉讼权利,及时精确地提出各种有利于委托人的辩护意见,与有权作出裁决结论的专门机关进行富有意义的协商、抗辩、说服等活动"[1]。尽管不少被告提出他们被无能的律师坑惨了,不过这种抱怨很难获得法院支持,因为何谓有效辩护缺乏清晰标准。1984年美国联邦最高法院的两个判例给出了一些特定准则,着眼于宪法保障公平审判的初衷,让律师在产生公正结果的对抗制中发挥关键作用。这一标准被称为"对抗制试金石"。有效辩护的反面是无效辩护,从两个判例同样可以推出:其一,必须指出律师特定的失误,不能只从律师没有经验、准备时间不足或证人引导不当等因素加以推测。[2] 其二,必须证明律师的表现乏力而无能,低于通常合理水平,而且必须证明如果不是这种乏力而无能的表现,原本可以合理期待一个完全不同的诉讼结果。[3]

大法官奥康纳特别注意到,被告在被定罪量刑后容易归咎于律师;而法庭也特别容易根据不成功的结局反推律师的某些作为或不作为是不合理的。因此,必须从事前的、律师的角度重建场景,再对其行为作出评价。还要注意,法庭太容易给出事后的高见。不只要求诉讼结果不同,而且要求律师的错误必须严重到使审判失去可靠性与基本的公正性。[4] 被告通常要有一位在行律师的帮助,才有可能证明前一位律师的无能。建议被告认罪,或在结辩陈词中指出被告的一些缺点,都不属于无效辩护,但对被告个人经历中有助减轻的情节失于调查,却被认为是无效辩护。[5] 无效辩护一般是指辩护律师疏于告知被告所享有的基本权利,导致被告没有得到应有的公正审判,不良后果应该是程序性的。而如果要求评断

---

[1] 陈瑞华:《刑事辩护的艺术》,北京大学出版社2018年版,第332—333页。
[2] United States v. Cronic, 466 U.S. 648 (1984).
[3] Strickland v. Washington, 466 U.S. 668 (1984).
[4] Lockhart v. Fretwell, 506 U.S. 364 (1993).
[5] Rolando V. Del. Carmen, Criminal Procedure Law and Practice, Wadsworth, Cengage Learning, (2010), p. 396.

举证及抗辩技巧,就是法官不能胜任的。[1] 因此,启动审查辩护是否有效的程序,需要特别慎重,以免被告藉此拖延诉讼或者赖掉律师费。频繁启动辩护有效性审查,会打击律师尤其是公设律师接受委托或指定辩护的积极性,破坏委托人与被委托人之间的信任。必须承认,被指定辩护的律师比接受委托的辩护律师更有可能敷衍了事,增加无效辩护的可能性。如果对严重迟延审判、追诉时效已过没有提出异议,不知道涉及被告命运的某个重要法条已经修改或者竟然忘记了上诉期限,当然是显而易见的失职。[2]

英美还有消极辩护和积极辩护的区分。通俗说来,消极辩护只是攻击、挑战或否定指控本身,不提出新的辩护主张,从而回避举证责任。积极辩护则要为被告提出行为可宥、正当甚至不在现场的理由,并对这些理由加以证明,比如有人被控侵入一座海边木屋,构成夜盗罪,但被告及其律师主张这一行为是出于紧急避险,为此,必须提交一定的证据证明,被告的游艇失事,海岸人迹罕至,饥渴交加不得不进入木屋寻找饮食,等等。"积极辩护可分五种主张:(1)无能力,比如未达责任年龄、非自愿醉态、精神疾患、无意识或不受控制的动作;(2)可宥或正当,比如被胁迫、紧急状态、被害人同意、法律错误或事实错误;(3)正当使用武力,比如自卫、保卫他人、财产或住所、抗拒非法拘捕;(4)基于法定权利,比如豁免权或禁止双重危险;(5)政府违法在先,比如警察圈套或超过追诉时效。"[3]正当与可宥的证明责任及证明程度均有差别。正当防卫是对指控罪名本身的否定,因而在被告方提出主张并加以证明后,要求控方证明其不存在;被胁迫并不否认犯罪行为本身,只是强调行为可宥,只要求辩方尽到举证责任,不要求控方否认,而辩方的证明程度也是达到优势证据即可。[4]

在传统辩护类型之外总有些新颖的辩护理由,比如受虐被殴妻子综

---

[1] Ronald Bacigal, *Criminal Law and Procedure: An Overview*, Delmar, Cengage Learning, (2009), pp.140—141.

[2] 在信任缺失的环境中,委托关系有时危如累卵。危急时,当事人不惜代价,危机过后就极力诋毁律师工作,以图不付、少付或者收回已付的律师费用。

[3] John M. Scheb & John M. Scheb II, *Criminal Law and Procedure*, Wadsworth Cengage Learning (2011), p.383.

[4] *State v. New*, 640 S.E. 2d 871 (S.C. 2007).

征就曾惹人注意。近年又陆续出现颇有创意的辩护,虽然很少为法庭所认可,但都是轰动一时的法律事件,比如基于宗教信仰与活动而引发的刑事案件。法院从来不承认被告以"上帝的召唤与命令"作为辩护理由,而且各法域都禁止危害生命、健康和安全的宗教仪式。20 世纪 40 年代美国肯塔基州有一项法律,禁止在宗教仪式上携带蛇、蜥蜴等爬行动物,教徒们声称这一法律侵犯了他们自由表达的宪法权利,该州最高法院顶住压力,认定该法符合宪法。不过,20 世纪 60 年代末至 90 年代初,美国半数以上的州法院通常都尊重父母依自己的宗教意愿抚养孩子的权利,因而只要孩子没有即时、紧迫的生命危险,就放任父母不给孩子提供现代医疗的做法。各界人士不断呼吁改变这种现状,现在法院介入并发出送医命令的情况逐渐增加。[1] 其他诸如被害人的忽视与原谅、女性月经综合征、产后综合征、赌瘾发作、创伤抑郁、染色体异常、性欲过旺等辩护理由,基本都被法院否定。

第三节　辩护人的职业伦理

只要合乎辅助被告辩护的目的,有权委托辩护人者,以及有权成为辩护人者,范围都应尽量放宽。被告本人或其监护人、近亲属可以委托辩护人,除律师外,监护人和亲友也可以成为辩护人。应当相信,没有人会给自己找一个水平低下又缺乏责任心的辩护人。如果是监护人,即使有犯罪嫌疑在身,甚至正在服刑,但为其直系亲属进行辩护的要求,也应尽量满足,除有辅助被告辩护的考虑外,还有家庭伦理及人道主义的考虑。监护人作为辩护人的意义在于,凡监护人出场,必是未成年人犯罪,而以庭审方式了结的未成年人罪案,又必是比较严重的犯罪。监护人与被告一般是父母与子女的关系,许多情况下未成年的孩子只信任父母,父母比较容易跟自己的孩子沟通,而这一点却是律师难以做到的。监护人如果作为辩护人,可以更积极主动会见并有更多权利了解案卷。然而,监护人往往不是法律人士,他们的辩护可能只停留于情感上的呼吁,从事实、法

---

[1] John M. Scheb & John M. Scheb II, *Criminal Law and Procedure*, Wadsworth Cengage Learning (2011), pp.416—417.

律以及证据上如何得出有利被告的结论,却是律师擅长的。因此,在未成年人犯罪案件中,监护人和律师同时作为辩护人是更加有利被告的。而本节所述"辩护人",主要指辩护律师。

相关问题是,一个被告可以同时有几位辩护人?欧陆法系一般将出庭的人数限制在两三个人,而在纪录片《辛普森:美国制造》中,我们看到5人的辩护律师出庭,这支"辩护梦之队"最后多达11人。在世界范围内,也许没有哪种职业像律师一样毁誉参半。对律师的嬉笑怒骂可谓不少,最恶毒的莫过于将律师看成只要肯付钱想去哪儿就去哪儿的出租车。人们关注到律师智力资源在社会上分布不均,富人似乎总能找到优秀律师。小说《教父》中说,律师提着公文包挣的钱比劫匪持枪从银行抢到的还多。而为穷人提供法律援助者多半是刚出道的新手,那些被指定过来的老手可能因案子太多而只是应付差事。律师像警察一样不可或缺,但又确实不怎么讨喜。有个笑话是这么说的,某人看到一块墓碑上写着:"一个律师,一个好人,长眠于此。"这人大惑不解地自言自语:"这么小的地方,怎么能埋两个人?"曾为辛普森做过成功辩护的美国著名律师李·贝利说,给被指控者辩护,是律师所做的最令人反胃的事儿。[1]

托克维尔认为,律师热衷于公共秩序甚于其他任何事物,即使他们褒扬自由,一般而言他们还是更加珍重法制,从而有利于君王之治。如果君王不能使律师成为权力的有力工具,甚至有意让律师可有可无,那只能说君王治下有一批因不讲法制而仇视律师的人在掌权。在民主政体下,人民也信任律师,因为人民预料律师不会出什么坏主意。民主有时被滥用,有时被利用,但无论哪种偏颇,律师都是一种纠偏力量。律师因循旧制,偏爱秩序,尊重规范,仇视叛逆,反感激情,用拘谨的观点对抗民主的好大喜功,以习惯性的沉稳对抗民主的热切狂躁。[2] 值得记住的是,美国《独立宣言》的56位签署者中,有25人是律师。律师很自然地形成一个职业共同体,不是基于相互了解或者共同奋斗的协议,而是基于相同

---

[1] Cliff Roberson, *Introduction to Criminal Justice*, Copperhouse Publishing Company, (1994), p. 285.

[2] 参见[法]托克维尔:《论美国的民主》(上卷),董果良译,商务印书馆1988年版,第305页、第309页。

的专业和一致的方法。因此,君王面对日益迫近的民主,如果不想损害王国的司法权,就不应削弱律师的政治影响,而应明智地让律师加入政府,使权力拥有正义和法律的外貌。

律师可能出身于人民,但并不归属于人民,让律师充当政府和人民的中间地带,是缓冲并最终解决社会矛盾的稳妥方式。律师将委托人的诉愿转译为维持普众价值观的法律诠释,国家和委托人的利益便吻合了。由于利益多元化,诉诸民意表决可能无法达成一致,但诉诸司法解决可以吸收败诉方的不满。而所有的公共讨论和决策论战,应当习惯于借用司法程序特有的思想以至于语言。这便有必要大幅扩充公职人员中律师的比例,将法律职业习惯和技巧引入公务管理活动,最终让司法语言成为大众话语,让法律精神融入社会。被告即便获得了听审的权利,如果不能及时得到律师帮助,也很容易屈枉获罪。不要说愚鲁之人,即使聪明睿智并受过良好教育者,在讯问及各种法律规则面前也不知如何是好。当然,有人或许会说,坏人知道的越少越好,免得他狡诈抵赖,徒增破案成本。可问题是好人怎么办,在破案之前,恰恰不知道谁是好人。

律师有三种职业伦理:第一,只要不违反具体明确的法律,就应以同等努力同时捍卫神圣的事业与世俗的利益;第二,律师像其他人一样,受个人利益尤其是眼前利益驱使,只要不是主动为犯罪出谋划策或者助纣为虐,就可以谋求个人利益;[1]第三,服务于委托人的利益是律师职业的最高准则,但所谓委托人利益显然不是指帮助委托人实现不法利益。第一种伦理决定了,律师接受案件不应受先入为主的价值判断的影响,也就是不对委托人作道德评判,不受帮好人还是帮坏人这一道德质问的影响。第二种伦理决定了,律师不是慈善家,勤奋缘于利益。即使是最小的诉讼,只要有利益驱动,律师也会奋战到底。当然,"律师"不会总是以辩护

---

[1] "在法律领域中,律师这一阶层已经发展成了传统职业中最大的一个,与这种职业化相关也出现了很多的问题。其中一个最古老的问题源于社会对律师的道德抵制:因为律师对于纠纷有一种商业利益,这种商业利益与法律的功能相违背,并有可能推动律师去制造或拖延纠纷。中国儒家的道德规范和古罗马法都禁止对法律建议付酬,或者不支持为这一薪酬而提出的主张。不过,这个障碍可能会逐渐地通过一个与纠纷的进展和结果相独立的'服务费'的概念而得以消除。"[德]尼克拉斯·卢曼:《法社会学》,宾凯、赵春燕译,上海人民出版社2013年版,第335页。

人身份出现,要广义解释为"法律人",利益也要扩大解释为包括金钱利益、声名荣誉、官阶晋升,检察官、警官甚至法官因而都包括在内。第三种伦理决定了,作为辩护人的律师不能揭露犯罪,运用证据为被告成功脱罪就是最好的辩护律师。即使被告已经向辩护律师承认有罪,辩护律师仍然应当要求控方尽到举证责任并达到法定证明标准。

如果辩护律师能够合法地防止控方非法地证实被告有罪,他就必须这么做,而且在有罪已成定局时,要为被告谋求尽可能最轻的量刑以及其他利益,比如尽可能轻的惩罚性劳务。辩护律师没有义务确定何种量刑最适合被告,他的义务只是争取最轻的刑罚,所以,律师既作无罪辩护,又作罪轻辩护,是允许的,也是应当的,并不存在逻辑上的矛盾。这一点,绝对不同于民事上"不能同时主张合同无效与违约金"的判定。德肖维茨曾说:"只要我决定受理这个案子,摆在面前的就只有一个日程——打赢这场官司。我将全力以赴,用一切合理合法的手段把委托人解救出来,不管这样做会产生什么后果。即使我了解到有一天我为之辩护的委托人可能会再次出去杀人,我也不打算对帮助这些谋杀犯开脱罪责表示歉意,或感到内疚。因为这类事从来没有发生过,我不敢说真发生了那样的事我会作何感想。我知道我会为受害者感到难过,但我希望我不会为自己的所作所为后悔,就像一个医生治好一个病人,这个人后来杀了一个无辜的人是一个道理。"[1]当然,德肖维茨所说的"开脱罪责",只是挑战控方证据,决不是帮助湮灭有罪证据或伪造无罪证据。

伦敦一位警察局长就曾抨击律师说,他们在不明就里的陪审团、希望破灭的被害人和茫然的被告人面前,采取了对于检方不公平的策略。当然,这是警察局长们的一贯主张。[2] 很多人担心,律师服务于他的委托人,而不服从于打击犯罪的目标,一定会使许多坏人漏网。毋庸讳言,的确有律师帮了坏人,但正如不能要求医生不给坏人看病一样,如果好人和坏人成为治与不治的标准,那么对医生而言,好人的病治不好不要紧,坏

---

〔1〕 [美]艾伦·德肖维茨:《最好的辩护》,唐交东译,法律出版社1994年版,导言第4页。

〔2〕 参见[英]安东尼·达夫等编:《审判的试炼I,真相与正当法律程序》,万象译,新学林出版公司2015年版,第139页注6。

人的病治好了麻烦可就大了,最后倒霉的还是广大的好人。如果要求律师只帮好人不帮坏人,那么坏人好人的判断必然代替有罪无罪的判断,而这个判断不是形成于审判后,而是形成于律师接受委托前。"倘若以为唯有国家司法力量才是实现司法正义的唯一主体,律师们只是被告的附庸,那么,控辩双方的对抗,就成了正义与邪恶的较量,犹如一场官兵捉强盗的游戏,结局早已设定:律师们不战自败,被告将被押上刑台。毕竟,正义战胜邪恶乃是逃不脱的历史铁律。"〔1〕

如果说刑事法律的目的只是打击犯罪,那么,有警察、法庭和监狱就够了,根本不需要律师;从打击的角度说,参与的机关越少,程序越简单,效率就越高。而之所以需要公诉人与辩护人的平等对抗,意义在于如果没有律师作为对手,公诉行为就是多余的。百分之百的公诉成功率意味着这个程序可以省略,侦查和公诉可以一并完成,不仅检察院可以没有,再进一步,法院也可以不要。基于历史教训,检察机关的确被取消过。因此,着眼长远,检控机关应该理解、容忍甚至努力培养一个强大的律师对手,以利于确立和增加自身的存在价值。刑法单独规定辩护人、诉讼代理人毁灭证据、伪造证据、妨害作证罪,这种做法本身就具有歧视性和引导性。歧视性体现在,"将律师作为特殊的犯罪主体加以规定,而且在司法实践中,侦查人员和公诉机关具有更多的机会和便利对证人进行威胁利诱";引导性体现于,在这一罪名出现之前,"尚没有发生过大规模抓捕律师的现象",而这一规定"刚一实施,就出现大量律师被抓的现象"〔2〕。

每次发生这种情况,都蕴含了某种令人欣慰的成分,至少说明律师是有用的,控方是真的觉得遇到了阻力。同时也说明,法院并不是摆设,而是有自己的主见和判断;在证据不足或者证据矛盾尚未消除的情况下,法院显然不同意给被告定罪。而如果检控机关每次都可以在法院顺利通关,那就不会舍近求远找律师的麻烦。不过,这一点点欣慰很快被一个重大遗憾所取代,那就是,法院在更多的时候并没有真正发挥主导审判的作用,而是屡屡配合检控机关发动对律师伪证罪的追究。法院应当先对本

---

〔1〕 杨忠民:《什么是最好的辩护》,法律出版社 2009 年版,第 12—13 页。
〔2〕 参见田文昌、陈瑞华:《刑事辩护的中国经验》,北京大学出版社 2013 年版,第 320—321 页。

案作出判断,先对本案证据作出评价,只有那些没有被法院判决书采信的本案证据,才能允许另案进行伪证罪的追究。这才符合司法逻辑。如果先启动律师伪证罪,并且伪证被先行确定,那么法院就只能采信控方证据,审判就只能服从于一个单方设定的结果,法院则沦为花瓶的角色。因此,如果不想在刑法中"对等地"规定一条侦查、公诉人员伪证罪,就应删除刑法中针对律师的特别规定。

律师必须忠诚地为其委托人服务,必须通过实际行动证明自己值得信赖,如果与警官、检察官一样为政府服务,就不会有真正的基于信任的委托,最终导致设置律师制度的目的落空。[1] 早在1931年,查尔斯·柯蒂斯就曾为辩护律师的职业道德观作出申辩。[2] 律师将生活和事业奉献于为他人而行动,牧师和银行家也是如此。银行家处置他人的金钱,牧师处置他人的精神,律师处置他人的困境。区别在于,牧师的忠诚不是献给教民的,而是献给教堂的;银行家的忠诚不是献给客户的,而是献给银行的。为教民或客户服务的,是牧师或银行家所代表的机构,而不是牧师和银行家本人。无论如何,他们的忠诚都与律师的忠诚殊途异路。当一名律师为政府工作时,不能说政府是他的委托人,政府太庞大了,将他吸收了,他只是其中一部分,说他是某种国家规范的执行人可能更贴切。而律师担任公司法律顾问时,也几乎完全与他的委托人混同为一,因为他通常会兼任董事、监事或者副总裁。

私人执业律师则不然,他不依附于任何机构,只服从法律与行规,他的忠诚只针对委托人,而且必须表现在服务于委托人的正当意愿。但不时会有律师不顾委托人利益,而以所谓"独立辩护"名义,在被告主张无罪时,竟然宣称被告罪轻甚至有罪。北京发生过一个案子,检察院指控被告玩忽职守,被告在审判前一直不认罪,在法庭上开始也坚决不认罪,而且发表了长篇无罪辩护的意见。该案是由法庭指定的法律援助律师辩护

---

〔1〕 "任何职业都必须得有自己的伦理。""这些伦理与公共意识并无深层的联系,因为它们不是所有社会成员共有的伦理。"[法]涂尔干:《职业伦理与公民道德》,渠敬东译,商务印书馆2015年版,第7页、第16页。

〔2〕 涉及的柯蒂斯的文字直接摘译整理自"The Ethics of Advocacy," by Charles P. Curtis from 4 *Stanford Law Review* 3 (1931).

的,当庭为被告作了有罪辩护,结果法庭上被告和旁听席上的家属一致抗议,说律师出卖了他们。[1] 当然,这样的辩护人会为自己申辩说,此时只有罪轻辩护才符合委托人利益。因此,应当有一种明确的硬性规定,辩护人不得违背被告意愿进行重于被告自我辩护的所谓"辩护"。道理很简单,辩护人应与被告保持一致立场,说得严厉些,重于被告自我辩护的部分实际就是指控,指控不符合辩护人角色。辩护律师应当谋求委托人无罪,但前提是先要保护他不被警察指供、诱供或逼供。[2] 不过,越是无法保障嫌疑人自白自愿性的法域,就越是欠缺对律师透明的讯问程序。

因此,在律师无法争辩自白的自愿性时,只能尽量争辩自白的信用性,比如是否有检察官未提交有利被告的供认笔录?从无罪辩解到有罪供述的转折是否具有明显的指供、诱供痕迹?共同被告之间的供述是否过于一致和逼真?[3] 委托人有理由期望律师对他比对别人好,为他做的事比为他人做的多。正义在于对友人善好,对敌人凶恶。一个人只有定量的美德,给某个人的越多,给其他人的就越少。律师不顾危险而献身于委托人的利益,代理行为使一个人远离自己,甘愿为委托人做不愿为自己做的事。一名律师接到委托人电话,说警察在抓他,他需要律师的建议。律师到委托人所在之处了解全部情况后,劝他自首并成功说服他相信这是最好的选择,还约定了一起去警察局的时间。委托人说希望用两天时间了结一些事情,做一些告别。当律师回到办公室时,一名警察正候着他,问他的委托人躲在哪里。这个律师的回答一旦稍有迟疑,就足以出卖委托人。当然,他撒了谎,没有告诉警察他们刚见过面。辩护人"只需提出可能对嫌犯的诉讼地位有利的事实真相……据实陈述义务受制于职业秘密原则,须对一切可能对嫌犯地位不利的事宜保密"。[4]

---

[1] 参见田文昌、陈瑞华:《刑事辩护的中国经验》,北京大学出版社2013年版,第245页。

[2] 某种意义上,指供比逼供还要恶劣,逼供只是手段之恶,对实际供述什么尚存一定的开放心态,但指供却执意得到某一特定供述,基本就是故意陷害。

[3] 参见[日]大出良知等编著:《刑事辩护》,日本刑事法学研究会译,元照出版公司2008年版,第243页。

[4] [葡]乔治·德·菲格雷多·迪亚士:《刑事诉讼法》,马哲、缴洁译,社会科学文献出版社2019年版,第288页。

辩护律师虽可隐藏对被告不利的证据，但决不可以隐藏对被告有利的证据，尤其是当辩护律师内心非常痛恨这个被告时。罗伯特·德尼罗主演的美国影片《恐怖角》，讲的就是一个被辩护律师隐藏有利证据的罪犯复仇的故事。在德国，刑事诉讼法学巧妙运用"辩护人的代求义务"来解决辩护律师可否撒谎的困惑。代求义务要求，即使被告私下对辩护人作了有罪自白，如果法院没有足够证据判决被告有罪，辩护人仍然必须以证据不足而为被告请求无罪判决，而不能主动向法院揭发被告。[1] 辩护律师可以用缄默方式隐瞒基于委托关系获得的不利被告的证据；侦查人员、公诉人则不得隐瞒、隐藏有利被告的证据。只要某个需要为之撒谎的行为不是律师引起的，那么律师就有义务为当事人保守秘密。给予律师与委托人的交流以排他的特权，非常必要并且应当得到警方的尊重。比如在搜查扣押中，即使持有令状，也不应触碰律师与客户就法律问题的咨询与答复函件，以维护一种法律上的特权。当然，如果律师直接为犯罪行动出谋划策，本身涉嫌犯罪，就不能再援引特权保护条款。[2]

除为数不多的法律例外规定，知情的律师以沉默应对警方询问，应被准许，但是，以撒谎的方式为嫌疑人掩饰，可能有潜在的风险，应当杜绝。各法域的律师法以及职业伦理都要求，律师不应在侦查、检察人员或法官面前为委托人编造新的故事。"美国弗吉尼亚州有个嫌疑人通过电话告诉律师，他从银行抢的钱藏在公交车站的储物柜里，而律师建议他把钱藏在别的地方。这名律师事后被认定构成同谋罪。律师对藏钱地点的最初信息有保密特权，但这位律师越界了，竟然建议换个地方。电话交谈被一个多管闲事的接线员偷听到了，她向警方报了案。保守秘密的特权可以延伸到律师助理等业务合作者，但不适用于像接线员这样的第三人。"[3] 律师不可对法庭说谎，民众认定律师都在欺骗法官，媒体对此应

---

[1] 参见[德]克劳斯·罗克辛：《德国刑事诉讼法》，吴丽琪译，三民书局1998年版，第174页。

[2] Peter Hungerford-Welch, *Criminal Litigation and Sentencing*, Cavendish Publishing Limited, (2004), p.53.

[3] Cliff Roberson, *Introduction to Criminal Justice*, Copperhouse Publishing Company, (1994), p. 294.

负大部分责任,尤其是美国电影和电视剧有太多的律师撒谎而不被惩罚的情节。其实,以作为的方式欺骗法官,在任何地方都违反了律师职业伦理。"辩护人不得协助被告逃亡或自行掩匿证据来源,赞促或帮助其当事人从事使司法追诉陷于困难之行为。"[1]

"为了仁慈,我必须冷酷。"哈姆雷特在去见母亲的路上这样说。同样,律师在走向法庭的途中也可以这么说,因为真相与正义需要区分。真相仅是正义的一个因素,它要求律师从某种待证事实开始。正义意味着为被告方作最大限度的申辩,整件事情摊开在光天化日之下,给人一种安全感。律师会见证人和去法律图书馆寻求法律知识,如果抱着开放的、有罪无罪无所谓的心态,那将浪费大量的时间。律师首先要在心中形成定见,无罪的定见,只有这样才更易于发现有利被告的事实或证据。律师死盯住最能满足委托人利益的结论,然后开始努力说服他人同意这个结论。例外的情况可能是,被告在开庭前告诉律师他要当庭作伪证,那么,既然不应以违法的方式为被告辩护,就应该力劝被告不要这么做。如果被告不听劝阻,律师应当退出辩护。如果是公设律师或指定辩护律师,应当请求法官准许其退出辩护。尴尬在于,律师不能告诉法官他为何退出,否则就可能间接泄露与被告的交谈内容,违背保密义务。

德肖维茨曾冒险"在辩护制度容许的边缘上行走",他在询问证人时有意让所有在场的人都产生误解,以为他手中有某个实际上没有的谈话录音,以此引导证人自证撒谎。他还援引了林肯总统做律师时的一次经典辩护,来佐证自己做法的正当性。林肯当年为一个被控谋杀的年轻人辩护,庭审时盘问自称是目击者的证人"你是怎么看见犯罪的",证人回答说"在月光下"。于是林肯从口袋里抽出一本历书,指出事件当晚月亮刚过1/4弦,而不是满月,月光下不足以看清犯罪现场。证人以为历书戳穿了他的谎言,最后承认自己就是凶手,而被告得以脱罪。德肖维茨成功了,却惹恼了法官。在几番据理力争后,法官虽然认可他的做法,但又以长者身份劝告说,你不是普通小地方的律师,而是哈佛法学院教授,是要

---

[1] [德]克劳斯·罗克辛:《德国刑事诉讼法》,吴丽琪译,三民书局1998年版,第173页。

给学生们上课的,应当有更高的道德要求。德肖维茨回应说,如果我照您所说的什么更高的道德要求去做,那我就会要求委托人接受一个更低的辩护水准,那可不是好的法律、好的道德。我建议解决道德上的疑难问题时应当继续为我的委托人着想,而且要继续教学生这样做,如果他们以后要当辩护律师的话。[1]

有人质疑承接明知不在理案子的律师,是否损害了诚实这一良好情感?律师可以这样回答:"先生,在法官决断以前,你并不知道它在不在理。只要公正地陈述事实,一个你不信服的论点却可能使法官信服;如果这论点确实使法官相信,那为什么你在理,他不在理呢?"辩护人对委托人是否有罪知道得非常清楚,不清楚案件是否在理的,不是律师,而是法律。[2] 法律不知道这一点,因此要求每个人都得到辩护,每个有争议的案件都得到审理,要尽可能让律师轻易承接不在理的案件。为此,律师界应积极认可一条伦理准则:"在论点中声称自己深信委托人的无辜,或者深信自己事业的正义性,这对律师来说是不适当的。"承接一个不在理的案件,为有罪的人辩护或者不主动出示不利被告的证据,这都没什么不道德。"至于辩护人在辩护的性质上对于原告人正当或不正当的攻击,一概加以防御,他是力图有利益于被告人方面的真实的发现,凡是不利益于被告人之处,辩护人就没有发表的义务。并且辩护人对于被告人还负着一种代他保全秘密的道义。如果法院要辩护人证明不利益于被告人的事实,他还可以拒绝证言。"[3] 这可是中国近百年前的观点,令人感慨。

律师的职业伦理要求平等对待正确和谬误、邪恶与美德,并且严禁出卖当事人利益。1970年在纽约州水牛城有一起案件,一名女孩失踪后,她的父母悬赏寻人。一位律师被指定为另一谋杀案辩护,该案嫌疑人告诉

---

[1] 参见[美]艾伦·德肖维茨:《最好的辩护》,唐交东译,法律出版社1994年版,第76页。

[2] "在刑事诉讼中,公诉人要求(法庭)对犯罪嫌疑人处以刑罚,而辩护人通常会得出结论认为,事实可能是无可争议的,需要作出无罪判决。那么,如果正确的法律思维总是必须从特定的事实状态得出确切的结论,就必须将某一方归为不道德。因为,控方和辩方将必然有一方是无知者或歪曲法律者。"[法]弗朗索瓦·惹尼等:《法律方法的科学》,雷磊等译,商务印书馆2022年版,第339—340页。

[3] 朱采真:《刑事诉讼法新论》,世界书局1929年版,第82页。

辩护律师还杀了个女孩,尸体埋在一处废弃矿井中。不仅如此,被害人家属曾向律师询问过有关他们失踪女儿的情况,这位律师否认掌握任何信息。[1] 门罗·弗里德曼,一位法学院院长,杰出的法律伦理学者,曾这样评论该案:预见到律师会频繁接触委托人的有关信息,这些信息非常可能被用于归罪,甚至可能得知委托人真的犯有严重罪行。在这种情形下,如果要求律师泄露该信息,那么,保守秘密的义务就会毁灭,与之一起毁灭的还有对抗制本身。[2] 最好的律师,的确会使某些罪犯比他们有权希望的要早几个月或几年回到大街上。越是优秀的律师,他的委托人就越可能是黑老大或者银行贪污犯,而不是普通市民。辩护律师不意味着衡平、公正、适当的刑罚或报复,而只意味着为委托人争得一切可以争得的东西。

也许在98%的案件里委托人都是有罪的,这说明只要侦查、起诉工作扎实,证据相关而合法,就会有这样的定罪结果,同时说明律师的存在及其努力并未阻碍正常定罪。而2%的无罪则说明,各种原因决定了警官、检察官再怎么恪尽职守都难免出错,而纠正这2%的错误,显然有律师的功劳。如果这2%案件的委托人被错误定罪,对案件总数来说比例并不算高,但对被错误定罪的被告及其家属来说,就是100%的灾难。如果说98%就是正义,那么正义是检察官的奢华享受,也只有他们才誓言实现正义。辩护律师并没有沐浴在这高尚誓言里,他们发现自己绝大部分时间都在为有罪者工作,为一种司法制度工作。为了保护无辜者,有时不得不放掉有罪人。辩护律师的正义,恰恰在这2%的案件里。不过,不要以为美国律师只尊奉实用主义辩护伦理。不要忘记,韩国影片《辩护人》中的许多感人场景,实际是以美国式刑事司法作为保护屏障的。一个简单的细节:上百名律师在法庭上勇敢地站起来支持被告,在纠问式庭审制度下是不可能的,因为旁听者是哪些人以及在旁听席上如何表现,都是事先布置安排的。

斯皮尔伯格执导的影片《间谍之桥》根据真实事件改编,在律师为坏人辩护的背景下展开。汤姆·汉克斯饰演的律师多诺万,推脱不掉律师

---

[1] Cliff Roberson, *Introduction to Criminal Justice*, Copperhouse Publishing Company, (1994), p 293.

[2] Monroe H. Freedman, *Lawyer's Ethics in an Adversary System* Indianapolis, Ind : Bobbs-Merrill, 1975.

公会的投票决定,不得不接受为苏联间谍阿贝尔辩护的烫手任务。多诺万回到家,在吃饭前假装讨论是否要接这个案子,探探妻子的口风。妻子警告说:"阿贝尔对所有美国人都是严重威胁,我们挖防空洞保护自己不被他们的人伤害,你却想替他辩护,美国人会怎么看我们?"年幼的儿子从学校上完核弹安全知识课,回家演习防核战,他质问爸爸:"你知道你辩护的那个苏联人吗? 他是来替投核弹的人指路的。我真不懂你在做什么,你又不是共产党员,为什么要替他辩护?"多诺万对儿子说:"这是我的工作。"审判结束后,多诺万家遭不明枪击,闻讯前来的警官看完现场,气愤的不是枪击者,而是多诺万。"你在干什么? 你对你的家人做了什么? 你还在替那家伙辩护? 你到底为他争什么? 我当过兵,在奥马哈海滩跟这些敌人拼命,你却替他们辩护。"多诺万镇静地对警官说:"做好你自己的事。"看来,这位警官没搞清自己在"D 日"跟谁作战。

美国律师公会直截了当对多诺万说,之所以让间谍获得审判,只是因为"不能让美国司法系统看起来像在动私刑"。走完法律程序,看起来像那么回事儿就行了,不必太较真。本案法官也不喜欢多诺万较真死磕的架势,他对前来说理的多诺万不耐烦地说:"拜托,律师,这人是苏联间谍,在这个案子上别耍什么花招,别太较真什么正当程序、宪法权利,他会获得好的辩护,但老天有眼,他会被判有罪。"多诺万从法官办公室出来,打着伞在雨中孤单步行。一个黑影不远不近跟着他,怎么也甩不掉。联邦调查局的人来找他去喝咖啡,劝他与政府合作,套出苏联间谍的口供与情报。"拜托,律师,我懂你们律师的客户保密特权,懂这些法律花招,也懂这是你的生财之道。但我要你知道,国家安全,国家安全,国家安全,这件事没有规则。"多诺万回答:"我今天听了好几遍'拜托,律师'。你是德裔,我是爱尔兰裔,但我们都是美国人。让我们成为美国人的是什么? 就一个东西,规则,规则,规则,我们称之为宪法。不要对我说'这件事没有规则',别对我傻笑,你个王八蛋。"

律师为高尚的理念而战,最直白的体现是他们为敌人辩护。这种敌人不是政治意义上的,而是军事意义上的真正的敌人。海军上尉查尔斯·斯威夫特,作为一名军方辩护律师,竟然在联邦法院状告政府,称特别军事法庭是"史无前例、违反宪法、危险而不受限制的行政权威的扩张",因为小布什政府2001年11月下令,在未经指控且未被带见法官的情况下,允许无限期拘禁被怀疑是恐怖分子的人。在为古巴关塔那摩基地600名被拘禁者的权利进行战斗的过程中,辩护律师的"友军炮火"是政府和军方最意想不到的。斯威夫特的诉讼是对整个军事羁押制度的正面进攻。这个军事羁押的特征是:没有独立的法官,秘密审判,未经指控的无限期拘禁,不可上诉的有罪判决,将被拘禁者作为敌方作战人员剥夺其战俘权利,拒绝为被拘禁者提供及时的法律援助,剥夺被拘禁者知晓被控罪名和拘禁期限的权利。斯威夫特于2003年接受《大赦》(Amnesty Now)采访时,谈到他为什么要挑战特别军事法庭制度。

《大赦》:从正当程序角度看,这些特别军事法庭缺什么?

斯威夫特:一切。我们司法制度的基础是对抗,初始假定是双方平等较量,被告获得律师支持。这里的控方资源是辩方资源的三四倍,掌控者是国防部长直接任命的,既是检察官,又是法官,决定指控谁,指控什么,谁进入陪审团,甚至知道辩方有何资源,审判时限制律师参与质证。特别军事法庭制度装点门面,冒充合法,从一开始就是基本原理上的错误。话说到这儿,我有一个两难。也门有句俗话:"你被夹在双方炮火之间。"如果我与这个制度斗争,我的当事人可能吃亏;如果我接受这个制度,也不能保证他会获释。他可能被判无罪,但国防部长签发一个继续监禁的命令,他就出不去了。

《大赦》:被拘禁者的供认可靠吗?是不是我们珍爱的某些制度处于危急中?

斯威夫特:关塔那摩湾到处张贴着这样的标语:"合作通向自由。"如果你合作,你会得到更好的待遇、更好的食物和更多的隐私。因此,撒谎有着天然的益处,供认可以获利,甚至感觉不到禁止撒谎害人的道德禁忌。我们能相信用这种办法获取的证词吗?我认为不能。美国汇聚了世界上的多个民族,被共同的理想联结在一起,那是美国的基础。我们有一套原则,如果失去了这套原则,那么我们就失去了美国。这套基本原则就是由独立的司法分支作公正而中立的裁决,没有任何非常时刻可以让我们放弃这套原则。我们应对危机的方式,能够定义我们是什么样的人。作为一个国家,我们就是在类似这样的时刻被定义的。你知道在"波士顿大屠杀"后谁为英国人辩护的？约翰·亚当斯，他后来成了美国总统。向波士顿的群众开枪，杀了5个人，这是一个非常重大的事件。有8名英国士兵及其长官被交付审判，但却找不到辩护人。最后，亚当斯同意做这件事，他后来称自己为英国人辩护是为美国做的最伟大的工作。他说，在当时情况下定那些人有罪，是我们国家声誉的极大污点。我怎么也想不明白为什么不在一般法院审判恐怖分子，那并不属于过去25年法院处理不了的难题。

《大赦》：作为一名忠诚的战士，您如何看待自己的挑战？

斯威夫特：质疑制度是最高的忠诚。美国之所以有别于其他国家，正是因为美国公民的忠诚首先体现为捍卫宪法，而不是盲从命令。我们忠诚的对象是公正。行政分支既发出所有的号令，又制定所有的规则，我们的宪法不信这一套，它将权力分给立法、行政和司法三个机构。特别军事法庭的程序违背了这些原则。我完全同意总统的观点：永远不能允许恐怖分子摧毁我们所热爱的自由。我认为恐怖分子没这个能力，但如果我们不尊重宪法，如果我们不小心，也许我们自己会做到。[1]

斯威夫特对忠诚的理解，显然受益于对麦卡锡主义"忠诚调查计划"的反思。那一时期，美国法院破天荒以藐视法庭罪惩戒为共产党人辩护的律师，认定他们"用交谈、反对、争辩以及毫无根据的对法庭的控诉，持续不断地阻挠庭审"。联邦最高法院竟然维持这种定罪，大法官杰克逊不接受"律师只是尽力履行其辩护义务"的观点，曲折婉转地说，"请不要误解，最高法院非常清楚，如果真的需要帮助，我们会毫不迟疑地保护律师，让他们无畏、活跃、有效地完成其辩护义务，而不论被告是些什么人。但是，既不能将藐视看作勇气，也不应将谩骂视为特立独行。法院必须保护庭审的有序进行，而有序的庭审也是为了保障律师实现职业生涯的每一个崇高目标"[2]。麦卡锡"造成了恐惧、疑虑和胆怯的气氛，无疑削弱了人民的士气、创造性和勇气……还为永远存在的官僚政治的魔窟增加

---

〔1〕 相关文字直接摘译整理自"Friendly Fire: A Military Lawyer Battles the Commission," by David Goodman, *Amnesty Now*, Summer 2004, Vol. 30, No 2.

〔2〕 *United States v. Sacher*, 182 F.2d 416, 423 (2d Cir. 1950); *Sacher v. United States*, 343 U.S. 717 (1952).

了一种武器,窒息了独立性,并且助长了麻木不仁的正统观念。对这种计划提出任何挑战需要惊人的财政开支和感情消耗,还不说非凡的勇气和毅力。……感情创伤、生活穷困和长期受排斥,似乎是起而反抗的最可能结果,所以几乎没有人敢于冒险斗争是可以理解的"[1]。

现在,美国已经走出麦卡锡主义的泥潭,一个重要标志是,挑战政府甚至挑战军方的律师,他们的主张虽不一定被法院采纳,但他们的人身安全与职业安全却有绝对保障。政府和军方可以不理会律师,但不可能整治律师,不能为律师与其委托人的会见、通信、通话制造任何障碍。人们应当高度认同一个观点:消灭同一法律制度体系内的制约力量,是自身削弱和没落的开始。随着时间推移,斯威夫特终于走上法庭。2004年6月底,联邦最高法院就小布什政府针对恐怖袭击的反应作出系列判决,夯实了权利保障的基础。"9·11"之后,政府并未尝试限制全体美国人的权利,没有限制言论、异议或旅行自由,没有全面宵禁,没有借机实行全国身份证及其随机查验,没有到处架设摄像头,甚至没有限制带枪的权利。军方抓了一些涉嫌恐怖组织及其活动的人,关押在关塔那摩,被起诉、定罪。在这些案件中,军方主张其拘留敌方作战人员的权力一直到交战状态结束,同时否认他们像普通美国人一样享有正当程序保障的权利。

对此,联邦最高法院运用了司法回避的技巧,避免在非常状态期间全面挑战总统权威,没有下令释放任何人,但却认为,在海外被捕的美国公民必须获得实质的机会,在中立的法官面前针对拘留事实作出答辩。不过,法院对"实质的机会"作了有利军方的解释,允许任意使用传闻证据;"中立的法官"也可以直接由军官担任。尽管如此,法院一再申明,拘禁时间不得超过进行中的作战状态,并一再表示会对整个战局密切关注,一旦发现政府和军方为了延长拘禁期限而延长作战时间,将会干预这种本末倒置的行为。同时认定,法院有权向被羁押的外国作战人员发出人身保护令,因为美国与古巴租地协定明确表示,美国对关塔那摩基地拥有完整的管辖权和控制权,并且能够持续而永久行使这些权力。这些判决聚焦

---

[1] [美]柯特勒:《美国八大冤假错案》,刘末译,商务印书馆1997年版,第50—51页。

于程序保障,作为一种最低限度的司法,法官必须在国家安全和人民自由之间作出妥协,也应该以长期的经验观点为基础来保障权利,而不应以对当前恶行的立即回应为基础来限制权利。[1]

律师为坏人辩护甚至为敌人辩护的勇气,是以制度为安全保障的。这种宝贵的勇气还需要多年的涵养,而多年的涵养来自法学院多年的教育。"法学院不只是一种教育经历,它教会某种人类经验哲学,并导向某种生活方式"。[2] 而如果反其道而行之,从开始就灌输、渲染强烈的敌人意识,甚至宣称敌人本质上不是公民,而是公敌,那么,敌人就不应该在现实社会中享有人性尊严,也不拥有基本人权,不值得拥有生命权。不仅在实体法上敌人不是公民,而且在程序法上也不应当对敌人适用那些法定适用于公民的程序。例如对每一项犯罪都必须用充分的证据加以证明,但对于敌人,只要有充分的证据证明他是敌人就够了,无须再对敌人的罪行进行充分证明。如果已经证明敌人屠杀了大量民众,为什么还要去证明敌人破坏通信设施?对于敌人,也存在进行刑讯逼供的合法性。如果一个敌人在国际饭店安装了定时炸弹,其他任何措施都不足以保证国际饭店中的人员安全,唯有对这个敌人适用酷刑,才能获知定时炸弹的安装位置和拆除方法,并因此而拯救国际饭店中人员的生命,那么,就应该立即对这个敌人动用酷刑。[3] 这样的学说是反人类的,完全可能导致仇恨情绪支配下的以法律语言伪装的疯狂复仇。人的基本权利不以敌友为界分,而以属人为条件。

生命权并不需要国家的事先证明,更无需生命体事后证明自己值得拥有生命权。主张"敌人刑法中完全不存在敌人的权利",甚至在极度危急时可直接动用酷刑,还直接违反了《联合国反酷刑公约》,"任何意外情况,如战争状态、战争威胁、国内政局不稳定或任何其他社会非常状态,均不得作为施行酷刑之理由"。茨威格曾描述纳粹对其视为敌人的犹太人所实施的暴虐:"那种折磨别人的无耻私欲、对心灵的摧残,以及花样翻新

---

[1] 参见[美]艾伦·德肖维茨:《你的权利从哪里来》,黄煜文译,北京大学出版社2014年版,第185—187页。

[2] Howard Abadinsky and L. Thomas Winfree, Jr. *Crime and Justice*, 2nd ed., Nelson-Hall, (1992), p. 374.

[3] 参见冯军:《刑法问题的规范理解》,北京大学出版社2009年版,第382页以下。

的侮辱都是过去不曾有过的。所有的罪行已不是由个别人,而是由千千万万遭到折磨的人记录下来的。在一个平静的环境里——不是我们这个道德沦丧的时代——阅读这些记录报告使人心惊肉跳,一个空前绝后的仇恨狂人在20世纪这座文化名城里犯下了滔天大罪。因为那是希特勒在他的军事和政治的胜利中最最可怕的一次胜利,这样一个人居然成功地运用不断升级的策略,砸碎每一条法律。在那种'新秩序'面前,杀一个人不需要法庭审判,其冠冕堂皇的理由则会使世人咋舌;拷刑在20世纪是不堪想象的。"[1]最要害的问题是,认定谁是敌人的权柄不在持有这种荒谬主张的学者手里,而那些掌握这一权柄的人,根本无需学者自作多情地支招,他们已经具备娴熟运用权柄的能力。

在刑事案件中,国家是事实和法律争端的一方,而辩护律师只应顽强而有水准地进行辩护,防止无辜者被定罪。法庭上,辩护律师应有旺盛的斗志与专工的技巧。其中,迫问与证人有关的事实和原则,让他们去说明事实的细节,细节越多,抵牾越多;要善于运用"绝境法",通过反驳而将不利己方的证人逼入绝境,也就是无论这个证人采取何种立场,都将被置于两难的境地:越想自圆其说,就越是漏洞百出,以致他所说的每句话都被归于谬误。辩护律师还应有种超脱感,以免陷入感情用事,更不能和委托人堕入情网。[2] 人们付钱给律师,是让他们在表达时永远清晰与冷静,有时还要动人和精明。因此我们必须记住德肖维茨的话:"刑事审判决不是为了发现真相,律师为有罪的当事人辩护,他们的责任就是努力用尽所有公平且符合伦理的方式,防止当事人的犯罪真相浮出水面。"[3]否定刑事审判以确定真相为目标的言说,时常带有某些挑衅、调侃的语气:"谁都不要假装认为我们的司法系统是在寻找真相,没这么回事。它不过是两造因循特定规则的一场争竞,即使真相最后碰巧出现了,也纯粹是被风吹落的果实。"[4]

---

[1] [奥]茨威格:《昨日的世界》,徐友敬等译,上海译文出版社2018年版,第413页。
[2] 本节以上文字直接摘译整理自"Law as a Hard Science," by John Bonsignore, *ALSA Forum* (December, 1977), Vol. 2, No. 3.
[3] Alan M. Dershowitz, *Reasonable Doubts*, Simon & Schuster, (1996), p. 166.
[4] Ludovic Kennedy, *The Trial Of Stephen Ward*, Chivers Press, (1991), p. 251.

第七章　证据证明

有罪还是无罪，事关客观真实，即被告实际上是否实施了指控的罪行。从最初怀疑有罪，到最终判决有罪或无罪，我们设计了一套刑事司法制度，使裁判事实者依循法律发现真相。

——刘易斯·鲍威尔

如果和我们谈话的人有权利知道并且我们也有义务确保他知道，而我们又故意使我们的语言表达的想法和事实不一致，那么，我们就是在撒谎。

——塞缪尔·普芬道夫

作出惩罚决定之前需要有证据，是人类匪夷所思的进步。具备证据意识，必须先本能地具备无罪推定的理念，纯粹的有罪推定根本无需证据。无罪推定是可反驳的，而用以驳倒无罪推定的只能是证据，这种证据必须符合几个条件：由控方提出；合法取得；与待证事实相关且重要；经过庭审调查及控辩双方质证。就待证事实而言，凡能证其有或证其无，或者证其有无的可能性大小者，皆具相关性；在具备相关性基础上，对决定案件结果有重大意义者，视为有重要性；证人适格，物证真实，合法取得，才可认为有证据能力。这些约束与要求称为证据规则，是证据法的核心内容。

既要坚持最佳证据规则,[1]也应注重维护不予作证的特权,比如基于婚姻关系、医患关系以及律师委托关系。[2] 哈维眼中的证据法是"一堆鲁莽灭裂、支离破碎、圆凿方枘的规则"[3],边沁则痛砭证据法"在任何时候都无助于发现真相,因而在任何时候也都无益于正义"[4]。此等偏激之语只能说明,在认识论意义上,证据法是整个刑事诉讼法学体系中最为艰涩的部分,薄物细故,经纬万端,类似于"共犯论是刑法中的黑暗之章"[5]。

第一节 证据能力及证明力

随着程序进行,当事人主张若已明确,就必须调查其主张是否有正当根据。法院对于当事人所主张之事实,应依证据进行认定。此一近代裁判原则称为证据裁判主义。[6] "故无证据之裁判,或仅凭裁判官理想推测之词,为其裁判之基础者,均与证据裁判主义有违。……'证据'一语,本指从其物体调查所得之资料,因而使法院得以确信其事实为真实之义。是其含义有五:(1)证据方法,指得供调查之物体,因其方法之不同,得分为人的证据方法与物的证据方法二种。前者如被告、证人、鉴定人等;后者如证物是。(2)证据调查,从其证据方法而为调查,求其可利用之资料及其心证。(3)证据资料,指可得利用之已知事实,而为推理未知事实之资料。如证人证言、书面记载之内容、证物之存在或其状态等等。(4)证据价值,此项证据资料有无资为认定事实之价值,应本其调查所得

---

[1] 参见[美]约翰·W. 斯特龙主编:《麦考密克论证据》,汤维建等译,中国政法大学出版社2004年版,第464页。

[2] Walter P. Signorelli, *Criminal Law, Procedure, and Evidence*, CRC Press, Taylor & Francis Group, (2011), pp. 330-331.

[3] C P Harvey, *The Advocate's Devil*, Stevens & Son, (1958), p. 79.

[4] Jeremy Bentham, Rationale of Judicial Evidence, in John Bowring (ed), *The Works of Jeremy Bentham*, vol 7, William Tait, (1843), p. 206.

[5] [日]西田典之:《共犯理论的展开》,江溯、李世阳译,中国法制出版社2017年版,前言第1页。

[6] 参见[日]三井诚、酒卷匡:《日本刑事程序法入门》,陈运财、许家源译,元照出版公司2021年版,第237页。

之心证而为判断。(5)证据原因,指依证据使事实臻于明了,资以认定。"[1]由证据方法至证据原因,大致有搜集、采证和断证三个过程。而就证据与证明的关系而言,使事实达到明了之凭借,是为证据;使事实明了之过程,称为证明。[2]

犯罪事实就是为反驳、推翻无罪推定所提出的待证事实,应依证据认定,无证据不得认定待证事实。这种证据裁判原则被视为证据法则中的帝王条款,其核心内涵不是证据本身,而是对证据的严格证明法则。所谓严格,首先体现在对证据资格的限制,不是任何涉案资料皆可用作认定待证事实的基础,必须是有证据能力者方可。[3] 如果任由相关资料不加限制地直接作为有罪依据,"无形中系在于容许不给被告充分提出反证机会之有罪推定原则。因此,保障被告得对证人行使对质权与交互诘问权之法律规定,亦属与无罪推定原则具有无法分割之保障"。"相对地,证据之证明力,乃指证据之实质的证据价值,亦即使其作为认定事实之证据价值"。[4] 素来的疑问是,具备证据能力方得进入证据调查,还是经证据调查方能认可证据能力?同步论是不足取的,因为它相当于放弃穷原竟委。较早观点认为,刑事诉讼采实质真实发现主义,故认定犯罪事实所凭证据,不特在法律上须具有证据能力,且经合法调查程序,由当事人辩论而得其真确心证者,方得采用。[5]

某一法域刑事诉讼法的基本品质如何,不在于平素对一般案件如何

---

[1] 陈朴生:《刑事证据法》,三民书局1979年版,第13页、第71—72页。

[2] 参见林俊益:《刑事诉讼法概论》(上),新学林出版公司2011年版,第361页。

[3] 证明对象当然是犯罪事实,而犯罪事实包括故意、过失等主观事实,以及行为、结果等客观事实两方面。此项证明之所依证据必须具备法定证据能力,且经审判庭适法之证据调查程序,称为严格证明。无上述限制之证明是自由证明。一般而言,除犯罪事实外,刑之加重事由即刑罚权之存否或其范围,亦有严格证明之必要。参见[日]三井诚、酒卷匡:《日本刑事程序法入门》,陈运财、许家源译,元照出版公司2021年版,第239页。

[4] 黄朝义:《无罪推定:论刑事诉讼程序之运作》,五南图书出版公司2001年版,第31页、第171页。

[5] 陈朴生:《刑事诉讼法论》,正中书局1970年版,第204页。而新近观点则从证据能力的消极与积极两种限制条件加以区分:消极条件是指证据使用禁止,也可说是证据排除,例如以不正讯问方法所得有罪供述不得作为证据;积极条件是指未经禁止使用的证据须经严格证明的调查程序后才能作为认定事实的基础,并最终取得证据能力。参见林钰雄:《刑事诉讼法》(上册),元照出版公司2015年版,第474—475页。

处置,而在于是否排除非法证据,即使这种证据对发现真相和认定犯罪极有价值乃至为唯一线索。排除者方为法治社会,且排除力度与法治程度成正比。换言之,排除非法证据的观念、决心以及公众的认可度,是检验法治成熟度的首要标准。已被排除的证据,即自始无证据能力。"英美法采彻底的当事人主义,重在证据能力,即证据之许容性,凡未经赋予当事人反对发问机会之资料,不得采为认定犯罪事实之证据,与大陆法采职权主义,重在调查证据程序,非经判决法院调查之证据,不得采用。虽异其重点,而其本于诉讼主义之理论,证据,非经直接调查,赋予当事人辩论之机会,不得据以认定犯罪事实之结果则无二致。"[1]严格证明法则从证据能力层次即先拦截未经合法调查的证据资料,避免其成为新证据基础。[2]待证事项有实体争点及程序争点之分,实体争点常涉犯罪事实要件,应采取严格证明,其证据调查方式及证据能力均受法律所规范,适用直接审理原则;程序争点仅涉及诉讼要件等程序法事项,得采取自由证明,其证据能力由法院酌酌,无需适用直接审理原则。

证据方法有人证与物证两大类,其分类依据是证据物理性质及其存在状态,人以外的证据皆为物证。但实际界分时未必清晰明确,"惟以人为对象之证据方法,究为人证,抑为物证,应以利用之内容为其分别标准。故以人之身体状态为证据者,仍为物的证据方法。如人之身高、体形、容貌、指纹、足迹、伤痕、疤痕、痣点或其他身体上特征或缺陷等是。至以人之态度为证据方法者,如人之表情、举止、手势、眼色、语调、羞忿、踌躇、动静等,学者间有认为属于人的证据方法者,有认为属于物的证据方法者,有认为系间接资料,藉以判断人证之凭信性者。此项以人之态度为其证明对象,为内心事实,固非证据方法,但以人之表情等为其陈述方法,仍为人的证据方法;以人之惊惶及其他精神异常等为其检证之对象者,则又为物的证据方法,如惊死之类"[3]。证人陈述必须是所见、所闻、所嗅、所触等亲自体验的过去事实,而不是发表某种见解,且不可被他人替代。这一特征使证人与鉴定人区别开来。

---

[1] 陈朴生:《刑事证据法》,三民书局1979年版,第16页。
[2] 参见林钰雄:《干预处分与刑事证据》,北京大学出版社2010年版,封面题词。
[3] 陈朴生:《刑事证据法》,三民书局1979年版,第77页。

英美法的证人范围大于大陆法,鉴定人、被害人皆为证人,连被告人都可以是证人,不以第三人为必要前提,且应先于其他辩方证人被传唤,因为整个审判过程中被告应始终在场,在听到其他证人作证后,被告会选择有利的"真相"。被告作为证人应与其他证人受同等对待,且因享有不自证有罪的特权而不允许在交互诘问中对与案件无关的被告品行进行指责或暗示被告低人一等。[1] 作证者在哪一诉讼阶段才算证人?英美法的狭义证人仅指在法官直接听审中陈述自己观察到的事实的人,不包括侦查阶段,以体现当事人主义的实质,即为保障交互诘问权而强调口头、言辞证据的重要性,证人当庭所作有关案情的陈述,其证明力强于书面证词或询问笔录,以至如果证人不出庭接受交互诘问,其庭前所作询问笔录将不被采信,不可能让人代为宣读了事。虽说现如今通过可视设备的现场链接已允许证人在庭外作证,但条件是必须被法官、陪审团、被告、律师和翻译人等当庭同步看到和听到。[2] 因此,在侦查阶段"贡献"了证人询问笔录者,不是英美法诉讼理念上的证人,所作笔录只有书证效力。而在大陆法系,在侦查人员、检察官面前作证者不失为证人,只要能够证明事实真相即可,但却强调证人的第三人属性。

除人证与物证外,理论上还有直接证据与间接证据的分类,依据是证据与待证事实的关联度。能够直接证立或排除被控犯罪事实者,比如目击杀人过程的证人证言,即为直接证据;能够据以推论被控犯罪事实者,比如听到凶犯动手前咆哮要杀死其妻,即为间接证据。间接证据可以是人证,也可以是血衣、凶器等物证。不在现场的证据一般被归为间接证据,这一点颇具争议,因为不在现场的证明一旦为真,则可直接否定待证事实。任何间接证据须有证据资格,须经合法证据调查程序,须得证明存在间接事实。[3] 因此,两者的区别仅在于推论过程的差异,而非能否直接证明案件事实以及是否可靠,也就是推论链条的长短,不应设想推论链条越短,发生错误的概率越低,因为有些直接证据的推论链条很长且不可

---

[1] 参见[英]约翰·斯普莱克:《英国刑事诉讼程序》(第九版),徐美君、杨立涛译,中国人民大学出版社2006年版,第417—418页。
[2] Richard Card and Jack English, *Police Law*, Oxford University Press, (2015) p.218.
[3] 参见黄翰义:《程序正义之理念》(三),元照出版公司2010年版,第61页。

靠,比如证人的可信性受到多方抨击;而某些间接证据的推论链条短且有力,比如 DNA 证据。[1] 根据间接证据所作的推论,特别是有罪推论,学者用所谓"整体考察"来论证其高度可能性,但批评者认为间接证明程序的本质可以让人胡作非为,太容易掩盖个别证据的问题,导致概率命题之论证根本就是粗制滥造。[2]

英美刑事法中有 corpus delicti 的概念,直译为罪体,意译为犯罪事实。它在盗窃罪中可以指取得财物,在夜盗罪中可以指破窗而入,[3] 既是证明对象,又是直接证据。历史上罪体曾被理解为被害人尸体,以至于没有找到尸体就难以定罪。在埃普利案中,陪审团裁决一级谋杀罪成立,但被害人吉娜的尸体始终未能找到。被告方认为,现有证据并不足以证明客观事实和主观预谋,强烈主张必须有杀人行为的目击证人、可辨识的被害人身体遗留物、被告认罪或其供述与其他证据相佐证,并且援引了杰出的前辈马修·黑尔爵士所言:"除非事实被充分证明,或者至少找到尸体,否则我决不会认定谋杀罪或者非预谋杀人罪"。但庭审法官认为人们误解了黑尔爵士的意思。弗吉尼亚州最高法院认为,只要间接证据的证明标准足够严格,足以保护被告不因猜测或推测而被定罪,就无需附加其他证据,且间接证据更为客观,不受人的感觉、记忆和回溯差误的影响,比目击证人的描述更为可靠,而其来源可能更为中立。如果认可死不见尸体就不能定罪,引导效果上相当于奖励暗杀并成功隐匿尸体。可以想见,死者不可能自己处置遗体,因而谋杀者成功隐匿尸体不能成为无罪条件,社会恰恰不能奖赏这种成功。[4]

传闻证据是英美法的重要证据种类。传闻证据乃亲身经历者未当庭作证,而是以其他方法向审判庭提交形成事实认定基础的证据,包括以书

---

[1] 参见[美]罗纳德·艾伦:《证据的相关性与可采性》,张保生、强卉译,载《证据科学》2010 年第 3 期。

[2] 参见[德]汤玛斯·达恩史戴特:《法官的被害人》,郑惠芬译,卫城出版 2016 年版,第 86 页。

[3] Ronald Bacigal, *Criminal Law and Procedure: An Overview*, Delmar, Cengage Learning, (2009), p.12.

[4] *Epperly v. Commonwealth*, Supreme Court of Virginia, 224 Va. 214, 294 S.E. 2d 882 (1982).

面形式提出以及透过他人之供述媒介间接提出。无论哪种情形,若用以证明原作证内容之真实性,原则上不被允许,此即传闻法则,亦称传闻证据禁止之法则。[1] 换言之,传闻证据可能是转述,但其证明对象却直指待证事实,比如直接转述了目击杀人者的话语或肢体动作;也可能不是转述,而是目击证人于庭审之前、之外的询问笔录,一般会被排除。[2] 传闻证据受到限制甚至排斥,理由在于,其证据价值受证人"认知、记忆、诚信与模糊用语等因素"影响,更由于并非在庭审法官面前陈述,也就没有对证人的察言观色,使裁判偏差的风险增大。一言以蔽之,欠缺程序担保,也就无法查验可信度。只有庭审中的两造对质,才能"揭发证言之隐藏、附和、偏袒、歪曲、虚伪,或由于记忆模糊观察不实,或叙述不当等原因,致为与事实不符之证言,以发现真实。传闻证据,既无从依反对发问,而担保其供述之真实性,乃基于证明政策之要求,原则上不认其有证据能力"[3]。

证人如果当庭作证说"我知道被告案发当晚正在家中,我妹妹这样告诉我",就属传闻证据;再如交通事故一方想要证明另一方闯红灯,说车祸发生后我跟路人甲聊天,他告诉我亲眼看到对方闯了红灯,无论直接转述路人甲的话,还是提交路人甲签名的书面证明,都属传闻证据。控辩双方在庭审质证时都不会放过证人任何一句"我听人说"或"他告诉我",随时准备拒绝此类叙述进入庭后评议。当然,如果转述内容不是针对待证事实本身,而是针对被转述者的心智状态,那就可以引入庭审。比如"他告诉我他是拿破仑·波拿巴",说明这人可能心智错乱,或者有人听被告在谋杀案发生前说"我妻子跟卡尔调情",这话不是为了证实到底有没有调情,而是为了证明被告谋杀卡尔的动机。[4] 在一起名誉毁损案中,A作证供述其听到被告说 B 是骗子。在此,被告的发言该当名誉毁损之构成

---

[1] 参见[日]三井诚、酒卷匡:《日本刑事程序法入门》,陈运财、许家源译,元照出版公司 2021 年版,第 246 页。

[2] John H. Langbein, *Historical Foundations of the Law of Evidence*, 96 Colum. L. Rev. 1169-70 (1996).

[3] 陈朴生:《刑事证据法》,三民书局 1979 年版,第 279 页。

[4] Walter P. Signorelli, *Criminal Law, Procedure, and Evidence*, CRC Press, Taylor & Francis Group, (2011), p. 369.

要件事实,是证明对象本身,至于"B是骗子"是否真实,原则上与本案犯罪的成立无关。[1] 再如临终声明可作呈堂证供,因为人们一般都不愿嘴边挂着谎言去见上帝。张三被枪毙前说"案子是李四干的"可以提交法庭,因为这话与张三将被处决有关,而"李四欠我两万块钱"就不属于死到临头才有必要吐露的事项。

兴奋的、不由自主的喊叫也属传闻例外,因为紧张到了不及撒谎的程度。[2] 比如听到被害人大喊"西尼,别开枪",随即听到一声枪响,或者先是听到一声枪响,随即听到被害人激愤地说"西尼,瞧你做了什么事,赶快叫医生来"。[3] 类似情形还有车祸惊呼案。甲因车祸被送入医院,血流不止但意识清醒,此时乙亦因外伤至该院就医,从旁经过,甲即大呼指认"就是这个人骑车撞了我"。护士当场听到甲大呼,并看到乙。设若甲伤重不治,嗣后乙被起诉,护士出庭转述甲大呼指认,可得为适格证据。[4] 英国曾有一案,争议的证据是一个女人用急促而惊恐的语调要接线员赶快接通警察局。随后打出电话的房子里一个女人被杀了。这个证据被认为具有相关性,一则被告声称相关时段没有电话打出,二则显示女人处于惊恐状态,与被告所说手枪意外走火导致女人死亡不符。女人要求接通警察局的行为,并不是在向接线员作证说"我很害怕",接线员能够自己听出而无需被告知电话线另一端的女人处于惊恐之中。这一确信来自听到女人的说话,而不是缘于她在说什么。因此,法庭认定该证据不属于传闻证据。[5]

同样,被告庭外陈述违背自己利益的自认、自白,如果法庭认为足够可靠,也可能被采纳为不利被告的证据。[6] 但不容否认的是,例外毕竟

---

[1] 根据日本刑法的规定,除有关公共利益或公务员外,毁损名誉以披露事实为必要,不问事实之真假。参见[日]西田典之著、桥爪隆补订:《日本刑法各论》(第七版),王昭武、刘明祥译,法律出版社2020年版,第129页。
[2] 参见[美]保罗·伯格曼、迈克尔·艾斯默:《影像中的正义:从电影故事看美国法律文化》,海南出版社2003年版,第281—282页。
[3] Richard Card and Jack English, *Police Law*, Oxford University Press, (2015) p.242.
[4] 参见林钰雄:《刑事诉讼法》(上册),元照出版公司2015年版,第507—508页、第527页下注71。
[5] Ratten v R (n 50) 387, per Lord Wilberforce.
[6] *Ohio v. Roberts*, 448 U.S 56 (1980).

是例外,传闻证据基本上不具证据能力,"因为被告应该有适当机会质疑证人所提出的证据,此项权利属于审判必须提倡与保护的自主权。传闻证据在审判中是否具有证据能力,明显对于审前侦查与程序造成了影响。其将影响犯罪侦查方式,哪些案件必须由法院审理,被告在何种情况下较可能认罪等等……若刑事审判要求证据不仅要具有证明力,且必须接受质疑,侦查方向便不能仅止于提出有关被告犯行的资料,还必须确保被告在公开法庭上,有适当机会为自己辩护。刑事司法机关不能仅提出证人作证的文字或影音纪录,还必须说服证人在公开法庭中作证。"[1]。总之,对传闻证据规则的讨论,典型地聚焦于运用后果,主要是影响法庭获取事实的能力。该规则是旨在防止裁判者作出错误认定,确保高概率的正确定罪,同时激励控辩双方尽可能向法庭提交认识论上最好的、最为合理的证据。[2] 传闻证据规则着眼长远,让定罪证据更为可靠,这也就是人们容忍其负面效应的理由。

控辩双方对何为真相各执一词,裁决事实者选择相信某一陈述,其正当性前提必须是陈述者值得信任。如果陈述者不亲自出庭,裁判者就无从评估其为人的可信度。而一旦某方证人出庭接受交互诘问,则对方便有机会揭露其不真诚,澄清其含糊用语,测试其记忆力,质疑其对事件感知的准确性。[3] 可见,传闻证据被排除,与其说是因为它不可靠,不如说它可靠与否对裁判者而言是未知的。证人必须出庭的程序要求,正是为了准确地塑造可靠的证据。据此,传闻例外需要具备两个条件:一是法官有能力追踪转述内容的来源,并经调查确认其可靠性;二是法官须给出采信传闻证据的详细理由,以备上级法院审查。近两百年前,英国有位船长为了证明自己的船安全适航,携全家一起航行。[4] 按照一般人的想法,船长的行为无意争取信任,不是在作证,也就不存在可信与否的问题。而根据法官的判断,这种行为属于"隐含的确认",只能作为传闻证据加以

---

[1] [英]安东尼·达夫等编:《审判的试炼Ⅰ,真相与正当法律程序》,万象译,新学林出版公司2015年版,第14页。
[2] Dale A Nance, "The Best Evidence Principle," (1988), *Iowa L Rev*, p. 227, 272.
[3] Laurence H Tribe, "Triangulating Hearsay," (1974), 87 *Harvard L Rev*, p. 957.
[4] *Wright v Tatham*, (1837) 7 Ad & E 313, 387, 388.

排除。对某事的确认隐含在某人的行为之中,这种情况下必须有理由相信某事与某人之间具备潜在的合理关联。事实裁决者不是要相信船长的作证,而是要判断其非作证行为的意义。如果法官认为船长的行为隐含地确认了船是安全适航的,那就不能作为断案证据。

在一起有趣的毒品交易案的庭审作证中,警官说搜查被告住所的几小时里,他们冒充被告接听了17人次的电话,都是问有没有毒品要卖。由于现场搜出的毒品很少,不足以否定自我吸食,关于来电的证词就成为控方证据的主要组成部分。[1] 对比一个设想的场景,X说"如果你要吗啡,去找Y",X的意图非常清晰,没有理由认为这种隐含的表达与直言从Y处可以买到吗啡有什么区别。基于相同逻辑,英国上议院多数意见认为,传闻证据规则应适用于隐含的确认,即使警察证词有很强的证明力,也不能采信。而且,关于17个来电者的身份、背景及其与被告的关系,法庭一无所知,也不清楚控方为何不传唤他们出庭作证,仅凭警察口头一说就给被告定罪,不够安全。法庭理应给被告足够的保护,况且毒品犯罪往往是官方构陷政治对手的手段,法庭应当审慎对待所有持有型犯罪指控。不过,批评者指出,法律的外行人如果得知刑事证据法禁止采用这样的证据,他一定会说"这法律是个蠢货"。少数意见认为,警察构陷被告的可能微乎其微,可以安全地得出有罪推论。一两个来电也就算了,可能是打错了或是恶意陷害,但这么多来电就大为不同了。

英美法中还有情况证据,它并非基于对待证事实的切身观察和既有知识,而是基于人类共有经验从某些现象或事实合理推出结论。例如睡前天朗气清,醒来发现地面已湿但又不在下雨,便可推断熟睡时下过雨。证人可以只说亲眼看见地面湿了,但作出晚间曾经下雨推论的可能是法官。证人作证说看见被告拿着一把手枪从枪击现场跑开,虽属情况证据,但辅之以其他证据,也可排除合理怀疑地证明犯罪成立。某人曾打电话到某办公室说"我是比尔,下一场押50美元,赌比利赢",可能证明该办公室用作赌场。被猥亵女童庭外描述的嫌疑人家中房间的场景,也可能

---

[1] Ho Hock Lai, *A Philosophy of Evidence Law*, Oxford University Press, (2008), pp. 278-279.

用为定罪证据。[1] 警察在调查犯罪过程中，嫌疑人的逃跑、躲藏、回避、拒捕、销毁证据、威胁目击者以及左支右绌的解释，都是支持相当理由的情况证据。犯罪现场遗留的指纹、血迹、毛发等物证、痕迹，或者从现场提取的泥土、布料、油漆、玻璃碎片，都是证明嫌疑人身份或曾有犯罪发生的情况证据。现场提取的鞋印、捡到的弹头，如果与嫌疑人穿的鞋、用的枪比对成功，就是犯罪的强有力的情况证据。运用情况证据证明犯罪，类似以砖砌墙，需要足够的砖才能砌成一堵墙，[2] 又颇似人脸拼图，需要足够的拼片才能显现一副容颜。[3]

品格证据也称习性证据或相似事实证据。原则上，某人的品格资讯不得用以证明他做某事是出于习性。属于某类人必为某类事，这种习与性成的推论相当危险。不仅危险，而且不公，因为偏见先于证据评价而形成。[4] 给人定罪，总要因为他做的事，而不是因为他是某种人。不言而喻，被告过去的不法行为无疑会引起裁判者的反感与厌恶，从而轻视有利被告的事实，为此形成了所谓"相似事实证据"排除规则。当然，如果实为情势所逼，法官若打算采信品格证据，宜邀辩方提出申请。[5] 美国证据法容许有条件的习性推论：其一，被告提出证据证明自身品格良好，以支持自己未犯某罪的主张，此时就应允许控方提出反证，证明被告品行不佳，犯某罪极有可能。不过反驳应在指控事实范围内，比如指控伪证可以提及被告撒谎成性，但不应指责其卖淫嫖娼。其二，被告提出被害人有暴力性格，是冲突挑起人、挑衅者，此时控方亦可使用被害人性情温和的品格证据。其三，允许在性侵案件中提出被告有性侵倾向的证据。其四，如果证人是否据实作证成为争点，习性推论可用以弹劾证人的可信度；诽谤

---

[1] 参见[美]亚瑟·拜斯特：《证据法入门：美国证据法评释及实例解说》，蔡秋明、蔡兆诚译，元照出版公司2002年版，第103—104页。

[2] Walter P. Signorelli, *Criminal Law, Procedure, and Evidence*, CRC Press, Taylor & Francis Group, (2011), pp. 335—336.

[3] 拼图的比喻有个警醒功能：如果知道最后拼成什么样子，就更容易完成。对犯罪真相的内心确信，会影响证据搜集和对证明力的判断，使侦查活动坚定地沿着预断方向进行，让证据及其链接为内心的既有结论服务。参见邓子滨：《真相拼图》，载《读书》2020年第12期。

[4] Joel Feinberg, *Harm to Others*, OUP, (1984), p. 199.

[5] Peter Murphy, *Murphy on Evidence*, 9th edn, OUP, (2005), p. 173.

案中被告将原告描述为恶人,可举证证明之。[1]

在英国,如果先前判决与现在指控的罪行属于相同的描述、定义或范围,检察官就可用作被告不当行为的证据,要求法庭确定被告有犯同种罪行的倾向或天性。理由在于,如果是有责任感的人,就应当对过去行为的动机、信念作出解释,并有能力导正自己的行为;而一旦现在的行为说明缺乏导正自我的能力,并且没有恰当的理由,那为何不可得出结论说先前的行为决定了现在的行为?毕竟,人有秉持各自性格的特点,而某人相对稳定的为人处事风格一旦为他人所认识,就成为人际交往的基础。如果我们不能仰赖对他人行为的预测,就无法开展任何基于信赖的社交活动。如果我们知道一个警察曾在审讯时言行暴戾,那么,他的这个职业污点合理预示着在具备相似条件的场合会故伎重施。职业污点不是给当下案件定罪的决定性证据,但肯定具有证据相关性,是证据可采性的前提。当然,法庭只是有时以证据不相关作为不采信的根据,比如"说一个人某天做了某事,不好说他就会在另一天做同样的事情。那一天的事与今天无关。过去不是未来的不变指标"[2]。品格证据并非不能使用,只是要求其证明力度实质性地大于导致不公与偏见的危险。

一个荷兰人因携带大量现金而被伦敦希斯罗机场海关拦截,他解释说本打算在大英帝国买一款经典跑车运去荷兰,但最终改主意了。这笔钱被扣押,随后被没收。海关认为有合理根据怀疑这些钱是为走私毒品准备的,皇家法院采信了这个荷兰人之前两次走私毒品犯罪的习性证据,支持了海关的没收令。[3] 法院的这一认定触犯了人们最为忌讳的推论:一朝行窃,终生是贼。从道义责任论角度说,承认习性注定命运,无力自我把控,则行为人就不应为其罪行负责。[4] 犯罪前科常被认为再犯可能性大,不让事实裁决者知晓可能导致真正有罪者逃脱法网或者量刑过

---

〔1〕 参见[美]亚瑟·拜斯特:《证据法入门:美国证据法评释及实例解说》,蔡秋明、蔡兆诚译,元照出版公司2002年版,第42—43页。
〔2〕 John Peysner, "Being Civil to Similar Fact Evidence," (1993), *Civil Justice Quarterly*, p. 188, 189.
〔3〕 *R v Isleworth Crown Court, ex p Marland*, (1998), 162 JP 251.
〔4〕 Hyman Gross, *A Theory Of Criminal Justice*, OUP, (1979), pp. 76-77.

轻不足以消除人身危险性。可是,作为一种偏见证据,犯罪前科"使裁决者不顾逻辑上决定罪与非罪之要素而径为有罪判决"或者"使裁判者不考虑从有罪到无罪转化的后续可能性就作出有罪判决"[1]。一旦采信那些偏见效果超出证明力的证据,就会阻碍对事实真相的揭示。偏见,不仅无法完全避免,而且从警方挖掘嫌疑人前科档案即已开始,正是这些前科档案引导警方锁定嫌疑人。如果前科犯罪与现行犯罪属同类犯罪,本身就符合累犯、再犯和持续犯等理论模式,不可能不对裁判者产生影响。[2]

法院于审判期日践行调查程序时,有一系列特别规定,比如文书必须经过宣读或告以要旨才算经过合法调查;以人为证的证据方法原则上应经具结程序,以资担保证言的真实性。这就是所谓严格证明。据此,严格证明概念遂与直接审理原则密不可分。直接审理原则禁止法院转换证据方法而使用证据的替代品,亦即原则上禁止法院以派生的、间接的证据方法来替代原始的、直接的证据方法。例如作为诽谤罪证据的录音带,法院应依法当庭勘验,而非朗读整理文本,否则不能作为证据使用。换言之,如果原始的、直接的定罪证据丢失、灭失,控方应当承担不利后果。[3]控方证据缺失形成的疑问,应作有利被告的解释。尤其是当法律要求控方必须制作录音录像时,如果不能向法庭提供录音录像,就应当排除讯问证据。2019年至2020年在吉林省某市亲历一起案件,被告辛某某被控掩饰、隐瞒犯罪所得罪。为了证明被告"明知"钱款为"犯罪所得",公诉人在庭审调查时出示了2018年8月14日某市森林公安局提取的《讯问笔录》。

被告在该份笔录中供称:"刚开始我认为是他的正常收入,后来……我怀疑是王某某收礼的钱。问:你既然怀疑钱的来源了,为什么还让王某

---

[1] Richard O Lempert, "Modeling Relevance," (1977), 75 *Michigan L Rev* 1021, 1036; Suzanne Scotchmer, "Rules of Evidence and Statistical Reasoning in Court" in Peter Newman (ed), *The New Palgrave Dictionary of Economics and the Law*, vol 3, Macmillan, (1998), p. 390.

[2] 需要指出的是,我国传统刑法教科书常把犯罪划分为初犯、再犯和累犯,实际属于犯罪学意义上的分类,只在量刑时起作用,与定罪无关,也就与英美的品格证据规则无涉。至于持续犯,主要是解决追诉时效,也与定罪无关。参见马克昌主编:《犯罪通论》,武汉大学出版社1991年版,第39—40页。

[3] 参见林钰雄:《刑事诉讼法》(上册),元照出版公司2015年版,第481—482页。

某把钱放在你那里？答：因为他是我亲属"。上述问答共有8行文字，但除了这些问答，共5页的《讯问笔录》的内容全部复制于2018年7月18日19时至23时的另一份《讯问笔录》。完全是电脑复制、粘贴过来，只字未改，每行每段都一模一样。而证明被告"明知"的8行字，又是直接插入到复制、粘贴内容中的。某县检察院2019年4月4日向该县公安局发出《补充侦查提纲》，要求就2018年8月14日讯问"提供讯问时的同步录音录像，佐证其在你局的供述笔录"。2019年4月9日该县公安局回复《情况说明》："2018年9月20日，辛某某掩饰隐瞒犯罪所得案由某市森林公安局移交至我局，2018年8月14日讯问笔录是在某市森林公安局第一看守所内讯问室制作的，当时没有刻录视频监控。查找当时辛某某的讯问录像，因监控储存器内存较小的缘故，原有的辛某某的讯问视频已经被顶出去了，无法恢复。"一、二审判决书没有理会这一切，径行采信这份笔录，认定此项罪名成立。[1]

第二节 证据排除与禁止

教科书通常使用关联性、可采性、合法性来阐释证据的基本属性，很少使用证据能力和证明力的概念。其中，证据关联性是指证据与待证事实之间存在某种客观联系，具备关联性且取得合法才有可采性。可采性并不等于合法性，其一，合法性虽然强调收集方式必须合法，但即使证据合法取得，为保护和促进其他重要价值，也不一定具备可采性；其二，即使证据取得不合法，也不是一定要作为非法证据加以排除。至于关联性与合法性孰先孰后，则是两大法系证据法的差别之一。英美学者倾向于从

---

[1] 需要补充说明"释明"与"证明"的区别。"盖证明，乃裁判官因而就某种事实得有确信之心证；而释明，则以裁判官得从而推定之程度为已足。一般所谓证明，系指狭义之证明而言，且应依证据证明之事实，并不限于实体法上事实，即诉讼上事实亦属之。为释明对象之事实，仅属诉讼程序上之特定事实。且释明其原因事实时，当事人只以叙明其证明之方法为已足，毋庸提出证据；而证明，则不特应指出其证明之方法，并应提出其证据。"陈朴生：《刑事证据法》，三民书局1979年版，第165页。至于程序争点，比如回避、羁押、搜查扣押等证据保全审查，虽不要求严格证明，而只需自由证明，但仍须与卷宗资料相符合，辩方有权就此提出关切。

可采性角度将证明力理解为"争竞说服过程中的三段论推理过程"[1]。"英美法基于证据价值与实务上政策之要求,按证据许容性之理论加以处理。为防止陪审先入为主,或受社会舆论之影响,或误用推理之经验法则,或迷于被告之社会地位或经历,或惑于被告之巧辩,致有偏见或涉及感情或专断之弊,乃就可以使用为证据之范围加以限制,即就证据之许容性设其严格的规则,以保障证据之证明力。……大陆法,为发挥职权主义之效能,对于证据能力殊少加以限制。凡得为证据之资料,均具有论理的证据能力"[2]。

所谓证据排除与禁止,实际是对证据能力和证明力的负面评价,特指对非法证据的禁止与排除,不包括前述传闻证据、品格证据之排除,又可看作证据关联性与可采性的关系问题。以关联性为上就是以寻求真相为上;以可采性为上就是以限制寻求真相手段为上。其间的差异,最终反映在证据排除的范围与力度上。"法官会考察采纳被玷污的该证据是否会给司法带来不好的名声,或者会在非法证据的负面影响与打击犯罪的社会利益间进行权衡。当法官遇到虽然违法但具有可信性的证据时,反对排除该证据的一个有力理由便是:禁止使用该证据是对事实认定者自由评价证据之权力的干涉"[3]。虽然身为英美法系法官,卡多佐仍对非法证据排除规则颇有微词,"程序规则为的是确保以正当手段实现正义目标,但不可过于僵化地加以实施,免得法律制度达不到惩罚罪犯这一更大的目标"[4],他批评说,"罪犯因警察的疏失而逍遥法外,美利坚恐怕是通过放掉罪犯来惩戒警察的唯一国家"[5]。可见在卡多佐心目中,惩罚罪犯是比实施程序规则更大的目标。

困惑人们的争议始终是,为了发现真相,我们可以牺牲什么?反向言

---

[1] John Henry Wigmore, *The Science of Judicial Proof—as given by Logic, Psychology, and General Experience and illustrated in Judicial Trials*, Little, Brown and Co, (1937), p. 3.

[2] 陈朴生:《刑事证据法》,三民书局1979年版,第249—250页。

[3] [美]米尔建·R. 达马斯卡:《漂移的证据法》,李学军等译,中国政法大学出版社2003年版,第32页。

[4] [美]安德鲁 考夫曼:《卡多佐》,张守东译,法律出版社2001年版,第408页。

[5] Cliff Roberson, *Introduction to Criminal Justice*, Copperhouse Publishing Company, (1994), p. 206.

之,我们不可以牺牲什么,即使不得不放弃真相?曾几何时,发现真相进而惩罚罪犯乃是至高目标。与之相对,以证据可采性为上的观点,则强调"真正危险的不是真相,而是发现真相的过程"[1]。对真相的嗜好一旦达到极致,就会以真相名义不择手段,不达目的誓不罢休,而且通常以结果正确来论证手段正当,颇具模糊性,所以不得不防。以麻醉取供为例,施用麻醉药后,使"沉默者多言,有理性者失其理性之牵制,善诈者表露其虚伪,藉以发现真实……麻醉分析,不特属于程序之禁止事项,亦相当于证据之禁止,其陈述属于绝对禁止之范围,纵经为供述之被告或证人同意,亦不足以治疗其违法性者……禁止使用不正方法,寻求供述,不特禁止以被告为程序上之单纯客体,并认被告或证人应有其独立之人格权故。此项麻醉分析……从外部应用物理的力量,而改变患者之精神状态,与兹所谓强暴、胁迫自属相当。麻醉分析,如系以药物等化学方法,使用于人身,使改变其心理状态,影响其决定力及判断力,从而取得其供述,亦有反人权之保障,自应禁止其为证据"[2]。

非法证据排除规则很早即被认可,理由是"强行扣押被告的私人书籍和文件并用作指控证据,这样做与让被告自证有罪没什么不同"[3],"如果采信联邦警察非法扣押的证据,就是在为他们的违宪行为背书"[4]。不过,直到1961年的迈普案才将排除规则推向美国全域。1957年5月23日,三名警察来到迈普家,按响门铃,说要跟她谈谈。迈普女士说,他们必须有搜查证才能进门。警察暂时没有进去,但当更多警察赶到后便破门而入。一名警察晃动一页纸,说那是搜查令。迈普劈手抢到那页纸,揣在内衣里。警察迅疾使用武力制服迈普,夺回那页纸,并给她戴上手铐,迫使她坐在床上,随后搜查她的卧室,在衣橱里找到一本相册和其他淫秽图片。庭审中,辩护律师提出这些淫秽物品都是非法搜查所得,应予排除,但庭审法院与俄亥俄州最高法院都没有理睬,认定被告有罪。迈普案

---

[1] [德]汤玛斯·达恩史戴特:《法官的被害人》,郑惠芬译,卫城出版2016年版,第60页。
[2] 陈朴生:《刑事证据法》,三民书局1979年版,第294页。
[3] Boyd v. United States, 116 U.S. 616 (1886).
[4] Weeks v. United States, 232 U.S. 383 (1914).

持续了4年之久,1961年联邦最高法院推翻了定罪并确立了联邦及各州法院都必须遵行的非法证据排除规则,[1]真正标志着美国进入个人权利高于法律秩序的时代。

1961年至1972年被称为"刑事司法革命"或"正当程序革命"时期,警察被告知,在搜查、扣押、讯问和羁押嫌疑人时,什么可以做,什么不能做。非法证据排除规则是为司法宿疾制造的一剂良药,旨在通过一般威慑的功效来防止未来的对宪法权利的侵犯。[2]非法证据排除规则禁止刑事审判中使用那些以侵犯宪法权利的方式取得的不利被告的证据,成为法院给警察套上的宪法辔头。警察一旦实施了非法拘捕、非法搜查、扣押或非法讯问,直接来自于这些非法行为的任何物证、口供或信息线索,皆不得用作指控犯罪的证据。可是,证据一旦被排除,原本可以定罪的人最终不得不放掉,被害人因而失去伸张正义的机会,反对排除的声音会异常强烈。因此,至关重要的是如何坚持排除规则,而且让警方理解该规则并严格遵循之。非法证据排除规则作出一种社会宣示,拒绝以警方违法来惩罚破坏法律者,从而昭示我们对法治的信守,即任何人,甚至执法者,都不可凌驾于法律之上。这一规则促进法律职业化,让警方不断提高专业素质,从而让全社会受益,尤其是法官乐见其成。无论如何,法官不应成为侵犯宪法权利者的帮凶。[3]

实际情况是,即便在执行排除规则最严格的美国,这一规则也不是罪犯逃脱法网的主要原因。根据1983年的一份研究报告,在被拘捕的重罪嫌疑人中,只有不到0.02%因证据排除而未被起诉,而所有各类犯罪总数中,起诉后因证据排除而未被定罪的只在0.6%~2.35%之间。另一份研究报告显示,美国联邦起诉的刑事案件30%涉及搜查、扣押,其中只有11%提出动议要求排除非法搜查、扣押的证据,而这些动议被采纳的只占1.3%。排除非法证据要求得到满足的被告,还是有一半被定罪。"但也不难理解,没有最终获罪的被拘捕者,相当一部分是真正有罪的人,却成

---

[1] *Mapp v. Ohio*, 367 U.S. 643 (1961).
[2] *Arizona v. Evans*, 514 U.S. 1 (1995).
[3] Rolando V. Del. Carmen, *Criminal Procedure Law and Practice*, Wadsworth, Cengage Learning, (2010), pp. 114-115.

功逃脱了应受的惩罚。据可靠统计,这种情况尚不足被拘捕者的1%。没能成功追究这些犯罪人,最大原因是证人出于恐惧,或出于忠诚,或出于背叛,不敢、不愿、不想出庭作证。"[1]在庭审前,被告不得向大陪审团要求证据排除,不能拒绝回答涉及非法证据的提问。在庭审后,被排除的证据有时还可在量刑时加以考虑。如果辩方在反驳指控时提出被排除的证据,那么非法证据排除规则就不再适用。

排除规则原则上只适用于非法取得的证物和口供,不包括被非法拘捕的人本身,除非警方采取了骇人听闻、令人发指、明目张胆的侵犯被告宪法权利的方式。[2] 当然,"任何违反取证规定的案例中,都需要个案衡量,才能终局决定证据应否禁止使用,亦即,每个个案中都需要衡诸具体案情并权衡国家追诉利益和个人权利保护之必要性"[3]。凡有利害选择处,必有因该选择而得利或受害者。得其利者赞许之,受其害者抨击之。在刑事诉讼领域,"兼相爱,交相利"是没有的,因为被告或有罪或无罪,并无中间地带。被告人与被害人之间,难以利害两全。不但刑事领域,民事案件亦如此,原告满意了,被告就不满意,即便是调解结案,原被告皆大欢喜的局面也不多见。因此,是否排除那些虽能证明真相但却是非法取得的证据,只是一种权衡之后不得已的选择。有人会举出一些严重犯罪的极端案例,以说明因警察取证中的失误而放走重罪犯有多么愚蠢。但若容忍警方这种疏失,就必须容忍警方的故意违法,因为没有办法区分警方的主观心态。

在警方看来,任何一次刑讯都有必要,破案之功可抵非法取证之过。英国上诉法院曾经认为,由国家官员进行的或者鼓励、教唆的刑讯所得证据应予排除,而来自他人或他国机构的刑讯所得证据,虽不能用于刑事法庭,但可用于特殊移民上诉委员会。然而,英国上议院不同意这种区别对待,而是坚持刑讯所得证据任何场合都不能用于司法体系。普通法的原

---

[1] Donald A. Dripps, *About Guilt and Innocence*, Greenwood Publishing Group (2003), p.180.

[2] Daniel E. Hall, *Criminal Law and Procedure*, Delmar Cengage Learning, (2011), pp.347-348, 424-425; *United States v. Toscanino*, 500 F.2d 267 (2d Cir. 1974).

[3] 林钰雄:《刑事诉讼法》(上册),元照出版公司2015年版,第595页。

则要求排除刑讯所得的不可靠、不公平的证据,这种证据污辱了人类高雅文化的一般标准,与举行审判所追求的正义原则相悖,破坏司法程序的完整性并使司法机关蒙羞。再者,不能允许国家从政府官员的不当行为中获益,这种获益主要表现在以证据具有证明力为由,迫使法庭乃至社会舆论接受一个"给被告准确定罪的方案"。追求真相不能以结果为导向,因为结果有时必须正确,以便反证手段合宜。对手段的限制必须是独立于结果的。"如果国家正在调查我受到指控的罪行,在发展对我不利的论点,嘲弄了传唤我到庭说明的刑法,当然这一定会削弱它自身的立场,同时破坏了审判的合法性——除非国家首先就必须排除这样的罪行,但排除罪行最明显的做法,或是至少第一步该做的,就是不能从罪行中获取任何好处,也就是说,不能从中寻求任何证据。"[1]

在大陆法系,证据应否禁止使用,不如英美法系把持严格,比如在德国,发现真实是刑事诉讼程序的重要目的之一,不愿将那些具有相关性的证据从法官的考虑范围中排除。法院强调,对相关证据的排除会限制刑事诉讼程序的主导原则适用,法院应追求真实,将接受范围扩展到所有相关事实和证据,因而只能在法律有规定或个案中存在明显的排除理由时,才能排除证据。[2] 大陆法系试图通过事后审查这些标准得到遵守的程度,尤其强调只有追诉机关恶意、恣意违法取证,才下决心断然禁止使用该证据。当审查确认追诉机关并非故意违法时,继续审查被违反的法规范的目的,规范目的如果受损,则证据应禁止使用;如果无关规范目的,则可以通过权衡被告个人利益与国家追诉利益来作出个案判断。[3] 实际上,事后审查再怎么明确严格,也不如对警方违法取证行为采取釜底抽薪式的排除有效。采用事后的个案审查,等同于放松监督尺度,导致警方冒险闯关,以尽可能有效的手段先把案子破了再说,而且,如果案件确有进展,胜利在望,就很难再打消警方荣立大功的念头。

---

〔1〕 [英]安东尼·达夫等编:《审判的试炼 III,刑事审判的新规范理论》,李姿仪译,新学林出版公司 2015 年版,第 117 页,笼统参见第 110—112 页。

〔2〕 [德]托马斯·魏根特:《德国刑事程序法原理》,江溯等译,中国法制出版社 2021 年版,第 54—55 页。

〔3〕 参见林钰雄:《刑事诉讼法》(上册),元照出版公司 2015 年版,第 615—616 页。

"遏制无理搜查、扣押无疑是证据排除规则的主要目的,不过这一规则还服务于另外两个目的:一是维护司法的正直,即法院不能成为恣意违宪的同谋;二是让可能成为政府不法行为受害人的国民确信,政府不可能从无法无天的行为中获利,从而最大限度地降低政府失信于民的风险。"[1]借用一句罗马法时代的法谚:"任何人不得从其不法行为中获益。""要促使人们遵守法律,不去实施违法行为,就不能不'剥夺违法者所得的利益'。这是彻底消除违法者违法动机的必由之路。"[2]换言之,排除非法证据的立论根据主要是借此吓阻未来的非法取证,让警方失去非法取证的动力或者增大违法破案的风险和成本,因而具备导正警方纪律的功能。遏制非法取证,主要是杜绝刑讯逼供,口供一旦成为证据之王,会刺激对口供的强力索取,使其他证据的价值迅速萎缩。相比于艰苦细致的证据搜集、鉴定工作,打人毕竟是比较容易完成的事情,在权力背书情况下还非常安全,久而久之还会带来愉悦,甚至养成习惯,不打人就手痒。

"官吏对其管辖之下的平民,通常都拥有一种低成本伤害能力,合法伤害权便是这种能力的主要构成部分。拥有合法伤害权的官吏,可以在自由裁量的空间之内,动用国家机器,合法地对目标造成伤害。"[3]因此,因刑讯逼供猖獗而有切肤之痛者,渴慕非法证据排除规则的有效落实,而批评主要来自持续多年坚持这一规则的法域。若以冤错来反对刑讯,说服力有限,因为已遏制刑讯的国度也不敢声称彻底杜绝冤错。不必讳言,真话也是可以打出来的,刑讯也不一定就出冤错。"刑讯者施行残酷行为的安慰在于一种道德优越感:对方是他认定的罪犯,刑讯有着高尚的目的。人们最初也许倾向于选择崇高的、无可指摘的手段来实现他们的目标。然而遗憾的是,这些手段经常是显得不够用、太慢、缺乏效率。"[4]刑讯绝对高效,因而不能从利害选择上考虑限制理由,应着眼于

---

[1] LaFave & Israel, *Criminal Procedure*, Thomson Reuters, (2009), p.128.
[2] 陈瑞华:《看得见的正义》(第三版),法律出版社2019年版,第257页。
[3] 吴思:《隐蔽的秩序:拆解历史弈局》,海南出版社2004年版,第457页。
[4] 参见张建伟:《刑事诉讼法通义》(第二版),北京大学出版社2016年版,第319页。

"对文明基本价值的尊重,最为重要的是,不能为了查找证据而采取任何有损于人的基本权利或辩护权利的手段"[1]。

至于国家反对私人不法取证,可类比为不能容许国家收受赃物一样,但也应与隐私保护一样受比例原则的个案审查。事实上,证据被禁止使用确实不以国家违法为前提,某些私人的窃听、窃照或刑讯取证,也在证据使用禁止之列,否则会形成示范和鼓励效应。[2] 当然,私人非法取证不适用排除规则,实际是强调排除规则集中指向官方行为,客观上强化对公权力的制约。"过去政府机关非法取证的情形非常普遍,却无有效的法律机制得以钳制政府机关的非法行为,证据排除法则为不得已的救济措施,目的在吓阻政府机关非法取证。但私人非法取证的情形则不同,其无国家公权力的介入,且无普遍性,最重要者,有许多法律的机制,得制裁遏阻私人的非法行为。"[3]排除规则也不适用于有利被告的证据。即便无罪证据来源不明或属不法取得,也应准许使用,除没有吓阻不法的必要外,主要还是为了求得国家与个人在诉讼资源上的平衡。既要考虑个人欠缺搜证能力,也要顾及掌握有利被告证据者对国家权力的畏惧,因为毕竟提供有利被告的证据是在给国家追诉制造障碍,极有可能受到有关部门的骚扰、威胁乃至报复。

"有时候被告家属提供了某一个物证,不敢公开它的来源,提供者也不敢公开身份,怕受到株连或担心有其他的风险,而这个证据确实又很重要,并且可以证明是真实的。又比如,一个不知名的人将该证据放到某一个地方,然后通知你去取,这种情况下则无法说清该证据的来源,但也可以证明这个证据是真实的……众所周知,按照当时的法律规定,无证倒卖显然是投机倒把,有批件才是合法的。被告说:'我所有手续都有,但拿不出来。'结果一审被判有罪。二审期间,被告的朋友把藏在公安局卷柜底下的合法手续偷出来了,交给了律师。我们把这些手续向法庭出示

---

〔1〕 参见[法]贝尔纳·布洛克:《法国刑事诉讼法》,罗结珍译,中国政法大学出版社2009年版,第76页。
〔2〕 参见林钰雄:《刑事诉讼法》(上册),元照出版公司2015年版,第622—623页。
〔3〕 王兆鹏:《新刑诉·新思维》,元照出版公司2005年版,第3页。

后,被告被改判无罪。"[1]在大陆法系语境中,可以对证据的排除与禁止作进一步区分。如果法律已经规定某种证据不得使用,可以称为证据禁止;而如果某种证据的获得手段出现问题,那将导致该证据被排除。前者一般被视为立法表态,将出自不正讯问的被告自白明文规定为无证据能力;后者则多是将排除权赋予裁判者于个案中进行司法续造。

审判实践中,非法证据排除规则只适用于权利被侵害的被告,同案被告中权利未被侵害者,证据仍可使用。还需强调,对不符合规定的证据,不能加以某种补救就用以定罪,网开一面的做法将会使整个证据禁止与排除机制归于虚假和失败。英美证据排除规则中有一种毒树之果理论,是指被质疑的证据是"二手的"或者"衍生的",必须确定它们是否被之前违法行为所污染,比如自白来自一次非法拘捕,根据非法取得的自白才找到某一物证,或者一次非法的庭前辨认之后成功落实了庭审中的辨认等。在美国,毒树之果的最早判例形成于百年以前,案件中联邦官员非法扣押了被告公司的某些文件,虽未将这些文件作为证据,但却导致大陪审团向被告发出传票。最高法院认为传票无效,如此这般取得的证据,不是只在本院不能使用,而是根本不能使用。[2] 此后20年,最高法院更是指出,禁止了以不当方法取得证据的直接使用,却放任其充分的间接使用,会使这种违背伦理准则并毁灭个人自由的取证方式大行其道。[3] 换言之,如果只排除违法取得的第一手证据,而又允许食用毒树上生长的果实,则无异于鼓励曲线违法,架空规则。

规则总会有例外。"绝对严格遵守排除规则,有些场合会让正当执法付出过重代价,是震慑警方违法这一目的不能抵消的。"[4]在具体案件中主要考虑五种情形:其一,如果不是。如果不是警察违法在先,该证据就不会为人所知,或者虽然非法拘捕在先,但被告自白是在其被释放后主动

---

[1] 田文昌、陈瑞华:《刑事辩护的中国经验》,北京大学出版社2013年版,第238—239页。
[2] *Silverthorne Lumber Co. v. United States*, 251 U.S. 385 (1920).
[3] *Nardone v. United States*, 308 U.S. 338 (1939).
[4] *Brown v. Illinois*, 422 U.S. 590 (1975).

返回警局作出的,因而污点已被涤清。[1] 其二,关联弱化。某些情况下排除规则遏制警方不法的功能已然减弱,效果已被稀释。比如被质疑的证据与在先不法的间隔较长,或者警察策划在先的不法行为时并未预见这一证据会用于定罪目的。[2] 其三,独立来源。这一例外可以看作"如果不是"逻辑的反向运用,也就是即使没有警方的不法行为,也会从另一渠道获得该证据。如果合法取得的证据也能证明被告人有罪,那么警方的在先不法就不应使被告人逍遥法外。其四,不可避免的发现。警方通过不法讯问得知被害人尸体所在,但与此同时另一警察沿发案的高速公路寻找并最终找到尸体。[3] 其五,真诚相信。电脑资料错误显示某人应予拘捕,警察实施拘捕过程中发现一袋大麻,因错误并非警察造成,不符合排除规则吓阻违法之目的。此外,某些著述还概括出合法监拍的例外,理由在于,监拍、监视设施一直就在那里,并非只针对嫌疑人。[4]

在欧陆国家,毒树之果理论被称为证据使用禁止之放射效力学说。用"放射波及"来诠释"开花结果",强调证据一旦被禁止使用,其放射效力及于因不法行为而间接取得的有罪证据。需要提醒的是,提出证据排除要求者,首先必须是其权利遭受非法搜查、非自愿自白及不当辨认侵害的人。对是否侵犯个人权利的审查,实际上限缩了不法范围,比如警察刑讯 A,迫其承认参与谋杀,并且供述 B 用 A 的枪实施了谋杀,那把枪还在自己住处,警方据此从 A 的住处找到枪。这种情形下,被告人 B 就没有资格以 A 被刑讯逼供而主张排除这把枪作为证据。依现代的隐私期待理论,即使搜查时不在场,房主依然不失所有权人利益。这里的房主还应扩大解释为合法居住人,甚至延伸到被邀来访者,而住处也不限于房屋、公寓,还应包括宾馆、汽车旅馆、办公场所和私人汽车。[5] 判例中,犯毒品罪的证据是在被告做客的地方找到的,于是被告陷入要么自我归罪,要么

---

[1] Wong Sun v. United States, 371 U.S. 471 (1963).
[2] LaFave & Israel, *Criminal Procedure*, Thomson Reuters, (2009), pp.526—527.
[3] Nix v. Williams, 467 U.S. 431 (1984).
[4] Cliff Roberson, *Introduction to Criminal Justice*, Copperhouse Publishing Company, (1994), pp 204—205.
[5] LaFave & Israel, *Criminal Procedure*, Thomson Reuters, (2009), pp.513—515, 519—521.

失去质疑资格的两难境地。[1] 再如以涉嫌武装抢劫逮捕 X 后,为获得更多相关证据,警方对 X 的妻子实施了非法搜查,成果颇丰。又或者,警方知道抢劫者 Y 藏身于某座公寓中,但不知是哪个房间,于是逐门挨户搜查,在最后一个房间找到 Y。[2]

"某些法则之创设,实乃当代社会需求反应之产物。盖处法治观念薄弱,行政挂帅之时代,极易发生行政恣意现象,犯罪调查机关,常会有意或无意,藉摘奸发伏,打击犯罪之名,不择手段,滥权搜证,驯至践踏人权。20 世纪初期至中叶期间,自由主义思想澎湃,盛行美国,肩负人权守护重大责任之联邦最高法院,当然义不容辞,挺身而出,针对搜证不法现象,亟思有所积极导正作为,以捍卫人权。该院所以创设证据排除法则,实系基于当代社会此种自由主义之人文思维及导正社会乱象之企图所致,此也正是支撑创设该法则之哲理所在。……美国自 20 世纪 70 年代初期,治安日益恶化,犯罪率骤增,终于唤起保守主义抬头……直将治安败坏主因,归咎证据排除规则。美国联邦最高法院在此民意驱策之下,爰态度丕变逆转,展开对该法则作强烈批判与反扑作为,大幅限缩其适用,削弱其威力。"[3] 真相理论家基本属于这种保守主义者,他们对非法证据排除规则确实都很反感,对于毒树之果理论也是难以容忍。他们宣称,世上再无其他普通法国家像美国这样系统性地排除毒树之果,简直愚不可及。[4]

其实,英美与欧陆诸国,对非法证据及其毒树之果或称放射效力,已经作出许多保留,比如一旦违反米兰达告知义务就放弃被害人尸体所在位置线索,"恐怕也不可能成为法治国长期坚守的规则",所以引发所谓区分理论,"作个简单类比:毒果可不可以吃,应先区分该果中什么毒及中毒多深而定,如果在安全剂量以下,食用无妨,否则难免因噎废食"[5]。持此中立之论者,看似中庸公允,实则与真相理论家是同一套路,他们都饱

---

[1] Jones v. United States, 362 U.S. 257 (1960).
[2] Rakas v. Illinois, 439 U.S. 128 (1978).
[3] 林辉煌:《论证据排除:美国法之理论与实务》,元照出版公司 2006 年版,第 329—330 页。
[4] [美]拉里·劳丹:《错案的哲学》,李昌盛译,北京大学出版社 2015 年版,第 200 页。
[5] 林钰雄:《刑事诉讼法》(上册),元照出版公司 2015 年版,第 626 页。

享法治盛宴有年矣,对法治严重歉收所造成的饥馑,从未有过切身感受。厌倦非法证据排除规则的声音虽不绝于耳,但这一规则始终坚守在那里。虽然大法官伯格认为,"没有实证数据证明警察被吓住了",但美国学者针锋相对地指出,"非法证据排除规则像死刑的威慑力一样,失效时容易被看到,成功时反而被忽视。该规则对政府不法行为的压制作用是真实存在的"[1]。虽被大法官伯格斥之为"概念上无能,实务中无效",但废止非法证据排除规则势必肇祸无穷,所以需要坚持。套用马克·吐温的语句,"现在说死也太夸张了,它还在这里"[2]。

第三节　证明责任

"证据制度之要者,在证据责任之分配。而证据责任之内容,又包括搜集、调查与判断三者。在职权主义之诉讼制度,斯三者均属法院之职权,当事人虽得提供证明方法,而调查与否仍取决于法院,当事人既乏直接调查之权,即证明力之如何判断,亦无客观标准,当事人尤无置辩之机会。因之,欲求职权主义证据制度之当事人化,自应从证据责任为适当之分配着手,使当事人不特负搜集证据责任,并就证据之调查及证明力之判断,均赋予适当之机会,互相牵制,互相协调,通力合作,以达成发现真实之目的。"[3]"互相协调通力合作"的提法特别符合真相为上的策略和措施,很容易被以真相为唯一诉求的理论家断章取义。真相理论家们认为,在刑事法中有意义的主要假设一般就两个:(1)犯罪已经发生了;(2)被告人实施了这起犯罪。不管是谁的证言或何种证据,只要它们使一个理性人更能接受或更不接受这两个假设,那就是具有相关性的证据,而每一个导致具有相关性的证据被排除的规则,在认识论上都令人怀疑,它不仅是对发现真相的亵渎,而且对公平游戏和保障无辜的利益没有或几乎没有提供保障。没有人否认,通过非法搜查获得的许多证据是具

---

[1] LaFave & Israel, *Criminal Procedure*, Thomson Reuters, (2009), p.129.
[2] Rolando V. Del. Carmen, *Criminal Procedure Law and Practice*, Wadsworth, Cengage Learning, (2010) p.118.
[3] 陈朴生:《刑事证据法》,三民书局1979年版,第71页。

有极大相关性的,许多罪犯因排除规则而逍遥法外。[1]

至此,真相理论家们的立场和价值观已然非常明晰。用关联性打压可采性,这一招数比较容易识别,而将无罪推定偷梁换柱为有罪假定,是真相理论家更具欺骗性的技术包装。揭开这一包装需要从假定与推定的区别说起。假定需要证其为真,否则即为假;推定需要证其为假,否则即为真。无罪推定意味着,如果没有足够证据推翻这一推定,这一推定就为真、为无罪;而有罪假定则意味着,如果有一定数量的证据足够证明这一假定,这一假定就为真、为有罪。[2] 经常说的科学假定,即需要证其为真,有些科学假说很难证立证成,甚至称为猜想,需要几代科学家的努力。他们可以慢慢来,但在刑事领域却不行,必须给指控者一个期限完成指控。当然,也有学者混用假定与推定,比如"疑问之假定,如无限制,徒使事实益臻复杂,证据益见纷乱,徒增诉讼之繁剧。故其假定,仍应与假定事实具有关联性与必要性。如其疑问与假定事实不相关联,或虽有关联,而非重要者,此类疑问之假定,不特缺乏许容性,且亦不属应行调查之范围"[3]。

推定的规则应当包括:其一,基础事实必须真实可靠;其二,没有明显的否定性解释,结论处于常理之中,为经验常识所认可;其三,不得二次推定,否则或然性会几何级放大;其四,可以反驳;其五,反驳推定的力度不能小于推定本身。[4] 换言之,检察官的指控被法庭认可的过程,便可视为反驳无罪推定的过程。不可反驳的推定实际是一种法律拟制或者法律规定。在普通法中,7岁以下的儿童被推定为不能犯罪,这种推定是结论性的、不可反驳的,不能将任何证据引入法庭来推翻这一"推定"。实际上,刑事责任年龄就是一种法律规定,刑事责任年龄以下者不能犯罪就是一种法律拟制。"有罪"推定被视为一种证据装置,是为有证明责任的

---

[1] 参见[美]拉里·劳丹:《错案的哲学》,李昌盛译,北京大学出版社2015年版,第19—20页、第205页。
[2] 参见邓子滨:《刑事法中的推定》,中国人民公安大学出版社2003年版,第4页注1。
[3] 陈朴生:《刑事证据法》,三民书局1979年版,第166页。
[4] 参见邓子滨:《刑事法中的推定》,中国人民公安大学出版社2003年版,第114—117页。

一方提供额外帮助,它在基础事实与推定事实之间建立合理关联,并以法律形式规定这种关联。换言之,一旦某一证据支持一个事实,就可以直接推断说另外一个事实是真实的。比如私家机动车上发现的东西属于车主,既然违禁品是从车上发现的,就可以推定说车主就是这些违禁品的持有者,除非有相反的证据。这相当于减轻了控方的举证责任,加重了被告方的积极辩护的责任。[1]

当然,有时情况比较复杂。一对同胞兄妹被控乱伦罪,所谓证据有时只是表现为某种迹象,两人住在一起,共用一间卧室,睡在一张床上。警察登门造访时,妹妹开的门,身着睡衣,一起上楼时迎面碰到哥哥从卧室走出,正忙着穿好裤子。通常说来,像被告这样生活在一起的一男一女,可以合理推断他们有性关系,但恰恰因为他们是同胞兄妹,这种同居方式是否可以同样作为性关系的推论依据,就需要慎重考虑,还须辅之以哪些证据才能认定如此私密的犯罪形式?其实,如果不倒置举证责任,控方很难补强证据,比如提供证据说他们兄妹在达到法定责任能力之前曾经有过性关系,因而他们习非成是,于今为烈。当然,辩护的理由很多,但也都不够有力,比如人们通常承认,共同生活成长的同胞兄妹姐弟之间很难相互吸引,过去的性经历可能让他们之间更加缺乏神秘感。[2] 其实,径直说推定有倒置举证责任的功能,亦不为过。联邦最高法院对此很不放心,曾经否定蒙大拿州一位法官给陪审团的指示:"法律推定一个人想要一个结果通常都是出于自愿。"这一指导相当于解除了控方对意图要素的证明责任,侵犯了被告的正当程序权利。[3]

10年后,联邦最高法院认为"租车期届满5天内有意不归还的,推定构成侵占罪"的法律规定同样侵犯了正当程序权利。[4] 不能完成指控时如何了结案件,乃刑事诉讼制度优劣的权衡尺度。这时有罪假定和无罪推定的不同后果便显现出来。假定不能被证立,就悬置在那里,认为永远

---

[1] John M. Scheb & John M. Scheb II, *Criminal Law and Procedure*, Wadsworth Cengage Learning (2011), p. 567.

[2] Ho Hock Lai, *A Philosophy of Evidence Law*, Oxford University Press, (2008), p. 305—306.

[3] *Sandstrom v. Montana*, 442 U.S. 510 (1979).

[4] *Carella v. California*, 491 U.S. 263 (1989).

有机会证其为真，不利后果由被告承受，无限期羁押甚至反复启动追究；推定不能被驳倒，则反驳推定的一方要承担不利后果，由被告获得无罪开释的利益，且不应一事再理。推翻无罪推定采用了排除合理怀疑的标准，且证据以不是违法取得为可采性前提；证立有罪假定采用了确实充分的标准，只要与案件事实有相关性即可。假定有罪然后努力加以证实，是"在程序中对案件事实的重构结果"[1]，可以生动比喻为拼图游戏。刑案现场类似一盘打散的拼图，刑事诉讼就是用散在的碎片去拼接、重构事实。理论上说拼图越完整就越接近真相，但事实上许多碎片散佚了，有时还会混入其他杂物，干扰拼图，甚至导向错误的拼接。拼图顺利且完美无缺，当然值得庆幸，但拼图经常是不完整的，甚至没有修补的可能性，最后成为多个事实版本的"罗生门"。[2]

而且，不是每一拼片都有同等价值，以人脸拼图为例，头发、胡须、额头的拼片再多，也不足以显现真面目，需要眼睛、鼻子等关键部位，甚至在拼图游戏中，抠掉两只眼睛，人们便无法确定这人是谁，但是，如果只剩两只眼睛的镜头特写，也让人无法辨识。这与手机人脸识别技术有别。各种"健康宝"在进行人脸识别时，要求大家眨眨眼，说明它与人眼目的分辨原理不同。因此，以拼图逻辑证明犯罪真相，最大弊端可能有两个：一是拼片究竟多到何种程度才能呈现真相，或者反过来说，拼片可以少到何种程度仍能辨清面目，并没有任何可识别、可评判、可验证的标准；二是在事先并不知道拼图全貌的情况下，在进行到一定阶段后，余下的拼片可能并不唯一，选择往往不止一个。抽取拼片 A 会呈现甲的面貌，抽取拼片 B 会呈现乙的面貌。德国人一再反省的"司法史上的超级大灾难"哈利·沃兹案，正是采用了假定有罪兼拼图证明法，最终塌陷于有罪假定以及拼图证明的两大弊端中。

哈利·沃兹离异分居，身为警察的前妻与警察教官托马斯有染。前

---

[1] [德]施图肯贝格：《无罪推定的规范内容》，刘家汝译，载赵秉志等主编：《当代德国刑事法研究》第 1 卷，法律出版社 2017 年版，第 234 页。

[2] 还有一个照片的比喻：一张照片乍看起来似乎相当清晰和确切，但当我们要确定照片的边界时，会发现并非如先前所观察的那样，我们并不能确定照片外面是什么。参见[法]弗朗索瓦·惹尼等：《法律方法的科学》，雷磊等译，商务印书馆 2022 年版，第 373 页。

妻某晚被杀,沃兹与托马斯都成为嫌疑人,他们分别面对了同一个提问:"您昨晚在哪里?"托马斯的幸运来自他还和妻子住在一起。妻子作证说昨晚托马斯一直在家,还和她亲热过。而沃兹的回答是"我在家睡觉"。"您有证人吗?""没有。"在反复而冗长的变相刑讯之下,沃兹作了有罪供述,警方得到了想要的真相。可沃兹一直不断坚称,案发当晚他只是在自己的床上睡觉,一个人。刑事诉讼程序中的有疑唯利被告原则,可以保障被告免于被纠问,法官在相反事证出现前都应相信被告,相信哈利·沃兹无罪,直到法官能推翻这一无罪推定。独自一人在床上睡觉。从法律角度来看,这句话被推翻以前他应该安然无恙。他睡他的大头觉,这件事情该如何证明并不是沃兹关心的事情。德国最高法院刑事庭曾经宣示,法院在认定证词的真实性时,最重要的前提是所谓的零假设:为了保护被告,任何不利被告的证词都必须先假定其不真实,直到除了该项证词为真以外再无其他解释可能之前,都必须维持此一假定。当然,这里所谓假定,是假定不利被告的证据不真实。

拼图法作为一种侦查方法论则另有一种心理满足和麻痹效果,因为在侦查人员看来拼图不断扩大,以至于有某种只要继续下去就能找到真相的错觉。"零假设"应当是很高的证明标准,但它采用的仍然是一种拼图游戏,因为决定哪一拼片用在哪里合适其实是一个不断试错的过程,"除了该项证词为真以外已无其他解释可能",或者说其他解释都不合情理。哈利·沃兹案恰恰说明,只要是从证明假定的角度入手,所谓证据确实充分就只不过是符合构图预判而已。某人某晚在自家床上睡觉需要有个证人,或者像哈利·沃兹案一样,当嫌疑人被确定为两人,没有证人的那一个将处于不利地位,成为唯一的嫌疑人。为了证明嫌疑为真,相关证据不难找到,也的确找到了。指套、塑胶袋和熟人作案三项证据相互勾连,织就了一张入罪法网。侦查过程中,在被害人浴室中发现一整包指套,旁边放的是治疗儿童发烧用的塞剂。这一发现改变了指套用于杀人的推论,但为了完成拼图,控方和法官双双"有意"忽视指套与塞剂的关联。如果拼图中加入浴室指套,就能给出一个有利沃兹的合理解释,就能呈现另外一个嫌疑人的面貌,因为教官托马斯也有杀人动机,她的妻子为其作不在现场的伪证也在情理之中。[1]

而如果采用无罪推定,被告无需提供自己在家睡觉而不在现场的证据,没有这一证据也并不承受不利后果,而是要做有利被告的推定。找到反驳被告在家的证据应是控方责任,如果控方证据不足以驳倒无罪推定,那自然就是无罪。无罪推定采用的完全不是堆积木式的拼图法,即使达不到一票否决的效果,至少不至于让警方在熟人作案的前提下过早排除被害人的情人托马斯,从而将嫌疑锁定在沃兹身上。如此看来,对证据本身进行零假设是不够的,必须对事实进行零假设。"对于法律思维来说,没有被证实的东西,等于不存在。公正判决只存在于这样的法律思维在法庭上取得胜利的地方"[2],而且,无罪推定意味着"不得逼迫人们提供让他们接受法律制裁的必要信息……如果国家准备对一个人进行定罪处罚,应当通过他的官员的独立劳动来提供不利于这个人的证据"[3]。之所以在设计上大幅度偏向无罪推定和不得强迫被告自证有罪,是因为实际生活中控方角色势必从有罪推定或有罪假定开始。试想一下,一位女性报案声称自己遭到性侵,即使这位女性根本无法提出其他证据,警官们也不会以证据不足为由说一句"有疑唯利被告"就把报案女性打发回家,他们一定会对报案做起码的了解、分析乃至追查。

德国人曾做过一个比喻:对发现真实而言,这是一条崇高的、在道德上不会被质疑的道路。走在这条路上有时也像行进,刚开始还看得到田间道路,两条轮胎痕,踏过的草地,再往前只剩几根树枝,一片灌木丛,发现已身处荒烟漫草中。一旦选择这样的途径,就不会有回头路。当案件进入审理程序,所有证人都已出庭,媒体开始关注,而被告也已在看守所熬过好几个月。如果此时检察官才开始觉察到自己错了,有勇气喊"停",那他可称得上是英雄,但英雄毕竟少有。基于受害者无助且需要保护这样的理由,疑似犯罪的行为人便越来越难为自己辩护,也越来越难适

---

[1] 参见[德]汤玛斯·达恩史戴特:《法官的被害人》,郑惠芬译,卫城出版2016年版,第46页、第49页、第51—56页、第157页。

[2] [苏]亚历山大·雅科夫列夫:《公正审判与我们——30年代的教训》,载陈启能主编:《苏联大清洗内幕》,社科文献出版社1988年版,第492页。

[3] *Culombe v. Ct*., 367 U.S. 568, 581, 582 (1961).

用无罪推定。站在受害者这边,保护他们,是政治正确的事;为涉嫌犯下重罪的人辩护,反倒成为政治不正确之举。法官若将这种重罪称为丧心病狂,众人莫不为之拍手叫好。预断的倾向如此强烈,而无罪推定原则却如此不受欢迎。[1] 司法机器一旦开动,制动器还真的不容易找到,找到了也不容易踩下。

现代文明有一基本共识,当错误无可避免时,宣告有罪的人无罪比认定清白的人有罪更好。无论在法学院还是法院,师生们与法官们都不再质疑这种说法,甚至警察学院也能接受这个结论。由于法官不得拒绝裁判,不得以事实不清为由拒绝适用法律,因而"法律体系有必要找出争议的终局解决方法,在刑事司法方面,由于不容许将被告置于不确定状态,且判决对被告造成强制效果,因此终局解决方法特别重要。认定过去事实本身即具有不确定性,因此不可能存在足以绝对确定的争议解决方法。然而,我们需要刑事审判一类的程序,透过检验及证明的方式,终局解决争议。在此类程序中,证据规则可指引当事人表达其主张及提出理由,并向社会大众证明司法体系已尽全力作出正确决定"[2]。这便是举证责任由谁负担的规则。如果有人声称你该还给他两千块钱,你应当发誓说,这辈子从未向他借过哪怕一分钱。这样说,举证责任在他;而如果你说已经还了两千块钱给他,那将形成一个新主张,举证责任在你,因为这相当于承认了借钱的事实,而你又没办法证明已经还钱,就不得不再次还钱。[3]

出具或收回借条有许多注意事项:第一,虽说写着对方名字的借条在谁手里就说明谁是出借人,但你不能单用一个"借"字,以免混淆借出借入;第二,你借钱给人,一定要他当面在借条落款处签名,不要接受他事先准备好的借条,因为那可能是别人代签的;第三,签名位置不应给人做手脚的念头和机会,"有些人出于谨慎,特意在自己签字的尾部笔走龙蛇,绝

---

〔1〕 参见[德]汤玛斯·达恩史戴特:《法官的被害人》,郑惠芬译,卫城出版2016年版,第98—99页、第160页。

〔2〕 [英]安东尼·达夫等编:《审判的试炼I,真相与正当法律程序》,万象译,新学林出版公司2015年版,第157页。

〔3〕 参见张建伟:《刑事诉讼法通义》(第二版),北京大学出版社2016年版,第331页。

妙地加附了一些曲线,并让这些曲线升高,占据了文件上的空白处,减少了可能被人用来添加字句的空间。也有些签字者经常在自己所写的一段文字内结束其签字,让文字与签名之间不留空白"[1];第四,你把借条弄丢了,要不动声色地先索要并拿到还款,在对方索要借条时再告知对方借条找不到了;第五,如果此时对方要求你写收条,那你有义务写给他,而如果他不懂得让你写收条的重要性,那么他就要冒你找到借条后再次向他索还借款的风险,作为一种诚信的体现,也不给自己动邪念的机会,最好是主动给人写收条;第六,如果你是借入方,还款时不要忘记索回借条,[2]对方声称借条找不到了,还款时你一定不要忘记让他当面写个收条,并且写明金额、还款时间以及为何没有收回借条。

"因此,举证责任论,也可以说是解决待证事实最后不明时法律效果如何分配的理论。"[3]一个无罪判决未必意味着被告真的无辜,而仅仅意味着控方未能尽到证明责任,没有推翻对被告的无罪推定。[4] 为了获得有罪认定,控方必须证明犯罪的所有要件。证明责任始终在控方吗?英美学者主张:"控方不必证明每一辩护要点都不成立,当辩方主张缺少意图或明知、行使自卫权、被激怒、处于醉态或被胁迫时,要区别这些理由是否由控方证据引出。如果是,控方有澄清、释明的责任;如果不是,辩方最好能够举出充足证据证明其辩护主张,如果不能举出任何证据,他将置自己于危险之中。比如,必须推定一个人是神志清醒的,除非有证据证明情况相反,因而如果被告以神志不清为由寻求减轻责任,就有了证明责任。再如,指控杰克谋杀吉尔,必须证明谋杀罪的所有要件:杰克导致了吉尔死亡,意图杀害或至少意图致其重伤;杰克用一把转轮手枪在几英尺范围

---

[1] [法]勒内·弗洛里奥:《错案》,赵淑美、张洪竹译,法律出版社2013年版,第79—80页。

[2] "如果一个人还了钱丢失了收据",又忘记了索还借条,那么"根据英格兰法的要求他就应该再还一次钱"。"这样的法律让神学家惊诧,因为不符合理性",但"立法的意图并不是要迫使负债者偿付更多,而只是避免因为有些人试图以空口说白话的方式逃避义务导致的更大麻烦"。参见[美]西奥多·齐奥科斯基:《正义之镜:法律危机的文学省思》,李晟译,北京大学出版社2011年版,第253—254页。

[3] 林钰雄:《刑事诉讼法》(上册),元照出版公司2015年版,第501页。

[4] Walter P. Signorelli, *Criminal Law, Procedure, and Evidence*, CRC Press, Taylor & Francis Group, (2011), p. 11.

内向吉尔射击;有两名目击证人;有从吉尔身上取出的弹头,与杰克手枪的弹道痕迹吻合;尸检报告显示射击导致吉尔死亡;至于主观心态的证据,控方可以指出,以杰克当时的行为和言语,唯一合理的解释是他意图杀害吉尔;可能还有一些其他情况证据,比如从吉尔那里得到大笔遗产。"[1]

任何人都没有义务积极配合控方收集不利于己的证据,不过法律有时也规定某些有利控方的推定。当然,这些推定也是可反驳的,如果辩方直接反驳了推定所依据的事实,或者干脆证明了相反的事实或状态,就可得到无罪判决。比如法国海关法推定没有通关凭证的商品属走私,公路法推定车辆登记人对违反停车、限速与强制停车信号等规定的违警罪负有责任;法国刑法还规定,与惯常卖淫者一起生活者,若无与其生活水准相称的其他收入,推定其犯淫媒牟利罪。[2] 这些规定被称为推定,是因为它们可反驳。既然需要反驳成功才能推翻推定,也就意味着举证责任倒置。刑法中的持有型、窝藏类犯罪,都有举证责任倒置问题,控方证明责任减轻的同时,用作陷害手段的风险增加了。许多学者不愿直言承认这种举证责任倒置,但事实摆在那里,比如正当防卫等积极的辩护事由就需要辩方承担相应的证明责任。[3] 在美国,辩方只有举证证明犯罪乃极度情绪紊乱所致,才能获得较轻判决,比如从谋杀罪降格改判非预谋杀人罪。这种辩方负责举证的规定,并不违背正当程序。[4]

有学者只是把这种倒置理解为举证责任的例外,而并不否定规则本身,比如,"惟追诉者在审判中之举证责任并非漫无限制,当其举证之效果,已足以使审判者产生高度盖然率之事实心证时,如被告犹抗辩有阻碍犯罪事实成立之事由存在者,应由被告负提出反证之举证责任,如被告无法提出反证,或虽提出反证,但仍然无法推翻审判者本于追诉者已举证而

---

〔1〕 [英]乔纳森·赫林:《刑法》(第三版)(英文影印本),法律出版社2003年版,第27—28页。

〔2〕 参见[法]贝尔纳·布洛克:《法国刑事诉讼法》,罗结珍译,中国政法大学出版社2009年版,第70—71页。

〔3〕 参见田文昌、陈瑞华:《刑事辩护的中国经验》(增订本),北京大学出版社2013年版,第264页。

〔4〕 Patterson v. New York, 432 U.S. 197 (1977).

形成事实存在之心证时，即应由被告负担其未举出反证之不利益，即有罪判决之结果"[1]。既然只有控辩双方，举证责任非此即彼，那么例外与倒置又有何区别？反对举证责任倒置的法律人士甚至不愿接受例外说，其用意在于强化控方恪尽举证责任的观念。他们只承认，"迄今为止，唯一可以被归入证明责任倒置的情形存在于被告方申请排除非法证据的案件之中……被告人有权申请法院对公诉方以非法方法收集的证据依法予以排除，但要提供相关线索或证据"[2]。这一要求的特殊性就在于，被告人拒绝说明的后果是一种直接的不利。

在此，如果被告方拒绝尽其证明责任，将承担不利后果，相当于没有推翻有罪推定，就要被定罪，这恰恰是刑事诉讼举证责任倒置的标志。"其他案件，比如杀人案，犯罪嫌疑人、被告人说案发时不在现场，并提供了线索，办案机关也得去查证，但如果最终不能排除他确实不在现场的可能，就不能定罪。而巨额财产来源不明犯罪案件，因为法律规定了被告人说明自己财产合法来源的责任，被告人就得说明，如果被告人说不明白，或者被告人说明白了，但检察机关对被告人所说查不明白，仍然视为被告人没有说明，在理论上仍然要定罪。因为，如果允许被告人自己说清楚，控方查不清楚就不能定罪的话，这个罪名就必须取消了。比如说，被告人说这个房子是亲戚赠与我的，赠与我的人在美国，名字叫什么，年代久远记不得了，其他线索也没有了。检察机关你去查证吧，查不清楚就不能定罪。被告人就没有不可以说明的理由了，只要检察机关查不到，这条罪名还有什么存在的意义呢？"[3]

第四节 证明标准

证明标准是运用证据证明案件事实所应达到的特定程度，它是证据法体系中真正的难点，也是错误定罪与错误开释的适配器。这两种错误

---

[1] 黄翰义：《程序正义之理念》（三），元照出版公司2010年版，第17—18页。
[2] 陈瑞华：《刑事证据法学》，北京大学出版社2012年版，第236页。
[3] 张军、姜伟、田文昌：《新控辩审三人谈》（增补本），北京大学出版社2020年版，第112—113页。

各自出现的频率并非一成不变而是此消彼长。将某种证明标准运用于特定案件,在一个理性世界里,反映着效率与公平的不同价值偏好以及兑现某种偏好的现实可能。1865 年英国即有判例指出,确保更高的定罪率是为了维持法律和秩序,[1]以至于法官告诫陪审员不要过分强调为定罪所必须的证据,每个人都依某一程度的确信来规划自己的重要生活事项,只要达到这一程度的确信就可以给被告定罪。以这一程度的确信为标准,要求再高一点,就会妨碍法院旨在达成的压制犯罪的目标;要求再低一点,就会伤害公众对司法审判合法性的信心,因为这个法律体制看起来连无辜者都不放过。[2] 因此,有效控制犯罪与确保公众对法律体制的信心,两种利益必须兼权熟计。[3] 这就是个程度问题,依时间地点不同而有所调整,主要是看法律对被指控者到底能有多宽容。[4] 无罪推定直到 19 世纪才得以充分发展,而此前几个世纪的刑事审判对被指控者一向是戟指怒目刻薄狠毒的。那么,为何今天我们改弦更张?或许不是因为道德水准提高了,而是由于社会组织结构发生了深刻变化。

如果一个社会尚未发展出一套有效管控社会的官僚体制,缺乏犯罪侦查手段,那么这个社会就渴望对不法与无序有更决绝的国家干预。只有当社会从对犯罪的恐惧中解放出来,并且能够指望一个有组织的保护力量,社会才敢于实行有疑唯利被告原则。只有对犯罪人的侦查和定罪达到一个理性而统一的概率指标之后,我们才能够置仁慈于安全之上。正义的品质,不是由未经反省的陈词滥调决定的,无罪推定的适当位置应当处于不断升温的同情冲动与不近人情的自我保护之间。[5] 这种所谓权衡论并不妥适,因为它是后来法现实主义的精神鼻祖。在法现实主义看来,严格守法者都有因循坐误之嫌,一切都取决于背景和语境,即使是

---

[1] *R v Muller*, (1865) 4 F & F 383, note (a).

[2] Ho Hock Lai, *A Philosophy of Evidence Law*, Oxford University Press, (2008). p. 176.

[3] Henry L Chambers Jr, "Reasonable Certainty and Reasonable Doubt" (1998) 81 *Marquette L Rev* 655, 656—657, 700.

[4] James Fitzjames Stephen, *A History of the Criminal Law of England*, vol 1, Macmillan & Co, (1883), p. 354.

[5] Carleton Kemp Allen, "The Presumption of Innocence" in his *Legal Duties—And Other Essays in Jurisprudence*, Clarendon Press, (1931) 271, 272, 273, 287, 294.

无罪推定这一不刊之论,也难免燕雀处堂的命运。"在许多案件中,并且是在那些最重要的案件中,法官将不得不接受一个合乎情理的、一个说得通的结果,而并非能得出一个可论证、无可辩驳且'逻辑上'正确的结果。法律不是逻辑,而是经验,恰如霍姆斯的著名断言。"[1] 显然,此等断言为反经行权提供了把柄,在法治不彰的时代让专制威权借尸还魂。特别是在刑事程序领域,纯粹出于功利的成本分析去决定被告的命运,就是否定对被告作为人的尊重,而仅将其作为手段和工具。[2]

证明标准有两大流派,客观标准派主张"事实清楚,证据确实、充分";主观标准派强调"排除合理怀疑"。我国刑诉法试图兼收并蓄:定罪量刑的事实都有证据证明;据以定案的证据均经法定程序查证属实;综合全案证据,对所认定事实已排除合理怀疑。这种兼收并蓄的立法努力,在司法实践中的效果究竟如何?美国女舞蹈家邓肯曾对英国文豪萧伯纳说:"如果咱俩生个孩子,有你的大脑和我的身材,那该多好?"萧伯纳说:"就怕有你的大脑和我的身材。"就"确实充分"而言,持审慎怀疑态度更稳妥些。人在抽象意义上能否对事物达至确定认识,与具体人对具体事的真相是否确实了解,是两个问题。哲学概念虽有解释力,但不宜随意引入刑事法领域。正如必然性与偶然性这对范畴,解决不了刑法上的因果关系难题,还引起无谓的争论。[3] 哲学认识论是为了解决这是一座桥还是一朵花之类的问题,不是为了回溯性地重构一个成为过去的刑事案件。刑事案件的破获和发现真相的过程,更像是考古,只能将认识的"确实充分"作为目标来努力接近,不可轻言达到。就"查证属实"而言,如果在认识能力上保持低调,承认认识有限性,查证属实就只能是一个工作目标而已。

"从某种意义上来说,利用起初发现的资料来作出预测,再用后来发现的新资料加以确认或否定,在这种情况下,历史科学就变成了实验科学。挖掘历史文物的过程,不管挖掘的是骨骸还是文字,对历史学家来

―――――――

[1] [美]理查德·波斯纳:《波斯纳法官司法反思录》,苏力译,北京大学出版社2014年版,第8页。

[2] Ho Hock Lai, *A Philosophy of Evidence Law*, Oxford University Press, (2008). p. 192.

[3] 参见邓子滨:《法学研究三十年:刑法学》,《法学研究》2008年第1期,第76—77页。

说,都是一个验证假设的实验过程。应该指出的是,通过考古得来的证据和人类所拥有的历史证据之间存在着一定的差别。前者大部分都是第一手资料,绝对地客观、自然。人们根据自然规律来解读过去及现在。后者是典型的二手资料,一些经过认真挑选,人为地加以增补、删除、修改而编成的文献。"[1]因此,真相也应当只是努力追寻的目标,而不是可以邀功的首级。就"排除合理怀疑"而言,我国有学者警告说,以之取代"确实充分"这一应用多年且行之有效的证明标准,要慎之又慎,不能不考虑其暧昧性。对司法人员来说,大概说了等于没说,到头来还是丈二和尚摸不着头脑。[2] 这一警告可能找错了方向。能否认可排除合理怀疑的证明标准,取决于能否遵循非法证据排除规则,在这个问题上的斗争攸关整个制度选择的成败。

反对者坚称,核心问题是,将犯罪证明到排除合理怀疑程度的概念是模糊的、矛盾的和混乱的,这意味着在任何特定的刑事审判中,不管是被告还是控方,都不能预测何种程度的证明是必需的,他们面对的是一句废话,因此,排除合理怀疑根本不是一个促进刑事审判真实发现目标的正确标准。[3] 可见,中外学者对排除合理怀疑的批评主要是标准暧昧、模糊,不具有可操作性。而支持排除合理怀疑的理由与批评者的看法其实没有根本对立,只有比较上的差异。优势是比较出来的,简言之,"事实清楚,证据确实充分"本身并不是被事实证明的行之有效的证明标准,如果是,就不会产生那么多争议,更不会在我国刑诉法中补入"排除合理怀疑"的表述。其实两种证明标准都是不明确的,问题只在于,哪个标准更有利于在分配"因不可避免的错案而必须承受不利后果"时让天平倾向于无辜者不被定罪。"事实清楚,证据确实充分"这一证明标准充其量只是高度盖然性的,"但是,盖然性并不能否定相反事实存在的可能性,应当切记,在观念上一味强调盖然性是很可能导致错误判决的。因此,上述所说

---

〔1〕 [美]迈克尔·舍默:《为什么人们轻信奇谈怪论》,卢明君译,生活·读书·新知三联书店2022年版,第31页。

〔2〕 参见张建伟:《刑事诉讼法通义》(第二版),北京大学出版社2016年版,第347页、第350页。

〔3〕 参见[美]拉里·劳丹:《错案的哲学》,李昌盛译,北京大学出版社2015年版,第33—34页。

的高度盖然性必须达到不允许相反事实存在的程度"[1]。

两人去行贿,到楼下了,一人上去送钱,一人在下面等,上去的人下楼后说送完了,对方收了。这种情况下如果受贿者不承认,说根本没收过,能不能排除合理怀疑?后来那个行贿人承认自己根本没把钱给受贿人,是他自己藏起来了。当然这是比较极端的情况,发生概率很小,但你不能说它不合理,因为现实中就遇见实例了。[2] 证明标准的正面建构比反面拆解难度更大。"合理怀疑容易理解却不易定义。它不是某种可能的怀疑,因为人类事务中的每件事都容易遭到可能的或想象的质疑。它是一种可能的状态,在对所有证据进行比较考量后,审判者头脑中对指控的真实性已不可能保持信心,也不再可能达到道德确信。证明责任在控方。法律要求所有没有证据证明的推论都应作有利被告的解释;每个人在被证明有罪之前都应被推定清白。如果证据表明存在合理怀疑,被告有权被宣告无罪。只存在有罪大于无罪的可能性是不充分的,证据必须能够把事实真相证明到一个合理的道德确信程度,具有令人信服的、满足了推理和判断条件的、注定在良心上会依据它行事的确定性。这就是排除合理怀疑的证明。"[3]

道德确信在解释何谓合理怀疑时曾经起到重要作用,在相当长的历史时期内成为法官向陪审团作出解释的工具。一方面,道德确信缓解了完全确定、绝对确定才能定罪的严格标准,避免因过分僵硬、难于达到而导致无章可循;另一方面,道德确信是与陪审团相匹配的,是普通人能够理解的。正如要求一致同意才能定罪是为了让陪审团共同承担沉重的道德责任,道德确信是另一种慰藉法则,这一措辞本身就告诉我们在裁判他人时如何获致良心的安宁。[4] 因此,道德确信在英美法庭上一直享有广泛的影响力。"如果是民事陪审员,法官会告诉他只需将事实证明到其真

---

[1] [日]田口守一:《刑事诉讼法》,刘迪等译,法律出版社2000年版,第223页。
[2] 参见张军、姜伟、田文昌:《新控辩审三人谈》(增补本),北京大学出版社2020年版,第138页。
[3] *Commonwealth v. Webster*, 59 Mass. 295, 320 (1850).
[4] 参见[美]詹姆士·Q.惠特曼:《合理怀疑的起源——刑事审判的神学根基》(修订版),佀化强、李伟译,中国政法大学出版社2016年版,第344页。

超过不真的程度;而在刑事案件中,政府的证明必须比民事上的证明强而有力,必须超越合理怀疑地让人坚信对被告的定罪。在这个世界上,我们所知的一切很少达到绝对确定的程度。在刑事案件中,法律并不要求那种克服每一可能怀疑的证明。如果基于对证据的考量,坚信被告犯有被指控的罪行,就必须认定他有罪;而如果认为真的存在无罪可能性,就必须让被告成为这一怀疑的受益人,必须认定他无罪。"[1]

通常认为民事案件采优势证据的证明标准,但究竟何为优势却并非一清二楚。以翻越围栏逃票案为例,看台上坐有 1000 人,却只售出 499 张票。由于没有事先料到有如此多的逃票者,入口检票时没有给购票者留下票根,无法验证。就其中任一观众而言,未购票的可能性为 50.1%。赛事组织者似乎有理由起诉任一观众,并依优势证据证明标准而获胜诉。这样的判决对任一败诉观众都显为不公,但若想擘肌分理并非易事。另有一例红色出租车侵权案,案中有位史密斯太太深夜驾车回家途中,被一辆疯狂蛇行的出租车撞击,双腿骨折。她决定起诉红车出租公司,因为她了解到居住地另有一家绿车出租公司,分属两家公司的出租车红绿比例是 6:4。史密斯太太事故当晚没看清逃逸的出租车是什么颜色,但她认为状告红车出租公司的获胜率是 60%,因为它拥有六成路面运营的出租车。在侵权案中,要求原告主张被告违法施害的可能性超过 50% 即可,但若此案让红车出租公司败诉,会使大多数人感觉不适。就逃票案而言,为千分之一的优势而起诉一千人次,肯定不符合社会利益;就侵权案而言,一旦史密斯太太胜诉,该地所有原因不明的出租车肇事都要由红车出租公司承担责任。这种既无效率又不公平的判决结果,无法刺激两家公司要求出租车司机今后更加小心,因为判罚的根据是车的颜色而非驾车者的行为。[2]

曾有五种影响较大的合理怀疑的解释版本:(1)相当于确保个人生活中作出重要决定时的信念;(2)那种使谨慎细心的人在行动时产生犹豫的怀疑;(3)达到一种对指控真实性的坚定信念;(4)一个能够给出理由的

---

〔1〕 *Victor v. Nebraska*, 511 U.S. 1 (1994).
〔2〕 Ho Hock Lai, *A Philosophy of Evidence Law*, Oxford University Press, (2008). pp. 135-136.

怀疑;(5)作为高概率的排除合理怀疑。这五种解释版本为它们的批评者竖立了靶子:第(1)种版本虽然贴近生活,但它具有严重的误导性,因为人生中的重要决定多是在非常不确定的条件下作出的,这恰恰是陪审员在确定有罪时要避免的。第(2)种版本也没有解决问题,合理怀疑未必导致犹豫,完全确信也未必果断行动。第(3)种版本的坚定应当指牢固和不动摇,可这样的信念又极有可能不是理性或以证据为基础的。第(4)种版本意味着一个什么样的理由?一个糟糕的理由可以吗?如果对有罪感到怀疑,但不能给出或表述怀疑的理由,如何确定怀疑是不是合理?而如果要求判决无罪必须给出理由,就等于要求被告方进行积极辩护,甚至建构一种案情。第(5)种版本量化为一个具体标准,比如95%应该算高概率了,但如果告知民众,每二十人中将有一人错判有罪,谁还会对司法有信心?而如果一方面强调排除合理怀疑的重要性,另一方面又拒绝解释、告知其含义,那岂不是非常奇怪?[1]

所有对"排除合理怀疑"的批评,都是在与"证据确实充分"的较短量长中表达意见的。对两种标准各自的缺点做进一步挖掘整理,还可看出,前者不易达到证据的充分性,后者可能模糊证据的必要性。许多判决书在在处处以"事实清楚,证据确实充分"自况,罗列的证据可谓不少,人证、物证、鉴定意见看似极为充分,一般人看不出个头绪,但在证据必要性上多有欠缺。如果以排除合理怀疑抽丝剥茧,而不是以确实充分叠床架屋,会很快暴露出证据单薄且相互矛盾。同理,哈利·沃兹案如果不是过分关注证据关联性而是重视证据合法性,换言之,如果不是注重堆砌而是着意排除,可能就不会造成德国司法的灾难性错案。不但如此,采用哪一种证明标准,其实是分配了判断是否达到证明标准的话语权。证据确实充分,是控方主导审判时青睐的标准,因为在起诉书、判决书写明证据确实充分时,实际的判决结果已经形成,被告及其辩护人见到判决书上这一宣示时,留给他们的只是上诉或者申诉的机会。排除合理怀疑,是使辩方受益的标准,因为它可在判决形成之前发挥作用,至少在庭审过程中就

---

[1] 参见[美]拉里·劳丹:《错案的哲学》,李昌盛译,北京大学出版社2015年版,第39—44页、第48—50页、第53页。

揭露出控方证据有哪些是不能进入判决书的,即使进入了判决书也易于识别,便于庭审时对指控进行防御。

从公众评价角度设想也是如此,要评价定罪证据是否充分,需要一大堆证据罗列;而要评价是否不应定罪,举出一个需要排除而未排除的证据就足够了。可见,刑事诉讼永远在一系列两难中作出艰难选择后跟跄前行,有时还会跌倒甚至后退。一国采用怎样的刑事诉讼模式,奉行哪些原则,遵循哪些证据规则,哪些人会因获得权利而受益,哪些人又会因失去权力而不爽,其实都可想而知甚至一目了然。排除合理怀疑标准的正当性在于,它是降低基于事实错误而陷无辜于有罪的主要工具,让适用刑法者获得社会共同体的尊重与信心。大法官哈伦直言:"我将排除合理怀疑地证明视为社会基本价值观的底线,错判无辜者比放纵有罪人要糟糕得多。"[1]当然,人们会不断追问,即使同意哈伦法官的观点,是否也要有个极限?如果我们同意布莱克斯通所说的,"放纵十个有罪人也好过冤杀一个无辜者",那么,为了不冤枉一人而必须放纵二十、三十乃至更多的重罪犯,比如系列杀人犯或者强奸犯,我们的社会共同体真的愿意吗?对这些尖锐的提问,不可能有令所有人满意的回答,但在个案判断中又必须即时作出选择。[2]

"为了不冤枉一人而必须放纵二十、三十乃至更多的重罪犯",从古至今,什么时候出现过这样的情况?似乎从来没有。英国的一项研究发现,如果证明标准有一个权重,那么这个权重与所要认定犯罪的严重性有关。罪行越严重,允许认定有罪的证明责任的百分比就越低。同时,当陪审团觉得案情复杂难于决断时,法官的指导便非常重要。美国的一些研究也证实了这一点。陪审员们希望将定罪的可能性换算成百分比,也就是希望在51%-100%之间找到对应值。如果法官使用Sure表示有定罪的确定性,陪审员们就会在92%-100%取值;如果法官用不确定的词,就表示要在可能性的幅度内加以权衡,陪审员们就会理解为51%-92%。因此,有学者尖锐指出,应当将Sure这个词从法官对陪审团的指导中剔

---

[1] *In re Winship*, 397 U.S. 358 (1970), J. Harlan, Concurrence.
[2] Joshua Dressler, *Cases and Materials on Criminal Law*, Second Edition, West Group, St. Paul, Minn., 1999, p. 11.

除,否则即有强烈的定罪暗示作用,却又难以找出替代词。[1] 学者提出一种测量可能性的"感到意外法"。如果得知一件事发生了却没有感到丝毫意外,那么这件事才确有可能性。感到意外是因为不符合预期。假设知道不透明的容器中有黑球两个、白球八个,就不能确定地摸出白球,因为两个黑球的存在构成了摸出白球的障碍,但不论摸出哪种球都不会让人感到意外,这说明摸出黑球的可能性依然存在。[2] 也因此,如果黑球代表无罪,就说明无法排除合理怀疑。

第五节 经审理查明

每一份判决书上都有"经审理查明"部分,所认定的事实就是有罪或无罪的根据。有学者精当地指出:"'经审理查明'意味着在诉讼中或者诉讼外存在着一个独立的事实,这一表述与上世纪80年代的司法哲学有密切关联,似乎存在一个谁都无法改变、客观的案件真相,指引着公安司法人员办理案件。从另一个角度观察,如果过于强调'经审理查明'而非证据证明,则可能蕴含这一逻辑:查明本身就不是证明,既已查明何须证明。现代刑事诉讼中应当秉承'法庭之外无事实'的理念,除有特别规定外(如免证事项),无证据证明则不应当认定犯罪事实。'经审理查明'更规范的表达应当是'经审理认定'。"[3] 2007年7月25日,我为纽扣案被告出庭辩护,辩护并不成功,被告被判处故意毁坏公私财物罪,刑期一年,没有上诉。该案现已成为刑法教学中的经典案例。而实际上,从事实与法律相互拉近的角度加以探究,并且充分展现"查明"事实的程序过程,比单纯讨论是否构成犯罪或许更有意义。要说清一个案件的来龙去脉颇费笔墨,况且这一案件发生在15年前,那时的法律、司法解释及司法

---

[1] Peter Hungerford-Welch, *Criminal Litigation and Sentencing*, Cavendish Publishing Limited, (2004), pp. 473—474.

[2] Ho Hock Lai, *A Philosophy of Evidence Law*, Oxford University Press, (2008). p. 145, 148.

[3] 冯俊伟:《刑事证据原理如何展开》,载江溯主编:《刑事法评论:刑法与刑诉法的交错》(第45卷),北京大学出版社2022年出版,第62—63页。

鉴定规则等与今天可能有些差异,但原理是相通的,因而用今天的标准审视昨天的案件,并不为过。

浙江省永嘉县法院(2007)刑初字第 386 号刑事附带民事判决书载,经审理查明:"2004 年 1 月 29 日(农历正月初八)晚,某镇某村举行舞龙灯欢庆活动。因当晚村民许某杰停在村内的轿车被刮车漆,怀疑系舞龙灯的人所为。许某杰、许某红、许某和等人与当时舞龙灯的柯某玉等人发生争执,并在柯某玉道坦砸了龙灯。双方在争吵过程中,被告人祖父柯某者因情绪激动诱发心脏病倒地不治身亡。此后两天,柯某者亲属十余人先后多次来到许某和、许某红家哭闹'烂人命',并捣毁被害人许某红、许某和家门窗、玻璃等物。2004 年 2 月 4 日上午 10 时许,被告人伙同滕某忠、李某燕、滕某春等亲属十几人,再次来到许某和家'烂人命',哭闹、捣毁财物,在捣毁财物过程中,滕某忠、李某燕等人将许某和经营的坐落于其家中的服装辅料有限公司的 1566.85 千克,2620210 粒纽扣予以倾倒并掺杂。经估价鉴定,被掺杂纽扣的废品率为 5%,损失量化价格为 124853.01 元人民币。"[1]法院确认上述事实由三部分构成:(1)前因后果,两家冲突中有人不幸身亡,死者亲属多次到对方家中捣毁门窗、玻璃等物;(2)被告参与,2004 年 2 月 4 日上午 10 时许,伙同亲属十几人来到前厂后宅的许某和家,将纽扣予以倾倒并掺杂;(3)被掺杂纽扣重量、个数、废品率及损失估价鉴定。

第(1)部分事件起因被截短,实际情况是,柯、许两家积怨已久,本案庭审之前 3 年,即 2004 年 8 月 19 日,永嘉县法院曾以(2004)刑初字第 301 号刑事附带民事判决书判决导致柯某者死亡的许某和等人构成寻衅滋事罪;本案被告亲属捣毁门窗、玻璃等物最后没有作为定罪根据,而是认定"掺杂导致毁坏"。第(2)部分认定本案被告亲属"在捣毁财物过程中""倾倒并掺杂"纽扣,从语境看,"捣毁"针对的是门窗、玻璃等物,并不包括纽扣,纽扣只是被"倾倒并掺杂"。第(3)部分将倾倒与掺杂认定为毁坏,所以损失的计算依据不是分拣费用而是重置成本;认定被"倾倒并

---

[1] 关于判决书可否实名引用,曾经咨询许多同仁,认为可以实名者为多,因为除涉秘案件外,判决书就是要公之于众的。但为稳妥起见,还是隐去真名。如此行文有些不伦不类,且失去许多真实感,但也只好退求其次。

掺杂"的纽扣数量精确到粒,重量精确到克,损失价格精确到 0.01 元,但这种精确的背后却是待证事实与鉴定对象的严重脱节,因为铜制纽扣的变形、损坏显然不是"倾倒""掺杂"这类轻微外力所能导致的。事实是,从 2004 年 2 月 4 日被倾倒、掺杂到 3 月 24 日被搬至村委会分拣后鉴定,其间 50 天,这批纽扣始终"裸躺"在许家院中,很难避免出入踩踏。

判决书载:"上述事实,由公诉机关提交并经法庭质证、认证的下列证据予以证实:1.被害人徐某华的陈述,证明 2004 年 1 月 30 日、2 月 4 日,被告人及其亲属先后三次到他们家捣毁财物,并将纽扣予以掺杂的事实。被害人项某妹的陈述,证明被告人及其亲属于 2004 年 1 月 30 日、1 月 31 日两次去她家捣毁财物的事实。2.证人许某芬、徐某菊、叶某妹、徐某松的证言,均证明被告人于 2004 年 2 月 4 日伙同亲属去被害人许某和家'烂人命',期间其亲属捣毁被害人家门窗等物,并掺杂纽扣的事实。证人许某尧、许某栋的证言,均证明了被告人及其亲属于 2004 年 1 月 30 日、1 月 31 日到被害人许某红家'烂人命',并捣毁财物的事实。3.第 078 号司法鉴定书及第 221 号价格鉴定结论所评估的被掺杂纽扣重量、粒数、废品率及减值价值。4.公安机关出具的现场处警经过说明、被毁财物情况说明及照片,证明了被告人伙同亲属到被害人许某和家捣毁财物、掺杂纽扣的情况。5.本院(2002)刑初字第 206 号刑事判决书,证明被告人的前科情况。6.户籍证明,证明被告人的身份情况。7.被告人在公安机关的供述对关于自己同其亲属多次到被害人家'烂人命'捣东西的事实供认不讳。"

判决书对采信证据的罗列看似内容丰富,但它最大的可疑是证据与待证事实都没有紧密接洽,且每一项证据都极不准确。换言之,倾倒、掺杂纽扣并非待证事实,在他人倾倒、掺杂纽扣时在门外把风才应当是本案的待证事实。"把风"可以通过共犯理论成立"毁坏",但诉讼证据上却不能省略对是否存在"把风"这一事实的证明。我们由简入繁对上述七项证据进行评议。第 7 项证据对被告讯问笔录的描述是偏颇的,因为被告不只有供述,还有辩解,被告多次强调,2004 年 2 月 4 日虽到现场,但只是站在大门外,更未动手捣东西。第 6 项和第 5 项证据分别是户籍证明和前科情况。第 4 项证据是现场处警经过说明,只是一页打印纸,没有任何人签名,没有公章;另有一份由叶某中签名并手写的情况说明,内容简单,字迹潦草,且无当时派出所出警记录。参考公安部有关勘查现场的规定,无现场勘查笔录、现场照片,该证据不具备合法的证据形式。第 3 项证据是两个鉴定单位的两份鉴定书,它们是侦查机关委托的鉴定单位转委托的,不仅鉴定资格有疑问,而且距事发已有 2 年 4 个月,鉴定机构未赴现场勘查,鉴定人又未出庭作证。

仔细比对第 2 项与第 1 项证据,原本是 3 天去过 3 家且每家去过两次,但法庭最后只认定了 2 月 4 日在许某和家的捣毁行为,所指控事实的证据由两部分构成,一是作为被害人的徐某华的陈述;二是作为证人的许某芬、徐某菊、叶某妹和徐某松的证词。这些人均未出庭作证。先说许某和妻徐某华的 7 份询问笔录。第一份笔录的落款时间为 2 月 4 日当天,徐某华以报案人身份描述事情经过:"今天上午我在我家一楼临时棚下装包,突然听到外面有响动,我怕柯家人打我,马上我逃到后门出去。在后门路上我看到被告人、阿福及一帮老娘客往我家走。我过了约 10 余分钟,等这帮人离开我家后我又回到家里,看到一楼临时棚下、台阶上、里间的所有产品已被捣的一塌糊涂,地上都是。几乎同时派出所的同志到我家了。"问:"是何人将你家的产品捣毁?"答:"这我没有看到。"问:"损失如何?"答:"有捣、混在一起的产品有 5000 余斤,样品有 100 多种,全都是成品。现在全都被捣散在地上,混在一起捣毁,价值有 100 万元左右。"问:"当时你家有谁在场?"答:"我不知道。"

这份笔录有如下可疑处:其一,说在后门路上碰到被告等人,但其他证人都说柯家人是从前门进入的;其二,当天就说出"被告人"三字,而实际上本案被告人在很久以后才被"遴选"为犯罪嫌疑人,2007 年 1 月 25 日才被刑拘,这份笔录显然是后补的。其三,回家时间不长,当即就在笔录中说出有 5000 余斤、100 多种、价值 100 万左右的、全是成品的纽扣被捣、混在一起。其四,"捣毁"一词是毁坏财物罪的侦查方向确定后才使用的,且一直用于对门窗、玻璃的破坏,徐某华不识字,所有笔录都由人代签,"捣毁"不应是她当场能够使用的词汇。第二份询问笔录作于 2004 年 2 月 27 日,从头补续她家三次被捣的情形,头两次不涉及纽扣,被告人只是出现在第二次,捣纽扣这一次没有被告人。第一、二次两次笔录,一个在场,一个不在场,而且最后一句"现在很难分出来了"实在是有分量,既表示分拣后民事解决已无可能,也为掺杂即是毁坏的刑事追究埋下伏笔。第三次笔录是2004年2月29日派出所民警征求意见,看可否将纽扣运走进行鉴定,间接证实了此前纽扣一直散落在地。第五、六次笔录都是2006年4月作的,此时据事发已两年有余,说自己从未在场,都是转述他人的说法。第七次笔录是治安大队民警2006年9月12日告知鉴定结果。

唯独作于2004年3月26日的第四次询问笔录值得抄录与纽扣相关部分:"第三次被砸是2月4日10时左右,当时我在后屋。被砸后我才到前间看见有很多纽扣被倒在地上,都混杂在一起了。第三次来砸的人具体是谁我不清楚,我也没看见。"问:"上次你在派出所所作的笔录中为何说第三次你家物品被损坏时你在场?"答:"当时我确实没在场,也没看见。但我听家人说了第三次被捣的经过,听多了就认为自己也在场了。"第一笔录称自己怕被打,从后门逃出,并撞见被告人等,第四次笔录称自己是在后屋,没撞见任何人。而根据民警问话推知,她在第二次笔录中声称自己当时在场,竟然是因为"听家人说多了,就认为自己也在场了"。这样的"证词"竟然被采信了!经过再次删繁就简,判决书所依据的与纽扣有关的证据缩水为:(1)被告在公安机关的供述;(2)证人许某芬、徐某菊、叶某妹、徐某松的证言,证明被告于2004年2月4日伙同亲属去许家,其亲属掺杂纽扣;(3)司法鉴定所评估的被掺杂纽扣重量、粒数、废品率及减值。

再说被告的7份讯问笔录,其时间跨度为2007年1月25日至3月12日。倾倒并掺杂纽扣之前的两次捣毁门窗、玻璃,属典型的故意毁坏财物行为,但最终都被法院放过了,偏偏选择了倾倒并掺杂纽扣一事,颇费气力地将其判定为毁坏财物。讯问笔录一再强调没有动手,只站在一边看,但他没想到的是以共犯理论将其入罪。这种论罪方式,既显示了共犯理论对构成要件功能的有效扩张,又使得整个审判过程充满一种错位感。被告第一次讯问笔录称,"第三次我的亲属到许某和家,具体时间我现在也记不起了……当时我也站在门外。"问:"你与你的家属等人到许某和家,有没有把许某和家中的纽扣毁坏了?"答:"没有的。他们就是捣了许某和的门窗、饮水机等物。"第二、三次没有提及纽扣。第四次是告知纽扣损失的鉴定情况。第五次被告仍然强调自己没有参与捣东西,是站在旁边看的,正式捣东西的是他的婶母和姑妈,但都不是指掺杂纽扣,而是指捣毁门窗、玻璃。第六次是告知因涉嫌故意毁坏财物罪而被批准逮捕。第七次可以代表他所有的供述:参与了后两次的行动;站在门外,没有参与捣东西;两个婶母和四个姑妈参与捣毁门窗、玻璃,但没有看到谁掺杂了纽扣。

最后需要提炼涉及倾倒并掺杂纽扣的证人证言。据以定罪的几乎都来自控方证人证言,而所有的辩方证人证言都否定了倾倒并掺杂纽扣的事实,也都没有提到被告。辩方证人关于事件过程只有10分钟左右的描述,与控方证人徐某华的笔录一致。控方证人有邻居徐某菊、装袋女工叶某妹、许某和之妹许某芬、岳父徐某松,他们都以纽扣倾倒的目击证人身份,主动到公安机关制作询问笔录,从中可以看到:其一,纽扣是阿忠和几个女人倒在地上的,当时没有破坏纽扣,只是把不同规格的混在一起,阿忠还拿了一桶矿泉水浇在纽扣上面。其二,没有看到被告参与倾倒纽扣。其中,叶某妹属外乡人,她提到有个"40多岁的男人用钉子之类的东西将一袋袋纽扣的袋子割破,纽扣散在地上"的细节。这个细节只出现在她的证词里,说明只有她当时确实在场,但由于叶某妹不认识被告,又未经辨认程序,她的证言不能指向被告。许某芬有3次笔录,首次笔录中说掺杂纽扣行为持续1小时左右,这与其他证人证言差异巨大。许某芬先是说"当时许某和家外面有很多邻居,但没有人进来看",但在一周后的第二次询问笔录中又改口称"具体记不清,大概阿菊在场的",为徐某菊的证人资格背书。

被告并不构成共同正犯。共同正犯的成立不能仅以共同计划为前提,客观上的共同行为同样是其成立条件。"共同正犯并不能通过对他人犯罪行为之认可以及实现此种认可而成立。毋宁说,每个参加者都必须透过他人的行为而补充了自己的行为,并且也希望将他人的行为归属于自己,所有人因此都是在被知与被欲的共同作用之下而行为的。"[1]根据犯罪支配的基本原则,行为人在犯罪实行阶段因分工合作而产生的共同

---

[1] [德]克劳斯·罗克辛:《德国最高法院判例刑法总论》,何庆仁、蔡桂生译,中国人民大学出版社2012年版,第206页。

作用,是成立共同正犯的必要条件,倘若某人既不亲自参加犯罪的实行,也不符合间接正犯的成立条件,那么他便不可能支配构成要件的实现,也就无法以共同正犯论处。[1] 被告显然不构成共同正犯。那么是否成立帮助犯？有两种学说可用以检验。其一,只有在一种原因性贡献对被害人提高了风险,对实行人提高了实现结果的机会时,这种原因性贡献才是一种帮助,比如为入室盗窃者提供一把备用钥匙并且让盗窃者成功进入房屋。其二,起了共同作用,存在一种支流性的或加强性的因果关系,比如为入室盗窃者提供手套,以便在敲碎玻璃时不伤手且不易留下指纹,当然,没有这副手套也不耽搁入室盗窃。[2]

显然,本案被告在门外站脚助威,没有他也不妨碍亲属们自行其事,因而不是原因性帮助,只可能是支流性的、加强性的帮助。但即便是后者,也需要帮助犯与正犯有事先的犯意联络。就本案而言,被告与几个"烂人命"的女人事先是否商议过如何行动,如何分工,指控证据中没有丝毫体现。对被告站脚助威型帮助犯的指控若要成立,或者说他之所以有别于旁边看热闹的人,不是因为他跟着几个妇女来到现场,而是因为他对几个妇女的毁坏行为起到了某种帮助作用。控方需要举证证明的不是被告与几个妇女说好一起去"烂人命"。"烂人命"作为一种风俗,本身并不构成犯罪,控方有责任证明被告与几个妇女的合意超出了"烂人命"的范围,在捣毁、掺杂等行动上有希望或放任的共同故意。控方不能自我解除这项重要的证明责任,而法院更不能在控方未尽证明责任的情况下作出有罪判决。由此,犯罪事实,分为检察院公诉的事实与法院审理查明的事实,前者"不以详细表明为必要,即仅摘示其犯罪事实之要领亦无不可"[3];后者则必须明晰而确定,且二者同一,方符不告不理原则。

起诉书指控的犯罪事实为"被告人随同亲属共计十多人数次闯入许家捣毁门窗玻璃等物,并且将大量纽扣掺杂",但"随同捣毁、掺杂"与"站在门外"之间,从被告防御角度看并不是同一内容。回看起诉书和判决书,并不

---

[1] Vgl. Roxin, *Strafrecht Allgemeiner Teil Band II*, 2003, §25, Rdn 198.
[2] 参见[德]克劳斯·罗克辛:《德国刑法学总论》(第2卷),王世洲等译,法律出版社2013年版,第146页、第153页。
[3] 陈朴生:《刑事诉讼法论》,正中书局1970年版,第174页。

完全契合,判决书一定程度上游离于起诉事实之外。其实,徐某华、徐某菊的作证资格是可疑的,而许某芬第一次笔录又没有提到被告,那么,能够支持定罪的就只有被告本人的供述与徐某松的证词。徐某松当时是否真的在场也颇为可疑,如果没有出庭接受询问,只依据笔录很难作出判断,因为所有的控方证人证言里都没有提到他,而与他在同一时间接受询问的许某芬,在2004年2月20日上午的询问笔录里也没有提到他在场。与之对应,徐某松也没有提到许某芬。由于倾倒并掺杂纽扣事件过程中在场的许家人不多,他们相互间应该有印象才对。似乎是为了弥补缺漏,在许某芬2004年3月26日第三次询问笔录中,询问人专门问到:"当时徐某松在哪里?"许某芬答:"当时徐某松站在许某胜的屋里,具体做了什么我不知道。"如果她在纽扣倾倒现场,一定和其他人一样处在一片叫喊、嘈杂、骚动之中,时隔一个多月,她是怎么回忆起徐某松站在许某和兄弟许某胜屋里的?

即便控方证据能够证明被告属站脚助威型帮助犯,也须追问将纽扣倾倒在地并掺杂,何以符合故意毁坏财物罪的构成要件?"毁坏"不是泛指对财物的价值贬损和功能损伤,而是必须以"毁坏"的方式来达成这种贬损或损伤。这是一种严格遵循语义可能性的毁坏行为样态解释,可谓切中肯綮。因此,把别人熨平的衣服弄皱或者将货币污损,就不能称之为毁坏;给轮胎放气,虽使车辆暂时无法行使,但也不能算作毁坏。所谓毁坏,从物理上说,主要是使物品外观严重变形或失去完整性,比如砸碎玻璃、撕破衣服、向他人画卷上喷涂油污;从化学上说,主要是使物品品质或成分发生改变,比如使水果烂掉、使水源污染。如果衣物被硫酸或盐酸腐蚀,那可能既是物理上也是化学上的毁坏。物理和化学的毁坏是典型的毁坏,而在司法实践中颇有争议的是某些功能、效用上的损失,或者虽然尚存于世但又很难失而复得的情况。比如将借来的金戒指扔进大海就缺少毁坏或损坏的要件,不构成毁坏物品罪;[1]再如放走知更鸟的行为只是一种不可罚的纯粹的剥夺占有,因为这种鸟有能力在自由状态下生存。[2]

---

［1］ Vgl. Rudolf Rengier, *Strafrecht Allgemeiner Teil*, 12. Aufl., 2020, S. 22.

［2］ Vgl. Wessels/Beulke/Satzger, *Strafrecht Allgemeiner Teil: Die Straftat und ihr Aufbau*, 50. Aufl., 2020, S. 29.

早在 1969 年，汉斯·韦尔策尔就指出，毁坏是指通过有形的侵犯，明显克减了物品当下的完整程度。对动物而言也包括影响其神经系统。弄脏物品只要容易清洁，就无关紧要。克减完整性还包括在没有实体损坏情况下影响物品的可使用性，比如将异物插入机器中使其停摆。复原物品不是毁坏物品，比如修表。[1] 毁坏财物还有一个特点就是不顺应物品的使用价值，而是逆其使用功能，自己不利用也不让别人利用。打碎别人的西瓜并吃掉不构成毁坏，但践踏瓜农或商贩的西瓜就是毁坏。水果的腐烂对要吃它的人来说是毁坏，但对酿酒者而言可能还要让它不断变质，不断酝酿。将各种型号的纽扣倒在地上掺杂在一起，显然不是物理意义上的毁坏，而将矿泉水浇在铜纽扣上也不会导致锈蚀，显然不是化学意义上的毁坏。被掺杂的颗粒状物，只要不是嵌入他物之内无法完整分离析出，只要适时加以分拣，并不影响使用。正如黑瓜子和白瓜子混在一起，分开即可，黑瓜子照样吃，白瓜子继续卖。[2] "毁坏"的含义从明确的核心部分向不那么明确的甚至是含混的边缘扩展。当控辩双方对法条理解不一时，应当尊重基本语义，不能超出文字可能的意义。

根据以上分析，再来看判决书对辩护意见的否定："本院认为，故意毁坏财物犯罪并没有法律手段的限制，本案中将各种纽扣掺杂在一起的行为，虽然没有使物品毁灭，但已降低了原有的价值。因为，纽扣属于小件商品，一旦被掺杂，会造成很大的价值损失，在恢复过程中不但会产生一些废品，也会产生一些必要的加工、整理费用。对此被告人等人是明知的，其明知自己的行为会造成他人财物价值的损失而故意为之，即可以认定为故意毁坏财物的行为。相应辩护意见不予采纳。"判决要点在于：(1)降低财物原有价值也是一种毁坏；(2)小件物品一旦掺杂就会造成价值损失；(3)这种价值损失由废品、必要的加工费和必要的整理费构成；(4)这些费用可以从"恢复过程中"产生，无需由被告在实施行为时造成。

---

〔1〕 Vgl. Hans Welzel, *Das Deutsche Strafrecht*, 11. Aufl., 1969, S. 361.
〔2〕 改变组装器物性状的行为也可能认定为毁坏。《白孔六帖》卷九十一《杂盗》注："甲为武库卒，盗强弩弦，一时与弩异处，当何罪？论语曰：'大车无輗，小车无軏，何以行之？'甲盗武库兵，当弃市乎？曰：虽与弩异处，不得弦不可谓弩；矢射不中，与无矢同，不入与无镞同。律曰：此边鄙兵所赃直百钱者，当坐弃市。"陈重业辑注：《古代判词三百篇》，上海古籍出版社 2009 年版，第 3—4 页。

经由"恢复过程"的概念中介,判决书最后采纳的是重置费的损失计算方法,基本相当于纽扣的重新制造费减去废铜的重新利用费,而根据恢复原本是针对掺杂的,补救措施应当是分拣,而不是重置。因此,第(3)个要点中的加工费就是一个有意无意"掺杂"进来的概念,它既可以指分拣后的归置整理,也可以指重新生产加工。

证据不仅可以用于证明案件事实,也可以验证抓错了人、判错了案。由于种种原因,对许某和家被倾倒掺杂纽扣,没有进行现场勘查和证据固定,损失鉴定是事发50多天后启动、两年半以后才完成的,在那50天里,每天有人出入踩踏,无法判定现场的初始状态。"第一位到现场的警员必须完全封锁现场,不让任何人进入,以免现场的证据被污染或遭破坏,刑警或刑事鉴识人员,在进入现场前也必须对现场有大致通盘的了解,才能有系统地搜集物证。"[1]警方赶到现场后,既没有封锁,也没有勘验,现在看来,并非警务水平问题。合理的解释是,最初没有追究故意毁坏财物罪的想法,也就没有把纽扣倾倒处所作为犯罪现场,导致证据证明力的疑问。也因此,倾倒并掺杂的纽扣重量、粒数、损失等认定,显然不可靠。证据有疑问且无法消除,利益应归于被告。而如果依未经勘查的、未经保护的现场形成的证据给被告定罪,无异于由被害人、证人的诚实度来决定被告的刑罚,显然不可接受。

依照常识,铜制纽扣被倾倒并掺杂后,如果不施加其他外力,不会有外形和光泽的损坏,如果恢复到掺杂前的状态,就不影响其销售及后续使用,而这也是鉴定意见所认可的。也就是说,无论成品、半成品,在没有外形和光泽损坏的情况下,都无需重置性再加工,其中的半成品也只涉及继续加工直至成品而已。一旦有残次品,就应当独立分拣出来。如果像控方证人所说的只有倾倒、掺杂、浇矿泉水的行为,那又怎会导致鉴定意见所描述的废品?再者,废品价值要减去作为金属废物再利用价值之后,才是损坏价值,才应按照重置成本计算。庭审时,辩方对勘验笔录不具可信性的质证意见,最终没有写入判决书。卷宗里看到的鉴定单位所拍摄的照片,不是现场照片,而是纽扣被装袋搬运至村委会后拍摄的。装袋搬运

---

[1] 林钰雄:《刑事诉讼法》(下册),元照出版公司2015年版,第17—18页。

的过程也是掺杂、倾倒的过程,且只是装有纽扣的袋垛照片,无法反映现场纽扣的散落情况。如果检材的来源、取得、保管、送检不符合法律规定,或者因污染不具备鉴定条件,不得作为定案根据。

　　本案证据证明力分析不符合经验和逻辑。举个细节为例:作为鉴定基础的纽扣被认定有218种,这意味着,当时许某和家院中要摆放218袋以上的纽扣,否则纽扣原本就是混杂的。许家院中能否摆得下200多个装满纽扣的袋子? 不能摆太满,因为要留出行走和活动的空间,不能摆太高,最多两三层,否则会倾覆下来。几个妇女是否有时间、有能力将218袋的纽扣至少每袋抓一把抛在地上? 控辩双方的证人证言笔录都显示整个过程只有十几分钟,连哭带喊的几个妇女显然不可能进行有条不紊且颇耗体力的行动。如果由6个妇女完成218袋的倾倒,每人要倾倒36袋有余,这显然不可能。"真相的供应者总会比法官早一步……什么重要,什么不重要,都已依照侦查机关的标准决定。他们当作证据呈现出来的部分,决定了诉讼中的真实发现。"[1]被指定的专家往往被认为与原告、被告素不相识,没有利害关系,因而必须受到信任。实际情况并非如此。

　　警方从被告"家里搜出来一个复制的移动硬盘,里面是一些记账的账套。侦查机关推定这是走私集团的记账凭证,委托鉴定机构对移动硬盘中的一百多个账套进行审计,认定其中有13套账是他们走私手机的账目,依据审计结果,认定走私数额多达70多亿元。……另一个鉴定机构作了一份鉴定意见,指出控方审计报告内容的错误和矛盾。其次,我们强烈要求控方鉴定人出庭接受询问。鉴定人承认,其鉴定时的检材既非原件,也无原始凭证,更未对会计主体进行审查……通过询问,证人当庭承认了他对硬盘内账套按照自己的理解和认识进行了改动、取舍,而不是单纯的提取"[2]。再次想起美国影片《萨利机长》,如果实验目的是"飞机发动机被鸟撞毁后能否迫降于最近机场",那么实验者就会按照这个目的

---

　　[1]　[德]汤玛斯·达恩史戴特:《法官的被害人》,郑惠芬译,卫城出版2016年版,第342页。
　　[2]　田文昌、陈瑞华:《刑事辩护的中国经验》(增订本),北京大学出版社2013年版,第228页。

要求努力完成这一迫降。而他们果然完成了迫降,以此反推萨利机长迫降哈德逊河是错误的。但是,这些由各种一流人才设计、操作的飞行实验,全然没有考虑到,允许迫降的时间,应当减去真实场景中萨利机长先要作出一系列评估判断的时间。幸好,萨利机长要求出席听证会并当场指出了谬误。而不幸的是,纽扣案的法庭最终没能发现,鉴定意见是在与待证事实相脱节的情况下作出的。程序的失误是最大的失误,因为"程序之于法律,正如科学方法之于科学"[1]。

---

[1] Foster, Social Work, the Law, and Social Action, in *Social Casework*, July 1964, p. 383, 386.

第八章　诉审同一

　　有争议的案件，或者使学科训练无用武之地，或者使不羁的个性开辟着新的行动之路，或者使古老的制度受到新生力量的拷问。有争议的案件创制、打破、扭曲或径行建立了一条规则、一项制度、一个权威。当然，也并非所有有争议的案件都是如此，它们之中也有微不足道者，也有自古至今都存在着的平庸的法律货色。在社会生活中，如果文化的紧张状态、新生的权力模式、古老的安全需要、自相矛盾的目的和有关正义的各种观点，都公然纠缠在一起，那么，这一切都将集中体现于有争议的、纷乱复杂的案件中。

　　　　　　　　　　　　　　——卡尔·卢埃林

　　法律不单纯是一种认识，同时还是一种感受，它不仅存在于人们的头脑中，而且存在于人们的心目中。其他学科的研究对象是没有这种附加物的。光到底是以太的波动还是粒子的直线运动？理性和智力是一回事还是有所区别？四次的代数方程式能否直接求解？这些问题虽然都很有趣，但在这里人的感情并没有事先决定什么，只要它是真理，任何答案都同样受欢迎。法学则不然，人们在探求真理过程中掺杂了多少私愤、狂热

> 和派系之争！一切公法上的问题都贯穿着这些东西：要不要宪法？新闻自由还是报刊审查？两院制还是一院制？该不该解放犹太人？肉刑要不要保留？只要一提到这些问题，人们就会变得情绪激动。私法领域同样如此：基督徒可不可以和犹太教徒通婚？离婚的理由应该包括什么？长子继承权是否允许？猎物可否赎回？几乎在任何法律领域，科学探讨开始前，情感就已经选择了答案。对于法律的这一特征不应视之为瑕疵，恰恰相反，它或许正是法律的最高价值所在。
>
> ——尤利乌斯·冯·基尔希曼

"制定法规范依据案件被塑造成'构成要件'（解释），案件依据制定法规范被塑造成'案件事实'（建构）——这种塑造总是一种富于创造力和创造性的行为。……案件与规范只是方法过程的'原材料'，未经加工之前它们无法相互归属，因为它们处于完全不同的层面。规范属于抽象-一般的方式被界定的应然，而带有无穷多的事实要素的案件属于未被分割的杂糅的实然。只有通过这种方式——彼此'调适'——用经验来丰富规范、用规范性来丰富案件之后，归属才有可能。"[1]在前述纽扣案中，"经审理查明"的案件事实与故意毁坏财物的法律规范相符合，是经侦检机关精心调适而相互拉近的过程。其实，从起因到案发，有三个"不法行为事实"：侵入民宅、捣毁门窗和倾倒纽扣。很明显，这是一起事实无疑、法律有疑的案件，而所谓法律有疑也不单指毁坏是否涵摄掺杂，从根本上说，侦检机关中必须有人非常熟悉刑法，才能从法条中选出故意毁坏财物的规范，然后还要排除未达罪量的捣毁门窗行为，最见功力的是掺杂即毁坏的案件事实塑造，最后再将塑造的事实套嵌于、匹配到精心择取的法条上。

有一则教学案例也能很好地诠释事实抽取与法条解释及其相互拉

---

[1] [德]阿图尔·考夫曼：《法律获取的程序——一种理性分析》，雷磊译，中国政法大学出版社2015年版，第157页、第163页。

拽:警察接到911报案电话,迅疾赶到现场,果见报案人所说,有一男子赤身裸体站在公寓楼二层窗前。警察停车之际,一位路人走近前来,说她每天遛狗经过这里,这个男子都会凑巧赤裸着站在窗前。警察根据路人的抱怨和自己的观察,决定敲开房门拘捕嫌疑人,并告知他违反如下法条:"于公共场所或他人途经可见之处,作出不雅、无耻或猥亵举动者,处……之刑。"课堂教学提问有七个,前四个为实体问题,后三个为程序问题:(1)根据法条基本文义,嫌疑人是否违法? (2)根据法律应被公平告知原理,嫌疑人知道有此规定,对于定罪是否重要? (3)刑法应否规制不体面、不道德的行为? (4)嫌疑人身处自家公寓内是否不受该法条约束? (5)仅凭警察的观察能否进行起诉? (6)路人是否必须出庭作证? (7)法庭可否宣布该法条违宪?[1] 忆起上大学时的一堂刑法课,女教师讲什么是流氓罪时举了个例子:"有个男的,每天早上不穿衣服,站在二楼凉台上,看到下面有女的经过,他就咳嗽。同学们,这就是流氓罪。"此后,男生一见女生就喉咙发痒。

"每一个规范仅仅抓住置身于生活世界之中的单个案例的某些方面,所以,必须证明哪个事态描述对于有争议案例的情境性理解来说是重要的,哪些显见地有效的规范对于尽可能在所有重要事态特征方面得到把握的情境来说是恰当的。"[2] 从方法论上说,找法的过程称为设证。设证是那些像侦探一样排查"嫌犯"的人,即刑警、检察官的典型思维方式,看上去像一种从结论出发的推论,有点结果导向的事实发现者的味道,因此是存疑的。[3] 但设证发生于每个涵摄之前。然而法律专家通常来说是如此迅速和不加反思地进行着它,以至于他们没有意识到它。在德国"盐酸案"中,涉及是否可将盐酸视作武器,进而认定持盐酸抢劫是不是一个加重抢劫行为。假如侦检人员没有对法条的事先了解,就必须毫无计划和目标地去翻阅制定法,去找出某些合适的东西来。设证推论带

---

〔1〕 Walter P. Signorelli, *Criminal Law, Procedure, and Evidence*, CRC Press, Taylor & Francis Group, (2011), pp.23—24.

〔2〕 [德]哈贝马斯:《在事实与规范之间:关于法律和民主法治国的商谈理论》,童世骏译,生活·读书·新知三联书店2014年版,第268页。

〔3〕 要注意这种推论方式有别于侦探小说的推理。在爱伦·坡、柯南·道尔和阿加莎·克里斯蒂那里,结论是设定好的,只是一本正经地虚构了一个引人入胜的破案过程。

来的不是终局性的结论,而只是一种假定,只能提供一种初步和暂时的导向性帮助,是从结论出发、不确定、有风险、有疑问的判断,每时每刻都可以主张它不正确。[1] 而庭审正是验证这一暂时假定是否正确的合适场所。可惜的是,类似纽扣案庭审的验证功能失灵了。

第一节 诉讼要件与诉讼行为

"刑诉法上所规定之诉,是在请求法院对特定之被告之特定犯罪事实,以裁判确定具体刑罚权之有无及其范围所进行之程序。"[2] 刑事诉讼要件,是使诉讼得以合法进行,并为实体判决所必须具备的前提条件。比如,必须有管辖权,必须有人告诉,必须有被告,被告必须活着,能够在场应诉,且有诉讼能力,等等。换言之,这些构成诉讼的要件如果有所欠缺,便无法作出实体判决,只能以不起诉、不受理或管辖错误等程序性裁决来阻止或终结诉讼。刑式要件尤需具备,它们是"为确保法和平所设定之类型化要件,缺乏此类要件时,就法律言之,即无依据、理由来落实(实现)刑法之规定"[3]。而且,在每一诉讼阶段,侦查机关、检察院或法院都应依职权审查诉讼要件是否齐备,不齐备者,就难以向下一阶段推进。当然,对诉讼要件的审查仅须自由证明程序即可,不必额外启动针对要件本身的调查程序,也无需进行言词辩论。案件事实有疑唯利被告,是一致的意见,但在法律解释上,有疑唯利被告遇到强力反对。

不过,反对法律有疑利归被告,前提必须是事实与法律之间确有明确界限。这种界限实际上是不清晰的,比如在上诉审过程中,事实审与法律审的界限从来众说纷纭;再如讨论到底是相互斗殴还是正当防卫的界限时,往往说不清楚讨论的是事实问题还是法律问题。"只是乍看之下,这种区分似乎没有问题。而事实上,这种区分是否可行或者以什么样的方

---

〔1〕 参见[德]阿图尔·考夫曼:《法律获取的程序——一种理性分析》,雷磊译,中国政法大学出版社2015年版,第123—124页。
〔2〕 林俊益:《刑事诉讼法概论》(上),新学林出版公司2011年版,第121页。
〔3〕 [德]克劳斯·罗克辛:《德国刑事诉讼法》,吴丽琪译,三民书局1998年版,第212页。

式实行,存在很大争议。困难来源于:必须首先以某种方式把'某事'描绘出来之后,实际上是否发生某事的问题才有意义。它可以用日常用语或者法律用语来描述。如果是后者,那么在提出'事实问题'时,似乎至少已经受到法律判断的影响了。……在某些事例中,事实问题与法律问题如此接近,以致这种区分在实务上不再能实行。例如,当案件事实没有其他用语、只能以本身已包含法律评价的用语来描述时,即是如此。某人是否制造'扰乱安宁的噪音',如果没有对声音的强度做过精确的测量,除了指出安宁的确被扰乱之外,实在很难用其他方式来描述。这种噪音'扰乱安宁',这个判断一方面包含为提出事实问题而对已发生事件的描述,同时也包含了评价意义上的法律判断。"[1]

事实与法律之间的相互作用极其复杂。法庭实际上不可能先将两者截然分开,再去试图将法律运用于事实。事实的相关性以及法庭对事实的调查范围,都取决于相关法律的规定,而哪些法律是相关的,又取决于事实。事实与法律必须串联起来一并考虑,"在达成结论之前令其不断相互调适,比如法律条文中的'相当理由',需要攒聚某些事实,再将这些事实描绘得符合'相当理由',或者在先例或学说中选择适合当前案件事实的对'相当理由'的解说。"[2] 因此,将事实过分简单地描述为外部世界的可见形态,不可能满足司法的实际需求。从立案到宣判,诉讼中的事实可能是某种情态,比如妒忌或失智;可能是一个过程,比如高视阔步或中毒日深;还可能是某一事件,比如两车相撞或正在行刺。[3] 事实也很可能包括某些不能为人直接观察到的情状,但这些情状不仅存在,而且相当重要,尤其是他人的心态,是故意抑或过失,并不容易描述和把握。庭审中涉及的事实,比如人的行为,不可能有客观与主观的明确分野,而是主客观的综合体。说某人以法律条文描述的方式行事,难免要一并考虑其主观心态,不小心撞到别人肯定有别于故意推搡他人。据说,一条狗都

---

[1] [德]卡尔·拉伦茨:《法学方法论》(全本·第六版),黄家镇译,商务印书馆 2020 年版,第 389 页、第 390 页。

[2] Paul Chevigny, *More Speech—Dialogue Rights and Modern Liberty*, Temple University Press, (1988), p. 165.

[3] Georg Henrik von Wright, *Norm and Action—A Logical Enquiry*, Routledge, (1963), p. 25—26.

知道自己是被绊倒的还是被踢倒的。

而在诉讼要件是否齐备的审查上,学者多主张适用疑利被告原则,尤其在追诉时效不明时,也应当有疑唯利被告,在官方错误导致时效问题时更应如此。[1] 可实际情形却多半相反,最后都基本做了不利被告的处置。我曾在河南某地亲历一案:被告十多年前一审被判无罪,当庭释放,检察院抗诉后二审改判5年有期徒刑。但直到几年前,二审判决生效10年后才想起要收监执行。据了解,被告始终在当地正常生活,从未躲避刑罚处罚。刑事判决生效后长期未予执行,在我国虽非绝无仅有,也绝对是少之又少。而一旦发生本案的情形,收监处置实体上于法无据,程序上也与法理不合。先说程序问题:我国刑诉法规定上诉不加刑,但检察院抗诉除外,因此二审改判似无不妥,也因此可以看到,只要法院判决没有达到公诉人期待的刑罚分量,检察院就一定会抗诉,抗诉也多半会成功。可在两审终审情况下,一审判决无罪,二审判决有罪,随之生效,相当于用一次判决便终局性地给人定罪,剥夺了被告上诉权,欠缺正当程序。再说实体问题:根据我国刑法的规定,法定刑为5年以上不满10年的,经过10年就不再追诉,但在公安、检察机关立案侦查或法院受理案件后,逃避侦查或审判的,则不受此限制。

本案判决已经形成,只是未予执行,本应属于行刑时效问题。既然刑法没有规定行刑时效,为什么一上来就宣称未予执行的一定要执行,而不参照追诉时效优先考虑不予执行? 刑法有关时效的规定,无论是追诉时效还是行刑时效,意义相通。历史从宽、现行从严,可督促司法机关及时准确办案,同时有利于社会稳定与人际和合。在罪刑法定原则之下,反对举轻以明重的定罪,但不拒绝举重以明轻的出罪。在刑罚执行上道理依然相通。追诉时效问题的形成,有司法机关未发现、被害人不举报、犯罪人掩饰逃避等一系列原因,司法机关可以说只有部分责任。而行刑时效的形成,除战争、地震等不可抗力外,司法机关的玩忽懈怠无疑是主要原因。具体说来,司法机关承担部分责任时尚且适用追诉时效,经过足够年限则不再追诉;而司法机关承担主要或全部责任时为何还要执行旧罚?

---

[1] 参见林钰雄:《刑事诉讼法》(上册),元照出版公司2015年版,第246页。

据高铭暄先生说,刑法草案第 22 稿曾有行刑时效规定,后又删除了,因为"在我国司法实践中还没有遇到过,规定这一条没有实际意义"。〔1〕 举重以明轻,应允许有利被告地类推适用追诉时效。

诉讼行为不同于诉讼要件,它几乎包括所有诉讼上的活动。凡在诉讼程序中能按意愿达到的法律效果,并促进程序运行的意思表示,比如告诉、公诉、羁押命令、审判程序之命令、判决、提起法律救济,都属诉讼行为。诉讼行为分取效行为和与效行为:前者指诉讼行为的目标仅在于引发另一个诉讼行为,例如检察官具体求刑或被告无罪主张;后者则是直接形成特定诉讼结果的诉讼行为,例如上诉舍弃或撤回。另有一些诉讼行为具备实体与程序双重功能,以逮捕为例,一方面是保全被告并形成程序的相关活动,另一方面又该当实体刑法上私行拘禁或强制罪构成要件,合法逮捕阻却违法,违法逮捕则侵害基本权利。〔2〕 换言之,诉讼行为一旦成立,对行为人就有拘束力,比如提起公诉后不得就同一事实再行起诉,而且只要外表上具备构成要件,即应推定其有效。诉讼行为"有效乃其行为符合于法定构成要件,且足以发生诉讼法上之原来效果者也。反之,无效者即其行为不足以发生构成要件之原来效果者也。诉讼行为不问其有无明文规定,依法皆应赋予一定之功能,此即诉讼法上构成要件之效果也。无效,即其行为未能具体发生此等效果"〔3〕。

审判是诉讼行为,被告须具备就审能力是诉讼要件,而被告的辨认和表意能力最终落实于具备自我辩护及委托辩护的能力。若不具备就审能力,审判就不能进行,比如不能对昏迷在担架上的被告进行审判,也不能在律师不在场时审判有权获得强制辩护的被告。而被告即便具备就审能力,也不意味着审判行为一定合法有效,还需其他诉讼要件齐备。必须指出,就审能力的核心是被告在场。如果被告不在场,就不仅不具备就审能

---

〔1〕 参见高铭暄:《中华人民共和国刑法的孕育诞生和发展完善》,北京大学出版社 2012 年版,第 77 页。

〔2〕 参见林钰雄:《刑事诉讼法》(上册),元照出版公司 2015 年版,第 251—252 页。

〔3〕 曹鸿兰:《刑事诉讼行为之基础理论》,载陈朴生主编:《刑事诉讼法论文选辑》,五南图书出版公司 1984 年版,第 79 页。诉讼行为不得附条件,比如辩护人结辩时不得声称"若不宣判无罪,则申请休庭以便传唤新证人、调查新证据"。官方的诉讼行为也不应附条件,比如司法实践中运用的所谓附条件逮捕就不合法旨。

力,而且欠缺实质公平与正当程序;被告不在场,何以肯定有罪证据的真实可靠,又如何奉行无罪推定?因此,基于法安定性考虑,刑事诉讼开始、阶段转换、中止或终结,都必须清晰告知被告及其律师,要求他们在场。"刑事诉讼采取直接审理与言词辩论主义,故审判期日,原则均须被告出庭,方能判决,否则即属违背法令,但亦有例外,不须被告到庭,而得为判决者,此项判决谓之缺席判决。刑事诉讼之缺席判决,与民事诉讼之缺席判决,性质迥异,民事缺席判决,含有制裁之意,刑事缺席判决,则均限于轻微案件,及有利被告之判决,因刑事诉讼应注意被告利益之保护,自不能轻于剥夺其防御权,而予以缺席判决。"[1]

诉讼行为若要有效进行,须有法官审判,审判中必须使用被告听得懂的语言,或者免费提供翻译。翻译错误不利被告时证言应予排除,判决及可上诉的裁定必须叙明理由,宣布、送达并告知法律救济途径及期限。起诉书须有正式文本并开庭时宣读;判决书、起诉书须有公章、名章及日期。反向言之,诉讼行为无效的原因可能是行为主体不具备诉讼能力或权限,意思表示不健全,内容不合法或者没有依照法定方式。在法无明文规定的情况下,刑事实体法反对类推解释定罪,刑事程序法不反对有利被告的类推,但却拒绝不利被告的程序变更。判决书中难免发生各种错误,有些错误不免令人尴尬,比如将落款处的"人民法院"错写成"人民币法院",但这种错误即便不做更正,也丝毫不影响判决书的诉讼行为效力。而如果已经影响对判决书内容的理解,就应"由审判法院为一裁定而对该判决加以更正……不得因该项更正而隐藏了对判决的事实更正"[2]。就无效诉讼行为而言,有的可以补救、补正或作出合理解释,有的则绝对无效,比如刑讯或者变相刑讯。当然,补正后有效还是无效后重启,端赖程序正义与诉讼经济之间的度长絜大。

诉讼经济原则主张已进行之诉讼程序尽量有效,如有诉讼行为瑕疵,以"得补正"为原则,以程序重启为例外。其一,起诉程式的补正,比如仅有函片送审而无起诉书,或者虽有起诉书但应记载事项有欠缺,或者虽

---

[1] 褚剑鸿:《刑事诉讼法论》(下册),台北商务印书馆1987年版,第438页。
[2] [德]克劳斯·罗克辛:《德国刑事诉讼法》,吴丽琪译,三民书局1998年版,第556页。

有起诉书但未送达正本于被告。其二,上诉程序的补正,比如自然人上诉状无签名,原审辩护人以自己名义提起上诉。其三,被告未上诉,仅由法定代理人或配偶提起上诉,如被告已到庭而上诉人经合法传唤无正当理由不到庭,可不待上诉人陈述而迳行判决。其四,裁判文书的更正,只要不影响全案情节与判决本旨,且不致损害被告利益,对文字误写之类错误,以裁定更正之即可,基于程序维持原则,应维持原判决正本合法送达的程序效力,不必重新缮印、送达判决正本,上诉期间仍自原判决正本送达翌日起算。其五,在起诉事实同一性范围内,变更检察官所引应适用的法条,以不告不理原则与无妨被告防御权为前提。[1] 换言之,变更适用的法条必须与指控事实有对应性,不能只有微弱关联,且变更之后应给予被告方充分的准备辩护的时间。

第二节　诉讼标的及其同一性

必须提示,本章所谓"诉审同一"决不同于"诉审合一"。诉审合一乃指起诉者与审判者合而为一,而诉审同一强调起诉事实与审判事实一致,诉讼标的同一。向前遵循不告不理,向后衔接一事不再理,审判期间被告的防御目标明确固定。申言之,刑事诉讼标的,是指控告原则所要求的、确定的诉讼内容。之所以要求这一内容是确定的,就是为了限制法院的审判范围,拘束法官主动调查的证据,尤其是不利被告的证据,并且限制二次起诉或审判。诉讼标的作为纯粹的学术用语,在司法文书中几乎见不到,但它在刑事诉讼法学中却很有意义,"因为公诉原则及一事不再理原则极具重要性,是以有关诉讼标的是否同一个,此问题也就变得很重要",所以刑事诉讼法学用一个重要概念来描述诉讼标的,即起诉书向法院所陈述案件的"历史性的经过"[2],亦即"诉讼法上的犯罪事实",一个具体事件,被告于此过程中已经或应该实现了某个构成要件。而一个时

---

〔1〕 参见林俊益:《程序正义与诉讼经济》,元照出版公司2000年版,第121—122页、第124页、第131页、第141页、第143—144页和第159页。

〔2〕 参见[德]克劳斯·罗克辛:《德国刑事诉讼法》,吴丽琪译,三民书局1998年版,第205页。

间、地点完全不特定,并且以其他方法也不足以特定的行为,不足以构成有罪判决的基础。因此,起诉书必须尽其所能地将犯罪事实特定化,以便法院将审判标的特定化。

一个故事,时间、地点、人物、行为及其目的,在时空上构成一个事理上紧密关联的生活历程。[1] 因此,所有实际上无法分割且交错复杂的事件经过,均可视为一个犯罪行为、一个犯罪事实。"案件的同一性,要由被告人的同一性和公诉事实的同一性来决定和维持。在侦查阶段,嫌疑犯有时会不确定,但一到提起公诉时,被告人必须是特定的。诉讼关系将特定的被告人作为主体的一方,公诉的效力不及于检察官所指定的被告人以外的人。同时,特定的犯罪事实作为'公诉事实'而变成诉讼实体形成的对象,不管到哪儿,审判都必须在公诉事实的范围内进行。"[2] 民间往往只在意告状,而不介意状告的内容和理由。据清初沈之奇《大清律辑注》,"有冤抑之事陈告为诉,有争论之事陈告为讼",这是对元、明以来刑民案件划分的总结。官府认为"禁讼则民有抑郁之情,任讼则民有拘系之苦",是故积极受理重罪冤抑,怠于理会细事争论,以致奏告者经常声东击西,虚张声势,将户婚田地之争伪装成土豪横暴强抢事件,或者声称歹毒之人觊觎小人妻子貌美,屡起坏心,图谋通奸未果,光天化日率爪牙强抢为妾,导致良民丧失配偶,情况紧迫;再如"伤一牝麂,辄以活杀母子为词",极端夸张的诉状在审理时再转化为实情。

虽然初告投文与当庭口述相差悬殊,但却很少有因告状不实而被重罚者。这在某种程度上鼓励了刁民缠讼,久而久之也使诉讼不是按规则进行,而是被不诚实的权宜之计所向不确定的方向引导。而一旦伪告缠讼得利,便使服判息讼者被嘲为愚民,程序规则反而闻所未闻、不受待见。[3] 因此,现代刑事诉讼中的诉讼标的决定了审判范围,"所有试图扩大审判范围的做法皆应受到抵制,因为法庭不能'允许自身被诱出职责权

---

[1] 参见林钰雄:《刑事诉讼法》(上册),元照出版公司2015年版,第291—292页。
[2] [日]小野清一郎:《犯罪构成要件理论》,王泰译,中国人民公安大学出版社1991年版,第122页。
[3] 参见[日]谷井阳子:《为何要诉"冤"——明代告状的类型》,载周东平、朱腾主编:《法律史译评》,北京大学出版社2013年版,第147页、第160页。

限之外……法庭一旦越界将不得不以'全面失败'而告终……法律的权威恰恰有赖于其职责范围有限这个事实"[1]。也就是,审判范围必须与起诉范围一致。无起诉即无裁判,法院审判的对象及标的,以检察官起诉之被告及其犯罪事实为限,否则不告不理的控诉原则便失去意义。法院虽负有独立审判的义务,应该自行适用法律,不受检察官法律见解的拘束,还有一定程度查明犯罪事实真相乃至于变更法条的义务,但是法院审理及调查仍应以检察官起诉的同一案件为限,并无任何例外。超过同一性以外,就已经是本案以外的他案了,检察官若欲促请法院审判,仅能就该他案另行起诉,始能将其纳入法院审判之范围。[2]

诉审同一并非不告不理的简单重复,而是一事不再理的预先铺垫。起诉后追加或改变罪名只能是同一被告的同一行为,比如夜盗罪与盗窃罪之间的转换,理由往往是程序性的,比如是否需要传唤、诘问一批不同的证人。[3] 这是英美的做法,如果在欧陆,犯罪事实并不因起诉而固化,可在一定范围内调整,尤其法院依职权开展调查并不受检察官认定内容拘束,案件上诉后,二审法院仍为事实审时也不受检察官或一审法院拘束,比如后来证实入户盗窃不是在 7 月 12 日,而是在此前 5 天,或者被告并非将窗户撬开,而是用一把备用钥匙将门打开。但如果在被告身上找到的钱并非此次盗窃所得,而是早前恐吓所得,则无行为一致性,只能依法追加起诉。诉讼上的行为单复,需要同实体法上的行为单复及结合犯相区别,同一时间违法进口武器和麻醉药品属一行为,无需分别起诉和审判,但若因武器而被判罪后,可就用该武器杀人再行起诉。一诉讼必以一案件为单位内容,故谓一诉讼必为一案件;数案件以一份起诉书同时起诉或先后起诉,必发生数个诉讼关系,故谓数案件必为数诉讼;一案件有数个管辖法院,可能在数个法院分别起诉,故谓一案件未必为一诉讼,因而案件个数与诉讼个数未必一致。对裁判上可分之罪漏未审判,其漏判

---

[1] [美]汉娜·阿伦特:《艾希曼在耶路撒冷:一份关于平庸的恶的报告》,安尼译,译林出版社 2017 年版,第 269—270 页。

[2] 参见林钰雄:《刑事诉讼法实例解析》,新学林出版公司 2021 年版,第 338 页。

[3] Peter Hungerford-Welch, *Criminal Litigation and Sentencing*, Cavendish Publishing Limited, (2004), pp. 355—356, 358—359.

部分之诉讼关系并未消灭,自可补行审判。[1]

复数的独立犯罪行为,不能经由一轻微的持续犯罪而成为法律上的单一行为。因此,在向被害人诈欺 3 万马克未遂后,径行以暴力恐吓取财;在购买麻醉品并服用后,因无驾驶能力而造成交通事故;先因收赃被判有罪,事后发现其物品是行为人抢来的。以上诸情形,若第二项行为在审判程序中才被发现,则须变更起诉;若第二项行为在第一项行为判决确定后始被发现,仍可提起新诉。这是因为,犯罪行为包含准备行为、附属行为及事后行为,诉讼程序须对犯罪行为就每一法律观点均加调查。法院对有同一性的行为或称犯罪事实,比如在同一村镇对不同制酒厂牌的假酒伪造,或者相互斗殴,均可同时审理,只要有一个松散的共同关系即可。好处在于,对全部事件过程只需一次举证,保证最大的诉讼经济。[2] 诉讼经济的考虑有时还包括"看似矛盾但二者必居其一"的罪名指控。比如 1989 年英国的一件走私毒品案,被告同时被控诈欺取财。不是走私,就是诈骗,上议院裁定应该合并审理。[3] 循此思路,若有人声称收钱替人办事,可以采取要么行贿、要么诈骗的必居其一的犯罪指控。

虽有判决要旨认为,"依实质上或裁判上一罪关系起诉之案件……如审判有所遗漏,因诉讼关系已经消灭,对遗漏部分即无从补行审判",但法条所谓"检察官就犯罪事实一部起诉者,其效力及于全部",不应扩张解释至所有实质上、裁判上一罪,比如以杀人为目的而非法持有枪支,并无必然不可分割起诉、审判之理。假设检察官只知道也只起诉非法持有枪支的犯罪事实,法院因审判中获得证据而将审判范围扩及杀人的犯罪事实,就相当于审判未经起诉的犯罪事实,被告防御方向亦须全部调整。此时,如何防范措手不及的证据突袭?若法院也仅知道且仅判决非法持有枪支,杀人的犯罪事实未经起诉审判,何以禁止再诉?牵连犯如此,连续

---

〔1〕 参见林俊益:《刑事诉讼法概论》(上),新学林出版公司 2011 年版,第 123 页。
〔2〕 参见[德]克劳斯·罗克辛:《德国刑事诉讼法》,吴丽琪译,三民书局 1998 年版,第 206—209 页。
〔3〕 Peter Hungerford-Welch, *Criminal Litigation and Sentencing*, Cavendish Publishing Limited, (2004), p. 345.

犯亦如此。[1] 另有学者概括总结出不应禁止双重评价的情形：一行为侵害数法益；数行为侵害一法益；数行为侵害数法益，而无论是否属于同种类法益。双重评价并非绝对禁止，只需禁止一行为侵害一法益而触犯数罪名的情形。[2]

犯罪行为同一性机能还在于，确定法官可否在起诉事实范围内变更检察官适用的法条，或者二审判决罪名可否不同于一审判决罪名。比如以盗窃罪起诉，可否判以侵占罪，而二审不经发回重审就直接改判诈骗罪？罪名变更必须有其边界，否则会形成变相的不告而理。"检察官起诉之事项，能否自行变更，学者见解虽有不同，但依理论观察，诉之提起，即发生诉讼拘束力，检察官对于被告及犯罪事实，既已起诉，不得变更，例如起诉甲犯伤害罪，而甲实系被害人，此种错误，检察官不能更正，如未依法撤回，法院只能为无罪之判决。又如起诉甲犯诈欺罪，而甲实为伤害，检察官亦无能变更，如未撤回，法院亦应为无罪之谕知。至检察官对于所引法条之错误，能否加以变更，例如甲乙为夫妻关系，偶因细故口角，伊一时性发，持刀杀乙，致受轻伤，经乙提出告诉，旋又撤回告诉，检察官声请改为伤害罪，自属无效，故检察官无权变更……因认此问题之解决，应由法院为之"，以免被告及其辩护人在不同罪名指控变动中疲于奔命。[3] 起诉书认定被告见被害人右手戴有金手链，意图抢夺，拉其右手，取出剪刀欲将金手链剪断夺取，显与原判决认定被告强制猥亵事实两歧，自属于法有违。其他如侵占变行贿、买受变盗卖、走私变盗窃等实务判例，不一而足，皆不合法度。[4]

日本刑事诉讼法中的诉讼标的、审判对象被称为诉因，它是与起诉书

---

[1] 参见林钰雄：《刑事诉讼法》（上册），元照出版公司2015年版，第282页。
[2] 参见黄荣坚：《刑法问题与利益思考》，中国人民大学出版社2009年版，第215页。
[3] 参见刁荣华：《刑事诉讼法释论》（下册），汉苑出版社1977年版，第395—396页。我国择重变更的占21.14%，如由寻衅滋事罪变为以危险方法危害公共安全罪；择轻变更的占69.14%，如由贪污罪变为职务侵占罪；等量变更的占9.71%，如由组织卖淫罪变为强迫卖淫罪；另有8.3%属未指控而增罪名的情况，其中不乏死罪，如走私、运输毒品罪、强奸罪等。对指控多个罪名的，全部变更占89.6%，部分变更只占10.4%。参见白建军：《公正底线——刑事司法公正性实证研究》，北京大学出版社2008年版，第199页。
[4] 参见林俊益：《刑事诉讼法概论》（上），新学林出版公司2011年版，第152—153页。

所载犯罪事实相同的概念,即符合犯罪构成要件的法律上的具体事实。诉因概念的发明在日本产生巨大影响,既起到观念的引入和解释作用,也为控辩审三方提供了发现、看待和解决问题的共同话语。"诉因是划定检察官向法院请求审判的范围,同时扮演着向被告表示其防御的范围的角色。因此,法院有仅就诉因审理之权限与义务,如果判决逾越诉因,则构成'未受请求之案件予以判决'该当于绝对的上诉理由。"[1]尤其是,若控辩某一方"走板跑辙",能够立时被发现。作为诉因记载的事实应主要包括:谁,何时,何地,对谁,以何方法,以及行为和结果。"关于诉因制度的意义,其一,可以把诉因与诉因以外的事实区分开来(诉因的区别功能),用诉因来限定审判对象……其二,可以把被告人的防御活动限定在诉因的范围以内(诉因的防御功能)……其三,确定诉因,便可以以诉因为标准,判定是否存在诉讼条件。例如可以以诉因为标准判断有无职能管辖权、有无告诉等。"[2]

诉因必须具备明确性,即要求"公诉事实必须明示记载诉因,法律规定以'明示诉因'特定所应构成犯罪的事实为必要。诉因,由于是法律上涵摄于各处罚条文之构成要件的具体事实主张,因此光以'被告窃取他人财物'如此仅就构成要件抽象的记载,是不够的。无论如何,应以记载具体事实为必要。记载的范围是该当于构成要件的事实。因此,目的犯之目的、加重结果犯之结果、未遂、共同正犯、教唆、帮助、这些事实必须全部记载。反面言之,不该当于构成要件之事实,例如犯罪动机、成为量刑事由的前科等,即无记载的必要"[3]。此外,应尽可能将时间、地点和方法特定下来,但又应当承认时间、地点、方法有一定幅度,比如"在某期间、在某街道周边地区、反复注射一定剂量兴奋剂",这样的表述难于避免,应当允许。确定审判对象不能使被告防御权遭到损害,因此一般不允许追加诉因,而应当变更诉因。

---

〔1〕[日]三井诚、酒卷匡:《日本刑事程序法入门》,陈运财、许家源译,元照出版公司2021年版,第116页。

〔2〕[日]田口守一:《刑事诉讼法》(第五版),张凌、于秀峰译,中国政法大学出版社2010年版,第160页。

〔3〕[日]三井诚、酒卷匡:《日本刑事程序法入门》,陈运财、许家源译,元照出版公司2021年版,第116—117页。

诉因还须具备简洁性,旨在强调不能过于详细记述事实,导致侦查、起诉活动过于精密,同时与排除预断原则产生矛盾。一定程度上说,明确性与简洁性此消彼长。松尾浩也指出:"作为审判对象的诉因,是在一定程度上简洁的事实,但也要满足特定的要求。起诉书的记载内容需要达到特定'应当被认定为犯罪的事实'所必要而充分的程度。从整体上看期待在起诉书提出以后的程序过程(事前准备、对起诉书的阐述、审理开始时的陈述等)对保障被告人的防御利益没有遗憾。而把被告人的防御利益都集约在诉因事实的记载方面是不合适的。"[1]简洁明确记述事实的重要性还在于,让辩护律师可以在公认合理的时间内做好防御准备。辩护律师自接受委托后,一般有阅卷、会见被告和约谈证人三种了解案情、准备辩护的途径。其中,只有阅卷是比较确定的,因为在书面审为主的司法环境中,会见被告往往受到手续、窗口、时间等诸多限制,又因证人一般不出庭,所以约谈证人的意义大打折扣。由此可知,采用书面审的一个不便言明的理由是追求审判效率。也因此,会见不受限制干扰与证人出庭作证,是令人艳羡的两项制度安排。

日本刑事诉讼法在"诉因"之外还引入"争点"概念,可谓见解独到。只有先明确具体争点,才能具体地保障被告防御权。法院为了能够连续地、有计划地、迅速地审理案件,在听取控辩双方意见后、首次开庭前,可用裁定方式对案件争点和证据归纳整理。日本判例认为,"显露争点"不仅是程序的要求,而且有诉讼经济的考虑。如果轻视争点,当事人就必须对可能涉及的所有问题都展开攻防活动,导致诉讼延宕。认定争点以外事实,对被告是一种突袭式行为,侵害被告防御权,而争点的核心意义恰恰是保障这种防御权。1983年对日本航空公司劫持案"共谋时间"的判决中,争点之一是共谋共同正犯的认定。诉因中只记载了"在共谋的基础上",检察官在陈述中指出"3月12日至14日"进行了密谋,而在审判中却认定密谋是在"3月13日夜间";被告则主张自己不在现场。二审法院采纳被告不在现场的主张,却认定没有成为争点的"3月12日深夜"的密

---

[1] [日]田口守一:《刑事诉讼的目的》,张凌、于秀峰译,中国政法大学出版社2011年版,第205页。

谋,并判决被告有罪。日本最高法院指出,如果要认定在 3 月 12 日深夜密谋,至少应先将其列为争点,再进行充分审理,而原审的诉讼程序没有这样做,属突袭认定,侵害被告防御权。

突袭认定也称诉讼埋伏,战法不同,意图一致,都是为了让对方防不胜防。当然,进行证据突袭的往往是控方。因此,禁止突袭、埋伏,实际是要落实并加强辩方防御。为了保障被告防御权,必须将争点明确化。1994 年东京高等法院判例中,在建筑物和围墙之间的狭窄空间,被告对追捕的两名警察开了一枪,导致甲警察死亡,贯穿甲警察身体的子弹又造成乙警察重伤。起诉书记载的诉因是"被告以杀人的意图向两名警察开枪"。检察官认为被告除对甲警察构成杀人罪外,对乙警察构成杀人罪未遂,不仅没有使用打击错误论,而且认为被告对子弹击中乙也有认识。东京高等法院认为,被告对杀乙警察的事实是否有认识,需要检察官在审理过程中进行说明,必须对"是否认识"形成争点。原审法院没有这么做,属程序违法,因此撤销原判。可见,争点明确化实际是诉因的下一阶段的明细事实问题,而杀人意图的样态如何,就是这种诉因的明细事实。诉因事实越详细,对被告的防御越有利。[1]

第三节　一事不再理

"公元前 355 年希腊法即规定'禁止就同一争议对同一人审判两次'。反对对一项指控进行两次审判,以及公开法官所处理事件的情感在雅典有据可查,并确实体现在法律规定中。"[2] 所谓一事不再理效力,系指若形式上确定实质判决,则不容许对同一事件再行起诉。其根据是从被告的法律地位安定性推导而来。一事不再理当然本属程序法领域的问题,但直至目前,大体是将程序法上的一事不再理效力与实体法上的一罪与数罪连结起来讨论。因此,实体法中的"一罪"若能与程序法上的"一事"相契合,固然有益于法的安定性,但实体法与程序法毕竟各具其固

---

〔1〕 参见[日]田口守一:《刑事诉讼的目的》,张凌、于秀峰译,中国政法大学出版社 2011 年版,第 161 页。
〔2〕 [爱]凯利:《西方法律思想简史》,王笑红译,法律出版社 2002 年版,第 30 页。

有的意义与机能,故"一罪"与"一事"未必具有一致性,不可强求对应以至发生扭曲的、不合理的法解释案例。[1] 从大陆法系观点看,之所以强调裁判的确定力,乃因其具有既判力及一事不再理之效力,经裁判所确定之事实,纵其认定错误,亦视为真实,不得再予审理裁判;而英美法系则以诉讼程序达到一定阶段后形成程序负担为据,强调"是否误判,难有一定之基准,且后判决是否较前判决更具确实性,亦非无疑,况因时间经过,有罪认定可能性随而减弱,收集有利证据亦增困难,程序重复时证据伪造危险性较高,使被告陷入双重危险中。"[2]

"接受法安定性的要求,而揭示实质确定力之界限",可以确保"被告以公诉中所指摘的事实关系为理由,不再交付审判。即使在判决后发现在前程序中并未发现的重大事实,仍不容许进行新的诉讼程序。在该范围内,国家为了法的安定性,对可罚行为的追诉权设定一定的界限,在此一界限内放弃保障法律适用平等的起诉法定主义"[3]。如果没有这种体现为既判力的法的安定性,那么对被告而言,即便得到无罪判决,仍然无法规划日后生活,无法与他人做成约定。大法官雨果·布莱克作过经典总结:禁止双重危险的基本理念根植于盎格鲁-撒克逊的司法制度中,它不允许掌握全部资源和权力的国家不断试图给被告定罪,使被告无休止地处于窘迫困顿与惶恐不安的煎熬中,结局是无辜者多半以被宣布有罪才善罢甘休。[4] "经过程序认定的事实关系和法律关系,都被一一贴上封条,成为无可动摇的真正的过去。而起初的预期不确定性也逐渐被吸收消化。一切程序参加者都受自己的陈述与判断的约束。事后的抗辩和反悔一般都无济于事。申诉与上诉的程序可以创造新的不确定状态,但选择的余地已经大大缩减了。"[5]

更为有力的禁止理由应该是提醒国家注意限制本身的权力。小而言

---

[1] 参见[日]只木诚:《罪数论之研究》,余振华、蔡孟兼译,新学林出版公司2019年版,第211—212页。
[2] 参见陈朴生:《刑事诉讼法实务》,海天印刷有限公司1999年版,第551—552页。
[3] [日]只木诚:《罪数论之研究》,余振华、蔡孟兼译,新学林出版公司2019年版,第232页。
[4] Green v. United States, 355 U.S. 199, 204 (1957).
[5] 季卫东:《法治秩序的建构》,商务印书馆2014年版,第18页。

之,要求警方"必须慎重且彻底地进行余罪之侦查"[1]。大而言之,行使强制权应符合有限政府及人民自由原则,人民了解自己受到此类保护,才会对政府产生信心与尊重。[2] 当国家在人民身上行使权力或增加负担时,必须受到审慎的监察并有义务给出完善的理由;而人民则需要被保护并增加权力,得到机会参与决策程序,并以人的身份表达尊严。[3] 以要言之,一事不再理的目的和价值在于,其一,避免政府利用充沛资源,就同一案件持续重复起诉,直至获得有罪判决为止。这种做法等于宣告被告永远无法摆脱有罪宿命。其二,防止审判给被告及其亲友甚至被害人带来的痛苦、焦虑、不安、羞辱和难堪。其三,防止检察官因政治、宗教或其他目的而将一事件拆分起诉,以耗损被告财力和精力,达到骚扰被告的目的,同时也迫使证人厌倦反复出庭,如检察官认为一审判刑较轻,可能心生不满而提起抗诉或二次起诉。[4] 其四,确保判决的终局性,维护人民对司法程序的信心,其初始目的还在于保障人民对抗政府的权利。其五,禁止重复处罚,尤其是行政与刑罚先后施罚。[5]

"任何人不因同一犯罪再度受罚"的法律格言,反映了一罪一罚的古朴正义观念。对同一犯罪反复处罚,意味着超出了一报还一报的观念,实际上等于无差别地处罚任何犯罪。因此,无论成文法还是习惯法,也无论是旧派的报应刑论还是新派的目的刑论,历来都不承认对同一罪行反复

---

〔1〕 [日]只木诚:《罪数论之研究》,余振华、蔡孟兼译,新学林出版公司2019年版,第223页。

〔2〕 参见[英]安东尼·达夫等编:《审判的试炼I,真相与正当法律程序》,万象译,新学林出版公司2015年版,第76页。

〔3〕 参见[英]安东尼·达夫等编:《审判的试炼III,刑事审判的新规范理论》,李姿仪译,新学林出版公司2015年版,第118—123页。

〔4〕 一事不再理还有一个附着时间问题,即被告在刑事诉讼中应自何时受该原则保护,是起诉后,准备程序开始后,审判期日开始后,还是言词辩论终结后? 可以认为,自审判期日证据调查始,案件进入实体审理,被告陷入定罪危险,检察官对被告开始明确、公开、详尽的攻击,被告因审判带来的痛苦和焦虑急剧提升,检察官也开始洞悉被告防御方式,此时已涉及一事不再理原则保护的核心价值,应视为附着时间。参见王兆鹏:《刑事诉讼讲义》,元照出版公司2009年版,第523—524页。

〔5〕 参见王兆鹏:《刑事诉讼法》(上册),元照出版公司2015年版,第323—324页。当然,也有学者认为,行为人可以因同一犯罪而受到两次不同性质的处罚,如既受到刑事处罚,又受到行政处罚。参见张明楷:《刑法格言的展开》(第三版),北京大学出版社2013年版,第519—520页。

处罚。一事不再罚,虽与罪刑法定没有必然联系,但在现代社会,仍然可以将两者联系起来。罪刑法定决定了刑事立法与司法上必须对一种犯罪规定一定的刑罚,法院必须在刑法所规定的刑罚中选择某一刑种与刑度。如果某一犯罪行为已经根据刑法的规定受到处罚,那么再次对该犯罪事实进行处罚,意味着后一处罚没有根据。同一犯罪,是指一个而且是完全相同的一个犯罪事实,而不是指同一罪名的犯罪。在定罪量刑时,对于同一事实或情节,应当禁止作出不利被告的重复评价,这包括三个基本要求:一是行为或者结果等已被评价为某一犯罪事实根据后,不能再将其作为另一犯罪事实的根据;二是某种严重或者恶劣情节已作为构成要件要素予以评价时,不能再将该情节作为从重量刑的根据;三是某种严重情节已作为法定刑升格条件者,不能在升格法定刑中再予以从重。[1]

当然,禁止重复评价有别于刑法中的合理评价。"刑法的诉求事实上是在禁止人为违法的决定。基于此,不管人的身体行动有多么复杂,也不管人的身体行动持续了多少时间,只要身体行动是出于相同的一个决定,例如盛怒之下的拳打脚踢,刑法没有多数处罚的必要。因为所有的拳打脚踢都是一个决定所支配出来的,禁止一个决定,等于禁止了全部的侵害行为。相对的,多数的行为决定,即使行为人所侵害的是同一个人的同种类法益,却都有其独立支配利益侵害与否的作用。因此,刑法对于人类每一次的意志发动与控制,就有一次的期待,从而相对应的,刑法对于行为人多次的违法决定自然应该有多重的评价,否则,无异行为人可以因为第一次的侵害行为取得重复侵害的权利。"[2]何谓同一犯罪,及案件同一性?1939年"沪上字第43号"判例即有案件同一性之陈述:"自诉人之夫某甲,前以上诉人封锁伊所住房门,将伊拘禁在内,提起自诉,业经地方法院认为犯罪不能证明,谕知无罪之判决确定在案。兹自诉人复以当时上诉人之封锁房门,氏夫虽未被拘禁,氏实被锁闭房中等情提起自诉,按自诉人所指上诉人之犯罪事实,系一个锁闭房门以拘禁人之行为,其行为既属一个,虽两案自诉人所主张被拘禁之人不同,亦不过被害法益前后互

---

[1] 参见张明楷:《刑法格言的展开》(第三版),北京大学出版社2013年版,第506—507页、第526—527页。
[2] 黄荣坚:《基础刑法学》(下),元照出版公司2012年版,第868—869页、第899页。

异,并不因此一端而失其案件之同一性。"

必须确定本案先诉的审判范围,才有可能在后诉过程中判断是否为同一案件,后诉会因同一案件重复起诉或曾经判决确定而不合法。犯罪事实单一与否,以实体刑法罪数为准。"立于这种思考时,实体法上的罪数概念对公诉事实同一性判断产生相当大的影响,公诉事实同一性系依存于罪数判断,因此依罪数判断来加以决定。有关预定科处数个刑罚之数罪并罚,对一部分事实之确定判决,其一事不再理效力不及于其他部分,因此无例外地容许再诉;相对地,本来一罪原本就是实现数个构成要件的想象竞合犯或牵连犯等科刑上一罪,或是肯认数个行为存在的包括一罪或常习一罪等,大致上以实体法上的一个刑罚权为内容者,依据此说之见解,在诉讼法上仍然成为一个诉讼对象,若对其中一部分事实有确定判决,则一事不再理的效力及于全部事实。"[1]换言之,虽不免理论争议,但基本认可单纯一罪、实质一罪(接续犯、继续犯、加重结果犯、结合犯)及裁判一罪(想象竞合犯、牵连犯、连续犯)都具有不可分性。因在实体法上作为一罪,刑罚权便仅有一个,属同一犯罪事实。

而犯罪事实是否同一,还应从诉讼目的及侵害行为内容加以判断,比如盗窃罪与抢夺罪,因基本社会事实同为意图为自己或第三人不法之所有,而以趁他人不觉或不及防备取得他人财物,侵害他人财产法益,两罪罪质具有同一性。据此,抢夺与强制猥亵、侵占与行贿、走私与盗窃等,皆非同一犯罪事实,不容重复起诉、裁判。判决确定前,一般称为禁止重复起诉,若先诉合法,后诉应谕知不受理;判决确定后,一般称为一罪不两罚或禁止双重危险,后诉应谕知免诉判决。[2]"但是因为诉讼具流动之性质,可以料想关于伤害之诉因在审理中发生被害人因受伤而导致死亡之结果,或关于盗窃之诉因在证据调查时发现并非窃盗而是侵占寄托物之事实……要由检察官分别撤回伤害、窃盗之主张,再重新以伤害致死、侵占事实起诉,程序上未免过于严格,一般而言对被告反而亦增加其负担。但是,像这样的案件,法院亦不得任意改变诉因之范围而审判……必须允

---

[1] [日]只木诚:《罪数论之研究》,余振华、蔡孟兼译,新学林出版公司2019年版,第220页。

[2] 参见林钰雄:《刑事诉讼法》(上册),元照出版公司2015年版,第291页。

许为诉因之追加、撤回或变更。"[1]

"诚然,罪数论与'社会上一体的事实,尽可能以一次性处理'之程序法的理念相近。然而,由于罪数论系属于实体法上之建议,故系讨论将所有已经厘清的犯罪现象以一个罪来处理是否妥当之问题;而程序法经常系在处理尚未厘清的整体犯罪现象,将整体清楚的犯罪事实视为前提的理论,应用于全部尚未厘清的情形,此点似与理不符……在该意义上,针对一事不再理效力之范围,以同时追诉等有无事实上与法律上的可能性为基准的想法,应值得倾听。"[2]不过生活中总有一些案件让人觉得一事不再理原则并不符合正义观感。例如某人在森林中开枪捕杀野兽未中,因成立盗猎罪而被判罚金,但实际击中了情人的配偶,致其死亡。盗猎判决如果阻断谋杀追诉,显然难以服人。依德国多数见解,不应就涉嫌谋杀重新启动一轮刑事追诉,因为法律规定"因新事实或新证据而开启的再审程序,基本上不得不利被告"。但不能否认,再行追诉谋杀罪,更能迎合大众的法律正义感,可以提起补充起诉。[3]

对真相的追寻,经过一段合理、审慎的努力之后,应当让位于法的安定性。"假设一个人被指控杀了人,但一直声称自己无罪,他后来被重罪法庭释放了。几天以后,他可以承认自己的罪行而不受制裁。这种情况会激起反感,但促使立法机构决定这样做的理由却值得尊重。他们希望避免无限制地改变判决,因为这种情况令人难以接受。譬如,在宣告无罪几年之后,又将问题重新提出来讨论,人们将怎样去辩护呢?某些证人会找不到了,一些人的记忆会变得不可靠,使许多查证工作变成不可能的事情。"[4]坚守一事不再理显然是制度建构的结果,或者换一种观察方式,会看到它是人类最早发现的正当程序的要素之一。但它所隐含的风

---

[1] [日]三井诚、酒卷匡:《日本刑事程序法入门》,陈运财、许家源译,元照出版公司2021年版,第199—200页。

[2] [日]只木诚:《罪数论之研究》,余振华、蔡孟兼译,新学林出版公司2019年版,第222页。

[3] 参见[德]克劳斯·罗克辛:《德国刑事诉讼法》,吴丽琪译,三民书局1998年版,第546—547页。

[4] [法]勒内·弗洛里奥:《错案》,赵淑美、张洪竹译,法律出版社2013年版,第4页。

险也是容易逆料和识别的,那就是容易造成错案不得纠正,尤其是当英美法将不利被告的再审视为双重危险而加以禁止后,放纵事实上的罪犯让许多人无法容忍。想要说服这些反对者是徒劳的,但必须清楚知道,一旦失去一事不再理制度的呵护,又将会发生什么情况。[1]

在最高院 2016 年提审孙宝国案时,最高检出庭检察员指出:"原审诉讼程序中存在重复追诉、再审程序中加重原审被告人刑罚等均严重违反法律规定,影响本案公正审判。"孙宝国故意伤害一案,早在 1997 年便历经侦查、起诉、审判等法定程序后,铁东区法院作出了生效判决。针对同一事实,公安机关不能再重新移送审查起诉。尽管该案的原审判决已被撤销,但这个案件只是在再审过程中恢复到了一审程序重新审判阶段,即使公安机关在侦查过程中取得的新证据,与原案证据相比发生了重大变化,公安机关也仅能向检察院或法院单独移交相关证据,而不能作为一个新的案件事实重新移送审查起诉。同理,在一个刑事案件已经由法院受理,进入审判程序的情况下,不论该案是处于一审、二审还是再审程序之中,检察机关均不能针对同一事实再行提起公诉,法院更不能对这个已经受理的再审案件进行再次受案,重复审判。

但在该案中,吉林市公安局却在 2010 年 7 月 27 日,以吉市公诉字(2009)97-1 号补充起诉意见书,以孙宝国、孙宝东涉嫌故意杀人,将该起事实并入涉黑案向检察机关重新移送审查起诉。而吉林市检察院也完全忽视了该案尚处于法院依法重新审判的再审过程中,错误地受理了该案,并在铁东区检察院鞍东检刑诉字(1997)第 91 号起诉书未予撤销的情况下,针对相同事实,进行了重复起诉,并将这一事实与孙宝国涉黑案的其他事实,一同按照新提起公诉的一审案件进行了重复审判。[2] 最高院提审本案并依法勇于纠错,足堪称道,尤其在没有明文规定一事不再理和

---

〔1〕 几年前亲历的一个案件,因店面租赁纠纷致双方出动多人争吵、推搡,引起路人围观,有人趁机起哄,警方动用几十名警力现场处警,但没有对任何一方作出行政处罚。时隔多年,却以寻衅滋事罪追究当时更为有理的一方。办案机关让当时参与处警的二十多名警察作为证人,作成询问笔录,但都未出庭。见吉林省通化县法院(2019)吉 0521 刑初 64 号刑事判决书,第 95—97 页;吉林省通化市中院(2019)吉 05 刑终 221 号刑事判决书,第 22—23 页。

〔2〕 见最高人民法院(2016)最高法刑再 2 号刑事判决书,第 36—37 页。

再审不加刑的情况下,着实难能可贵。不过,只将该案原审错误归纳为一事再理和再审加刑是不够全面的,还应明确否定滥用指定管辖操纵审判结果。最高院明确将一事不再理原则运用于审判实践,也提醒我们更多地利用这一分析工具,重新审视现有立法与司法。比如我国刑诉法规定"经特赦令免除刑罚的"不追究刑事责任,个中理由其实是一事不再理,而不是特赦令。

至于美国版的一事不再理,也就是所谓禁止双重危险,是由联邦宪法第五修正案加以规定的:"就同一犯罪不得置任何人的生命或肢体于双重危险中"。其中,用"Same Offense"表述"同一犯罪",须诉诸成立犯罪的要件,也就是包含相同要件的犯罪即为同一犯罪,这种最合乎宪法文义,最具有历史正当性。再者,彼时犯罪多源自普通法,极少由立法机关规定,而普通法犯罪的种类、项目极为有限,起诉犯罪时,该犯罪所涵盖的事实范围相当广泛,比如被告以枪敲打被害人头部而取其钱财,依普通法只能被起诉强盗罪,不能起诉被持有武器和盗窃罪,起诉强盗罪所涵盖的事实即包括用枪敲打被害人头部而取其钱财,这并不会导致检察官切割同一基础社会事实而分别起诉。但在过去一个世纪,立法频仍、规定细腻、解释繁复,犯罪要件不同已为常态,比如普通法时代盗窃罪只有一种"Larceny",如今偷车、偷马、偷信用卡等多至数十种,都可理解为不同要件的盗窃罪。以持枪抢劫银行为例,普通法只构成强盗罪,起诉后即包括持枪抢劫银行的全部事实要素,不可能重复起诉,而如今分别该当抢、持枪抢、抢银行三个构成要件,无法保障禁止双重危险的宪法利益。[1]

从诉讼证明角度看,以相同要件界定同一犯罪,其检验标准是看对两个犯罪行为的证明是否采用同一证据,这是英美法特别擅长的思考模式。也就是,如果同一证据可以证明两个犯罪行为,那么就属于要件相同的同一犯罪;而如果一个行为需要此证据,另一个行为需要彼证据,就不是同一犯罪。但在具体案件判断上,这种检验却也并非易事。[2] 联邦最高法院借助民法中的"禁反言原则"来说明什么是"同一证据的检验标准"。

---

[1] 参见王兆鹏:《一事不再理》,元照出版公司2008年版,第54—55页。
[2] Daniel E. Hall, *Criminal Law and Procedure*, Delmar Cengage Learning, (2011), p.279.

1960年1月的一个早上,密苏里州,六个男人在约翰·格莱森家的地下室里玩牌。突然有三个或四个蒙面人持枪闯入,洗劫了六人的随身财物。抢劫者乘其中一名被害人的轿车离去。随后不久,他们在高速路上弃车逃离,有三人被该州巡警逮个正着,另有一人在略远处被警察拘捕。正是这第四个被捕者,后来作为请求人走入联邦最高法院。四名嫌疑人被控七项独立罪名,即抢劫六个人加上偷窃一辆车。1960年5月请求人第一次经受庭审,罪名是抢劫唐纳德·奈特,六个玩牌者之一。奈特和另外三个玩牌者被传为控方证人,他们描述了抢劫现场,历数了个人损失。发生了持枪抢劫,奈特等人有财物损失,对这方面的证据辩方不持异议。

然而,请求人是不是抢劫者之一,这方面的证据却很薄弱。两名证人认为一共只有三个抢劫者,不能确认请求人就是三人之一。另有一名被害人是请求人的姨父,他说在巡警站不是很肯定地指认过其他三个抢劫者,但唯一很肯定的是请求人的声音很像其中一个抢劫者。第四位证人的确指认了请求人,但也只是根据身材、身高和动作作出的指认。对证人的交互诘问是简短的,主要为了暴露指认瑕疵,而奈特的被抢财物是警方从其他三个抢劫者之一的随身物品中找到的。庭审后,尽管法官没有提醒陪审团"定罪要慎重",但陪审团还是很快得出"证据不足,被告无罪"的结论。可一个半月后,请求人被再次带入法庭接受审判,罪名是抢劫罗伯茨,另一个参与玩牌者。请求人提出一项动议,希望基于之前的无罪判决而撤销此次起诉,但动议被驳回。控方证人还是那几位,不过几位证人此番对请求人的当庭指认却比上次肯定许多,比如两名证人在上次庭审时完全不能指认请求人,这次却说他的特征、身材和举止与抢劫者中的一个非常吻合。另一名证人上次只是从身材和行动上对请求人加以确认,这次却想起来他的声音属于非同寻常的一种。

控方没有传唤上次作证极其不力的那一位证人。陪审团得到的法官指导与上次没有不同,但这次的陪审团却认定被告人有罪,判处35年监禁。于是被告人再次成为请求人。最高法院认为,"禁反言"是一个略显笨拙的词汇,但它代表了对抗制审判中一项极其重要的原则。这项原则简单直白地意味着,某一终极事实的要点一旦被有效而最后的判决所确定,这一要点就不得在相同当事人的未来诉讼中再次争讼。虽然禁反言原则滥觞于民法,但它成为联邦刑事法律规则至1970年已经半个多世纪了。这一民法原则,同时也是联邦规则,一旦运用于本案,结论只有一个:既然上次庭审的陪审团已经认定了抢劫已经发生,且奈特已经成为被害人之一,则现在陪审团要裁决的要点是,请求人是不是抢劫者之一?禁反言的联邦规则不允许对抢劫罗伯茨这一犯罪再次启动追诉。最高法院毫不迟疑地认为,禁反言的联邦规则蕴含在宪法不得让人遭受双重危险的规定当中。[1]

联邦最高法院曾经改采相同事件说,该案为一起交通事故,最初起诉醉酒驾车和超双黄线,被告认罪。嗣后被害人死亡,检察官才又起诉过失致死罪。从犯罪要件上说,先诉与后诉的确有区别,并非重复起诉,不违背禁止双重危险原则。但当案件上诉至联邦最高法院后,大法官以5:4判决认为,检察官不得再诉,否定了下级法院的结论。理由在于,证明被告过失致死罪的基础行为,必然是醉酒驾车与超双黄线行为,而这一行为已经在前诉之中使用,不应再于庭审中二次质证。而四位反对意见大法官则指出,这违背了宪法文义,因为行为与犯罪实难相符。[2]几年之后,联邦最高法院又回归了相同要件的立场,因为只有接近宪法本义的用语解释,才是九位大法官最容易达成共识的基点。不过,美国许多州却一直采用相同事件理论,既要判断先后两诉的犯罪时间、目的、意图、地点、行为及其连续性是否有交集重叠,也要判断支持后诉的证据是否已经作为充要条件支持过前诉,还要判断某一犯罪是否处于一个更大犯罪计划的核心。由于有三个层次的判断递进,相同事件的判断标准显然比相同要件逻辑清晰得多,有推广的趋势。

相同要件说与相同事件说各有其优缺点,一说之优点,常为另一说之缺点,但优劣比较之下,仍然可以判断出哪一学说优势更多劣势更少。以甲涉嫌强盗而故意杀被害人为例,相同要件说容许检察官分割事实,分别起诉强盗罪和杀人罪,但相同事件说则不容许,就此观察似乎相同事件说较优。但有时事实不见得非常明确,上例甲涉嫌强盗罪部分可能极易证

---

[1] *Ashe v. Swenson*, 397 U.S. 436 (1970).
[2] *Grady v. Corbin*, 495 U.S. 508 (1990).

明,但杀人罪要件可能不易证明。这不仅因为杀人故意通常都难以证明,而且因为甲可能提出抗辩说自己是过失,或者只具有伤害故意,没有杀人故意。如果采取相同事件说,检察官为起诉全部犯罪,必须就甲是否有杀人故意仔细调查搜证,造成对于事证明确的强盗罪无法先行起诉,而人们并不了解检察官的难处,另外也可能影响被告受快速审判的权利,总之是不利于检察官的声誉。反之,如果采取相同要件说,检察官得就明确的强盗罪立即起诉,再仔细调查被告主观意图,决定以何罪名起诉致人于死的部分,人们较能接受检察官的行为,而且因为快速审判、快速执行,能较好地达到刑法的吓阻效果。[1]

禁止双重危险原则适用于美国各州,各州只能设立更高标准,不得设立更低标准。"当被告好不容易让定罪搁置而成功上诉后,为了明确的惩罚目的而对被告重新定罪并加重处罚,毫无疑问侵犯了被告的正当程序权利。大法官斯图尔特说:'法院无权为上诉加价。'"[2]英美检察官根本不能就无罪判决进行大陆法意义上的抗诉,而只能就法官庭前排除非法证据的决定或者定罪后认可搁置定罪的决定单独上诉。[3] 不过,单就保障被告利益而言,相同要件为最低标准,相同事件为最高标准。因此,对相同事件的批评是过度保护被告。这种严厉的限制必然招致反弹,例外情形开始增多,比如当检察官未在先诉中追诉较严重的犯罪,系因为较严重的犯罪事实尚未发生,或政府机关已谨慎调查而仍不能发现较严重的犯罪事实,应当允许二次起诉,否则显失刑事诉讼发现真相、惩罚犯罪的要旨。总之,实务中应遵循阶层审查的顺序:先以相同要件判断:如先后二诉的起诉法条符合相同要件法则,除有少数例外情形,后诉不得再为起诉。再以相同事件判断:如先后二诉的起诉法条不符合相同要件法则,但二诉之犯罪系源自同一事件,除有少数例外情形,后诉不得再为起诉。[4]

禁止双重危险原则会产生有利被告的错误,但人们大多支持联邦法

---

[1] 参见王兆鹏:《一事不再理》,元照出版公司2008年版,第25页。
[2] North Carolina v. Pearce, 395 U.S. 711 (1969).
[3] United States v. Scott, 437 U.S. 82 (1978).
[4] 参见王兆鹏:《一事不再理》,元照出版公司2008年版,第56页、第61页。

院为禁止双重危险铸造铜墙铁壁。20世纪70年代末80年代初,争论达到白热化:"宪法所保障的免于双重危险的原则,明确禁止针对无罪判决的二次审判,因为刑事判决终局性所带来的公共利益如此之大,以至于不能允许对宣告无罪者再次审判,即使无罪判决是基于一个极端的错误。如果被告的无辜已经得到终局判决确认,宪法便推定再次审判是不公正的。"[1]无论钟爱禁止双重危险原则的人怎样言辞至极地将其赞为权利屏障,那些反对它的人都将其视作抽薪止沸、引足救经式的正义腰斩。批评者将禁止双重危险尤其禁止将无罪重又改判有罪的制度,称为美妙图画中"一个夺目的瑕疵",并对上诉审查机制一边倒的运作感到吃惊,他们无法理解为什么不管证据多么强大地指向被告有罪,法官也不能改变一个无罪判决。这也许说明,对禁止双重危险进行批评的人,从"寻求真相是刑事诉讼的至上目的"出发,希望纠正错误的无罪判决,因为这些判决"是由诸如不适当的排除或采纳证据和证言、不合法的审判程序、不正确的法官指示、腐败的陪审团和证人、站不住脚的陪审团推理以及类似错误因素所引起的"。

批评者首先认为人们存在某种误解。普通法传统上同时不允许对有罪判决提出上诉,禁止双重危险是针对所有刑事判决都绝对拒绝重审。在批评者看来,这个原则的目的不是特意禁止对无罪的上诉,而只是为了确保法院判决的终局性与确定性。批评者对此的不满还在于司法界和学术界大多都不支持全面上诉,认为立法者和法官拒绝"罪犯逃避司法比他们接受专制危险更大"的忠告,固执地认为危险只是来自于错误定罪,完全看不到让重罪犯逍遥法外同样危险,进而"顽固地拒绝应当允许对无罪判决提出上诉的观念,哪怕是发生了重大的错误"。如果被定罪,被告有权向上级法院上诉;如果被判无罪,不管陪审团多么愚蠢,也不论法官的错误多么令人发指,都不允许控方向上级法院寻求救济。这让批评者极其愤怒,因为上诉机制的兴趣只在于审查和纠正错误的有罪判决,而对错误的无罪判决视而不见。

比较具体的质疑与批评在于:(1)既然庭审前的证据可采性听证并不

---

[1] *Rodrigues v. Hawaii*, 469 U.S. 1079 (1984).

排除非法证据,对法官的裁定控辩双方都可上诉,为何陪审团基于法官的错误指示而作出无罪判决控方反而不能上诉?(2)被告的确有不接受二次审判的宪法权利,但既然一审庭审后被告有上诉权利,就意味着有罪判决不是终局,不存在不接受二次审判的权利;(3)既然陪审团无法达成一致意见时法官可以宣布审判无效,解散陪审团,重新组织一次审判,为何法官犯了严重错误反而不能对错误的无罪判决进行二次审判?(4)如果一个政策能够极大地减少错判无罪的数量,同时只会微弱地增加错误定罪的数量,那么采纳这一政策是否更加明智?(5)既然庭审法官多半不愿让上级法院过多撤销判决,他们也就希望审判过的案件尽可能少地接受上级法院审查,而最佳的方式之一便是遇到两可案件就作出无罪判决;(6)上级法院应当关注现有规则和程序导致错误判决的路径,进而不断修正规则或者调整程序,以便将来减少错误判决,但若上级法院审查的都是有罪判决,发现的都是导致有罪判决发生错误的规则,并且只修正这类规则,久而久之,在减少错误定罪的同时,会累积新规则导致错判无罪的可能,最终使现有规则和程序成为地地道道的阻碍发现真相的制度,背离了最初的良好愿望。[1]

1904年联邦最高法院最终确立了不得针对无罪判决提出抗诉、抗告的宪法权利。[2] 而从霍姆斯大法官的反对意见可以看出,他之所以提出"罪犯逃避司法比他们接受专制危险更大",反映出有利被告还是有利追诉的制度设计之争自始即未离开利弊权衡。权衡之后的利弊诠释完全陷入"各国有权选择适宜制度"的价值相对论,不再承认诉讼制度的优劣之分。必须注意到,霍姆斯大法官并没有经历过纳粹德国,更没有见识过柏林墙两边的差异,他心目中的"专制"实际上只停留在英王对美洲殖民地任意征税时期,根本不知道什么是残暴与狡猾。其实,由于有联邦与州的双重管辖体制,禁止双重危险原则通常不适用于一行为同时侵害联邦和州的情况。1992年的罗德尼·金案对禁止双重危险提出了新的挑战。四名洛杉矶警察在高速路上拦截并殴打了违法驾驶的黑人罗德尼·

---

〔1〕 本节有关对禁止双重危险原则的批评,参见[美]拉里·劳丹:《错误的哲学》,李昌盛译,北京大学出版社2015年版,第214—227页。

〔2〕 *Kepner v. United States*, 195 U.S. 100 (1904).

金,而且被全程录影。在舆论的一片哗然之中,加利福尼亚州法院由白人组成的陪审团宣布四名警察无罪,引起洛城骚乱。虽然州法院对指控宣告无罪,但联邦政府却发起了新的指控。联邦的地区法院驳回了被告方援引双重危险原则的辩护,于1993年4月由陪审团判决其中两名警察有罪。在上诉审中,第九巡回法院认定"没有证据显示联邦的指控是在为加州的指控遮羞"[1]。

英国的情况不同于美国的双轨制。2003年以前,英国法律只允许被告方针对有罪判决向上诉法院提出上诉,而指控方只有对治安法院因法律错误而形成的无罪判决向高等法院上诉的权利,批评者认为这是不协调、不恰当的。负责修法的专门委员会努力确认的议题是,扩展指控方的上诉权是否有碍主要原则和目标的实现?在英国的法治语境中,实体目标是保障结果的准确性,有罪者定罪,无罪者开释;程序性目标是独立的,也就是确保对个人基本权利和自由的尊重。委员会认为,实体目标有利于控辩双方,程序目标只有利被告。而扩展指控方上诉权固然会有利实体结果之准确,但却无疑会贬损程序目标之实现,需要认真权衡。主张修法者进而提出,不能只考虑控辩双方,被害人的独立利益也在其中,以期加重控方砝码。立法的选择是,允许控方就关键证据被排除而单独上诉;允许控方针对被告未答辩而直接由法官作出无罪裁决上诉,因为这种裁决不是陪审团作出的,公众无法确定法官是否因反感上级审查而作出无罪裁决。

英国2003年《刑事司法法案》颁行后,允许在引入新的令人信服的证据基础上对已获无罪判决的最高刑为终身监禁的重罪进行二次审判。至此,禁止双重危险依旧是原则,还是已成例外,似乎已经是个不小的疑问。

---

[1] *United States v. Koon*, 34 F.3d 1416 (9th Cir. 1994). 1995年美国俄克拉何马州发生史无前例的爆炸案,死160多人,伤680多人。联邦法院判决被告麦克维死刑并以注射方式执行死刑,判处另一被告尼古拉斯不得假释的终身监禁。随后,俄克拉何马州法院认定尼古拉斯161项谋杀罪成立,判处161次终身监禁。如果某一犯罪在不同州实施,被告也可能在不同州接受不止一次的审判。2002年穆罕默德与马尔沃两名狙击手分别在马里兰州、华盛顿特区和弗吉尼亚州实施恐怖袭击,枪击19人,造成13人死亡。犯罪实行地的州法院都对两名被告进行了审判。Rolando V. Del. Carmen, *Criminal Procedure Law and Practice*, Wadsworth, Cengage Learning, (2010), p. 12.

除新的令人信服的证据外,启动二次审判还需要考虑正义是否会在新的审判中实现,具体包括公众的厌恶情绪、与第一次审判的间隔、警官和检察官是否已经恪尽职守等。真正的重点还在于何谓新证据。原本说来,不应允许警方在无罪判决后重新启动侦查,重新搜集不利被告的证据,新证据应当解释为是原审时已经有的,只是由于某种原因没有出现在原审庭审中。然而,既然已经可以启动二次审判,新证据的重新调查核实就在所难免,因为重新收集与调查核实没有绝对的界限。因此,法律特别规定,警方重新调查证据必须经检察长批准。[1]

---

[1] Peter Hungerford-Welch, *Criminal Litigation and Sentencing*, Cavendish Publishing Limited, (2004), pp. 462—463, 524—525, 527.

第九章　强制措施

> 规则倾向于旧有的、文化上占统治地位的利益。这并不是说,规则的设计明摆着就是为了倾向于这些利益,而是说,那些已经取得统治地位的集团成功地操纵了先于规则的行动。
>
> ——马克·加兰特尔

"波林先生吗?"

"我是。"

"我们可以进来待会儿吗?"

"你们有搜查证吗?"

"噢,没有,我们不是为这个来的,只想跟你聊聊。"

我真想说他们的做法像盖世太保,但我觉得还是不说为好。我把他们领进客厅,不过没请他们坐下。一名警察给我看了他的证件。

"你认识一个叫伍德沃兹的人吗?"

"认识,他是我姑妈的朋友。"

"昨天他在街上给了你一个包裹,是吧?"

"是的。"

"我们要检查一下这个包裹,你不反对吧?"

"我当然反对。"

"你知道,先生,我们很容易搞到一份搜查证,但我们不想把事情闹大。"

——格雷厄姆·格林

刑事诉讼应以发现真相为鹄的,而刑事诉讼法则应以限制寻求真相的手段为己任。两种目的应当分开讨论,不宜整合到一起,因为任何整合的努力,尽管最初的动机是好的,最后都不免消解其中之一。显然,最后被消解的,往往是对手段的限制。在整个刑事诉讼过程中,某些阶段及其规则更明显地体现为对被追诉者的保护,以及对追诉犯罪手段的限制,比如辩护律师于警方讯问嫌疑人时在场;而另一些阶段及措施则更直白地服务于发现真相的目的,比如羁押和搜查,即"追诉或审判机关为了探索犯罪事实保全刑事证据,确保刑事程序之顺利进行,使用限制或剥夺基本自由或权利之强制手段,而针对犯罪嫌疑人、被告人或其他诉讼关系人以及与犯罪有关之物或通讯所为之强制措施"[1]。"限制或剥夺基本自由或权利"是理解强制措施性质与定位的关键词。基本自由或权利只有在极其例外的情况下,才可经一套严谨程序而限制或剥夺。只有实行令状主义,才有可能遏止强制措施对基本自由或权利的无端干预,德行教化是无效的。

第一节　性质定位与原则制约

"刑事程序'人权保障'的诫命和'法和平'功能的目的,仍然在理论观点的基础上暗喻着'实体真实发现'的优先性,亦即实体真实发现仍然是首须考虑的刑事诉讼的目的……强制处分在发现实体真实的目的下,将会侵害人民的基本权利,然而我们不会因为基本权利有被侵害的可能(人权保障目的)而放弃施用强制处分,相反地,正因为强制处分是发现实体真实的手段,自当为刑事程序发现真实的基本配备,在嫌犯'第一次'以犯罪行为侵害被害人的法益之后,进一步再由国家以实体真实发现为名'侵害''嫌犯'的基本权利,纵然'第二次'的国家干预行为是受到法定程式的控制,但是第二次的国家干预行为必然以实体真实发现的目的存在为前提,因此,实体真实必须是优位的原则,才有采取强制处分的必要

---

[1]　林山田:《刑事程序法》,五南出版公司2004年版,第265页。

性,也才有对强制处分的法定控制问题。"[1] 这种看似无奈地承认"人权保障的诫命也暗喻着实体真实发现"的观点,其实仍然是一种结合论、辩证论,不能全然接受。在坚持刑事诉讼与刑事诉讼法二者目的有别的前提下,不妨坚持认为法律有关强制措施的规定,其实际功能是限制了强制措施的种类、场合、力度及时长,仍然是在为权力及其手段设限。

当侦查机关采取强制措施时,主要依靠使用暴力或者以暴力为后盾,对人的身体或尊严的伤害是不言而喻的。只是有时明显,有时隐约,比如同样是扑倒制服,其间的暴力程度可能差别巨大;同样是戴上手铐,前铐还是背铐及其松紧,可能只是取决于警察的性格与心情。可见,在强制措施环节必须规制权力运用。刑诉法的品质高低都写在对人、对物的强制措施里。用"侵害"一词描述官方执法者行使法律赋予的强制措施权,可能有些刺耳,但不必讳言,强制措施多半就是一种侵害,完全符合刑法的构成要件,在阶层犯罪论中,只是基于法秩序一致性、法益衡量或达成国家所承诺的共同生活目的等事由而阻却违法。[2] "搜索、扣押,涉及人民之隐私、财产;拘提或逮捕,涉及行动自由;临检,视不同之临检行为,影响人民之隐私、行动自由、财产。隐私、自由、财产,三者皆为宪法保障之基本人权,具同等重要性,无轻重之不同,例如人民有不受窥视的隐私自由,得在住宅内纵情放浪,只要不违反法律,皆受宪法保护。政府非法窥视人民的情欲隐私,与政府非法剥夺人之自由,二者皆为极严重的宪法权利侵犯。"[3]

依强制措施的诉讼功能可分为六种:侦查犯罪、证据保全、诉讼要件确认、诉讼进行保障、保障判决执行及预防犯罪。[4] 在强制措施的性质、影响、范围和运用等诸方面,既需要观念启蒙,也需要法制添加。比如通讯监察,一般也被列入强制措施,但它的特性在于秘密进行,受干预人处

---

[1] 许恒达:《"实体真实发现主义"之知识形构与概念考古——以中世纪至现代初期之德国刑事程序发展史为中心》,载《政大法律评论》2008年总第101期。
[2] 参见林钰雄:《新刑法总则》,元照出版公司2016年版,第275页;张明楷:《刑法学》(第五版)(上),法律出版社2016年版,第231页;余振华:《刑法总论》(修订二版),三民书局2013年版,第236页。
[3] 王兆鹏:《新刑诉·新思维》,元照出版公司2005年版,第7—8页。
[4] 参见[德]克劳斯·罗克辛:《德国刑事诉讼法》,吴丽琪译,三民书局1998年版,第312页。

于不知不觉中,因而与逮捕、羁押等明显使用直接强制力量的强制措施有所不同。对比我国刑诉法,强制措施包括拘传、取保候审、监视居住、拘留和逮捕,而勘验、检查、搜查、查封、扣押、鉴定、技侦和通缉被规定在侦查措施中,〔1〕即便如此,我国刑诉法规定的内容仍然少于欧美。以德国为例,超过我国刑诉法规定的强制措施有"人别身分确认、精神病院观察、检查站、路检盘查",其中设立检查站及路检盘查在我国被视为警察行政措施。另外,"抽血检查和没收驾照"被德国刑诉法从一般的人身检查与扣押中独立出来,可见这两项措施与路检盘查等对人的基本权利的干预在德国被看得极其重要。〔2〕

英美更是单就汽车搜查形成许多判例,不仅因为汽车在人们生活中的重要作用,而且因为对车辆的搜查经常在没有搜查证的情况下进行,时而是路检盘查的附带措施,时而遭遇警方无目的的扩大搜查,侵犯隐私,牵连入罪。因此,私家汽车是隐私、行动自由和财产的一个交汇点。"羁押干预人民的基本权利,这是再明显不过的事实,拘提、逮捕亦是如此;又如,搜索住宅干预受搜索人的住宅安宁权、财产权及隐私权等,通讯监察干预受监察人的通讯自由权及隐私权,抽血检测等身体检查处分至少干预受检测人的身体不受侵犯权。基于这种特性,德国学者阿梅隆更进一步指出,刑事诉讼法应该根本放弃'强制处分'的传统用语,改以'刑事诉讼上之基本权干预'替代,如此才能精确描述这种公法行为的特性。"〔3〕也因此,强制措施是各法域刑诉法都给予高度关切并详加规制的内容。这些内容被认为是正当程序的一部分,由法定原则、比例原则和司法审查原则三项基本要素组成一个原则体系。

法定原则借鉴罪刑法定主义,即刑事强制措施的种类、条件和适用程序都必须有严格的法律规定,基本内核是法无明令不得行,不得事后设立特种强制措施,也不得任意创新强制措施。因此,法定原则也被表述为法

---

〔1〕 通缉普遍被视为一种强制措施,对在逃的应予拘捕的嫌疑人,由警方以公告方式发布通缉令,任何人可根据通缉令向警方报案或者在紧急情况下将其扭送归案。

〔2〕 参见[德]克劳斯·罗克辛:《德国刑事诉讼法》,吴丽琪译,三民书局1998年版,第321—402页。

〔3〕 林钰雄:《刑事诉讼法》(上册),元照出版公司2015年版,第302页。

律保留原则,即使用强制措施必须有法律授权依据,并应谨守法律设定的要件限制。所谓比例原则,要求干预人民基本权利的手段与其所欲达成的目的之间必须合乎比例。比例原则有妥当性、均衡性与必要性三个下位原则,妥当性要求手段须适合目的达成,比如临检勤务仅以维持公共秩序、防止危害发生为目的,立法者并无授权警察任意实施,其实施要件、程序及救济,均应有法律明确规范。[1] 均衡性主要是解决手段本身的尺度问题,禁止高射炮打蚊子。比如为防止绑架者将人质带离犯罪现场,警察便可在相关地点设置路障,对附近每一辆车进行搜查。但若为了拘捕赌徒,则不得如此。[2] 必要性强调最小干预,如果使用催吐剂同样有效,就不应开刀。联邦最高法院曾裁定,使用致命武力防止重罪嫌疑人逃跑,不论当时情况如何,在宪法上都是不合理的。[3]

写给年轻警察们的忠告:"只有对那些你已决定把他送上法庭的被捕者才有使用手铐的必要,因为你需要防止其逃跑或防范难以承受的暴力袭击。但你必须牢记,使用手铐是一种贬低身份的行为,切不可轻率行事。"[4] 受羁押人只有在使用暴力或抗拒时,在尝试脱逃或有具体逃亡之虞时,或可能自杀或自伤时,方得施加镣铐。在审判程序中,只要不是必须,即不应施加镣铐。施加镣铐须经法官追认批准。[5] "徒法不足以自行,如果欠缺相应的诉讼监督机制,强制处分的实体事由及程序要件之限制,只是纸上谈兵。关于强制处分的监督,或者说强制处分合法性的控制管道,基本上可以分成两大方向:一是从证据禁止法则着手,亦即禁止使用因为违法强制处分所得的证据;二是从强制处分本身的设计着手,也就是设定强制处分事前以及事后的审查机制。"[6] 事前监督的基本要求是必须书面申请令状,详述事实及依据,然后才能采取强制措施。警务实践中,为取得令状要花一定的时间

---

[1] 参见苏满丽:《对汽车的路检盘问》,载日本刑事法学研究会主编:《日本刑事判例研究(一)侦查篇》,元照出版公司2012年版,第43—44页。

[2] Brinegar v. United States, 338 U.S. 182-183 (1949).

[3] Tennessee v. Garner, 471 U.S. 1 (1985).

[4] [英]菲利蒲·约翰·斯特德:《英国警察》,何家弘、刘刚译,群众出版社1989年版,第164页。

[5] 参见[德]克劳斯·罗克辛:《德国刑事诉讼法》,吴丽琪译,三民书局1998年版,第331—332页。

[6] 林钰雄:《刑事诉讼法》(上册),元照出版公司2015年版,第325—326页。

填写文书,加上等候核发的时间,过程本身就是一种仪式,有利于促进警察冷静和谨慎,克制冲动与盲目,防止"先抓来再说"的恣意。

曾有所谓空白令状,是根据对敌斗争需要所下达的指标授权,随身携带并随意填写它的人拥有处置他人自由、财产乃至生命的绝对权力。1918年春的苏俄,曼德尔施塔姆和朋友去参加一个宴会,请客的是赖斯纳,海运副人民委员的妻子。据说赖斯纳和契卡有关。[1] 饥肠辘辘的曼德尔施塔姆经不住诱惑,一到那里就大吃大喝。他看见斜对面的契卡成员布柳索金正喝着伏特加,显然喝多了,把一叠空白表格放在桌子上,正随意填写要逮捕或枪决的人。平时胆小如鼠的曼德尔施塔姆,突然冲了过去,把那名单撕得粉碎,冲出大门。跑到街上,才意识到自己惹了杀身之祸。他在街心花园坐了一夜,第二天一早去找赖斯纳求救。赖斯纳带他去找契卡的头头捷尔任斯基,捷尔任斯基肯定了曼德尔施塔姆的行为,保证要处治布柳索金。布柳索金最终逍遥法外,而曼德尔施塔姆害怕布柳索金报复,连夜逃往乌克兰。[2] 二十多年前曾亲历一起涉嫌经济纠纷案件,两个警察就凭一封单位介绍信把人从异地抓来,然后补办立案、拘留手续。由此可见,事先申请令状是警察不愿意的,唯其不愿意,才是程序限制有效的体现。

令状原则为预防之目的,而非矫正之目的,如果允许先行拘捕、搜查,之后补办拘捕证、搜查证,尤其是单位内部补办拘留证之类,便无法起到监督审查作用,只有司法的外部监督才能遏制行政滥权。逮捕和搜查令状的审查需要独立于警方的人来完成,其必要性在于,不能让警察为了找到逮捕和搜查的借口而进行逮捕和搜查,用结果正确反证手段合理。警察经常接触的都是不愿合作甚至与之作对的嫌犯、律师、记者,由于感觉到敌意,就逐渐习惯于使用强制,以确立权威和控制局势。因此,警察的判断必然受通常是好战的、查获犯罪的进取心的影响,而且有数据表明警察对妓女、流浪汉和无恒产者特别严厉。[3] 凡此种种,都会促成警方

---

[1] 契卡,全俄肃清反革命及怠工特设委员会,简称"全俄肃反委员会",存在于1917—1922年,是苏联克格勃前身,首任领导人是捷尔任斯基。

[2] 参见北岛:《时间的玫瑰》,牛津大学出版社2005年版,第235—236页。

[3] Lawrence M. Friedman, *A History of American Law*, 2nd ed. Simon & Schuster, (1985), p. 578.

作出匆忙的行动。只有将批准搜查、逮捕的权力授予中立而超脱的法官，才能在"一个有条不紊的程序中作出明智且周到的决定"[1]。

在英国，警察在有拘捕、搜查必要时，须凭治安法官所签发之令状执行，例外情形是因合理怀疑有可拘捕之罪或证据有立即湮灭之虞，才可立即实施拘捕或搜查，但须于 24 小时内尽速解送治安法官，从而使令状签发权归属于"就执法并无奔竞企图心之人"[2]。苏联由检察机关享有强制措施决定权。"在需要采取限制公民权利和自由的措施时，检察监督具有特殊的意义。"[3]"真正的基本权利本质上是享有自由的个人的权利，而且是与国家相对峙的权利……人必须凭着自己的自然权利面对国家……如果一项权利完全取决于专制君主的意愿，或者听凭简单的或特定的议会多数的决定，想授予就授予，想收回就收回，它就不能被实实在在地称为基本权利……真正的基本权利包括：良心自由、人身自由（尤其是免于任意逮捕的自由）、住宅不受侵犯、通信秘密和私人财产权。"[4]

第二节　拘捕羁押及其替代

拘捕，指官方凭借职权，剥夺他人想去哪儿就去哪儿的自由。从效果上说，需要抓住或触及嫌疑人身体，但也并不总是需要实际的身体强制。言语告知他人原地别动，只要得到服从，也算达到拘束效果，其实质是"不

---

[1] Johnson v. United States, 333 U.S. 436 (1948); United States v. Jeffers, 342 U.S. 48 (1951); Aguilar v. Texas, 378 U.S. 108 (1964).

[2] 参见林朝荣编著：《检察制度民主化之研究》，文笙书局 2007 年版，第 129—131 页。

[3] [苏]蒂里切夫等编著：《苏维埃刑事诉讼》，张仲麟等译，法律出版社 1984 年版，第 88 页。

[4] [德]卡尔·施米特：《宪法学说》，刘锋译，上海人民出版社 2016 年版，第 222 页。"安全社会的主要内容就是透过预防、管理超出被允许范围的现实的·潜在的危险，构建正常的社会秩序本身，并以此为目标。不知不觉中，安全·社会安全这一标语在政治层面逐渐变成了消除危险社会中升高之危险的象征性比喻。安全的象征性意义成为了强化电子脚镣、个人资讯公开、化学阉割等特定法律制度以及员警预防活动的论据。其结果导致进行危险管控的文化逐渐形成并成为常态。在这里我们陷入了一个两难的境地，即如果我们为了摆脱高度的犯罪危险而强化国家安全措施，则自由的法治国家将在不知不觉中沦为监视国家、管制国家、刑罚国家。"[韩]金日秀：《刑法秩序中爱的含义》，李颖峰译，元照出版公司 2021 年版，第 4 页。

准离去"。对于无能力脱逃的老人或孕妇,便无需身体拘束。[1] 可将拘捕理解为一种行为,涵盖拘留和逮捕,与 Arrest 对应;将羁押理解为拘捕后的一种状态,与 Custody 同义。拘捕的行为构成要素为:(1)警察具备将嫌疑人羁押起来的意图,如果法官事后推论警察在具备这一意图前就进行了搜查,则搜查违法,证据应予排除;(2)真实的或者假定的将嫌疑人羁押起来的法律授权,比如跨越行政区域才追停酒驾超速者,当地警察随后赶到并实施拘捕,就是假定的法律授权;(3)被拘捕人必须处于羁押和法律控制之下,但不一定采取武力。[2] 取得拘捕令状须向法官表明,相信嫌疑人已经犯罪,需要拘捕,也就是,警察只有掌握足够信息,有相当理由相信嫌疑人实施了犯罪,才能使拘捕正当化。被逮捕或拘禁者有权向法庭提起诉讼,以便法庭及时决定拘禁是否合法,如果不合法,将签发释放令。[3]

"实施拘捕后要对被拘捕者进行搜身,从其身上及身边可控范围移除武器、违禁品或者与犯罪相关的证据。有些执法机关只提倡拍身搜查武器,而不鼓励全面搜查。某些适当场合,这种附随于拘捕的搜查可以延伸至嫌疑人人身之外,比如随身携带的钱包或提包,在路边拘捕驾驶者或乘车人时,搜查机动车后备箱以及其中的箱包,在住所或办公室实施拘捕时顺带搜查被拘捕者可及的房间。在限制被拘捕者自由并结束附带搜查后,应由在场警察将被拘捕者押解至警方办公地点或拘留看守所,在那里登记姓名、到案时间、拘捕罪名,拍照并取得指纹。之后一般允许被拘捕者对外打出一次电话。登记完成后,须将被拘捕者押入监室,等待首次法官聆讯。当然,在入监前还有一次比较彻底的人身搜查,拿走他的随身物品。"[4] 可见,拘捕是指以指控犯罪为目的将嫌疑人羁押起来,确保未来审判时被告在场,且有利于继续侦查犯罪,尤其意味着可以搜身查找有罪

---

[1] Richard Card and Jack English, *Police Law*, Oxford University Press, (2015), pp.55-56.
[2] Klotter & Kanovitz, *Constitutional Law for Police*, The W. H. Anderson Company, (1968), p.55, 56, 57.
[3] 联合国大会 1948 年《世界人权宣言》第 9 条;联合国大会 1976 年生效之《公民权利和政治权利国际公约》第 9 条第 4 款。
[4] LaFave & Israel, *Criminal Procedure*, Thomson Reuters, (2009), pp.8-9.

证据,对于发现真相有时极为必要。

需要辨异析疑的是汉语法律文本中几个相近似易混淆的概念。我国的拘留相当于欧美的无令状逮捕,也与人身留置(detain)有所交叉,尤其在无需令状而只由警方现场裁量这一点上,拘留与留置极为近似,适用于被即时发觉、当场指认的现行犯,或者有逃跑、串供、湮灭证据可能的嫌疑人,或者不讲真实姓名、住址,身份不明,有流窜、多次、结伙作案重大嫌疑者;拘留后应即解送看守所羁押,至迟不得超过 24 小时,并应通知家属。我国的逮捕相当于欧美的有令状逮捕,适用于有证据证明犯罪事实,可能判处徒刑以上刑罚,如果不采取羁押措施有可能实施新的犯罪等现实危险的人。拘留实际是一种待批准的逮捕,因而拘留期限就是提请批捕和审查批捕的时限。刑诉法还规定了拘传,即持载有姓名、案由等内容的拘传证,对抗拒传唤者使用戒具强制到案。拘传之前可先予传唤,被传唤者有到场义务,且一般不准代理。除嫌疑人外,证人、家属亦可成为传唤对象,而对公诉人、辩护人、鉴定人则用通知。拘传最长不超过 24 小时,两次拘传间隔不少于 12 小时。

法治国家,除必须立时处置的犯罪之外,法律不仅禁止深夜讯问,而且禁止深夜传唤。贵州省桐梓县曾有一起因深夜传唤而引起的警民冲突,近 20 年后最高院指令再审纠正不当定罪。1998 年 11 月 9 日凌晨 1 时许,几名警察为处理治安案件,持传唤证到陆远明住宅外,要求陆远明"于 98 年 11 月 9 日前来本局接受讯问"。陆远明说"有事白天来",拒绝开门并告知其子"如果他们强行冲进来就自卫"。随后到场的县公安局副局长决定强制传唤,在警方撬开陆家卷帘门过程中,陆远明及家人在楼上用砖头掷击警察。县公安消防队被调遣过来,用高压水枪喷向阳台上的陆家人。卷帘门被撬开后,警方带走了陆远明及其次子和大儿媳。桐梓县法院一审判处陆远明及其次子构成妨害公务罪,遵义市中院二审维持原判。最高院 2015 年 7 月 23 日作出再审决定,认为原判定性和适用法律不当,指令云南省高院再审。云南省高院经提审再审后,于 2017 年 10 月 14 日判决撤销原一审、二审的判决、裁定。该案反映的问题:一是传唤时限届满前不应理解为拒绝或逃避传唤,故拘传不当;二是严重违背比例原则,使事态升级为一场斗气执法;三是相关法律对深夜执法没有严格限制。

　　留置往往发生在现场盘问未能消除警方怀疑时,或者有作案嫌疑身份不明,或者可能携带赃物的,可将其带至警局继续盘问。自带至警局时起不超过24小时,特殊情况可延长至48小时。经继续盘问认为,对被盘问人须采取拘留或其他强制措施的,应在规定时间内作出决定,不能作出决定的应立即释放被盘问人。学者认为:"政府对人民仅有怀疑,却无相当理由认为涉嫌犯罪,为执法之需要,人民之行动自由与不受干扰之基本人权最多只能短暂牺牲20分钟,不宜过长。"[1] 有日本人在英国卷入一个意外事件,感慨英国羁押及替代措施的有效和灵活。在伦敦闹市区,日本企业职员陪两名访英同事去喝酒。进入酒店后感觉异样,正想离开时,遇到超额请款,几经争吵后,只好强行离开该店。甫一出店,没走几步即被人从后方大力擒住。想当然认为是店家所为,因此抵抗挣脱,但抵抗对象竟是附近执勤警察,随之遭警方留置。在警察局里,虽被告知可选任辩护人,但日本人认为自己没错,也就没有选任,否则可能即时解决。次日早餐时公司前辈前来会面,警方不仅允许自由会面,还具保放人。所有不快不用一天就结束了。[2]

　　尽量不羁押嫌疑人,是英美法特别值得称道之处。在美国,警局留置对自由的限制程度小于拘捕,却重于街头实施拦停、拍搜过程中的短暂留置,可能对嫌疑人进行指纹提取、拍照、列队辨认等侦查措施,但当警方正式讯问时,便被看作拘捕,应给予嫌疑人相应的宪法权利保障。总之,不允许在既无令状又无相当理由的情况下将人强行带至警局。[3] 短暂留置是联邦最高法院认可的一种不同于警局留置的措施,即"警察注意到某种不寻常的行为,让他依执法经验合理地得出结论:犯罪行为即将发生"。短暂留置所需的合理怀疑的标准弱于拘捕所需的相当理由,且绝大多数情况下合理怀疑必须基于特定的、客观的事实。[4] 拍搜的概念也相当重

---

[1] 王兆鹏:《路检、盘查与人权》,翰芦图书出版公司2001年版,第141页。
[2] 参见[日]大出良知等编著:《刑事辩护》,日本刑事法学研究会译,元照出版公司2008年版,第70—71页。
[3] Rolando V. Del. Carmen, *Criminal Procedure Law and Practice*, Wadsworth, Cengage Learning, (2010), p.145.
[4] *Terry v. Ohio*, 392 U. S. 1 (1968).

要。拘捕将自动授权对嫌疑人的搜查,但拍搜嫌疑人必须基于嫌疑人有武器并且是个危险人物的某种迹象。拘捕后的附带搜查可以包括嫌疑人的全部身体,而拍搜则基本限于对嫌疑人外衣从上到下的拍打。拘捕令通常需要警察事先申请并可在家中拘捕嫌疑人,而短暂留置及拍搜则一般发生在街头等公共场所的众目睽睽之下。[1]

还有一种被称为留置的特殊羁押,即为鉴定被告心神或身体状态,而将其送入医院或其他适当处所。此种情形称为鉴定留置,期间视为羁押,按日折抵刑期,由法官签发令状,法院得于审判中依职权或侦查中依检察官之声请裁定缩短或延长,但延长期限不得逾2个月。[2] 公民扭送是另外一种无令状拘捕。各法域刑诉法对公民扭送的规定大同小异,即必须针对公共场所暴力犯罪的现行犯。基于体系解释,既然公权力机关在某人仅有犯罪嫌疑时即可对其采取强制措施,那就不能对作为公权力辅助者的一般公民提出更高要求。[3] 扭送过程不能间断,尽速交予公权机关或着装警察。英美普通法虽授权公民必要时实施拘捕,条件是有相当理由相信发生了重罪或者有破坏和平的违法行为,可一旦判断失误,就是非法拘捕,因而可以理解为,法律实际上并不支持公民拘捕。[4]

如果被扭送者认为自己被抓错了,就涉及公民抵抗权和自救权。"反抗非法拘捕属英美普通法上的权利,这一权利在诸多司法区域现已让位于现代法律观点,即当行为人知道非法拘捕者是警察时,暴力反抗就是不正当的。国家移除这一权利,只是收回一种不太常用的救济方式,而这种救济方式一旦运用,对警察和嫌疑人来说,其不良后果都大于非法拘捕本身,不如先和平地接受无可避免的委屈,然后通过有序的司法过程寻求救济。但若某一拘捕将对公民权利造成过分侵害,而反抗将无可避免,那么,从正当程序角度说就不该给反抗者定罪。"[5] 1992年英国某商场雇

---

[1] Ronald Bacigal, *Criminal Law and Procedure: An Overview*, Delmar, Cengage Learning, (2009), p.167.
[2] 参见林钰雄:《刑事诉讼法》(上册),元照出版公司2015年版,第457页。
[3] 参见陈璇:《紧急权:体系建构与基本原理》,北京大学出版社2021年版,第241页。
[4] Rolando V. Del. Carmen, *Criminal Procedure Law and Practice*, Wadsworth, Cengage Learning, (2010), p. 180.
[5] LaFave & Israel, *Criminal Procedure*, Thomson Reuters, (2009), p.149.

用的警探在一位公民帮助下抓住了"窃贼",厮打过程中公民被"窃贼"踢伤,因而对"窃贼"提出偷窃和殴击两项指控。庭审查明,偷窃事实并不存在,偷窃罪不成立,但却认定了殴击罪。上诉审中殴击罪被撤销,理由是没有实际犯罪发生,警探和公民就没有权利进行抓捕扭送,公民的反抗权不因他人的错误而有丝毫减少。[1]

羁押是为了确保被告到庭受审,保障侦查顺利进行,防止再次伤害,防止证据被篡改、湮灭,最终为了确保刑罚执行。不便言明的羁押动机是给嫌疑人施加压力迫其尽快招供,提前抚慰被害人,或者干脆以关代罚。一个国家的内部秩序常显示在如何看待目的冲突,专制国家错误地认为国家与人民是对立的,常会过分强调国家利益,以致倾向使用最可能使刑事诉讼顺利进行的措施;而法治国家则将羁押范围限定在最有必要的情形下。必须强调,不顾及犯罪人是否具有人身危险和再犯可能,只单纯因重罪而羁押,这一做法现已为人诟病,因为"惟有危害到保全证据及保全刑罚执行之目的,例如:逃亡或灭证,始能成就羁押之条件。在文义解释上,根本找不出任何重罪内涵得以推论出逃亡或灭证之结果"[2]。羁押的形式要件是法官签署的令状,实质理由是有逃亡之虞,或者使侦查难于进行,可能实施杀伤、爆炸等重大犯罪,或者有可能再犯重大的性犯罪、严重侵害法秩序者。

法治良好的地方,普通犯罪皆以取保为原则,羁押为例外,想把人关进去很难,需要书面申请,甚至需要举行听证。[3] "为了不让这种结构式的推诿卸责伤及被告权益及无辜的牺牲,刑事诉讼法其实设有第二道保险机制:在所谓的中间程序中,在作出允许该案件进入主审程序的决定之前,法官应详读检察官所提出的相关卷证资料:侦查结果能否显示被告被判有罪之充分可能?刑事法院若明确发现到侦查缺失,或发现举证有任何漏洞,都必须驳回对该被告的起诉,并在一定条件下立刻停止对被告的

---

〔1〕 Peter Hungerford-Welch, *Criminal Litigation and Sentencing*, Cavendish Publishing Limited, (2004), p.9.

〔2〕 黄翰义:《程序正义之理念》(四),元照出版公司2016年版,第3页注3。

〔3〕 以日本2015年的统计为例,犯罪嫌疑人羁押率仅为33.5%,主要集中于恐吓、毒品、强制猥亵、放火等罪名。参见[日]三井诚、酒卷匡:《日本刑事程序法入门》,陈运财、许家源译,元照出版公司2021年版,第29页。

羁押。"[1]而法治欠发达地区,凡公诉罪皆以羁押为惯例,以取保为特例,要取保出来很难,需要层层审批。1953年罗马第六届国际刑法大会特别将"刑事诉讼中对个人自由的保障"作为专题,要求审前羁押必须与文明国家共同准则相一致,提出"审前羁押应属于例外措施,被羁押人有权毫不迟延地接受法官讯问"。批捕率极高,说明审查基本流于形式,就此不难想象,案件后续的起诉率、定罪率都会畸高,这是羁押率畸高的必然结果。[2]

在绝大多数国家,被羁押人有权随时申请法院审查应否撤销羁押令状;法官进行羁押审查时,必须尽速采取言词审理,被告须在场,时间、地点亦应通知检察官和辩护人。德国刑诉法有一项值得借鉴的特别规定,羁押持续6个月以上时,需要诉诸特别延长羁押程序,但无论如何不得超过1年。"羁押被告除符合法定事由外,应以有无羁押之必要性作为考量之要件,质言之,得否以其他较为轻微之手段替代羁押之强制处分,亦为决定被告是否羁押之重心所在。若有其他较为轻微之手段,足以替代羁押之强制处分,且亦可达到保全证据及保全刑罚执行之方法者,自应以其他较为轻微之手段为之。"[3]在拘捕后应及时由法官举行听证并决定保释,决定保释前,需要考虑被控罪行是否暴力犯罪,是否恐怖犯罪,是否涉及未成年被害人,以及是否涉及违禁物品、枪支弹药或爆炸装置;被告经历及性格以及是否曾经违反保释规定;如果保释此人,对他人或社会的危害性质和严重性。法官、检察官可随时修改、补充保释条件。当然,被害人有权在所有公开程序中合理表达意见。[4]

虽然对羁押逾期但又需要继续查证、审理的,可以取保候审或者监视居住,但只有取保候审才有替代羁押的实际意义,而监视居住似有曲意滥

---

[1] [德]汤玛斯·达恩史戴特:《法官的被害人》,郑惠芬译,卫城出版2016年版,第48页。
[2] 必须及早根治"够罪即捕,羁押率高,一押到底,实报实销"的司法宿疾。这一宿疾凸显出逮捕功能异化为定罪的预演,既然逮捕条件被人为拔高至定罪标准,结果自然就是捕后羁押无人过问,直至一审判决时再用来折抵刑期,势必忽略免受不合理羁押的基本权利。参见陈卫东:《羁押必要性审查制度试点研究报告》,载《法学研究》2018年第2期。
[3] 黄翰义:《程序正义之理念》(四),元照出版公司2016年版,第75页。
[4] LaFave & Israel, *Criminal Procedure*, Thomson Reuters, (2009), pp. 676–677, 680.

用之嫌。对在押嫌疑人来说,只有当监视居住的指定居所比看守所行动更自由、人身安全更有保障时,才符合法律的旨意,不能反其道而用之。而现实中,不及时通知家属,不告知监视居住地点,且不允许律师会见,甚至检察机关的监督权被悬置的情况,也很多见。更有甚者,监视居住竟然在拘留、逮捕的羁押期限起算前先予适用,从而规避刑诉法对羁押期限的规定。根据我国刑诉法的规定,侦查羁押期限在 2 个月届满后可以多番延长至 7 个月,侦查机关还可以另有重要罪行为由,重新计算羁押期限,而对于因为特殊原因,在较长时间内不宜交付审判的特别重大复杂的案件,由最高检报请全国人大常委会批准延期审理的,没有时间限制。当然,过去出现的严重超期羁押案件,都是未经全国人大常委会批准的,批准了就不属于超期羁押。

  不妨梳理一下侦查终结后的羁押期限。审查起诉的期限是一个半月,可以退回补充侦查两次,每次应当在 1 个月内完毕。到审判前为止,法定羁押期限可以长达 10 个月 15 天。一审公诉案件审限为 3 个月加申请延长 3 个月共 6 个月,法院改变管辖的,重新计算审限,检察院申请补充侦查的期限为 1 个月,补充侦查完毕移送法院后也是重新计算期限。一旦重新计算审限,也就是一审用足法律时限,可以有 12 个月加 2 个月补充侦查共 14 个月。因特殊原因再须延长的,报请最高院批准。一审判决后有 10 天的上诉、抗诉期。一审及上诉过程羁押期限为 14 个月 10 天,那么,到二审前,羁押期限为 24 个月 25 天。二审开始后,检察院查阅案卷时长为 1 个月,不计入审理期限;审理期限加延长期限共 4 个月。再要延长须报请最高院批准,而最高院受理上诉、抗诉的审理期限,由最高院自行决定。到此,不考虑最高院、最高检批准延长的不固定的羁押期限,不计算可以多次发回重审,也不计入死刑复核的时间,可量化的整个羁押期限已经是 29 个月又 25 天。即便如此,超期羁押依然屡见不鲜。[1]

---

  [1] 将无限期羁押发挥到淋漓尽致的,所在多有,如终被确定无罪的黄志成盗匪案,程序历经 10 年、更审 8 次且几近全程羁押。而邱和顺等案,N 次发回及 N 次延长后,总计羁押超过 20 年。参见林钰雄:《刑事诉讼法》(上册),元照出版公司 2015 年版,第 396—397 页。

超期羁押违法而不人道。历史一再证明,只要人一关起来,就有了质押物,带来各种办案利益;而超期羁押过程中往往伴随着对被羁押人不人道的对待。"正如我们的令人痛苦的教训所表明的,如果在这方面是目无法纪和专横枉法的话,那么社会就处在危险之中:一切都善恶不分,一切不取决于自己的善心和罪恶。更有甚者,诚实和单纯的人比狡猾和无耻的人受到更多的损害。让我们提高警惕,让我们在刑事案件中严格注意对个人权利的保护。'当然,为了严格遵守权利和竭力保护权利,有时会使罪犯借此隐藏下来。那就让他去吧。一个狡猾的贼漏网,总比每个人都像贼一样在房间里发抖要好得多。'这是亚历山大·赫尔岑说的。"[1]

第三节　路检盘查

"警察"有统治管辖之意,不仅负责贯彻国家意志,落实政治日程,维护社会稳定,识别违法犯罪,而且频繁进入公众视野,广泛行使自由裁量,深刻影响公众生活。警察权可能针对发现的过往犯罪,也可能针对正在发生的犯罪,抑或针对例行性、预防性警务检查中发现的犯罪嫌疑。如果将侦查的启动设定为针对既往犯罪,而将当场发现并处置犯罪嫌疑的行为归入行政行为,就既限缩了刑事诉讼法的权力规制功能,又扩张了警察行政权的范围及手段,致使路检盘查活像一只特洛伊木马,内含巨大的突袭能量,随时可以衍生盘问、留置、人身检查、物品搜查或扣押,甚至逮捕。翻开手边教科书,关于路检盘查的内容,英美的在百页以上,日本和欧陆的大致数十页,而我国的最多不过几页。这并不正常。看似事先防范违法的路检盘查,时常与刑事程序形成灰色地带,比如拦检车辆,不仅发现醉态驾驶者还有吸毒迹象,而且发现车内大量毒品。因此,将路检盘查视为刑事强制措施,有利于从基本程序法的高度保护公众权利,约束路检盘查规模、频率和理由。

所谓路检,是指警方设置哨卡或者在道路上对车和人的拦截检查,或

---

[1] [苏]亚历山大·雅科夫列夫:《公正审判与我们——30年代的教训》,载陈启能主编:《苏联大清洗内幕》,社会科学文献出版社1988年版,第493页。

者在机场、车站和码头等处对人的身份查验,不包括海关对出入境者证件和所携物品的检查;路检的内容一般仅限于醉驾查处、要犯追缉、证件查验、清查行动和超载检查,以及在近国界地带对非法移民和走私物品的稽查。所谓盘查,是指警方在路检或巡逻过程中,对身份、形迹可疑者进行盘问,附带搜查人身、汽车,检查甚至扣押随身或车载物品,对有重大嫌疑者当场留置或移送他处。路检极易过渡到盘查,或者说盘查是路检的自然延伸。每次路检盘查都是对国民日常生活的强烈介入,是权利和权力的随机触碰点,关乎自由空间与权力尺度。无须讳言,路检盘查无论如何都会给公众造成某种不便,甚至带有某种侵扰与恐吓意味。其间还伴有不言而喻的强制性,行走自由受到实质限制,并且时间长短很有伸缩性。而声称被盘查者可以自由离去,显然是背离经验常识的。试图离去或者固执地拒绝回答警察问话,只会形成或加重警察的怀疑。不仅不可能使警察退缩放行,而且将使盘问更加认真、迫急,甚至招致留置等更大麻烦。

不准离去,不能离去,一旦离去就会出现不利后果,便构成对人的拘束、拘留、拘禁。[1] 因此,路检盘查作为强制措施被规定在绝大多数法域的刑诉法中。任何国家和政府,只要承认国民有在街上不受干扰的行走自由,承认警察不能看谁不顺眼就以某种名义随意拦截,就应给予法律规制,在启动和实施路检盘查之前、之时谨慎而收敛。路检盘查的频繁与机动程度,同其授权基础的空乏与破碎程度,形成鲜明对比,违背法律保留和法律必须明确等基本要求。[2] 在我国,路检盘查由警察法、道路交通安全法和居民身份证法共同规定,纯以行政法为法源。许多法条根本没有"路检盘查"字样,但却隐含着启动路检盘查的实质理由。道路交通安全法只是规定,驾驶机动车上路行驶应悬挂机动车号牌,放置检验合格标志、保险标志,并随车携带机动车行驶证、驾驶证并且按照准驾车型驾驶,必须系安全带,不得超员,更不得饮酒。不难发现,基于上述任一理由,警察都可以启动路检盘查,而无需其他机关批准。

理由广泛而审批简便,使路检盘查权得以自主、机动行使,是警察兑

---

[1] 参见[美]博西格诺等:《法律之门》,邓子滨译,华夏出版社2017年版,第416页。
[2] 参见林钰雄:《干预处分与刑事证据》,北京大学出版社2010年版,第19页。

现其他诸多权力的必要手段或必经阶段。而之所以将路检盘查喻为特洛伊木马,就在于其干预内容欠缺可预测性,又不可能通过立法明示列举而得到根本解决。法条列举无论怎样用力,都不可能一网打尽,甚至可以说,它的神秘性就在于没人说得清该向哪个方向推进立法。警察路面遭遇的情境会不断逸出立法者对既往事例的归纳和对未来难题的想象,需要不断"用未知方法解决未知问题"〔1〕。具体而言,路检盘查的主要对象是人和车。地铁、船舶、火车和飞机都不在道路上行驶,本身不涉及路检盘查,但经由地铁站、公交站、码头、火车站或飞机场出行者,可视为"在路上",可能碰到松紧不同的定点安检或随机盘问。

对人的路检盘查大致基于违法犯罪嫌疑、搜检危险品和违禁品、拦截非法移民、缉拿逃犯或者完成清查行动。对车的路检盘查的主要目的是追缉要犯、查处醉驾和搜剿危险品或违禁品,以及在北京市等城市清查外埠牌照车辆。2012年修正的《人民警察法》反映了立法者限制和规范路检盘查的良苦用心:一是明文确立"必须有嫌疑"的前提,否定"无理由路检盘查",旨在防止警察对和平守法行人、车辆的无端滋扰;二是明文要求警察在实施路检盘查前,须"经出示相应证件",这一小小的程序要求如能得到认真坚持,可有效抑制扰民冲动;三是对"继续盘问"的情形只作列举规定,没有"其他情形"作为兜底条款,显见极力限制留置盘问的立法意愿;四是从留置时间、批准审批、留有记录、通知家属、立即释放等方面,对留置盘问加以详细的程序限制。

路检盘查统称临检,既指临时检查,也指临近查验。凡属对人或物之查验、干预,均影响人民行动自由、财产权及隐私权等甚巨,乃应符合一定的发动要件,且执行时应顾及个人权益,并须遵守比例原则界限〔2〕此外,路检盘查的理由、事项、对象必须特定,不得漫无边际,临时起意。实施场合须限于已发生危害或依客观、合理判断易生危害的处所、交通工具或公共场所。对人实施时,须足认其行为已构成或即将发生危害者,不逾越必要程度,应于现场实施,不得尾随、跟踪实施。这是为了防止警方在未得令状

---

〔1〕 Robert Reiner,*The Politics of the Police*,Fourth Edition,Oxford University Press,(2010),p. 144.
〔2〕 参见蔡震荣:《警察职权行使法概论》,元照出版公司2004年版,第31—32页。

时变相拘留人民,尤其对守法和听话的人民来说,只要警察不说"你可以走了",他们就会一直老老实实待在那里。"当警察仅有怀疑(虽然为合理怀疑),对人民盘查要求姓名住址,人民虽得合作配合,但无此义务,更不得因此而遭受处罚,否则所谓不受干扰之基本人权,将成为具文。"[1]

因此,警察对于已发生危害或依客观合理判断易生危害之交通工具,才可予以拦停并要求驾驶人、乘客出示相关证件或查证其身份,或者要求驾驶人接受酒精浓度测试之检定。如发现被临检人持有违禁物,即以现行犯或准现行犯予以拘捕。警察仅得对人民的身体或场所、交通工具等目视搜寻,不得命令交出衣服内或皮夹内所有东西,也不得命令打开后备箱或车内置物箱,更不得进入车内翻找。为预防将来可能的危害,应先设置警告标志,告以实施事由,不能径予检查、盘查,并在受检人要求时出示证件表明执行人员身份。日本有所谓职务盘查,乃指警察发现举止可疑者时,将其拦阻而进行质问。纵使没有特定犯罪嫌疑,为预防犯罪,也是一种可被容许的行政警察活动。有判例认为,应以不强制为原则,在考量检查持有物的必要性、紧急性之后,可以例外地加以强制,特别是毒品案件。[2]

英国1984年《警察与刑事证据法》(简称PACE)规定警官可搜查任何人员和交通工具,包括机动车、船只、客机和气垫船以及交通工具之内或之上的任何被盗、违禁或易燃易爆物品。在具备合理怀疑时,还可拦截、搜查特定物品,比如被盗赃物、违禁品、毒品、枪支和偷猎工具。合理怀疑意味着,警察认为有比较重要的事件发生,且这种怀疑有合理根据,而非纯粹臆想。是否存在怀疑的合理根据虽取决于个案情境,但必须具备某种客观基础,即基于某些事实、信息、情报或某种特定举止,比如特定形貌或曾有前科,否则不能进行搜查。合理怀疑不可基于某类人更易卷入犯罪的成见,但若警察在深夜街头看到某人正试图藏匿某物,便径可怀疑该行为与被盗物或违禁物有关。[3] 路检盘查在英国必须由位阶较

---

[1] 王兆鹏:《路检、盘查与人权》,翰芦图书出版公司2001年版,第143页。

[2] 参见[日]三井诚、酒卷匡:《日本刑事程序法入门》,陈运财、许家源译,元照出版公司2021年版,第10—11页。

[3] Peter Hungerford-Welch, *Criminal Litigation and Sentencing*, Cavendish Publishing Limited, (2004), p.46.

高的警官批准,一般持续 7 天,如有必要,可经书面授权最多增加 7 天。可 24 小时实施,也可限于特定时段。每次路检须有正式记录,载明持续期间、授权的警官姓名、路盘检查目的和拦停的具体地点。[1]

美国法院介入路检盘查有两个途径:一是通过审理"民告法"案件,审查政府法令是否违宪;二是直接审理"民告警"案件,给出警察执法的尺度和方向。前者如密歇根州警方设计的酒精检测计划:选定路段设立检查哨,拦检所有经过车辆,确定有无酒驾,逮捕醉酒者。计划仅实施了一次,持续了 1 小时 15 分钟,其间检查了 126 辆车,平均用时 35 秒。因醉驾拘捕两人,其中之一就是原告西茨。西茨提起诉讼,请求法院宣告此种计划违宪,对他的拘捕非法。官司一直打到最高法院,以 6:3 的多数肯定了警方做法,认为虽属一种人身扣押,但短暂的酒精测试过程干预极为有限。不过该案判决强调,不允许随机实施这种路检盘查,拦停之后必须在有饮酒迹象的前提下才能要求靠边泊车,进一步盘问与测试。[2] 酒驾测试不应仅以仪器为准,而应分为观察和检测两个阶段。即使经初步观察,面色、呼吸、谈吐都表明可能饮酒,仍须留出不予治罪的空间,比如令其以手触鼻、单脚站立、直线行走,如果状态清醒则予以放行。

后者如著名的"特里案提问":拦截是否属于人身扣押?拍搜武器是否构成人身搜查?[3] 拦截和拍搜只需合理怀疑,其标准低于相当理由。路检盘查只是澄清模棱两可的情况,犯罪虽已确定发生,但不确定犯罪人是谁。此时逮捕还嫌太早,不实施路检盘查就可能贻误破案时机。因此,既应允许警察介入,又应让这种介入有别于对刚刚发生的或正在进行的犯罪的反应。实践中,往往是介入过度,而不是介入不足。为调查而进行的拦截须具备一些条件,比如嫌疑人与汽车、建筑物形成可疑关系,行动鬼祟,看到有人靠近就试图逃避,与其他嫌犯同行,或者在先前接触中说话可疑或自相矛盾,等等。应当允许警察基于训练和经验采取行动,但

---

[1] Richard Card and Jack English, *Police Law*, Oxford University Press, (2015), pp. 34-35, 37-38, 48-49.

[2] *Michigan Department of State Police v. Sitz*, 496 U.S. 444 (1990).

[3] *Terry v. Ohio*, 392 U. S. 1 (1968).

若事后遭质疑,警察必须作出解释。[1] 当警察合理相信对方可能携有武器时,有权采取必要措施加以确认。不过,"怀疑有武器"有可能充当警察无端滋扰的万能借口,甚至"搜出武器"可以作为诬陷好人的邪恶手段。

联邦最高法院早在半个世纪前就已认定,警察自我保护的武器搜查,必须能够指出某些特定事实,从中可以合理推断出携有武器并且非常危险。不能以搜查所得作为搜查正当化的事后证明。[2] 当然,判例也澄清了不少有利于警方执法的问题:一是不系安全带之类的轻罪也可以实施拘捕,而此前有一种强力的观点认为,只有破坏和平秩序的轻罪才可以拘捕;二是有无嫌疑或者相当理由,有赖于警察的当场判断,且不系安全带、无证驾驶等轻罪本身即是拘捕的相当理由。[3] 不过,安全带检查这类福利执法,在各法域都为歧视性、骚扰性执法埋下伏笔,造成不加区分的拉网式路检盘查,不仅成本高昂,而且累及好人。因此,若对汽车无合理怀疑,不得随意拦检驾照。有学者根据多年的判例总结出几种合法的没有合理怀疑情况下的拦检:查处醉酒驾车;控制非法移民;检查驾驶证和车辆登记证;从驾车者那里获取特殊信息,比如寻找某一肇事后驾车逃逸者的知情人。[4]

不过,2000年联邦最高法院指出,毒品犯罪虽然事态严重,但还没有严重到需要逐辆拦检,不能将设置障碍的路检用于普遍的犯罪控制手段。[5] 驾车巡逻警察在道路上见到被告人驾驶汽车,未发现任何异状,亦未违反交通规则,却要求停至路边,检查证件。其间闻到车内有大麻味,于是扣押大麻,起诉车主。案件在州法院审理期间,州政府争辩说,警察任意拦检汽车,查验证件,可以促进道路交通安全。州法院反驳说,大多数驾驶者皆为有照驾驶,为发现无照驾驶而任意拦检汽车,有如大海捞针,概率很小,想以此吓阻无照驾驶,功效有限,不足以

---

[1] United States v. Cortez, 449, U.S. 621 (1981).
[2] Sibron v. New York, 392 U.S. 40 (1968).
[3] Atwater v. City of Lago Vista, ET AL., 532 U.S. 318 (2001).
[4] Rolando V. Del. Carmen, *Criminal Procedure Law and Practice*, Wadsworth, Cengage Learning, (2010), pp.238-239.
[5] Indianapolis v. Edmond, 531 U.S. 32 (2000).

使对国民隐私自由的剥夺正当化。[1] 在拦截毒品行动中,警察承认不可能有明确的怀疑对象,完全是凭直觉才决定登上哪辆长途巴士、检查哪个乘客的。根据统计,每一名警察可在 9 个月中搜查 3000 个提包,但截获毒品的成功率却很低,检查 100 辆长途巴士平均才有 7 次拘捕。[2] 拉网式逐一排查不但令公众反感,还屡遭违宪的质疑,因为不可推定每个人都是违法者。

路检盘查的真正难题在于身份查验。我国《居民身份证法》第 15 条第 1 款规定:人民警察依法执行职务,遇有下列情形之一的,经出示执法证件,可以查验居民身份证:(1)对有违法犯罪嫌疑的人员,需要查明身份的;(2)依法实施现场管制时,需要查明有关人员身份的;(3)发生严重危害社会治安突发事件时,需要查明现场有关人员身份的;(4)在火车站、长途汽车站、港口、码头、机场或者在重大活动期间设区的市级人民政府规定的场所,需要查明有关人员身份的;(5)法律规定需要查明身份的其他情形。其中,"发生严重危害社会治安突发事件"时的身份查明,由《人民警察法》规定的"交通管制"、"强行带离现场或者立即予以拘留"作为立法呼应。强行驱散过程中一般不会涉及身份查验,只有在某些重点人员因拒不服从而被强行带离现场后,警方才有必要查明这些人的身份。

各法域对身份隐私权的理解不尽相同,对身份识别的法体系地位便有不同安排,或规定于行政法,或规定于刑诉法,而以后者居多。从各法域的执法实践看,一是支持警察的当场执法;二是给公民事后向法官、检察官"告警察的恶状"的权利。以法国为例,身份证确认和检查的规定要求国民"在司法查案中均应服从",但扣留时间为检查身份所必要的时间,最长为 6 个小时。身份检查应制作笔录,不得采集指纹或进行人体照相,受共和国检察官监督,如果并未继续任何调查,核查情况不得记载保存,材料应在 6 个月内销毁。[3] 监督销毁,是最值得赞叹、效法的,看似琐细的规定,形成一个程序闭环,可以有效地将警察权封闭在一个负责任

---

[1] *Delaware v. Prouse*, 440 U.S. 648 (1979).
[2] 参见[美]博西格诺等:《法律之门》,邓子滨译,华夏出版社 2017 年版,第 416 页。
[3] 参见[法]卡斯东·斯特法尼等:《法国刑事诉讼法精义》(上册),罗结珍译,中国政法大学出版社 1998 年版,第 333—335 页。

的、审慎采取的执法环境中。德国有关设置检查哨和确认身份等事项,皆由刑诉法作为强制措施加以规定,直接提升了对人的权利的法律保护级别,且一旦进入刑诉法,就不再由警方一家独断。[1]

在我国,普通人入住酒店,不仅需要出示、登记身份证,而且要进行人脸识别。问题是,要求人们这样做,需要有一定的法律依据。不能将"法不禁止即可为"的个人权利保障逻辑,倒转用于政府的行政措施。对于人脸识别的应用条件、场合、对象,应当允许质疑和讨论,根据法律保留原则补足立法授权。在日本,拍照如果是强制措施,就一定需要勘验许可证。因为拍照会侵犯个人的隐私,所以基本上属于强制措施。如果没有满足拍照的必要性、紧迫性、相当性这三个要件,就可能是违法的。[2] 也就是说,不是先干了再说,而是及时介入司法裁断,及时肯定或否定其合法性,尤其要警惕利益集团的强势推动。日本最高裁判所曾作出判决:"任何人在私生活领域皆享有未得允许不受恣意拍摄容貌的自由。警察无正当理由而拍摄个人容貌的行为,违反日本宪法第 13 条的立法宗旨,不应容许。"[3] 拍照既已如此,根据举轻以明重的原则,则允许人脸识别的要件应高于拍照。

用 EMS 邮寄几页纸也要出示身份证,这种做法也需要讨论。邮寄包裹、粉末状物存在安全隐患,一封信、几页纸有什么可与身份挂钩的公共安全问题?邮政部门应当有说理的义务,有关部门习惯于说理,对健全法治非常重要,只有听到说理,人民才有可能实现监督权,才有可能防止政府被利益集团绑架。如果政府不习惯说理,那么政府行动经常会是突然的、任性的且对失败和损失不担责。毋庸置疑,全国性身份证及其频繁核查,对社会管控与减少犯罪有一定作用。城市人口剧增,贫富差距明显,变动的生活方式,目前的稳定主要归功于控制。[4] 监控坏人肯定不错,但对守法国民的监控也必然随之而至。政府应提供有说服力的数

---

[1] 参见连孟琦译:《德国刑事诉讼法》,元照出版公司 2016 年版,第 221—222 页。
[2] 参见[日]田口守一:《刑事诉讼的目的》,张凌、于秀峰译,中国政法大学出版社 2011 年版,第 77 页。
[3] 日本最高裁判所昭和 44 年 12 月 24 日大法庭判决书。
[4] 参见[英]安东尼·吉登斯:《民族-国家与暴力》,胡宗泽、赵力涛译,生活·读书·新知三联书店 1998 年版,第 231 页。

据,说明管控所带来的利益绝对大于施加的负担,比如地铁安检的必要性,不应以"有益公众安全"作为理由,这种理由过于笼统,几乎自我解除了说明义务。"有益性的程度可以说是无穷无尽的",所以"有益的东西总是不断要求采取新的措施,愈来愈新的措施"〔1〕。

长期以来,渐已形成一种观念倒置:没有身份证,就没有身份,就不能证明我是谁,还可能为此失去自由。而实际上,人的生命和人的存在,不是以身份证为前提的。"早先,人只有一个躯体和一个灵魂,今天还得外加一个护照,不然人们不会把他当人看待。事实上,自第一次世界大战以来,最使人感到世界意识大倒退的,可能莫过于限制人的行动自由和减少人的自由权利。1914年以前,世界是属于所有人的,每个人想到哪里就到哪里,想在那里待多久就待多久;没有什么同意不同意,没有允许不允许……那个时候不用护照,或者根本没有护照这回事……今天要填一百多张表格,那时一张也不用填。那时候没有许可证,也没有签证,更谈不上刁难;那些国境线不过是象征性的边界而已,人们可以像越过格林威治子午线一样畅通无阻地越过那些边界。而今天,由于彼此之间那种病态的不信任,海关官员、警察、宪兵队已经把边界变成了一道铁丝网……早先对付罪犯的一切侮辱手段,现在都用在每一个旅行前或正在旅行的旅客身上了。"〔2〕

潘多拉的盒子已经打开,就再难关上。已经散发的灾祸不仅难于消除,而且迅速扩散,扩散过程中还与其他邪恶杂交繁殖,形成抗药性极强的变种。美国有人因拒绝报出姓名和住址而遭起诉,首席大法官沃伦·伯格亦曾指出:"在缺乏任何怀疑上诉人有不法行为的根据时,称量公共利益和个人权利的天平,要向不受警察干扰的自由倾斜,其核心关怀一直

---

〔1〕 [德]威廉·冯·洪堡:《论国家的作用》,林荣远、冯兴元译,中国社会科学出版社1998年版,第183页。
〔2〕 "那些旅客一定要交出左侧、右侧和正面的照片,头发要剪短露出耳朵,还要留下指纹,过去只要求拇指指纹,现在则要10个指头的指纹;此外还要出示各种证明,健康证明,防疫证明,警察局证明,推荐信;还必须出示邀请函和亲属的地址;也必须有品行鉴定和经济担保书;还要填写、签署一式三四份的表格,如果一大堆表格中缺少了哪怕一张,那么你也就丢失了自己。"[奥]茨威格:《昨日的世界——一个欧洲人的回忆》,徐友敬等译,上海译文出版社2018年版,第417—418页。

是个人合理期待的隐私权不受无拘无束的警察权的专横侵扰。据以拦截上诉人并要求其说明身份的《得克萨斯州刑法典》,意在强调刑法在大城市中心地带预防犯罪的社会目的。即使假定,要求说明身份可能有助于这一目的,宪法也不允许这样做。当这种盘查不以客观违法为依据时,警察专断和滥用权力会超过可容忍的限度。因此,上诉人不应因拒绝说明身份而受刑事处罚,定罪应予推翻。"[1]值得玩味的是该案的法院意见附录,记载了法官与公诉人的交锋:

法官:我问你,为什么得克萨斯州因为有人不说话就将他投入拘留所?

公诉人:嗯,我认为有些利益不得不考虑。

法官:好,我希望你告诉我这是些什么利益。

公诉人:政府的利益在于,维护社会及其公民的安全与稳定,并且,政府在这方面的利益肯定非常重要,超过了在一定程度上侵犯个人自由所损害的利益。

法官:但为什么不答话就是一种犯罪?

公诉人:我再说一遍,我只能认为,如果不回答问话,将会造成瓦解。

法官:瓦解什么?

公诉人:我认为将会瓦解社会保障公民安全的目标,也就是,无法让公民确信他们是安全的。

法官:以起诉相威胁,强迫公民说出姓名和住址,何以能保障他们的安全?

公诉人:你知道有时候警察推定这个人正在搞什么鬼,问他的姓名和住址仅仅是为了确定究竟发生了什么。

法官:我不是在问警察是否应当提问,我要问的是:因为一个人不想回答问题,就将他投入拘留所,一个州这样做的利益是什么?我知道,根据米兰达规则,被告不必开口。许多被告作了供述,如果他们出于自愿,那当然很好。但如果他们不供述,你不能因此将他们投入监狱,你能这样做吗?

---

[1] *Brown v. Texas*, 443 U.S. 47 (1979).

第四节　通讯监察

《管子·君臣下》有云:"墙有耳,伏寇在侧。墙有耳者,微谋外泄之谓也。"遂有成语"隔墙有耳"。窃听一事,古已有之。历史上官方接受告密是常态,但也有难得的例外。法律若规定不得写匿名告状信,就会有人假称捡到匿名信,于是严密的法律便规定捡到匿名信者有义务销毁,不得递交官府。而真正釜底抽薪的杜绝办法是规定官府如若受理,将罪加二等,即便告发内容是实,也不得给被告发者治罪。唐律有曰:"诸投匿名书告人罪者,流二千里","得书者,皆即焚之,若将送官司者,徒一年。官司受而为理者加二等。被告者,不坐"。疏议曰:"有人隐匿己名,或假人姓字,潜投犯状,以告人罪,无问轻重,投告者即得流坐。匿名之书,不合检校,得者即须焚之,以绝欺诡之路。得书不焚,以送官府者,合徒一年。被告者,假令事实,亦不合坐。"[1]如此规定,旨在从源头上杜绝告密,从而导正民风。这种程序性堵截约束,古代法中实属罕见,实在难能可贵。

在20世纪不断精致与复杂的科技之前,警察若想获知不法之徒正在房中捣什么鬼,有时还真要委屈自己,蹲伏在敞开的窗下,或者潜入屋内。因此,刑诉法的一个重要功能就是防范警察滥用其监听监视权。早期是防范裸听裸视,晚近是防范利用科技将人民变成裸的存在。人类搞出各种精微的窃听器,但至今未能发明一种可以鉴别有罪人与无辜者的设备,能在听到枕边耳语时就自动休眠,在听到犯罪计划时就竖起耳朵。"当诬陷被暴政的最坚硬的盾牌——秘密武装起来时,谁又能保护自己不受诬陷呢?当统治者把自己的臣民都怀疑为敌人,并且为了社会的安宁而不得不剥夺他们每个人的安宁时,这样的统治将会命运如何呢?"[2]美国参议员萨姆·欧文说:"在一个自由社会,你就不得不冒些风险。如果你把每个人都关起来,或者只是把你认为可能犯罪的每个人都关起来,你

---

〔1〕 [唐]长孙无忌等撰:《唐律疏议》,刘俊文点校,中华书局1983年版,第439—440页。

〔2〕 [意]贝卡里亚:《论犯罪与刑罚》,黄风译,中国大百科全书出版社1993年版,第24页。

会非常安全,但你决不会自由。"[1]也因此,刑诉法的品质好坏可以从它如何规制监听、监视、监察乃至监控看得一清二楚。

监听设备自百年前发明之日起,议员和法官就对它保持警觉。但凡一项可用于监视他人的技术发明出来,有能力率先推广应用的基本是国家和政府,而且一旦大范围应用,就是一种沉入成本,需要回收足够的利益,或者基于对决策正确性的维护,使恢复原状极其困难。霍姆斯是联邦最高法院对警方搭线窃听最早提出尖锐批评的大法官,将其斥为"肮脏的行径",他在自己撰写的最高法院判决的分歧意见中直抒胸臆:"政府在其中扮演不光彩的角色比放掉个把罪犯更加邪恶。"[2]大法官道格拉斯则认为,电子技术侦查措施是比不填姓名的逮捕证、搜查证更不可接受的东西,因为执法对象根本没有意识到自己私密的个人生活被深刻介入了。[3]连最高法院大法官中的顽固保守派法兰克福特也警告说,犯罪侦查正演化为某种"肮脏的游戏,警察用暗器打败了罪犯",技侦手段滋生对法律的不敬,鼓励警方的懒惰和无良,将民风导向诡诈、败坏与互害,损害执法公信力,毁伤社会诚信度。

乔治·奥威尔在《一九八四》中的预言终于实现了,并且范围和力度超乎预言,以至"在一个未来主义的社会中,人类所有处心积虑的计划漏洞百出"[4]。"随着科学技术的发达并于犯罪侦查上应用,虽未直接实施强制力但藉如电子仪器之通讯监察、电磁记录搜集,或个人肖像影音、生物迹证资料搜集等,对于个人隐私等重大权利、利益影响重大。"[5]"9·11"之后,美国政府开始收集和检查海量的个人信息,运用高度复杂的计算机设备,政府进行了数据合成与数据挖掘,通过数据分析模型,使原本无法察觉的微妙人际关系显现出来。这一行动引发了公众关切,自然也就引发了动用宪法以限制权力的呼吁。法律评论者指出,政府的这

---

[1] Cliff Roberson, *Introduction to Criminal Justice*, Copperhouse Publishing Company, (1994), p. 367.
[2] *Olmstead v. United States*, 277 U.S. 438, 470 (1928).
[3] Douglas, *The Right of the People*, 151, (1958).
[4] [英]泰勒:《奥威尔传》,吴远恒等译,文汇出版社2007年版,第396页。
[5] 林裕顺:《强制与任意处分之区别》,载日本刑事法学研究会主编:《日本刑事判例研究(一)侦查篇》,元照出版公司2012年版,第9页。

一行动是否构成搜查,需要对新技术产生的新问题加以特别考虑。对过去散在的信息进行大量的数据汇集,使受宪法保护的原本处于实际隐私的状态不复存在,数据挖掘涉及一种新知识的获取,将其视为一种搜查似乎更为妥当。[1]

"如果再不小心,结果可能就会是奥威尔笔下的那种警察国家,而且持续监测的还不只是我们外在的各种举止,甚至也包括我们身体内、大脑中的活动。可以想想,如果生物计量传感器无所不在……然而,虽然有许多捍卫人类个性的人担心20世纪的噩梦重现,竭力抵抗这个似曾相识的奥威尔式敌人,但人类的个性其实还受到另一方向更大的威胁。在21世纪,与其说个人会被外界力量残忍碾碎,还不如说会先从内部缓缓崩解。"[2]未经个人同意,全面汇集个人信息,给大量个人信息泄露并被恶意利用创造了机会,每天受到的电信骚扰很难说管理部门没有责任。几位年轻妈妈刚在手机上分享育婴经验,手机就向她们推送某品牌的尿不湿。"运用这些数据结论的技术工具已然存在,但防止针对无辜者的恶意数据搜集的法律工具却不存在。"[3]大数据的确有能力使犯罪预测与预防以及发现融为一体,从而改变侦查模式,诸如人脸、步态和语音识别等技术应用使侦查破案更加方便,但是,这部分功利的背后,是统治手段乃至人类生存方式的改变。

手机、微信、健康宝、网络、GPS导航、监控摄像等技术手段展现了全新的干预面貌。"相较于住宅或其他隐秘空间的监听,电话监听对于基本权的干预,可以说是小巫见大巫。通常,个人可能可以为了防范他人电话窃听而放弃使用电话作为沟通工具,但是,如果连客厅谈话或枕边细语都可能落入他人的窃听范围,个人隐私便荡然无存,家也就不再是家了。"[4]最早的普及电话是有线电话,最早的电话监听是搭线方式,最早的类比是搜查扣押。最早根据监听所获证据被定罪者,其上诉理由是警

---

[1] LaFave & Israel, *Criminal Procedure*, Thomson Reuters, (2009), p.162.

[2] [以色列]尤瓦尔·赫拉利:《未来简史》,林俊宏译,中信出版集团2017年版,第310页。

[3] Steve Russell, "The New Outlawry and Foucault's Panoptic Nightmare," *American Journal of Criminal Justice*, Vol. XVII, No. 1, 1992.

[4] 林钰雄:《刑事诉讼法》(上册),元照出版公司2015年版,第444页。

方的监听行为侵犯了不自证己罪的权利,以及不受无理搜查扣押的权利。联邦最高法院的最早判例是以 5:4 支持定罪的奥姆斯特德案,首席大法官塔夫脱代表多数意见说,没人强迫被告对着话筒说个没完,这相当于将自己的声音放射于房屋以外,自己应当承担被他人听到的风险;搜查、扣押的用语则只应限于人身、房屋、文件和财产等实物,纯靠听觉而得的证据,不涉及明确的有形物。塔夫脱大法官最后说,如果议会不同意这一判决,它可以去修改宪法。

美国联邦调查局前局长胡佛曾经说过一句话:"我敢说,对联邦调查局最激烈的批评者,一旦他的孩子被绑架,就会哀求我们立刻使用搭线监听技术。"在英美,法律制定后若想成为"活的法律",就必须通过法院的判决。联邦最高法院先是认为,违法监听所获证据不能直接用于定罪,继而认为非法证据排除规则涵盖所有由非法证据所得之犯罪线索和间接证据,也就是毒树之果理论。[1] 然而,可以援用证据排除规则的,必须是电话交谈当事人,如果 A 与 B 通话被违法监听,所获证据可用于对同谋者 C 的单独审判。后来,警方又利用听诊器原理实施隔墙监听,再后来,警方将窃听装置埋入墙内或者干脆架设分机监听,有些出人意料的是,这些行为竟然都得到最高法院的支持。[2] 得到联邦和州各级各类法院支持的还有警察冒名接听嫌疑人的电话,因为打出电话的人有义务弄清在跟谁说话。

不过,如果警察非法进入他人房间,尔后冒名接听电话,这样的通话会被排除在证据之外,因为违反了宪法第四修正案。第四修正案竖起一堵高墙,保护民宅、办公室、商店、公寓、宾馆房间和机动车,警察不可为了偷听或者架设监听设备而身入这些领域。[3] 判例法可以说一向都是先有案再有判。美国加利福尼亚州一名警察因怀疑他人从事不法印刷活动,竟然配制一把钥匙,进入他人家里安装窃听器。因为不是这方面的行

---

[1] Nardone v. United States, 302 U.S. 379 (1937); Nardone v. United States, 308 U.S. 338 (1939).
[2] Goldman v. United States 316 U.S. 129 (1942); Silverman v. United States 365 U.S. 505 (1961).
[3] Klotter & Kanovitz, Constitutional Law for Police, The W. H. Anderson Company, 1968, p.165.

家,最初安装位置不好,竟然多次返回他人家中将窃听器先后安装在卧室和厨房。大法官杰克逊代表最高法院对这一行径表达了极度的震惊和强烈的谴责:"在没有搜查令状的情况下,反复进入他人住宅,不只是一种侵入,简直是一种夜盗。如果不是警察,任何人这么干早就锒铛入狱了。警察在长达一个月的时间里,破门而入安装窃听设备,甚至装在卧室里,偷听他人枕边交谈,不仅令人无法接受,而且令人难以置信。很难找到像本案这样引起我们关注的警务措施,它对第四修正案所确立的基本原则的破坏,实在是肆无忌惮、居心叵测和不折不扣。"〔1〕

从"得一方同意之监听"衍生出"伪装朋友及欠缺隐私期待"的说法。不过,这类比喻掩盖了"国家才是这笔出卖交易的真正推手,更忽略了现代法治国家的基本权体系,正是用来规范国家的干预行为的,岂能纵容国家在指使干预之后又佯装无辜的私人"〔2〕。现代刑事诉讼不接受警方的这些托辞,因为在这些"同意"的背后极有可能潜藏着胁迫、利诱造成的非自愿。"监听录音据称灭失,仅存节译文,乃实务常见之案例。警方宣称灭失之原因,不一而足,有谓年终大扫除已清掉者,有谓录音带不足已因重复使用而覆盖者,有称传递过程因不明原因而消失者,近年亦流行台风来袭办公室淹水而灭失的说词。本来,依照归责法则之理,国家机关因自身可归责之事由,致使其所保管的录音证据灭失者,即难以主张具有使用证据替代品的正当事由,且因原始证据灭失而来的证明不利益,也不应该归由被告来承担。更何况录音灭失到底是真是假?还是警方的幽灵抗辩,藉以掩饰节译文制作不实的瑕疵?"〔3〕

四处架设的摄像头,一旦对把持摄像者不利,也就很难提取录像作为证据。有时警方甚至声称执法仪坏了,关键时候坏了。可见立法欠缺一条规定,即执法仪失灵的,应推定警方承担不利后果,除非警方自证循规蹈矩。〔4〕回到1928年奥姆斯特德案的论理要点,电话线及其传递的

---

〔1〕 *Irvine v. California*, 347 U.S. 132 (1954).
〔2〕 林钰雄:《刑事诉讼法》(上册),元照出版公司2015年版,第323页。
〔3〕 林钰雄:《刑事诉讼法》(上册),元照出版公司2015年版,第451页正文及注157。
〔4〕 这种推定是必要的,也带有举证责任由被告承担的意味。比如,一个健康的年轻人被传唤到警局,两小时内死亡。但警方不允许家属接近尸体,在法医验尸前一天以"弄错了"为由将尸体火化。此时除非警方自证清白,否则即应推定其刑讯逼供致人死亡。

声音不是传统意义的实物,且搭线行为发生在嫌疑人房间外面,不受宪法第四修正案有关搜查扣押条款的保护。直至近30年后,这一情况才发生了根本改变。在卡茨案中,警方将窃听器装在嫌疑人充作临时住处的公共电话亭顶部。最高法院的判决意见指出,第四修正案保护的是人,而不是处所,以此扩大了对个人隐私的保护范围。[1] 大法官布兰戴斯写的分歧意见今天更具启迪意义:"科学的发展,为政府提供的监控手段恐怕远不止于搭线监听。终有一天,政府不必再从保险柜里抽出文件,就能在法庭上复制它们,向陪审团展示住宅内最私密的事情。心理学及相关科学的进步,可以将人内心的信仰、思想和情绪展现出来。宪法,还有能力保护我们的个人安全不被科学侵扰吗?"[2]

紧随监听而来的是监视。一般说来,警察可以尽情观察其肉眼所见的一切,借助某种仪器也没关系,只要不对观察对象构成侵入即可。因此,那些选择在公共场所图谋不轨的人,就不要责怪被监视器逮个正着。即使在私人空间里,偶尔也会遭遇执法者的审视,比如一名警察站在街边,目光扫视一处私家花园,透过窗户看到屋里的情况,就属于正常的警务巡察。不过,站在门口的警察只能观察目力所及之处,不能拿着手电筒向屋中照射,更不能将摄像头对准他人窗户。对警察监视行为的允许与限制,其间的微妙差别仅在于是否构成对他人和平生活的骚扰干预。而现在的情况是,何止于监听、监视,又何止于处所、人身,普通人每天的行踪交往、谈话通讯、传输议论,已经是全裸的,因为他的一切尽在掌握。也不止是普通人的每个当天,而是他过去的每一天。只要硬盘足够大,足够储存过去,就可以像倒放的电影一样,看到普通人持怎样的政治观点,个人财富多少,有何不良嗜好,男女交际如何。之所以强调"普通人",是因为强力集团的人不在监控之列,权力总是试图监控别人,而自己却不被监控。

比监听、监视更广泛而彻底的是监察,监察与英文"surveillance"最为接近,涵盖了对人、对事的监测、监场、监督、监管、监理、监视、监守、监听

---

[1] Katz v. United States, 389 U.S. 347 (1967).
[2] Olmstead v. United States, 277 U.S. 438 (1928).

乃至监控。在网络铺天盖地的今天,已经很难通过法律的正当程序让民众在通讯监察之下得以喘息。"通讯"是指利用电信设备发送、储存、传输或接收符号、文字、影像、声音或其他信息。"通讯监察"是指以截收、监听、录音、录像、摄影、开拆、检查、影印或其他类似方法来了解、获知通讯内容。21世纪以来,互联网有了长足发展,微博成为舆论场,屏幕手机在具备电脑功能后,通过微信让中国形成世界最大的局域网,加之手机支付等无现金购销流程,使每个人的需求、交往、生存方式等成为网络的共享数据。所谓"大数据"也因而形成且被垄断、被解析、被出卖,甚至被篡改。而目前情况下,再谈什么隐私自由便极具自欺欺人的味道。现如今,我们已经是一个有痕迹的社会。因此,必须有一个"禁止大监察"原则,也就是禁止无需令状的、无特定目的的、针对不特定人的监察。[1]

第五节 搜查扣押

围绕拘传、拘捕、羁押以及羁押的替代,可以归为对人身的强制措施;还有对物品的强制措施,如检查、搜查、扣押一类。在某些法域,对物强制措施与勘验、鉴定等一起被归入侦查手段中。[2] 勘验一般只针对现场物证,但也有勘验体表痕迹、遗留物一说,所以勘验、检查、搜查、扣押等,既针对人身,又针对物品、车辆、场所。扣押从语义上一般针对物品,但有些译著也将短暂的街头留置译作人身扣押。"扣押的含义广于拘捕,可以说所有的拘捕都是扣押,但不是所有的扣押都构成拘捕。"[3] 搜查指以发现嫌疑人或犯罪证据为目的,而搜索检查身体、物件、电磁记录、住宅或其他处所。扣押指为保全可为证据或可得没收之物,而对其暂时占有,通常紧

---

[1] 通讯监察在我国刑诉法中称技术侦查,规定于侦查一章而不是规定在强制措施中。可资比较的是日本刑事诉讼法,虽然监听通讯也在侦查一章,但监听令状的签发权却归属法官。参见[日]田口守一:《刑事诉讼的目的》,张凌、于秀峰译,中国政法大学出版社2011年版,第84页。

[2] 参见[日]三井诚、酒卷匡:《日本刑事程序法入门》,陈运财、许家源译,元照出版公司2021年版,第57页。

[3] Rolando V. Del. Carmen, *Criminal Procedure Law and Practice*, Wadsworth, Cengage Learning, (2010), p.187.

随搜查而实施。这些旨在获取犯罪证据的诸多手段交错在一起，使各种分类似乎都有道理，但仔细想来又差异巨大。归入侦查措施，意在强调国家行为强制的必然性，一切都不在话下，一切都不可抗拒；而归入强制措施，旨在提醒政府行为对自由、财产等基本权利的侵害，必须纳入法治轨道，不得恣意任性。

所有搜查扣押都应以令状为原则，以无令状为例外，例外无非是执行逮捕、拘留时遇有紧急情况，以至"延迟即危险"。执行搜查扣押时，应向被执行人出示令状，最好是要求家属、邻居、辩护人、单位同事等在场见证，既可杜绝未来争端，亦可约束警方不生私弊。扣押令必须说明扣押物品范围，以及该扣押该物品何以有重要的证据作用，有时还要载明获知此处可能有不法物品的信息来源，以防公民遭受"摸索调查"的侵扰。一份不明确的命令，也就是警方没有扣押何物的具体目标，或者目标过于分散，以至于制作一份扣押所有可找到的物品的令状，都是违反一国基本法的。[1] 具体言之，扣押令应当明确完整记载特定案由，应搜查之人、物、处所或身体，或者应扣押之物。[2] 尽管绝对精确做不到，不过必须让手持令状的警官能够确定地认出所要搜查的场所，偶尔碰到一些描述偏差，也允许警官根据掌握的其他信息当场作出判断，比如搜查令上写着"3 号公寓"，进入大厦才发现每层都有 3 号公寓。地点描述错误的危害不会很大，因为警官们一般很快会发现自己走错了房间。

早在 1927 年，联邦最高法院就强调说："令状应对所要扣押的物品作出特定描述，这是一种强制性要求，旨在防止没有特定目标的'一般令状'，杜绝指东打西式的搜查扣押。"[3] 搜查范围必须以搜查目标为边界。要记住的法律格言是："警察在火柴盒里找大象就是不合理的。"假如令状上列明的搜查目标是一台 25 寸电视机，就不应打开一个抽屉或鞋盒。然而，如果令状上的目标是毒品，警察打开抽屉或鞋盒就是正当的。被搜查对象越小，允许搜查范围就越大。而无论有无令状，持续时间都不

---

[1] 参见[德]克劳斯·罗克辛：《德国刑事诉讼法》，吴丽琪译，三民书局 1998 年版，第 373—374 页。
[2] 参见林钰雄：《刑事诉讼法》(上册)，元照出版公司 2015 年版，第 417 页。
[3] LaFave & Israel, *Criminal Procedure*, Thomson Reuters, (2009), p.186, 188.

是无限的。一旦令状列明的物件找到了,搜查必须立即停止,没有正当理由继续搜查,所得证据属非法取得,除非是赫然映入眼帘的与本罪有关的证据。一次非法搜查永远不能通过搜查所得被正当化。[1] 如果令状授权找一把手枪,警官在被搜查房间内拉开抽屉后,却意外看到刚刚警情通报的银行抢劫案所描述的被抢现金,那么,这种一目了然的证据就可以采用;而如果是在找到手枪之后,警官到不可能有枪的地方翻找,发现的被抢现金就应作为非法搜查所得被排除于证据之外。

一目了然规则必须有所节制,警官应该立刻意识到赫然映入眼帘的是某一犯罪的证据,而不能一个接一个地搜查下去,直到有罪证据终于出现为止。[2] 当然,令状申请应仅限于事前审查,要解决的主要是形式合理性问题。而警方的搜查扣押有无合理根据,则是令状合法性事后审查的核心。事前着重形式审查,将现场实质判断权交予警方,以利于现场处置;事后着重实质审查,将那些被当事人质疑的警察现场判断纳入司法审查视野,以利于未来执法的循规蹈矩。"通常认为,拘捕和搜查二者的相当理由在证据上是等量齐观的,实际并非如此,两种相当理由的证据可以是不同的事实和情节,不必相互依附。就搜查的相当理由而言,有两个结论必须得到实质而充分的证据支持:被寻找的物品之所以可扣押,是因为该物品事实上与犯罪行为有关联;该物品将会在被搜查的处所找到,而且处于调查中的犯罪不必牵连某个特定的人。而就拘捕的相当理由而言,则必须有人实施了犯罪,被拘捕的就是实施犯罪的人,且在被拘捕人住所并非必须找到犯罪证据。"[3]

相当理由根源于 1215 年英王被迫签署的《大宪章》,其中规定,仅凭怀疑、臆想而没有好的理由,不得羁押任何人。美国宪法第四修正案则将相当理由的保护从政府对人身的扣押扩展到对财产的扣押。政府官员一旦进入个人私密领域,便视同开始搜查,而无论这一领域是人身、着装、财产、住宅抑或通讯。20 世纪之前,只有实际的物理性侵入才构成搜

---

[1] Rolando V. Del. Carmen, *Criminal Procedure Law and Practice*, Wadsworth, Cengage Learning, (2010), pp.202-203.

[2] LaFave & Israel, *Criminal Procedure*, Thomson Reuters, (2009), p.189, 197.

[3] LaFave & Israel, *Criminal Procedure*, Thomson Reuters, (2009), p.164.

查,20世纪以来,随着电信科技的发展,法院逐步将政府恣意的电信监控、仪器探测等活动视为非法搜查,同时将数据截获视为扣押。[1] 德国联邦宪法法院2008年在一项判决中对在线搜查进行了严格限制,保障每一公民在线信息的机密性和完整性。[2] 即使没有相当理由,经同意,警察也可进行无令状搜查扣押;而如果未经同意,无令状搜查扣押就会面临律师的阻击。2018年6月初,美国纽约州拿骚县法院采纳了辩护律师意见,对海派清口创始人之一周立波宣告无罪。理由是周立波不懂英语,在没有明显违法行为时,警察未经其同意,也没有搜查令状,从其车中搜出的枪支、毒品,因而属于非法取得,不能作为定罪证据。

不过,当警察合理相信某人拥有合法权利,而实际上这个权利并不存在,此时所进行的搜查扣押仍然可能得到法院的认可。比如有位女士向警方报案说自己当天上午被同居者殴打,展示了被打伤痕,并称打人者正在公寓睡觉,她愿意用自己的钥匙为警察开门,拘捕殴打她的人。警方在没有拘捕和搜查令状情况下,由报案人引导进入嫌疑人酣睡的房间,发现大量毒品。这些毒品最后进入庭审,成为定罪证据。[3] 对妻子同意、丈夫不同意搜查的情况,后来又有不同判例。案中妻子带领警察不顾丈夫反对进入卧室找到毒品,但最高法院以非法搜查为由推翻了定罪。判决的多数意见强调,同居者中有人不同意时,即不能进行无令状搜查扣押,这有利于维护同居者的相互信任。但大法官罗伯茨在反对意见中言辞激烈地指出,该判决削弱了警方保护女性不受毒品侵害的能力。[4] 当然,"同意"可能是胁迫与压力之下的表态或默认,因此需要对"同意"进行举证,或者被搜查者以某种方式证明当时为什么"不同意"。法庭可以综合考虑整体情境,以确定同意是否自愿。[5]

---

〔1〕 Walter P. Signorelli, *Criminal Law, Procedure, and Evidence*, CRC Press, Taylor & Francis Group, (2011), p.32.

〔2〕 参见[德]托马斯·魏根特:《德国刑事程序法原理》,江溯等译,中国法制出版社2021年版,第41页。

〔3〕 *Illinois v. Rodriguez*, 497 U.S. 177 (1990).

〔4〕 *Georgia v. Randolph*, 547 U.S. 208 (2006).

〔5〕 Daniel E. Hall, *Criminal Law and Procedure*, Delmar Cengage Learning, (2011), p.387.

在莫焕晶放火案二审结束后,浙江省高院(2018)浙刑终第 82 号刑事裁定书否定了辩护人提出的警方查看上诉人手机存在取证合法性问题,认定"公安民警系在询问上诉人莫焕晶过程中,发现其神情紧张,经上诉人同意并亲自输入手势密码后才查看其案发前使用手机的情况,在其使用的手机内发现搜索、浏览有关火灾、打火机自燃等网页内容记录的情况下,确认其有实施放火犯罪的重大嫌疑",于当日对其刑事传唤。辩护律师从警方查看嫌疑人手机的合法性上进行争辩,是律师界水平提高的标志。更重要的是,法庭没有厌倦和反感,而是在判决书中作出认真回应,颇值嘉许。"法院若对警员说法照单全收,所谓的同意搜索,更易架空搜索的法律保留及法官保留原则,成为海纳、掩饰各种违法搜索的渊薮。较为合宜的解决之道,在于容许同意搜索,但应立法设定法定程序以资控制……例如,课予国家机关事先的告知义务,告知受搜索人其于法律上并无配合或忍受之义务,并拟定书面之同意表格,一来确定受处分人之真意,二来杜绝未来的争端。"[1]

关于搜查扣押的宪法条款,保护的是人而不是处所。一个人必须表现出对隐私的真实期待,而这种期待在社会看来是合理的。因此,家固然可以期待隐私,但未显出隐私意图的、在外人一目了然的物品、活动或表述将不受保护。根据一目了然原理,"刮进耳朵里的"信息不构成对隐私的侵犯。换言之,公开场合的谈话者就没有反对他人"听到"的权利,因为在公众场所的隐私期待是不合理的。在这个意义上,处所也很重要。一目了然须有三个要件:其一,必须是赫然映入眼帘的亲眼所见之物;其二,能够看到该物时的观察位置是警察合法占据的,不得靠侵入、架设瞭望等手段;其三,必须是瞬间能够意识到该物应被扣押,而不是经过开箱、开包等第一重检查后才确定应予扣押的。[2] 至于被搜查人的隐私期待问题,仍有争论。罪犯光天化日之下在广场公然作案,恐怕就难以声称自己有期待隐私的意图而要求宪法保护。在公园深处隐蔽的黑暗角落里期待隐私,一般情况下是合理的,但如果恰巧有巡警经过,用手电筒照亮了

---

[1] 林钰雄:《刑事诉讼法》(上册),元照出版公司 2015 年版,第 421—422 页。
[2] Rolando V. Del. Carmen, *Criminal Procedure Law and Practice*, Wadsworth, Cengage Learning, (2010), p.299.

一个毒品交易现场,警方就应以期待不合理为由要求法院拒绝给予被告宪法保护。

在一目了然原则之外,还有紧追原则,也就是警察一直追踪嫌疑人至其住处,其间没有中断,可以实施无令状搜查扣押,但目标应是武器等违禁品,不得毫无节制地翻箱倒柜。[1] 警方或私人的某些行为并不构成搜查,而是可以理解为预防式观察,比如警察在查处超速时闻到大麻味,或者车辆反常地停在一片空地里,警方都可以随时随地介入;再或者,某一公民在明知情况下向他人暴露隐私,即使是在家中和办公室里,也要承担他人向警方举报的风险。因此,在阻遏警察违法的利益大于实际的社会损失时,就要适用非法证据排除规则。这个规则会有许多例外,比如持有搜查扣押令状,但违反了敲门并告知的规定。所谓敲门并告知,是指即便警察持有令状,也应在进门前敲门并告知来意。然而,考虑到警察合理期待的等候时间,合理相信继续等待会导致屋内证据被即时破坏,也可直接破门而入。[2]

开启排除规则旨在威慑警察的明知故犯,只有可归罪程度很高的明知故犯,才值得作出某种牺牲来加以震慑。[3] 需要明确的是,警方可以扫视开放空间内停放的车辆,但车内的文件或容器中的物品却受隐私保护;而警方根据味觉指引进行的搜查扣押,也只限于对车辆的路检盘查过程中,不得延伸到被搜查者家中或其居所中,也不得为了进行违禁品气味检测而扣押行李包裹。在执行拘捕或紧随路检盘查时,根据具体场景判断附带进行的搜查,一般都不是事先计划出来的。事先有所策划,就不再是"附带"搜查。在边境搜查和车辆被弃置于开放空间等情况下,都容许警察临时进行附带的无令状搜查。附带搜查的正当性在于查获凶器,以免伤害警察,只应及于被搜查人能够拿到武器的范围。汽车的功能是运输,很少作为住处或个人财物储存处,且行驶于公共道路上时,车主和车

---

[1] John M. Scheb & John M. Scheb II, *Criminal Law and Procedure*, Wadsworth Cengage Learning (2011), p.453.

[2] Carlton Bailey, *Criminal Procedure: Model Problems and Outstanding Answers*, Oxford University Press, (2015), p.1, 23.

[3] LaFave & Israel, *Criminal Procedure*, Thomson Reuters, (2009), p.139.

内情况都能一目了然,因而人们对汽车怀有较小的隐私期待。易于逃离现场也是对机动车无令状附带搜查理由之一。[1]

2003年发生的摩尔案即为适例。摩尔在驾照被吊销期间驾车,警察接报后当街将其拦截、拘捕,并随即进行附带搜查,发现16克可卡因。在案发地弗吉尼亚州,无证驾驶罪最高可判1年监禁和2500美元罚金,但州法律规定无需拘捕,只需发出传票即可。摩尔据此认为拘捕非法,进而认为警方的附带搜查也属非法,作为定罪证据的可卡因应予排除,所以提出上诉,要求改判无罪。警方认为,根据联邦法律,拘捕、搜查都是基于相当理由,犯罪证据乃正当取得。2008年联邦最高法院的判决意见认为,各州的法律不能减少,同时也不能扩张联邦确保的权利,因而支持了警方的立场和主张。[2] 对人而言,附带搜查可以扩大到乘客,因为乘客对随车运输的财产也只享有降低的隐私期待,且乘客通常与驾车人具有相同目的,或者罪犯很容易不为乘客所知地把违禁品藏在乘客物品中。对物而言,附带搜查可以扩大到车厢内的行李、包裹或容器,但不得将被搜查物带离现场。不过,扩大搜查还是受到批评:若一个公文包被提在街上行走时受令状保护,而同一公文包被放进车里运输时就不受令状保护,是不是有点反常?

搜查扣押现场不能任人自由进出,可以封锁现场,但也必然欠缺必要的现场监督,凡是警察乐见其成的,都是律师戟指怒目的。当然,为了警察执法的有效进行,还是必须尊重警察的当场判断,审查不得不在事后依据搜查扣押笔录进行,而笔录真实详尽与否,是搜查扣押的执行者与法院的审查者之间权力分配的缩影。"无论目的为何及是否达成,搜索、扣押,应制作笔录,记载实施时间、地点及其他必要事项,如同意搜索、夜间搜索事由等,并应令依法命其在场之人签章。"[3] 特定物品免予扣押的规定,既适用于保密的官方文件,也适用于法律列明的医师、律师、会计师、

---

[1] 参见王兆鹏:《搜索扣押与刑事被告的宪法权利》,翰芦图书出版有限公司2000年版,第207—208页。

[2] Daniel E. Hall, *Criminal Law and Procedure*, Delmar Cengage Learning, (2011), pp. 357-358.

[3] 林钰雄:《刑事诉讼法》(上册),元照出版公司2015年版,第426页。

药剂师或记者等专业人员所持文件,即使这些文件源自与嫌疑人的业务联系。[1]"非法扣押之物应尽快返还,除非警方认为继续保管对刑事案件的最终解决有利。不过,不论是否非法扣押之物,只要是需要没收的违禁品,就不应返还。"[2]为了防止警察借助公权力以来路可疑为由强占他人贵重物品,又根本不作扣押物品明细笔录,需要切实地赋予检察院、法院的审核权。

网络时代扣押电子记录乃至整个电脑,对公民隐私是一种巨大的干预和危机。许多国家对扣押电脑整个硬盘作出特别规定,其背后的保护理由是被扣押物对国民的利益重要性,而不是行政机关的执行便利性。磁盘本身是有形物,可以成为搜查扣押的对象,但磁盘内存的电子记录属无形物。日本判例认为,根据令状扣押储存在电脑硬盘中涉嫌犯罪的信息,应予当场确认内容;若信息有被破坏危险时可先扣押电脑,然后再确认内容。在扣押硬盘后,应当尽最大努力筛选与犯罪有关的信息。为了不影响电脑所承担的正当工作,法律准许并认可,先将涉嫌犯罪的电子记录复制、打印到纸张上或转存到其他磁盘上,再对这些替代品加以扣押。采用复制方式后,信息还留存在嫌疑人掌控的磁盘中,这一复制类似一种勘验。扣押与勘验竞合,在网络时代是可能的。

文明执法的一个标志是禁止夜间搜捕,可但凡法律要遏制某种做法,就说明很多人乐此不彼。夜间须保持安宁、隐私,人们比邻而居,对一家的夜间搜查会引起邻居的恐慌乃至反感。禁止夜间搜捕,意在维护隐私和尊严,不人为制造恐惧感,减少事态升级风险,更要紧的是防止警察滥权,并通过长期坚持禁止夜间搜捕的规则,进而有效改变某些夜班警察深夜抓人、搜查并突审的办案习惯。这一约束在现时国情下尤有必要,因为在过去执法实践中,尽量避免夜间搜查的观念,从来没有真正得到重视。当然,对某些夜间营业场所而言,恰恰需要加强夜晚的公共秩序维护,比如夜总会及色情场所。这些场所即使是合法经营,警察的到来仍

---

[1] 参见[德]托马斯·魏根特:《德国刑事程序法原理》,江溯等译,中国法制出版社2021年版,第166页。

[2] John M. Scheb & John M. Scheb II, *Criminal Law and Procedure*, Wadsworth Cengage Learning, (2011), p.450.

然很影响生意。为了不让警察借机勒索,程序上要加以限制,一个有效方法是要求搜查者专门给出夜间搜查的理由。

夜间搜查只能作为例外。其一,有人居住或看守的住宅或处所,经居住人、看守人承诺或有急迫情形,得于夜间搜索,若于日间已开始搜索或扣押者,亦得继续至夜间。其二,下列处所,夜间亦得入内搜索或扣押:假释人住居或使用者;旅店、饮食店或其他于夜间公众可以出入之处所,仍在公开时间内者;常用为赌博、妨害性自主或妨害风化之行为者。[1] 已经进行的夜间搜查扣押是笔录的必载事项,许多搜查令状上专有夜间搜查一栏,且必须填写是或否。总之,必须将夜间搜查作为特例加以关注和规制,在程序上设置特别的障碍,真正让夜间搜查成为日间搜查不得已的最后替代手段。夜间家居安全自古即受法律特殊保护。唐律即有"夜无故入人家者,笞四十。主人登时杀者,勿论;若知非侵犯而杀伤者,减斗杀伤二等"[2] 的规定。可见夜入人家的事,无论于公于私,都以尽量避免为上。

第六节　人身检查

警官克鲁斯和普赖尔到达车祸现场,发现两车惨烈相撞,一辆车的驾驶者伤情严重。救护车赶到前,克鲁斯为伤者实施了力所能及的救助。另一辆车的驾驶者看来伤得不重,却一直坐在驾驶座位上,没有对事故道歉,更没有帮忙。这不符合交通肇事中当事人的通常反应。普赖尔近前问他伤情如何,答话含混不清,只听到他名叫卡特。普赖尔注意到卡特目光呆滞,言语混乱,但又没有闻到酒气,于是怀疑卡特吸毒后驾车肇事。普赖尔命卡特下车,随即看到座位上有几个红蓝胶囊。普赖尔问那是什么,卡特抢先拿到胶囊放入口中。普赖尔抓住卡特的脖子,试图不让他咽下,但没有成功。普赖尔以涉嫌毒驾拘捕了卡特,将他押解至附近医院,指示急诊医生用催吐剂从卡特胃里取出胶囊。押解途中卡特渐处昏

---

[1] 参见林钰雄:《刑事诉讼法》(上册),元照出版公司2015年版,第427—428页。
[2] [唐]长孙无忌等撰:《唐律疏议》,刘俊文点校,中华书局1983年版,第346页。

迷状态,已经无法表达同意还是反对。普赖尔认为,如果等待搜查令,会丧失获取关键证据的机会,于是命护士抽取卡特的血样。卡特苏醒后,被告知伤重的驾驶者刚刚不治身亡,卡特被控吸毒驾驶和驾车杀人两项罪名。

在抽取血样时,卡特尚未被控犯罪,警官的抽血行为属保全证据的紧急处置。分析报告显示,胶囊内容物为高纯度毒品,血样中检测出了这种高纯度毒品。但辩护律师却向法官提出动议,要求将胶囊与血样证据排除,因为它们都是非法取得。供思考的问题是:法官应否排除胶囊和血样证据?假设法官针对卡特的胃签发一份搜查令,上级法院是否仍会排除以此种方法取得的证据?针对强行从胃容物中取证,联邦最高法院在推翻下级法院定罪时解释说,这一过程是警方太过热切地对付犯罪的结果,不惜冒犯人们最敏锐、最隐秘的情感,震撼了良知。既然警方不得为定罪而强迫从口中取供,也就不得强行从胃中取证。但在后续判例中,联邦最高法院还是认可了以不那么震撼良知的方式,也就是合理而安全的方式,搜出藏在体内的毒品。[1]

必须注意到,催吐胶囊与血液检测都被划入搜查扣押范畴。在以人身为搜查对象时,搜查与检查的区别何在?区分人身搜查与人身检查的意义在于,不允许以搜查令状而径为检查之事,人身检查应另行签发令状。其一,从干预目的区分,为了找寻藏匿在身体表面、衣物里外或口腔、耳穴、肛门等身体自然开口内的证物,由于该类证物属身体外的异物,且多半不必动用医疗器材,则属于人身搜查;若以身体本身的物理性质、状态作为证据,对人身进行观察、采集或检验,便属人身检查。其二,从干预手段区分,只须借助医疗器材就能完成取证的,便属人身搜查;必须抽血、开刀、插管等穿刺身体的,则属人身检查。依干预目的说,藏匿于体内,必须借助开刀、催吐方法取出证物的,划归人身搜查不利于防止对身体健康的侵犯;而依干预手段说,身体自然开口处介于体表与体内之间,取证既可徒手,也可使用器材,如何区分?

---

[1] Walter P. Signorelli, *Criminal Law, Procedure, and Evidence*, CRC Press, Taylor & Francis Group, (2011), pp.41–42.

现在一般采混合说来界定人身检查,即以干预目的为区分原则,以干预手段为例外。唯一必须借助干预手段观点的,只有取出体内不属于身体的外来异物一种情况。只要已经进入体内的就算作身体一部分,取出该证物就是以身体本身状态作为证据,就是人身检查。因此,将人身检查与勘验从立法上加以分离,单独规定为强制措施,仍然具有重要意义。对人身的勘验、检查,同对物品、处所的勘验、检查,意义大不相同。"大多数刑事诉讼上之基本权干预,其容许干预的手段、内容比较特定,例如逮捕当然是严重的干预,但逮捕就是以强制力暂时性拘束人身自由,因此,从逮捕的术语已经可以相对确定其干预的内容。反之,身体检查处分往往具有欠缺可预测性的特性,因为其干预的光谱,可以说是比卧底侦查手段还复杂,从微不足道的测量身高,到中度干预的抽血穿刺,及至危害健康的手术开刀或抽脊髓液,干预内容不一而足,何止五花八门? 如果法律授权的用语仅是容许'身体检查',便难以窥知到底立法者容许的具体干预内容如何,因此很容易流于概括授权。"[1]

现今的世界趋势是将处于程序制约边缘的权力纳入程序法的规制当中。人体检查的实质一言以蔽之就是对人的识别,因此人体检查的方式和范围几乎无法确定,凡能够使此人区别于彼人的一切特征,都可成为人体检查的内容。"要求某人提供声音样本并不构成搜查,因为音调和口音等人声的身体特征不同于它所传达的特定谈话内容,是不断地为公众所知的,每个人也就不能合理期待他人不知道他的声音。根据同一逻辑,要求某人提供笔迹样本也不构成搜查,因为单纯观察他人的笔迹特征,正如鉴别指纹一样,都不过是获取了不断为公众所知的身体特征。但另一方面,通过抽取血液或尿液来获得证据,则明确属于搜查。疑难两可的是取得毛发作为检查样本,既可以说毛发是不断为公众所知的身体特征,也可以说对毛发所蕴含的生物信息的分析,已经超出了为公众所知的范围。尤其是以 DNA 分析为目的的检查,无论是抽血还是剪发,都属搜查。"[2]

---

[1] 林钰雄:《干预处分与刑事证据》,北京大学出版社 2010 年版,第 7 页、第 18 页、第 459 页。

[2] LaFave & Israel, *Criminal Procedure*, Thomson Reuters, (2009), p.159. 以此处引文为例,美国刑事诉讼法中搜查(search)一词涵盖了人体检查。

人身检查,首先可区分受检者要件与必要性要件。对合法押解到案的嫌疑人始得强制检查,对第三人不得强制检查。因调查犯罪及搜集证据而进行照相、测身高、采指纹等体外检查,以有必要为限;若进行唾液、尿液或血液等体内检查,则在必要性之外尚须有相当理由认为这些采样就是犯罪证据。此外,尚须就嫌疑程度、犯罪样态、涉案轻重、证据价值、情势紧急、无可替代等予以综合权衡。[1] 其次可区分实体要件与程序要件。对被告而言,第一实体要件,必须有具体事实和情状说明被告胃里有吸毒等犯罪证据。第二实体要件,必须无损于健康,除了取决于干预形态,还要考虑健康状况。第一程序要件,原则上必须得到法官授权,急迫的例外是,类似酒精浓度的指标会随时间推移而衰减消失,没有办法等待法官命令。第二程序要件,因本案人身检查而取得的样本,禁止他用并于使用后立即销毁。"命令的内容,必须标示干预的方式及通过检查所欲确认事实为何;如果涉及严重的干预,还必须说明进行该项检查的必要性及不可避免性,以符合比例原则。"[2]

对第三人与对被告实施人身检查应有共同要件,即初始嫌疑、无健康损害、法官签发令状、样本禁止他用以及及时销毁。此外,对第三人的人身检查应有特别限制:一是必须发现第三人身体上有犯罪痕迹或犯罪结果的迹证;二是唯有该第三人可预期作为证人。权衡之下,应当放弃证人原则,转而采纳迹证原则作为限制第三人人身检查范围的基础。理由在于,一方面,证人原则的过度扩张,使目击证人等无关第三人被列入潜在干预范围;另一方面,又需要扩张解释才能将受虐婴儿等包括进来。而以迹证原则的特定根据作为干预门槛,通常可以有效而合理地限缩干预范围。应予注意的是,迹证原则及其例外,是对第三人人身检查的首要限制,但类似比例原则的期待可能性,也应对人身检查个案的合法性起进一步限缩作用。[3] 当然,对于有拒绝作证特权者,即应承认其有拒绝人身检查的特权,以维护证据品质与婚姻家庭稳定。不过,有关人身检查的

---

[1] 参见林俊益:《刑事诉讼法概论》(上),新学林出版公司2011年版,第348—349页。
[2] 林钰雄:《干预处分与刑事证据》,北京大学出版社2010年版,第47—48页。
[3] 参见林钰雄:《干预处分与刑事证据》,北京大学出版社2010年版,第80页。

各种规则,并不覆盖心理测试和精神病检验。[1]

20世纪80年代DNA技术刚刚诞生不久,英国曾因一起强奸案而要求当地居民17~34岁男子提供血液样本。后警方得知一人要他人替代抽血,因而锁定嫌疑人成为第4853位血样提供者,并确认其为犯罪人。时至2008年年底,欧洲人权法院判决否定了英国的做法,从此欧盟各国对DNA检测在司法环节上的运用加以严格而审慎的限制,但在立法上还是以法官保留的方式为DNA的群众检测留有余地。比如德国刑诉法规定,若有一定事实构成对生命、健康或自由的重罪侵害嫌疑时,而迹证材料可能来自符合某种特征的人群,为确认迹证材料所必须,在顾及受干预人数量与犯罪严重性之间合乎比例原则前提下,须经法院书面命令,才能采集人体细胞,进行DNA检测。该法条特别规定,法院命令须载明受干预人的范围及干预理由,但无须预先听询受干预人意见,受干预人也不得对该命令声明不服。所检测的DNA识别码记录,只要对查明犯罪不再需要,不得挪作他用或者出卖,而是应当尽速删除和销毁,作成删除和销毁记录,并以书面形式告知受干预人。[2]

说到DNA检测,情况更加复杂,既不能不考虑这一技术带来的革命性进展,又要考虑它对人的隐私的透析能力。"立法机关感到,对体液或生物样本进行分子基因评定时,有必要更加审慎。鉴于高度秘密的个人信息(比如遗传病)存在被滥用的潜在可能,必须经司法命令授权方得进行分子基因分析。如果犯罪嫌疑人或已经定罪的罪犯被怀疑实施了性犯罪或另一严重犯罪,并且有理由相信他们将会受到刑事调查,则可以根据司法命令,要求其提供用于未来调查的DNA检测样本。"[3]这项技术对证物个性化的努力有莫大的贡献,但它也提供了许多超乎证物个性化目的的信息。没有比DNA更能彻底暴露个人之所以为个人的所有分子组合,而这也成为人格的部分;它透露个人所有的深层隐私,其中包括我们

---

[1] 参见[德]托马斯·魏根特:《德国刑事程序法原理》,江溯等译,中国法制出版社2021年版,第169页。

[2] 参见连孟琦译:《德国刑事诉讼法》,元照出版公司2016年版,第59—60页。

[3] [德]托马斯·魏根特:《德国刑事程序法原理》,江溯等译,中国法制出版社2021年版,第80页。

的父系、母系，乃至于不为外人所道的遗传特征和生理缺陷。一言以蔽之，借由DNA检测，政府机关掌握了"上帝发给每个人的身份证"，对信息自我决定权的严重侵犯程度，已经难以用"附带干预"来解释了。[1]

目前DNA证据被广泛使用，DNA比对是个极高概率事件，比对一致但却不是唯一的情况极少。重罪犯的DNA会被建档留存，以备未来可能出现的错案纠正。DNA在认定同一时并不绝对，但却能够绝对排除不一致。英国于1995年率先设立国家DNA资料库，它改变了鉴识科学和犯罪调查的整体面貌。2000年之后，英国政府看到资料库的功效，开始投入大量经费，史称DNA扩张计划。警方开始从犯有可监禁罪的人身上采集DNA样本，因此资料库成长得非常迅速。2005年10月的概况是，有310万人的DNA图谱，以及来自犯罪现场的24.6万DNA图谱。在一个星期里，这些资料吻合了6起谋杀案、19起性侵案以及1080起涉毒、涉财等所谓大宗轻刑案。但是，资料库的设立方式不利于从中剔除样本，因受公众舆论压力，法律终于出场，规定任何人只要未被定罪，就必须从资料库中移除其DNA图谱，结果使后勤和财务负担过重，于是终止了DNA扩张计划。不过这也是迟早的事，因为犯罪人口有限，资料库所需也应有限，总不能假设每个国民都是潜在犯罪人。[2]

DNA的猛然崛起和迅疾扩张一直伴随着双重叙事：发奸摘伏、洗冤匡谬是一种叙事，移花接木、屈枉正直是另一种叙事。20世纪80年代末90年代初，这种新科技为英国莱斯特郡附近乡村一个少年平反了屈打成招的谋杀案，顺带俘获了之前未被怀疑的真凶，这家伙用计闪躲了初次DNA筛查。[3] 随后，DNA的画像神力日升月恒，但也孕育着遮蔽真相、炮制谎言的危险，这一危险在澳大利亚维多利亚州被现实化。一个叫加玛的男孩，仅凭DNA比对就被判强奸罪。一份调查报告将该案中的DNA证据描述为雪莱的诗作《奥西曼迭斯》在沙漠古国的半毁石像，冷笑着发号施令，顾盼自雄，号称万王之王，以此讽喻DNA证据似乎可以俯瞰

---

[1] 参见林钰雄：《干预处分与刑事证据》，北京大学出版社2010年版，第24页。
[2] 参见[英]安吉拉·盖洛普：《沉默证词》，周沛郁译，马可孛罗文化出版2020年版，第268—269页。
[3] J. Wambaugh, *The Blooding*, Bantam, USA, (1989).

万象,独霸真理。可惜,在加玛案中,由于人与技术的失误叠加,正义流产了。[1] 被害人回忆,事发当晚,她与其他几个人在墨尔本附近一家夜店里喝醉了,其间有男人和她搭讪,被她拒绝了。有人发现她在洗手间里醉得不省人事,而她记得自己在洗手间里醒来时,呕吐不止,且身负重伤无法行走。夜店保安告诉她时间,据此估算,她在夜店里仅待了不到半小时。再次苏醒时,她已经在附近医院了。

她的双臂、上身和大腿上都有被打的青紫痕迹。医院联系了当地的性侵救助中心来进行人身检查,检查发现血液中只有酒精,没有毒品。次日一早,医院急救中心的医师尼古拉·坤宁汉,也是一位法医,为她再做检查后告诉她,好消息是外阴部无损伤,身上的青紫几乎肯定是保安拖曳造成的,坏消息是宫颈上部发现精液。但她声称,自己有段时间没有性交了。在对加玛的量刑听证过程中,她告诉法庭自己被人以最可恶的方式侵犯和蹂躏了,那晚之后,她一直试图记起当时的情况。她说自己感到羞耻和愤怒,无法摆脱负罪感。加玛是在案发后4个月被捕的,罪名是强奸。维多利亚州DNA库报告说,加玛的DNA与宫颈上精液的DNA比对显示同一。加玛在讯问中矢口否认当晚去过那家夜店,甚至没听说过那个地方。两年后开庭审判他时,DNA比对结果成为核心证据。庭审中,加玛的父亲、哥哥和朋友阿卜杜一致作证说这个19岁的少年当晚一直待在家里。阿卜杜的作证出了问题,他曾和加玛早前否认当晚见过面,而且在交互诘问中阿卜杜承认同加玛有过两次逛夜店的经历。主审法官认为不在现场的证据很不令人满意。

在陪审团宣布加玛有罪后,加玛请求看在他年轻且无前科的份上给予轻刑,但法官认为他的自新前景因不认罪而打折。加玛被判不低于4年的监禁刑。法官当然不愿让人以为他只有DNA证据,他明确指示陪审团,可以将加玛否认去过夜店视为有罪证据,因此不仅可以认为加玛向警察说谎,而且他存心误导裁判者。这一指导词直接违背了澳大利亚所严格遵循的普通法关于被告说谎的处置规则,即不得将被告不如实供述

---

[1] *R v Jama* [2008] VCC 0886, 4-8.

看作有罪表征。[1] 连控方都认为,量刑中至少1年是站不住脚的。接下来就看上级法院是否命令重审或者直接宣布无罪了,因为呈现在眼前的问题简洁明了:可否仅依 DNA 确定被告有罪?控方率先重新审视加玛的 DNA 比对过程,发现比对样本来自一次全然无关的案件调查。时间搞错了,比对样本出自本案前一天的另一起强奸案。巧合到难以置信,这另一案件的被害人认识并清楚指认了加玛,加玛也承认和这个女人发生了性关系。还有第三个巧合,这另一案件的法医也是尼古拉·坤宁汉,他次日为本案被害人做了检查。案件终于澄清了,加玛自由了,本案的被害人被告知,她所拼命忆起又拼命忘记的强奸,几乎可以肯定并未发生。[2]

---

[1] *Edwards v R* (1993) 178 CLR 193; *Zoneff v R* (2000) 200 CLR 234.
[2] Jeremy Gans, Ozymandias on Trial: Wrongs and Rights in DNA Cases, in (ed) Paul Roberts and Jill Hunter, *Criminal Evidence and Human Rights: Reimagining Common Law Procedural Traditions* , Hart Publishing, (2012), pp. 195-199.

第十章　侦查公诉

> 文明国家的一个最微不足道的警察,都拥有比氏族社会的全部机关加在一起还要大的"权威";但是文明时代最有势力的王公和最伟大的国家要人或统帅,也可能要羡慕最平凡的氏族首长所享有的,不是用强迫手段获得的,无可争辩的尊敬。
>
> ——恩格斯

> 为使礼物频繁而来,行使司法权者往往多方迁延,不予判决。为勒取被告人的罚金,往往把确实无辜的人判为有罪。司法上的这些弊害,翻阅一下欧洲各国古代史,就知道它们是毫不稀奇的事。
>
> ——亚当·斯密

负责犯罪侦查的警官,通称探长,是电影和小说中的浪漫角色。他像一位独行侠,在犯罪现场破门而入,一招制敌。但实际上,大部分工作都是繁琐枯燥的。警探们一般是在确定案件果然发生了才进入现场,找到证人并提取笔录,锁定嫌疑人,搜集、保管并移交物证,最后还要出庭作证。警探的职业效率始终是激烈争论的话题,兰德公司的一份报告称,警探们的时间都花在无益之事上,这个职业简直就是浪费。另有研究表明,如果犯罪发生后一刻钟内还没有锁定犯罪人,正确破案的可能性就只有 5%。[1] 本章将侦查、公诉合并叙述,道理在于这两个步骤都是对犯罪的"设证"过程,从法官居中裁判,两造平等对抗的诉讼结构看,一造是公诉人,另一造是被告人。如果将辩护人看作被告人的帮诉人,就可将侦查人员看作公诉人的辅助者。因此,将侦查与公诉纳入一个考察框架,不仅可行,而且易于厘清其角色定位,关注其职能发挥。

第一节 开启侦查与米兰达规则

六七十年前,日本学者提出,就侦查结构而言,存在完全对立的两种观念:一种称为纠问侦查观,另一种称为弹劾侦查观。[2] "纠问侦查观是与实体真实主义相结合,而弹劾侦查观是以实现正当程序为目的。正当程序虽然是一个不确切的、带有弹性的概念,但在刑事程序上,其本质却是为了维护个人自由,特别是嫌疑人、被告人的自由。这在一定程度上可能与实体真实的发现相并存,但最终是与其相互矛盾对立的。弹劾侦查观是企图把侦查机关对嫌疑人的关押和审讯控制在最低限度,而将真实的发现交给审判过程,由此来维持正当程序。与此相对,纠问侦查观则主张在一定限度内肯定对嫌疑人的关押及审讯,以确保在侦查阶段发现真实。对立的焦点在于,对被关押的嫌疑人的审讯可以肯定到什么程度。反过来说,就是和审讯相对抗的沉默权和辩护权能够行使到什么程度。"[3] 两种观念的得失优劣,曾经有过激烈争论,而争论双方最先在"什么是违法审讯"上达成一致,以此为逻辑起点,日本最后选择了当事人主义的弹劾式,也称控辩式侦查观。

"什么是违法审讯并不一定十分明确,但在原则上,无论如何都不允许强制。其法律依据是日本宪法,与其说是个别规定,不如说是整体精

---

[1] Cliff Roberson, *Introduction to Criminal Justice*, Copperhouse Publishing Company, (1994), pp. 235-236.
[2] 参见[日]平野龙一:《刑事诉讼法》,有斐阁 1958 年版,第 83 页。
[3] [日]松尾浩也:《刑事诉讼の原理》,东京大学出版会 1974 年版,第 258 页。

神。从世界刑事诉讼发展趋势看,虽有曲折,但却扎实地趋向侦查程序的当事人主义。处在潮流顶端的是英国和美国,特别是美国,近年连续作出米兰达案等划时代的判例,使违法但有效的审讯几乎全被撤销。各法域固然存在差异,但由于生活在文明水平近似的同一时代,有可能运用接近于同一文明的侦查手段。这样考虑才有弹劾侦查观的立足点,也才会要求传统侦查方式来个一百八十度的转变。"[1]概言之,日本的转变既肇始于对世界诉讼文明趋势的洞察,也来自于对东京审判过程的体悟。不要想当然地认为,日本战败于美国就应该痛恨拒斥美国,不情愿接受美国模式,而事实正相反,自明治维新以来,日本的成功恰恰由于站在民族长远利益的高度向强者学习。1947年日本新宪法颁行后,刑事诉讼迅速向当事人主义转型,一个重要标志是如何侦查以及如何采取强制措施。管住警察的政府才是一个文明的政府;给坏人以程序保障,好人就会得到更多的权利和尊严。

如何界定侦查不仅取决于侦查观,还有赖于如何看待侦查与审判的关系。如果将侦查看作审判的准备,那么侦查就是对犯罪证据和嫌疑人人身的保全,而且要考虑到审判结论有罪和无罪两种可能性;如果把审判看作侦查的延续,那么侦查就是发现犯罪真相并追诉犯罪人的决定性步骤,有罪或无罪的筛选无需等到审判阶段。区别只在于,从"嫌犯"到"罪犯"的身份转换,是完成于立案侦查,还是有罪判决。因此,将纠问主义与控辩主义的区分作为分析框架,可以轻易识别强制力度的差异,以及嫌疑人接受讯问的义务与保持沉默的权利之间的侧重取舍。总体而言,世界大趋势是都在加强嫌疑人的全方位防御权。为此,许多法域将保护被告权利的诸项原则上升规定到宪法之中,用意至为明显。讯问的含义发生了实质变化,不再以打击罪犯为目的,而是以澄清事实为目的,不再将讯问过程全部交由侦查机关把控,转而允许乃至要求律师讯问时在场,以便充分听取嫌疑人辩解。为了防止穷追不舍的侦查,不允许起诉后反复退回补充侦查,让法院尽快作出有罪或无罪的结论。

侦查机关一掌握侦查线索和端绪,即从目击者或被害人那里听取案

---

[1] [日]松尾浩也:《刑事诉讼の原理》,东京大学出版会1974年版,第259—260页。

件始末,或扣押留存在犯罪现场的证物,搜集、保全证明该当构成要件事实的证据。如果能锁定犯罪嫌疑人,则加以调查而将其陈述制成笔录,再从其陈述发现新的物证。若具有特定事由,有时也会逮捕、羁押嫌疑人。随着侦查的进行,犯罪嫌疑逐渐确定,并施以证据补强。其结果,如能特定犯罪事实及犯人,则侦查大抵终结,检察官向法院进行起诉处分;相反,即便遂行侦查,证据仍不充分而难以维持公判,或从各种情事判断以暂缓起诉较适宜者,则作出不起诉处分。也就是,可以将侦查视为从获知犯罪开端起,至决定起诉、不起诉处分止的案件究明活动。[1] 不言而喻,处于案件受理入口的侦查机关,对案件的罪与非罪有一定的筛选权力,这是一种提早终结案件的权力。

许多侦查程序并非以起诉为结束,而是以诉讼程序、实体原因、事实原因或者便宜原因而终结。[2] 这也是第一层过滤,形式上是程序终结权,本质上是实体裁判权,但由于缺乏正当程序,其运用应慎之又慎。[3] 因此,对案件终局处分的权力,任何情况下都不能集中于唯一部门,应当在侦查程序中引入相对中立的监督力量,并对立案实施监督。即便不直接涉及嫌疑人,若有利于权力监督,而能间接有利被告,就应将"不立案"也纳入监督范围,因为程序法容许以有利被告的类推解释填补法律漏洞。[4] 一般认为,刑法中禁止类推的规定并未延伸到刑诉法领域,刑诉法作为一种纯粹工具性的法律,只是为了在刑事司法中设置秩序、方法和纪律,公民不得不忍受因程序法的不完整而造成的不便和不适,出现漏洞时应根据法律的含义和目的填补法律漏洞。然而,这种所谓主流观点并不正确。像刑法规范一样,刑诉法规范同样随时使人的自由处于危险中,没有理由将禁止专断的坚固保障拒之门外。如果诉诸类推将导致被

---

[1] 参见[日]三井诚、酒卷匡:《日本刑事程序法入门》,陈运财、许家源译,元照出版公司2021年版,第4—5页。

[2] 参见[德]克劳斯·罗克辛:《德国刑事诉讼法》,吴丽琪译,三民书局1998年版,第415—416页。

[3] 参见林钰雄:《刑事诉讼法》(下册),元照出版公司2015年版,第5页。

[4] 参见杨文革:《刑事诉讼法上的类推解释》,载《法学研究》2014年第2期。

告地位削弱,则应被禁止。[1]

"既然侦查犯罪往往是在惩处犯罪和尊重人权的矛盾状态中完成的,当然很难简单解决。只能是既看清社会现实,又稍为超脱一些,力求接近概念。不少司法实际工作者,特别是侦查人员,批评学者的理论既抽象而又过分追求理想,但这种批评往往缺乏丰富的具体资料,也多半没有指出符合概念的理论中哪些是难于接受的。"[2]因此,在是否构成犯罪特别依赖被害人感受时,追诉权应尽力自我克制。比如涉及性侵的案件,罪名成立前提是被害人意志没有被尊重,可究竟是否违背被害人意志,只有被害人最清楚。被害人在案发后多长时间内告发,在什么情况下告发,都是判断同意抑或强制的参考因素。2000年以前日本刑法将性犯罪的自诉期间确定为6个月,因为长达半年之久没有告发,说明"被害人"没有真正被害,且经过半年以上性犯罪的直接证据基本散失,几乎不可能再搜集到足够的间接证据。再者,被害人多半是在被丈夫、男友发现异常情况下,才自称被害。不过,在女权运动影响下,日本取消了性犯罪的自诉期限,实践中也放宽了案件启动条件。[3]

在每一场警匪大戏中,主角永远是警察与嫌犯,而法官、检察官和律师通常只是回溯性地参与,以确定警察在调查过程中有无违法行为。[4]大陆法系的侦查多由检察官指挥,以检察官为侦查程序主导者,负责发动、进行以及终结侦查程序,但又会配备侦查辅助机构,一般称为司法警察。除被害人报案告诉,其他知情人的检举揭发,以及行为人自首等案发渠道外,侦查机关获取犯罪线索还有路检盘查、物品检查、尸体检验等多种渠道。不过警察自己发现犯罪线索的占比很小。2003年日本曾有统计,侦查线索中,被害人报案占91.1%,警察发现占6.5%,第三者报告占

---

[1] 参见[葡]乔治·德·菲格雷多·迪亚士:《刑事诉讼法》,马哲、缴洁译,社会科学文献出版社2019年版,第52—53页。

[2] [日]松尾浩也:《刑事诉讼の原理》,东京大学出版会1974年版,第265页。

[3] 参见[日]大谷实:《刑事政策学》(新版),黎宏译,中国人民大学出版社2009年版,第336页;[日]川出敏裕、金光旭:《刑事政策》,钱叶六等译,中国政法大学出版社2016年版,第245页。

[4] Ronald Bacigal, *Criminal Law and Procedure: An Overview*, Delmar, Cengage Learning, (2009), p.133.

0.9%，告诉占 0.5%。被害人和第三者报告占确认存在犯罪的绝大多数。[1] 有时，案件猝然临之，现场判断极为重要。比如，"某珠宝店忽然停电，乌黑一片，30 秒后电力恢复，但此时放在柜台之钻石不翼而飞。正巧巡逻警员经过，珠宝店老板遂报警处理，警员请当时在场的二位店员及三位顾客暂时留下来，并予搜索其身体及随身皮包"[2]。

  侦查合法性的划时代标志是"米兰达警告"。1963 年 3 月 13 日，米兰达在家中被捕，被害人在警察局指认了他。两名警察随后将其带到审讯室讯问。两小时后警察走出审讯室，手中拿着米兰达签字的认罪笔录。在笔录上方有一段打印好的文字，用以说明认罪是自愿的，没有威胁或免罪许诺："我充分了解自己法律上的权利，知道我所作的任何陈述都有可能用来指控我。"在陪审团听审时，警察承认没有告知米兰达有权要求律师在场。虽有辩护律师极力反对，但这一认罪笔录仍被采信为定罪证据，绑架和强奸两罪各处 20 至 30 年监禁。案件上诉后，亚利桑那州最高法院维持原判，并特别强调米兰达没有要求请律师。案件最后上诉至联邦最高法院，定罪终被推翻。"米兰达判决"实际是针对四起上诉案的一并宣判，四案共同之处在于，被告都在与外界隔绝情况下接受讯问，讯问前都没有得到充分而有效的权利告知，获得的有罪供述都没有达到保障"不得自证有罪特权"的宪法标准。

  1966 年形成的米兰达判决重点放在不得强迫自证有罪特权，并且确立一条新的规则：羁押后讯问前必须告知被指控者有权获得律师帮助。即使被指控者没有主动提出要求，也不得被推测为放弃权利。告知沉默权与获得律师帮助权，是米兰达规则两个不可分割的组成部分。[3] "你有权保持沉默，如果你开口，你所说的每句话都将作为呈堂证供。你有权请律师并要求他在场。如果你请不起律师，我们会为你指定一位。在讯问过程中，你可以随时要求行使这些权利，不回答问题或者不作出任何陈

---

 [1] 参见[日]田口守一：《刑事诉讼法》（第五版），张凌、于秀峰译，中国政法大学出版社 2010 年版，第 45 页。

 [2] 林钰雄：《刑事诉讼法》（上册），元照出版公司 2015 年版，第 412 页。

 [3] Klotter & Kanovitz, *Constitutional Law for Police*, The W. H. Anderson Company, (1968), pp.235-236.

述。"这是"米兰达警告"经典的简化措辞,出自米兰达案的判词。米兰达案事关美国刑事司法的根基:在追诉个人犯罪过程中,社会必须遵守某些限制,而这些限制与联邦宪法相一致。确切地说,事关被告在警方羁押讯问过程中所作供述的证据可采性,以及哪些必要程序才能确保被告真正享有宪法赋予的不被强迫自证有罪的特权。

首席大法官沃伦亲自撰写了判词,他简单回顾了不自证有罪原则从英格兰引入美利坚的历史。"不得强迫任何人自证有罪"与"被告应当获得律师帮助",在英格兰不过是两条简单的证据规则,在美利坚则被升华为宪法上的基本权利。但也正因为这一升华,反倒容易沦为"空洞的言辞"。为避免"权利只是说说而已",为使个人的宪法权利能够以一种实在的方式对抗过分热忱的政府官员,必须重新回到硬性的程序规则,尤其是要让追诉方有义务证明,已经运用了有效的程序保障来确保被告的特权。至于律师在场时是只可静默,还是可以说点儿什么,根据法律规定和司法实践,律师不应打断合法而正常的讯问,可以插话的只是一些特殊情形,比如警察的提问显失公平,与案情无关,曲解法律,或者声称已经了解案情,但又拒绝给出任何事实根据,或以极端恶劣的态度和使人难堪的提问迫使被告就范,甚至迫使在场的律师退让。[1] 所谓使人难堪的提问,即有多层意思或者内容的问题,简单回答是或者否,都会对被审问者不利。[2]

被羁押后被告可以放弃沉默权,但必须是自愿、明知和明智的。在任何阶段,如果被告以任何方式表示想咨询律师之后再说话,讯问应当停止。被告可能已经回答了一些问题或者自愿作了一些陈述,但仍然有权拒绝回答进一步的讯问,直到他咨询律师之后再次同意接受讯问。[3] 米兰达规则的例外理由是保障公共安全,也就是,某些场合允许警方延缓宣布米兰达警告,比如正忙着拘捕在场的其他嫌疑人,或者正在采取必要的

---

[1] Peter Hungerford-Welch, *Criminal Litigation and Sentencing*, Cavendish Publishing Limited, (2004), p.30.

[2] 参见[德]费尔巴哈:《德国刑法教科书》(第十四版),徐久生译,中国方正出版社2010年版,第480页正文及注4。

[3] *Miranda v. Arizona*, 384 U.S. 444, 445 (1966).

安全措施保护自己和他人。为此,警察可以在宣布米兰达警告前,先行讯问被告身边是否还有武器,在此过程中获得的有罪证据不会被法院排除。[1] 再者,在被告表示希望保持沉默后,讯问了不相关的犯罪。判例中被告因抢劫被拘捕,接受米兰达警告后表示不想再谈抢劫的事。两个多小时后另一探员出现,在第二次米兰达警告后讯问一宗谋杀案,被告作了有罪供述。法庭确定谋杀罪成立,被告上诉表示反悔,认为自己在行使沉默权过程中不应再被讯问。最高法院支持定罪,认为证据可以采信,因为两次讯问间隔很久,且重新给出过米兰达警告。[2]

一名水兵被控谋杀战友。他以口头和书面两种方式表示放弃沉默权和律师帮助权,但在讯问进行90分钟后说"或许我应该跟律师谈谈"。当讯问者向他确认是否真要一个律师时,被告又说不需要。讯问继续,所作供述成为谋杀罪的证据。最高法院认为,除非被告的表述能够让在场的理性的讯问者明确知晓会见律师的请求,否则不涉及米兰达规则。而讯问者要求被告澄清真实意思,是适当的,并不违反米兰达规则。[3] 判例中有被告竟然打断米兰达警告,声称自己知道这项权利,之后供出警方要找的物证所在。[4] 在某一可信的供述因违反米兰达规则而不能用于指控时,却可以用来弹劾被告的作证信誉,比如被告在放弃沉默权后曾作有罪供述,但在证人席作证时又声称自己对犯罪一无所知。米兰达规则包含沉默和会见律师两方面,如果警方只告知有权沉默,未告知有权获得律师帮助,那么供述就是自愿但违反米兰达规则的。如果供述是违背自愿而取得的,便不能用于弹劾被告人信誉。[5]

某些违背米兰达规则所取得的证据,不可用于定罪,但可用于获取其他间接证据。比如被告在未得到米兰达警告情况下作有罪供述,偶然提到一个名字,后来这个人成了控方证人。最高法院认为这个证人证言的污点已被洗清,可以采信。[6] 还有的被告相信只会被问及轻微犯罪,放

---

[1] *New York v. Quarles*, 467 U.S. 649 (1984).
[2] *Michigan v. Mosley*, 423 U.S. 96 (1975).
[3] *Davis v. United States*, 512 U.S. 452 (1994).
[4] *United States v. Patane*, 543 U.S. 630 (2004).
[5] *Harris v. New York*, 401 U.S. 222 (1971).
[6] *Michigan v. Tucker*, 417 U.S. 433 (1974).

弃了沉默权，但警方提问了一个更重的犯罪，被告供述后反悔，比如因走私枪支被拘捕、讯问，却被一并问及是否枪杀他人。被告回答是的，但在上诉中却主张应被告知全部可能的讯问罪名，否则不会放弃沉默权。最高法院没有支持这种反悔，因为宪法并未要求让被告知晓放弃沉默权后的所有可能后果。[1] 米兰达警告必须明白无误，通常要问被告听懂没有，并且必须听到"是"的回答。但也不时遇到一些调侃，警察问，你明白我向你宣读的这些权利吗？你愿意回答我的问题吗？被告人回答"是"意味着什么呢？是"明白"，还是"愿意"？

沃伦所代表的联邦最高法院的多数意见解释了米兰达警告的背景：(1)审讯室的环境气氛具有内在的威胁性，很难保证被告的陈述出于自主选择。(2)不得自证有罪的特权是对抗制诉讼的柱石，无论是在法庭上还是在拘禁审讯中，都要确保被告有权保持沉默。(3)无论在讯问前还是讯问中，如果被告表示希望保持沉默，讯问必须停止；如果他说需要律师，讯问也必须停止，直到律师到场。(4)如果讯问时没有律师在场，且被告已作供述，那么警方有很重的举证责任，证明被告是明知而明智地放弃了获得律师帮助权。(5)在羁押状态下，即使被告已经回答了某些讯问，也并不代表他放弃了特权，他可以随时援用自己的沉默权。(6)进行过权利告知，自愿的权利放弃，是采信被告供述的必备前提。要证明被告放弃了权利的确很困难，但取得口供前的长时间讯问和单独羁押，恰好是被告没有放弃权利的有力证据。

关于米兰达警告向来争论激烈，就连联邦最高法院的米兰达判决也只是5:4通过。在恐怖袭击或者绑架勒赎等案件发生时，米兰达警告尤其容易遭到抨击。有些出人意料的是，美国司法部力挺米兰达规则。2010年，纽约汽车炸弹案的被告费萨尔·沙赫扎德在被逮捕时联邦调查局人员仍然告知他"你有权保持沉默"。司法部长霍尔德表示，赋予沙赫扎德米兰达权利并没有阻碍对他的调查。事实上，在获知拥有沉默权后，沙赫扎德仍继续与政府保持合作，而且提供了许多有价值的线索。司法部长坚决认为，作为美国公民，沙赫扎德应该拥有他的基本权利，他必须在普

---

[1] *Colorado v. Spring*, 479 U.S. 546 (1987).

通法庭而非军事法庭接受审判。但在2013年波士顿爆炸案中,被告焦哈尔·察尔纳耶夫在被告知米兰达权利后,开始拒绝与联邦调查局合作,多名国会议员质疑这一权利告知。美国司法部再次表示,告知权利符合正当程序,而且不会影响诉讼,米兰达规则使被告在监禁中供述的自愿性获得了程序保障。

米兰达警告重要性在于,为供述和自白的可采性设定了标准。米兰达警告之前的证据采信标准是自愿,之后的证据采信标准是必须肯定地回答三个问题:作出警告了吗?被告放弃权利了吗?被告放弃权利是出于明智和自愿吗?一旦被拘捕或者实质性地剥夺自由即属羁押,就应给予米兰达警告。而一旦开始提问或者制造一种有助于导出供述与自白场景时即属讯问,无论重罪还是轻罪,讯问都要遵守米兰达规则,除非是例行的车辆拦检。上诉法院如果认定,庭审法院采信了原应排除的证据,一般会推翻定罪,但若认定采信是无害的,也可能维持定罪。某些时候无需米兰达警告,比如警官并未提问时,一般性的现场询问时,询问被告身份时,询问证人时,拦检与拍搜时,列队指认时,一对一指认或者照片指认时,被告向私人作出陈述时,被告向大陪审团供述时,以及被告的举动对公共安全构成威胁时。[1]

第二节 讯问手册与侦查攻略

不可否认,对米兰达规则的质疑从未停歇过。这些批评主要针对律师在场的必要性,认为律师在场经常一言不发,即使律师不在场,警察也会依法讯问。这是一种倒果为因的思考,他们所看到的依法讯问,恰恰是律师在场的效果。更为激烈的批评者,会极力谴责米兰达规则是给同犯罪作斗争的警察戴上手铐。大法官怀特在米兰达案判决的少数意见里甚至警告说:"在具体数字不详的案件中,米兰达规则使杀人、强奸等重罪犯重返街头,回到滋生他们的环境中。只要他们高兴,随时可以重新犯罪。

---

[1] Rolando V. Del. Carmen, *Criminal Procedure Law and Practice*, Wadsworth, Cengage Learning, (2010), p. 378.

这对于人性尊严来说,不是增益,而是贬损。"具体的质疑在于,排除虽违法但具有相关性的证据,是矫正警察违法行为的有效途径吗?警方的羁押本身就内在地具有强迫性吗?[1] 对第一个疑问,不会有公认的答案,只能从切身的观察和经验中寻找反向事证,即在非法证据依然畅通无阻地作为定罪根据的地方,刑讯逼供是猖獗的,警察违法是普遍的。对第二点疑问应当这样反问:在警察绝对控制的气氛中,在与世隔绝的讯问中,达成被告自证有罪的供述会更难吗?

描述讯问过程中究竟发生了什么非常困难。早在20世纪30年代,美国总统顾问委员会就曾向国会提交一份著名报告,其中清晰反映了警察暴力刑讯,以及绰号"第三度"的疲劳审讯,在那个时代简直是径情直遂。这份报告引起美国朝野关注,但并未有效遏制警察为了获得有罪供述而诉诸踢打、吊打、鞭打等野蛮暴行,而所有这一切都发生在持续轮番的与世隔绝的讯问中。直至1961年,美国民权委员会仍然发现许多证据,显示警察刑讯并未成为过去,也远非个别地区的个别现象,甚至对证人也拳打脚踢、烟头烫背。看来必须对羁押讯问加以有力监督,"不能允许所谓以小恶换大善。以违规或不正的手段获得一个正确结果,不足以称为正义"[2]。口供一旦成为定罪捷径,警察就再懒得做别的事情。习惯动拳头,就不习惯动脑筋。"任何刑事司法制度,只要开始仰赖口供,比之于倚重外部世界的独立证据,长远看来,司法结论就会变得极不可靠,并且在取得司法结论过程中倾向于滥用权力。"[3]

米兰达判决形成后,刑讯技巧一直在提高,变得越来越隐蔽,但其锐利与苛酷却未减弱。最终,所谓变相刑讯成为主流,也就是,羁押讯问中更多运用心理的、精神的方法,血迹以及肉体痕迹已经不再是纠问的标记。[4] 而且,许多判例都为警察的不正讯问留出相当的空间。"警方通过骗供或者其他不实表述获得的被告供认,并不当然属于不可采信的证

---

[1] [美]拉里·劳丹:《错案的哲学》,李昌盛译,北京大学出版社2015年版,第244页。
[2] *Miranda v. Arizona*, 384 U.S. 445, 446, 447 (1966).
[3] *Escobedo v. Illinois*, 378 U.S. 478 (1964).
[4] 所谓变相刑讯逼供,专指不让睡觉、冰水浸泡,以及在囚室隔壁大声折磨被告人至亲,等等。

据,法庭通常会对这类供述是否出于自愿做所谓整体考量。比如警方欺骗说尸体已经找到,以此得到嫌疑人的响应和确认,法院认为这种供述不必自动排除,并且强调,即便在个案中排除了诱供、骗供的证据,这种证据本身也不应被排除。当然,欺骗应当有个尺度,上诉法院曾经维持庭审法官的一个命令,将警方通过伪造 DNA 测试报告获得的强奸嫌疑人供述以'非自愿自白'的名义加以排除。同样被上诉法院排除的是一盘录音带,警方假扮谋杀案的目击证人接受采访,促使嫌疑人认罪,定罪被推翻。"[1]只要讯问依然秘密进行,便意味着揭发刑讯不仅困难,而且有风险,即使案件回炉,二次刑讯可能依然存在。

审讯室里到底发生了什么,从各种警务指导手册中可以寻到蛛丝马迹。这些手册给警察的关键指点是,成功的讯问需要秘密状态,务必让被讯问人孤立无援。为此,应当在讯问者选择的地方进行,从而挫败被讯问人的心理优势,否则嫌疑人会对自己的权利过分敏感、自信、傲慢甚至顽劣,不愿吐露罪行。他的家人和朋友在场时会给他增添勇气。为了凸显隔绝与陌生的威力,警察应当表现出对嫌疑人有罪的高度自信,有罪已成定局,令人感兴趣的不过是对特定细节的确认,"聊聊细节又有何妨"?讯问者应当评论犯罪的理由,尽量淡化犯罪的道德恶性,责备被害人和社会,让嫌疑人形成这样一种心态,即他不过是复述了警察已经知道的东西。比如为报复杀人找个合法的可原谅的理由,有助于套取初步认罪,可以对嫌疑人说:"乔,你外出找他可能不是为了杀他。我猜你估计有事要发生,所以带了枪,为了自卫嘛。你了解他,不是什么好人。然后你遇到他,他开始骂你,羞辱你,好像要拔枪对着你,你必须采取行动救自己的命。是这样吧乔?"

而一旦嫌疑人承认开枪,就应举出旁证来否定自卫的解释,激励嫌疑人把故事讲完。讯问者应当呈现耐力与坚持,既释放善意,又讲究策略。不过,当诉诸感化和施以计谋都无济于事时,起决定作用的还是制造一种持久的压迫气氛。手册强调,必须毫不留情地不停逼问,不给嫌疑人喘息

---

[1] Frazier v. Cupp, 394 U.S. 731 (1969); State v. Norfolk, 381 N.W. 2d 120 (Neb. 1986); State v. Cayward, 552 So. 2d 971 (Fla. App. 1989); State v. Patton, 826 A. 2d 783 (N.J. Super 2005).

机会;必须完全操控嫌疑人,让他充分感受到讯问者不获真相决不罢休的意志;要连续几小时不停追问,只在嫌疑人出现生理极限时暂停一下,以免留下胁迫的证据。手册中一个段落甚至提到:"即使嫌疑人不再讲话,他最初否认开枪与刚刚承认开枪之间的不一致,也有助于在庭审时反驳他自卫的辩护。"如果仍不奏效,就尝试让两个讯问者分别唱红、白脸,一个表现敌意,一个显示友好。铁面无情的讯问者要表现出坚信嫌疑人有罪,不想浪费时间,要向嫌疑人透露,他曾把犯同样罪的一堆人送入监狱,也不在乎多送一个,而且是最高刑期。心地善良的讯问者显然自己有个温馨家庭,还有个兄弟曾经有过类似的麻烦,只要嫌疑人愿意合作,就努力帮他摆脱困境。当然,那个不友好的家伙很快就会回来,我控制不了他会干什么,你要快点作出决定。

为此,律师一方面力争于讯问时在场,另一方面则应尽力给当事人支招说,行使缄默权是最大的武器。缄默权是宪法上所保障的权利,侦查机关若有相关侵害即属违反宪法,可以一路争执到最高法院。虽然那么说,可是对于侦查机关巧妙地穷追猛打,想要贯彻缄默,极其困难。要让犯罪嫌疑人事先理解下列各点:如果生气就保持缄默。对不合理追查越是感到愤怒的人,越不会甘愿输给侦查人员而想要抵抗。虽该当犯罪者,仍无接受侦查讯问的义务;纵使犯罪是不争的事实,只要不想说,应该就可以不说才是。如果能在辩护人协助之下坦率应讯、表示反省诚意的话,会比较好。一旦开了口,侦查人员就会趁机全力追讨自白,他们可不是简单人物。必须要说的是,一知半解吃大亏,落实缄默明哲保身。缄默在现实上是非常困难的,很多人都做不到。别以为做得到固然厉害,做不到也没有办法,不要忘了推翻供述笔录时的反作用力。[1]

手册还提到,讯问者一定要指出,你有权保持沉默,但你拒绝说话本身意味着你自证有罪。"乔,你有权保持沉默,这是你的特权,我不想剥夺它。如果你愿意这样,就随便你。不过我要问你,你如果处在我的位置,我对你说'不想回答任何问题',你一定认为我隐瞒了什么。你这么想

---

[1] 参见[日]大出良知等编著:《刑事辩护》,日本刑事法学研究会译,元照出版公司2008年版,第92—93页。

是对的,这也正是我和其他人的想法。好了,还是坐下来好好说说案情吧!"对那些想见律师或亲友的嫌疑人,应当建议他先把真相告诉讯问者,最好别让其他人牵涉进来。请律师可是要花很多钱的,不要给家人增加负担。"乔,我只想知道实情,如果讲出实情,一切就都由你自己做主。"如果是女性嫌疑人,还可以告诉她,如果合作就可以不让政府把她的孩子带走。手册还介绍了辨认程序中一种有效的技巧:可以突然中断讯问,让嫌疑人接受列队指认,授意"证人"或"被害人"认真辨认,然后信心满满地指认"就是他"。恢复讯问时,嫌疑人有罪已经是毋庸置疑的了。[1]

讯问手册还建议诉诸嫌疑人的道德和宗教情感,以良心、道义或心理解脱的名义,以体面和荣誉的名义,促使嫌疑人说出真相,只要说出真相,其他一切都好商量。[2] 1975年1月17日,警察抓到抢劫、枪杀出租车司机的嫌疑人英尼斯。在接受米兰达权利告知后,英尼斯表示明白自己的权利,希望先和律师谈一谈。在押解英尼斯去警局的路上,两名警察开始交谈,说作案枪支还没找到,"这里有所残疾儿童学校,许多残疾儿童在这附近玩耍。上帝保佑,不要让哪个孩子找到那支枪,万一还有子弹,他们会伤到自己"。英尼斯主动插话说知道枪在哪里,因为那些孩子们,愿意帮助把枪找出来。枪是找到了,但警察没有放过英尼斯,他被控绑架、抢劫和谋杀。庭审法院驳回"排除枪支作为证据"的申请,认为英尼斯已放弃米兰达权利。案件上诉至罗德岛最高法院,定罪被推翻,裁定发回重审,理由是英尼斯要求见律师,律师到场前应停止讯问。但美国联邦最高法院多数意见却支持庭审法院的有罪认定,理由是,只有警察知道自己的言行会合理引出嫌疑人自证有罪的回答,才构成讯问,而两个警察的对话在当时场景下并不构成讯问。[3]

---

[1] Kidd, *Police Interrogation* (1940); Mulbar, *Interrogation* (1951); Dienstein, *Technics for the Crime Investigator* 97-115 (1952). 有一种不规范的一对一的辨认,"在侦查辨认时,直接把一个白金戒指拿给被害人的母亲看,问这是不是你女儿戴的?她说是。等到法庭审理阶段,律师领着老太太到法庭上了,她说我女儿戴的是个白金戒指,你们给我看的,我拿到手里仔细一看是个白银戒指"。张军、姜伟、田文昌:《新控辩审三人谈》(增补本),北京大学出版社2020年版,第89页。

[2] F. Inbau & J. Reid, *Criminal Interrogation and Confessions* 60-61 2d ed.1967.

[3] *Rhode Island v. Innis*, 446 U.S. 291 (1980).

首席大法官沃伦在米兰达判决书中毫不留情地揭露了联邦调查局的种种恶劣行径，而在同一时期的苏维埃法院的判决书中却不可能看到克格勃有任何不当行为。《十诫》是波兰电影大师基斯洛夫斯基的经典，由10部各50分钟的系列电影组成，堪称当代醒世恒言。其中《杀人短片》揭示了那一时期的审讯、审判以及死刑执行的残暴。《刑讯者的下午》是罗马尼亚国宝级电影大师吕西安·平特莱的"伤痕电影"，讲述一个曾经丧失人性的刑讯者，在接受电台记者采访，回忆那段罪孽深重的过去。对比之下，沃伦所要防止的警方讯问方式实在是太文雅了。当然，米兰达规则的代价是每年有5.6-13.6万件暴力犯罪和7.2-29.9万件财产犯罪无法惩处。[1] 我们需要作出艰难选择，没有中间道路可走。沃伦经常在判决书中引用前辈路易斯·布兰戴斯的警世通言："尊严、安全和自由，一并要求政府官员受制于公民们也须遵守的同一套行为规则。一个归属法律的政府，倘若不能谨遵法律，其生存必将危如累卵。政府是能力超拔、无所不在的，人民以它为善恶样板。政府违法会毒化风气，滋生对法律的蔑视，诱使人们只奉自己为法律，导致动荡与混乱。"[2]

何谓讯问？讯问首先从犯罪行为动机开始，旨在获得供认，如果被告予以坦白，则不但不应中断其供述，而且要将陈述的所有内容记录在案，并让被告对相关内容补充和澄清。如果被告否认指控，可用下列方式促使其承认：一是提问，就涉及犯罪或与犯罪有或近或远联系的情况进行提问，促使被告逐渐认识到，仅仅根据现有证据就已知晓其罪行，不真实的回答会引起进一步审查，必须打消蒙混过关的念头，说出实情。二是指责，不仅针对被告陈述中的矛盾和不可能性，而且针对具体的告发和证据。三是让证人和已供认的共同被告对质。四是让被告对犯罪进行回忆，将被告带到犯罪现场，展示尸体、犯罪工具等。五是根据宗教、道德和荣誉情感的告诫，常会实现讯问的目的。[3] 文明诉讼的公认规则是，非

---

[1] Paul Cassell, *Miranda's Social Costs: An Empirical Reaaessment*, 90 Nw. U.L. Rev. 387 (1996).

[2] Justice Louis D. Brandeis, *Olmstead v. United States*, 277 U.S. 438 (1928).

[3] 参见[德]费尔巴哈：《德国刑法教科书》（第十四版），徐久生译，中国方正出版社2010年版，第479页。

有必要不得先行传讯嫌疑人,不使嫌疑门槛过低以致嫌疑人不胜其扰,应强调侦查的正确动作是先行调查搜集物证,不应首先依赖口供,亦可避免打草惊蛇。[1]

有些讯问显属诱供,无论是否有利被告,都有欠公正。2018年9月6日央视《今日说法》栏目中,昆山反杀者于海明接受讯问画面曝光。8月27日晚反杀事件发生后,昆山警方成立专案组,以涉嫌故意伤害对于海明进行刑事传唤,调取监控对事发现场进行分析。8月28日下午昆山警方对于海明刑事拘留。案发第三天,舆论开始发酵,力挺反杀。8月30日昆山警方继续讯问于海明。在央视公布的审讯画面中,于海明戴着手铐,边哭边讲事发时的心理状态:"脑子一下就蒙了,我觉得我要死掉了。"审讯民警提问:"你觉得他要把你砍死是吧?"于海明回答说"是,死了,朝我后面那么一下,脑子里嗡了一下,感觉就跟死了、跟做梦似的。"办案民警在《今日说法》中解释说,在分析监控画面时发现于海明受到攻击后"一直没还手,被这个人打了六七下,这一下之后,他才真正地开始还手"。这种新闻报道方式值得商榷,一个简单的道理,检验侦查结论的地方应该是法庭而不是央视。

关于"如实供述"与沉默权的关系,有学者认为,在现行法规定的"不得强迫任何人证实自己有罪"的语境下,我国已实质上确立了沉默权制度,应当对"如实回答"朝忠实于主观意愿的方向进行解释,以消除两者之间的冲突。犯罪嫌疑人对于侦查人员的提问没必要违背自己的意愿进行供述。这既没有超出"如实回答"这一文本含义的最大范围边界,也体现出设置沉默权制度的根本目的,即保障犯罪嫌疑人的供述自由,是否供述、在什么时间供述、供述哪部分内容,均取决于犯罪嫌疑人的主观意愿。[2]嫌疑人有自我辩护的权利,无论是避重就轻、推诿塞责,甚至缄默不语,还是装聋作哑、称病呻吟,都合乎事理、人情、本能,不应受到苛责。可是,只要承认真相不过是自由心证的结果,就已经在何谓真相与何谓心证之间陷入循环论证。在沉默权问题上不能与国际社会达成共识,一个

---

〔1〕 参见林钰雄:《刑事诉讼法》(下册),元照出版公司2015年版,第19页。
〔2〕 参见江溯主编:《刑事法评论:刑法与刑诉法的交错》(第45卷),北京大学出版社2022年版,第82页。

重要原因是在追求实事求是的目标过程中,确信每次都能通过让被告开口来达到这一目标。

仅次于讯问的侦查措施是勘验、检查。勘验、检查就是在侦查中凭借五官、仪器对场所、物品、尸体的状态进行辨认或检验。此处的检查对象只限物品,不包括人身。勘验的含义极广,勘验现场的同时,还伴随着询问证人、被害人等侦查行为。比如在入室盗窃现场,侦查人员就被窃物品数量、种类、来源、价值、外观特征及放置是否隐秘等加以询问;同时会在门窗地板、衣柜家具等处寻找并提取脚印、指纹等痕迹;也会询问用人、邻居有无察觉和线索,而一旦觉得用人可疑,可能进行深入盘问,查看其所住房间;随后还可能即时与当铺、古旧物品收藏者联系,询问并叮嘱告知注意事项。不过,有些案件的现场勘查没有被害人在场,甚至在调查证据时并不希望嫌疑人及其辩护人在场。[1] 勘验、检查完成后,如果是物证,应当向公诉人移交,最终向法庭出示,但若无法扣押或不便携带,或者犯罪现场难以保持案发时的状态,可将该物品及场景状况记载于勘验笔录中。勘验笔录的价值在于,确认痕迹是犯罪实施当时留下的,而不是其他时间出现在现场的。

警方经常利用勘验现场的机会,命被告到场进行现场模拟,重复其作案过程并录影存证。这一做法可能造成"不可能不是他"的有罪推定,因而进行侦查实验应基于必要性,属尽量不采取的补充性侦查手段。其目的是确定一定条件下能否听到或者看到,一定时间内能否完成某一行为,什么条件下能够发生某种现象,某种条件下某种行为和某种痕迹是否吻合一致,使用某种工具可不可能留下某种痕迹,某种痕迹在什么条件下会保持稳定或者发生变异,等等。侦查实验不同于现场勘查,毕竟是某种虚拟场景,可能由于初始场景设定有误而与实际的犯罪现场迥异。进行侦查实验应当遵循一些程序和要求,比如由位阶较高的负责人批准,由侦查人员进行,有见证人或有专门知识的人在场,不允许令被告人在被害人身上模拟示范,并禁止一切足以致害、侮辱人格或有伤风化的行为。实验

---

[1] 参见[德]克劳斯·罗克辛:《德国刑事诉讼法》,吴丽琪译,三民书局1998年版,第409页。

条件应与实际情境相近似,尽量保证重复有效,应当制作侦查笔录,现场照片或录影应入侦查卷,并应准许辩护人查阅。[1]

侦查的又一重要手段是辨认。辨认既可对物,也可对人。对人的辨认通常又称为指认或指证,由目击证人进行,但也蕴含巨大风险,应遵循一系列的规则,比如"指认犯罪行为人,应采取选择式之真人列队指认,而非一对一、是非式的单一指认;其供选择指认之数人在外形上不得有重大的差异;实施照片指认,不得以单一相片提供指认,并避免提供老旧照片指认;指认前应由指认人先陈述嫌疑人的特征,不得对指认人进行诱导或暗示等程序"[2]。让目击证人进行的指证、指认,受制于一个正当程序标准:不能具有"不可磨灭的暗示性",即不能让指认对象具有实质的相似,因为证人在不能确定谁是嫌疑人时,可能选一个最像的,但未必是最对的。告知证人说嫌疑人可能不在队列中,错误率可以从 78% 降为 33%。证人还可能受警察当场表情、语气、动作的影响,而待指证的嫌犯可能因紧张而暴露自己。因此,要进行两组即两次列队辨认,同时告知证人说嫌疑人可能在其中任何一列,也可能不在任何一列;应由完全不认识嫌疑人的警察安排组织列队辨认;努力让证人回忆嫌疑人犯罪时的样子。最后,律师应当在场。[3]

曾有嫌疑人被控谋杀,警方于案发翌日将其逮捕,直接押至医院让被害人妻子指认。指认现场只有嫌疑人、警官和检察官,且嫌疑人为在场的唯一黑人。联邦最高法院指出,若依据当时一切情状,指证程序对证人显示不必要的暗示,且助长无法弥补的错误指证机会,此证据即应排除。但分歧意见却认为,被害人妻子当时因伤重不能亲至警局完成列队指认,因生命垂危,有立即指认的必要,故该指认并未违反正当程序。[4] 在曼森案中,警方根据便衣警察的描述找出一张符合特征的照片,两天后让便衣警察进行指认,是否因照片唯一、暗示过度而应将证据排除?不一定。在

---

〔1〕 参见张建伟:《刑事诉讼法通义》(第二版),北京大学出版社 2016 年版,第 418 页。
〔2〕 林钰雄:《刑事诉讼法》(下册),元照出版公司 2015 年版,第 6 页注 3。
〔3〕 王兆鹏:《美国刑事诉讼法》(第二版),北京大学出版社 2014 年版,第 514—517 页。
〔4〕 Stovall v. Denno, 388 U.S. 293 (1967).

可以确保可靠性的前提下,有暗示性的指认瑕疵可以被法院容忍。[1] 无需讳言,刑案中最有影响力的证据,除了还冒着火药硝烟的左轮手枪,就是目击证人指着被告人大喊:"就是他!"但无论如何,再也没有什么单一因素比目击证人指认更不靠谱了,因为他们一般不容易观察到嫌疑人的身高、体重、年龄等体征。

在昏暗现场猝不及防遭遇嫌疑人,情绪高度紧张,挣脱、逃脱之后惊魂未定,警方的识别指认程序也可能加剧知觉和记忆的模糊性。[2] 证人之所以肯于出面作证,通常都认为自己看到、听到或了解到案件事实,越是自以为是,越是对指证充满信心,就越是容易出错,且不为他人或裁判者的质疑所动;或因偏见、观察瑕疵,或依经验先见推测填补缺漏,然后相信自己看到或听到了真实,而非加入想象的记忆。目击者的证词不像指纹、笔迹分析那样可靠,美国曾有统计数据,约两万目击者描述的嫌疑人外表,身高平均高出 5 英寸,年龄大 8 岁,82% 的证人对行为人的头发颜色描述都有错误,而且目击证人特别易受程序模式、规则的影响,尤其是庭审前的作证,由于不在法庭直接监控之下,更容易出现错误辨认。错误定罪的案件中,75% 是错误辨认导致的。[3] 1901 年 12 月 4 日,冯·李斯特教授进行了一次"教室谋杀实验",众目睽睽之下假装因观点相左而激愤开枪杀人。枪响 45 秒后,实验者要求在场的 15 人于当晚或一周后提供笔头或口头的目击报告。不出所料,没人能够准确描述被划分成 15 个片段的所有细节,出错率为 27%—80%。令人惊恐的是,有几个人竟然杜撰了未曾发生的情境。[4]

在缺乏其他相关证据支持的情况下,单凭目击证人的指认给被告定罪,以致酿成冤案,这方面的教训极为深刻。根据研究统计,许多后来通过 DNA 得以平反的错案,大多是由目击证人有意无意的指认错误

---

[1] *Manson v. Brathwaite*, 432 U.S. 98 (1977).
[2] Ronald Bacigal, *Criminal Law and Procedure: An Overview*, Delmar, Cengage Learning, (2009), pp.160-161.
[3] Rolando V. Del Carmen, *Criminal Procedure Law and Practice*, Wadsworth, Cengage Learning, (2010), pp. 319-320.
[4] 参见[瑞士]雷托·U·施耐德:《疯狂实验中史》,许阳译,生活·读书·新知三联书店 2009 年版,第 53—54 页。

导致的。[1] 威斯康星州法院曾经直言不讳:目击证人证言通常不可信赖,简直无可救药,现已成为美国错误定罪的唯一祸首,超过其他原因的总和。[2] 在美国,曾有22名目击证人共同指认造成的错案,致使被告阿道夫·贝克蒙受7年冤狱。该案的调查委员会总结说,基于人的印象的证据,尽管真诚作出,却有可能是所有证据形式中最不可靠、最不安全的,除非有其他证据的支持,不应单独作为定罪基础。[3] 有一次,指认错误竟然是针对一位天主教神父,7名目击证人信誓旦旦地指认他持枪抢劫。好在庭审进行到一半时,真正的罪犯出现并兜揽了所有罪行。[4] 不断有案件显示,记忆差误会随时间推移而越发严重。在警局里还有些犹豫不决,到了预审法官那里就有些自信了,开庭的那一天,证人的坚信代替了所有怀疑,一切踌躇顾虑都消除了。[5]

如果庭前指认证据遭质疑而被排除,那么当庭指认时,公诉人必须以清晰而可信的证据证明,此次当庭指认完全独立于庭前那次不当指认。当庭指认时,通常要问目击证人是否看到犯罪者出现在法庭里。为此,应当允许一些人同时坐在被告席上,否则就违反正当程序。关于声音识别,如果是在有暗示性的、不可靠的环境中进行的,也违反正当程序。证人要证明的是他熟悉被告的声音,而不是熟悉他所说的内容。口音也不可由证人来证明,因为被告可能在法庭上用另外一种口音讲话。[6] 早前尼尔案中归纳了需要考量的指认因素:证人目击的机会,证人当时的注意力程度,证人之前对嫌疑人描述的精确程度,证人确信的程度,证人的病危程度,犯罪时间与指认时间间隔。这些因素如果确定可靠,指认证据即使有瑕疵,也可以采信。[7] 合格的目击者必须记住事件细节,并且能够

---

[1] LaFave & Israel, *Criminal Procedure*, Thomson Reuters, (2009), p.411.

[2] *Wisconsin v. Dubose*, 205 WI 126 (2005).

[3] E. Watson, *The Trial of Adolph Beck* 250 (1924).

[4] Winer, *Pagano Case Points Finger at Lineups*, Nat'l L.J., Sept. 10, (1979),at 1, col. 4.

[5] 参见[法]勒内·弗洛里奥:《错案》,赵淑美、张洪竹译,法律出版社2013年版,第102页。

[6] Ronald Bacigal, *Criminal Law and Procedure: An Overview*, Delmar, Cengage Learning, (2009), p.165.

[7] *Neil v. Biggers*, 409 U.S. 188 (1972).

加以准确回述。不幸的是,常人固有的弱点以及某些暗示的影响,经常导致辨认过程不甚可靠。

某些心理学家曾将人脑比作一套机械记录装置,看到什么就录在磁带上,需要知道事件原貌时倒带并播放即可。不过这个比拟是错误的,人的知觉并非简单被动的对事件的记录,而是一个建构过程,人们有意无意地作出某种决策,有选择地接受尽量少的环境刺激,导致人们忽视事件的一些细节,尤其是那些最初看似无关紧要,事后又被假定至关重要的细节。时间短暂,光线昏暗,情绪紧张,漫不经心,都会导致记忆错误。如果要尽力回忆一场车祸如何发生,"我并不是在审视一种内在的图像,而是在努力让我当时的知觉再次运行起来,把当时看到的事情带回来,而且是以我们回忆各种事情的方式来做这些事情。当然,差错会悄悄混进来;我常常把我想要看到或者我认为我应该看到的东西投射到被回忆的事件上。我在记忆和想象之间摇摆。记忆都是出了名地难以把握;它们不是可以预防胡乱篡改的,这些的确是记忆的局限"[1]。

对被害人而言,焦虑和恐惧往往造成重大的感知扭曲。实证数据表明,人们对非我族类者,辨认能力低于对本族人。人的初始记忆还会被后续的情势变更所修改,以便迎合新信息的内在逻辑。而随着时间推移,某些细节被彻底忘记,但对某些记忆的自信又会随时间而强化。最后,不言而喻,目击者的记忆还受侦查人员提问方式的影响。[2] 魏清安被冤杀案,最初的错误就是不当的辨认造成的。1983年1月25日,女青年刘某被一名20多岁的陌生男子强暴,并被抢走了手表和手提包。案发一个多月后的3月5日,村里通知所有年轻人去开会,其实是警方为了辨认作案者而故意安排的。被害人刘某看了一眼魏清安,对现场的警察说:"看长相像是他,个子好像低了点。"审讯时,魏清安不止一次申辩说:"肯定认错人了,我脸上有一块疤,还有一个红痣,案发那天我的左手受伤了,包着纱布,当时喉咙疼得厉害,说话的声音不一样。"魏清安的所有辩解都是徒劳的。本案中的辨认时间距案发已经40天,不仅辨认的准确性值得怀

---

[1] [美]罗伯特·索科拉夫斯基:《现象学导论》,张建华、高秉江译,上海文化出版社2021年,第73页。
[2] LaFave & Israel, *Criminal Procedure*, Thomson Reuters, (2009), pp. 411-412.

疑,魏清安脸部特征、左手受伤缠着纱布等非常明显的特征,受害人从未提到,庭审调查时也没有认真质证。

其实,人的听觉和视觉一样也会出错。凶手向被害人开了五枪,单元内的邻居被惊醒。调查人员已经了解开枪的次数,因为捡到的弹壳和被害人身上的弹头数目相同。但邻居们有的说听到三声枪响,有的说听到六七声,甚至还有人说听到了八声!几乎所有人说的都高于实际。有关听到声音时间先后的问题,更不容易得到准确答案,但在案件中把它搞清楚却非常有意义。案件中,一个女人离家去与情夫相聚。清晨,她丈夫决定去找她,又很害怕那个粗暴出名的情夫会有什么举动,于是就带了一支12毫米口径的猎枪。到达之后,他为了打开屋门而故意弄出一些声响,结果吵醒了邻居们。那个情夫也上街了,并且同样带着一支小口径步枪。很快,两人交锋了。结果,情夫因为伤重死去。审讯中丈夫强调说,是他的情敌先开枪,他开枪是为了反抗。12毫米口径猎枪的声响,很明显比那支小口径步枪要大得多,两种声音不易混淆。然而,邻居们的证明却相互矛盾,而弄清这个问题十分重要。如果情夫先开枪,丈夫就是正当防卫;假设情况相反,丈夫就是预谋凶杀。[1]

隐匿身份的秘密侦查主要有化装、卧底和诱捕三种。[2] 所谓化装侦查其实是卧底侦查和诱捕侦查的上位概念,而与便衣警察有所不同,后者的典型是公交车上的反扒人员。反扒不是侦查行为,而是一种现场抓捕行为。卧底侦查与诱捕侦查是一种手段递进关系,为了诱捕成功,先要赢得信任,就需要"先打入,再策反"。卧底警探必须针对重大犯罪,尤其是毒品、武器非法交易、危害国家安全、常业常习惯犯及有组织犯罪,并且必须是其他方法无望破案或极其困难。虚虚实实的卧底警探犹如双面人,横跨黑白两道,陷害,教唆,导致到底是打击犯罪还是帮助犯罪的疑虑。由于卧底警探往往必须"干一票"才能取信帮派,投名状式的犯罪如何评价,迄今仍无定论。由于隐秘身份,不能亲自出庭作证,又与直接审

---

〔1〕 参见[法]勒内·弗洛里奥:《错案》,赵淑美、张洪竹译,法律出版社2013年版,第100—101页。

〔2〕 参见黄朝义:《无罪推定:论刑事诉讼程序之运作》,五南图书出版公司2001年版,第125页。

理原则相冲突。影片《无间道》情节设定惊心动魄,众星表演上乘,堪为警匪片经典。然以法理观之,实不可取。

警方多年前从警校选拔,深埋卧底,自始就不想防微杜渐,而是要养匪自重,试想这难道不是某种默契的合作?并且根据影片情节,双方还要相互锻炼队伍,相约有朝一日一决胜负,这番操作恐怕不是纳税人供养警察的本意。《无间道》的故事放到现实中,不仅道义前提值得斟酌,而且实际结局已然失控。根据德国判例法,卧底警察不能通过故意建立并长期保持私人关系的方式来收集证据,只能在使用其他侦查手段无果、犯罪又十分严重且可能被再次实施情况下,才能启用秘密侦查手段。[1]"尊重人权与民主制度的制衡,基本上已经是全人类的共识,但为对抗特别危险的犯罪,卧底侦查已成为民主法治社会的必要恶害。在法律有具体明确的授权基础下……应容许安置卧底警察。"[2]但是,安插卧底不应是一种多年的酝酿安排,那无异于加功助力一帮匪徒的成长。

关于诱捕侦查,也称警察陷阱、警察圈套,属于一种等待、迎合或引诱他人犯罪之侦查方法。诱捕会破坏人与人的信赖关系,抑或对个人私生活有不当介入,瓦解基本的人际互动,进而造成对法的不信及轻视,极端愚蠢的情况下,还会导致被害人再次被害。记忆中,多年前《南方周末》曾有篇报道,写一村妇到派出所报案,说有人深夜翻墙入户强奸她,说可能再来。所长问有证据吗?认识吗?村妇答,没有,不认识。所长说,你回去,晚上我派人埋伏在你家里,有人来了,你不要乱动,等他完事,留了证据,你就喊叫,我们就动手抓他。村妇走后,所长布置人去埋伏,嘱咐说人来了先不要动手,等女的喊叫再抓人。当晚,人还真来了。村妇没有任何抗拒,完事后大喊抓人,没想到这人反应极快,竟然翻墙逃走了。因此,一般而言,诱捕属于不得使用的"会被指责为采取不道德行为的手段"[3]。

学者从四个方面考察诱捕与诚信的关系:其一,国家官员的诱捕行为

---

[1] 参见[德]托马斯·魏根特:《德国刑事程序法原理》,江溯等译,中国法制出版社出版社2021年版,第45—46页。

[2] 傅美惠:《卧底侦查之刑事法与公法问题研究》,元照出版公司2001年版,第56页。

[3] [德]威廉·冯·洪堡:《论国家的作用》,林荣远、冯兴元译,中国社会科学出版社1998年版,第160页。

一般应予否定,但若诱捕者是普通公民或外国执法者,且被诱捕者犯有"公共罪行"即对公众不利,尤其是受害者随后成为诱捕者,则可以接受。其二,诱捕不应导致更严重的罪行,也不应使初期准备转化为完整的罪行,更不应造成任何人的严重伤害。其三,指使或利用有案底的人去勾起嫌疑人新的犯意,会产生国家一边鼓励犯罪一边打击犯罪的尴尬,从而模糊执法与违法的边界。其四,主动诱使与只是提供犯罪机会的区分并不容易。[1] 为此,诱捕的目的只应在于举发不易侦查的行为,及隐藏于幕后而处于操盘地位者,而并非旨在粉饰破案绩效或创造新的犯罪行为;应将诱捕对象仅限于贩毒、贪污等特殊犯罪类型,且诱捕前须先行报备取得许可;一旦发现极度引诱者,定罪证据即应排除。[2] 也因此,诱捕侦查及警察圈套中最惹争议的行为是警察直接涉入或直接挑唆犯罪。就亲涉犯罪而言,基本以要件不该当或欠缺不法意图等理由出罪;[3] 就挑唆犯罪而言,往往超出法律规定的卧底警察适用的范围。

判例强调,必须是嫌疑人原已形成犯罪倾向,警方已经展开侦查程序,比如查获的毒品数量不能超过诱饵订购。在日本大阪,2000年曾有药物犯罪诱捕侦查案,被告从东京打电话给大阪的警方线人,要求帮助介绍大麻买家。线人将被告诱至东京,与探员假扮的买家见面。约定时间、地点与购买数量后,在交易时将被告擒获,庭审法院支持警方的做法,判决被告有罪。二审法院维持了定罪,被告主张对他的诱捕侦查本质上为不公正的侦查手法,违背以实现正义为取向的司法正洁性,又向最高司法机关上诉。日本最高裁判所判决驳回上诉,认定如果满足"无直接被害人,以通常侦查方法查获该项犯罪实有困难,诱捕对象一有机会即有意实行犯罪"三个条件,诱捕侦查应予容许。[4] 与诱捕侦查类似的是诈术侦

---

[1] 参见[英]安东尼·达夫等编:《审判的试炼Ⅲ,刑事审判的新规范理论》,李姿仪译,新学林出版公司2015年版,第255—258页。

[2] 参见黄朝义:《无罪推定:论刑事诉讼程序之运作》,五南图书出版公司2001年版,第163页、第165—166页。

[3] 参见傅美惠:《卧底侦查之刑事法与公法问题研究》,元照出版公司2001年版,第169页。

[4] 参见陈运财:《诱捕侦查》,载日本刑事法学研究会主编:《日本刑事判例研究(一)侦查篇》,元照出版公司2012年版,第102—104页。

查。例如卖鞋底有暗痕的鞋子给侦查目标,从盗窃现场的足迹挖出嫌疑人;再如警察假装睡觉,行窃者从他的兜里掏出钱包,判例认为这些都是合法的侦查方法。[1]

关于警察圈套,美国司法界往往在两个并行语境中叙述和讨论:警方如何运用;被告如何辩护。"警察圈套若想有效运用,核心要点是创造一个让嫌疑人有机会实施犯罪的、逼真的场景,足以诱发犯罪行为,而在案发时点上警员又正好处在便于收集犯罪证据的位置。参与犯罪行为者对陌生人都有戒心,警员通常不可能直接走到嫌疑人跟前对他说你这就干吧。必须事先赢得对方信任,要表明自己将从此次违法中获益,或者实际帮助取得违禁品,或者频繁参与犯罪谋划。人们普遍存在一种关切,即如果不是这个圈套起作用,犯罪人原本是会遵守法律的。历史地看,法律从未明确过警员对犯罪的引诱程度,直到今天,法院和立法机构也给不出一个确定而细致的标准供警方遵循。不过,早在1932年联邦法院即已确认警察圈套可以成为辩护理由。大法官罗伯茨给出经典定义:'警察圈套是警员起意并规划了违法行为,如果不是受到警员的设计、唆使或诱骗,行为人就不会采取行动。'以警察圈套作为辩护理由的范围极其广泛,从卖淫、违反禁酒令到走私,甚至包括贿赂执法官员,但毒品、暴动等直接威胁、伤害他人的严重犯罪除外。"[2]

是否成立警察圈套,有主观和客观两种检验标准。采用主观标准有两个检验步骤:一是探询违法行为是否由政府官员诱发;二是探询被告是否具备实施被控罪行的固有倾向,即被告时刻准备着,一有机会就乐于实施被控之罪。一旦被认定具备犯罪倾向,便不得以警察圈套作为辩护理由。以固有倾向为标准,旨在区分陷阱是为粗心的无辜者而设,还是为大意的罪犯而设。客观标准又称为"假设的人"标准,正在赢得更多支持,其关注点在于政府官员的诱导行为本身,关注违法行为是不是受劝服、引诱等方法的蛊惑并制造了实在的风险,使原本不打算犯罪的人也实施了犯罪。概言之,主观标准重视被告采取行动时的心态,客观标准则聚焦警官

---

[1] 参见[日]田口守一:《刑事诉讼法》(第五版),张凌、于秀峰译,中国政法大学出版社2010年版,第38页。
[2] LaFave & Israel, *Criminal Procedure*, Thomson Reuters, (2009), pp.326-327.

行为的适当性。从公共政策考虑，主观标准是为了不放过坏人，而客观标准重在防止警官的不当行为。无论采主观标准还是客观标准，只要以陷入警察圈套为辩护理由，就由辩护方承担一定的举证责任，只是证据不必确切，构成优势证据即可。[1]

1986年美国佛罗里达州一名警察告诉一个女性吸毒者，如果她不想被诉持有毒品罪，就给警方做一回内线，诱捕毒贩班克斯。她接受了警方开出的条件，两次深夜约见班克斯。一番拥吻之后，她告诉班克斯，如果能给她一些好东西，就保证给他一个快乐周末。班克斯如约给她弄到一些可卡因，换来的不是幽会而是拘捕。庭审后法官拒绝定罪，因为警察使用的方法带有实质的诱导引发犯罪的危险。上诉法院维持无罪判决，理由是警方线人用明示或暗示的性承诺来获取被告的违禁品，使法庭和公众都无法确定这种诱导只是揭发既有的犯罪，还是制造新的犯罪。[2] 几乎与此同时，美国联邦法院给出多项标准：被告是否迫不及待地回应邀请；不法行为的周边情境；警方建议实施犯罪前被告的心态；被告是否正在实施近似罪行，是否已有犯罪计划及其一向的声誉；被告在与便衣警察讨价还价过程中做了什么，是否在其他场合拒绝过相似犯罪；以被告身份背景判断毒品的高纯度是否缘于警方引诱。[3]

1992年7月15日上午10时30分至45分之间，英国伦敦西南部温布尔登公园，一名23岁的性感迷人的女郎雷切尔·尼克尔（又译瑞秋·尼可），在光天化日之下被疯狂性侵后残忍杀害，身中49刀，颈部几乎被切断。被害前，她正与自己两岁的儿子和他们的宠物狗非常愉快地玩耍。而最令人心碎的一幕是那两岁的孩子目睹了这一切恐怖，现场被人发现时，孩子正紧抱着尸体呜咽："起来，妈咪！起来，妈咪！"不久后孩子因惊吓而处于恍惚状态，随后24小时没说一个字。渐渐地，在有关人员温柔的诱哄下，孩子终于透露了他所知道的：妈咪遭到一名白人男子的攻击。信息虽少，但与两名证人的描述相符：形迹可疑的白人男子，20—30岁，身

---

[1] LaFave & Israel, *Criminal Procedure*, Thomson Reuters, (2009), pp. 329-330; pp. 334-335.
[2] *State v. Banks*, 499 So.2d 894 (Fla. App. 1986).
[3] John M. Scheb & John M. Scheb II, *Criminal Law and Procedure*, Wadsworth Cengage Learning, (2011), p.413.

高 5 英尺 10 英寸,棕色短发,身穿白衬衫和蓝色牛仔裤,但都说没看清面部。对 54 名专案警探来说,凶手极为谨慎或者实在太幸运,现场没能找到任何有价值的线索。除了被害人的血迹,没有其他血迹,没有 DNA 样本,没有纤维、毛发,也没有凶器。

如此疯狂的攻击,竟然没有留下任何犯罪证据甚至线索,真是不可思议。于是,警探们诉诸法医科学的最新发展,试图通过罪案心理分析,拼凑出嫌疑人的大致形象。这种分析依赖于一些回溯性数据,即谁曾经实施以及如何实施了类似犯罪。人们总是需要信仰点儿什么,不是宗教就是科学,所以"迷信"二字完全可以作为中性词使用。自希区柯克 1945 年的影片《爱德华大夫》之后,半个世纪之中人们对犯罪心理分析一直怀有敬意,大要案一旦证据不足,警方便希望得到"心理科学"的帮助。这时,英国最著名的罪案分析专家保罗·布里顿出场了。布里顿察看现场后得出结论,罪犯智商及文化程度皆中等偏下,从事体力劳动或其他非熟练工种,单身,独居,同外界少有交往,可能喜欢武术或摄影,从住所很容易走到犯罪现场,对温布尔登公园很熟,目前不使用汽车,具有基于性变态的人格扭曲。

伦敦的警探们决定朝着布里顿确定的方向走。他们求助于英国广播电视公司一个名叫《犯罪观察》的专门模拟犯罪过程以求得犯罪线索的电视节目。[1] 节目播出后,警方接到了 800 多个举报电话,有 4 个电话提到了同一个名字:科林·斯塔格。斯塔格是个 29 岁的临时工,独自住在

---

[1] 20 世纪 70 年代末至 90 年代初,欧美非常流行这种电视节目。1991 年,正好是温布尔登公园案前一年,我翻译了 1985 年美国《读者文摘》上署名安德鲁·琼斯的一篇文章,《犯罪克星组织如何对付犯罪》(How Crime Stopper Stop Crime, *Reader's Digest*, January 1985, pp. 7-10.),刊登在 1991 年第 5 期的《人民公安》上。其中一个案例与此案雷同:新墨西哥州奥布奎克市屡次发生强奸案,案犯在商业中心停车场瞄上某个年轻漂亮的女人,在她要上车离开时枪上前劫持,驾车到偏僻地方,搜光财物并实施性侵,然后开着被害人的车逃之夭夭。4 个月中,案犯绑架、抢劫、强奸了 13 名受害人,除一次夜间作案,其他都是在光天化日之下进行的。让人难以置信的是警方竟然没有丝毫线索。后来,奥布奎克《邮报》刊登了根据被害人描述完成的案犯脸部素描,悬赏征集犯罪线索,并保证为举报人保守秘密。不出几小时,有人来电话说那个画像上的人他曾见过。嫌疑人曾有前科,所有被害人都在照片指认程序中非常肯定地加以确认。3 小时后,警察拘捕了嫌疑人,并将其送上法庭。提供犯罪线索者得到 1000 美金,至今无人知晓其真实姓名。侦破此案成为美国法律实施的一个里程碑。在报上登出嫌犯合成画像并不新鲜,但运用悬赏、身份保密以及警方、新闻 (转下页)

离温布尔登公园 1 英里的一个住宅区内。警探在他的住所发现了大量淫秽杂志、邪教书籍、祭坛、神符和蜡烛,好像直接走进了布里顿描述的世界。斯塔格 9 月 19 日被捕,他承认对公园非常熟悉,案发当天上午也曾去公园遛狗,但他声称当时突然头疼,没待多久就提前回家了。两个月后案件仍无进展,调查工作也到了临界点,即将演变为一出由警方操纵的捕风捉影的闹剧。这时,一位中年妇女拿给警方一封两年前由斯塔格写给她的交友广告回应信,信中他描述了自己的性幻想:赤身裸体躺在公园里手淫,突然被一位女士发现并主动上来跟他发生性关系。

　　这封信启发了警探,他们想让一名便衣女警与斯塔格交朋友,使他充分沉迷于性幻想,引诱他透露有关雷切尔的信息。布里顿认为值得一试,这一行动可能是将罪犯送进监狱的唯一机会。1993 年 1 月 19 日启动这个计划,一个化名丽琪·詹姆斯的女警写信给斯塔格,说自己是一个迷人的金发女郎,在朋友家见到他写的色情信,非常感兴趣,渴望与他建立关系。这封信当然引起斯塔格的热情回应,他直截了当表达了对裸体日光浴的痴迷,希望与丽琪能有亲密接触。他们开始通信,越来越放肆地交流性变态内容。当丽琪表达这些淫荡书信给她带来快乐时,斯塔格彻底陶醉了。他相信找到了梦女郎,警探们相信找到了嫌疑人。挑逗不断升级,警探们随即举行高层会议,在布里顿的生动发言后决定继续这一行动。在为期 28 周的整个行动中,斯塔格始终否认自己与公园谋杀案有任何牵连。两人如约见面后,丽琪提到她人生中有个肮脏的小秘密,"脱口"说出自己曾经参加一个邪教仪式,其间杀死了一名年轻女子和一个婴儿,这一经历让她如此兴奋而满足,以至于她不可能对没杀过人的男人有什么亲近感。

　　斯塔格明白,只要他承认自己杀了雷切尔·尼克尔,就能得到丽琪并在她身上实现自己的性幻想。但是,斯塔格还是重申他没杀人。斯塔格

(接上页)界和民间组织三方合作却是首次。至 20 世纪 80 年代中期,美国和加拿大有近 500 个犯罪克星组织,有 6 万起案件,95% 是重罪,在电话举报的帮助下解决了,找回或查获了价值 2.83 亿美元的被盗物品与毒品,起诉了 15812 人,定罪率 95%。不过,回顾 30 年前美国犯罪克星组织,其初创动机值得称道,但具体做法也须深思反省,比如先在报上公布根据被害人描述完成的画像,再让被害人从一排照片中"捡"出嫌疑人,这种指认程序是否存在瑕疵?

起身离去时递给丽琪一封信,上面编造了一个下流故事,最重要的,他重复提到一把用作挑逗工具的带血尖刀。警探们敬畏地对布里顿说"一切如您所言",并将斯塔格确定为嫌疑人。丽琪在接下来的一封信中,不仅描述了和他一起充满暴力色彩的性幻想,并且特意描述了他的那把刀。斯塔格建议去温布尔登公园一起度周末。丽琪答应了,见面时又一再追问公园谋杀案,斯塔格又一次坚决否认,并且抱怨警方的不停骚扰。又是几个星期过去了,警方一无所获,他们让丽琪去最后摊牌:除非斯塔格是一个凶手,否则她永远不会和他上床。虽然一再否认谋杀,但斯塔格又向丽琪透露一些细节:雷切尔尸体被发现时的姿势,尤其是两只手的位置。斯塔格说是从警方出示的一张照片上看到的,但讯问者强调当时出示的照片看不到这些细节。这只能意味着,斯塔格当时就在犯罪现场,不过警方沮丧地承认这只是他们的直觉。

持续 7 个月,耗费百万英镑的心理战不得不收场了。1993 年 8 月 17 日,斯塔格再次以涉嫌谋杀雷切尔·尼克尔被捕,他面对讯问时异常镇静,即使"丽琪·詹姆斯"走进审讯室,他也没有慌张错乱。斯塔格在羁押状态下又与警方僵持了 13 个月,直到接受审判。这时,轮到斯塔格的辩护团队出场了。当他们了解这一所谓心理战的详细过程后,称丽琪与斯塔格之间的交谈录音是彻头彻尾的淫秽物品,而这一切竟然是罪案心理分析专家策划的,令人非常震惊和愤怒。辩护团队提出合法性质疑,这时公众才发现,批准这一行动的不仅有苏格兰场,还有皇家检控署。1994 年 3 月,英国西约克郡利兹市法院在另一相似案件中,裁定女警以交友结婚为诱饵得到的被告杀妻的录音证据应予排除,被告无罪。尽管如此,皇家检控署仍然作出了可能是它百年史上最糟糕的决定:起诉斯塔格。主审法官用整整 5 天时间听审,辩护律师是一位王室法律顾问,他坚决要求排除来自丽琪以及布里顿的所有证据。被害人双手姿势的细节,成为控方唯一值得争辩的事实。辩方指出斯塔格的描述其实并不正确。斯塔格反复声称被害人遭强奸,但事实上没有,这让很多喜欢雷切尔的人松了口气。

法庭认为根本无需听取布里顿的证言,直接裁定撤销指控。法官批评警方过分热切,明目张胆地以积极的、欺骗的恶劣方法陷人于罪。法官强调,警察和公诉机构的每一治罪步骤都必须合法,不能设计操纵嫌疑人,尤其批评了幕后指使者布里顿。心理学家批评说,布里顿最大的错误在于认为嫌疑人是非常罕见的性变态,导致侦查方向偏离,而实际上凶手只是个性情残暴的人,一遇反抗就狂怒不已痛下杀手。"公诉方正是由于完全没有任何站得住脚的法医学证据或决定性的目击证人证言才不得不寄希望于那些从一个失败的温柔陷阱中捡来的肮脏的垃圾。除此之外他们什么也没有。就像在他们之前的警察一样,皇家检控署也是在绝望的推动下落入了保罗·布里顿的掌控之中,并且为此付出了惨痛的代价。令许多人感到不安的是,布里顿在决定将斯塔格推到这个怪异的心理闹剧的舞台中心的同时,也将文明社会的一些最低标准推到了边缘。如果斯塔格真的是一个具有杀人倾向的变态狂的话,那么丽琪的煽动性刺激和无休止的挑逗与折磨以及几乎是无可救药的性挫折很可能会使他最终失去控制,导致灾难性的后果。"[1]

本案的侦查失败令警方蒙羞,但最初 DNA 鉴定一无所获,促使法医学家不断反省。雷切尔身体裸露部分没找到男性 DNA 也就罢了,竟然任何 DNA 都没找到,采证胶带上应该布满雷切尔自己的皮肤细胞与 DNA 才对。"当狗该叫的时候却没有叫,本身可能就是个证据线索。"在这一思考方式启发之下,也随着 DNA 鉴定技术的进步,2002 年,也就是案发 10 年后,启动了雷切尔谋杀案的悬案调查。调查发现,1992 年检验雷切尔身体的采证胶带,采用的是微量 DNA 鉴定法,做法是扩增少量 DNA 中的重要部分,直至得到足以分析的量。这需要很小心,如果量太少,就不会得到任何结果;太多则可能抑制反应,同样无法得到任何结果。原始调查过程中,法医认为雷切尔身上只有非常微量的男性 DNA,所以用了最敏感的技术,但却没有把握好扩增量。悬案调查过程中采用新的增强技术,找到了男性 DNA,在英国国家 DNA 资料库进行搜寻比对,最终确定罗伯特·奈帕为犯罪嫌疑人。结合其他两项证据,使奈帕低头认罪。[2]

---

[1] [美]科林·埃文斯:《证据:历史上最具争议的法医学案例》,毕小青译,生活·读书·新知三联书店 2007 年版,第 289—305 页、第 306—307 页。

[2] 参见[英]安吉拉·盖罗普:《沉默证词》,周沛郁译,马可孛罗文化出版 2020 年版,第 238—243 页。

第三节 侦查终结与公诉提起

经过侦查,已经查明犯罪行为是否存在,是否为嫌疑人所实施,嫌疑人身份,犯罪的时间、地点、手段、后果、动机、目的,有无同案人,有无法定从重、从轻、减轻及免除处罚情节,此后便进入侦查终结阶段。若嫌疑人不明,且不符合法定不起诉情形,则不得终结侦查。若嫌疑人所在不明,应否提起公诉,一向有不同见解:一种主张是"对被告所在不明或法权所不及者,亦应提起公诉,此在履行起诉之效果也"[1],这一主张似占多数;另一种主张是侦查既然是除搜集、保全证据之外还要寻找、保全罪犯,则被告所在不明,侦查目的显然尚未达成,岂能终结侦查,充其量仅能称为破案,尚未足至侦查终结阶段,纵为起诉,亦无法使其于审判期日到庭接受审判,毫无起诉意义。[2]

侦查终结后,处分决定不外乎起诉和不起诉两种情况。起诉书或不起诉书对外公告时,即生终结侦查之效力。不起诉决定又分绝对不起诉与相对不起诉。绝对不起诉的情形包括曾经判决确定而消灭起诉权且具实质确定力,时效已完成,曾经赦免,犯罪后法律废止其刑罚,告诉乃论之罪撤回告诉,被告已死亡,法院对被告无审判权,行为不罚,法律应免除其刑罚,犯罪嫌疑不足,情节显著轻微、危害不大,不认为是犯罪。这些绝对不起诉的情况,如果发生在侦查机关主导的侦查阶段,都应撤销案件;如果发生在审判阶段,都应判决无罪。相对不起诉说来比较简单,只有两个条件:案件情节轻微,认为不起诉更为适当;被告已受重刑之确定判决,他罪起诉与此重罪没有关联。[3] 相对不起诉的理论基础是起诉裁量主义或称起诉便宜主义。

赞同者认为其合理性在于,即使起诉的条件全部齐备,检察官根据嫌疑人性格、年龄、境遇、犯罪轻重、情节以及犯罪后表现,认为没有起诉必

---

[1] 刁荣华:《刑事诉讼法释论》(下册),汉苑出版社1977年版,第395页。
[2] 参见林钰雄:《刑事诉讼法》(下册),元照出版公司2015年版,第24页注31。
[3] 参见褚剑鸿:《刑事诉讼法论》(上册),台北商务印书馆1987年版,第331—339页。

要,仍可不提起公诉。检察官的这一筛选权限,也被称为起诉犹豫。[1]批评者指出,应诉而不诉,被害人倒是可以私下安抚摆平,唯独为掩饰不利政府的真相而故意躲避公开庭审最令公众担心。对于不起诉处分决定,主要的担心在于,其实体确定力有颠覆控诉原则之虞。控诉原则之精义,乃是检审权力分立,各司其职。除少数警察机关主导侦查的司法体制外,检察官负责侦查、起诉,为暂时性决定;法院负责审理、判决,为终局性确定。若使检察官不但得以主控发动侦查、起诉,甚至有使案件终局确定之权,则与集权一身之纠问法官何异?不起诉处分长驱直入审判权核心领域,成为事实上的终审机构与系统干预的温床。[2]

  在欧美各国,案件如果不具备起诉所要求的证据,经补充侦查仍然欠缺证据,就会以嫌疑不充分为由而不起诉。根据英国《皇家公诉人行为法典》的规定,"只在有现实的、超过51%的定罪前景的时,才能启动或延续起诉。皇家公诉人需要考虑定罪证据是否具备可采性与可靠性,必须考虑辩方可能提出的对证据的任何挑战,必须检视各个控方目击证人的证词是否一致,以及其中某人是否具备说谎动机。皇家公诉人还需考虑,如果违法行为太琐细,预计法院只会给予极小的名义上的处罚,那么起诉就不符合公共利益。比如预期量刑极轻,犯罪出于错误或误解,损失与危害后果极小,或已足额赔偿,起诉将极大损害被害人身心健康,犯罪时高龄或有严重精神障碍,犯罪细节披露将有损信息来源、国际关系或国家安全。当然,罪行越是重大,起诉就越是符合公共利益"[3]。

  1951年英国总检察长肖克罗斯爵士曾言:"犯罪嫌疑人将自动被起诉,这从来都不是我们国家的规则,我希望永远不是。"即使证据充分,有非常现实的定罪前景,仍然必须在每一案件中考量公共利益。如果起诉不符合公共利益,也可以不起诉。不过,所谓不起诉的公共利益必须极为明显,也就是,即使有某些倾向于不起诉的因素,起诉还是要照常进行,将

---

  [1] 参见[日]川出敏裕、金光旭:《刑事政策》,钱叶六等译,中国政法大学出版社2016年版,第107—108页。
  [2] 参见林钰雄:《刑事诉讼法》(下册),元照出版公司2015年版,第93—94页。
  [3] Peter Hungerford-Welch, *Criminal Litigation and Sentencing*, Cavendish Publishing Limited, (2004), pp.62-63, p79.

这些因素交由法庭在量刑时加以考量。罪行越是重大，起诉就越是符合公共利益。比如一旦定罪将处以重刑，犯罪时使用武器、暴力或以暴力相威胁，犯罪针对警察、狱警或护士等服务公众的人员，被告人处于有权威或被信任地位，犯罪经过深思熟虑，结伙犯罪，被害人极易遭受二次伤害，犯罪动机来自对被害人种族、国籍、性别、宗教信仰、政治观点、性取向等的歧视或敌视，再犯，尤其是法庭发出禁止令后的再犯，罪行不甚严重但在当地却有广泛的不良影响，等等。[1]

辩诉交易不属于传统的刑事诉讼，只是为了疏浚司法堵塞才出此下策，与正义无关。"政府已经没有时间和金钱来负担冠冕堂皇的无罪推定，也负担不起只有陪审团审判才能定罪的信念。今天，政府实际上对每个被告人说：'如果你愿意放弃没有证据支持的无罪声明，我们将用一个轻刑补偿你。'被告人问：'有多轻?'然后是检察官、律师和法官凑在法官席上讨价还价，这被称为'辩诉交易'。整个过程像玩一场游戏，附带着一套规则与仪式。权力掌握在被羁押人手里，因为不断增长的犯罪已经将我们的司法体系推向混乱和瘫痪的边缘，被告本人成了唯一可以出来帮一把的人。政府需要认罪请求，以推动法庭尽快结案，而被告人出卖认罪请求，以换取政府唯一能够支付的现钞——减轻处罚。但是，无论最终达成怎样的量刑，这种讨价还价的真正结果却从未受到质疑。有罪者总是赢家，而无辜者总是一败涂地。"[2]辩诉交易在加快诉讼进程的同时，使许多公设律师经不住快速结案的诱惑，放弃被告利益。最大的弊端还在于检察官绕过法官审判而掌控了刑事司法。[3]

在德国，警察移送检察院的案件只有大约10%被起诉，其他都由检察院作出不予起诉等处置。检察官不仅在起诉与不予起诉之间拥有选择权，而且游走于一个宽广的中间地带，那就是他可以撤回起诉。这种权力扩展有了法官般的权威。在职权主义中的检察客观性的神话，与在当事

---

[1] Peter Hungerford-Welch, *Criminal Litigation and Sentencing*, Cavendish Publishing Limited, (2004), p.78.

[2] [美]彼得·德恩里科、邓子滨编著：《法的门前》，北京大学出版社2012年版，第287页

[3] LaFave & Israel, *Criminal Procedure*, Thomson Reuters, (2009), p. 1005.

人主义中检察官仅为一方诉讼当事人的神话一样,都趋向于掩盖一个事实:检察官是主要决策者,但又免于承担个人责任。刑事诉讼的传统诉求是发现真相、证据证明,惩罚罪责,但一股强劲的力量正推动着以同意原则、辩诉交易、认罪认罚等名义取代真相就是正义的原则。如果当事各方已就案件处理形成一致立场,法院就应认可这一"协议",无需再追究事实真相,沦为公证人的角色,不再是传统意义的刑事诉讼。[1] 总之,如果减刑成为认罪的诱因,那便抵触了"国家必须证明被告应负担刑事责任,并无合理怀疑,定罪才具有正当性"的原则。[2]

遇有刑民交叉的案件,许多法域采先民后刑的策略,犯罪是否成立或刑罚应否免除,以民事法律关系为断,应于民事诉讼终结前停止侦查。如通奸罪成立以民法上夫妻关系存在为前提;亲属盗窃罪免除其刑以特定民法上亲属关系为前提。[3]"如甲诉乙窃占,乙则主张该土地系其所有,是乙应否成立窃占罪,当以确定该土地是否其所有,为先决条件,故乙提起确认所有权之诉者,法院得于民事诉讼程序终结前,停止窃占案之审判,以免刑民两案之判决发生冲突。"[4]我国则出于优先惩罚犯罪的考虑,采取了独特的先刑后民的司法策略。这一策略被司法接受并形成一定态势后,法院极少能够不顾公安机关、检察机关的观点自主作出判决。即使作出判决也没有实际意义,民事上胜诉也无法兑现其民事权利。更有甚者,即使法院在审理经济纠纷案件的整个过程中并未涉及任何刑事嫌疑,但在民事判决作出后,败诉的一方不仅不执行法院判决,反而转向公安机关、检察机关,以合同诈骗等由头进行刑事追诉,以刑事追诉化解民事败诉,民事判决几无既判力可言,且以刑压民的态势愈演愈烈。

过去很多年,由于受民法与合同法中"以合法形式掩盖非法目的"这一短语的影响,经常由刑事违法反向瓦解民事合法,声称民法的判断只看形式,刑法的判断才触及实质。比如行政法上承认的出国证件,其有效性

---

[1] 参见[德]托马斯·魏根特:《德国刑事程序法原理》,江溯等译,中国法制出版社2021年版,第193—196页、第198—199页、第203—204页、第231页。
[2] 参见[英]安东尼·达夫等编:《审判的试炼I,真相与正当法律程序》,万象译,新学林出版公司2015年版,第16页。
[3] 参见林钰雄:《刑事诉讼法》(下册),元照出版公司2015年版,第23页。
[4] 褚剑鸿:《刑事诉讼法论》(下册),台北商务印书馆1987年版,第415页。

有时会被偷越国(边)境的目的所否定。最为恣意的是,目的审查者是谁很不清晰,以至于边检人员凭一己判断,便有了对出境目的的审查权,而这个审查权原应由发放签证国的使领馆人员行使。即使出境后滞留他国不归,触犯的也是他国法律。[1] 如果把掩盖了目的的形式都彻底否定,那么就会滑入"本质"的深渊。一段时间内进行钱色交易如果算是卖淫,那么二奶、小三就都是妓女。循此思路,正妻的"本质"也有待揭示。经典作家指出,资产阶级的婚姻实际上就是一种伪善地掩蔽着的正式的和非正式的卖淫。"妻子和普通的娼妓不同之处,只在于她不是像雇佣女工计件出卖劳动那样出租自己的肉体,而是一次永远出卖为奴隶。"[2]

"13世纪至19世纪中叶盛行于欧洲大陆的纠问主义审判制度,被告不知被指控的罪名,不知孰为指控者,不知有何证据。证人由法官秘密询问,询问时当事人双方皆不在场。当事人虽得以书面提出问题,请求法官对证人询问,但法官不受当事人请求之拘束。待全部证人询问完毕,书记官始向被告朗读证人笔录,被告才知悉证人证词,当时的法学家认为此为发现真实的最理想的方式。依现代文明国家的法律规定,国家机关指控人民犯罪,必须向法院提出起诉书,起诉书上必须明确记载被告之人别资料及犯罪事实、证据及所犯法条,其目的即在彻底根除中世纪时代纠问制度之恶。"[3] 详言之,起诉书状是提起公诉的要式文件,应记载被告基本情况、犯罪事实、共同犯罪人、触犯法条、证据目录及证人名单,不过应当避免具体的证据描述,防止法官有罪预断。起诉书未记明上述事项,法院应谕知不受理,记载不明意味着没有具体的指控。当然,如果只是遗漏所犯法条等个别事项,应当要求补正。

起诉书的基本功能还在于,告知人民拥有就同一犯罪事实不受重复

---

[1] 参见邓子滨:《中国实质刑法观批判》,法律出版社2017年版,第37—38页。只要履行了法定手续,就是结婚、离婚了,哪有什么真假? 如果由刑庭认定其以假结婚、假离婚的方式骗取征地款,进而构成诈骗罪,那是否意味着结婚证自动失效,婚姻关系自动恢复? 涉及"假结婚"的刑事案件层出不穷,北京市有人以"假结婚"为手段,过户京牌机动车牟利,也被作为犯罪处理。

[2] [德]恩格斯:《家庭、私有制和国家的起源》,载《马克思恩格斯选集》(第四卷),人民出版社1972年版,第67页。

[3] 王兆鹏:《一事不再理》,元照出版公司2008年版,第83页。

起诉的权利,使被控方能够知道如何防御,确保法院作出适切审判。因此,"起诉状,不特为公判之请求书,亦即对于被告攻击之通知书。是其记载应力求明确"[1]。"如被告姓名不明,即记载相貌、体形等足资辨别其所指为被告之事项,亦无不可,然以被告之假名、冒名或绰号而起诉者,亦属适法,如以其他事项足以辨别其系起诉所指之被告,不因其姓名不同,影响其起诉之效力。"[2]公诉的对人效力只及于被告,但公诉的对事效力却及于犯罪事实的全部。刑事案件一经起诉于法院,即有下列重要效果:发生诉讼系属,产生受法院审理、裁判的状态,受诉法院负有审判义务;禁止重复系属,以防一案两审两判;使土地管辖权恒定,且以起诉系属当时情形为准;事物管辖之有无,则以起诉时至最终裁判时为准;审判须以被起诉的特定人为限,并应以起诉书所控犯罪事实为其审判范围,诉外裁判部分应予撤销。[3]

公诉可以撤回,但须以书面形式。撤回起诉应于一审判决前提出。在审判期日以言词撤回起诉者,非经补提撤回书,其撤回不生效力。撤回起诉书与不起诉书有同一效力,应以正本送达被告及被害人,被害人应有申请再议权。就撤回起诉的范围而言,"检察官对案件之起诉系属任意性,其撤回亦然,共犯中一人或数人,得自由起诉,而对数罪中择其一罪起诉,亦无不可。同理,上述被告一人或数人,一罪或数罪,而撤回者任其自由,故其撤回起诉之范围,并无限制。但实质上一罪或裁判上一罪之案件,仅就其中一部撤回者,不生效力。……至于告诉人撤回告诉者,法院应为不受理之判决,但检察官撤回起诉者,其效力既与不起诉同,法院自毋庸为程序上之处分,而撤回起诉以其撤回书视为不起诉处分书,故检察官无须再为不起诉之处分"[4]。

也有罕见地判决驳回公诉的情形,比较著名的是日本鞭痕红斑伤害案。被告是出租车司机,因超速被警察抓获。可被告强调没有超速且拒不交出驾驶执照,因此与数名警察争论起来,互相推挤,乱作一团。十多

---

[1] 陈朴生:《刑事诉讼法论》,正中书局1970年版,第173页。
[2] 刁荣华:《刑事诉讼法释论》(下册),汉苑出版社1977年版,第394页。
[3] 参见朱石炎:《刑事诉讼法论》,三民书局2010年版,第331—332页、第336—337页。
[4] 刁荣华:《刑事诉讼法释论》(下册),汉苑出版社1977年版,第404—405页。

分钟后,被告作为违反道路交通法的现行犯被逮捕。当时警察曾使用暴力紧掐被告脖子,并将其左手反拧到背后。被告次日因脖子疼痛请医生诊断,有鞭痕红斑伤害症状,须住院治疗,住院两周后又休养两周。随后,被告状告东京都,请求损害赔偿,获得胜诉。可在刑事案件方面,因超速被起诉于大森简易裁判所。裁判所认为确实超速了,但逮捕却是非法的,违背程序公正,不能默认警察的暴力行为,因此判决驳回公诉。由于检察官抗诉,东京高等裁判所撤销原判,辩护人又上诉到最高裁判所。最高裁判所认为,东京高等裁判所判决恰当,即使逮捕程序上有过违法,却不至于使公诉程序无效。但无论如何,大森简易裁判所以程序违法为由作出驳回公诉的判决,是日本从未有过的。〔1〕

鞭痕红斑伤害案之后,日本又接连出现驳回起诉的判决,非常引人注目。某被告在19岁3个月时因事故被控业务上过失致伤罪,本应送交家庭裁判所,但由于警察制作侦查材料不合要求,在警察机关往返修正两次,耽误了时间,被告遂满20周岁,只能在简易裁判所提起公诉。辩护人认为提起公诉有瑕疵,高等裁判所承认了辩护主张,驳回公诉,但却遭到最高裁判所否定。〔2〕另一案件发生在名古屋,被告自称日航飞行员,在富山市一家咖啡馆听到有个姑娘说想当空姐,便声称可以介绍她到日航。16岁的女孩信以为真,随被告到石川县片山津。被告的行为符合以猥亵为目的诱拐的构成要件,该案属亲告罪,但告诉后、初审判决前二人缔结婚姻。日本刑事诉讼法规定告诉罪在起诉前可以撤销,应解释为起诉后不能撤销,而当二人结婚时,除非婚姻是无效的或可撤销的,一般没有告诉效力。两相比较,重点若在刑法,则结了婚就不能处罚,因结婚而受处罚,婚姻就难以维持;重点若在刑诉法,则一经起诉就固定下来,和此后的情况变化无关。初审法院采纳后者,不允许介入被害人意见,于是作出有罪判决。但在上诉审中,名古屋高等裁判所考虑到二人已经结婚,不必拘泥于起诉之前还是之后,因而决定驳回公诉。〔3〕

---

〔1〕 参见[日]松尾浩也:《刑事诉讼の原理》,东京大学出版会1974年版,第320—321页。

〔2〕 最判1969年12月5日刑集第23卷第12号第1583页。

〔3〕 名古屋高判1957年5月12日高刑集第10卷第2号第157页。

第四节　卷证不并送与证据开示

卷证并送与卷证不并送是两种制度选择。卷证不并送又称起诉状一本主义,是指起诉书不记载使法官产生有罪预断的文字,不附加侦查案卷及其他证据。起诉书为了特定被告之事项,仅记载公诉事实及罪名。此外则属余事记载。余事记载内容如果有使法官预断之虞,还是违反预断防止之原则。因此,被告的经历、性格、前科、素行等,除该当于构成要件本身,或是与其密不可分而有了明示诉因之必要情形以外,不许记载。另外,关于犯罪的动机或目的之记载,在与杀人、放火等所谓的动机犯罪相关,而有助于犯罪的明确化的限度内,容许其记载。[1] 美国"早期曾有案例,起诉书指被告偷'一双鞋',但审判中的证据证明被告所偷者,事实上为'两只右脚'的鞋,上级审法院即以起诉书之记载有瑕疵为理由,而撤销一审法院偷窃罪有罪之判决"[2]。卷证不并送是当事人主义诉讼的产物,主要为了防止有罪预断,让法官在第一次开庭前保持空白心证,有助于公平公正地审理案件。

正是由于法官没有事先接触证据,就不得不将证据调查的主导权交给当事人。[3] 而法院应自追查事实之地位退居为判断者之地位,由当事人一方之检察官提出主张及其事实,因此检察官对追诉事实即法院审判事实,有必要加以明确化。而被告系防御者,本于其诉讼主体地位,应有充分准备而后到庭。日本战后"采所谓起诉状一本主义,起诉时不将证据全部提出于法院;且其起诉状所记载之犯罪事实及罪名,并应明示其诉因及法条,使被告得适当行使其防御权"[4],"所呈现之预断防止原则,其意旨是,在审理程序进行前,为了防止法院对于案件的实体内容预先形成心证,应避免侦查机关之心证向法院单方面的继受,故于起诉之际,禁止

---

[1]　参见[日]三井诚、酒卷匡:《日本刑事程序法入门》,陈运财、许家源译,元照出版公司2021年版,第122—123页。
[2]　王兆鹏:《一事不再理》,元照出版公司2008年版,第73页。
[3]　参见[日]田口守一:《刑事诉讼法》(第五版),张凌、于秀峰译,中国政法大学出版社2010年版,第163—164页。
[4]　陈朴生:《刑事诉讼法论》,正中书局1970年版,第173—174页。

检察官向法院提出卷宗记录。审前整理程序,虽是由法院使当事人双方明示审判中预定之主张、声请证据调查以及对之明示证据意见等,但是,这些都是为了准备让审判的进行具计划及流畅性,而在双方当事人平等参加的情况下,仅止于接触到彼此的主张而已"[1]。

反观卷证并送制度,在检法之间没有适当停顿与阻断,一气呵成的节奏"似与无罪推定原则之旨趣背道而驰。盖因起诉之时相关卷证一旦并送法院,检察官与法院间之关系将形同接棒关系,对被告所为有罪之心证持续地被维持着"[2]。卷证并送叠加职权主义,使侦查所得证据原封不动交由法院继续办理,法官审理犹如延续侦查程序,在法庭上俨然成为另一个追诉者或帮诉人。因此,法官在面对审前程序调整,决定证据提出的顺序、方法,或者控制诘问程序时,宛如电影导演,手持检察官编写好的剧本。由于剧本必须烂熟于心且不得更改,演员称职与否都不影响剧本转化为影片。如此一来,证据问题被掩盖,证据规则被削弱,辩护人也因熟悉个中奥秘而应付了事,证据疑点再也无人问津[3]。一项研究将法官分为两组进行比较,所有法官均审理相同案件,一组法官在事前审阅卷宗,另一组则未审阅。事先审阅的法官均判定被告有罪,未审阅的法官则仅有27%判定被告有罪[4]。

当然,有学者明确主张,"实不应将起诉状一本主义奉为经典"[5]。理由在于,凡继受欧陆法制,法官必求发现真实,拟具判决理由,必须充分掌握案情资讯,才能判断要不要传唤证人或调查证据。鉴于案件越来越复杂,若无卷证可资参照,案件便难以厘清。另外,卷证并送一般都与阅卷权相互配套,不仅法官接触卷证,辩护人亦得享有毫无限制的阅卷权,从而事先充分了解检察官的起诉证据,有助于行使防御权。而如果卷证继续留在检察机

---

[1] [日]三井诚、酒卷匡:《日本刑事程序法入门》,陈运财、许家源译,元照出版公司2021年版,第142页。
[2] 黄朝义:《无罪推定:论刑事诉讼程序之运作》,五南图书出版公司2001年版,第26页。
[3] 参见黄朝义:《刑事诉讼法—制度篇》,元照出版公司2002年版,第69—70页。
[4] 参见[英]安东尼·达夫等编:《审判的试炼I,真相与正当法律程序》,万象译,新学林出版公司2015年版,第72—73页。
[5] 参见张丽卿:《刑事诉讼法理论与运用》,五南出版社2007年版,第522页。

关,就难免有在起诉后又根据控方需要被篡改更动的可能。有罪判决率与卷证并送无必然联系,以日本为例,虽采卷证不并送制度,但有罪判决却占全部起诉案件的99.7%,远高于其他法域。在这一派学者看来,审判程序空洞化,法院违反直接审理,径以卷内侦讯笔录为判决基础,才是症结所在。[1] 可见,两种制度孰优孰劣,需要在比较中寻求答案。

　　日本经历了由卷证并送向卷证不并送转变的全过程。"二战"前,法官依职权主义负有查明事实真相之权限,审理固然自接手犯罪事实为始,但审判对象不受该犯罪事实拘束,得由法院本于裁量权践行证据调查,唯战后刑事诉讼法由职权主义导向当事人主义,强调审判与追诉分离,采取卷证不并送制度,在审判期日前禁止法官接触一切证据,而"应以如白纸之状态开始审理为前提。由于采用当事人主义,为尊重检察官之诉追意思,同时对被告应事前告知事实使其明了,以便利其进行防御"[2]。毋庸讳言,日本革故鼎新的制度契机是联合国军事总司令部1948年3月向日本政府建议的公诉要点:(1)公诉应由检察官以书面行之,并应简洁且明确记载被告姓名等事项;违反的法令法条;公诉事实,包含何时、在何处、如何发生等。(2)不得在起诉书内引用警察官或检察官之侦查笔录及任何证据。日本政府并没有即时改弦易辙,而是全盘反对这一建议,坚持认为法官事先了解案情有利审判。不过,没过多长时间日本政府便渐渐理解了问题所在,并且真诚调整提案,不再提交警察调查笔录,规定法官不得受调查笔录影响而有预断。[3]

　　日本实施卷证不并送制度后,理论界和实务界都反馈了许多否定的意见。为此,法务省刑事局曾在各检察厅做实地调查,以商讨是否有必要动议废止起诉状一本主义。当时的反对理由今天仍然被许多人拿来运用:首先,起诉状一本主义只有与英美陪审团相结合才有意义,而对具有丰富知识及经验的职业法官而言,应当信赖他们不会因为早几天了解案情及证据就形成有罪预断,其实法官通过收音机及报章杂志也可以了解

---

[1] 参见林钰雄:《刑事诉讼法》(下册),元照出版公司2015年版,第118—119页正文及注5。

[2] 黄翰义:《程序正义之理念》(三),元照出版公司2010年版,第130—131页。

[3] 参见黄翰义:《程序正义之理念》(三),元照出版公司2010年版,第128—129页。

案情。其次，实施起诉状一本主义，使诉讼流于技术化的形式，有害于实体真实的发现，且使对证人的诘问过程复杂冗长，迟延诉讼，花费剧增。最后，与预期相反，法庭对峙激烈，无法遽下判断，反而迫使法官庭后反复阅览证据书类，落入书面审理窠臼。对于相信这些理由的人来说，反驳是没用的。各持己见者自说自话是一种常态。无法说服对方时，或许把各自的主张推到极致，看看在极致状态谁更早地陷入困境。比如赫鲁晓夫和肯尼迪争论谁的国家更有魅力并且谁也说服不了谁。肯尼迪说，好吧，让我们打开边界，看人往哪边跑。

如果不承认预断的有力影响，那么就很难解释为什么当年"从重从快"打击犯罪的程序表现之一是提前介入。提前介入，相对于检察院而言，是指在受理公安机关移送起诉的案件前，即派员参与公安机关对案件的侦查活动；相对于一审法院而言，是指在受理检察院提起公诉前，派员参与检察院对案件的审查起诉或自侦活动；相对于二审法院而言，是指在受理上诉或抗诉前，派员参加一审合议庭评议及审委会的讨论。提前介入最早出现于1983年，后来逐渐为全国各级地方检察院和部分法院肯定和推广，现在仍然不时听到检察长列席审委会的做法。提前介入的真正好处是节约时间，形成侦查、起诉、审判三机构的一致认识，从而提高定罪效率。与其说截短了程序，不如说取消了程序，公检法"三长会议"定案，代价也是巨大的，不仅破坏分工、抵消制约，而且最终等同于联合办案，使审判走过场。[1]

有实务行家认为，预审案卷不能给鉴定人看，鉴定人根据自己发现的材料给出意见才是最客观的。鉴定人事先接触案卷就比较容易做到与案卷的具体细节相符，会主动去迎合案卷结论。[2] 一个富有的老妇人常邀

---

[1] 参见樊崇义主编、肖胜喜副主编：《刑事诉讼法学研究综述与评价》，中国政法大学出版社1991年版，第359—360页。

[2] 鉴识科学家认为："你只要了解发生了什么事，就知道该往哪去找，然后就能把线索拼凑在一起，得到连贯的概况。几乎所有案件的脉络都至关重要。阅读幸存受害者、证人和所有嫌犯的陈述，非常有助于了解脉络。1981年年底，检察总长发布一则公告，声明鉴识学家在检验证物之前不准再按例阅览陈述，便引起轩然大波，我和许多同事都提出异议。他们显然判定，'事前提供陈述，可能导致科学家在交叉诘问时，容易被控操弄结果以符合他对疑似犯罪状况的理解'。新规定理论上很合理，实际上却是场噩梦。因为这表示我们无法得知正确的架构，以便依据每桩案件的特定脉络，选择最有用的证物来检验、测试，理解结果的潜在意义。"[英]安吉拉·盖洛普：《沉默证词》，周沛郁译，马可孛罗文化出版2020年版，第55页。

女护士陪伴过夜,可有天早上老妇人死了,脖子上系了条丝巾,只是系得很松。法医看到案卷中说,死亡前夜女护士曾引两人进屋,很快出来了,显然是这些人勒死了老妇人。法医验证老妇人确实因窒息而死后,凭脖子上的丝巾,断定老妇人的确是被勒死的。不久后作案人被抓住,但他们只承认盗窃,而否认杀人。他们说只是用丝巾堵住老妇人的嘴,却解释不清为什么丝巾最后围在脖子上,还导致老妇人死亡。预审法官再次询问老妇人的邻居,他们才说出原本以为不重要的细节:为了让老妇人透过气来,恢复知觉,邻居们将堵在嘴里的丝巾拽到脖子下方,又发现丝巾把假牙推至咽喉部,于是又把假牙从嘴里取出,放到抽屉里。正是这些假牙憋死了老妇人。如果鉴定人不了解案卷,他就会发现颈部并无勒紧痕迹,也就更有可能找到真正的窒息原因。[1]

在侦查终结后,追诉机关已善尽搜集保全罪证之职,被追诉者处于极端被动地位,此时最需要某种审查力量把好下一诉讼环节的入口,应当杜绝草率、恶意、政治或宗教迫害的起诉。如果认真贯彻类似德国中间程序的起诉审查制度,就能维护起诉法定原则。中间程序之要义在于,侦查终结后,必须先由法院对应否开启审判程序作出一个独立裁判,可采书面审查,而不必言词审理,亦不必适用审判中之严格证明等证据法则,其目的在于审查滥诉,而非判断实体有罪或吓阻非法取证。因此,该程序功能不是积极推进诉讼,而是负面的筛选检控,即强化无证据能力证据的筛除,防堵其进入公判程序。[2] 当然,反对中间准备程序的理由也很多,主要是担心法官形成有罪预断。解决之道是另外任命法官决定开启审判程序后,再由审判法官接手。对开启审判程序的裁定,原则上被告及检察官均不得提起抗告。[3] 不过,一旦受命法官决定不开启审判程序,则应立即释放羁押人。这种不开启审判的决定,对控方来说才是终局的,允许控方上诉。

---

[1] 参见[法]勒内·弗洛里奥:《错案》,赵淑美、张洪竹译,法律出版社2013年版,第148—149页。

[2] 参见黄朝义:《无罪推定:论刑事诉讼程序之运作》,五南图书出版公司2001年版,第189—190页。

[3] 参见[德]克劳斯·罗克辛:《德国刑事诉讼法》,吴丽琪译,三民书局1998年版,第431--432页、第437页。

而所谓第一审准备程序,目的在于通过准备而使人与物能齐集于审判期日。准备工作主要包括确定调查证据范围、次序及方法,补正起诉程式,指定审判期日,传唤并通知诉讼参与者,齐集证据方法,以及例外提前进行的调查证据程序。准备程序至审判期日间,仍有可能出现新证据或新争点,造成"调查证据之范围、次序及方法显然与准备程序所定迥异,而有可能因此延滞审理程序之进行,审判长宜谕知另由受命法官开准备程序重新整理事实争点及调查证据之范围、次序及方法,以免有碍审判程序之进行"[1]。调查证据前置属直接审理原则的例外。以现场勘验为例,若未事先践行,庭审将半,一群人到现场勘验,会是何等情景?法院预料证人不能于审判期日到场者,得于审判期日前讯问之。准备程序处理事项"仅限于诉讼资料之聚集及汇整,旨在使审判程序能密集而顺畅之进行预做准备,不得因此而取代审判期日应践行之直接调查证据程序"[2]。

英美庭前程序的专用名称叫庭前听审,首先确定是否需要羁押或者有无继续羁押之必要,其次是评估有无足够支持指控的证据,决定有无必要正式进入庭审。庭前听审与大陪审团审查一起,成为制衡政府追诉权力的两种机制,不过一般只允许被告方选择其一。两者的区别是明显的:庭前听审是公开的,控辩双方悉数参与,辩方可以质疑控方证据,最后由法官决定证据是否充分;大陪审团审查是秘密的,只听取检察官一方的控诉意见,最后由陪审员决定是否开启正式庭审。难怪检察官不愿意面对庭前听审,更愿意接受大陪审团审查。庭前庭审与大陪审团审查对证明程度的要求,都远远低于超越合理怀疑,一般只需达到"初步证明的、表面证据充分的"(prima facie),即假定庭审中被告方不做反驳,便足以导致定罪的一种证明程度。另外,传闻证据与非法所得证据在庭前听审和大陪审团审查过程中都可以出示,不适用证据排除规则。[3] 总之,这一庭

---

[1] 黄翰义:《程序正义之理念》(一),元照出版公司2010年版,第391页。
[2] 林钰雄:《刑事诉讼法》(下册),元照出版公司2015年版,第195页、第199页、第200页注23。
[3] Ronald Bacigal, *Criminal Law and Procedure: An Overview*, Delmar, Cengage Learning, (2009), pp. 242-243.

前听审旨在阻止毫无根据的指控进入庭审,保护人民不受骚扰,省去不必要的司法资源投入,避免人的声誉遭受损害。[1]

犹如古老法谚所示,证据必须在提出之前打开。证据开示既是庭前听审的目的之一,同时也是英美刑事审判制度的亮点之一。法院最初并无强制控方开示证据的权威,而强制被告方开示证据有违被告不自证有罪的特权。20世纪30年代以后,普通法承认了法院有权要求控方向被告方庭前开示特定证据,同时也要求被告方如果有不在现场的证据,必须事先告知控方,并且要列出证人名单,控方同样必须披露手中的否定不在现场的证据。也就是,支持或者否定不在现场的证据,控辩双方必须于庭审前相互告知和展示。根本理由在于"避免伏击式审判"。[2] 防止一方以某一关键证据出人意料地置对手于死地,尤其是要求控方充分告知已然掌握的证据,对被告方的有效防御意义重大。当然,争论一直存在。支持者认为,证据开示的理由不应局限于避免诉讼伏击,而应着眼于充分的证据准备更有利于庭审时获得真相。反对者则指出,基于被告方的特权,开示是一边倒的,对控方并不公平,同时给证人造成麻烦和胆怯,客观上可能形成更多伪证。[3]

换言之,证据开示似与当事人主义相互矛盾。"盖因在当事人进行之原则下,诉讼之当事人彼此间互尽其全力,对于诉讼之争点进行争执,基本上犯罪之真实于此时最易被发现。因此,事前向对造之当事人要求预先阅览其所有证据的证据开示,在理论上并不公平,尚且证据一旦开示后,可能会发生胁迫证人或证据湮灭等妨碍真实发现之现象。"[4]但实际情况是,要求开示证据,利大于弊,不仅使辩方能够更好防御,而且有利于发现真实。由于检察官属发动进攻方,往往经过长时间的精心准备,故应给防守方一个准备和适应过程。当然,证据开示很容易沦为"猜猜我手里

---

[1] Rolando V. Del. Carmen, *Criminal Procedure Law and Practice*, Wadsworth, Cengage Learning, (2010), p. 62.

[2] John M. Scheb & John M. Scheb II, *Criminal Law and Procedure*, Wadsworth Cengage Learning, (2011), p.397; LaFave & Israel, *Criminal Procedure*, Thomson Reuters, (2009), p. 953.

[3] LaFave & Israel, *Criminal Procedure*, Thomson Reuters, (2009), pp. 954-955.

[4] 黄朝义:《无罪推定:论刑事诉讼程序之运作》,五南图书出版公司2001年版,第72页注37。

有什么"的游戏。为此,被告方可要求提供以下证据:准备传唤的控方证人的基本情况、联系方式;被告讯问笔录;相关的实验室报告、记录及专家个人情况;庭审中拟出示的文件;所有可能对被告有利的证据;警方监听的录音录像以及设置警察圈套的全部报告;最初报警的电话录音;检察官将要在庭审时展示的实物或记录等。[1]

证据开示的功效在于,使被告的反对诘问权得到保障,可使侦查透明化,防止不当及违法侦查,防止证据尤其是无罪证据被隐匿,防止突击式裁判,有效行使辩护防御权。[2] 不过也有一个限制要求,无论控辩任何一方,在证据开示后,都不得在开示目的之外使用证据,而且应当妥善保管,不得擅自委诸他人或者用于他案。[3] "交付开示证据之复制品给第三人,恐有扩大湮灭证据、胁迫证人、危害关系人名誉或隐私等之虞。……于判断有无证据开示之必要时,因必须考量目的外使用所可能造成之危害,反而恐将造成证据开示之范围变窄。……为确保开示之证据仅于目的内使用,营造证据易于开示的环境,进而确保证据开示制度适当及正确之运用,明文禁止被告或辩护人等将开示之证据作为目的外使用。"[4]

是否允许控方以公共利益豁免为由拒绝披露有利被告的证据材料?或者以防止坏人模仿、保障公共安全的名义,拒绝披露证据细节,让人无从知晓其中是否包含有利被告的证据?在英国,政府方面若拒绝披露证据材料,须经法庭如下审查:这些资料是否强化了控诉或弱化了辩护?如果是,就不应当披露;对重要的公共利益是否存在真正的严重风险,如果不存在,就必须披露;如果证据材料确实会升高公共利益风险,则需考虑被告利益是否在不披露证据材料情况下也能得到保护。总之,法庭必须对因披露不实而导致的审判不公保持警惕。[5]

---

[1] 参见李义冠:《美国刑事审判制度》,法律出版社1999年版,第67—69页。
[2] 参见黄朝义:《无罪推定:论刑事诉讼程序之运作》,五南图书出版公司2001年版,第72—73页注38、第88—89页。
[3] 参见[日]田口守一:《刑事诉讼法》(第五版),张凌、于秀峰译,中国政法大学出版社2010年版,第219页。
[4] [日]三井诚、酒卷匡:《日本刑事程序法入门》,陈运财、许家源译,元照出版公司2021年版,第153页。
[5] Richard Card and Jack English, *Police Law*, Oxford University Press, (2015), p.225.

第十一章　法庭审判

> 在法庭上,发现真实的标准究竟是什么?司法是否有足够的控管机制,以判断出重大的错误并加以纠正?我们又如何能够确保,落入司法磨坊的巨石之间,被无情碾碎的,不会是无辜的人?
> ——汤玛斯·达恩史戴特

> 庭审仍然是民主自由社会中刑事司法之核心与基石,它联结刑法与刑事诉讼法,使国家得以将法律所规定的制裁适用于应接受制裁的人。
> ——安东尼·达夫

法庭审判简称庭审。绝大多数庭审是公开的,正义因而让人看得见。庭审中即使有非正义,也多半要伪装一下,至少会有所收敛。通过庭审来解决纠纷,会对司法生态与世风民情产生重要影响,也就是,无论任何问题,包括政治问题,最终都诉诸法律解决,[1]并尊重程序,以证据确认事实。就普通法系而言,虽有源自《大宪章》及人身保护令

---

〔1〕 "几乎所有政治问题迟早都要变成司法问题。"[法]托克维尔:《论美国的民主》(上卷),董果良译,商务印书馆1988年版,第310页。这种法治理想不时受到善意的怀疑与恶意的攻击。施米特就曾直白地说:"我们已经认识到,政治是一个整体,由此我们知道了任何关乎某件事情是否具有非政治性的决断始终是一个政治判断。"[德]卡尔·施米特:《政治的神学》,刘宗坤、吴增定等译,世纪出版集团、上海人民出版社2015年版,第22页。显然,有权进行政治判断的人只注重智取对手的技巧,而这些技巧"必然服从于狂热的政党政治和卑鄙的党派忠诚,它们似乎滋生出对异见人士的刻骨仇恨和残酷迫害。辩解 (转下页)

的诸多保障,但民众并非总能获得公平审判。15世纪建立了臭名昭著的星座法院,就是为了在普通法之外惩罚王室的敌人。它摈弃陪审团,实行秘密审判,不为被告提供法律保护,指控即意味着定罪,惩罚过度严酷,刑求和肢体刑乃家常便饭。星座法院虽于1641年被废除,但《权利法案》的起草者们却仍心有余悸,不希望它在美利坚死灰复燃,因而将公平审判写入宪法第六修正案,以确保基本自由与公平。[1]

就大陆法系而言,获得公平审判的权利是法治的基本要求。如果程序的骰子总是掷向某一方,就不是平等武装,就不是公平审判。[2] 公平意味着不偏不倚,裁判者应尽可能以开放心态回应在审案件法律与事实之是非曲直,真正独立于影响案件裁断的那些外界因素。但不得不说,法官及其他裁判者都不是机器人,某种程度上都难免受出身、经历和环境影响,内心不会是一块空白画布,仍然可能因个人偏好或偏见而扭曲其判断。因此,法官作为裁判者应提醒自己不断中和那些扭曲其判断的偏执。在刑事审判中,辩方经常以"不公平"为由要求排除某些证据,可偏偏不愿承认,反对这些证据的真正原因是它们对辩方有害。[3] 从语义上说,审判的范围比庭审更广,庭审一般专指开庭。庭审是审判的最具实质意义的阶段。

第一节 庭审原则

庭审是指控辩双方在法庭上各自提出主张和证据,并且展开质证和辩论,法官进行主动程度不一的证据调查,并最终作出有罪或无罪判决的过程。"所有的证据在此亦均需依言词辩论及直接原则、依严格证据之规则及在审判公开的监控下被提出。判决只得'从审判程序中所获取者'才

(接上页) 无异于让自己出丑,毫无用处,倘若不失体面的话。其实,审判结果早就事先决定好了"。参见刘小枫、陈少明主编:《苏格拉底问题》,华夏出版社2005年版,第121页。

[1] John M. Scheb & John M. Scheb II, *Criminal Law and Procedure*, Wadsworth Cengage Learning, (2011), p. 551.

[2] *Engel v. The Netherlands (No. 1)*(1976) 1 EHRR 647, para. 91.

[3] Tom Bingham, *The Rule of Law*, Penguin Books, (2011), p. 90, 93.

能作为依据。"[1]现今各法域基本采用直接审理及言词辩论原则,即控辩审三方在场进行证据调查,"经由当事人等之法庭活动而获得心证,以实现公平法院之理想。倘与待证事实直接相关之证据,未显出于审判庭,无异剥夺当事人等辨认、表示意见及辩论其证明力之权利与机会,不符公平法院必须透过程序正义之严格遵守,而使实质正义具体实现之要求,自不能以该证据作为判断严格事实之基础,否则即有采证违背证据法则之违法。因此,建立以当事人间攻击、防御为主轴之审判程序,为直接审理原则之核心部分"[2]。实际上,庭审原则的确立与庭审模式的选择,无非是要解决好控辩审三方在场以及如何在场的问题。

首先是裁判者在场。参与审判的全体法官必须获得对于本案待证事实的直接印象,为此,必须亲自践行审理程序,察言观色,尤其是证据调查程序,不能委由他人,纵使是委由受命法官或受托法官询问证人或鉴定人,除法律特别允许外,原则上也在禁止之列。法官在整个审理程序中必须始终在场,不得中断,如果因疾病、死亡或其他因素而无法审理时,不能由其他法官径行替代,而是必须更新审理程序。此项内涵,也称为形式的直接性。理由在于,承认受命法官或受托法官的调查所得,或是承认先前审理法官的调查所得,就等于承认此一法官可以承袭其他法官的印象,乃至心证。如此,诉讼可能变成接力赛,即由其他法官先跑前段,再由为本案裁判的法官跑完后段。形式的直接性原则,说得白话些,就是要求庭审法官自己跑完全程,也可以说是禁止接力赛。[3]

其次是控辩双方在场。实践中缺少控辩之一的情形偶有发生,比如上级法院主动提审,虽有同级检察院派员出庭,但毕竟属于被动出庭,是否出于真诚支持并不明确;再如所谓缺席判决,一般只适用于非羁押的轻微犯罪被告,或者只在庭前准备程序中才被准许。很早以前有观点认为,审判期日应有检察官出庭,以实行公诉。唯检察官上下一体,故无须

---

[1] [德]克劳斯·罗克辛:《德国刑事诉讼法》,吴丽琪译,三民书局1998年版,第447页。
[2] 黄翰义:《程序正义之理念》(一),元照出版公司2010年版,第375页。
[3] 参见林钰雄:《刑事诉讼法》(下册),元照出版公司2015年版,第187—188页。

同一人始终出庭。即有更易,亦无需更新审判程序。[1] 这一观点有欠妥帖,如果允许不同检察官出庭陈述案件,那么,出示物证、传唤人证的检察官,可能与进行诘问的检察官不是同一人,辩方可能面临重复质证与辩护,交互诘问对峙时也无法锁定控诉要点,无法进行公平、公正的庭审。依同一逻辑,检察官将案件提交法院审判后,甚至无需出庭支持公诉,而事实上也真发生过这种情况。

再次是庭审应当尽量公开。在法院审判庭空间许可下,在民众自愿参与旁听的前提下,自然而然地举行。在只能容纳一名旁观者的办公厅室开庭,显然不符合公开审判要求。判例则在旁听群众太多时,允许中立性地从中抽选旁听者。如果法院为避免在审判时受到干扰,而藉由将椅子搬走,以使旁听席任意变小时,或者为了不让旁听者进出走动就锁闭法庭,或者对旁听者进行证件检查、复印存底,或由警察给旁听者拍照,意在通过程序障碍降低公众旁听意愿,都被视为不法的对审判公开的限制,可以成为上诉理由。当然,例行的安全检查是法律允许的。[2] 法律一般会明确规定公开审判的例外情形,比如涉及性犯罪被害人隐私,或有危及证人人身安全,危害国家安全、公共秩序之虞等。

法庭上禁止录音、录影、拍照,有些法庭可能不在意素描,但多数法庭都禁止记录,因而顺带禁止旁听者手握纸笔。重大审判也会特许进行录音、录像,但是否对外播放取决于政治考虑或者由法院决定。庭审前案件在社会上公开,可能有损当事人利益,也对案件走向有实际影响,因此,以新闻自由为名进行舆论审判,遭到严厉抨击,尤其禁止庭审前让被告在公共媒体上认罪、道歉。一些在当地极有社会影响的案件,要求旁听者甚众,法庭无法容纳时改在群众集会场所进行庭审,或者经由内部音像系统转播至法院院长办公室,这些做法要么无法展开质证,要么让法官不能专

---

[1] 参见陈朴生:《刑事诉讼法论》,正中书局1970年版,第195页。
[2] 参见[德]克劳斯·罗克辛:《德国刑事诉讼法》,吴丽琪译,三民书局1998年版,第506页、第508页、第514页。以前不时见诸报端的公捕公判大会的问题在于,已经公开宣布逮捕及其罪行,后续审判中就很难采信有利被告的证据,而有意加强一种公开的震慑效果,会带动定罪量刑不断趋重。如果公捕活动组织者再去跟踪、干预审判过程和结果,以验证自己当初举行大会的正确性,那就很难保证后续审判的真实性。因此,公开审判与公捕公判是截然不同的。

注庭审,因而都不适当。另外,公开审判也可能使被告难以再社会化,为此,如果被告已对案件重大事实供认不讳,承认侦查结果属实,并且同意诉讼程序不公开,即无需进行公开审判。

最后是庭审必须及时,不得有意拖延。美国宪法第六修正案保障被告获得及时审判的权利,这一权利1967年推至各州。[1] 及时庭审,一是防止不当的、迫害性的审前关押;二是减少伴随公诉而来的焦虑和关切,包括家属和亲友的忧惧;三是减少长期迟延审判对被告防御能力的损害。[2] 第一方面的损害最为严重。审前羁押耗去的时间,意味着失去工作,中断家庭生活。不仅如此,关押使被告无从搜集有利证据,无法联系己方证人,最终妨碍有效辩护。第二方面的损害同样适用于被保释的被告,指控越严重,公众的唾弃谩骂就越厉害,就业求学都会遇到障碍。第三方面的损害导致被告无法获得公正审判,因为在漫长的等待中,己方证人可能死去、失踪或者失忆。仅此一点,便足以构成对被告宪法权利的整体破坏。[3] 不过,联邦最高法院拒绝给出指控至开庭的时间表,只是采取某种平衡准据,要求法庭考虑延迟的长度、原因,被告对及时获得审判权的主张以及是否存在对被告的偏见。迟延审判会给被告造成不当压力,迫其在无罪或罪轻的情况下接受控方提出的重罪的辩诉交易条件。[4]

美国国会1974年通过了《及时审判法案》,规定了联邦法院庭前和庭审程序的期限,拘捕后30天必须起诉,如果是重罪且大陪审团不在工作期间,可以延长30天;起诉后70天必须开审。如果超过期限,被告方提出驳回起诉的动议,地区法院必须驳回起诉。不过,法案也保护被告不受匆忙的、不及准备的审判。无论公诉人还是辩护人,如果假借及时审判的名义而有意隐瞒重要证人不能按时出庭,或者毫无必要、无事生非地提出所谓速审动议,都有可能受到法案相关条款的惩戒。检察官可能被罚250美元,辩护律师可能被罚律师费的25%。2006年最高法院认定,被告不

---

[1] *Klopfer v. North Carolina*, 386 U.S. 213 (1967).
[2] *Smith v. Hooey*, 393 U.S. 374 (1969).
[3] LaFave & Israel, *Criminal Procedure*, Thomson Reuters, (2009), p. 886.
[4] *Barker v. Wingo*, 407 U.S. 514 (1972).

得放弃法案赋予的获得及时审判的权利。[1] 当然,突破期限也可能是由被告方的各种动议导致的,当然不能由指控方承担不利后果。及时审判,相较于审判拖延,总体上有利于保障人权,且为了正当裁判必须尽快搜集证据,如果审判久拖不决,刑罚不能及时兑现,其意义就会降低。对审判者而言,案件长期延滞,负担过重,因不能连续庭审而难以形成可靠心证。

法律对长期拖延审理的情况往往没有明文禁止,只有日本等少数国家效法美国,对拖延审理给予法定的程序制裁,驳回起诉或者终止诉讼。1972 年日本的高田事件,曾以违反及时审判为由判决终止该案,终止前,该案审判间隔达 15 年之久,违反了宪法关于审判进程的基本精神。案件发生于 1952 年,在朝鲜战争背景下,名古屋市内朝鲜系统的 31 人,手持火焰瓶袭击了韩国居留民团爱知县总部前任团长,致其重伤。这 31 人以暴力行为、放火未遂罪被起诉。不过其中 19 人因连坐大须事件而须优先审理,法院和律师团遂订立协定,"高田事件在大须事件告一段落前暂不审理"。这个协定是最大的误算,适逢当年日本左翼人士大闹法庭,使大须事件审理大幅拖延,一审结束时已经用去 17 年。这期间,高田事件只进行了公诉词和辩护词的发表,就一直长眠在文件柜里,当法官再次取出这些文件时已经是 1969 年。斗转星移,物是人非,早前的案发现场已然消失,律师团中有四位过世,17 年前的证人也难找到。

名古屋地方法院一气之下判处被告免予起诉,二审的名古屋高级法院则认为,"免予起诉的判决可以理解,但是现行刑事诉讼法里没有这样的规定",所以撤销了一审判决。日本最高裁判所认为,只有立刻结束审判,把被告们解放出来,才是真正实现法律的正义。1972 年 12 月最高裁判所用快刀斩乱麻的方式宣布含有宪法判断的判决书,保障"接受迅速审判"的宪法权利,最终支持了名古屋地方法院"免予起诉"的一审判决。[2] 日本学者认为,该判例有效制止了人权侵害,具有划时代意义,指明宪法上的及时审判条款不但是程序性宣言,而且具有强行效力,同时表

---

[1] *Zedner v. United States*, 547 U.S. 489 (2006).
[2] 参见[日]山本祐司:《最高裁物语——日本司法 50 年》,孙占坤、祁玫译,北京大学出版社 2005 年版,第 308—309 页。

明终止诉讼程序并不限于有明文规定的场合。但无论如何,应给予被告充分的辩护权利。[1] 必须指出,及时审判是相对延滞审判提出的,不能反向理解为审判越快越好。如果迅速审判不是为了维护被告权利,而是为了迅速兑现刑罚,就可能产生不良后果。[2] 过于迅速的审判往往使被告无从行使辩护防御的权利,比如美国1932年的斯科茨伯勒案,即审判黑人青少年强奸白人女孩的案件,从拘捕到判处死刑只用了一周时间,这一定罪被联邦最高法院推翻。[3]

关于诉讼延迟及其处置,比讨论诉讼及时原则更有针对性,更容易揭示并解决问题。这是因为人们很难定义何谓诉讼及时,也很难回避诉讼及时与草率审判的差异。欧洲人权法院将"迟来的正义不是正义"从口号转换为跨法域司法实践,就是迅即带见法官的要求。如审判程序会造成被告生命危险或因病情严重无法活到审判结束,基于人性尊严须中止诉讼程序。反对意见认为,法治社会对该案认定及澄清兴趣亦应受到保护。审判程序之目的乃在于形成判决,而非其他与此目的无涉的事件过程得失。[4] 诉讼及时原则体现在诉讼期间的严格规定上,尤其在嫌疑人被羁押的状态下,侦查、起诉和审理,每一步骤都应有清晰的时间限制,以便提醒法官,尚有未决犯在看守所里度日如年。

为此,还专门提炼出一条集中审理原则。案件繁简分流,鼓励微罪不诉,轻罪少诉,同时从立法上鼓励简单、明确的案件即时结案,而将审判资源集中用于大案、要案以及疑难案件。与此对应,被指控者的悔罪表示,可以节省庭审人力、物力和时间;在警方第一次讯问时承认犯罪事实或者投案自首,省去了警方的讯问时间,被害人也不必再次回顾自己的创伤,这些情形一般都会减刑1/3。[5] 贝卡里亚认为,应当建立犯罪与刑罚

---

〔1〕 参见[日]田口守一:《刑事诉讼法》(第五版),张凌、于秀峰译,中国政法大学出版社2010年版,第20—21页。

〔2〕 参见樊崇义主编、肖胜喜副主编:《刑事诉讼法学研究综述与评价》,中国政法大学出版社1991年版,第374页。

〔3〕 *Powell v. Alabama*, 287 U.S. 45 (1932).

〔4〕 参见[德]克劳斯·罗克辛:《德国刑事诉讼法》,吴丽琪译,三民书局1998年版,第215—216页。

〔5〕 Peter Hungerford-Welch, *Criminal Litigation and Sentencing*, Cavendish Publishing Limited, (2004), p. 574.

的绝对联想,使犯罪与刑罚衔接紧凑,让企图犯罪者从犯罪图景中猛醒过来。因此,刑罚的有效性不是来自重刑,而是来自及时。刑罚越迅速和及时,就越公正和有益,它减轻了捉摸不定给犯人带来的无益而残酷的折磨。在被宣判为罪犯之前,监禁只不过是对公民的简单看守;这种看守实质上也是惩罚性的,所以持续的时间应该尽量短暂。如果审判过于冗长,法官懒懒散散,犯人将会凄苦不堪。[1]

第二节 庭审顺序

法律情境一定包含两个相互作用的当事人和一个审判他们的第三方。当然,如果当事人自来就正义,没有法官也可以,因为此时当事人自己同时就是不偏不倚、公正无私的第三方。他会考虑对方的情况,会将自己放在与对方相同的位置,并将平等的或者等价的正义理念适用到他与对方相互的作用中。[2] 而实际的情况是,任何案件的任何当事人在涉及个人利益的时候都不可能"自来就正义",那样的话就不可能有争讼,因此任何人都不应裁决自己的利益。既然如此,就需要中立法官的直接审理,而审理的真实性和有效性则取决于庭审运用何种证据方法进行证据调查。庭审,以书记官或法官朗读案由开始。所谓案由,系指关于本案被告及其所犯罪名;随后审判长进行对被告的识别询问。不过,被告于庭上对姓名保持缄默时,法院应以要求检察官提出被告之脸部照片等其他适切方法,确定有无错误。人别讯问后,检察官朗读起诉书,于庭上首次以言词方式明示应受审理、判决之对象。此时,关于起诉内容,被告或辩护人有时会以诉因尚未特定为由而请求释明。[3]

审判长告以被控犯罪事实及其罪名,并就本案事实讯问被告,使被告能为适当防御。法官讯问的频次和力度因法系不同而有很大差异。英美

---

[1] 参见[意]贝卡里亚:《论犯罪与刑罚》,黄风译,中国大百科全书出版社1993年版,第56页。

[2] 参见[法]科耶夫:《法权现象学纲要》,邱立波译,华东师范大学出版社2011年版,第233页。

[3] 参见[日]三井诚、酒卷匡:《日本刑事程序法入门》,陈运财、许家源译,元照出版公司2021年版,第168页。

庭审,在举证之前,控辩双方有权向陪审团做开场陈词。检察官必须先发言,辩护律师的发言是紧随其后还是等到检察官"演完所有戏份",各州有不同惯例。被告方何时开场陈词,取决于不同的策略选择。绝大多数辩护律师倾向于在陪审团听到、看到证据前就对控方的说法予以驳斥,以便帮助陪审团对证据作出有利被告的评价。开场陈词不讨论法律,也不进行争辩,只陈述案件事实,让陪审团知道接下来会发生什么,以及本方希望如何运用证据证明案件事实,因此开场陈词一般很短,只给出要点和纲要。间接地提到证据是不专业的,因为该证据可能最后未被采信,法官会提醒陪审团不要理会这样的开场陈词。[1] 开场陈词是一个故事,但也有一个表达功能,即承诺将提供确实证据支持故事叙述的结论、事实和规范。与之相应,结案陈词常见的标准修辞之一,是暗示对方未提出证据支持自己的主张,已然破坏承诺。

开场陈词肯定不只一个,而是由控辩双方各自提供一个。两层故事架构是日常道德经验的特点,我们经常游移在两种不同的行为说明方式中,一种赞成我们,另一种则给予谴责。[2] 虽然控辩双方可以唇枪舌剑各尽所能,但自始不准煽动情绪,也不许鼓动偏见。[3] 相对而言,辩护律师有比较充分的自由为被告利益向法庭求得宽恕,但检察官却没有反其道而行之的自由,因为国家实施法律既不能依靠偏见,也不应诉诸同情。[4] 不过,在庭审控辩情绪对立、火药味儿十足的时候,偶尔也会出现越轨的言词,比如检察官曾当庭这样说:这一犯罪简直是禽兽所为,被告永远不应被放出牢房,除非用拴狗的皮带拴好,皮带另一头需要狱警牵着。我希望被害人拿一把手枪,从后门进来一枪轰掉被告的脸。虽然检察官的这番言论在哪个法庭上都会遭到谴责,但联邦最高法院却认为不算太严重,没有影响公正定罪,没有违背正当程序。[5]

---

[1] LaFave & Israel, *Criminal Procedure*, Thomson Reuters, (2009), p.1169.
[2] 参见[英]安东尼·达夫等编:《审判的试炼 I,真相与正当法律程序》,万象译,新学林出版公司 2015 年版,第 196 页、第 197 页。
[3] Ronald Bacigal, *Criminal Law and Procedure: An Overview*, Delmar, Cengage Learning, (2009), pp. 287-288.
[4] *Dingus v. Commonwealth*, 153 Va. 846, 149 S.E. 414 (1929).
[5] *Darden v. Wainwright*, 477 U.S. 168 (1986).

法庭可以要求各个证人分别到庭,或者要求在庭前对各个证人加以隔离,以防听闻其他证人作证而受影响。证人不遵守隔离命令者,虽不能径直取消其证人资格,但其诚信可能遭受质疑,甚至被判藐视法庭罪。[1] 法官如果预料证人或共同被告可能因各种顾虑而无法自由陈述,可否命被告退庭,陈述完毕后应再命被告入庭,告以陈述要旨?这个细节因涉及被告在场权而有争议。辩护人到场是开庭要件,尤其是一定刑期以上的案件,辩护人如果不到庭或无辩护人时,审判长须依职权指定辩护人。当事人及辩护人可申请审判长询问或申请直接诘问。对直接诘问,除为维持法庭秩序外,审判长不得予以限制。审判长讯问被告后,进入证据调查阶段,调查以双方提交的证据为前提。证据调查是庭审的核心意义所在。检察官必须明确指出应当用证据证明的事实,还包括从犯罪动机到实行犯罪的经过。检察官、被告人、辩护人必须具体指明证据与待证事实的关系。只要提出的证据有证明力,不论提出的最初目的是否为了有利被告,只要经过合法调查,都可作为认定或否定犯罪事实的证据。

法官在决定证据时,必须听取检察官、被告人或辩护人的意见,之后再决定调查证据的范围、顺序和方法。如果证据被采用,就开始根据证据的种类,询问证人、鉴定人,调查书证、物证和讯问被告。法庭上要充分给予控辩双方争辩证据证明力的机会,但证据证明力本身由法官自由判断。法庭上的诘问实际由直接诘问与反诘问两部分构成,轮番进行,故称交互诘问。"检辩双方可以透过直接问答过程来确保证言的真实性,并且呈现对己造有利而对他造不利的事实。诘问,或者说法庭上之回答,依照各种不同的法制而有不同的型态,交互诘问与轮替诘问,则是两种经常被讨论的诘问形态,但发现事实,则是两者共同追求的目的。盛行于英美法系的交互诘问制度,基本上是一种注重形式性要求之诘问形态,此种形式规则具有促使法庭进行条理分明的功能,对于采行陪审制度的法制而言,具有特殊的重要性。……其中,反诘问乃采行交互诘问制度的法庭活动之重要关键……'毫无疑问是有史以来为发现真实所发明的最伟大的利器'。"[2]

---

[1] Ronald Bacigal, *Criminal Law and Procedure: An Overview*, Delmar, Cengage Learning, (2009), p. 289.

[2] 林钰雄:《刑事诉讼法》(下册),元照出版公司 2015 年版,第 211—212 页。

交互诘问中,无论是直接诘问还是反诘问,错误往往导致诉讼困境乃至失败。比如,诘问的一个最基本规则是,永远不要提出你不知道答案或者缺乏明确目的的问题。千万不要只为了迎合当事人而进行反诘问,散漫的、没有重点和计划目标的提问,不是浪费时间,就是为对方提供炮弹。诘问的要诀是,提问之前要知道答案,专注倾听证人回答,不与证人争论,不要让证人解释,不要画蛇添足地问个不停,不在反诘问中重复直接诘问的问题。[1] 尽管有此不断提醒,仍然每每有人托大犯忌。在美国影片《控方证人》中,辩护律师试图打破教条,为了挫败对方证人曾听到密谈的证词,就去诘问证人是否将电视机里一男一女的对话错听成屋内的谈话?证人断然说这不可能,那几天电视机送出去修理了。[2] 一般而言,谁申请的证人由谁先诘问,对方接续诘问,交替进行,法官讯问仅具补充性质。请求诘问证人者为主诘问,对方为反诘问,请求诘问证人者再次诘问为复主诘问,若再经庭审法官许可,为更行诘问。

主诘问只应就证人证词的证明力进行,但不得诱导询问,除非有益唤起证人记忆,或证人表现出敌意与反感,力图规避某些事项。反诘问则应就主诘问所显现的事项进行,且可就支持自己主张的新事项进行诘问,此种诘问应视为主诘问。关于证人的观察、记忆或表现,以及证人利害关系、偏见、预断等信用性事项,都可以进行诘问。反诘问的目的可以是打击证人及其证词的可信度,但不得就显然有害于证人名誉的事项进行诘问,更不得恫吓、侮辱。[3] 主诘问与反诘问过程中,一问一答是其进行的基本模式,但也可以呈现出相互反对的形式,即在对方举证或诘问证人后,应当及时提出反对意见,否则视为放弃反对权,而放弃反对权会有许多不利的程序后果。我们经常在影视作品中注意到,辩护律师在法庭上不断大喊:"法官阁下,我反对。"与此同时,这位律师会补充说,"因为这一证词与本案无关"。"无关"是一般性的反对理由,还有一些特定的反对理由,比如"证

---

[1] 参见[美]布莱恩·肯尼迪:《证人询问的技巧》,郭乃嘉译,元照出版公司2002年版,第3页、第31页、第36页。
[2] 参见[美]保罗·伯格曼、迈克尔·艾斯默:《影像中的正义:从电影故事看美国法律文化》,海南出版社2003年版,第279—280页。
[3] 参见黄翰义:《程序正义之理念》(一),元照出版公司2010年版,第397—398页;黄朝义:《刑事诉讼法—制度篇》,元照出版公司2002年版,第88—89页。

词属传闻证据"或者"证人没有资格回答这样的问题"[1]。

如何在法庭上诘问证人,是英美法学院竭尽全力传授的内容。一位诚实的证人在接受直接诘问时,他的回答快捷、诚恳,并给人以良好印象;而在交互诘问中,他态度大变,怀疑为他设置了陷阱,因而犹豫不定,对简单的问题也斟酌良久。在向法庭举证过程中,有经验的律师会使尽浑身解数,尽可能减少对其委托人不利的证词的影响。一位法官写道:证人身处陌生的环境及其伴随的焦虑和匆忙,受到哄骗或威吓,被交互诘问搞得晕头转向,这一切都可能引发重要的错误和疏忽。亨利·塔夫脱告诉我们,讲实话的证人经常被误解,这不足为奇,因为证人紧张的反应会让人产生一种印象:他们或者是回避问题,或者是有意作伪证。如果证人胆小怕事,被陌生的庭审方式搞得惊恐万状,律师在交互诘问中就利用这些弱点,使证人混淆不清,看上去像是掩盖了重要事实。对于容易激动但却是诚实的对方证人,要让他以最令人不快的方式展示他最令人讨厌的性格,让他无法取信于人。有时,只要让对方证人看上去比实际上更有敌意,就可以毁掉其证据的影响力。

律师不仅寻求使对方证人信誉扫地,而且要掩饰本方证人的缺陷。在庭审前会见证人时,如果注意到证人矫揉造作、矜持傲慢,或者趾高气扬、暴躁易怒,就要教他如何在作证时掩饰这些缺点,使法庭无从观察证人的真相和正常的举止,因而也就无从准确评估证人。任何事实,如果有害于委托人,而对方又无法证明,就不必承认。如果律师知道一位证人不准确的作证有利于自己的委托人,可以不主动指出其不准确。无论如何都不要戳破对方的一个错误断言,让它留在那里,让裁判者也认为它是真的,并依据错误的断言作出有利己方的判决。[2] 一位律师在律师协会的一次讲座中说,能够出奇制胜的因素应当隐藏起来。你一定不要触及你的对手还蒙在鼓里的事情,陷阱不应被揭开,可以在掩盖物上再撒几片叶子,使你的对手更大胆地迈上他误以为是坚实的土地。

---

[1] John M. Scheb & John M. Scheb II, *Criminal Law and Procedure*, Wadsworth Cengage Learning, (2011), p. 576.

[2] David P Derham, "Truth and the Common Law Judicial Process" (1963) 5 *Malaya L Rev* 338, at 344–349.

一句话,律师的目标是胜诉。他不希望法庭得出违背本方利益的推测。律师在绝大部分时间里不是分配、运用或者服务于正义,而是服务于那些知道和想要知道如何渡过难关的人。[1]"立法者知道伪证是会经常出现的,他们试图在可能的范围内排除人证。……一个突如其来的事件,实际上是不可能被证人证实的,例如一次车祸,两个司机打架,以及某些伤害犯罪……有个男人喝醉了酒并殴打妻子,且这种事情经常发生,邻居们也曾多次目睹过。可是,丈夫总能找来三四个当兵时的战友,或者工作的同事,或者酒友,来证明他很少喝酒,而且对妻子总是体贴入微,温存爱抚。"[2]在审判中玩弄不当的法庭技巧,故意让证人向法庭作出虚伪证言,或者明知证人在作伪证而不予制止;故意隐匿或不申请传唤所掌控的不利于己的证人;隐匿可证明被告无罪或罪轻的证据,而经被告及辩护人指出后仍然极力否认,甚至故意伪造证据陷人于罪。[3]

通常说来,呈交法庭的都是最佳证据,很难想象谁会将不佳的证据作为呈堂证供。最佳证据规则意味着必须呈交原始文件,除非提交方给出合理解释,为什么无法提交原件。普通人可以为其个人知识所覆盖的事项,比如凭切身感受,在大多数人的常识范围内为车速、距离和长相等事项出庭作证。但是,不允许普通人就其常识经验以外的事项作证,比如,必须是那些有专业背景的人才能就刹车痕迹的意义作证。如果一方明示或暗示同意主审法官的判断,比如附和法官当庭对心理学专家证人的质疑,那么也被视为放弃反对权,不得以此作为单独的上诉理由。[4]反对的理由必须是明确的,以便对方有针对性地纠正误解和错误,也便于法官对争点的精确把握。一旦法庭认为反对无效进而对证据加以采信,接下来每次重复提到这一证据时,都要假定反对一直存在。即便法庭认为反对有效,提出证据的一方也可以进一步对证据价值加以说明,继续向法庭描述,假如证据被采信,将是怎样的一种庭审结局,以争取法官改

---

[1] "Law as a Hard Science," by John Bonsignore, *ALSA Forum* (December, 1977), Vol. 2, No. 3.
[2] [法]勒内·弗洛里奥:《错案》,赵淑美、张洪竹译,法律出版社2013年版,第93—94页。
[3] 参见黄东熊:《刑事诉讼法研究》,三民书局1981年版,第490页。
[4] *Spruill v. Commonwealth*, 222 Va. 475, 271 S.E. 2d 419 (1980).

变态度。[1]

作为正当程序的一部分,被告方与控方证人的对质权,是通过对证人的交互诘问实现的,而交互诘问又是辩护律师质疑控方证人的诚信度及其证言可靠性的主要手段。证人的知觉、记忆、偏见、兴趣、诚信等,都是法庭准予提问质疑的内容,甚至准许采用某种严苛的方式质疑证人的可信度,比如揭露证人曾被定罪,通过质疑证人以前的不道德、邪恶的言行以及犯罪,表明证人对某人某事存有严重偏见,指出证人以前的声明与现在的证言相矛盾,一向有撒谎的坏名声,曾因欠钱不还而被告上法庭并且败诉。在欧陆庭审中,法官可以驳回与本案无关或含有恫吓、侮辱、利诱、诈欺、损及尊严或涉及隐私生活的发问。"目睹过大陆法系庭审实况的英美观察家们,往往都会对审判中就证人信用进行质证的罕见性和节制性倍感惊讶。即使偶尔进行此类质证,也只是着眼于证人陈述之事的可靠性,很少升级至对证人品格或信誉的一般性攻击。大陆法系的法官们可以带着几分明显的漫不经心,自由地依赖于那些不被打断的证人陈述——在相对温和而且并不尖刻的质询下获得的证言。"[2]

庭审中交互诘问,这件伟大利器在大陆法传统庭审中却屡被雪藏。时至 2006 年,学者仍对漠视辩护权与诘问权的庭审发出质疑:"辩护权与诘问权是建设刑事司法的重要支柱。很遗憾,对于此二权利,我们过去的纪录实在不怎么光彩。就辩护权部分,如果不是因为王迎先殉命,[3]被告侦查中的辩护权,不知道要拖到何年何月才有可能出现在法条中。诘问权的部分,过去证人在警察局、检察官前指控被告的笔录,不论被告如何不服、如何哀求要诘问证人,法院都可以不予理会……法官甚至偷偷传唤询问证人,不使当事人知悉,再拿那份笔录来判决被告有罪,也是因为

---

[1] Ronald Bacigal, *Criminal Law and Procedure: An Overview*, Delmar, Cengage Learning, (2009), p. 290.

[2] [美]米尔建·R. 达马斯卡:《漂移的证据法》,李学军等译,中国政法大学出版社 2003 年版,第 111 页。

[3] 王迎先,退伍老兵,买出租车维持生计。1982 年 5 月因被疑抢劫银行而遭警察刑求,利用"寻找赃款"机会投河自尽以证清白。后真正案犯李师科落网,舆论大哗,刑求警察被定罪。同年 8 月,将辩护人介入从起诉后提前至受警方调查伊始。

法官认为被告无诘问证人的权利。"[1]一问一答的交互诘问不同于德国法庭的轮替诘问。轮替诘问可谓较不注重形式性的诘问方式,其进行方式由职业法官指挥,并无前述主诘问→反诘问→复诘问的限制。对德国刑事法庭而言,由于不采对抗制,所有证人都可说是法庭的证人,而非当事人一方的证人,据此,诘问的顺序也不取决于证人是何方声请传唤,法庭所关心者乃何事被澄清,而非何人澄清了这件事。[2]

被告在英美法中被认为具备第三人地位,可以作为证人,但大陆法认为被告只是当事人,不承认其证人地位。不过,共同被告的身份问题应分别考虑,如果他们处于分离程序中,且并非共犯及牵连关系时,可以证人身份就其他被告的犯罪事实作证。但对其证词应有特殊的审查标准,即是否基于推卸责任的目的。2019年亲历的一起案件,有4人以证人询问笔录形式证明被告开设赌场,抽头渔利数额累计达5000元以上,赌资数额累计达5万元以上。后检方变更起诉为聚众赌博,而被告组织的赌博人员恰好是那4个证人,且证人询问笔录原封未动。问题是,在聚众赌博罪中他们4人已不再是证人,应按共同被告看待,应出庭受审或至少以讯问笔录形式重新取供。那么,他们还会把抽头渔利和赌资总额说的那么高,高到自我归罪的程度吗?一、二审庭审中,控方和法官都没有理会辩护人对证据的质疑,一、二审的判决书都没有采纳辩护意见,但也没有说明不采纳的理由。

证据调查后是言词辩论,即公诉人、被告人与辩护人就事实及法律进行辩论。除非被告此时突然表示认罪,并且向法庭明确表示对指控事实及其证据不再进行争辩,由法官确认系被告真实意思表示并当庭认可,否则言词辩论乃庭审必经环节,也是庭审获得证据认知的关键阶段。凡未经言词辩论者,不得据以裁判。英美庭审过程中为了鼓励辩论,甚至创设了即时反对规则,赋予"即时反对"以特别重要的法律意义。如果未行使即时反对的权利,那么在上诉审时再就法庭的相关决定提出异议,便不会得到上诉审法官采纳。理由在于,"反对"是提醒法庭发现对方错误并作

---

[1] 王兆鹏:《辩护权与诘问权》,元照出版公司2007年版,序第7页。
[2] 参见林钰雄:《刑事诉讼法》(下册),元照出版公司2015年版,第212—213页。

出正确判断,放弃这一机会和手段就应后果自负。只有在上诉审法官认为庭审中的错误已经实质影响了公正审判,违背了正当程序,且这些错误不经提醒也应即时发现,才有可能例外准许庭审中没有提出即时反对的一方重新提出异议。上诉审法院认为重要时,还会要求审查对方的回应理由,以及庭审笔录中法官就反对及回应的态度。这一规则除了鼓励即时反对而外,还有预防诉讼一方保存、隐藏实力的考虑。[1]

辩论可进行多轮,力求调查详尽,没有遗漏,因而有经验的辩护律师特别重视"再开辩论的攻防之道"。检察官提出再开辩论会增加新的争点,明显加重辩护防御负担,所幸"再开辩论,应听取对造当事人之意见后始得决定。是以,辩护人应剖析检察官有何目的,不应轻易作出'无异议'的表示,惟在检察官以请求调查证据作为突袭时,自应断然声明异议。若明显是因检察官怠慢,即使是以前应当请求者,则应严正地表示时机已延误的意见。由于刑事诉讼法是采第一审中心主义,上诉审不轻易允许证据调查的请求。从而辩护人如有请求调查之证据者,应请求再开辩论,并请求为充分之调查证据。尤其是,在论告中遭指摘为突袭的场合,应事先提示有反证的存在。即便请求被驳回,也能够留下有准备反证的印象,且应对驳回的裁定声明异议"[2]。但辩方以调查新证据为由请求再开辩论,法院应给予特殊照顾,因为在上诉审中很难再同意采用新证据,所以不应剥夺被告在澄清事实上的审级利益。

无论第几轮辩论,都要不断强调己方重要论点,非重要论点必须割爱。越接近庭审尾声,就越要压缩辩论要点。法官此时有必要提醒控辩双方,要集中针对未澄清的或对方提出新的反对理由,但不应禁止控辩任何一方的发言。每个人的语言表达能力不同,的确有人说话啰唆,但刑事审判事关重大,应准予充分的发言时间。法庭调查和法庭辩论的阶段划分方法来自大陆法系国家,目前法国、德国、意大利采取的就是这种庭审模式,这与英美对抗式的庭审模式形成了明显的区别。因为英美是以证

---

[1] Ronald Bacigal, *Criminal Law and Procedure: An Overview*, Delmar, Cengage Learning, (2009), p. 311, 313.
[2] [日]大出良知等编著:《刑事辩护》,日本刑事法学研究会译,元照出版公司2008年版,第341页。

据调查为中心,最终的终结辩论非常简单,这些国家最为重视法庭上的证据调查,而不太重视法庭辩论,但我国的法庭辩护往往比较侧重于在法庭辩论阶段集中发表辩护意见。而在法庭调查阶段,在调查询问和证据质证方面的辩护还没有得到真正的重视。[1]

就英美法庭而言,反对自我归罪的特权,在庭审过程中细化、衍生出分别属于被告和证人的特权。就被告而言,他有不当庭作证的特权,可以躲在无罪推定的防护服中一言不发。不仅如此,检察官不得对被告坚持行使不作证权说三道四,因此不允许检察官当庭暗示拒绝作证即是有罪。这种负面评价相当于让被告因行使宪法权利而受法庭的惩罚。[2] 不过,基于公平回应的概念,这一规则可以调整,当检察官总结陈词时,如果辩方声称"政府方面没有听取被告的解释",那么检察官就可以指出被告原本可以站到证人席上为自己作证。[3] 如果不是在这种特殊语境中,检察官的类似评论将导致上诉法院推翻定罪。保持沉默与不作证的特权贯穿整个刑事程序,但不包括大陪审团调查、立法机构或行政机关的听证,因为这些场合中刑事追诉尚未开始,还没有被刑事指控者。而一旦被告站在证人席上为自己辩护,就相当于放弃不作证特权,就必须回答与犯罪相关的询问。这就是为什么辩护律师一般不愿让被告站到证人席上,尤其是,被告如果有个劣迹斑斑的过去,那就最好闭嘴。[4]

除被告外,任何人在法庭作证时,也都享有拒绝透露那些可能归罪于己的信息的特权。直接或间接回答一个提问,如果意味着证人参与了犯罪,那就属自我归罪。回答问题无需达至证明有罪的程度,只需形成可能导致被刑事追诉的证据链,即可援用不得自我归罪的特权。但是,引起刑事追诉必须具有现实可能性,如果事实上已不可能再行追究,证人还是必须出庭作证的。比如一个立陶宛人移民到美国,最高法院认为可以强制

---

[1] 参见田文昌、陈瑞华:《刑事辩护的中国经验》,北京大学出版社2013年版,第217页。

[2] *Griffin v. California*, 380 U.S. 609 (1965).

[3] *United States v. Robinson*, 485 U.S. 25 (1988).

[4] Rolando V. Del. Carmen, *Criminal Procedure Law and Practice*, Wadsworth, Cengage Learning, (2010), pp. 404–405.

其出庭作证,尽管这一作证可能导致其在立陶宛以纳粹战争罪被刑事追诉。[1] 强制证人出庭作证而无需顾忌自证有罪特权的其他例外情况还有一些,比如已经超过犯罪追诉时效,证人已被无罪开释,因禁止双重危险而不可能再被追诉,以及证人之罪已被赦免。在律师以此特权为由提出反对后,应由法官当场作出决定,对法官的决定只能在庭审后上诉,不应导致休庭,因此一旦法官决定证人必须回答问题,证人就必须服从。[2]

辩论终结后的总结发言也称结辩陈词,在联邦最高法院看来,结辩陈词的重要意义在于,如果不给辩护律师最后陈述观点的机会而径行宣判,就属于违宪地侵扰被告人获得律师帮助的权利。刑事庭审中的结辩陈词有助于向裁决事实者澄清和锐化本方论点,也只有在全部证据出示完毕后,才能总体阐明各自观点,才能争辩那些来自所有证词和物证的推论是否合理,才能指出对手观点的软肋和硬伤。刑事审判终究是一个事实发现的过程,在作出判决前给予双方整理论点的机会,极其重要。[3] 结辩陈词也是由检察官开始,然后是辩护律师,双方还可以回应反驳,但时间不应过长。结辩陈词主要总结以下内容:证据摘要归纳,概括由证据作出的合理推论,点出对方观点的要害,辩方向法庭求得宽恕或要求公正判决。理论上说,此时不应再就证人可信度及证据价值作出个人评价,不应煽动情绪,也不应提及庭审事实以外的人和事,但实践中双方都不会放过任何影响法官和陪审团的机会。不过,法官会制止检察官暗示被告对指控没有任何合理解释,但如果辩方说"指控证据太单薄了,被告的解释或反驳会有失尊严",那么检察官就可以说"你不觉得他因为有罪而难于解释,更无法反驳吗"。[4]

检察官与辩护律师结辩陈词后,应给予被告最后陈述的机会。因为

---

[1] *United States v. Balsys*, 524 U.S. 666 (1998).

[2] Rolando V. Del. Carmen, *Criminal Procedure Law and Practice*, Wadsworth, Cengage Learning, (2010), p. 405.

[3] *Herring v. New York*, 422 U.S. 853 (1975).

[4] Ronald Bacigal, *Criminal Law and Procedure: An Overview*, Delmar, Cengage Learning, (2009), p. 298.

大陆法系法官更加主动介入审判,尤其是有权讯问被告,甚至被视为检察官延长的手臂,所以他更看重被告最后的表态,被告的最后陈述便更具有认罪与否的象征意义。如果检察官对被告的最后陈述有所辩驳,或者如果有后来加入的证据调查,则被告可以重新进行最后陈述。剥夺被告最后陈述权,即是剥夺被告辩护防御权,属当然违背法令,因此,务必将被告最后陈述记入庭审笔录,附卷备查。在被告作最后陈述时,法官不应打断,连被告最后陈述都要打断的审判,不可能是一次公正的审判。被告最后陈述后,法官应宣示辩论终结。如果不是当庭宣判,应宣布休庭,择期宣判;如果是陪审团审判,则要对庭审作出归纳总结,向陪审团解释证据和法律。[1] 但在司法实践中,不重视被告最后陈述的现象还比较严重,如限制被告的陈述时间及内容,以提问打断陈述,以"与本案无关"为借口剥夺被告的最后陈述权。[2]

第三节 法庭调查

证据调查作为庭审的必要程序,属审判长的主要职权之一,这是大陆法的一个显著特征。英美法官则保守中立,很少主动出击询问,以免拉偏架之嫌。控辩双方各自努力搜集有利于己的证据,呈堂质证,在此过程中,证人证言、鉴定意见、勘验证物、检阅文书,须直接调查采为证据后,才得作为认定事实依据。证物如凶器赃物之类,应向被告出示,令其辨认,卷宗内笔录及其他文书应向被告宣读或告以要旨,不得拒绝被告阅览。[3] 庭审中的证据调查,准确说来,是继侦查取证之后的证据重新调查,是对侦查所得证据的公开检验。此前侦查行为往往秘密进行,证据如何取得,证据能力如何,都不为辩方所知,尤其是证据证明力,必须经过法庭调查方得分析、认可。即便就法官而言,此前也不过是从卷宗、控辩双

---

[1] Peter Hungerford-Welch, *Criminal Litigation and Sentencing*, Cavendish Publishing Limited, (2004), pp. 419-420.
[2] 参见樊崇义主编、肖胜喜副主编:《刑事诉讼法学研究综述与评价》,中国政法大学出版社1991年版,第53页。
[3] 参见刁荣华:《刑事诉讼法释论》(下册),汉苑出版社1977年版,第428页。

方举证及各自的解说中形成确信。证据调查一般不由法官启动,应由检察官、辩护人、被告人申请,并明示证据与待证事实的关系,以利法官决定是否采信该证据,并厘清攻防焦点。

"证据调查程序之流程系从检察官举证阶段进行至被告举证阶段。但是,法院认为相当时,得变更此顺序以随时调查必要之证据。另外,关于犯罪事实之证据调查,一般通例系从客观的、直接的证据开始,接着转往主观的、间接的证据,最后再及于被告之经历、性格、境遇、犯后之情况等所谓的情状证据。……检察官、被告及辩护人得对于证据调查声明异议。此系为使当事人在诉讼关系人之行为逸脱诉讼法规时予以弹劾,要求正确实行而保护自己的利益所得为之声明不服。只要是关于证据调查之行为即得声明异议,包括开审陈述、声请证据调查之时期、方法、证据调查之范围、方法、顺序、证据能力等皆得为之。……但是对于证据调查之裁定,不得以不当为由声明异议。"[1]就大陆法系而论,法官还有澄清案件的义务,为查明事实真相,原则上应依职权主动对影响判决的重要事实与证据加以调查,不受诉讼当事人的拘束。尤其是,如果法官不是有意偏袒控方,而是主动对正当的、可宽恕的减免刑罚情形进行调查,基本上会受到社会舆论认可,当然,极少数民愤案件除外。

就英美法系而言,对抗制的前提也可以解释法官为什么不愿意主动传唤证人,尽管其完全有这样的权力。因为超越当事人的中立的"证明手段并不能恰当地介入由对立双方控制着的事实认定模式:该模式造就的紧张对立状态很难使第三者不偏不倚地立于中间"[2]。也因此,法院澄清案件的义务应有其界限:一是角色界限,不应成为检察官的帮诉人,接力追诉,"审判长于介入证人等诘问之际,务必考虑到不得过于沦为职权主义之模式"[3]。二是能力界限,"如有数千位证人时,该澄清案件之义务并不会规定要对每一位证人均应加以询问。……其他的在场者也可能

---

[1] [日]三井诚、酒卷匡:《日本刑事程序法入门》,陈运财、许家源译,元照出版公司2021年版,第175页、第193—194页。

[2] [美]米尔建·R.达马斯卡:《漂移的证据法》,李学军等译,中国政法大学出版社2003年版,第106页。

[3] 黄朝义:《刑事诉讼法—制度篇》,元照出版公司2002年版,第96页。

只不过是对已调查过的结果加以证实而已"[1]。假若真有极多人证或物证,法官澄清案件将面临两种困难:一是证人虽都曾在现场,但感受截然对立;二是物证形式单一但数量极大,辩方若要求逐一质证,则庭审会旷日持久。两种情况皆"以案说法"。

第一种情况,证人证言相互矛盾且无法排除,可以回顾柴静女士曾在公众号上讲述的佛罗里达州一个案件。案发于2012年2月。17岁的黑人少年马丁随父亲探望他人,在社区商店买了点小吃,因为下雨,马丁戴着连衫帽,走在回家路上时,一名白人成年男子齐默曼怀疑他有犯罪意图,两人发生冲突。白人男子枪杀了黑人少年。警察把齐默曼带入警局,5个小时后释放了他,因为"无证据表明这是一起犯罪案件,不构成逮捕条件"。之后媒体发酵,大量报道"黑人少年被射杀,开枪白人被释放"。强弱黑白的对立情绪,最容易相互激荡,很快上升为全国性事件,要求起诉白人男子的签名超过220万人,压力之下,齐默曼被拘捕。但他也并非无人支持,支持者谴责刻意制造种族对立的媒体,且在联邦调查局调查的40人中,无人指责他有种族歧视倾向。而黑人少年马丁被杀前一段时间,因随身携带大麻被校方停学,这已是第二次被罚停学。还有一次,马丁在洗手间门上写污言秽语时被校警发现,并在他的书包内找到有不明来源的女性珠宝和作案用的螺丝刀。马丁在社交媒体上抽大麻,展示枪支,比中指的照片也被公开流传。

齐默曼当时被招募为社区守望者,当晚开车经过时发现小区里有个陌生人,戴着连衫帽,没走小区公共道路,而是走在人家屋檐下,并向窗内张望。齐默曼打电话报警,接线员听到开车门的声音,问他是否在跟踪对方?他说"是的",接线员说"我们不需要你这么做",他说"好"。电话中断两分钟后警察到达,看到的是马丁脸朝下倒在地上,已无生命迹象,齐默曼靠近马丁站着,手里拿着枪,说人是他杀的。齐默曼的辩护费用100万美元,多来自全美各界捐款。捐款人未见得认为齐默曼无罪,但他们不希望齐默曼因举国若狂的压力而无力与国家机器对抗。陪审团成员事后

---

[1] [德]克劳斯·罗克辛:《德国刑事诉讼法》,吴丽琪译,三民书局1998年版,第476页。

接受采访说,"整个庭审中,我们从没讨论过种族问题,一次都没有"。这次庭审全程向社会公开,持续两周,控辩双方都没有主动提出种族问题。马丁过往历史和短信记录,也被法官以无关案情为由禁止作为证据出示。控方指控齐默曼二级谋杀罪,从开庭起,此案只聚焦于开枪一刹那"是谋杀,还是正当防卫"。开枪前,是下着雨的暗夜,没有摄像头,没有人目击开枪,死者已逝,只有单方口供。

按齐默曼所述,他挂断报警电话后,已经看不到马丁,就下车去看不远处的路牌,以便等警察来时汇报位置。回向汽车的路上,马丁在他左后方岔道出现,问齐默曼"你有什么事吗",他说"没有",马丁说"现在你有了",一拳打在他鼻梁上,将他打倒在地。控方一位关键证人出庭,她是马丁的朋友瑞秋,事发前最后一个与马丁通电话的人。瑞秋作证说,马丁在电话里向她抱怨有个白人神经变态正在跟踪他。瑞秋让他赶紧回家,数分钟后,她听到马丁质问"你为什么跟着我",一个粗重喘气的男声反问"你在这儿干嘛"。马丁不停地说"放开我,放开我"。电话断掉了,她再打回去就没人接了。三天后她知道了马丁的死讯。按她的描述,马丁当晚受到齐默曼的拦截攻击。但在交互诘问中,辩护律师问瑞秋为什么在电话断后没有报警,她回答说考虑到马丁应该是安全的。辩方律师继续问瑞秋能确定最后的声音中是谁在打谁吗?瑞秋回答说不能。瑞秋很快被确定为不可靠的证人,因为多处撒谎,齐默曼与911接线员通话时,证人正在与马丁通话,有两分钟的重合时间,其间并没什么事情发生,否则911接线员一定会听到。

辩护律师强调,在挂断报警电话后,齐默曼停止了跟踪,"没有证据证明他做了别的"。辩护律师提醒陪审团:"不要猜测,如果你不知道某事,那就是它还未被证明。"看来,齐默曼是追击还是反击,决定了他是侵害还是自卫。辩护律师没有引用那个著名的《不退让法》,这一法律命名意在强调,"防卫人没有义务先撤退,只在退无可退时才可作出致命反击"[1]。邻居们被响声惊动后,曾有多人从窗户看见一人骑坐在另一人

---

[1] Cynthia V. Ward, "Stand Your Ground and Self-Defense," *American Journal of Criminal Law* 42, no. 2 (Spring 2015), p. 90.

身上,但雨夜中难辨面目。作证者有两种说法:一说看到红衣男子处在下方,当天齐默曼穿红衣,马丁穿黑衣;另一说看到体型较大者在上方,庭上人员都注意到,齐默曼体型较大。齐默曼说自己被打倒后,马丁把他压在地上揍,往水泥地上撞头,并用拳头捂他的口鼻,"什么也看不见,不能呼吸"。控方指控他撒谎,一个29岁、体重90公斤重的成年人,看上去是壮汉,之前还在参加健身武术培训,不会被一个17岁、体重72公斤的男孩打得这么被动。

辩护律师当庭传唤齐默曼的健身教练,教练对案发前齐默曼身体状态的描述是"严重肥胖,身体柔软,主要是脂肪,缺乏肌肉和力量,齐默曼去参加培训的主要目的是减肥和塑形,格斗是初学,连怎么有效出拳都掌握不了"。律师问"如果格斗能力从1到10,齐默曼是多少",教练说"0.5"。案发时,马丁身高180厘米,他从5岁开始打橄榄球,被教练认为是最好的球手。一位证人作证时说,看到打斗中占上风的黑衣男子使用了典型的"ground and pound"格斗技巧。除这些描述之外,伤口也在讲话。齐默曼鼻梁骨闭合骨折,眼眶淤血,后脑部头皮开放性损伤,伤痕形成方位与人体接触水泥地留下的痕迹吻合。夹克背部全湿,沾有碎草。马丁面朝下倒在草地上,尸体没有移动痕迹,身上除了致死的枪伤,只有左手指关节的轻微挫伤,衣服上没有背部与地面摩擦带来的痕迹,只有牛仔裤膝盖上有湿草地带来的污迹,符合跪骑在他人身上的特征。控方传唤的法医作证说,从照片可以看出齐默曼脑后的伤只有两道,法医判断这个伤很轻微,"都不用缝合"。齐默曼当晚在救护车上只是简单包扎,可以明确回忆和叙述,证明没有脑功能损害。

控方出示的证据意在证明,就算发生打斗,马丁并没有武器,没有将齐默曼置于死地的主观意愿,如此轻微不显的伤情,能证明齐默曼的生命正受到严重威胁,以致可以使用致命武器吗?交互诘问中,在辩方律师追问下,法医承认她并未亲自检验过伤情,只是通过照片来判断。辩护律师强调,马丁并非没有武器,水泥地就是武器。辩护律师问齐默曼的头部是否在水泥地上被连续撞击过,法医说"是"。辩护律师接着问出一个至为重要的问题:"如果头这样持续被撞下去,会不会造成生命危险?"法医回答"会"。正当防卫的重要基础就这样被辩护律师夯实了。法庭上还质证了一位邻居在听到打斗声后打给 911 的报警电话。电话背景音里能听到有人在大呼"救命",38 秒间喊了 14 次。录音在电视台播放时,主持人提醒可能会有不适感,因为这个声音极为恐惧,是一个人认为自己正受到极度威胁,尝试求助的声音。短暂的打斗能产生这么强烈的恐惧感吗?辩方传唤的专家证人说:"在一场打斗中,如果你在 30 秒内未占上风或者结束这场打斗,说明你再也无力扭转败局,被压制者会产生高度的恐惧和焦虑。而当晚的打斗持续了 40 秒。"

问题是谁在尖叫。按理说,两人年纪相差十几岁,声音不同,分辨应不困难,但处于极端胁迫和危及生命下的尖叫与正常说话区别很大。联邦调查局的音频专家认为,不可能辨认出这个尖叫声属于谁,叫声距离话筒很远,又与报警电话中人声交谈混合。但专家认为,与当事人亲近的人则极有可能辨别出是谁的声音。结果不出所料,双方的亲人在法庭上都认为是自己孩子的声音,以致两家的说法互相抵消。持续 14 天后,庭审接近结束,控方总结陈词时一再展示马丁的遗体照片,激发陪审团的同情心,请求陪审员们用"常识"和"心"把一些事实拼接在一起。请代入马丁的角色,想象马丁的恐惧,马丁心里是不是害怕?在暗夜回家路上被陌生人跟踪是不是每个孩子最大的恶梦?这,就是马丁最后的心情。轮到辩护律师总结陈词时,他对陪审团说,你们不是来填补空白或者发挥想象的。他拿出一大块水泥展示给陪审团,强调马丁不是一个没有任何武器的无辜者,水泥地就是致命武器。"齐默曼不需要认为马上就要死了,不需要认为已深受重伤。用致命武器自卫时,伤口的状况并不是决定性的,对身体受伤害的合理恐惧就是自卫的合理基础。"

检方证明二级谋杀罪,要达到排除合理怀疑的程度。被告提出正当防卫,是肯定性辩护,也要承担举证责任,但却无需达到排除合理怀疑的程度。辩护律师对陪审团说的最后一句陈词是:"如果你们有疑虑,就要让齐默曼成为这些疑虑的唯一受益人。"法官指示陪审团,可以按照控方要求纳入过失杀人罪,但拒绝纳入三级谋杀罪。辩护律师则声言,"不要折中判决,也不要同情,只要事实和法律"。依佛罗里达州法律规定,陪审团可由 6 人组成。齐默曼案陪审团成员全部是女性,5 位白人,一位亚裔深肤色女性。6 名陪审员必须达成一致意见,才能形成判决。亚裔陪审员事后说自己曾寻找一切给齐默曼定罪的可能,当天审议 7 个小时后,其他 5 人已达成无罪的一致意见,她仍然坚持齐默曼有罪,又经过 9 个小时的审议,她说最后不得不服从自己对法律的理解:"如果证据不足以排除合理怀疑地证明齐默曼故意杀人,即使内心确信他有罪,也不能把他关进监狱。"经过 16 小时合议,2013 年 7 月 13 日,陪审团一致裁决齐默曼无罪,当庭释放。

美国前总统卡特说,这个案子是法律问题,不是道德问题。公开的庭审,充分的辩论,已将各方证据透明于众人眼中。无罪判决并不意味着马丁是坏人,齐默曼是好人,只意味着检察官无力证明这不是正当防卫,而是谋杀。黑人总统奥巴马评论说,司法体系就是如此运行,陪审团已经作出裁决,我们要尊重法律结论。证人证言相互矛盾时法院应作何处置?从齐默曼案可以看出,对抗制审判比较容易解决这个问题。首先,辩护律师在交互诘问中不会放过任何不利被告的证人,必欲穷追猛打令不实之词昭然若揭而后快,使证据间的矛盾被法庭确认下来;其次,抓住排除合理怀疑的证明标准不放,将无法消除的证据矛盾转化为无法排除的合理怀疑,让被告成为证据不足的受益人;最后,陪审团一致裁决制也有意义,因为不能一致裁决,就说明没有排除合理怀疑,至少陪审团成员中有人持有合理怀疑。而在大陆法系职权主义审判中情况可能有所不同,法官的主动取证权逻辑上也是证据选择权,也就是取与不取的双重权力,即使不能防止矛盾证据同时出现在法庭上,法官也有自由心证作遮蔽,因而证据矛盾无法消除时利益未必归于被告。

第二种情况,如果物证极多,法庭负担不起逐一质证,可否委托鉴定机构或个人在庭外集中鉴定后,只允许询问鉴定人,不再对物证本身进行质证?"检方通常有优势的另一个原因是,辩方律师时常没有相关的知识从不同角度审视呈堂证据。因此,他们经常没信心提出切中要点的问题,藉此查明除了检方的解读之外,还有没有其他解释。举例来说,一名嫌犯身上找到织物纤维,怀疑这是来自受害者的衣物。嫌犯坚称不可能,因为他没杀人,而且不在场。如果嫌犯能指出自己某件衣物可能有同类织维,就能检验他的声明。然而,由于太麻烦了,警方和检察官不大可能提议翻找他所有衣物,看能不能找到其他吻合结果。所以即使织维可能来自嫌犯自己的衣物,不是受害者的衣物,这个可能性也从来没人调查过。更糟的是,如果辩方要求这么做,就必须透过警方提出要求,而且得透过警方才能得到结果。如果测试结果不符合警方和检方的预期或希望,对他们立证没帮助,他们会比辩方更早知道。也就是说,辩方律师可能提出某些证据,结果却导致自己的客户遭到定罪。"[1]

鉴定往往是受官方管制的,这使被告方失去了一种要求中立者重新鉴定的程序权利,庭审前也未举行有辩方参与的就鉴定方法、主体、可信度的专门听证。北京的"快播案"非常著名,罪与非罪的争论热火朝天,但其中的质证问题却未引起足够重视。这或许是大陆法系庭审质证方式决定的,换言之,如果以英美法系的质证方式,还能不能形成有罪判决,会是一个不小的疑问。一审审理查明的主要事实是,快播公司直接负责的主管人员明知公司在互联网视听节目服务中提供含有色情的内容,却未履行监管职责,放任淫秽视频在公司控制和管理的缓存服务器内存储并被下载,导致大量淫秽视频在网上传播。2013年11月北京市海淀区文化委员会在行政执法检查时,从光通公司查获4台服务器,存储的均为点击请求量达到一定频次的视频文件。2014年4月北京市公安局海淀分局决定对王欣等人涉嫌传播淫秽物品牟利罪立案,公安机关从服务器里提取29,841个视频文件,鉴定其中有淫秽视频文件21,251个。

一审第一次庭审中,被告方提出了一些质证意见:(1)行政执法者在实施现场扣押时,未拍照,且登记内容模糊,难以认定服务器的唯一性。行政执法检查记录只记载4台服务器的IP地址,而IP地址不足以识别服务器身份,既没有写明特征、型号,也没有记载内置硬盘的型号、数量、容量,相当于缺少现场勘验、检查笔录,而这些缺乏物理特征的物证,真实性存疑,直接关系到能否作为鉴定检材。(2)服务器在行政扣押期间保管状态不明,最初是因著作侵权问题被行政机关查封的,但后来转作刑事指控之用,且刑事立案之前5个月时间内保管地点不明,作为证据使用的合法性存疑,且不排除服务器内容被污染的可能。(3)淫秽物品的鉴定程序有

---

[1] [英]安吉拉·盖洛普:《沉默证词》,周沛郁译,马可孛罗文化出版2020年版,第60页。

严重瑕疵,侦查机关 2014 年 4 月 11 日出具第一份鉴定书,鉴定人是邢某博、许某,而 2015 年 1 月 20 日出具第二份鉴定书,文号与第一份相同,但鉴定人为丁某华、赵某才,签名却又是同一人。公诉机关申请补充侦查后,于 2015 年 11 月 6 日出具第三份鉴定书,文号与前两份鉴定书不一致,但鉴定人却同一,违反重新鉴定应另请鉴定人的规定。

第一次庭审中的这些质疑,在第二次开庭时得到部分澄清,比如庭审法院委托国家信息中心电子数据司法鉴定中心对服务器及存储内容进行检验,未发现从外部拷入或修改的痕迹;另一部分疑问则因被告开始认罪而无需再予澄清。不过法官还是承认辩方的某些怀疑有合理性,比如"前后鉴定意见所记载的服务器的硬盘数量和容量存在矛盾,可以让人对现有存储淫秽视频的服务器是否为原始扣押的服务器、是否由快播公司实际控制使用产生合理怀疑"。这些质证意见都切中要害。从事后检省并不断推进未来庭审质量考虑,应当关注证据调查的法律解释与适用。我国刑诉法强调"证据必须经过查证属实,才能作为定案的根据",却又规定"行政机关在行政执法和查办案件过程中收集的物证、书证、视听资料、电子数据等证据材料,在刑事诉讼中可以作为证据使用"。毋庸讳言,由于行政执法在先,其初始执法目的与刑事诉讼目的不同,所掌握的证据提取标准,与后来的刑事追诉所关注的证据能力及其证明力也非常不同,故行政执法过程中收集的证据材料,本不应在刑事诉讼中直接作为证据使用。[1]

"快播案"的指控及法院查明的犯罪事实都有一个前提和基础,那就是淫秽视频。而法庭最终认定的 21,251 个淫秽视频中的任何一个都没有在庭审中进行质证,连抽样的个别质证都没有在庭审中进行。本案中最需要确定的就是何谓淫秽视频,标准是什么?这个标准首先应有依据,其次要向法庭提出并得到法庭认可,最后被告方应当知道这一依据,俗话说"死要死个明白"。否则,相当于让未经立法程序的、只被少数人内部掌握的秘密标准,成为刑事法庭的定罪依据。在此,先简要审视一审判决书认

---

[1] 这或许是无奈之举,主要想解决实物证据移交问题。行政机关在执法实践中已将证据从案发现场或当事人住地提取到案,已经改变证据的原始状态。侦查机关不可能再去提取这些证据,只能由行政机关移交过来。参见张军、姜伟、田文昌:《新控辩审三人谈》(增补本),北京大学出版社 2020 年版,第 125 页。

可的内容。作为淫秽物品审验员、本案鉴定人的丁某华的当庭陈述大致如下：审验过程是同事找相关技术人员把数据从服务器中转出来，存在硬盘里，架设好电脑环境，硬盘就可以打开了。先把文件名称抓取下来，在电脑上搜索硬盘里相同名称的视频，再用完美解码播放器播放审验，是淫秽视频的画钩，不是的画叉。鉴定人承认根本没时间把整个视频全部看完，点开视频后就用鼠标一拖，基本上就有淫秽镜头出现，而所谓的淫秽镜头就是男女性交的镜头。一天至少看六到八百部，正常情况下一分钟看二三个，慢时也一分钟一个多。[1]

从鉴定人的当庭陈述中得知，鉴定淫秽视频的标准就是查找"男女性交的镜头"。接下来的问题是，根据我国刑法第367条第1款的规定，淫秽物品"是指具体描绘性行为或者露骨宣扬色情的诲淫性的书刊、影片、录像带、录音带、图片及其他淫秽物品"，但是，第2款和第3款规定"有关人体生理、医学知识的科学著作不是淫秽物品"，"包含有色情内容的有艺术价值的文学、艺术作品不视为淫秽物品"。而审验员的当庭陈述反映出，他们没时间和能力鉴别出"含有男女性交镜头的"哪些不是或不视为淫秽物品。那么，辩护律师可否要求对视频进行逐一质证进而排除那些不是或不视为淫秽的视频？疑虑或许在于，如果同意辩方的质证要求，那么庭审将旷日持久，甚至永无了局。可必须思考的是，如果法庭或者控方不能承受质证负担，那么控方是否应当撤诉？指控不能，利益应归于被告。即便不能对两万多个视频逐一质证，也可以在控辩双方合意前提下，决定一个抽样比例，比如抽取100个视频文件，进行当庭的、是否属于淫秽视频的质证。

要求质证与申请法官调取证据不是一回事，且当庭质证的证据必是经法官同意并且已被调取进入庭审的证据。但是，拒绝质证请求的理由应当与拒绝申请调取证据大体一致，也就是证据实在不重要、无关联。而21,251个视频文件是否淫秽视频，显然是重要的、相关的，它们是所有指控的起点和基础，如果调取这些证据的申请不应被拒绝，那么质证要求也不应被拒绝。当然，应当防止辩方以拖延审判为目的的质证要求，但也不

────────

[1] 见北京市海淀区法院(2015)海刑初字第512号刑事判决书。

应支持控方以耽误时间为由反对质证要求。因为审判时间长短不是最重要的,公平、公正的审判才是法庭最需要关注的。对中立的法官而言,也不应以迅速了结案件为首要目标,尤其不应过分预防辩方拖延,因为总体而言拖延诉讼对在押被告不利。法官应当预防的是控方运用反复启动新罪侦查等手段,令被告无法摆脱刑事追究,并且使审判期限不断延长。"快播案"本不属于重罪,实际判决刑期也不长,但从被告被羁押、一审两次开庭至最后下判,时间近两年半。以王欣等人的身份与财力以及非暴力犯罪性质而言,应该及时获得保释,羁押是毫无必要的。

一审判决书显示,从 2014 年 4 月 23 日开始羁押嫌疑人,到 2016 年 9 月 13 日作出并宣布一审判决。以"快播案"的实际诉讼节奏,庭审完全有充分的时间进行更多、更细致的质证。而且,所有法官及公诉人、辩护人都具备这方面的专业知识,根本无需聘请鉴定人。除质证环节存在瑕疵外,还有一些问题值得商榷。比如基于一事不两罚原则,之前进行了行政执法,就不应再启动刑事追诉。再如由于案件法律性质极其复杂,刑法学专业人士之间都难有共识,凭什么认为公司经营者能够明知和预见其行为可能涉嫌犯罪? 法律不溯及既往,不能事后兴师问罪。而从正当程序角度看,法律问题之疑难,恰恰可以理解为法律没有给公民以明确的事先告知。之前的行政执法过程本身有一种"误导"效果,让被执法者认为只是一种行政违法,此后再进行刑事追究是不适宜的。最后,刑法具有最后手段性,也就是,当其他手段可以制止不法行为时,就不要动用刑罚,可杀可不杀的,杀了就是错。"快播案"中的不法行为可以从技术上充分解决,连行政处罚都大可不必。

人证或物证杂多且相互矛盾,固然使案情澄清遇到困难,但当待证事实主要仰赖一对一的、截然相反的证词时,法庭调查的深度和广度将决定随后的证据取舍与评价。在日本,公共场所的性骚扰被称为痴汉行为。1996 年至 1997 年日本全社会开展"消灭痴汉运动",涉案被捕者剧增。当痴汉行为无法用"眼睛"确认时,往往发生错误指认。曾经遭遇过痴汉骚扰的一位女律师说,当时会立刻将可疑的人、生理上反感的人认定为骚扰者。这是因为女性需要瞬间保护自己,在任何人都可能是痴汉的拥挤混乱状态下无法进行确认,就会有这种常见的反应。对女性受害者而言,某个男子骚扰了她是个事实,但很可能并非真相。有些"目击供述"提供者其实并未看见究竟是"谁的手",主观臆测的可能性很大。此外,从证词心理学角度看,一旦受害者指认"犯人是他"之后,便发生了"结晶作用",随着时间流逝,当时的情境会变得越来越"具体且详细"。如果法官忘记这一点,后果就是造成一起"痴汉冤案"。痴汉冤案审判违反了一贯遵循的罪疑唯轻原则,已经脱离正当程序和证据裁判主义,是21世纪绝对不应再有的审判。

然而,在一些痴汉案件的判决中,法官却有某种只依赖指控方证据的危险倾向。虽然辩护方已经从明朗的事实关系中证明,被告在客观上不可能实施痴汉行为,但法官脱离证据关联,自行推测补充,以求得有罪认定。有个案例,被告明明双手拿包,不可能作出女性受害者描述的痴汉行为,法官却说"拿包时换手的话单手就可以进行骚扰"。自始至终,根本没有证据证明被告"拿包时换手了",这便是一起毫无证据、全凭"法官想象"来认定有罪的案例。在另一案例中,被告在交通事故后留下残疾,右手只能外翻45度,而正常人可以外翻90度,同时右手手掌只能向后弯曲20度,而正常人可以达到70度,客观上显然无法作出女性受害者证词中所描述的痴汉行为。然而判决却坚持认为,虽然被告右手外翻受限,但若被告向右侧身,或将身体左侧向前倾斜,右手就能外翻更大角度,并非不能作出骚扰行为,于是宣判被告有罪。检方根本没有证据证明,右手功能障碍的被告何以采用如此异常的姿势实施性骚扰。法官全盘接受女性受害者漏洞百出的证词,却驳回辩护方提出的绝大部分反证,用"想象"判处被告有罪,彻底颠覆了公平审判。[1]

德国奥格斯堡州法院曾审理一起强奸案,被告与被害人自2018年夏开始确立恋爱关系,案发前,被害人将她和另一男人的合影发到被告手机上,令被告非常嫉妒和愤怒。2019年6月19日凌晨1点多,被告给被害人打电话,要她去一个酒吧会面。凌晨3点两人见面,谈的不甚愉快,被告还抽了被害人耳光。被害人要求回家,被告死缠不放,要被害人同他到

---

[1] 参见[日]秋山贤三:《法官因何错判》,曾玉婷译,法律出版社2019年版,第92—93页、第99—100页。

附近公园里继续谈谈。他抓着被害人的右臂,将她拽到公园里小河旁。被告坐在一条长椅上,要被害人脱掉超短裙下的内裤,并抓住她的胳膊和头发,威胁说不听话就要挨揍。被告在违背被害人"可察知的意志"情况下完成了性行为,之后被告要她站起来,将她推到小河旁,让她俯伏在栏杆上,进行又一次性行为。小河对岸一座民宅内,一对夫妇注意到被害人发出的声音,开窗看到两人正打得火热,却没有看到之前是否有过强迫行为。这对夫妇呵斥他们停止秽行,保持安静,被害人出于羞耻跑进一片遮蔽视线的灌木丛中。被告人跟了进去,第三次实施性行为。这时天已蒙蒙亮,有散步者牵着狗出现在附近,被告放开被害人,让她回了家。

被告承认在酒吧打了被害人耳光,还打的比较重,但他说这无关紧要,两人实际上很快和解了,之后还去了公园,那正是在同意情况下实施的"性和解行为"。然而,庭审法院却在其宽泛的证据评价范围内,采纳了被害人提供的信息,也就是她并不想进行性行为,并且在整个事件中始终口头要求停下来。庭审法院因而认定被告成立强奸罪与故意伤害罪的想象竞合,判处 4 年有期徒刑。被告以违背事实为由上诉,并获得成功。德国联邦法院认为,事实调查与证据评价是事实审法院的任务,它有义务确定和评价审判结果,而上诉审法院的审查仅在于事实审法院是否存在法律错误。倘若证据评价自相矛盾、不清晰或者存在漏洞,违背思维法则或者经验法则,或者事实审法院对内心确信提出过高要求,就都属于经不起"事实—法律"的推敲。如果事实审法院得出的结论只是基于被害人提供的信息,那么对于内心确信形成的释明就有特别要求,此时判决在本质上取决于法院是否采纳唯一证人所提供的罪证。

因此,法院必须辨别所有的裁判理由,也就是事实审法院要辨别可能影响其判决的全部事实情况,并将其纳入思考中。实际情况是,庭审法院的判决的确没有考虑全部事实,没有澄清认定结果和证据评价之间所产生的全部矛盾,因此证据评价存在漏洞。根据被害人的证言,被告在实施完公园长椅上的性行为后,将她推到栏杆处,把她固定在那里,但那对夫妇并没有看到这个过程。更确切地说,根据那对夫妇的证言,被告"拖着拉下来的裤子,裸露着下身",朝着被害人"摇摇摆摆"地走来。庭审法院没有调查、质证两位证人证言的核心细节,也没有澄清河的栏杆与两位证人居所的距离,以及被害人是否有可能向两位证人寻求帮助。而且,在被害人的证言中也有矛盾之处:根据警方对她的第二次询问笔录,是被告把她推到灌木丛中去的,由此而与她之前所说的"跑进灌木丛"相矛盾。庭审法院没有消除这一矛盾,"证言一致性"原则被动摇了。几次警方询问笔录出现矛盾的证词不只一处,因此,证人证言的可信度需要充分评价。[1]

回顾魏清安被冤杀案,如果庭审稍微认真一点,或者说稍微有实效一点,许多证据就可以查证属实。案发时,被害人刘某正骑着自行车往家走,冷不防被一个同样骑自行车的男子撞倒在地,自行车受损,两人争执起来。男子表示帮她修理自行车。恰在此时,过来一位外村人问路。待问路人走远后,男子凶相毕露,将刘某拖至附近一间废弃的水泵房强奸,然后抢了她的手表和手提包等物,骑上自行车逃之夭夭。魏清安父亲回忆说,当时有好几个警察到家里搜查,搜到一个提包,说作案时抢走的就是这个包。"我跟他们说,这是我开会发的奖品,上面印的还有字,怎么成了抢来的包呢?"但魏父的解释并未作为证据进入庭审环节。魏清安"供述"说,他当天作案时所骑的自行车是从邻居李秀荣家借来的,后来又说是从另一个邻居魏田胥那里借来的,是魏田胥的亲戚放在他家的自行车,什么牌子记不清了。而李秀荣和魏田胥两人均向冤案调查组证实,魏清安没有向他们借过自行车。以前的办案人员从未向他们了解这一细节。

被害人刘某证实,当时强奸她的男子身穿大衣。魏清安"供称",那天他去自家田里浇水,由于天气很冷,他从邻居魏镇豹那里借了一件大衣,作案时穿的就是那件大衣。如果庭审稍加核实,就会知道魏镇豹根本没有借给魏清安大衣。在魏清安冤案中,原本在理论上很可靠的技术性问题,也出现了低级错误。刘某报案后,法医提取了精斑,经检验,精斑为O型,与魏清安血型一致。由于这项技术鉴定的支持,办案人员确认魏清安就是作案者。河南省高院在进行死刑复核时,除了魏清安的口供外,认

---

[1] BGH: Beweiswürdigung in Konstellationen "Aussage gegen Aussage" (BGH, Beschl. v. 6.8. 2020−1 StR 178/20),NStZ 2021, S. 184−185.

为本案最为核心的证据就是精斑的血型化验,是刑事科学鉴定。在魏清安临刑喊冤时,执行人员紧急报告省高院分管领导,这位领导就是以"这个鉴定不会错"为理由,最终下令执行。但是,从侦查到判决,显然忽视了一个常识性问题:人的血型有 A、B、AB、O 型四种,每种血型都有巨大的群体。真凶田玉修的血型与魏清安血型一样,都是 O 型。

让法官作出不利被告决定的任何证据都必须经过法庭调查,这似乎是非常朴素的诉讼规则,但这一规则经常被忽视或者违反。在法国,有一位警官被控盗用公款上百万,证据并不充分,但却被一审判处较重之刑。上诉期间,出庭前夜,令辩护律师意外兴奋的是,被告年轻漂亮的妻子前来会合,准备次日一起去法庭。辩护律师不仅被这个女人的美貌吸引,而且对她身着柔软暖和的貂皮大衣印象深刻。或许为美人的青睐所激励,辩护律师在庭审中特别尽心尽力,庭审效果显然非常好。一切迹象表明,很可能有一个有利被告的二审判决。但到了第二周,上诉法院竟然出人意料地维持了原判。一个月后,辩护律师遇到了法官,直言询问为什么庭审效果明显有利我方,却得到不利判决,莫非这就是人们经常批评的胜庭不胜诉? 这在法国可不常见。法官回答说,法庭确实非常重视您的辩护,但您的委托人太蠢了。一个声称工薪阶层的小伙子,他的妻子穿着价值百万的貂皮大衣出现在法庭上,谁还会相信他无罪呢? 辩护律师事后评论说,如果案件存在疑点,原本应当进行深入调查,但遗憾的是,本案受到案外无关情节的干扰。[1]

第四节 "科学审判"

向来存在一种假定,陪审团甚至法官容易被专家忽悠。这一假定偶尔真的成为现实。20 世纪 90 年代美国发生的辛普森案,最后上演为号称"世纪审判"的诉讼大戏。检察官指控橄榄球明星辛普森涉嫌杀害妻子及情人,为了说服陪审团,检方以充分的证据证明辛普森经常殴打妻子。当

---

[1] 参见[法]勒内·弗洛里奥:《错案》,赵淑美、张洪竹译,法律出版社 2013 年版,第 218 页。

时加入辩护"梦之队"的哈佛大学法学院教授德肖维茨却展示了一套令陪审团赞叹不已的逻辑:经证实,会殴打太太的男人,只有不到千分之一也会杀害他的太太。辛普森被宣告无罪后,美国统计学家欧文·古德向《自然》杂志投书,试图证明德肖维茨用谬误的推理欺骗了陪审团,而且主审法官当时也未能看穿把戏。古德教授将问题翻转,应该问的不是有多少打老婆的人会杀老婆,而是有多少杀老婆的人以前曾经打老婆。前一问得到肯定的概率确实可能不足千分之一,但后一问得到肯定的概率却大于二分之一。与此同时,曾在联邦调查局国家暴力犯罪分析中心工作的麦克拉里也说,有一半的家庭内部谋杀案的受害者在案发前曾遭身体暴力。

之所以说陪审团无法面对专家,是因为专家们通常都能把自己塑造为无可辩驳的科学代言人,"荒谬、虚张声势、满嘴伪科学的术语和无法验证的'事实',但是却很容易骗取人们的信任。他决不会说一些模棱两可的话,而是向陪审团提供百分之百的确定性"[1]。因此,只要带有某种科学光环,陪审团乃至法官就会受到强烈冲击而站立不稳。不过,德肖维茨的"诡计"还只是停留在统计与逻辑层面,容易被相反的统计与逻辑推翻。如果再推进一步,法庭的判断力就会遇到进一步干扰。在柯林斯案中,涉及一对被控抢劫的男女,庭审中控方让被害人向法庭提供的信息仅仅是,一个梳马尾辫的金发碧眼的白人妇女抢了她的手包,逃离时钻入一辆等候的黄色敞篷汽车,由一个留着连鬓胡须的非洲裔男子驾驶。检察官延请一位数学和统计学专家作证说,计算结果显示"被告人无罪,抢劫实际由另一对具有相同明显特征的男女所为,这种可能性只有一千二百万分之一"。陪审团可能真的被吓到了,他们认定两被告有罪。[2]

上诉审中,加利福尼亚州最高法院推翻了定罪。法官萨利文说,面对一个数学公式,没有几个陪审员能够抵抗诱惑,不受数学证据的神秘的不当影响。对"一千二百万分之一"的具体数值,陪审团无法提出任何怀疑、

---

[1] [美]科林·埃文斯:《证据:历史上最具争议的法医学案例》,毕小青译,生活·读书·新知三联书店 2007 年版,第 103 页、第 163 页。

[2] People v. Collins, 68 Cal. 2d 319,438 P. 2d 33 (1968).

反对的理由,这个数值超过了 95% 的确信度,超越了合理怀疑。[1] "在计算几率时,必须有一些经验性的基础,才能为特定事件设定几率值。柯林斯案中的专家证人只是猜测他用来计算的特征多常出现,比如多少黑人留胡子或不留胡子。另一个问题是,在计算不同变项组合的几率时,个别变项必须是彼此独立的。专家的证词并未达到这个要求。"[2] 如果利用测谎仪或者诱供麻醉药发现真相的可能性高达 99.9%,那意味着轮到医师、测谎专家充当法官了。这标志着普通理智和判断力的终结,保障隐私、反对自我归罪、对抗权力的正当程序,都将被不受羁绊的真相、效率、秩序和安全无情地取而代之。与测谎仪类似的还有脑指纹技术,它通过言词与图像刺激评估人脑的反应,判断被告对犯罪现场的了解程度,以及不在现场的可能性。在美国伊利诺伊州,甚至有一家法院指示陪审团采信过脑指纹证据,但科学界的质疑从未停歇。[3]

控辩双方都会竭力找寻有利己方的科学证据,因为披着科学外衣的证据不易被否定,但得到这类证据并不困难,这在客观上鼓励了为胜诉而进行的证据冒险。从诉讼经验看,其实根本谈不上冒险,失败的概率太小了。"一滴血、一小片肉眼几乎无法识别的斑痕、可以揭示死亡时间的某种昆虫的生命周期,等等——所有这些都可以通过科学加以分析。犯罪实验室似乎无所不能……但是与之俱来的是一种危险——陪审团不加质疑地接受专家证人所告诉他们的一切的危险。……我们也都知道,即使是最伟大的专家也远非一贯正确。……有充分的证据显示,在专家证人这一非常有利可图并且充满激烈竞争的行业内,专家的证言往往取决于谁给他们开支票。在 19 世纪后半叶,当科学开始在法庭上占据一席之地的时候,陪审团成员都对那些手持显微镜和几张照片的'医生'充满了敬畏。那时就有大量的唯利是图的人随时准备利用人们对法医学的这种轻

---

[1] 其实,DNA 鉴定也是采用概率模式加以表述。比如,"如果 DNA 来自和奈帕无关的人……的几率大约是一百四十万分之一"。[英]安吉拉·盖洛普:《沉默证词》,周沛郁译,马可孛罗文化出版 2020 年版,第 244 页。

[2] [美]亚瑟·拜斯特:《证据法入门:美国证据法评释及实例解说》,蔡秋明、蔡兆诚译,元照出版公司 2002 年版,第 19—20 页。

[3] Rolando V. Del. Carmen, *Criminal Procedure Law and Practice*, Wadsworth, Cengage Learning, (2010), p. 333.

信大捞一把。如今法医学的一些新的进展,尤其是试图再现某些犯罪场景的计算机辅助设计技术以及被称作法律雷区的罪案心理分析,也同样存在各种问题。"[1]

1957年,德国小镇明斯特,油漆工赫曼·霍巴赫失踪,不久尸块浮现于附近几个水塘,但没有头颅。他的风流成性的遗孀玛莉亚·霍巴赫成了嫌疑人,最终被定罪,判处无期徒刑,定罪依据是许贝特教授的鉴定意见。许贝特是巴伐利亚刑事局的法医鉴识部主任,他向法庭证明,玛莉亚给丈夫下毒后打死并分尸,用炉子烧掉头颅。而整个"发现真实"的过程是在实验室里进行的。这位毒物专家从玛莉亚家厨房炉子及烤炉的烟囱壁上采集煤灰,进行火焰比色计、光谱分析仪与超声波鉴定技术测试。测试发现,炉子焚烧过人体,燃烧物富含人脑才有的氯化钠残留;有水银或银的成分,是镶牙材料;含有高毒性的硫酸钾。许贝特还在法医送来的尸块中再次发现硫酸钾。1959年,赫曼的头颅被意外找到,许贝特的科学证据崩塌了,随后玛莉亚被释放。辩护律师从各地不同烟囱搜集煤灰,经检测都含有硫酸钾。其中一个煤灰样本来自明斯特法院的壁炉,当然也有硫酸钾。1961年开启再审,无罪定谳。"在战后德国这个奋起中的年轻法治国家,这个案子成为司法界永远不死的耻辱。法官一旦信赖纯金打造的专家鉴定,他便落入鉴定人的手里。他必须装得好像自己懂得这些教授对复杂自然科学关联性所作的各种阐释。"[2]

错误还情有可原,作伪证则不可饶恕,然而事实上作伪者比善良人想象的要多。前些年臭名昭著的弗雷德·扎因就是一个例子。作为西弗吉尼亚州犯罪实验室主任,他的证言将数百人送入监狱。20世纪90年代,由于人们对他人品的怀疑越来越大,西弗吉尼亚州最高法院对他展开调查,结果发现在他出庭作证的134起案件中存在严重问题,最终有9人被释放。其中,一个被控持枪抢劫和性侵的人获刑203至335年,服刑4

---

[1] [美]科林·埃文斯:《证据:历史上最具争议的法医学案例》,毕小青译,生活·读书·新知三联书店2007年版,第9—10页。
[2] 联邦最高法院要求事实审法官在判决书中必须重述鉴定人的科学论据,好让上级审的法官也能看懂,并找出有无科学上的错误。[德]汤玛斯·达恩史戴特:《法官的被害人》,郑惠芬译,卫城出版2016年版,第204—205页、第208页。

年后,扎因的检测结果被推翻。[1] 同样在得克萨斯,曾在40个县担任合同验尸官的拉尔夫·厄尔德曼,为一百多个未经检验的尸体开具了验尸报告。1992年在芝加哥一起强奸案中,刑侦实验室分析员帕梅拉·菲什在作证时故意隐瞒可以证明被告无罪的血清化验结果,导致定罪。另一个争议人物是自20世纪80年代就在俄克拉何马城犯罪实验室担任主任的乔伊斯·吉尔克里斯特,她曾吹牛说,在证据方面她能人所不能。真是说到做到:她的证言曾将23人送入死牢,其中11人已被处决。联邦调查局后来发现,她在5起案件中作了伪证。英国政府雇用的科学家曾严重违反试验程序,陷害爱尔兰共和军。[2]

如何定义科学欺诈,竟然是科学的难题。"标准定义是捏造、篡改和剽窃,简称 FF&P (Fabrication, Falsification and Plagiarism)。捏造是彻底编造数据,生物学家称其为空手实验,在电脑时代,虚假的模拟几乎可以乱真。篡改是对所获得的数据有意地加以操控,包括只选择有利于结论的实验结果,删减那些似乎不利于结论的数值,将刚超出背景值的读数表现得十分显著,将两次实验中的最好部分捏合成一次实验等,今天所谓大数据,都存在此等作弊风险。……剽窃并不仅仅是指文字的复制,它是对知识产权的侵犯,剽窃者窃取其他作者的想法、方法和结果,甚至可能是表达方式,并以自己的名义发表。从已曝光的事件看,窃取知识产权的事情在科学中很常见,它导致的冲突对于那些寻求公正的科学家来说往往是毁灭性的。"[3] 为尽量减少、避免科学证据和专家证言欺诈,需要对作证主题、专家资格、资料种类和实验依据作出必要限制。虽说经验与训练是专家资格的必要条件,但这个条件还是太宽泛了,"专家"二字确有滥用之嫌。在极端案例中,一名吸毒者被请来鉴别某种大麻是产自美国还是哥

---

[1] 参见[德]马克·贝内克:《谋杀手段:用刑侦科学破解致命罪案》,李响译,生活·读书·新知三联书店2012年版,第232页。

[2] 参见[美]科林·埃文斯:《证据:历史上最具争议的法医学案例》,毕小青译,生活·读书·新知三联书店2007年版,第85—86页。

[3] [美]霍勒斯·弗里兰·贾德森:《大背叛:科学中的欺诈》,张铁梅、徐国强译,生活·读书·新知三联书店2011年版,第4页。

伦比亚。[1]

尽管陪审团有无可避免的缺点，有时会被"科学""大数据"等名目搞得晕头转向，可陪审团仍然是矗立于政府意志和人民意志之间防止街头出现战壕的最后的法律堡垒。总体而言，迄今为止，有关记录还是令人鼓舞振奋的，特别是在运作良好的审判中。陪审团这一集合体几乎总是有着大量的才智和智慧，大部分审判中对核心问题的评估依赖的是人的基本判断力，而不是只有少数专家能够理解的高度技术性问题，而这恰恰是陪审团设置的初衷。"制度的精神只要求陪审员不应被迫在无数的推算基础上，而是在融合证据、口供及各种证词之后产生的印象基础上作出判决。因此，根据普通常识便足以保证一位陪审员在听取证言、辨明证据、比较各种证词之后，确信并宣布他是否已作出判决。"[2]法官必须履行守门人的职责，以排除毫无根据或者不科学的专家证言，必须确保陪审员听取恰当的解释。如果做到这一点，陪审员就能理解案件。一位出庭律师说，我宁愿让一名在周末笨拙地修理汽车的陪审员来审理我的机械专利案件，也不愿将其交付给有着哲学博士学位却没有机械方面才能的法官。[3]

面对"科学审判"，需要小心谨慎的不只是英美陪审团。"没有理由确信大陆法系的审判将省却众多的麻烦，它也在设法应付科学技术进一步融入诉讼程序的问题。即便大陆法系的事实认定法与其在普通法中对应的认定方法相比更接近于理性和中立的调查，但它们仍然嵌入了历史、认识和政治上的假设，而这些假设并不能轻易地与证据的科学化协调一致。人们越来越关注对大陆法系法庭任命之专家的作用，这便是麻烦即将到来的预兆。即使在这个当口，法官往往也不能领会专家神秘的调查结论。正在蔓延的担心是，法庭正暗地里将作出裁决的权力托付给没

---

[1] 参见[美]亚瑟·拜斯特:《证据法入门:美国证据法评释及实例解说》，蔡秋明、蔡兆诚译，元照出版公司2002年版，第234—236页。

[2] [法]邦雅曼·贡斯当:《古代人的自由与现代人的自由》，阎克文、刘满贵译，商务印书馆1999年版，第212—213页。

[3] 参见[美]威廉·德威尔:《美国的陪审团》，王凯译，华夏出版社2009年版，第177—178页。

有政治合法性的外人。难道法庭名义上的助手成了它背后的主宰者吗？尽管法学家们为修辞上的一致付出了崇高的努力，但是由于裁决者拥有根据一般认知方法分析证据的自由权。因此，对难以理解的科学信息的必要信赖令人更为不安。自由心证原则是现代大陆法系证据法的基石之一，在不远的未来将需要对它作出重新的思考和定义。对此不要有什么误解。科学将持续地改变社会生活，事实认定的伟大变革摆在了所有司法制度面前，这些变革最终可能与中世纪末期出现的改革一样重要。"[1]

---

[1] [美]米尔建·R.达马斯卡:《漂移的证据法》,李学军等译,中国政法大学出版社2003年版,第210页。

第十二章　法律救济

　　能够独自为不正确判决的既判力加以辩护的,还是法的安定性,但在有些案件中,法律内容的不正确性就是不同程度的不正义性或者不合目的性,可以想象,这样的案件是完全可能存在的。

——拉德布鲁赫

　　司法系统掩盖了许多极可能的错误判决。管控机制与救济管道失灵的程度,对一个法治国家而言实在令人无法接受。在再审程序中,所有可能的疑点都会受到系统化的阻挠,同僚间会不当地制造出一种完美无瑕的印象。对很多人来说,他们不得不亲历到的却是,为了掩饰自己的过失,司法是如何介入与干预,又如何迟迟不肯还给受害者一个清白。而有些案子则让人不得不怀疑,这些错误根本不是错误,而是蓄意罗织所造成的结果。

——汤玛斯·达恩史戴特

　　法律救济的途径不外乎上诉与申诉两种。上诉意在中止原判,促成重审;申诉旨在废止原判,启动再审。就大陆法系而言,由于控辩双方都可能成为上诉主体,诉求就可能是对立的,甚至有利被告与不利被告的上诉并存;而申请再审的主体一般只是受判决人,诉求只是消除不利被告的裁判。上诉机制是常设的、无需理由的,甚至是自动的;而再审是个案权宜判断的,必须具备充分的甚至是法定的理由。上诉一般受不加刑规定的限制,也可能有检察院抗诉加刑的例外;再审结果预期有利被告,则不受一事不再理原则的约束。"一般而言,上诉是前审程序之延长,由上级审就下级审之判决作事后之审理,以期救济为主要特色。审理之对象及资料,亦以事后审之范围为限。再审则对已确定之判决就其实体上以及程序上有无瑕疵作事后之审理。虽亦有事后审之机能,但必以再审予以受理为前提,此项机能并非再审之目的,是就案件之全面审理,始为再审之本来面目。"[1]

上诉是听凭当事人自愿的,上诉时可以提出具体理由,制度上也鼓励有理由上诉,但上诉理由几乎不受限制,口头表示"我要上诉"即可,具体理由可待上诉审开启后展开。而再审"之目的乃在于检验罪责,而非在为被告平反"[2],原则上判决确定后应维持其既判力,除非有显著的不利被告的错误,否则很难开启再审。上诉时,被告仍然没有自证清白的举证责任,但要开启再审,受判决人应对新事证的确实性、新规性和显著性负举证责任。既然称为"法律救济",就只适用于被告方及受判决人,不适用于公诉方。公诉机关的抗诉表面上是向上级法院呼吁,实际可以理解为依职权继续向被告发动进攻。刑诉法中的法律救济也不同于行政救济,行政救济其实是败诉的行政机关对私人的赔偿和补偿。[3] 法律允许的最后救济手段是寻求特赦,一种极少使用的行政权力。

第一节 上诉途径

无需讳言,刑事法院通常不愿在程序后期改变判决,这被称为"上诉程序的悲剧选择"。一方面,若法律体系过分容易承认错误,会使人怀疑

---

[1] 刘绍猷:《刑事再审之理论》,载陈朴生主编:《刑事诉讼法论文选辑》,五南图书出版公司1984年版,第395页。

[2] [德]克劳斯·罗克辛:《德国刑事诉讼法》,吴丽琪译,三民书局1998年版,第561页。

[3] 参见[日]盐野宏:《行政救济法》,杨建顺译,北京大学出版社2008年版,第1—2页。

法院没有能力作出有拘束力的终局判断,并加深当事人的不确定性;另一方面,若忽略错误并确认原判决,则有可能因判决错误被发现而遭质疑。法律体系必须找到表明判决应属正确的方式,建立程序与规则,以便确认判决所得之结果具备正当性,缓解终局需求与真实需求之间的紧张关系。[1]"从保护当事人之权利言,乃以防止因判决错误而损及当事人权利于最低限度为最主要的理念。谓刑事诉讼之整体构成实以此理念为基础亦不过言。为救济判决错误能采之方法,最为直接者不外是上诉一途。"[2]首先需要明确,上诉审中,无需适用超越合理怀疑的证明标准,只是要解决上诉理由所涵盖的争点。[3] 因不满定罪量刑,控辩双方都可能向上一级法院提出广义上诉。狭义上诉不包括公诉方和自诉人的抗诉和上诉,仅指被告对庭审法院刚刚作出的尚未生效的判决声明不服,向直接上级法院请求变更或撤销。因审级不同,可能有第二次上诉。

为被告利益的上诉,一般受"禁止不利益变更原则"制约,不得加刑。对于无罪认定,许多法域尤其英美法系规定控方不得抗诉和上诉,也是禁止不利益变更原则的体现。"刑事案件于第一审判决后,一经提起上诉,则上诉审法院之判决在某种法定限制范围内,即不得谕知较重于原审判决所科处之刑。……非但于第二、第三审上诉时有其适用,即于再审、非常上诉及更审之情形亦不例外。"[4]禁止不利益变更原则来源于18世纪初德国的"确定力理论",即无罪判决有确定力,有罪判决在有利被告限度内亦有确定力。[5] 法律上的不利益,是提起法律救济时的许可要件,无此要件,便无可救济。探讨禁止不利益变更,首先需要对利与不利进行比较,就狭义上诉而言,必须符合被告上诉利益,才是合法上诉。"判断有利与否的主要基准,从最有利至最不利之判决,依次为:无罪判决>免

---

[1] 参见[英]安东尼·达夫等编:《审判的试炼 I,真相与正当法律程序》,万象译,新学林出版公司2015年版,第145页。

[2] 刘绍猷:《刑事再审之理论》,载陈朴生主编:《刑事诉讼法论文选辑》,五南图书出版公司1984年版,第377页。

[3] Ronald Bacigal, *Criminal Law and Procedure: An Overview*, Delmar, Cengage Learning, (2009), p. 308.

[4] 李圣隆:《论刑事诉讼法上不利益变更禁止之原则》,载陈朴生主编:《刑事诉讼法论文选辑》,五南图书出版公司1984年版,第320—321页。

[5] 参见林俊益:《程序正义与诉讼经济》,元照出版公司2000年版,第262—263页。

诉判决>不受理判决>管辖错误判决>有罪之免刑判决>有罪之科刑判决。简之，对被告最为有利者，乃无罪判决；最为不利者，乃有罪之科刑判决。据此，被告对于免诉、不受理等程序判决上诉，求取无罪之实体判决者，应有客观上之上诉利益。"[1]

就被告而言，只有在判决错误致量刑过重时才算不利益，只有存在第一审判决的不利益，才具备上诉利益，才能请求上级法院的救济；而就检察机关而言，因具中立性质而有别于被告，不论有利或不利被告，只要裁判不正确，都会造成检察机关的不利。上诉可以理解为前审的延长，因为前审判决毕竟尚未生效，但上诉又不是简单的续审，上诉法院只在被告必须获得正当程序保护意义上过问前审的有罪认定。[2] 即便是主张上诉审应当对事实和法律进行全面过问的法域，一般也会承认前审庭审对事实的认定，而主要进行法律适用是否正确之类的审查，否则会遇到尴尬局面：不开庭审理就改变事实认定，有违法庭调查、质证、被告在场申辩等诸多程序规定；开庭审理后改变事实认定，如果更不利于被告方，便既违背上诉不加刑原则，亦使被告实际少了一次上诉机会。因此，上诉审发现事实认定有问题，或者严重违反程序，应当发回原审法院重审，或者指定其他下级法院重审。重审亦不得加刑，否则就可能被上下其手，暗度陈仓，使被告畏惧加刑，无法自由行使上诉权，与上诉制度设计初衷不合。[3]

在某些法域，检察官抗诉不受上诉不加刑制约，这一制度严重威胁着被告上诉的实际效果，试想，只要被告方上诉，检察官就抗诉，就可以使上诉不加刑徒有其名，使被告上诉目的彻底落空。检察官抗诉在某些法域与被告同称"上诉"，所以"值得研究的问题是，检察官上诉的合宪性。通说和判例认为，检察官上诉符合宪法。判例指出，'危险存在于同一的案件之中，从诉讼程序开始到结束处于一个持续的状态。既然如此，一审程序、控诉审程序乃至上告审程序审理同一案件时，一个持续的危险被分割

---

[1] 林钰雄：《刑事诉讼法》（下册），元照出版公司2015年版，第299页。
[2] Jackson v. Virginia, 443 U.S. 307 (1979).
[3] 参见黄东熊：《刑事诉讼法论》，三民书局1991年版，第590页；胡有望：《被告人上诉引起的重审不得加重被告人刑罚》，载《法学杂志》1985年第1期，第51页。

为几个部分',检察官上诉不违反双重危险原则,但是,一审判决对事实的认定,可以是终局处理,因此检察官以认定事实有误为理由提起上诉,可能违宪"[1]。通常来说,检察官的抗诉不利被告,因此,不同于被告的"无理由"上诉,检察官必须陈明具体的抗诉理由。比如,量刑不当,没有依法组成合议庭,未参与庭审的法官参与了判决,法院审理了无权管辖的案件,作出了与其他同级法院既有判决相反的判决,对指控事实未予判决,或对未起诉事实作出判决,判决书未附判决理由或者所附判决理由与判决结论不符。

在刑事程序中,法院一般都有上下审级设置,主要为了满足上诉要求,世界范围内多采三审终审制,我国普通案件采两审终审,死刑案件采事实上的三审终审制。上诉型法律救济有两种效果:一是移转效果,"案件之法律救济将由较高审级之法院审理";二是中止效果,"该被提起上诉之裁判之效力将因即时的提起法律救济,而告中断,亦即延缓"[2]。科耶夫提出一种对上诉制度的独到看法,认为第三方裁判者无论是当事人选出的还是国家强加的,其真实性就在于他的不偏不倚、公正无私,否则就属冒名顶替。而程序法恰恰能够让人们注意到这种冒名顶替,并且通过上诉推翻冒名顶替者的判决。如果将案件发回初审程序,也不外乎改变第三方。之所以引入审判等级的理念,是因为高一级的法院比低一级的法院更具真实性,最后一级法院最具真实性。[3] 说被告可以无理由上诉,意在强调不能以理由不当或者不充分而剥夺其上诉权,但决不是反对被告陈明上诉理由,甚至应当鼓励上诉理由越明确具体越好。

上诉理由直接涉及上诉范围,也就是,上诉所针对的第一审判决内容,可以是全部,也可以是一部。"一部上诉之规范目的及实际效益,可以从当事人利益、法院负担及审级结构三方面加以观察:就当事人之利益而言,一部上诉可谓既有利于其攻击防御,又合乎其上诉目的之良法美

---

[1] [日]田口守一:《刑事诉讼法》(第五版),张凌、于秀峰译,中国政法大学出版社2010年版,第519页。
[2] [德]克劳斯·罗克辛:《德国刑事诉讼法》,吴丽琪译,三民书局1998年版,第557页。
[3] 参见[法]科耶夫:《法权现象学纲要》,邱立波译,华东师范大学出版社2011年版,第447—449页。

制,因为经过在原审的攻击防御之后,被告及检察官对于案件之争点已经相对清楚。上诉既然是针对原审判决不服的方法,审理焦点若能够集中在仍有争执而不服的部分,自然较为符合当事人提起上诉之目的,一部上诉的用意正是如此,当事人藉此得以主动限定上诉法院之审理范围,不但能够针对争点,充分地准备攻击防御之方法,并且也较能预期上诉结果,不至于发生折服原审判决之部分,却被上级审改判的危险。"[1]而简化之后的上诉,无疑可以减轻法院负担。上诉之后,便阻断了该部分的判决效力,上级法院可维持原判决,也可以将其撤销,另行改判。

从有利被告角度看,部分上诉中未经声明不服的部分,并未阻断既判力,上诉审不得撤销改判,更不得自行判决加重被告刑罚,否则即属未经上诉请求而径行予以判决,在三审终审制情况下成为第三审事由,在两审终审制情况下构成再审事由。这是因为,上诉审亦受不告不理原则拘束,不得就未经上诉部分进行审判。这里会遇到"漏判"或"漏未判决"的概念。例如检察官一并起诉妨害公务与伤害警员,一审法院只判处伤害罪,但漏未判决妨害公务。被告是否愿意就伤害罪提起上诉,实际上取决于一种考量,即是否引起案件发回重审,虽在伤害罪上得较轻量刑,但因数罪并罚而整体上加重了刑罚。既然数罪中只判决一罪,其余各罪法院竟然未予判决者,此时称为漏判。若只有被告上诉,二审法院应坚持有利被告及上诉不加刑原则,或者减轻其伤害罪量刑,或者维持原判;只有在检察官抗诉时,才应发回原审法院补判,不应由二审法院直接补判,否则属于违反不告不理的诉外裁判,同时相当于剥夺了被告的上诉机会。

在英美,被定罪后法律救济途径主要有四种:第一,准许重审治安法庭亦称微罪法庭的定罪,类似简易程序变更为第一审普通程序。变更后不得进行更严重的罪名指控,但可对原指控罪名重审后处以更重刑罚。第二,因证据不足、庭审错误或有新证据而提出搁置定罪的动议。其中,如果证据不足,则基于禁止双重危险原则,不得启动再审;如果是庭审错误则允许适当补救的重审;提出重新庭审的动议,如果以发现新证据为理由,则新证据必须极为重要,足以导致极为不同的甚至无罪认定,且须

---

[1] 林钰雄:《刑事诉讼法》(下册),元照出版公司2015年版,第307页。

是此次庭审后才发现的。第三,如果庭审法院拒绝搁置定罪的动议,被告方可以向上诉审法院上诉,上诉不得加刑。第四,在直接上诉失利后,并且在穷尽其他救济手段后可以申请人身保护令。[1] 但在反恐和1996年有效死刑法案的形势下,美国国会试图限制联邦法院使用人身保护令的范围和理由。即使准许申请,法院也可能延迟执行核准令,给政府方面留出上诉或启动重新庭审的时间。作为极其例外使用的最后救济手段,被定罪羁押者可以申请普通法传统的冤案补救令(coram nobis),该传统已被英国废止,但在美国联邦和一些州仍然得到承认。[2]

上述四种救济途径,需要加强论述的仍然是上诉。允许上诉并非普通法传统,时至19世纪末联邦最高法院仍然认为,各州没有义务提供上诉审,定罪后的上诉不是一种绝对权利,各州宪法和法律都未规定这种权利。庭审结论作出后,无论定罪多重,上诉法院的审查都不是普通法正当程序的要素。是否允许上诉审全凭自由裁量决定。[3] 然而,各州的法律通常规定死刑是强制上诉的,法律要求上诉审法院必须对死刑案件进行复审,而无论被告是否拒绝。[4] 今天,尽管所有重罪的上诉渠道都已通畅,英美法还是刻意强调两点:一是不允许对陪审团所作的无罪判决进行审核检验;二是一旦庭审法院有不利被告的重大程序违法,原则上在上诉审中必须判决无罪。这种理念及实务规程也已为大陆法所接受,其核心关切是,不应使被告再次受到诉讼程序折磨。[5] 不过,除少许例外,被告不得就并不影响终局裁判的裁定上诉。上诉应遵循终局裁判规则,不应接受零打碎敲的上诉,而只应准许对终局裁判上诉。这样做既节约司法资源,也有助于在公平的程序中更好地保护控辩双方的利益。

之所以说"更好",是相对于允许"中间上诉"而言的。不允许中间上

---

[1] *North Carolina v. Pearce*, 395 U.S. 711 (1969).

[2] *Korematsu v. United States*, 323 U.S. 214 (1944); *Korematsu v. United States*, 584 F. Supp. 1406 (N.D. Cal. 1984).

[3] *McKane v. Durston*, 153 U.S.684 (1894).

[4] Ronald Bacigal, *Criminal Law and Procedure: An Overview*, Delmar, Cengage Learning, (2009), p. 313.

[5] [德]克劳斯·罗克辛:《德国刑事诉讼法》,吴丽琪译,三民书局1998年版,第741页。

诉,很可能无法及时纠正某些潜在错误,导致终局裁判不再有终局性,而是被上诉审法院推翻,并导致重审。重审对被告以及其他人都会带来更多的负担和焦虑,旷日持久,记忆流失,滋生诉讼诡计,对目击证人的诘问与弹劾也不再奏效。然而,准许中间上诉的司法损耗可能更大,况且,中间上诉所针对的裁定十有八九都是正确的,即便不及时纠正某些裁定,能够真正导致终局裁判失准的情况也是极少,还不如干脆容忍这少许失准的裁判交由重审来解决。当控辩双方资源不平等,且并不都希望尽快结案时,资源短缺、希望尽快结案的一方就更有可能面临非正义的结局。遵循终局裁判规则,可以同时节约庭审法院和上诉法院的司法资源。随着审判的有序继续,庭审法院不乏自我纠错能力,而从上诉法院角度看,庭审法院更容易着眼于广泛的信息,对影响终局裁判的裁定作出准确评价并予以匡正。即使出现重审,也能够更有效地处置多个错误,而一次中间上诉一般只解决一个错误。因此,控辩双方只能就庭前保释抑或羁押进行中间上诉。

控方不得对无罪判决发动上诉,因为这侵犯了被告不受双重危险的宪法权利。但是,为控方保留一些中间上诉权极为必要,比如针对驳回公诉或者针对排除证据的裁定的上诉。这对被告方可能也有好处,比如某些证据应否排除,尽快得到上诉审的肯定或否定,有助于让警察尽快知道应否立即停止某些做法。[1] 当然,上诉目的无疑是让上诉审法院推翻定罪,然而,无害的错误不会导致推翻定罪,只有宪法性错误才值得认真对待,比如非法证据应予排除而未排除,剥夺被告获得律师帮助权。其他一些庭审错误必须是显而易见的,且只有在被告方证明存在真实的偏见,并实质性地、破坏性地决定了陪审团作出有罪裁决,才能推翻定罪。[2] 美国大多数司法区域都有双轨上诉机制,向直接上级法院上诉或者向州最高法院上诉。前者是法定的,后者是酌定的。重罪情况下,前者

---

[1] LaFave & Israel, *Criminal Procedure*, Thomson Reuters, (2009), pp. 1295–1296, p. 1305.
[2] *United States v. Olano*, 507 U.S. 725 (1993); *Johnson v. United States*, 520 U.S. 461 (1997).

必须为贫困被告提供律师帮助,后者不强求律师为贫困被告提供帮助。[1]

在英国,上诉不是无条件的,上诉法院要求一审定罪必须是"不安全"的,才接受上诉。至于何谓"不安全",1995年以前主要凭上诉法院法官心中存在对不公正审判的疑虑;1995年以后宾厄姆爵士在判决中指出:"新修订的法律直白地表达了它的关注,即从激烈的辩论和提交的证据看来,上诉法院是否认为定罪是不安全的。即便有某些法律上的不严谨或庭审行为的不规范,上诉法院也还是认为定罪是安全的,那就应当驳回上诉。但不论具体理由如何,如果上诉法院认为,上诉人被错误定罪或者上诉法院对定罪的正确性有所疑虑,就必须解释为定罪不安全,此时上诉法院有义务接受上诉。可见上诉法院关心的不是有罪还是无辜,它只关心定罪的安全性。有些案件中,'不安全'是明显的,比如行凶者另有其人,法律上不构成犯罪,或者因法庭的严重不公而削弱了定罪的准确性。即便不认同被告无辜,上诉法院仍然要对不公正的审判保持一定的怀疑能力。对于不明显的'不安全'定罪,要综合全部事实和情节进行评估。"[2]被告有权获得的是一次公正的审判,而不是一次绝无瑕疵的审判。

如果庭审中的任何错误都足以导致被告被免除处罚,这个代价对执法的努力而言未免过于高昂。只要是无害的错误,未影响被告获得公正审判的权利,亦未就定罪之准确性引发质疑,可以认为仍属"安全"。庭审的复杂性决定了无可避免会发生一些失误,[3]导致判决错误的原因很多,不妨做以下归纳:(1)证人先以第三人身份作见闻陈述,但随着程序演进,有变为当事人的可能,遂隐匿某些事实或证据;(2)证人陈述常因对被告同情或憎恨而作"匿饰增减"等不实之言;(3)纵证人顺乎良知,作真挚证言,唯有时因囿于证人观察力、记忆力、表现力而影响裁判官对事实的认定;(4)因举证方法或调查证据技术缺陷,当事人对法官认识事实助力

---

[1] *Douglas v. California*, 372 U.S. 353, (1963).
[2] Peter Hungerford-Welch, *Criminal Litigation and Sentencing*, Cavendish Publishing Limited, (2004), pp. 489-490.
[3] *United States, v. Akpi*, 26 4th Cir. F.3d 24 (1994).

甚少,且对"反对证据"考虑不足,无从逐次推敲反对事实存在的可能性,也就无法确保发现事实的高度盖然性;(5)由于诈术行为介入,以致证据混乱,阻碍真实发现,导致判决错误;(6)因过于相信自由心证,导致裁判官主观上无限伸缩地评价证据,尤其是对自白证据;(7)就同一证据,不同裁判官亦有不同评价,相反评价亦在所难免,但逻辑上相反评价意味着二者不可能同时为真。[1]

刑事公诉案件中,不以检察官为被上诉人,而只应以下级法院判决不当为理由。从实务需要角度可将判决不当分为事实不当与法律不当,上诉问题的重点在于什么是事实审,什么是法律审,以及二审法院何时应当开庭审理。在两审终审制中,对于一审法院的判决,事实不当与法律不当都可向二审法院提起上诉;而在三审终审制中,三审法院只进行法律审,只负责纠正下级法院违背法令的判决。而所谓"违背法令,包括判决不适用法则或适用不当而言。适用法则不当,兼违背实体法及程序法。违背实体法则,兼判决后刑罚之废止变更或免除在内;违背程序法则,兼违背证据法则"[2]。二审法院如果开庭审理,尤其在事实审与法律审不分时,可以视为一种重审,即不受前审限制,开启全新审判;而如果不开庭审理,则只能属于一种续审,只能是对前审中争议或者模糊之处加以澄清,但无论如何不是对前审判决理由的简单重复。

换言之,上诉审无论如何都应当是审查原判决是否得当,而不是简单的帮腔。上诉审法院有义务对上诉理由进行调查,而且应当从保护被告的角度进行职权调查,不应只复制一审"经审理查明"部分。据此反观"快播案"的二审判决书"经二审审理查明的事实、证据与一审相同,本院经审核予以确认",表明二审是对事实和证据的全面审查,但毕竟只是书面审,不能说"查明的事实、证据与一审相同",因为只有经过法庭调查、质证,听取被告当庭申辩者,才可谓之查明,书面审只能算作简易复核。在论证程序上是否存在重大违法行为时,"快播案"二审判决书认定涉案服务器属依法扣押、移交、保管,所存储的视频文件未遭破坏,作为鉴定检材

---

[1] 参见刘绍猷:《刑事再审之理论》,载陈朴生主编:《刑事诉讼法论文选辑》,五南图书出版公司1984年版,第379—382页。

[2] 陈朴生:《刑事证据法》,三民书局1979年版,第230页、第234—235页。

合法有效,可以作为证据予以确认。问题在于,文件是否遭破坏若以鉴定意见为准,则鉴定人须接受控辩双方当面询问,法官不能代替,二审亦不例外。

"快播案"二审判决书中还有一处值得商榷:"上诉人吴铭及其辩护人在一审审理期间未针对物证、书证的收集提出非法证据排除申请,二审所提相关线索或者材料并非在第一审结束后才发现的,不符合二审法院启动证据收集合法性调查程序的条件。辩护人的相关申请本院不予准许。"这是"快播案"上诉审法院对于"启动证据收集合法性调查程序的条件"的理解,[1]显非妥当,因为如果确有应予排除的非法证据,无论一审是否提出,都是二审应当关注的:其一,我国刑诉法文义至为明显,法庭审理过程中,包括一审审理和二审审理,只要是可能存在以非法方法收集证据情形的,就应当对证据收集的合法性进行法庭调查。这是总的原则,对原则可以附加一定的条件限制,但不能限制到与原则相违背。其二,即便是二审不便径行法庭调查,也应以事实不清为由发回重审。而"快播案"的二审却对相关条文作最不利被告的解释,没能纠正一审中的程序瑕疵,令人遗憾。

第二节 再审理由

有个比喻,把两个宇航员送上月球,不提供至少三四种后备救援系统怎么行?而把成千上万的人送入监狱,提供的救济手段怎么可以更少?鉴于过去那么多错案的教训,我们何以有信心让定罪过程不可逆转?[2]无论是犯罪控制模式,还是正当程序模式,都不可能在纯粹理想状态下运作,实际可能遇到各种干扰。但毋庸讳言,纠问式诉讼模式遇到的干扰更多,力度更大。既以犯罪控制为目的,自然少不了权力意志的干预和司法的暗箱操作,被告不易服判,更兼官方设置类似信访等非司法渠道,导致判决生效后案件仍然几起几落,反复"烙饼"。再者,大陆法系之频繁寻求

---

〔1〕 见北京市一中院(2016)京01刑终592号刑事裁定书。
〔2〕 Ronald Bacigal, *Criminal Law and Procedure: An Overview*, Delmar, Cengage Learning, (2009), p. 309.

救济的背后,也隐含着控方反复进攻的风险。另外,由于搜证、定罪过程经不起证据规则、庭审规则的检验,为避免追责,控方对应予再审纠错的案件百般阻挠,使受判决人冤抑难申。两相比较,正当程序模式的诉讼却能够在救济渠道多样而畅通的前提下,更多地确保无罪裁判得到尊重,同时给有罪判决留出纠错空间。

"凡原判决认定事实有错误时,具有法定之原因者,得予否决确定判决之效力,重新审判,而为撤销或变更之判决,以纠正之,此项再审之制度,立法例采两种主义:(1)为保护受判决人利益主义,即非有利于受判决人者,不得声请再审,此为法国刑事诉讼法所采。(2)为更正事实错误主义,即声请再审,基于实质真实发现的要求,于受判决人有无利益,在所不问,此为德国刑事诉讼法所采。"[1]英美法系国家因采行陪审团制,事实认定只有一次,并无再审制度设计,尤其对庭审后作出的无罪判决不得重新加以认定。无论如何,再审应否启动基本上取决于利益衡量的比例原则,且应以避免处罚无辜与避免不当重罚为其基本理念。[2]"裁判一经确定,程序就告结束,不能再次反复进行。但是,裁判确有重大错误而置之不理是违反正义的。因此,非常程序中设立了再审制度和非常上告制度。再审制度是从事实认定错误中救济被告人的制度;非常上告制度是纠正违法行为的制度。再审,是以认定事实不当为理由对已经确定的判决重新审理的非常救济程序。"[3]

通俗说来,现行制度强调新事实与新证据,合称"新事证"。[4] 对新

---

[1] 褚剑鸿:《刑事诉讼法论》(下册),台北商务印书馆1987年版,第616页。
[2] 参见黄朝义:《刑事诉讼法—制度篇》,元照出版公司2002年版,第165—166页、第202页、第208页。
[3] [日]田口守一:《刑事诉讼法》(第五版),张凌、于秀峰译,中国政法大学出版社2010年版,第361页。
[4] "田文昌:再审案件,体现的是一种纠错机制,不应以提出新证据作为立案的唯一条件。但长期以来,法院经常以没有新证据为由驳回申请,在最高法院也有这样的问题。这次《最高法院解释》中对这个问题应当有所明确。张军:按《最高法院解释》第375条规定,应当说已经明确了。该条规定列举了重新审判的条件。换言之,有列举的情况就应当立案。其中就包括没有新证据的,也可以立案。如该条规定的'证明案件事实的主要证据之间存在矛盾的',这就不需要新证据。'认定罪名错误的''量刑明显不当的',这些都不需要新证据,只要具备这些法定情形即可决定再审。根据这个规定,不用新证据也可证明原判有问题。田文昌:立法和司法解释的规定本身没问题,但不够具体, 实务中就容易被 (转下页)

事证存有疑问时,很多人主张不适用疑利被告原则,因为疑利被告是一审、二审必须坚持的,现在判决已然生效,再审申请是受判决人提出的,理应考虑有疑唯利既判力。"德国学说与实务基本上认为,当经调查之后仍难判断是否合乎再审要件时,利益并不当然归于被告。然而,这无碍于再审制度基于目的性之考量,而寻求制度自身的合理证明门槛。就结论言,德国现今较被普遍接受的折中见解认为,假使依照再审法院调查结果,对于原确定判决认定事实基础之正确性有重大疑虑者,即为已足。换言之,这正是高于单纯怀疑、低于确信之间的情形,应可认为已经符合程序事项自由证明的释明门槛。"〔2〕因此,再审理由的调查成为重中之重。按照时间脉络,1943年抗字第113号判例早有阐释,"谓就证据本身之形式上观察,无显然之瑕疵,可认其足以动摇原确定判决者,即属符合旧称确实性之要求,至于能否准为再审开始之裁定,仍应予以相当之调查,而其实质证明力如何,则有待于再审开始后之调查判断"。

通过申诉而谋求再审,难度高且极具或然性。"事实上,的确很难让法庭承认自己判决错误,它们讨厌承认这个事实。特别是,既判案件具有'神圣不可侵犯'的权威性,这就很难使一个案子得到复查。……立法者考虑到,要是封闭了所有复核的大门,那是不人道的,甚至是丑恶的。一个人被判刑之后,如果他能证明对他的判决是错误的,那么他能忍受强加于他的屈辱吗?如果那个被推想为凶杀案的受害者还活着,或者控告被告的证人被判为提供假证,或者出现了两个相互矛盾而又根本不能相容的判决或裁定……立法者会谨慎地准许申诉,复审是有可能进行的。……如果人们事后发现一个新事实……这个新事实有可能导致宣告被告无罪。……因此,为了得到复审,只能依靠在判罪定刑时法官们根本不知道的、未曾出现在案卷中的一些有形的、具体的事实。"〔3〕可见,启动

(接上页)误解。目前的情况是,凡申诉立案都要求有新证据,包括我在最高人民法院立案也遇到过这个问题。很多法官认为,没有新证据就不能立案,立了案的也不能改。真不知道是为什么。"张军、姜伟、田文昌:《新控辩审三人谈》(增补本),北京大学出版社2020年版,第460—461页。

〔2〕罗秉成、李荣耕主编:《刑事再审与救济无辜》,元照出版公司2016年版,第59页。

〔3〕[法]勒内·弗洛里奥:《错案》,赵淑美、张洪竹译,法律出版社2013年版,第4—5页。

再审的前提大致不离新事实和新证据,而在讨论过程中,新证据的概念中可以说已经覆盖了新事实,因为所谓新事实总是以新证据面目出现。

实际上,再审实务中申请理由比例最高的是发现新证据。"在日本,此之新证据虽亦必须具备新规性与确实性(明确性)二要件,但彼国对于证据新规性之解释,通说主要是着眼于证据是否具有'未判断资料性',亦即,以该证据有无曾经法院为实质判断(评价)过而定。"[1]纵使是被告于判决前已明知,但怠于声请甚且故意不声请法院调查的证据,或者法院因不知而未予审酌,甚至是法院已发现该证据,但来不及判断其实质价值,都应认为具有新规性。循此思路,判决书中漏未提到经过庭审调查的某一事证,或者相反,判决书中采纳未经庭审调查的某一事证且以之作为有罪判决基础的,则不仅事关崭新性,而且涉及判决本身的证据是否真实、确实、充分的问题。无论哪种情形,只要依判决书中根本不存在的证据定罪,自然都具有崭新性。同理,原先依法拒绝作证的证人、失而复得的证人、长期昏迷后苏醒的证人、被告曾经放弃或者法院曾经驳回调查声请的证人,都应具有崭新性。

日本法院往昔对再审新证据的确实性标准过高,不能断然适用罪疑唯轻原则,几近关闭再审之门。直至1975年的白鸟事件,才宣示以下三点判断标准:一是确实的新证据,对原判认定事实产生合理怀疑,得以推翻该认定的可能性证据。二是判断该证据是否具确实性,应就新证据若于原判法院审判程序中提出,结合原审中经调查审酌的旧证据为综合评价,据以判断是否对原确定判决事实认定产生合理怀疑。三是在作此项判断时,罪疑唯轻原则于再审申请程序亦应适用。转变的基础在于,学界对再审理念的认识产生变化,将其定位为救济无辜制度,以此为基础,期待逐渐放宽再审条件。[2]

但实际执行起来,新证据还是被过度限缩,很难跨过启动再审的门槛。将2010年至2014年间"已审结人员1453人,依终局情况区分显

---

[1] 罗秉成、李荣耕主编:《刑事再审与救济无辜》,元照出版公司2016年版,第13—14页。

[2] 参见[日]大出良知等编著:《刑事辩护》,日本刑事法学研究会译,元照出版公司2008年版,第388—389页。

示,驳回声请者为 952 人,为开始再审裁定者为 457 人,撤回者为 28 人,其他 16 人。由声请人别来看,有检察官声请的有 444 人,法院全部制作成开始再审的裁定,由受判决人本人声请的有 1009 人,驳回声请 952 人,撤回者 28 人,其他 16 人,而为开始再审之裁定者为 13 人。……细分声请驳回的 952 人的原因类型,违反程序者 419 人,声请无理由者 617 人,其他 8 人(驳回理由有重复计算)。……5 年间经裁定开始再审之案件,其中,原确定裁判是依通常审判程序的 8 人,全部皆获判无罪;亦声请简易处刑命令之案件的 447 人当中,获判无罪者 445 人,另 2 人为移送处分"[1]。

可为参照者,从 2004 年至 2014 年刑事再审案件统计结果显示,每年终结件数大概平均 1198 件,包括被告与检察官申请部分,但准予开启再审的件数平均为 6.4 件,核准率约占千分之五,若再扣除检察官为被告不利益申请再审案件、二审确定之特别再审案件等,则纯属以发现新证据事由申请再审获准的比例,仅余千分之二至三。因此,准予开启再审的成功率可说是难如登天,简直是绝望工程。究其原因,主要有错误判例、为难自己、同侪压力和司法脸面四堵高墙。为此,重新定位了再审的价值,扬弃了过去的"案件有疑,利归原确定判决",改宗"案件有疑,利归被告"。一锤定音,轴心翻转。再审制度之目的既在发现真实并追求具体之公平正义,以调和法律之安定与真相之发现,自不得独厚法安定性而忘却正义之追求。[2]

在成功启动再审的案件中,鉴定人提出的新证据占很大比重,也易于让法官相信,借助某种更高的科技,可以非常肯定地证明某些申请再审的案件非改不可。1958 年,在德国明斯特市,玛丽亚·霍巴赫女士因涉嫌谋杀亲夫赫曼被判处无期徒刑,依照原审确认的事实,她杀夫后肢解尸体,将其夫头颅放入炉灶焚烧殆尽。1959 年那个非常炎热干旱的夏天,在明斯特一个几乎干涸的小池塘边,有人在散步时看到一个严重腐化的头颅,是赫曼·霍巴赫。于是,这个经过所谓自然科学证明出来的故事,怎

---

[1] [日]三井诚、酒卷匡:《日本刑事程序法入门》,陈运财、许家源译,元照出版公司 2021 年版,第 320 页。
[2] 参见罗秉成、李荣耕主编:《刑事再审与救济无辜》,元照出版公司 2016 年版,第 167—169 页、第 174—175 页。

么样都说不过去了。玛丽亚·霍巴赫依照新事证,即头颅并非在炉灶被焚烧掉并且以头颅勘验为新的证据方法,提出再审声请,被法院接受。"不过,重新审判之程序结果如何,则是另一回事,因为虽然头颅被发现,还是无法排除重新审判程序最后仍然得到相同的结论(霍巴赫还是谋杀了赫曼,只不过尸体处置方式与原审认定的事实不同)。此一实际案例,德国法院重新审理后,最后认为霍巴赫谋杀赫曼之犯罪事实仍有疑问,法院无法得到确信心证,故基于罪疑唯轻/疑利被告原则而为无罪判决。"[1]

申请再审极其困难,至今仍然有人在为一百年前的"国王诉拜沃特斯和汤普森案"(Rex v. Bywaters and Thompson)呼吁,该案在英格兰非常著名。被告弗雷德里克·拜沃特斯先生与伊迪丝·汤普森太太暗通款曲,被控谋杀伊迪丝的丈夫珀西先生,仅用96天即于1923年1月9日被送上绞架,是证据粗糙、仓促定罪的典型。几乎没有直接证据,据以定罪的是拜沃特斯和伊迪丝的多封通信,信中他们讨论了离婚、私奔和某种"药剂",被认为是共谋毒杀的证据。但珀西实际是在午夜被人当街用刀刺死的,而且案发时伊迪丝就在现场。评论家指出:"用这些暧昧的通信构想一个预谋杀人的情节,难以确证有罪。拜沃特斯在庭审时说,他认为伊迪丝不过是想象,他给她奎宁也不算什么毒药。伊迪丝曾亲自品尝奎宁放入茶水中的滋味,想让剂量恰到好处。法官告诉陪审团'信中充满犯罪'。不过这都是些'想象的犯罪',与实际的犯罪有别。想从伊迪丝信中那些情绪激越的用语中区分事实与想象,着实不易。生活中暧昧通常无伤大雅,可在生死关头,语义不清竟然让人送了命。"[2]

1999年,英国一个陪审团认定女律师萨利·克拉克谋杀两名亲生幼儿,不过,审判所仰赖的医学证据无法提供确定的死因结论。萨利·克拉克用"婴儿猝死"来解释亲子的夭折,医学名词应该是"婴儿猝死综合征"(SIDS),特指解剖后仍无法查明死因,但又可以排除身体伤害等可疑情境导致死亡的情况。针对医学证据,控辩双方展开激烈辩论,不过检察官

---

[1] 罗秉成、李荣耕主编:《刑事再审与救济无辜》,元照出版公司2016年版,第55页。
[2] Terence Anderson, David Schum, William Twining, *Analysis of Evidence*, Second edition, Cambridge University Press, (2005), p.159, 221.

和辩护人都不承认猝死综合征,因为控方相信存在故意伤害,辩方则认为医学报告不足以确定死因。经过14月的审理,萨利·克拉克被判两个谋杀罪,轰动英伦。她的故事不是那种涉及儿童虐待的版本,而且她家境殷实,她的定罪引发了即刻的疑问。绝大多数媒体报导给出的答案是,她不适合做母亲,她压抑而孤独,两次孕期都酗酒。但就本案而言,能够暗示她酗酒、抑郁的证据庭审前就被法官排除了。她的丈夫斯蒂芬·克拉克也是一位事务律师,一再声明支持自己的妻子,让无罪的可能性倍增:"但凡有某一时刻我意识到萨利对孩子们有什么不良举动,我今天都不会和她在一起。给她的定罪是由漏洞百出的证据和莫名其妙的统计造成的。"

人们真正关注的是一位专家作证说,像被告这样一个中产阶级家庭的孩子猝死的几率只有七千三百万分之一。陪审团所做的有罪认定无需说明理由,不过要得出有罪结论毕竟要考虑自然死亡的可能性。克拉克夫妇声称的婴儿猝死,并没有得到他们自己的专家证人的支持。他们延请的专家主张,控方的医学报告的确显示了非自然死亡的疑点,但绝对不足以令有罪判决理直气壮。控方的专家证人主张伤情是身体虐待造成的,而死亡又是这些身体虐待引起的。七千三百万分之一的统计数据吸引媒体眼球,与提交给陪审团的医学证据相比却无关紧要。在第一次上诉阶段,三位主审法官给出了39页的判决理由,不仅涉及上诉要点,而且着重说明了原审与上诉审之间的关系。在英国,虽称上诉,但类似欧陆及日本的再审,需要陈明理由。实体上诉开始前,预备庭举行了听证,以裁决上诉审中是否可以引入全新的医学证据。首先,证据规则不允许将一罪的证据直接采信为另一罪的证据;其次,上诉审过程中被告仍然保有沉默权。

辩护律师依据早前判例法指出,陪审团本应被明确告知不要将警察讯问时克拉克夫妇的不利言词引入庭审。萨利在被讯问时曾说,其中一个婴儿以一种不可能的体位死在婴儿椅中,之后她又拒绝回答讯问,至庭审时她又举证证明那个孩子并未死在婴儿椅中。上诉审控辩双方对证据的解读仍然各执一词,基本复制了陪审团听审时的场面。辩方专家再次提出,孩子们的眼损伤都是尸检造成的,不过上诉法院认为这个主张虽有相关性,但并未改变法医初审证据的价值。上诉法院还认为,专家证人不得给出无辜可能性方面的统计学数据,因不具相关性而拒绝引入这样的数据。与此同时,上诉法院也拒绝引入辩方延请的统计学专家的证词,这位专家为了对抗控方的七千三百万分之一,提出一个女人两次谋杀亲子的可能性也微乎其微。上诉法院认为,陪审团关注的一直是伤害本身,而不是猝死的可能性或者其他非专业化的无罪辩解,并且陪审团在审判要点上得到了法官的正确指导,法官甚至明确说猝死本身并不排除自然死亡。虽然三位法官一致同意控方的确有错误,但仍然认为有罪证据充分,定罪安全可靠。

于是有了第二次上诉。上诉法院以简明的理由改判萨利·克拉克无罪。几乎还是那些素材,却讲述着另外一个故事:因未开示关键证据,萨利遭受了不公正的审判,蒙冤日久,罪魁祸首竟然是皇家检控署的专家证人,法医威廉姆斯博士,他没有披露在第二个孩子身上进行的检验结果显示存在细菌感染。这一检验结果没有在陪审团审判时出示,意味着定罪是不安全可靠的。而辩方律师则不失时机地主张细菌感染才最可能是孩子们的死因。在第二次上诉后,统计数据被认为对陪审团的有罪认定起到至关重要的作用。上诉法院运用法律原理化解了双方势均力敌的专家证言矛盾:其一,遵循先例,只需自问假如辩方的新证据出现在陪审团听审时,是否会影响陪审团的裁决?其二,只要来自可靠的医学评估,陪审团有权接受某一医学专家的说法而不接受另一医学专家的证词。既然辩方的新证据符合这一标准,与之矛盾但又同等可靠的医学证据在法律上便不再重要了。上诉法院推定,假如前次上诉时得知存在未开示证据,一定不会认为有罪证据充分,一定会支持改判无罪。最后,上诉法院没有忘记指出,那位未开示第二个孩子检验报告的法医,虽应受到谴责,但却无法证明他是故意的。[1]

---

[1] 参见[英]安东尼·达夫等编:《审判的试炼 II,裁判与到场说明权责》,颜华歆译,新学林出版公司 2015 年版,第 324—325 页; Richard Nobles and David Schiff, "A Story of Miscarriage: Law in the Media" (2004) 31 *Journal of Law and Society* 221.

第三节　再审实践

2016年12月2日最高人民法院第二巡回法庭对聂树斌故意杀人、强奸案宣判,撤销1994年河北省石家庄市中院和1995年河北省高院对聂案的有罪判决,宣告无罪。不计审前羁押时间,单从有罪判决生效起算,21年覆盆之冤,只因2005年另案被告王书金自认真凶,才以"疑案"名义得以昭雪。即便真凶自认且原有定罪证据有诸多缺失与疑点,申冤仍然历经11年。讳莫如深的司法惯例是,如果不事先下决心改判,就不可能通过再审审查一关,不可能开启再审。让原一审、二审法院纠正错误,会遇到几乎是无法抗拒的阻力。聂案便是如此,以至于必须由最高院作出(2016)最高法刑申188号再审决定,以提审方式依照第二审程序进行审理。聂案再审需要解决的问题是:其一,由于聂树斌也曾自认真凶,形成一案两凶,需要去掉一个,换言之,两凶可能同时为假,但不可同时为真;其二,聂案跨1996年、2012年刑诉法两次重大修改,遵循什么原则来决定新旧程序法适用;其三,由于聂树斌已被执行死刑,死刑二审一律开庭的法律规定还要不要执行;其四,聂案到底是疑案还是冤案,必须给社会公众一个交代。

上述第一个问题涉及再审范围是否包括王书金案,换言之,法院再审的任务是确定给聂树斌定罪的证据是否充分,还是要一并解决王书金是否真凶?后一个问题的解决,有赖于检察院指控在先,而对控辩诉讼角色最具颠覆效果的是,就王书金是聂案真凶的自认,控方说"不是他干的",辩方说"就是他干的"。再者,提审制度设计的一个天然缺陷就是没有主动的控诉,而就聂案而言,至少到最高院作出提审决定时为止,检察院的确尚未起诉王书金是聂案真凶,且王书金案已在最高院死刑核准程序中,一、二审法院都没有涉及聂案的事实认定,如何不告而理?即便以最高裁判机关身份,要求最高检支持提审公诉,审理结果也有一定风险,万一不能认定王书金乃聂案真凶,对聂案解决不仅毫无帮助,还会使整个审判陷入困境,因为无法排除第三人为真凶的可能性。不过,换个思路,王书金的供述对聂案而言属有利的新证据,但王书金在本案提审中并非被告,而是证人,不存在不告而理的问题。而合议庭最终选择了比较稳妥的办法,以"王书金案不属于本案审理范围"回应了社会关切。

关于第二个问题,即适用新旧哪个程序法。最高院于 1997 年发布《关于适用刑法时间效力规定若干问题的解释》明确规定:"按照审判监督程序重新审判的案件,适用行为时的法律。"这一规定有悖从旧兼从轻原则,显见是为了预防想象中的"翻案风"。刑法所言"本法施行以前,依照当时的法律已经作出的生效判决,继续有效",是指无错案件,对确有错误并符合再审前提的,依然应当改判并在重审中适用有利被告原则,包括适用非法证据排除规则。"如果控辩双方对事实、证据有异议,可能影响定罪量刑的",二审案件应当开庭审理。聂案为依二审程序审理之提审,且涉死刑,依法应当开庭审理,只是鉴于聂树斌已被执行死刑,为避免缺席审判,第二巡回法庭才最终决定不开庭审理,变通为在法庭上公开的、充分的集体听取各方意见的方式。第四个问题,根据刑诉法的规定,疑案乃不能认定有罪的不确定状态,冤案乃能够确认无罪的确定状态。聂案事过境迁,证据存在瑕疵甚至欠缺,比如聂树斌被抓获后最初 5 天的供述,可以证明其不在现场的考勤表丢失。但原审卷宗中也确有不利被告的证据,比如尸检报告、自行车、花上衣以及有罪供述,合议庭最终决定按疑罪从无原则处理。[1]

然而,有一种案件很特别,它只需被害人控诉,外加各种手段取得的被告供述,基本无需任何客观证据就可以定罪。一旦定罪,想要翻案会比登天还难。这就是性犯罪案件。在众多性犯罪实例中,性侵儿童尤其是幼女、少女,乃最黑暗的一章。一有报导,瞬间就不再是单纯的刑事案件,而是夹杂着公众愤怒、媒体炒作、相关组织的非理性诉求,就连本应时刻坚持理性至上的法官和检察官,也很难不被情绪支配摆布,以至于这类冤案的申诉较之其他案件显得难上加难。2004 年 5 月初,德国汉诺威地方法院宣告,38 岁的电车公司员工拉尔夫和 54 岁的货车司机卡尔海因茨共同性侵卡尔海因茨的女儿珍妮弗。珍妮弗指控他们于 2001 年 1 月到 5 月间,时年 14 岁,对她进行轮流性侵,其间还伴有烟头烫后背、尖刀划皮

---

[1] 参见胡云腾:《聂树斌案再审:由来、问题与意义》,载《中国法学》2017 年第 4 期。

肤、拳打脚踢等暴行。珍妮弗在庭上作证时声泪俱下，用潜藏在人类灵魂深处的情感进行最可信的控诉，见者莫不切齿动容，闻者无不扼腕道中。审判长在宣判时也怒不可遏，说自己"担任法官数十年，从未见过如此丧心病狂者"。

　　就在汉诺威地方法院审理此案过程中，珍妮弗又将性侵控诉推进一步，她说在长达近10年时间里，父亲经常带她去和同事玩性游戏，也是说的活灵活现。于是检察官指挥警方重启侦查，直到法院对最初指控宣判时，重启的侦查依然毫无头绪。真正使检察机关生疑的是珍妮弗讲的第三个故事。她说从8岁开始，就经常被父亲带到一家叫"女孩戒指"的场所，和其他小女孩一起被迫拍摄色情录影，还多次遭到强奸，很多小女孩因吃下迷药而显得非常听话。珍妮弗的描述细节生动，连参与者的名字都能准确说出，仿佛一切就在眼前。检警机关差不多将汉诺威翻了个底朝天，也没发现"女孩戒指"的蛛丝马迹。珍妮弗说出的那些名字，在户籍所、网络或者电话簿上都搜索不到。珍妮弗的陈述也一再改变，比如她曾说自己的贞操是14岁时被夺去的，但是按照后来的说法，应该在8岁左右就失身了。检察官没有将"女孩戒指"的案卷及时告知法院，而是藏在最底层的抽屉里。居然没有被毁掉，也算一个司法奇迹。由于这一案卷内容太过离奇，虽尘封已久，但终究成为翻案的引擎。

　　2008年1月10日，当卡尔海因茨第二次遭指控出庭受审时，有人将这份案卷从底层抽屉拿出来。检察官将案号改成2001年4月，就像自始就写上去的。检察官提交这份案卷，建议审判长暂停本案审理。检察官的意思其实是，包括2004年的案子在内，珍妮弗所有的陈述都是信口雌黄，无中生有。珍妮弗的父亲以及拉尔夫很快就被无罪释放。法官表示，根据当前的认知，根本不该对他们提起公诉。为什么珍妮弗要平白无故陷害生父，还要不断连累他人？许多有分量的刑事专家和心理学家坚信，如果不是亲身受害，一个女孩根本不可能说出那些细节。真相是，珍妮弗患有严重的精神障碍疾病，导致她不断指控身边的人，而且故事编得头头是道，讲述时声情并茂，催人泪下，不能自已。如果说疾病是不可抗力，患者难以自持，这些都情有可原，可为何司法健全和法官优质的德国居然被一个小女孩耍的团团转？刑事司法究竟哪里出了故障，让一个个编造的故事蒙混过关,最终陷人于罪?应当注意到,性侵案件最能激起人类本能的正义感,或者直白说,就是替弱者中的弱者伸张正义的欲望主导并束缚了侦查、起诉和审判。

珍妮弗案再审时,柏林知名的心理学教授汉斯路德维希·科吕博曾表达过自己的困惑,他认为,汉诺威法院的判决书相当情绪化,内容极不寻常,肯定是受了珍妮弗的影响。眼泪成为支撑事实真相的最佳佐证。哪个说谎的人会如此撕心裂肺地痛哭呢?由于情绪影响,本案在上诉至德国联邦最高法院时,虽然法官已经获悉珍妮弗有边缘人格障碍,辩护律师也说这是严重的疾病,但最高法院却依然认为这种症状无碍证言的可信度。在珍妮弗的眼泪面前,就连认定证言的"零假设规则"——任何不利被告的证言都必须先假定不真实,直到除了该证言为真外再无其他解释可能——瞬间就崩溃了。眼泪和无罪之间,法官选择了眼泪。帮助本案成功平反的律师约翰·许文不无嘲讽地说:"我相信我相信的,这才是自由心证的本质。"在刑事诉讼中,很容易出现所谓"假电影现象",也就是,为了确保判决上诉到最高法院时不被撤销,法官在判决中完全不提那些对被告有利的证据,而只将虚构的事实和理由提交上去。这样一来,呈现在上诉审法官面前的,就是完全不同于真相的另一事实。[1] "虽皋陶听之,犹以为死有余辜。"

无独有偶,另一件少女性侵案发生在法国,也是个14岁的女孩,控告她父母的一个朋友几个月以来多次与她发生性关系。医生的检查也证明她确实失去了童贞。被怀疑的无辜者没有别的办法,只能强烈地申辩自己无罪。可要知道,那真正的罪犯也会以无辜者的气势去否认自己的罪行。无论如何,只要女孩坚持自己的控告,并且通过调查证明这个女孩曾与她控告的那个男人单独在一起,那么男人的否认就无足轻重了。因为这种男女私事是在隐蔽的情况下发生的,没有其他证人可以再向法官提供证明,法官的判决只好建立在女孩的声明上。许多已经发表的著作在有一点上是一致的,即确认儿童或少年们的证明要十分谨慎,特别是在有

---

[1] 参见[德]汤玛斯·达恩史戴特:《法官的被害人》,郑惠芬译,卫城出版2016年版,第151—161页。

关性的问题上。一位上诉法院的院长在他的著作中写道,说孩童口无诈言,往往是说他们能当众透露一些父母不爱讲的生活琐事。但是要知道,孩子们撒谎像喘气儿一样自然。

"面对一个稚气的小姑娘,听她细声细气儿地讲述男人是怎样达到了他的目的,然后又嘱咐她不要告诉妈妈。……当然,许多被刑事法庭以这种罪行提起诉讼的人,其实是确有其罪的,他们还是竭力否认自己的罪行。他们知道自己要被判重刑,想用激烈的争辩去抵消小姑娘的陈述,以躲避对自己的处罚。一些不幸被无理怀疑的人,却没有办法为自己辩解,只能为自己喊冤。常常有这样的事:一个狡诈的犯罪者,可能比一个笨拙的无罪的人给法官留下更好的印象。因此,我坚信在这类案件中常常出现错案。法官们对这一点是了解的,他们对申诉人细致地进行询问,足以证明他们的审理是严肃认真、一丝不苟的。……直到现在,仍不允许任何外人旁听这类庭审,法官们厌恶苛求那些受害人去讲述细节。他们首先考虑的是孩童的精神健康,认为强迫孩子再去叙述所遭受的侮辱,会激起儿童情感上新的冲动和刺激。但我不能不说,以此换取对一个无辜者判刑监禁,损伤他的名誉,其代价也太大了!"[1]

有学者从记忆差误的角度分析亲友性侵案。根据心理学家的研究发现,记忆是人将过去零碎、片段的讯息重新组合的产物,是主观的知觉重组的历程,而不是一般人认为的像录影带一样忠实地记录、重放过去的影像。美国曾有过因心理治疗而引发的对记忆的讨论。很多病人在接受心理治疗后,就渐渐唤醒自己被父母、亲友性侵的记忆,这些人陷入更大的身心痛苦,并在治疗师的说服下出面控诉。但是进入诉讼阶段后,经客观证据检视,却发现这些"受害者"的记忆其实是虚构出来的,譬如声称自己曾被强制性交,可医学检验却证明"受害者"还是处女。或者"受害者"每次回忆出的"受害"经过都不相同,再深入研究发现,始作俑者竟然是心理治疗师,因为他们在"治疗"过程中不断暗示病人,使病人不断将暗示加入自己的想象,脑海中出现了栩栩如生的被性侵画面,并深信不疑。因此必

---

[1] [法]勒内·弗洛里奥:《错案》,赵淑美、张洪竹译,法律出版社2013年版,第10页、第17页。

须警惕,记忆不一定为真,很可能出错,或者被扭曲,或者根本就是无中生有。[1]

2008年,黑龙江省五大连池市兴安乡龙山村少女汤某秋,化名汤兰兰,将父亲、母亲、祖父、叔父、姑父、姨父、老师、村主任、乡邻等十数人告到公安机关,控诉一众人等从她6岁开始在长达七八年的时间里对她实施强奸、轮奸、强迫卖淫等行为,侦查机关共抓捕16人。其中,汤兰兰的祖父死于侦查阶段。2009年8月,案件由黑河市检察院起诉,9月,由黑河市中院进行了首次不公开审理,12月,黑河市检察院以事实证据发生变化为由申请撤回起诉,黑河市中院裁定准许。但2010年6月28日黑河市检察院重新提起公诉,经黑河市中院两次延期审理,最终,包括汤兰兰父母在内的共11名被告于2010年10月20日被判处无期徒刑、5年至15年有期徒刑,2012年10月26日黑龙江省高院裁定驳回上诉维持原判。自此,11名被告及其家属开始了漫长的申诉历程。2018年7月27日,黑龙江省高院发布(2018)黑刑申17号《驳回申诉通知书》。至此,已有5人刑满释放,仍有6人在监狱服刑,但申诉可谓告一段落。的确,该案非同寻常,甚至有背人伦。但也正是这些疑难的、边缘的案件,才真正考验我们的法治、学养和勇气。

从刑事再审程序角度要关心的不再是汤兰兰案的实际对错,而是只就驳回申诉通知书的内容,检验申诉理据,评论驳回得失。值得肯定之处主要有:其一,证据合法性意识已近潜移默化,比如通知书中两次提到搜查扣押,一次是在汤家扣押影碟机,另一次是从嫌疑人衣服口袋里提取诊断报告,都有见证人在场,尤其关于提取诊断书的一个自然段中3次强调"依法提取"。其二,正确把握了再审审查与庭审定罪在举证责任、证明标准的不同点,再审不再由控方举证,而转由申诉人举证,证明程度虽不要求排除合理怀疑,但也必须具备优势证据。其三,合理说明了汤兰兰母亲(以下简称汤母)不是因为刑讯逼供而"跳楼",而是得知女儿不想见她而愤然翻越看守所二层下楼楼梯扶手到一层楼梯上。其四,合理解释了为何汤兰兰父亲掉落的一颗牙不能证明系讯问人员拳击其面部所致。其

---

[1] 参见林立:《哈伯玛斯的法律哲学》,新学林出版公司2016年版,第477页注193。

五,合理解释了宫颈外口横裂不能说明一定做过流产。其六,正确回避了再审审查期间汤兰兰的精神鉴定问题,而是直接认可庭审时精神正常的鉴定意见,因为即使证明现在汤兰兰有精神疾病,也不能将其延伸至10年前。

当然,驳回申诉通知书反映的问题也不少,以下大致按照通知书的顺序渐次述及。首先是关于申诉审查的逻辑顺序。合议庭多次询问被害人并制作的同步录音,不应列于驳回理由之首,特别是不应再引述被害人对自己不幸遭遇的感受,因为毕竟申诉请求的目的正是要推翻指控,申诉理由才是审查的首要重点。其次是关于如何把握证据相关性。证据不是罗列越多越好,而是要将非关要旨的信息资料剔除掉。比如申诉人能否说清被害人为什么要诬告陷害他们,与是否遭到诬告陷害没有相关性,再如调查讯问本案全部11名原审被告人,询问除已故或因病无法接受调查以外的侦查人员及检察人员,调查询问证人,实地踏查案发村、汤家居住过的房屋,都是必要的、相关的,但走访调查被害人曾经就读的学校校长、教师及汤家所在村党支部书记、村民委员会主任及村民,调查询问与被害人同时在李某云家寄宿的同学、羁押各原审被告人的看守所工作人员、同期同监羁押人员,向监狱调查了解各原审被告人的服刑表现,则是不必要的、不相关的。甚至可以说,被害人处女膜是否破裂,是否有陈旧性裂痕,是否宫颈糜烂,都不是本案指控的定罪证据。

关于申诉所提汤兰兰给她表姑刘某英打电话,以不告发刘某英的丈夫、弟弟强奸为条件,向刘某英索要3000元。驳回申诉通知书的看法是,被害人给刘某英打电话索要钱款属实,但其在打电话之前已经向侦查机关举报被刘某英之弟强奸,并始终坚称被其夫、其弟强奸,不能以被害人打此电话否定各原审被告人实施犯罪。通知书在这一争点上的结论是对的,但结论正确不一定意味着方法正确,或者说,重点不是打电话不能证明什么,而是能够证明什么并且应该通过什么方法来否定其证明力。打电话这一事证,是否在一、二审中经过法庭调查,是否经过控辩双方质证,尤其是辩方的当面诘问,才是问题的核心。再者,既然先行举报了刘某英之弟,又坚称表姑父也强奸过她,那为何这二人却不在11名被告中?这涉及举报实与不实,不应简单回避。如前文所述,以德国坚持的有疑唯利既判力的再审启动原则观之,这个电话形成的合理怀疑确实不足以启动汤兰兰案再审。但以日本白鸟事件之后的标准看,这个电话不仅构成新证据,确实形成了合理怀疑,而且罪疑唯轻之铁则"于再审声请程序亦有其适用"。

关于汤兰兰祖父在羁押期间死亡及其身体上4处外伤是否刑讯逼供所致。通知书中的漏洞在于,在羁押期间没有遭到殴打,无法确认入看守所之前的情况,对此,通知书做了准确的表述:"没有证据证实其身体上4处外伤是侦查人员刑讯逼供所致。"但入所体检的问题在于,它只能证明物理性刑讯,无法否定不留外伤的刑讯和不让睡觉、冻饿等变相刑讯。再者,通知书也提到,被告往往是被提出看守所在别处讯问的。不难理解,因为恐惧招致报复,往往不敢及时指控刑讯者,而供述笔录均有签名、捺印,也不是供述自愿性的有效证据。总之,"本次审查,本院就原审中是否存在刑讯逼供问题进行了重点调查核实,没有发现各原审被告的有罪供述系刑讯逼供、引供、诱供形成的事实和证据"。的确不能苛求法官,他们的调查也只能止步于"没有发现",但不能让申诉也就此止步。

关于申诉所提原审判决书认定2003年两起犯罪中播放黄色录像的机器来源不明的问题。驳回通知书经查认为,2008年10月29日,侦查人员在汤家扣押影碟机一台和名为《强迫曝光》的影碟一张。购买影碟机的收据及销售影碟机者的证言证实,汤家购买影碟机的时间为2004年1月15日,而不是2003年。但汤兰兰父亲供述,2000年第一次强奸女儿时是因为在家看了黄色录像,被害人始终陈述其父等人强奸她时在其家观看黄色录像。这就有了一个重要的模糊之处,在汤家看黄色录像与边看录像边强奸,或者看了黄色录像后随即实施强奸行为,是截然不同的两回事。另外,黄色影碟到底是哪一个?《强迫曝光》的碟片到底有没有?最后去哪里了?是哪个版本?大致的画面内容是什么?其实都很重要,因为同名的黄色录像网络查证显示有两部,一部是1995年的台湾地区的电影,讲同性恋的,不大可能是汤家播放并引起纵欲的那种题材。另一部的内容则从未有人提及,所以,现在看来,录像机是不是借的并不重要,重要的是谁也说不清看的内容是什么,却清楚记得一个同性恋题材的黄色录像的名字。

关于被害人有没有被绑在一根柱子上强奸，其实是比有没有强奸更好查明的，但确定汤家室内有没有柱子，首先需要明确什么是柱子。从情境判断，应当是情色片中那种可以将人绑缚其上并且不妨碍欺凌奸入的柱子，这也应当是被害人及被告人在控诉和供认中语义所指的意象，比如"室内的柱子上"，"厢房有一根柱子"等表述，就是这种意思。但"厢房在门边有一根抱门的柱子"，这个表述中的"柱子"的含义、功能、外形就很不相同了，在没有当年现场勘查笔录及照片"没有显示汤家住过的两所房屋有独立的柱子"的情况下，合议庭到汤家住过的房屋实地查看，发现"间壁墙中有竖立的原木直顶房梁，门框固定在竖立的原木上"，这是不是原审案卷及庭审中意指的"柱子"，就不宜轻下结论。不能说虽然没有"独立的柱子，但不足以否定有可绑人的柱子"。再者，柱子绑人这个想法从哪里来的？当初是汤家人想出来的，还是来自什么人的指点，或者受到什么黄色视频的启发？解开这一系列疑问是有意义的，有助于确定其真实性，比如扣押的黄色碟片《强迫曝光》中是否有这个场景？涉事人等是否看过其他黄色影视？

关于梁某权2008年以前外出打工，没有作案时间的理由，没有得到再审审查合议庭的认可。这可以理解，因为申诉审查不同于庭审，庭审应当采取排除合理怀疑的证明标准作有利被告的解释。也就是，如果不能排除不在现场的证据，也不能说就一定在现场。既然梁某权提出多个村民为自己"2008年以前外出打工，一般是每年正月走，年底回来"作证，就不能因为村民又说"不清楚其打工期间是否回过家"，就认为他回过家，更不能说"梁有作案时间就一定作案了"。即使对其他被告不需要，对梁也需要有更具体、更确实的回家作案时间的指控证据。如果这个逻辑在原一、二审中搞错了，那么本次审查可否因"各证人均称记不清梁某权外出打工的具体时间"，"不能证实认定梁某权参与的两起犯罪发生时，梁某权没在案发地兴龙村"，就否定这一申诉理由。原一、二审及这次申诉审查过程中，都没有否定传闻证据的有效性，而是大量采用，比如证人李某云、王某朝听被害人讲述被强奸的证言，7位证人在看守所分别与纪某才、梁某权同监羁押时曾听纪某才说过与被害人发生过性关系的证言，依照传闻证据规则都是不能采用的，除非证人接受被告方的当庭质证。而这一切恰恰需要开庭审理才能解决。

最后，真正具有"罗生门"意味的，甚至让再审审查合议庭放弃探明的案件细节是两份结论相反的彩超诊断报告。驳回通知书认为，现有证据能够证实在汤母衣袋内提取的证明汤某某怀孕的彩色超声诊断报告是变造的，但汤母否认曾拿过报告，故报告是由谁变造的、变造的目的现已无法查清，亦无法查明汤母向多人传播汤兰兰怀孕的目的。现无证据证实汤兰兰曾怀孕，且汤兰兰是否怀孕不影响对本案事实的认定。这个结论不仅有风险，而且有违再审理由审查的目的。总体而言，再审申诉就是为了澄清原审的模糊之处，接受申诉的法院既有责任澄清续有争议的案件事实，更有义务为有相当证据显示可能蒙冤的人洗脱冤情。如果在对再审理由进行审查过程中无力澄清某些事项，那恰恰应当是启动再审的根据，而不应当是驳回申诉的理由。开庭之后，罗生门式的疑惑可能依然无法消除，但事经庭审，赋予被告申辩、防御的权利，就比较容易释疑息讼，对社会关切也是一番交代。所以，还是应当转换思路，不能总是认为接受再审就一定要改判，而是应当先予接受，然后交由新一次的庭审来确定改判与否。驳回申诉通知书的结论不见得不对，但若是开庭审理，经过庭审调查再得出结论，一定更有说服力。

侦查人员从汤母衣服口袋里提取过一张龙镇农场职工医院编号为1413的彩超诊断报告，显示的检查时间为2008年3月31日，病人为"王某某"，检查医生为姚某燕，检查结果为"子宫内有胎儿症状"。汤兰兰寄宿家庭女房东李某云证实，因汤兰兰称其身体不适，就带她到龙镇农场职工医院以"王某某"的化名做过彩超，检查结果显示没有怀孕，时间是2008年3月31日。因某种原因，李某云将该彩超报告给了汤母，日期是2008年10月3日。也就在同一天，汤兰兰自书检举信，并于10月27日报案。侦查人员将从汤母衣服口袋提取的彩超诊断报告给李某云辨认，李某云称该报告不是她给汤母的那份，将报告交给诊断医生姚某燕辨认，姚某燕证实该报告不是她制作的。侦查机关在龙镇农场职工医院调取了编号为1413的原始电子档案，显示信息与李某云所说一致。两份彩色超声诊断报告列明的日期、患者、年龄、检查序号、检查医生、超声诊断图像完全相同，但检查结论截然相反，一份为"子宫内有胎儿症状"，另一份为"子宫未见异常"。经向其他彩超医生咨询,两份报告诊断图像相同,图像显示子宫正常,无妊娠声像。据此可以肯定,从汤母衣服口袋提取的报告应是根据原始彩超诊断报告变造的。

汤母在原审始终供述,李某云给过她一张彩超报告,本次审查,汤母又称没有从李某云处拿过彩超报告。汤母原审供述称,2008年"十一"放假前,听女儿说怀了李某云丈夫王某朝的孩子,而本次审查汤母又称听女儿说怀了父亲的孩子,并当场告诉丈夫女儿怀了他的孩子。汤兰兰自报案到本次审查始终否认自己怀过孕,可其父等6人均证实听说汤兰兰怀孕,且都是听汤母说的。作为未满14周岁女儿的母亲,在听说女儿怀孕后,不但不隐瞒,反而向多人传播;作为父亲,听妻子说亲生女儿怀了他的孩子,表现漠然,两人既不找女儿核实,也不去报警,行为不合常理。叙述至此,申诉审查合议庭放弃了继续深究的努力,对于何以有两份诊断报告,李某云是否给过汤母一份,为什么给,汤母为什么现在否认,谁变造的,为什么变造等问题,认为都不影响本案定性,也不是启动再审的充分理由。这听起来有点匪夷所思,彩超诊断做于2008年3月31日,是2008年10月3日汤母与李某云矛盾爆发前半年有余,期间发生了什么?谁带汤兰兰去做的检查?李某云、王某朝夫妇有没有滥用信任地位?[1] 如果不是李某云给的诊断,汤母怎会知道有这一次检查?被检查人化名"王某某",这个王某某是不是汤兰兰?有没有想到让检查医生做一次照片辨认,确认王某某与汤兰兰是同一人?

对比前述聂树斌案,审查原审卷宗、复查卷宗,赴案发地核实证据,询问原办案人员,咨询专家,约谈申诉人及其代理人,等等,都是由再审合议庭进行的,[2] 而汤兰兰案的上述工作是由再审审查合议庭完成的。两种合议庭在做同样事情,一个基于无罪推定由控方负责举证,采排除合理怀疑的定罪标准;一个基于维护裁判确定力由申诉方负责举证,采无罪的优势证据标准。但真正导致处置结果不同的理由在于,一个想改,一个不想改。正如王敏远教授所言,聂树斌案得以再审并纠错,原因甚多,主要包

---

[1] 在英国,滥用信任地位,是一种可起诉的犯罪。Richard Card and Jack English, Police Law, Oxford University Press, (2015), pp. 785-786.
[2] 参见最高院(2016)最高法刑再3号刑事判决书。

括三方面:一是社会普遍且持续关注,既有亲属的不懈努力,也有法律界、新闻界、学术界的诸多介入;二是人们关于司法的观念进步,既有对冤错认识的不断提升,更有对纠错价值的重新认识;三是本轮司法改革带来的契机,最显著的影响是最高院巡回法庭的设置,使地方上难以纠错的案件得以异地乃至拔高纠正。聂案所提供的样本显示,纠正冤错,并不一定借助死者复活、真凶落网,正如即使不能认定王书金是聂案真凶,也未妨碍纠错。另外,通过异地复查、异地再审,由律师全面介入并充分阅卷,可以成为其他案件纠错的范例。[1]

应当说,汤兰兰案也受到社会强烈关注,央视也做过报导,但与聂树斌案不同的是,舆论处于撕裂状态。一部分人认为,汤兰兰自幼受害,且侵害她的亲属都禽兽不如,决不能让这些禽兽翻案,二次伤害汤兰兰;另一部分人则认为,此事几乎世所仅有,尤其爷爷、奶奶涉嫌,不合常理,且从汤兰兰被录音的"敲诈"电话听来,其用语、态度、心情都很不寻常,应当允许申诉并开启再审。黑龙江高院现在的做法,似乎是被夹在两种舆情之中,况且汤兰兰案被告人一再声称被刑讯,这也无形中给再审带来压力和顾忌。因此,将这个难题交给最高院,不失为一个可期待的解决方案。庭审不一定能够推开罗生门,但罗生门需要庭审。两份诊断书形成的罗生门,很好地诠释了程序的意义。首先,诉讼渠道本身应当是畅通的,如果像卡夫卡《法的门前》所训谕的,求见法的人总是被守门人挡在法的门前,那么法就只是一个遥远的符号。其次,两份诊断书最终的真相是什么都是社会可以接受的,而获得真相的程序不通畅或者不正当才是社会不能承受的。最后,围绕两份诊断的所有谜团,通过一次庭审,要求检查医生等人出庭,接受控辩双方的质询诘问,澄清真相难道不是有可能的吗?重启这次审判,主要不是为了发现真相,而是通过一个有序过程,让一场人言啧啧的纷争尘埃落定。

---

[1] 参见陈光中、陈卫东、王敏远:《聂树斌案三人谈》,载卞建林主编:《中国诉讼法判解》(第11卷),中国人民大学出版社2018年版,第36—37页。

参考文献

1. 白建军:《公正底线——刑事司法公正性实证研究》,北京大学出版社 2008 年版。

2. 北岛:《时间的玫瑰》,牛津大学出版社 2005 年版。

3. 蔡碧玉等:《检察官伦理规范释论》,中国检察出版社 2016 年版。

4. 蔡墩铭、朱石炎编著:《刑事诉讼法》,五南图书出版公司 1984 年版。

5. 蔡圣伟:《刑法问题研究》(一),元照出版公司 2008 年版。

6. 蔡震荣:《警察职权行使法概论》,元照出版公司 2004 年版。

7. 曹鸿兰:《刑事诉讼行为之基础理论》,载陈朴生主编:《刑事诉讼法论文选辑》,五南图书出版公司 1984 年版。

8. 陈光中主编:《刑事诉讼法》(第四版),北京大学出版社、高等教育出版社 2012 年版。

9. 陈光中、陈卫东、王敏远:《聂树斌案三人谈》,载卞建林主编:《中国诉讼法判解》(第 11 卷),中国人民大学出版社 2018 年版。

10. 陈朴生:《刑事诉讼法论》,正中书局 1970 年版。

11. 陈朴生:《刑事诉讼法实务》,海天印刷有限公司 1999 年版。

12. 陈朴生:《刑事证据法》,三民书局 1979 年版。

13. 陈瑞华:《从"流水作业"走向"以裁判为中心"——对中国刑事司法改革的一种思考》,载《法学》2000年第3期。

14. 陈瑞华:《看得见的正义》(第三版),法律出版社2019年版。

15. 陈瑞华:《刑事辩护的艺术》,北京大学出版社2018年版。

16. 陈瑞华:《刑事审判原理论》,北京大学出版社1997年版。

17. 陈瑞华:《刑事证据法学》,北京大学出版社2012年版。

18. 陈素、唐德全编:《读书名言大观》,中国广播电视出版社1990年版。

19. 陈新民:《公法学札记》(修订二版),三民书局1995年版。

20. 陈璇:《紧急权:体系建构与基本原理》,北京大学出版社2021年版。

21. 陈卫东:《羁押必要性审查制度试点研究报告》,载《法学研究》2018年第2期。

22. 陈永生:《刑事冤案研究》,北京大学出版社2018年版。

23. 陈运财:《诱捕侦查》,载日本刑事法学研究会主编:《日本刑事判例研究(一)侦查篇》,元照出版公司2012年版。

24. 陈重业辑注:《古代判词三百篇》,上海古籍出版社2009年版。

25. 褚剑鸿:《刑事诉讼法论》(上下册),台北商务印书馆1987年版。

26. 邓子滨:《斑马线上的中国》,法律出版社2016年版。

27. 邓子滨:《真相拼图》,载《读书》2020年第12期。

28. 邓子滨:《法学研究三十年:刑法学》,载《法学研究》2008年第1期。

29. 邓子滨:《冤案的偶然与必然》,载《中外法学》2015年第3期。

30. 邓子滨:《刑事法中的推定》,中国人民公安大学出版社2003年版。

31. 邓子滨:《中国实质刑法观批判》(第二版),法律出版社2017年版。

32. 刁荣华:《刑事诉讼法释论》(上下册),汉苑出版社1977年版。

33. 樊崇义主编、肖胜喜副主编:《刑事诉讼法学研究综述与评价》,中国政法大学出版社1991年版。

34. 冯军:《评最高人民法院再审刘涌案刑事判决书——兼评从刘涌案中表现出的种种法治乱象》,载陈兴良主编:《刑事法评论》(第14卷),中国政法大学出版社2004年版。

35. 冯军:《刑法问题的规范理解》,北京大学出版社2009年版。

36. 傅美惠:《卧底侦查之刑事法与公法问题研究》,元照出版公司2001年版。

37. 高汉成主编:《〈大清新刑律〉立法资料汇编》,社会科学文献出版社2013年版。

38. 高铭暄:《中华人民共和国刑法的孕育诞生和发展完善》,北京大学出版社2012年版。

39. 胡有望:《被告人上诉引起的重审不得加重被告人刑罚》,载《法学杂志》1985年第1期。

40. 胡云腾:《聂树斌案再审:由来、问题与意义》,载《中国法学》2017年第4期。

41. 黄朝义:《无罪推定:论刑事诉讼程序之运作》,五南图书出版公司2001年版。

42. 黄朝义:《刑事诉讼法—制度篇》,元照出版公司2002年版。

43. 黄东熊:《刑事诉讼法研究》,三民书局1981年版。

44. 黄东熊:《刑事诉讼法论》,三民书局1991年版。

45. 黄翰义:《程序正义之理念》(一二三),元照出版公司2010年版。

46. 黄翰义:《程序正义之理念》(四),元照出版公司2016年版。

47. 黄荣坚:《基础刑法学》(下),元照出版公司2012年版。

48. 黄荣坚:《灵魂不归法律管:给现代公民的第一堂法律思辨课》,商周出版2017年版。

49. 黄荣坚:《刑法问题与利益思考》,中国人民大学出版社2009年版。

50. 黄源盛:《民国初期近代刑事诉讼的生成与开展——大理院关于刑事诉讼程序判决笺释(1912至1914年)》,载《政大法学评论》1999年6月第61期。

51. 季卫东:《法治秩序的建构》,商务印书馆2014年版。

52. 江溯主编:《美国判例刑法》,北京大学出版社 2021 年版。
53. 江溯主编:《刑事法评论》(第 45 卷),北京大学出版社 2022 年版。
54. 劳东燕:《罪刑法定本土化的法治叙事》,北京大学出版社 2010 年版。
55. 黎敏:《西方检察制度史研究》,清华大学出版社 2010 年版。
56. 李圣隆:《论刑事诉讼法上不利益变更禁止之原则》,载陈朴生主编:《刑事诉讼法论文选辑》,五南图书出版公司 1984 年版。
57. 李义冠:《美国刑事审判制度》,法律出版社 1999 年版。
58. 连孟琦译:《德国刑事诉讼法》,元照出版公司 2016 年版。
59. 梁启超:《饮冰室合集》,中华书局 1989 年版。
60. 林辉煌:《论证据排除:美国法之理论与实务》,元照出版公司 2006 年版。
61. 林俊益:《程序正义与诉讼经济》,元照出版公司 2000 年版。
62. 林俊益:《刑事诉讼法概论》(上),新学林出版公司 2011 年版。
63. 林立:《哈伯玛斯的法律哲学》,新学林出版公司 2016 年版。
64. 林山田:《刑法通论》(增订十版下册),北京大学出版社 2012 年版。
65. 林山田:《刑事程序法》,五南出版公司 2004 年版,第 265 页。
66. 林山田:《刑事诉讼程序之基本原则》,载陈朴生主编:《刑事诉讼法论文选辑》,五南图书出版公司 1984 年版。
67. 林裕顺:《强制与任意处分之区别》,载日本刑事法学研究会主编:《日本刑事判例研究(一)侦查篇》,元照出版公司 2012 年版。
68. 林钰雄:《干预处分与刑事证据》,北京大学出版社 2010 年版。
69. 林钰雄:《检察官论》,学林文化事业有限公司 1999 年版。
70. 林钰雄:《新刑法总则》,元照出版公司 2016 年版。
71. 林钰雄:《刑事诉讼法》(上下册),元照出版公司 2015 年版。
72. 林钰雄:《刑事诉讼法实例解析》,新学林出版公司 2021 年版。
73. 林朝荣编著:《检察制度民主化之研究》,文笙书局 2007 年版。
74. 刘春园:《法学与文学公开课:来自原欲的呼唤》,北京大学出版社 2021 年版。

75. 刘绍猷：《刑事再审之理论》，载陈朴生主编：《刑事诉讼法论文选辑》，五南图书出版公司 1984 年版。

76. 刘小枫、陈少明主编：《苏格拉底问题》，华夏出版社 2005 年版。

77. 龙宗智：《刑事庭审制度研究》，中国政法大学出版社 2001 年版。

78. 罗秉成、李荣耕主编：《刑事再审与救济无辜》，元照出版公司 2016 年版。

79. 罗荣：《彻底批判有利被告的谬论》，载《法学》1958 年第 3 期。

80. 马克昌主编：《犯罪通论》，武汉大学出版社 1991 年版。

81. 梅汝璈：《远东国际军事法庭》，法律出版社、人民法院出版社 2005 年版。

82. 倪徵𣡡：《淡泊从容莅海牙》，北京大学出版社 2015 年版。

83. 瞿同祖：《中国法律与中国社会》，商务印书馆 2010 年版。

84. 宋冰编：《程序、正义与现代化——外国法学家在华演讲录》，中国政法大学出版社 1998 年版。

85. 宋英辉等：《刑事诉讼原理》，北京大学出版社 2014 年版。

86. 苏俊雄：《刑法总论 I》，1998 年自版。

87. 苏满丽：《对汽车的路检盘问》，载日本刑事法学研究会主编：《日本刑事判例研究(一)侦查篇》，元照出版公司 2012 年版。

88. 孙家红编校：《伯力城审判——沉默半个世纪的证言》，九州出版社 2015 年版。

89. 田文昌、陈瑞华：《刑事辩护的中国经验》，北京大学出版社 2013 年版。

90. 汪海燕：《刑事诉讼模式的演进》，中国人民公安大学出版社 2004 年版。

91. 王钢：《出于营救目的的酷刑与正当防卫——战后德国最具争议之刑法问题评析》，载《清华法学》2010 年第 2 期。

92. 王国枢主编、陈一云副主编：《刑事诉讼法学》，北京大学出版社 1989 年版。

93. 王以真主编：《外国刑事诉讼法学》，北京大学出版社 1994 年版。

94. 王兆鹏：《辩护权与诘问权》，元照出版公司 2007 年版。

95. 王兆鹏:《当事人进行主义之刑事诉讼》,元照出版公司 2004 年版。

96. 王兆鹏:《路检、盘查与人权》,翰芦图书出版公司 2001 年版。

97. 王兆鹏:《美国刑事诉讼法》(第二版),北京大学出版社 2014 年版。

98. 王兆鹏:《对症下药或旧瓶新酒——评检察官专责全程到庭计划》,载《月旦法学杂志》2000 年第 11 期,总第 66 期。

99. 王兆鹏:《搜索扣押与刑事被告的宪法权利》,翰芦图书图书出版有限公司 2000 年版。

100. 王兆鹏:《新刑诉·新思维》,元照出版公司 2005 年版。

101. 王兆鹏:《刑事诉讼法》(上册),元照出版公司 2015 年版。

102. 王兆鹏:《刑事诉讼讲义》,元照出版公司 2009 年版。

103. 王兆鹏:《一事不再理》,元照出版公司 2008 年版。

104. 王振兴:《大陆刑事诉讼法论》,三民书局 1999 年版。

105. 翁玉荣:《实用刑事诉讼法》下,元照出版公司 2002 年版。

106. 吴思:《隐蔽的秩序:拆解历史弈局》,海南出版社 2004 年版。

107. 吴彦主编:《菲尼斯与新自然法理论》,商务印书馆 2020 年版。

108. 徐朝阳著、王云五编:《中国诉讼法溯源》,商务印书馆 1933 年版。

109. 许恒达:《"实体真实发现主义"之知识形构与概念考古——以中世纪至现代初期之德国刑事程序发展史为中心》,载《政大法律评论》2008 年总第 101 期。

110. 许泽天:《刑法总则》(二版),新学林出版公司 2021 年版。

111. 杨家骆主编:《中国法制史料》,鼎文书局年版。

112. 杨文革:《刑事诉讼法上的类推解释》,载《法学研究》2014 年第 2 期。

113. 杨忠民:《什么是最好的辩护》,法律出版社 2009 年版。

114. 余定宇:《寻找法律的印迹——从独角神兽到六法全书》,北京大学出版社 2010 年版。

115. 余先予、何勤华、蔡东丽:《东京审判:正义与邪恶之法律较量》,商务印书馆 2015 年版。

116. 余振华:《刑法总论》(修订二版),三民书局 2013 年版。

117. 袁国何:《论追诉时效的溯及力及其限制》,载《清华法学》2020 年第 2 期。

118. 张建国:《中国法系的形成与发达》,北京大学出版社 1997 年版。

119. 张建伟:《刑事诉讼法通义》(第二版),北京大学出版社 2016 年版。

120. 张军、姜伟、田文昌:《新控辩审三人谈》(增补本),北京大学出版社 2020 年版。

121. 张丽卿:《刑事诉讼法理论与运用》,五南出版社 2007 年版。

122. 张明楷:《刑法格言的展开》(第三版),北京大学出版社 2013 年版。

123. 张明楷:《刑法学》(第五版)(上),法律出版社 2016 年版。

124. 张明伟:《传闻例外》,元照出版公司 2016 年版。

125. 张汝东:《批判在审判实践中的旧法观点与有利被告论》,载《政法研究》1958 年第 4 期。

126. 中国刑事诉讼法修订及人权保护项目课题组编:《刑事诉讼中若干权利问题立法建议与论证》,中国民主法制出版社 2007 年版。

127. 朱采真:《刑事诉讼法新论》,世界书局 1929 年版。

128. 朱石炎:《刑事诉讼法论》,三民书局 2010 年版。

129. 左卫民、周长军:《刑事诉讼的理念》(第三版),北京大学出版社 2022 年版。

130.《史记·五帝本纪》。

131.《资治通鉴》卷十五,汉纪七;卷二十五,汉纪十七。

132. [唐]长孙无忌等撰:《唐律疏议》,刘俊文点校,中华书局 1983 年版。

133. [明]无名氏编撰、顾宏义校注:《包公案》,三民书局 2008 年版。

134. [清]王先慎集解:《韩非子》,姜俊俊校点,上海古籍出版社 2015 年版。

135. [清]沈家本:《历代刑法考》,邓经元、骈宇骞点校,中华书局

1985年版。

136.《创世记》。

137.《出埃及记》。

138.《民数记》。

139.《撒母耳记下》。

140. 最高人民法院(2003)刑提字第5号刑事判决书。

141. 最高人民法院(2016)最高法刑再2号刑事判决书。

142. 最高人民法院(2016)最高法刑再3号刑事判决书。

143. 北京市海淀区人民法院(2015)海刑初字第512号刑事判决书。

144. 北京市第一中级人民法院(2016)京01刑终592号刑事裁定书。

145. 吉林省通化县人民法院(2019)吉0521刑初64号刑事判决书。

146. 吉林省通化市中级人民法院(2019)吉05刑终221号刑事判决书。

147. 云南省昆明市中级人民法院(1998)昆刑初字第394号刑事判决书。

148. 黑龙江省高级人民法院(2018)黑刑申17号驳回申诉通知书。

149. [爱]凯利:《西方法律思想简史》,王笑红译,法律出版社2002年版。

150. [奥]茨威格:《昨日的世界》,徐友敬等译,上海译文出版社2018年版。

151. [奥]汉斯·凯尔森著、[德]马蒂亚斯·耶施泰特编:《纯粹法学说》(第二版),雷磊译,法律出版社2021年版。

152. [奥]路德维希·冯·米塞斯:《人的行为》,夏道平译,上海社会科学院出版社2015年版。

153. [澳]维多利亚·科尔文、菲利普·斯坦宁编:《检察官角色的演变:挑战和创新》,谢鹏程等译,中国检察出版社2021年版。

154. [比]范·卡内冈:《英国普通法的诞生》,李红海译,商务印书馆2017年版。

155. [德]阿图尔·考夫曼:《法律获取的程序——一种理性分析》,雷磊译,中国政法大学出版社2015年版。

156. [德]埃里克·希尔根多夫:《德国刑法学:从传统到现代》,江溯、黄笑岩等译,北京大学出版社 2015 年版。

157. [德]奥利弗·森森:《康德论人类尊严》,李科政、王福玲译,商务印书馆 2022 年版。

158. [德]奥特弗利德·赫费:《政治的正义性:法和国家的批判哲学之基础》,庞学铨、李张林译,商务印书馆 2021 年版。

159. [德]K·茨威格特、H·克茨:《比较法总论》,潘汉典等译,法律出版社 2003 年版。

160. [德]恩格斯:《家庭、私有制和国家的起源》,载《马克思恩格斯选集》(第四卷),人民出版社 1972 年版。

161. [德]费希特:《自然法权基础》,谢地坤、程志民译,商务印书馆 2004 年版。

162. [德]费尔巴哈:《德国刑法教科书》(第十四版),徐久生译,中国方正出版社 2010 年版。

163. [德]弗里德里希·包尔生:《伦理学体系》,何怀宏、廖申白译,商务印书馆 2021 年版。

164. [德]弗里乔夫·哈弗特:《正义女神的天平:2000 年来的法历史教科书》,蔡震荣等译,元照出版公司 2009 年版。

165. [德]哈贝马斯:《在事实与规范之间:关于法律和民主法治国的商谈理论》,童世骏译,生活·读书·新知三联书店 2014 年版。

166. [德]汉斯·海因里希·耶赛克、托马斯·魏根特:《德国刑法教科书》(上),徐久生译,中国法制出版社 2016 年版。

167. [德]汉斯·约阿希姆·施奈德:《犯罪学》,吴鑫涛、马君玉译,中国人民公安大学出版社 1990 年版。

168. [德]汉斯-约格·阿尔布莱希特、魏武:《德国检察纵论》,中国检察出版社 2021 年版。

169. [德]赫尔穆特·扎兹格:《国际刑法与欧洲刑法》,元照出版公司 2014 年版。

170. [德]黑格尔:《法哲学原理》,邓安庆译,人民出版社 2016 年版。

171. [德]黑格尔:《精神现象学》,先刚译,人民出版社 2013 年版。

172. [德]黑格尔:《世界史哲学讲演录(1822—1823)》,刘立群等译,商务印书馆 2015 年版。

173. [德]黑格尔:《小逻辑》,贺麟译,商务印书馆 1997 年重印版。

174. [德]康德:《道德形而上学》(注释本),张荣、李秋零译注,中国人民大学出版社 2013 年版。

175. [德]卡尔·拉伦茨:《法学方法论》(全本·第六版),黄家镇译,商务印书馆 2020 年版。

176. [德]卡尔·拉伦茨:《正确法——法伦理学基础》,雷磊译,法律出版社 2022 年版。

177. [德]卡尔·施米特:《论法学思维的三种模式》,苏慧婕译,中国法制出版社 2012 年版。

178. [德]卡尔·施米特:《宪法学说》(修订译本),刘锋译,上海人民出版社 2016 年版。

179. [德]卡尔·施米特:《政治的神学》,刘宗坤、吴增定等译,世纪出版集团、上海人民出版社 2015 年版。

180. [德]拉德布鲁赫:《法哲学》,王朴译,法律出版社 2005 年版。

181. [德]鲁道夫·冯·耶林:《为权利而斗争》,郑永流译,法律出版社 2007 年版。

182. [德]鲁道夫·冯·耶林:《为权利而斗争》,刘权译,法律出版社 2019 年版。

183. [德]罗伯特·阿列克西:《法律论证理论》,舒国滢译,商务印书馆 2020 年版。

184. [德]克劳斯·罗克辛:《德国刑法学总论》(第 2 卷),王世洲等译,法律出版社 2013 年版。

185. [德]克劳斯·罗克辛:《德国刑事诉讼法》,吴丽琪译,三民书局 1998 年版。

186. [德]克劳斯·罗克辛:《德国最高法院判例刑法总论》,何庆仁、蔡桂生译,中国人民大学出版社 2012 年版。

187. [德]马克·贝内克:《谋杀手段:用刑侦科学破解致命罪案》,李响译,生活·读书·新知三联书店 2012 年版。

188. [德]马克思:《1848年至1850年的法兰西阶级斗争》,载《马克思恩格斯全集》(第一卷),人民出版社1995年版。

189. [德]尼克拉斯·卢曼:《法社会学》,宾凯、赵春燕译,上海人民出版社2013年版。

190. [德]齐佩利乌斯:《法哲学》(第六版),金振豹译,北京大学出版社2013年版。

191. [德]塞缪尔·普芬道夫:《人和公民的自然法义务》,鞠成伟译,商务印书馆2018年版。

192. [德]施图肯贝格:《在刑事诉讼中探寻实体真实》,宗玉琨译,载赵秉志等主编:《当代德国刑事法研究》(第2卷),法律出版社2017年版。

193. [德]汤玛斯·达恩史戴特:《法官的被害人》,郑惠芬译,卫城出版2016年版。

194. [德]托马斯·杜斐、[德]斯特凡·鲁珀特、李富鹏编:《柏林共和时代的德国法学》,郭逸豪等译,商务印书馆2021年版。

195. [德]托马斯·魏根特:《德国刑事程序法原理》,江溯等译,中国法制出版社2021年版。

196. [德]乌尔斯·金德霍伊泽尔:《法益保护与规范效力》,陈璇译,载《中外法学》2015年第2期。

197. [德]乌尔斯·金德霍伊泽尔:《刑法总论教科书》(第六版),蔡桂生译,北京大学出版社2015年版。

198. [德]延斯·克斯滕:《基本法无须例外状态》,段沁译,载《苏州大学学报》2021年第1期。

199. [德]威廉·冯·洪堡:《论国家的作用》,林荣远、冯兴元译,中国社会科学出版社1998年版。

200. [德]尤利安·尼达-鲁莫林:《哲学与生活形式》,沈国琴、王鸶嘉译,商务印书馆2019年版。

201. [德]尤利乌斯·冯·基尔希曼:《作为科学的法学的无价值性——在柏林法学会的演讲》,赵阳译,商务印书馆2016年版。

202. [德]英戈·穆勒:《恐怖的法官》,王勇译,中国政法大学出版社2000年版。

203. [德]英格博格·普珀:《法学思维小学堂》,蔡圣伟译,北京大学出版社 2011 年版。

204. [法]邦雅曼·贡斯当:《古代人的自由与现代人的自由》,阎克文、刘满贵译,商务印书馆 1999 年版。

205. [法]贝尔纳·布洛克:《法国刑事诉讼法》,罗结珍译,中国政法大学出版社 2009 年版。

206. [法]伏尔泰:《巴黎高等法院史》,吴模信译,商务印书馆 2015 年版。

207. [法]弗朗索瓦·惹尼等:《法律方法的科学》,雷磊等译,商务印书馆 2022 年版。

208. [法]卡斯东·斯特法尼等:《法国刑事诉讼法精义》上册,罗结珍译,中国政法大学出版社 1998 年版。

209. [法]科耶夫:《法权现象学纲要》,邱立波译,华东师范大学出版社 2011 年版。

210. [法]勒内·弗洛里奥:《错案》,赵淑美、张洪竹译,法律出版社 2013 年版。

211. [法]罗伯斯比尔:《革命法制和审判》,赵涵舆译,商务印书馆 1965 年版。

212. [法]孟德斯鸠:《波斯人信札》,梁守锵译,商务印书馆 2010 年版。

213. [法]孟德斯鸠:《论法的精神》(上册),张雁深译,商务印书馆 1961 年版。

214. [法]孟德斯鸠:《论法的精神》(下册),张雁深译,商务印书馆 1963 年版。

215. [法]米歇尔·福柯:《规训与惩罚》,刘北成、杨远婴译,生活·读书·新知三联书店 1999 年版。

216. [法]涂尔干:《职业伦理与公民道德》,渠敬东译,商务印书馆 2015 年版。

217. [法]托克维尔:《论美国的民主》(上卷),董果良译,商务印书馆 1997 年版。

218. [法]托克维尔:《旧制度与大革命》,冯棠译,商务印书馆 1992 年版。

219. [古罗马]斐洛:《论〈创世记〉》,王晓朝、戴伟清译,商务印书馆 2012 年版。

220. [韩]金日秀:《刑法秩序中爱的含义》,李颖峰译,元照出版公司 2021 年版。

221. [荷兰]斯宾诺莎:《神学政治论》,温锡增译,商务印书馆 1963 年版。

222. [加]让·格朗丹:《伽达默尔传:理解的善良意志》,黄旺、胡成恩译,上海社会科学院出版社 2020 年版。

223. [美]阿纳斯塔普罗:《美国 1787 年〈宪法〉讲疏》,赵雪纲译,华夏出版社 2012 年版。

224. [美]艾伦·德肖维茨:《法律创世记:从圣经故事寻找法律的起源》,林为正译,法律出版社 2011 年版。

225. [美]艾伦·德肖维茨:《你的权利从哪里来》,黄煜文译,北京大学出版社 2014 年版。

226. [美]艾伦·德肖维茨:《最好的辩护》,唐交东译,法律出版社 1994 年版。

227. [美]安德鲁·考夫曼:《卡多佐》,张守东译,法律出版社 2001 年版。

228. [美]保罗·伯格曼、迈克尔·艾斯默:《影像中的正义:从电影故事看美国法律文化》,海南出版社 2003 年版。

229. [美]保罗·埃克曼:《说谎》,邓伯宸译,生活·读书·新知三联书店 2008 年版。

230. [美]本杰明·卡特·黑特:《质问希特勒》,何远译,北京大学出版社 2014 年版。

231. [美]彼得·德恩里科、邓子滨编著:《法的门前》,北京大学出版社 2012 年版。

232. [美]博西格诺等:《法律之门》,邓子滨译,华夏出版社 2017 年版。

233. [美]布莱恩·肯尼迪:《证人询问的技巧》,郭乃嘉译,元照出版公司2002年版。

234. [美]布雷恩·Z. 塔玛纳哈:《论法治——历史、政治和理论》,李桂林译,武汉大学出版社2010年版。

235. [美]戴维·J. 博登海默:《公正的审判:美国历史上刑事被告的权利》,杨明成、赖静译,商务印书馆2009年版。

236. [美]弗朗西斯·福山:《身份政治:对尊严与认同的渴求》,刘芳译,中译出版社2021年版。

237. [美]富勒:《法律的道德性》,郑戈译,商务印书馆2005年版。

238. [美]公民教育中心:《民主的基础·正义》,刘小小译,金城出版社2011年版。

239. [美]哈罗德·J. 伯尔曼:《法律与革命——西方法律传统的形成》,贺卫方、高鸿钧、张志铭、夏勇译,中国大百科全书出版社1993年版。

240. [美]汉密尔顿、杰伊、麦迪逊:《联邦党人文集》,程逢如、在汉、舒逊译,商务印书馆2004年重印版。

241. [美]汉娜·阿伦特:《艾希曼在耶路撒冷:一份关于平庸的恶的报告》,安尼译,译林出版社2017年版。

242. [美]赫伯特·帕克:《刑事制裁的界限》,梁根林等译,法律出版社2008年版。

243. [美]霍华德·鲍:《宪政与自由:铁面大法官胡果·L. 布莱克》,王保军译,法律出版社2004年版。

244. [美]霍勒斯·弗里兰·贾德森:《大背叛:科学中的欺诈》,张铁梅、徐国强译,生活·读书·新知三联书店2011年版。

245. [美]杰弗瑞·西格尔等:《美国司法体系中的最高法院》,刘哲玮、杨微波译,北京大学出版社2011年版。

246. [美]琼·比斯丘皮克:《大法官奥康纳传》,方鹏、吕亚萍译,上海三联书店2011年版。

247. [美]科林·埃文斯:《证据:历史上最具争议的法医学案例》,毕小青译,生活·读书·新知三联书店2007年版。

248. [美]柯特勒:《美国八大冤假错案》,刘末译,商务印书馆1997

年版。

249. [美]拉里·劳丹:《错案的哲学》,李昌盛译,北京大学出版社 2015 年版。

250. [美]朗诺·德沃金:《认真对待权利》,孙健智译,五南图书出版公司 2019 年版。

251. [美]理查德·波斯纳:《波斯纳法官司法反思录》,苏力译,北京大学出版社 2014 年版。

252. [美]罗伯特·诺奇克:《无政府、国家和乌托邦》,姚大志译,中国社会科学出版社 2008 版。

253. [美]罗伯特·索科拉夫斯基:《现象学导论》,张建华、高秉江译,上海文化出版社 2021 年。

254. [美]迈克尔·舍默:《为什么人们轻信奇谈怪论》,卢明君译,生活·读书·新知三联书店 2022 年版。

255. [美]米尔建·R. 达马斯卡:《漂移的证据法》,李学军等译,中国政法大学出版社 2003 年版。

256. [美]诺内特:《转变中的法律与社会》,张志铭译,中国政法大学出版社 1994 年版。

257. [美]庞德:《法律史解释》,邓正来译,商务印书馆 2017 年版。

258. [美]庞德:《通过法律的社会控制》,沈宗灵译,商务印书馆 2010 年版。

259. [美]乔治·弗莱彻:《反思刑法》,邓子滨译,华夏出版社 2008 年版。

260. [美]斯东:《苏格拉底的审判》,董乐山译,生活·读书·新知三联书店 1998 年版。

261. [美]威廉·德威尔:《美国的陪审团》,王凯译,华夏出版社 2009 年版。

262. [美]西奥多·齐奥科斯基:《正义之镜:法律危机的文学省思》,李晟译,北京大学出版社 2011 年版。

263. [美]肖恩·玛丽·博伊恩:《德国检察机关职能研究:一个法律守护人的角色定位》,但伟译,中国检察出版社 2021 年版。

264. [美]亚瑟·拜斯特:《证据法入门:美国证据法评释及实例解说》,蔡秋明、蔡兆诚译,元照出版公司 2002 年版。

265. [美]虞平、郭志媛编译:《争鸣与思辨:刑事诉讼模式经典论文选译》,北京大学出版社 2013 年版。

266. [美]约翰·亨利·梅利曼、[委]罗格里奥·佩雷斯·佩尔多莫:《大陆法系》(第三版),顾培东、吴荻枫译,法律出版社 2021 年版。

267. [美]约翰·罗尔斯:《正义论》,何怀宏等译,中国社会科学出版社 1988 年版。

268. [美]约翰·W. 斯特龙主编:《麦考密克论证据》,汤维建等译,中国政法大学出版社 2004 年版。

269. [美]约书亚·德雷斯勒:《美国刑法精解》(第四版),王秀梅等译,北京大学出版社 2009 年版。

270. [美]扎克·邓达斯:《大侦探:福尔摩斯的惊人崛起和不朽生命》,肖洁茹译,生活·读书·新知三联书店 2020 年版。

271. [美]詹姆士·Q. 惠特曼:《合理怀疑的起源——刑事审判的神学根基》(修订版),佀化强、李伟译,中国政法大学出版社 2016 年版。

272. [挪]托马斯·马蒂森:《受审判的监狱》,胡菀如译,北京大学出版社 2014 年版。

273. [葡]乔治·德·菲格雷多·迪亚士:《刑事诉讼法》,马哲、缴洁译,社会科学文献出版社 2019 年版。

274. [日]川出敏裕、金光旭:《刑事政策》,钱叶六等译,中国政法大学出版社 2016 年版。

275. [日]大出良知等编著:《刑事辩护》,日本刑事法学研究会译,元照出版公司 2008 年版。

276. [日]大谷实:《刑法讲义总论》(新版第 2 版),黎宏译,中国人民大学出版社 2008 年版。

277. [日]大谷实:《刑事政策学》,黎宏译,中国人民大学出版社 2009 年版。

278. [日]大塚仁:《刑法概说(总论)》(第 3 版),冯军译,中国人民大学出版社 2003 年版。

279. [日]丰岛直通:《刑事诉讼法新论》,东京日本大学出版会 1910 年版。

280. [日]冈田朝太郎等:《检察制度》,蒋士宜编纂,中国政法大学出版社 2002 年版。

281. [日]谷口安平:《程序的正义与诉讼》,王亚新、刘荣军译,中国政法大学出版社 2002 年版。

282. [日]谷井阳子:《为何要诉"冤"——明代告状的类型》,载周东平、朱腾主编:《法律史译评》,北京大学出版社 2013 年版。

283. [日]户谷由麻:《东京审判:第二次世界大战后对法与正义的追求》,赵玉蕙译,上海交通大学出版社 2016 年版。

284. [日]芥川龙之介:《罗生门》,林少华译,上海译文出版社 2010 年版。

285. [日]平野龙一:《刑事诉讼法》,有斐阁 1958 年版。

286. [日]秋山贤三:《法官因何错判》,曾玉婷译,法律出版社 2019 年版。

287. [日]三井诚、酒卷匡:《日本刑事程序法入门》,陈运财、许家源译,元照出版公司 2021 年版。

288. [日]山本祐司:《最高裁物语——日本司法 50 年》,孙占坤、祁玫译,北京大学出版社 2005 年版。

289. [日]上田宽、小田博:《新开展的苏维埃司法制度——苏联检察院组织法》,沈重译,载《法律时报》1980 年第 7 期。

290. [日]松尾浩也:《日本刑事诉讼法》,丁相顺译,中国人民大学出版社 2005 年版。

291. [日]松尾浩也:《刑事诉讼の原理》,东京大学出版会 1974 年版。

292. [日]松尾浩也:《刑事诉讼法讲演集》,有斐阁 2004 年版。

293. [日]穗积陈重:《法律进化论》,黄尊三等译,中国政法大学出版社 1997 年版。

294. [日]田口守一:《刑事诉讼的目的》,张凌、于秀峰译,中国政法大学出版社 2011 年版。

295. [日]田口守一:《刑事诉讼法》,刘迪等译,法律出版社 2000

年版。

296. [日]田口守一:《刑事诉讼法》第五版,张凌、于秀峰译,中国政法大学出版社 2010 年版。

297. [日]西田典之:《共犯理论的展开》,江溯、李世阳译,中国法制出版社 2017 年版。

298. [日]西田典之著、桥爪隆补订:《日本刑法各论》(第七版),王昭武、刘明祥译,法律出版社 2020 年版。

299. [日]小野清一郎:《犯罪构成要件理论》,王泰译,中国人民公安大学出版社 1991 年版。

300. [日]盐野宏:《行政救济法》,杨建顺译,北京大学出版社 2008 年版。

301. [日]只木诚:《罪数论之研究》,余振华、蔡孟兼译,新学林出版公司 2019 年版。

302. [瑞士]雷托·U·施耐德:《疯狂实验史》,许阳译,生活·读书·新知三联书店 2009 年版。

303. [苏]蒂里切夫等编著:《苏维埃刑事诉讼》,张仲麟等译,法律出版社 1984 年版。

304. [苏]科瓦略夫:《古代罗马史》,王以铸译,生活·读书·新知三联书店 1957 年版。

305. [苏]帕弗里谢夫、拉金斯基:《论苏联检察机关法》,陈森译,载《苏维埃国家与法》1980 年第 4 期。

306. [苏]切里佐夫:《苏维埃刑事诉讼》,中国人民大学刑法教研室译,法律出版社 1956 年版。

307. [苏]亚历山大·奥尔洛夫:《震惊世界的莫斯科三次大审判》,彭卓吾译,红旗出版社 1993 年版。

308. [苏]亚历山大·索尔仁尼琴:《古拉格群岛》,田大畏、陈汉章译,群众出版社 2010 年版。

309. [苏]亚历山大·雅科夫列夫:《公正审判与我们——30 年代的教训》,载陈启能主编:《苏联大清洗内幕》,社科文献出版社 1988 年版。

310. [以]尤瓦尔·赫拉利:《未来简史》,林俊宏译,中信出版集团

2017年版。

311. [意]贝卡里亚:《论犯罪与刑罚》,黄风译,中国大百科全书出版社1993年版。

312. [意]恩里科·菲利:《犯罪社会学》,郭建安译,商务印书馆2017年版。

313. [意]加罗法洛:《犯罪学》,耿伟、王新译,中国大百科全书出版社1996年版。

314. [意]尼科洛·马基雅维里:《君主论》,潘汉典译,商务印书馆1985年版。

315. [英]阿蒂亚:《法律与现代社会》,范悦等译,辽宁教育出版社、牛津大学出版社1998年版。

316. [英]安东尼·达夫:《刑罚·沟通与社群》,王志远等译,中国政法大学出版社2018年版。

317. [英]安东尼·达夫等编:《审判的试炼 I,真相与正当法律程序》,万象译,新学林出版公司2015年版。

318. [英]安东尼·达夫等编:《审判的试炼 II,裁判与到场说明权责》,颜华歆译,新学林出版公司2015年版。

319. [英]安东尼·达夫等编:《审判的试炼 III,刑事审判的新规范理论》,李姿仪译,新学林出版公司2015年版。

320. [英]安东尼·吉登斯:《民族-国家与暴力》,胡宗泽、赵力涛译,生活·读书·新知三联书店1998年版。

321. [英]安吉拉·盖罗普:《沉默证词》,周沛郁译,马可孛罗文化出版2020年版。

322. [英]鲍桑葵:《关于国家的哲学理论》,汪淑钧译,商务印书馆1995年版。

323. [英]丹宁勋爵:《法律的正当程序》,李克强等译,龚祥瑞校,群众出版社1984年版。

324. [英]菲利蒲·约翰·斯特德:《英国警察》,何家弘、刘刚译,群众出版社1989年版。

325. [英]哈利·波特:《普通法简史》,武卓韵译,北京大学出版社

2022 年版。

326. [英]卡尔·波普尔:《开放社会及其敌人》,陆衡等译,中国社会科学出版社 1999 年版。

327. [英]马太·亨利:《四福音注释》(下册),陈风译,华夏出版社 2012 年版。

328. [英]梅因:《古代法》,沈景一译,商务印书馆 1959 年版。

329. [英]密尔松:《普通法的历史基础》,李显冬等译,中国大百科全书出版社 1999 年版。

330. [英]乔纳森·赫林:《刑法》(第三版英文影印本),法律出版社 2003 年版。

331. [英]泰勒:《奥威尔传》,吴远恒等译,文汇出版社 2007 年版。

332. [英]威廉·葛德文:《政治正义论》(第二、三卷),何慕李译,商务印书馆 1997 年版。

333. [英]休谟:《人性论》(下册),关文运译,商务印书馆 2022 年重印版。

334. [英]以赛亚·伯林:《自由论》(修订版),胡传胜译,译林出版社 2020 年重印版。

335. [英]约翰·奥斯丁:《法理学的范围》,刘星译,商务印书馆 2022 年版。

336. [英]约翰·斯普莱克:《英国刑事诉讼程序》(第九版),徐美君、杨立涛译,中国人民大学出版社 2006 年版。

337. Alan M. Dershowitz, *Reasonable Doubts*, Simon & Schuster, p. 166 (1996).

338. Alan Scheflin, "Jury Nullification: The Right to Say No," Southern California Law Review, Vol. 45, No. 167, (1972).

339. ArminEngländer, Kann die sog. Rettungsfolter als Notwehr gerechtfertigt sein?, in: Gunnar Duttge/Yener Ünver (Hrsg). *Aktuelle Grundlagenprobleme des materiellen Strafrechts*. 2012.

340. BGH: Beweiswürdigung in Konstellationen "Aussage gegen Aussage" (BGH, Beschl. v. 6.8. 2020−1 StR 178/20), NStZ 2021,

341. Blackstone, *Commentaries on the Laws of England* (1765), 2 Bl, Com, c. 27.

342. Carlton Bailey, *Criminal Procedure: Model Problems and Outstanding Answers*, Oxford University Press, (2015).

343. Carleton Kemp Allen, *Legal Duties—And Other Essays in Jurisprudence*, Clarendon Press, (1931).

344. Charles P. Curtis, "The Ethics of Advocacy," 4 *Stanford Law Review* 3 (1931).

345. ClausRoxin, *Strafrecht Allgemeiner Teil Band II*, (2003).

346. Cliff Roberson, *Introduction to Criminal Justice*, Copperhouse Publishing Company, (1994).

347. C P Harvey, *The Advocate's Devil*, Stevens & Son, (1958).

348. Cynthia V. Ward, "Stand Your Ground and Self-Defense," *American Journal of Criminal Law* 42, no. 2 (Spring 2015).

349. Dale A Nance, "The Best Evidence Principle," (1988), *Iowa L Rev*.

350. Daniel E. Hall, *Criminal Law and Procedure*, Delmar Cengage Learning, (2011).

351. David Goodman, "Friendly Fire: A Military Lawyer Battles the Commission," *Amnesty Now*, Summer 2004, Vol. 30, No 2.

352. David P Derham, "Truth and the Common Law Judicial Process," (1963), 5 *Malaya L Rev* 338.

353. Donald A. Dripps, *About Guilt and Innocence*, Greenwood Publishing Group (2003).

354. E. Watson, *The Trial of Adolph Beck* 250 (1924).

355. Ernest Gellner, *Legitimation of Belief*, Cambridge University Press, (1974).

356. F. Inbau & J. Reid, *Criminal Interrogation and Confessions* 60-61 2d ed.(1967).

357. Foster, "Social Work, the Law, and Social Action," in *Social Casework*, July (1964).

358. Francis A. Allen, *The Habits of Legality: Criminal Justice and the Rule of Law* (1996).

359. G E Moore, *Commonplace Book 1919 – 1953*, Allen & Unwin, (1962).

360. Georg Henrik von Wright, *Norm and Action—A Logical Enquiry*, Routledge, (1963).

361. George P. Fletcher, *Basic Concepts of Criminal Law*, Oxford University Press, (1998).

362. Hans Welzel, *Das Deutsche Strafrecht*, 11. Aufl., (1969).

363. Henry L Chambers Jr, "Reasonable Certainty and Reasonable Doubt," (1998), 81 *Marquette L Rev*.

364. Herbert Packer, *Two models of the Criminal Process*, 113 U. PA. L. REV. 1 (1964).

365. Ho Hock Lai, *A Philosophy of Evidence Law*, Oxford University Press, (2008).

366. Howard Abadinsky and L. Thomas Winfree, Jr. *Crime and Justice*, 2nd ed. Nelson-Hall, (1992).

367. J. Wambaugh, *The Blooding*, Bantam, USA, (1989).

368. James Fitzjames Stephen, *A History of the Criminal Law of England*, vol 1, Macmillan & Co, (1883).

369. Jeremy Bentham, Rationale of Judicial Evidence, in John Bowring (ed), *The Works of Jeremy Bentham*, vol 7, William Tait, (1843).

370. Joel Feinberg, *Harm to Others*, OUP, (1984).

371. John Bonsignore, "Law as a Hard Science," *ALSA Forum* (December, 1977), Vol. 2, No. 3.

372. John H. Langbein, *Historical Foundations of the Law of Evidence*, 96 Colum. L. Rev. 1169-70 (1996).

373. John H Langbein, *The Origins of Adversary Criminal Trial*, OUP, (2003).

374. John Henry Wigmore, *The Science of Judicial Proof—as given by*

Logic, Psychology, and General Experience and illustrated in Judicial Trials, Little, Brown and Co, (1937).

375. John M. Scheb & John M. Scheb II, *Criminal Law and Procedure*, Wadsworth Cengage Learning, (2011).

376. John Maxcy Zane, *The Story of Law*, Indianapolis: Liberty Fund, (1998).

377. John Peysner, "Being Civil to Similar Fact Evidence," (1993), *Civil Justice Quarterly*.

378. John Rawls, *A Theory of Justice*, OUP, (1999).

379. Joshua Dressler, *Cases and Materials on Criminal Law*, Second Edition, West Group, St. Paul, Minn., (1999).

380. Karl N. Llewellyn, *The Common Law Tradition* (Boston: Little, Brown, (1960).

381. Klotter & Kanovitz, *Constitutional Law for Police*, The W. H. Anderson Company, (1968).

382. LaFave & Israel, *Criminal Procedure*, Thomson Reuters, (2009).

383. Laurence H Tribe, "Triangulating Hearsay," (1974), 87 *Harvard L Rev*.

384. Lawrence M. Friedman, *A History of American Law*, 2nd ed. Simon & Schuster, (1985).

385. Ludovic Kennedy, *The Trial Of Stephen Ward*, Chivers Press, (1991).

386. Max Gluckman, Politics, *Law and Ritual in Tribal Society*, Aldine, (1965).

387. Monroe H. Freedman, *Lawyer's Ethics in an Adversary System Indianapolis*, Ind, Bobbs-Merrill, (1975).

388. N MacCormick, "Rhetoric and the Rule of Law" in D Dyzenhaus (ed), *Recrafting the Rule of Law*, Hart Publishing, (1999).

389. Niccolò Machiavelli, *The Prince*, translated, with Introduction and Notes, by James B. Atkinson, Hackett Publishing Company, Inc. (2008).

390. Orvill C. Snyder, "The District Attorney's Hardest Task," *Journal of Criminal Law and Criminology* (1931–1951), Vol. 30, No. 2 (Jul.-Agu., 1939).

391. Otis H. Stephenes, *The Supreme Court and Confessions of Guilty*, The University of Tennessee Press Knoxville, Tennessee, (1973).

392. Paul Cassell, *Miranda's Social Costs: An Empirical Reaaessment*, 90 Nw. U.L. Rev. 387 (1996).

393. Paul Chevigny, *More Speech—Dialogue Rights and Modern Liberty*, Temple University Press, (1988).

394. Paul Roberts and Jill Hunter, *Criminal Evidence and Human Rights: Reimagining Common Law Procedural Traditions*, Hart Publishing, (2012).

395. Peter Hungerford-Welch, *Criminal Litigation and Sentencing*, Cavendish Publishing Limited, (2004).

396. Peter Murphy, *Murphy on Evidence*, 9Thedn, OUP, (2005).

397. Peter Newman (ed), *The New Palgrave Dictionary of Economics and the Law*, vol 3, Macmillan, (1998).

398. Peter Unger, *Ignorance—A Case For Scepticism*, Clarendon Press, (1975) ch VI.

399. Randy E Barnett, *The Structure of Liberty—Justice and the Rule of Law*, Clarendon Press, (1998).

400. Richard Card and Jack English, *Police Law*, Oxford University Press, (2015).

401. Richard F Rakos and Stephan Landsman, "Researching the Hearsay Rule: Emerging Findings, General Issues, and Future Directions" (1992) 76 *Minnesota L Rev*.

402. Richard Nobles and David Schiff, "A Story of Miscarriage: Law in the Media," (2004), 31 *Journal of Law and Society* 221.

403. Richard O Lempert, "Modeling Relevance," (1977), 75 *Michigan L Rev*.

404. Robert H. Bork, *The Tempting of America*, A Touchstone Book Published by Simon & Schuster, (1990).

405. Robert Reiner, *The Politics of the Police*, Fourth Edition, Oxford: Oxford University Press, (2010).

406. Rolando V. Del. Carmen, *Criminal Procedure Law and Practice*, Wadsworth, Cengage Learning, (2010).

407. Ronald Bacigal, *Criminal Law and Procedure: An Overview*, Delmar, Cengage Learning, (2009).

408. Ronald Dworkin, Justice for Hedgehogs, MA, Harvard UP, (2011).

409. Roy Grutman and Bill Thomas, *Lawyers and Thieves:Experiences of a Trial Lawyer*, Simon & Schuster, (1990).

410. Rudolf Rengier, *Strafrecht Allgemeiner Teil*, 9. Aufl., (2017).

411. Rufus Choate, "The Position and Functions of the American Bar, as an Element of Conservation in the State," Address delivered before the Harvard Law School (1845).

412. Schroeder/Verrel, *Strafprozessrecht*, 7. Aufl., (2017).

413. Steve Russell, "The New Outlawry and Foucault's Panoptic Nightmare," *American Journal of Criminal Justice*, Vol. XVII, No. 1, (1992).

414. Terence Anderson, David Schum, William Twining, *Analysis of Evidence*, Second edition, Cambridge University Press, (2005).

415. Theodore Waldman, "Origing of the Legal Doctrine of Reasonable Doubt" (1959) 20 *Journal of the History of Ideas*.

416. Thomas Fischer, *Über das Strafen: Recht und Sicherheit in der demokratischen Gesellschaft*, Droemer, 2018.

417. Tom Bingham, *The Rule of Law*, Penguin Books, (2011).

418. Volk/Engländer, *Grundkurs StPO*, 9. Aufl. (2018).

419. Walter P. Signorelli, *Criminal Law, Procedure, and Evidence*, CRC Press, Taylor & Francis Group, (2011).

420. Wessels/Beulke/Satzger, *Strafrecht Allgemeiner Teil: Die Straftat und ihr Aufbau*, 50 Aufl. (2020).

421. Winer, *Pagano Case Points Finger at Lineups*, Nat'l L.J., Sept. 10, (1979).

422. Aguilar v. Texas, 378 U.S. 108 (1964).

423. Alcota v. Texas, 355 U.S. 28 (1957).

424. Arizona v. Evans, 514 U.S. 1 (1995).

425. Ashe v. Swenson, 397 U.S. 436 (1970).

426. Atwater v. City of Lago Vista, ET AL., 532 U.S. 318 (2001).

427. Ballew v. Georgia, v. 435 U.S. 223 (1978).

428. Barker v. Wingo, 407 U.S. 514 (1972).

429. Betts v. Brady, 316 U.S. 455 (1942).

430. BGHSt 10, 209.

431. Boyd v. United States, 116 U.S. 616 (1886).

432. Brady v. Maryland, 373 U.S. 83 (1963).

433. Brinegar v. United States, 338 U.S.160, 182–183 (1949).

434. Brown v. Illinois, 422 U.S. 590 (1975).

435. Brown v. Texas, 443 U.S. 47 (1979).

436. Brown v. United States, 356 U.S. 148 (1958).

437. Burch v. Louisiana, 441 U.S. 130 (1979).

438. Carella v.California, 491 U.S. 263 (1989).

439. Chaplinsky v. New Hampshire, 315 U.S. 568 (1942).

440. City of Chicago v. Morales, 527 U.S. 41 (1999).

441. Coates v. Cincinnati, 402 U.S. 611 (1971).

442. Colorado v. Spring, 479 U.S. 546 (1987).

443. Columbus v. Kim, 886 N.E.2d 217 (Ohio 2008).

444. Commonwealth v. Hammer, 494 A.2d 1054, 1060 (Pa. 1985).

445. Commonwealth v. Webster, 59 Mass. 295, 320 (1850).

446. Connally v. Gen. Constr. Co.,269 U.S. 385, 391 (1926).

447. Culombe v. Ct., 367 U.S. 568, 581, 582 (1961).

448. Dred Scott v. Sandford, 60 U.S. 393 (1857).

449. Duncan v. Louisiana, 391 U.S. 145 (1968).

450. Counselman v. Hitchcock, 142 U.S. 547 (1892).

451. Darden v. Wainwright, 477 U.S. 168 (1986).

452. Davis v. United States, 512 U.S. 452 (1994).

453. Delaware v. Prouse, 440 U.S. 648 (1979).

454. Dennis v. United States, 341 U.S. 494 (1951).

455. Dingus v. Commonwealth, 153 Va. 846, 149 S.E. 414 (1929).

456. Douglas v. California, 372 U.S. 353, (1963).

457. Earl v. State, 904 P.2d 1029 (1995).

458. Edwards v R (1993) 178 CLR.

459. Engel v. The Netherlands (No. 1) (1976) 1 EHRR 647.

460. Epperly v. Commonwealth, Supreme Court of Virginia, 224 Va. 214, 294 S.E. 2d 882 (1982).

461. Escobedo v. Illinois, 378 U.S. 478 (1964).

462. Evitts v. Lucey, 469 U.S. 387 (1985).

463. Fay v. Noia, 372 U.S. 391 (1963).

464. Frazier v. Cupp, 394 U.S. 731 (1969).

465. Georgia v. Randolph, 547 U.S. 208(2006).

466. Grady v. Corbin, 495 U.S. 508 (1990).

467. Gideon v. Wainwright, 372 U.S. 335 (1963).

468. Goldman v. United States 316 U.S. 129 (1942).

469. Green v. United States, 355 U.S. 199, 204 (1957).

470. Griffin v. California, 380 U.S. 609(1965).

471. Harris v. New York, 401U.S. 222 (1971).

472. Herring v. New York, 422 U.S. 853 (1975).

473. Hoffman v. United States, 341 U.S. 479 (1951).

474. Illinois v. Rodriguez, 497 U.S. 177 (1990).

475. Indianapolis v. Edmond, 531 U.S. 32 (2000).

476. In re Oliver, 333 U.S. 257 (1948).

477. In re Winship, 397 U.S. 358 (1970), J. Harlan, Concurrence.

478. Irvine v. California, 347 U.S. 132 (1954).

479. Jackson v. Virginia, 443 U.S. 307 (1979).

480. Johnson v. Louisiana,406 U.S. 356 (1972).

481. Johnson v. United States, 333 U.S. 436 (1948).
482. Johnson v. United States, 520 U.S. 461 (1997).
483. Johnson v. Zerbst, 304 U.S. 458 (1938).
484. Jones v. United States, 362 U.S. 257 (1960).
485. Katz v. United States, 389 U.S. 347 (1967).
486. Kentucky v. Stincer, 482 U.S. 730 (1987).
487. Kepner v. United States, 195 U.S. 100 (1904).
488. Kirby v. Illinois, 406 U.S. 682 (1972).
489. Klopfer v. North Carolina, 386 U.S. 213 (1967).
490. Kolender v. Lawson, 461 U.S. 352 (1983).
491. Korematsu v. United States, 323 U.S. 214 (1944).
492. Korematsu v. United States, 584 F. Supp. 1406 (N.D. Cal. 1984).
493. Kyles v. Whitley, 514 U.S. 419 (1995).
494. Kyllo v.United States, 533 U.S. 27 (2001).
495. Lambert v. California, 335 U.S. 225 (1957).
496. Latimore v. Sielaff, 561 F.2d 691 (7th Cir. 1977).
497. Lockhart v. Fretwell, 506 U.S. 364 (1993).
498. Malinski v. New York, 324 U.S. 401, 414 (1945) (separate opinion).
499. Malloy v. Hogan, 378 U.S. 1, (1964).
500. Manson v. Brathwaite, 432 U.S. 98 (1977).
501. Mapp v. Ohio, 367 U.S. 643 (1961).
502. Mayberry v. Pennsylvania, 400 U.S. 455 (1971).
503. McKane v. Durston, 153 U.S.684 (1894).
504. Michigan Department of State Police v. Sitz, 496 U.S. 444 (1990).
505. Michigan v. Mosley, 423 U.S. 96 (1975).
506. Michigan v. Tucker, 417 U.S. 433 (1974).
507. Miranda v. Arizona, 384 U.S. 436, 460 (1966).
508. Mooney v. Holohan, 294 U.S. 103 (1935).
509. Morrison v. Jenkins 80 C.L.R. 626 (Aust. 1949).
510. M.T. v. State, 677 So.2d 1223, 1229 (Ala. Crim. App. 1995).

511. Nardone v. United States, 302 U.S. 379 (1937).
512. Nardone v. United States, 308 U.S. 338 (1939).
513. Neil v. Biggers, 409 U.S. 188 (1972).
514. New York v. Quarles, 467 U.S. 649 (1984).
515. Nix v. Williams, 467 U.S. 431 (1984).
516. North Carolina v. Alford, 400 U.S. 25 (1970).
517. North Carolina v. Pearce, 395 U.S. 711 (1969).
518. Ohio v. Roberts, 448 U.S 56 (1980).
519. Olmstead v. United States, 277 U.S. 438 (1928).
520. Palko v. Connecticut, 302 U.S. 319 (1937).
521. Patterson v. New York, 432 U.S. 197 (1977).
522. People v. Collins, 68 Cal. 2d 319, 438 P. 2d 33 (1968).
523. People v. Feldman, 296 N.Y. 127 (1947).
524. Powell v. Alabama, 287 U.S. 45 (1932).
525. R v Jama [2008] VCC 0886.
526. R v Muller, (1865) 4 F & F 383, note (a).
527. Rakas v. Illinois, 439 U.S. 128 (1978).
528. Rhode Island v. Innis, 446 U.S. 291 (1980).
529. Rochin v. California, 342 U.S. 165 (1952).
530. Rodrigues v. Hawaii, 469 U.S. 1079 (1984).
531. Sacher v. United States, 343 U.S. 717 (1952).
532. Sandstrom v. Montana, 442 U.S. 510 (1979).
533. Schenk v. United States, 249 U.S. 47 (1919).
534. Shauqhnessy v. United States, 345 U.S. 206 (1953).
535. Sibron v. New York, 392 U.S. 40 (1968).
536. Silverman v. United States 365 U.S. 505 (1961).
537. Silverthorne Lumber Co. v. United States, 251 U.S. 385 (1920).
538. Smith v. Hooey, 393 U.S. 374 (1969).
539. Snyder v. Massachusetts, 291 U.S. 97 (1934).
540. Spruill v. Commonwealth, 222 Va. 475, 271 S.E. 2d 419 (1980).

541. State v. Banks, 499 So.2d 894 (Fla. App. 1986).
542. State v. Cayward, 552 So. 2d 971 (Fla. App. 1989).
543. State v. Hodges, 695 S.W. 2d 171 (Tenn. 1985).
544. State v. Jenkins, 445 S.E.2d 622 (N.C. App.1994).
545. State v. New, 640 S.E. 2d 871 (S.C. 2007).
546. State v. Norfolk, 381 N.W. 2d 120 (Neb. 1986).
547. State v. Patton, 826 A. 2d 783 (N.J. Super 2005).
548. Stovall v. Denno, 388 U.S. 293 (1967).
549. Strickland v. Washington, 466 U.S. 668 (1984).
550. Strickler v. Greene, 527 U.S. 263 (1999).
551. Taylor v. Kentucky, 436 U.S. 478 (1978).
552. Tennessee v. Garner, 471 U.S. 1 (1985).
553. Terry v. Ohio, 392 U. S. 1 (1968).
554. Trial of William Penn, 6 How. St. Trials 951 (1670).
555. Tumey v. Ohio, 273 U.S. 510 (1927).
556. United States v. Agurs, 427 U.S. 97 (1976).
557. United States, v. Akpi, 26 4th Cir. F.3d 24 (1994).
558. United States v. Bagley, 473 U.S. 667 (1985).
559. United States v. Balsys, 524 U.S. 666(1998).
560. United States v. Brewer, 139 U.S. 278 (1891).
561. United States v. Cortez, 449, U.S. 621 (1981).
562. United States v. Cronic, 466 U.S. 648 (1984).
563. United States v. Gagnon, 470 U.S. 522 (1985).
564. United States. v. Garsson, 291 F. 646, 649 (S.D.N.Y. 1923).
565. United States v. Jeffers, 342 U.S. 48 (1951).
566. United States v. Jones, 132 S. Ct. 945 (2012).
567. United Statesv. Koon, 34 F.3d 1416 (9th Cir. 1994).
568. United States v. Moylan, 417 F.2d 1002, 1009 (4th Cir. 1969).
569. United States v. Olano, 507 U.S. 725 (1993).
570. United States v. Patane, 543 U.S. 630 (2004).

571. United States v. Procter & Gamble Co., 356 U.S. 677 (1958).
572. United States v. Robinson, 485 U.S. 25 (1988).
573. United States v. Sacher, 182 F.2d 416, 423 (2d Cir. 1950).
574. United States v. Scheffer, 523 U.S. 303 (1998).
575. United States v. Scott, 437 U.S. 82 (1978).
576. United States v. Toscanino, 500 F. 2d 267 (2d Cir. 1974).
577. United States v. Valenzuela-Bernal, 458 U.S. 858 (1982).
578. Victor v. Nebraska, 511 U.S. 1 (1994).
579. Weeks v. United States, 232 U.S. 383 (1914).
580. Williams v. Florida, 399 U.S. 78 (1970).
581. Williams v. New York, 337 U.S. 241 (1949).
582. Wilson v. United States, 149 U.S.60 (1893).
583. Wisconsin v. Dubose, 205 WI 126 (2005).
584. Wolf v. Colorado, 338 U.S. 25 (1949).
585. Wong Sun v. United States, 371 U.S. 471 (1963).
586. Wood v. Georgia, 370 U.S. 82 (1962).
587. Zedner v. United States, 547 U.S. 489 (2006).
588. Zoneff v R (2000) 200 CLR.

关键词索引

（按拼音顺序）

1. 保释
2. 被告人权利
3. 被害人
4. 笔录
5. 辩护
6. 辩护律师
7. 不告不理
8. 不利益变更禁止
9. 裁定
10. 传闻证据
11. 对抗制
12. 法官
13. 法律救济
14. 告诉
15. 告知
16. 公诉
17. 管辖
18. 国家追诉
19. 羁押
20. 检察官
21. 鉴定
22. 交互诘问
23. 警察
24. 纠问
25. 拘捕
26. 卷证不并送
27. 决疑
28. 勘验
29. 扣押
30. 路检
31. 罗生门
32. 米兰达警告
33. 目的
34. 盘查
35. 判决
36. 陪审团
37. 起诉
38. 强制措施
39. 人身检查
40. 上诉
41. 上诉不加刑
42. 审级
43. 审判
44. 双重危险
45. 搜查
46. 诉讼标的

47. 诉讼模式
48. 诉讼行为
49. 诉讼要件
50. 听审
51. 庭审
52. 通讯监察
53. 无罪推定
54. 询问
55. 讯问
56. 一事不再理
57. 再审
58. 侦查
59. 真相
60. 正当程序
61. 直接言词
62. 证据
63. 证据开示
64. 证据能力
65. 证据排除
66. 证明
67. 证明标准
68. 证明力
69. 证明责任
70. 证人
71. 质证
72. 自白
73. 自由心证
74. 罪疑唯轻
75. 尊严

后记：如果没有那阵风
——《罗生门》"庭审笔录"评议

> 密林中，一个强盗在午睡，忽然刮起一阵风，带来女人的气息，吹起女人的面纱。如果没有那阵风，武士夫妻可能安然走过。

法科学生一定要看看《罗生门》。这部影片由日本电影大师黑泽明执导，1950年获奥斯卡最佳外语片奖。从此，"罗生门"一词经过发散与凝结，生成一种特定涵义：一个过去的事件，根据不同当事人的各自表述，呈现为不同的故事版本。不过，真相并不是完全消失在历史中，否则也不称其为罗生门；真相只是不再唯一，它可能像刑事诉讼，在有罪与无罪间择一存在，也可能像两个影院同时放映同一部影片，并行存在，还可能像薛定谔的猫，方生方死，方死方生，既存在，又不存在。

影片《罗生门》取材于新思潮派作家芥川龙之介的短篇小说《密林中》，原作以几个人对同一案件的不同证词或告白，于扑朔迷离中凸显人性的机微，虚实相生，玄机四伏，但又符合逻辑，能够自圆其说。《罗生门》则是芥川的另一短篇小说，是其步入文学殿堂的成名作。译者林少华评价说，"它以风雨不透的布局将人推向生死抉择的极限，从而展示了'恶'的无可回避，展示了善恶之念转换的轻而易举，展示了人之自私本质的丑陋，第一次传递出作者对人的理解,对人的无奈与绝望"[1]。

黑泽明只是借用小说《罗生门》的名字讲述《密林中》的故事,许多人因此将小说《罗生门》揭示的"沉郁而悲凉"的人性恶主题,直接套用于对影片《罗生门》的理解,这种解读实际上限缩了黑泽明的恢弘境界与复调结构。影片《罗生门》可被视为一份独特的庭审笔录,记录了被告人、被害人和证人的当庭陈述,以及庭外讲述。因此,不应认为"每个人都在撒谎",如果每个人讲的都是假话,那就根本不可能还原真相。只有假定每个人都说了真话,或者至少部分人说了真话,才有可能澄清待证事实,或者在无力澄清时作出某种结论。

在诉讼程序中对案件事实的重构,非常类似考古,不应对掌握历史真相有过分的甚至绝对的自信,应当根据不断挖掘出的证据,像拼图游戏一样逐步还原历史中的一个场面或者一段过程。正如儿童预先知道要拼什么就更容易完成拼图,对一座古墓事先的了解程度,会影响对古墓出土文物的一系列判断,继而影响如何拼接泥土中的碎片以及拼接到何种程度。这其间还要时刻小心,不让假碎片掺杂进来,影响历史拼图的样貌。与刑事程序相比,考古既不必遵守法定期限,也不必遵守非法证据排除规则,许多事情变简单了。

黑泽明的影片对芥川的小说进行了两处重要修正:一是将砍柴人从犯罪现场的发现者升格为主要犯罪过程的目击者;二是没有让女人穷凶极恶地亲手杀夫。细小的修正包括强盗的腰刀变为宝剑,等等。小说和影片可以看作两次开庭笔录,有重叠一致,也有抵触歧异。隐没于历史中的真相,只能靠当事人的回忆表述,但刑事诉讼中最为特别的是,对哪些人可以参与回忆,有一套限制规则,对相互印证或者相互抵牾的说法,也有一套处置规则。接近真相,是在规则约束下小心翼翼进行的,实在无法确定真相,也会依某种规则给出结论,而不应久拖不决。

小说、戏剧里可以有矛盾的情节与多样的结局,而在刑事审判后,结论只能是唯一的,要么有罪,要么无罪,二者必居其一,即便是辩诉交易,也以认罪为前提。罗生门式待证事实,以证人证词为基础,而证人的

---

[1] [日]芥川龙之介:《罗生门》,林少华译,上海译文出版社2010年版,译者序。

脑海中,认知的事实常与他对事实的诠释交结在一起。[1] 对法科思维而言,是一种特殊考验。再者,《罗生门》中"不存在犯罪"的结论,也是非法科人士不易接受的。加之《罗生门》展示的多个事件版本都是给定的,不能当场诘问,更不能重新开庭。那么,存疑之处是否做有利被告的解释,端赖证据规则的确立与运用。

小说有强盗、女人和武士三个故事版本,影片增加了砍柴人的目击过程。值得注意的是,在影片中,当某一证人或当事人作证时,其他证人,尤其砍柴人和行脚僧一直在场,这在实际的庭审中是要极力避免的,因为听到他人作证后,证人可能修正自己的记忆或表述,以迎合他人或者故意表现得与众不同。所以砍柴人在听完所有当事人的表述后,完整甚至完美编造所谓目击过程的可能性大大增加,也因此,影片正确地将其讲述置于"法庭"之外,而让砍柴人在纠察使面前只讲自己是如何发现犯罪现场的。

砍柴人最先发现了死尸,也就有条件取得犯罪现场的遗留物,女人用以防身、用以刺杀强盗、武士用以自杀的那柄名贵短刀,可能就在他手上,因而砍柴人的证词会千方百计避免人们将他与短刀联系在一起。砍柴人说在走向犯罪现场途中,他先后捡拾了三样东西:一副女人戴的面纱斗笠、一顶被践踏过的武士帽和一条被刀割断的绳子。武士帽被践踏说明发生过打斗,面纱斗笠证明女人确实是武士被绑后才匆忙赶到现场的。最重要的还是那段被割断的绳子,它是事件发展的重要线索。不割断绳子,就没有决斗,也不可能自杀。

行脚僧向纠察使讲述了在山科驿道上碰到武士和骑马的女人,从证据角度看似乎不甚重要,但这段巧遇是强盗与女人及其武士丈夫巧遇的对称铺垫,也是不同巧遇暗喻不同因果的伏笔。行脚僧的叙事有许多细节值得玩味,他是一名僧人,也是一个男人,本能地先注意到女人,注意到女人头上斗笠罩着面纱,特别说到看不清脸孔,这说明他想看清女人长什么样子,却只看到大约是绛红色的衣裙。尔后,僧人才注意男子身上带刀和弓箭,黑漆箭筒里插着二十多支箭也记得一清二楚,就是没有记住武士

---

[1] 参见[美]布莱恩·肯尼迪:《证人询问的技巧》,郭乃嘉译,元照出版公司2002年版,第285页。

的脸,因为僧人对男人的脸不感兴趣。

影片画面生动表现了僧人遇到女人时的场景:僧人站在山路左侧,女人的坐骑从他右侧经过,而且女人面朝右,侧骑于马上,加之面纱斗笠,当然看不到她的脸。而强盗遇见女人的场景却是:他躺卧在山路右侧一棵树下,半梦半醒地打发着炎热的夏午。女人侧骑马,正好朝向他。强盗自下而上,先看到女人的脚,李白所谓"屐上足如霜,不著鸦头袜"。就在这一瞬间,"正巧有一阵风吹起了女人斗笠上的面纱",强盗一晃儿瞥见了她的脸,随后改变了所有在场者的命运。

强盗好像在自言自语:"一晃儿——的确是一晃儿,之后就再也看不见了。或许因为这个缘故,女子的面孔看上去竟如女菩萨一般。就在这一瞬之间,我定下决心:即使杀死男子也要把女子弄到手。我想我是看到女神了。"芥川笔下,强盗根本不像一个淫邪之辈,他对这一次路遇的回忆,让人穿越到"剪影的你轮廓太好看,凝住眼泪才敢细看。忘掉天地,仿佛也想不起自己"的一唱三叹。强盗与女人,恶与美的相互收获。在一片无主之地,在一套丛林法则之下,其实并没有发生什么匪夷所思的事情。一切都那么突然,又那么自然。

倒是武士被横刀夺爱后的反应,让人想起丛林之外的所谓文明。[1]人一旦偶然走入丛林,就会受到丛林法则的宰治。在强盗看来,"杀一个人并不像你们想得那么严重,反正要抢女人就必然要杀男人",就连女人也认可"男人只有靠剑才能让女人属于他"。人类走出丛林不一定意味着走出野蛮。强盗对纠察使说:"只是我杀时用的是腰刀,你们则不用刀,用的是权力,是金钱,有时甚至只随便用个漂亮的借口便取了人命。血固然不流,人也活得神气活现,但同样是杀。从罪孽轻重来看,真说不清是你们严重还是我严重,彼此彼此。"

丛林法则奉行最小损害原则,所以强盗才说"要是不杀男人而能夺得女人,当然也没什么不好"。而文明世界往往奉行暴力威慑原则,不时出现过度的、滥用的暴力。小说和影片都没有回避强盗当时的心情,本想尽

---

[1] "与文明时代相适应并随着它而彻底确立了自己的统治地位的家庭形式是一夫一妻制、男子对妇女的统治,以及作为社会经济单位的个体家庭。"[德]恩格斯:《家庭、私有制和国家的起源》,载《马克思恩格斯选集》第四卷,人民出版社1972年版,第172页。

可能不杀男人而夺得女人。而之所以未能两全其美，正是由于丛林外的文明世界的影响。武士自带的文明世界赋予他的身份感，没有在被强盗追拦时牵马载妻尽快离开，而是对无因至前的财宝诱惑延颈企踵。贪欲、自大以及对妻子的冷漠无情，共同注定了武士的命运，可谓名副其实的自取灭亡。

强盗成功地将夫妻二人分而治之。如果女人一直跟随，强盗偷袭武士就不会得手。或许两个男人都同意，女人的装束不便于丛林行进，就将女人留在驿道旁不远处一个水塘边。强盗趁武士朝着"埋财宝的地方"拼命奔走时，从后面突袭，将武士按倒制服。武士不是输在体力上，而是输在贪痴与自恃。强盗极其狡诈，带路时一直手握出鞘之剑，造成武士紧张，到了可以下手的地方，反而让武士看到自己还剑入鞘，从而麻痹对手。在武士想来，再次拔剑一定会有声响，却从未想过自己会被什么人徒手制服。

的确，在不造成昏迷与重伤情况下将武士用一根绳子捆绑起来，只能说强盗的运气不错。当然，也只有让武士被束缚但又保持清醒，后续的故事情节才能展开。"收拾好男的，这回轮到女的。"强盗返回等在水边的女人那里，看到女人百无聊赖，玉手弄水。女人听到响动，猛然回头，撩起面纱与强盗对视。如果是单纯的性占有，那么现在强盗就可以得手，但他没有，而是突然"妒忌那个男人，并且突然恨起他来"。于是产生一个淫邪念头，他要让女人看到武士丈夫被绑树上的可怜样儿，并且要当着丈夫的面强占妻子。

影片用一个长镜头，表现女人牵着强盗的手在奔跑。年轻，擅跑，她才十九岁。骤然来到被缚丈夫面前，女人的惊恐可想而知，但谁都不会想到，武士这样被妻子看到，比看到随后妻子被辱更为羞愧难当，以至于不想让妻子成为他生命中耻辱瞬间的见证人。武士在其妻贞操被夺后，不仅不给予同情，还讥刺她为什么不反抗到底或者自杀以明志，这可能正是不想再面对妻子的本能表达。女人其实是拼死抵抗了的，她抽出短刀向强盗"没头没脑只管刺杀"。由于事发突然便失于算计，如果假意就范，短刀偷袭，则必有胜算。

性情刚烈的女人的反抗，刺激了强盗的征服欲，反抗越激烈，征服越彻底。对女人而言,占有才能征服;对强盗而言,征服才能占有。强盗说自己"刀也没拔就把短刀打落。再厉害的女人,没了器物也只能乖乖就擒。于是,我就在没要男方性命的情况下和女方成就了好事"。在小说中,短刀是被打落的;但在影片中,是女人在最后一刻自己松手的。的确,当女人被强盗强搂入怀,开始野蛮而固执地亲吻时,镜头细致交代了女人的右手慢慢松开短刀,然后搂向强盗,有力地抓住男人的背部。反抗结束了,剩下的是女人的服从。

根据强盗的说法,他的目的已经达成,是时候离开了。可女人突然发疯似地扑倒在他身前,左手抱住他的右腿,右手抓住他的腰带,断断续续地叫着,上气不接下气。原来她是在说:"是你死还是我丈夫死,两个得死一个。失身给两个男人,对我比死还难受。不管谁死,反正我跟剩下的一个。"伴随这些话的,是一张抬头仰望他的女人的脸,尤其是"她那一瞬间着火似的眼神"。芥川称强盗此时的心情为"沉郁的激动":"我同那女人对视时,立即打定主意:哪怕五雷轰顶也要收这女人为妻。"

芥川笔下,这已不是龌龊的色欲,而是动机的转换。强盗没有采用小人式杀法,而是割断武士身上的绳子,叫武士提刀对杀,平等决斗。女人要"两个得死一个",武士的绑缚尚未解除,生杀大权握于强盗之手。女人内心明白,刚刚发生的一切令丈夫极其羞愤,如果跟随丈夫回家,则双方无法相互面对,不可能再有正常的夫妻生活,自己将永远蜷缩在羞惭煎熬中。而跟随强盗去生活,还有机会赢得他的欢心。对丈夫而言,妻子失身于人是一种残缺;对强盗而言,夺人妻为己妻是一种获取。因此,追随多襄丸是一种理性选择。

女人在纠察使面前,丝毫不见刚烈的影子,只是楚楚可怜地痛哭。她叙述自己被玷污之后,"那个男人骄傲地宣布他就是大名鼎鼎的多襄丸"。这一指认,既与强盗划清了界限,确认自己是单纯的被害人,也隐含着为丈夫失手落败的开脱,充满对丈夫的同情,全然没有对事件起因的责怪。但也因此,武士的无情被反衬出来。当女人爬到丈夫身边时,发觉丈夫眼里闪动的,不是愤怒和悲伤,而是一种鄙视的冷光。影片给出女人惊愕的表情特写,"即使是现在,当我想起他的眼神,我的血液都会冷凝在血管里"。

女人苦苦哀求，"不要这样看我，太残酷了。打我，杀我，就是不要这样看我！"然后又是哀恸嚎哭，镜头表现她还曾偷眼看丈夫是否因她的痛哭而回心转意。彻底失望后，她想起短刀。她从草地上拔出短刀，回来割断绳子，将短刀递给丈夫，要他杀死她，马上杀。丈夫没有伸手接刀，而是继续投以更加鄙夷的目光。女人说自己在这种鄙夷目光下昏迷过去，醒来后，四处张望，然后是震惊。她看到短刀在死去丈夫的胸口插着。就此，影片不仅让女人否认了亲手杀夫，也回避了死亡过程目击者的身份。

女人说看见短刀插在丈夫胸口上，其中包含了太多的细节。武士死于短刀而不是长剑，说明凶手不是强盗，而如果强盗先已离开现场，女人又昏迷过去，那么这只能解释为武士是自杀的。可武士此时没有任何理由自杀，根据他此前与妻子目光交流，他完全可以先杀妻泄愤，再找强盗寻仇，或者在妻子清醒时自杀谢罪，至少不会死得如此不明不白。如果这中间还有矛盾之处，那说明不排除妻子杀夫的可能性，影片对小说的改编，难免有不严丝合缝之处。不过，如果是女人杀夫，那么割断的绳子又如何解释？

武士双手自由时，又在那种心情下，不太可能接受女人杀死他。女人先杀夫，再割断绳子伪造现场的可能性不大。断绳与谋杀、自杀之间的关联，需要事后细致推演判断，事前很难预留这种推理线索，除非是阿加莎·克里斯蒂在写小说。一定要伪造现场，把尸体浅埋，敷以杂草，岂不容易想到？如果短刀还在，说明砍柴人尚未到场，或者到场了，先看到强盗离开，女人昏迷，继而看到武士自杀，那么，他可能救助女人，也可能拿了短刀迅速离开，就是不太可能等待女人苏醒，因为他不知道女人是否会苏醒以及何时苏醒。

武士死于短刀，是影片抹去怒杀亲夫一节后不可消除的矛盾。原著中，女人看到丈夫的眼神中的鄙视与憎恶，"当时我心里的滋味，真不知如何表达——羞愧？伤心？气恼？我摇摇晃晃地站起来身，跑到丈夫身边。'跟你说，事情已到了这个地步，你我已不能再一起生活了。我已决心一死。但是你也要一起死。你已亲眼看到我受辱。我不能把你一个人留下。'我勉强说完了这番话，丈夫还是深恶痛绝似的盯着我。我直觉得肝胆欲裂，好在短刀就掉在脚下。我举起短刀……几乎梦游似的把短刀噗一声扎进丈夫的胸口"。

看来,还是芥川小说中女人杀夫的情节比较可信。"我一边吞声哭泣,一边解开尸体上的绳子。"据此,割断的绳子就不存在了,而且合乎情理,女人若要杀武士,就不会先给他松绑。断绳一节的确是影片剧本的神来之笔,但杀夫之后解开绳子是对死者的尊重,割断绳子需要刀具,女人不太可能为了割断绳子而将短刀从丈夫胸口拔出。单从解开绳子这一细节看,即使杀死武士,也没有让人感觉到芥川所谓"女人之恶",反而是更加值得同情。或许,对女人的指责主要缘于武士的亡灵借巫婆之口,向纠察使说出的一切。

"强盗糟蹋了妻子,就势坐在那里对妻子花言巧语。而妻子并没有哭,只是凄然坐在落竹叶上,一动不动地盯着膝头。看样子被强盗的话打动了。我嫉妒得身子扭来扭去。强盗仍在得意地摇动三寸不烂之舌,最后竟说出这样的话来:'一旦失身于人,怕也很难与丈夫言归于好。与其跟那种丈夫,还不如当我的老婆。我刚才之所以胡来,无非是因为觉得你可爱。'"这里出现了芥川所有小说中最不可思议的一段:"给强盗如此一说,妻子痴迷地抬起脸来。我还从没见妻子像当时那么漂亮过。"

影片则给出女人侧面的一帧美丽的特写,她与强盗的对视。巫婆替武士说出令观众心神不宁的场面:"她凝望着强盗,看上去如此美丽。"三船敏郎与京町子,两位表演艺术家,在各自扮演的坏男人和坏女人角色里,为世人留下最美的一瞬凝望。就像《乱世佳人》中的费雯丽与克拉克·盖博,在坏男人和坏女人的角色中留下最美的一瞬痴吻。一个男人和一个女人,一次最凄美的对望。武士与女人的婚姻生活究竟怎样,小说和影片都没有交代,但可以肯定,武士此时刻骨铭心地感觉到,妻子从未像现在这样将灵与肉一起交托给他。

这是两个男人的战争,武士又一次失败,他的嫉恨需要排解,就必须找到妻子的可恶之处,并且让他人也认同这种可恶。于是他发起对妻子的指控:可这漂亮的妻子当着五花大绑的丈夫是怎样回答强盗的呢?妻子抬头直视强盗,边说边凑近他的脸,热切而坚定地说,"好吧,无论哪里,带我去你想去的地方。当她神思恍惚地被强盗拉着往树林外走时,突然脸色大变,指着树下的我发疯似的叫道:'杀死他!他活着我就不可能和你在一起！'接连叫了好几遍。'杀死他！'这句话至今仍像狂风一样把我头朝下卷入漆黑的深谷"。

《罗生门》最喜采用的电影海报，就是女人在叫"杀死他"的同时，委身靠住强盗的脊背，葱白的指尖紧嵌着男人的臂膀，怨毒的眼光从强盗肩头射向武士，不断重复着"求你杀了他"。强盗没有答应，女人见势不妙，趁机逃入密林中。强盗离开前，一刀割断武士身上的绳子。武士感到万籁俱静，好像听到自己的哭声。妻子失落的短刀在他眼前闪光。武士拿在手上，猛地刺进自己的胸膛。"这时，有人蹑手蹑脚来到我身边，用看不见的手轻轻拔去我胸口的短刀。我的口腔随之再次涌满血浆。之后，我便永远沉入黑暗。"

如果拔刀的是砍柴人，那么故事可以完美结束了。芥川的原著也的确就此打住，因为所有能够想到的主题，到此都已全面展开。可黑泽明却偏偏在影片中添加了大段场景，让砍柴人目击由女人挑起的一场决斗。七十年来，人们对影片的褒扬，很大程度上归功于大师黑泽明对原著的情节增补，不仅让杰作更加流光溢彩，让女主角京町子有机会一展绝代风华，而且使影片不再因强盗自述太过丰富而显得头重脚轻。让两个男人自相残杀，对女人来说其实并不那么容易，决不是拿刀割开丈夫绑绳，然后趴在地上继续哭泣那么简单。

女人深知，她的失身，对丈夫来说是"玷污"，对强盗而言是"得到"。但当她听到强盗感慨"女人啊，天生是软弱的"，突然怒骂男人才是真正软弱的。她对丈夫是一种怒斥："你，要是够个丈夫，为什么不去杀这个男人，然后再要我自杀，这也算个真正的男人。"而她对强盗则是收服其心："多襄丸，你也不是个真男人。当我听说，得到我的人是多襄丸，我就不哭了。我原本已对现在的生活感到厌倦，还指望你把我拯救出来。女人爱的是充满激情之爱的男人，男人只有靠剑才能让女人属于他。"

小说和电影都可以留下悬疑，让读者和观众自行填补真相的空白，允许多个真相共存。而刑事程序则不然，必须在有罪或无罪之间得出唯一结论。就影片《罗生门》而言，武士虽已非正常死亡，但他可能死于自杀，也可能死于他杀；他杀可能是非法杀人，也可能是合法决斗；杀人者可能是强盗，也可能是女人。小说和影片都不是以破案为目的，甚至有意避免倾向性结论，而是尽量将几个版本的故事平均用力展开。可在这里，必须有一个结论，有一个依循一定的前提，得出的"评议结论"。

从《包公案》之类的明清小说可以看到，刀伤勘验并不是非常复杂的技术。但在影片《罗生门》中，短刀消失了，给伤口比对增加了一点难度，但却不妨碍通过尸检验证武士是死于短刀还是长剑。一旦确定武士死于短刀，他就只能死于自杀或者妻子的杀害，而与强盗无关。不过，绳子既已先被割断，未被束缚的武士不会甘心死于他所厌恨的女人之手。小说中，女人就是先用短刀杀人，再解开绳子的。根据武士贪嗔痴的本性，自杀的可能性很小。而即便实在无法排除武士自杀的可能性，根据疑利被告的原则，也不能认定女人杀夫。

如果勘验出武士死于长剑，那么割断的绳子首先否定了强盗不经决斗而直接杀死武士的可能性。而根据砍柴人最初的证言，犯罪现场草地杂沓，武士帽也被践踏，印证了决斗的确发生过。在决斗盛行的年代，决斗都是合法的，无论由谁促成了决斗，都不负故意杀人之责。但在影片中，女人要强盗杀死武士时，武士尚被捆缚，她并不知道强盗会采取决斗的方式，因此女人属于教唆未遂。此外，影片《罗生门》中再无任何犯罪。至于强奸，强盗与女人的证言相互抵消了，武士虽在场，但女人的顺从方式是他观察不到的。

威廉·道格拉斯曾说，事实总是难以捉摸，并且通常有两副面孔。对一个人似乎意味着有罪的事实，对另一个人可能就没有这种暗示。每一次刑事追诉都要跨越危险的地界，因为澄清指控是非常困难的，所以有罪对所有人都不是什么稀罕事儿。人的命运太脆弱，一阵风就可以改变它，但单纯面对命运的不幸，人至少还可以挣扎，武士虽落下风，但还可能有机会与强盗再决雌雄。而人在国家权力面前，想象一下克格勃深夜敲开一扇门，屋里的人全无还手之力，甚至毫无抵抗之念。如果没有程序法的保护，被国家追诉的个人，只如梦幻泡影，只能万念俱灰。

北京市朝阳区康泉小区寓所
2019 年 1 月 5 日

修订版后记

> 无知地索求,
> 羞耻于求救,
> 不知疲倦地翻越每一个山丘。
> ——李宗盛

本书初版于 2019 年 8 月,收获许多不虞之誉。尤其是,清华大学法学院张建伟教授写了推荐语,北京大学法学院江溯师弟在《刑事法评论》组织了书评栏目。当然,本书显属异类,不是因为学科身份的跨界,而是因为笔之于书的内容。刑事诉讼法学界实在不差一本注疏法条义理的教材,法学院本科学子的确少一部昭示诉讼文明理念的著述。

2020 年伊始,疫情突兀,阻难交往,决然的防控,考验着秉权者如何定义紧急状态。任何关注程序法治的人,都备感焦虑,现实严峻地验证着理想。彼时妻儿不在身边,不得不独善其身。昼短夜长,离群索居,马齿徒增,只合开卷,离经辨志。于是着手修订本书,至 2023 年 2 月初缮讫,历时三载有余。

一书再版,不只要更正错漏,还应增补一新。与初版相比,修订后的参考文献由 451 部铢积寸累至 588 部,文字先是增加 15 万字,又在别处删减 20 万字,合计增删改写 35 万字,较初版减少 5 万余字。书越写越薄,因为历经了一个披沙拣金、探骊得珠、刮垢磨光的艰苦过程。

书中力求言之有物,持之有据。所有思想信奉与义理解说,皆取自前人他人,好比已有康庄大道,就不必暗中摸索。因此,能够引述的尽量引述,决不僭称自创,既告诉读者这个问题有人说过了,也为读者提供扩展阅读的线索。对于内容很好、迻译恶劣的文本,在注明"参见"基础上重译或改写,沿波讨源,务求有案可稽,原始要终。

一直有人问我,所谓"自己心目中理想的刑事诉讼"究为何物?休谟提出,应该区分事实判断和价值判断。"所遇到的不再是命题中通常的'是'与'不是'等连系词,而是没有一个命题不是由一个'应该'或一个'不应该'联系起来的。"[1]这一命题在法学语境中转化为"实际存在的法"与"应该存在的法"的区分。换言之,提出"应当如何"是在表达一桩事务应该符合某一"标准"之意。[2]

任何实体法及其评注书,不过是某种法政策学,仅供掌权者参考选择,根本无法拘束权力。真正可以制约权力的,只有正当程序。如果一定要用几句话概括正当程序之精要,那就是,想要剥夺他人的自由、财产或生命,就必须告知理由;这个理由必须是真实的,不能说一套做一套;要在大庭广众之下给人一个申辩机会;要有一个中立的第三方,这个第三方不能延续指控;最后必须留出一个有利被告的救济途径。这就是我心目中理想的刑事诉讼的标准。

感恩发妻张兵容忍我的焦躁苛责,感谢初版责编王建君宽待我的锱铢必较,感念修订版主管杨玉洁信任我的名山事业。当然,她们的背后有一位出版家蒋浩先生,他是我的兄长,也是整个法学界的朋友。"想说却还没说的,还很多……"

北京市东城区沙滩北街 15 号

2023 年 2 月 23 日

---

[1] [英]休谟:《人性论》(下册),关文运译,商务印书馆 2022 年重印版,第 505 页。

[2] 参见[英]约翰·奥斯丁:《法理学的范围》,刘星译,商务印书馆 2022 年版,译者序第 8—9 页。